Die betriebsbedingte Kündigung von Leiharbeitnehmern

Schriften zum
Unternehmens- und Wirtschaftsrecht

Herausgegeben von Marcus Bieder, Andreas Fuchs, Lars Leuschner,
Markus Stoffels und Dirk A. Verse

Band 21

PL ACADEMIC RESEARCH

Anne Praß

Die betriebsbedingte Kündigung von Leiharbeitnehmern

PL ACADEMIC RESEARCH

Bibliografische Information der Deutschen Nationalbibliothek
Die Deutsche Nationalbibliothek verzeichnet diese Publikation in der Deutschen Nationalbibliografie; detaillierte bibliografische Daten sind im Internet über http://dnb.d-nb.de abrufbar.

Zugl.: Osnabrück, Univ., Diss., 2015

Gedruckt auf alterungsbeständigem,
säurefreiem Papier.

D 700
ISSN 2364-0863
ISBN 978-3-631-66976-1 (Print)
E-ISBN 978-3-653-06108-6 (E-Book)
DOI 10.3726/978-3-653-06108-6

PL Academic Research ist ein Imprint der Peter Lang GmbH.
Peter Lang – Frankfurt am Main · Bern · Bruxelles · New York · Oxford · Warszawa · Wien

Diese Publikation wurde begutachtet.

www.peterlang.com

Inhaltsübersicht

Inhaltsverzeichnis

Bezüglich der Abkürzungen wird auf Hildebert Kirchner, Abkürzungsverzeichnis der Rechtssprache, 7. Auflage 2012 verwiesen. Nicht im Abkürzungsverzeichnis von Kirchner enthaltene Abkürzungen:

AK Salzburg – Arbeiterkammer Salzburg, Markus-Sittikus-Straße 10, 5020 Salzburg

A) Einleitung

„Leiharbeit ist eine Arbeit, bei der man nie sicher sein kann, ob man morgen noch einen Arbeitsplatz hat.“[1]

Dieses Zitat eines Leiharbeitnehmers verdeutlicht das Bild, das in Bezug auf die Zeitarbeitsbranche sowohl unter den Leiharbeitnehmern, als auch in der Öffentlichkeit herrscht. Leiharbeitnehmer gelten als Arbeitnehmer zweiter Klasse, die zu Niedriglöhnen beschäftigt und nach dem Prinzip „hire and fire“ je nach Bedarf eingestellt oder entlassen werden können.[2] Die Leiharbeit gilt als Niedriglohnsektor, mit dessen Hilfe der strenge deutsche Kündigungsschutz umgangen und der Personaleinsatz zu Lasten der Leiharbeitnehmer und der Stammbelegschaft flexibler gestaltet werden kann.[3]

Neben der hohen Fluktuation in der Leiharbeit liegt diesem negativen Image vor allem die verbreitete Meinung zu Grunde, dass Leiharbeitnehmer nicht den kündigungsrechtlichen Schutz des Normalarbeitsverhältnisses genießen. Rein statistisch betrachtet, bestätigt sich der geringere Kündigungsschutz der Leiharbeitsverhältnisse. Tatsächlich bestehen nur 10–25% der Leiharbeitsverhältnisse länger als sechs Monate und fallen damit in den Geltungsbereich des Kündigungsschutzgesetzes.[4] Daneben sind zahlreiche Leiharbeitsverhältnisse befristet ausgestaltet.[5] Für den überwiegenden Teil der Leiharbeitsverhältnisse ist der kündigungsrechtliche Schutz damit gering.

Auf der anderen Seite ist der Verleiher nach deutschem Recht, anders als beispielsweise im französischen Arbeitnehmerüberlassungsrecht, verpflichtet die Arbeitgeberpflichten auch für verleihfreie Zeiten zu übernehmen.[6] Das Arbeitnehmerüberlassungsgesetz sieht grundsätzlich ein unbefristetes Arbeitsverhältnis

---

1 Arbeiterkammer Salzburg, Leiharbeiter fühlen sich als Menschen zweiter Klasse, 06.12.2007, http://www.ak-salzburg.at/online/leiharbeiter-38456. html.

2 DGB, Niedriglohn und Lohndumping im Verleihgewerbe, arbeitsmarktaktuell Nr. 02/ Februar 2011; *Uellenberg-van Dawen*, Leiharbeiter in der Krise – Hire and fire, Neue Rheinische Zeitung online, Online-Flyer Nr. 189 vom 18.03.2009, http://www.nrhz.de/flyer/beitrag.php?id=13571, Stand: 01.07.2012; Ulber, AÜG, Einl. C Rn. 3 und 4.

3 DGB, Niedriglohn und Lohndumping im Verleihgewerbe, Arbeitsmarkt aktuell Nr. 02/Februar 2011; Hans-Böckler Stiftung (Hrsg.), Atypische Beschäftigung in den Betrieben – genutzt um Kündigungsschutz zu umgehen?, Projekt Regulierung des Arbeitsmarktes (REGAM), http://www.boeckler.de/ pdf/wsi_regam_atypisch.pdf, Stand: 01.07.2012; *Uellenberg-van Dawen*, Leiharbeiter in der Krise – Hire and fire, Neue Rheinische Zeitung online, Online-Flyer Nr. 189 vom 18.03.2009, http://www.nrhz.de/flyer/beitrag. php?id=13571, Stand: 01.07.2012.

4 *Steuer*, Die Arbeitnehmerüberlassung als Mittel zur Förderung des Arbeitsmarktes in Deutschland, S. 231.

5 *Schüren*, RdA 2007, 231.

6 *Sandmann/Marschall/Schneider*, AÜG, Einleitung Rn. 39; *Schüren*, RdA 2007, 231.

zum Verleiher vor.[7] Die kündigungsrechtlichen Vorschriften des Normalarbeitsverhältnisses gelten auch für das Leiharbeitsverhältnis.[8] Demnach unterfallen die Arbeitsverhältnisse in der Arbeitnehmerüberlassung dem Schutzbereich des Kündigungsschutzgesetzes unter den gleichen Voraussetzungen wie alle anderen Arbeitsverhältnisse. Für Leiharbeitnehmer, die länger als sechs Monate bei einem Zeitarbeitsunternehmen beschäftigt sind, gilt daher nach § 1 Abs. 1 KSchG der Bestandsschutz des Kündigungsschutzgesetzes.

In der Leiharbeit besteht jedoch die Besonderheit, dass verschiedene Schutzmechanismen des Normalarbeitsverhältnisses in der Zeitarbeitsbranche nicht in gleichem Maße etabliert sind. So ist der Schutz durch organisierte Arbeitnehmervertretungen wie Betriebsräte und Gewerkschaften nur gering ausgeprägt.[9] Damit entfällt für Leiharbeitnehmer im Kündigungsverfahren in der Regel die Betriebsratsanhörung. Gleichzeitig ist dem Arbeitnehmer damit eine Möglichkeit seiner Interessenvertretung genommen. Im Falle einer Kündigung werden dem Arbeitnehmer dadurch die Informationsbeschaffung über seine bestehenden Rechte sowie die Rechtsdurchsetzung erschwert. Die Leiharbeitnehmer kennen daher häufig im Falle einer Kündigung ihre Rechte und die Möglichkeit des Vorgehens gegen eine ungerechtfertigte Kündigung nicht.[10]

Eine Unsicherheit in Bezug auf die Rechtslage besteht allerdings nicht nur auf Arbeitnehmer-, sondern auch auf Arbeitgeberseite. Der Verleiher muss bei einer betriebsbedingten Kündigung aufgrund der vielen bislang ungeklärten Rechtsfragen und der hohen Anforderungen an seine Darlegungslast[11], selbst bei sorgfältiger Vorbereitung der betriebsbedingten Kündigungen, stets mit der Feststellung der Unwirksamkeit im Falle einer Kündigungsschutzklage rechnen.

So ist bei einem Auftragsrückgang für den Verleiher oft unklar, unter welchen Voraussetzungen er sich von Arbeitnehmern trennen kann, für die keine Anschlussaufträge mehr bestehen. Zum einen ist hier nach wie vor nicht geklärt, nach welcher Zeit der Verleiher von einem dauerhaften Auftragsrückgang ausgehen darf, der ihn zum Ausspruch einer Kündigung berechtigt. Zum anderen hat der zweite Senat des Bundesarbeitsgerichtes in seiner Entscheidung vom 18.05.2006[12] hohe Anforderungen an die Darlegungs- und Beweislast des Arbeitgebers für eine Kündigung von Leiharbeitnehmern aus außerbetrieblichen Ursachen gestellt.

---

7 *Schüren*, RdA 2007, 231.

8 LAG Hessen, 29.04.2010, 9 Sa 1830/09, zit. nach Juris; APS/*Preis*, Grundlagen F. Rn. 33; *Schiefer*, NZA-RR 2005,1 (16); *Schüren*, AÜG, Einl. Rn. 267.

9 *Böhm/Henning/Popp*, Zeitarbeit, K.I. Rn. 1083; *Promberger* in Keller/Seifert, Atypische Beschäftigung – Flexibilisierung und soziale Risiken, S. 127 (135).

10 *Felser*, Betriebsbedingte Kündigung von Leiharbeitnehmern, http://blog. juracity. de/2009-01-04/betriebsbedingte-kuendigung-von-leiharbeitnehmern. html, Stand: 30.04.2011.

11 BAG v. 18.05.2006, 2 AZR 412/05, AP Nr. 7 zu § 9 AÜG.

12 BAG v. 18.05.2006, 2 AZR 412/05, AP Nr. 7 zu § 9 AÜG.

Unsicherheit besteht insbesondere auch in Bezug auf die Auswahl der zu kündigenden Arbeitnehmer.[13] Einigkeit besteht hier lediglich darin, dass vom Verleiher eine Sozialauswahl durchzuführen ist. Auf welche Arbeitnehmer diese Auswahl jedoch zu erstrecken ist, beziehungsweise welche Arbeitnehmer im Rahmen der Sozialauswahl als vergleichbar gelten, ist von der Rechtsprechung nicht geklärt und wird in der Literatur nicht einheitlich beantwortet. Insbesondere die Vergleichbarkeit von aktuell beim Entleiher eingesetzten Arbeitnehmern und solchen im Nichteinsatz ist umstritten. Der Verleiher steht hier vor der Problematik entweder die Sozialauswahl auf die vergleichbaren, nicht eingesetzten Arbeitnehmer zu beschränken und die Unwirksamkeit der Kündigung zu riskieren, oder sämtliche im Einsatz befindlichen vergleichbaren Arbeitnehmer in die Sozialauswahl einzubeziehen und die sozial stärksten, gegebenenfalls im Einsatz befindlichen Arbeitnehmer kündigen zu müssen, obwohl ihm im Verhältnis zum Entleiher möglicherweise kein Austauschrecht zusteht. Der Verleiher muss sich also zwischen dem Risiko einer unwirksamen Kündigung und einem Vertragsbruch gegenüber dem Entleiher entscheiden.

Auch in Bezug auf die Reichweite des Rechtsschutzes im Kündigungsschutzprozess sind Fragen offen. Hier stellt sich beispielsweise die Frage nach dem Rechtsschutzbedürfnis des Leiharbeitnehmers in Bezug auf den Weiterbeschäftigungsanspruch im Kündigungsschutzprozess.[14] Auch die Voraussetzungen für den Wiedereinstellungsanspruch eines Leiharbeitnehmers können abweichend vom Normalarbeitsverhältnis zu beurteilen sein.

Zusammenfassend gestaltet sich die wirksame Kündigung eines Leiharbeitnehmers im Geltungsbereich des Kündigungsschutzes als größere Herausforderung, als dies für das Normalarbeitsverhältnis der Fall ist. Bis zur abschließenden Klärung der zahlreichen offenen Fragen durch die Rechtsprechung ist es für den Verleiher so gut wie unmöglich eine mit Sicherheit wirksame Kündigung auszusprechen.

Die rechtliche Problematik der betriebsbedingten Kündigungen in der Leiharbeitsbranche entsteht aus der Abweichung des Leiharbeitsverhältnisses von den bekannten Strukturen des Normalarbeitsverhältnisses.[15] Das Arbeitsverhältnis ist traditionell als Vertragsverhältnis zwischen Arbeitgeber und Arbeitnehmer ausgestaltet, wobei der Arbeitnehmer verpflichtet ist, seine Arbeitsleistung nach Weisung und im Betrieb des vertraglichen Arbeitgebers zu erbringen.[16] Bei der Leiharbeit handelt es sich jedoch um ein Dreiparteienverhältnis zwischen dem Verleiher und dem Leiharbeitnehmer einerseits, die durch den Arbeitsvertrag miteinander verbunden sind, sowie zwischen dem Verleiher und dem Entleiher andererseits, die

13 *Thüsing*, Zeitarbeit und betriebsbedingte Kündigung, in: Zukunft der Zeitarbeit: 6. ZAAR Kongress München 8. Mai 2009, S. 153.

14 Schüren/*Schüren*, AÜG, Einl. Rn. 295.

15 *Schaub*, Arbeitnehmerüberlassung, S.3.

16 *Jüttner*, Kollektivrechtliche Auswirkungen der gewerbsmäßigen Arbeitnehmerüberlassung im Betriebsverfassungsrecht, S. 19.

mittels Überlassungsvertrags miteinander in Vertragsbeziehungen stehen.[17] Der Leiharbeitnehmer erfüllt seine Verpflichtung aus dem Arbeitsvertrag im Betrieb eines Dritten, dessen Weisungsrecht er in Bezug auf betriebliche Angelegenheiten unterliegt. Das arbeitsvertragliche Weisungsrecht verbleibt jedoch beim vertraglichen Arbeitgeber.[18]

Die kündigungsschutzrechtlichen Vorschriften, ebenso wie die dazu ergangene Rechtsprechung sind auf das Normalarbeitsverhältnis und somit auf ein Zweipersonenverhältnis zugeschnitten.[19] Daher stellt sich hier in zahlreichen Einzelfragen immer wieder das Problem, ob die zum Normalarbeitsverhältnis entwickelten Grundsätze unangepasst auf das Leiharbeitsverhältnis anzuwenden sind, oder die Besonderheiten des Dreipersonenverhältnisses berücksichtigt werden müssen und Anpassungen vorzunehmen sind. Dieses Spannungsverhältnis zwischen den typischen Besonderheiten des Leiharbeitsverhältnisses und den auf das Normalarbeitsverhältnis zugeschnittenen Regelungen durchzieht nahezu alle Prüfungspunkte der betriebsbedingten Kündigung.

Obwohl teilweise die Auffassung vertreten wird, das Arbeitnehmerüberlassungsgesetz habe die Lücken des individualrechtlichen Arbeitnehmerschutzes geschlossen, die aus den unterschiedlichen Konstellationen herrühren[20], bleiben viele Fragen ungeklärt. Eine systematische Überprüfung der Voraussetzung der betriebsbedingten Kündigung im Bereich der Arbeitnehmerüberlassung ergibt nach wie vor zahlreiche ungeklärte Rechtsfragen, die auch nach den Reformen des Arbeitnehmerüberlassungsgesetzes nicht gegenstandslos geworden sind, beziehungsweise durch diese erst neue Relevanz erhalten haben.

So stellt sich beispielsweise nach der Abschaffung des Wiedereinstellungsverbotes die Frage, ob und wann das Zeitarbeitsunternehmen einen Arbeitnehmer bei Nichteinsatzzeiten bzw. beim Fehlen von Anschlussaufträgen kündigen kann, oder inwieweit solche beschäftigungsfreien Zeiten in der Zeitarbeitsbranche als vertragstypisches Risiko des Arbeitgebers anzusehen sind, das er nicht auf die Arbeitnehmer abwälzen kann.[21]

Auch die Regelungen über die Sozialauswahl sind nicht ohne Anpassung an das Dreipersonenverhältnis in der Leiharbeit anzuwenden. Im Normalarbeitsverhältnis sind alle vergleichbaren Arbeitnehmer eines Betriebes in die Sozialauswahl einzubeziehen.[22] Der Arbeitgeber kann bei Kündigung des sozial stärksten Arbeitnehmers den sozial schwächeren Arbeitnehmer mittels Ausübung seines Direktionsrechtes auf den verbleibenden

---

17 *Promberger* in Keller/Seifert, Atypische Beschäftigung – Flexibilisierung und soziale Risiken, S. 128.

18 *Jüttner*, Kollektivrechtliche Auswirkungen der gewerbsmäßigen Arbeitnehmerüberlassung im Betriebsverfassungsrecht, S. 19; *Promberger* in Keller/Seifert, Atypische Beschäftigung – Flexibilisierung und soziale Risiken, S. 128.

19 *Dahl*, DB 2003, 1626.

20 *Jüttner*, Kollektivrechtliche Auswirkungen der gewerbsmäßigen Arbeitnehmerüberlassung im Betriebsverfassungsrecht, S. 20.

21 Schüren/*Schüren*, Einl. Rn. 279.

22 LAG Sachsen-Anhalt v. 11.01.2000, 8 Sa 449/99, NZA-RR 2001, 81.

Arbeitsplatz versetzen. Ein Zeitarbeitsunternehmen unterhält jedoch keinen eigenen Betrieb, in dem es seine Arbeitnehmer nach Belieben auf bestimmten Arbeitsplätzen einsetzen oder austauschen kann. Der Verleiher ist durch die Überlassungsverträge in seiner Weisungsfreiheit bezüglich des Einsatzes bestimmter Arbeitnehmer beschränkt. Daher stellt sich die Frage, wie diese Besonderheit berücksichtigt werden kann, ob das Vertragsverhältnis zwischen Verleiher und Entleiher überhaupt Einfluss auf das eigentliche Arbeitsverhältnis und die Kündigung desselben hat, inwieweit eine Vergleichbarkeit zwischen eingesetzten und nicht eingesetzten Arbeitnehmern besteht und ob dringende betriebliche Erfordernisse eine Herausnahme aus der Sozialauswahl erfordern.

Die Arbeit beschränkt sich auf die betriebsbedingte Kündigung, da sich hier die besondere betriebliche Struktur des Leiharbeitsverhältnisses auswirkt. Bei den verhaltens- und personenbedingten Kündigungen liegt der Fokus hingegen auf der Person des gekündigten Arbeitnehmers, so dass hier die Grundsätze des Normalarbeitsverhältnisses im Wesentlichen übertragbar sind. Die betriebsbedingte Kündigung wird im Verhältnis zwischen Verleiher und Leiharbeitnehmer unter Berücksichtigung der Vertragsbeziehungen zum Entleiher untersucht und ist daher auf die Kündigung im Verleihunternehmen beschränkt.

Größere Bedeutung erlangt hat die Thematik erstmals in der Wirtschaftskrise in den Jahren 2008 und 2009. Die Zeitarbeitsbranche war nach Jahren der Expansion von einer massiven Reduzierung der Beschäftigtenzahlen betroffen. Mit Einsetzen der Wirtschaftskrise und sinkendem Arbeitskräftebedarf wurden die Fremdarbeitskräfte in den Unternehmen frühzeitig abgebaut.[23] Von den Firmen wurden die Überlassungsaufträge mit den Verleihern noch vor Entlassung der eigenen Stammarbeitnehmer gekündigt.[24] Der Beendigung der Überlassungsaufträge folgte im Anschluss die Reduzierung der in der Leiharbeitsbranche eingesetzten Arbeitnehmer. Dieser Rückgang der Beschäftigtenzahlen in der Leiharbeitsbranche setzte noch vor dem Rückgang der Beschäftigtenzahlen auf dem Gesamtarbeitsmarkt ein.[25] Die Bundesagentur für Arbeit sprach von einem „Einbruch" der als Leiharbeiter eingesetzten

23 *Blanke*, Rechtsgutachten: Welche Änderungen des deutschen Gesetzes erfordert die Umsetzung der EU-Richtlinie Leiharbeit, S. 12; Bundesagentur für Arbeit, Arbeitsmarktberichterstattung: Der Arbeitsmarkt in Deutschland, aktuelle Entwicklungen in der Zeitarbeit, Januar 2012, S. 4.

24 Bundesagentur für Arbeit, Arbeitsmarktberichterstattung: Der Arbeitsmarkt in Deutschland, aktuelle Entwicklungen in der Zeitarbeit, 2009; Bundesagentur für Arbeit, Arbeitsmarktberichterstattung: Der Arbeitsmarkt in Deutschland, aktuelle Entwicklungen in der Zeitarbeit, 2011; Bundesagentur für Arbeit, Arbeitsmarktberichterstattung: Der Arbeitsmarkt in Deutschland, aktuelle Entwicklungen in der Zeitarbeit, Januar 2012, S. 4.

25 Bundesagentur für Arbeit, Arbeitsmarktberichterstattung: Der Arbeitsmarkt in Deutschland, aktuelle Entwicklungen in der Zeitarbeit, 2009; Bundesagentur für Arbeit, Arbeitsmarktberichterstattung: Der Arbeitsmarkt in Deutschland, aktuelle Entwicklungen in der Zeitarbeit, 2011; Bundesagentur für Arbeit, Arbeitsmarktberichterstattung: Der Arbeitsmarkt in Deutschland, aktuelle Entwicklungen in der Zeitarbeit, Januar 2012, S. 4.

Arbeitnehmer.[26] Die Anzahl der in der Leiharbeit beschäftigten Arbeitnehmer sank zwischen Ende 2008 und 2009 um 10 bis 15 % auf rund 650.000 Arbeitnehmer. Dies entspricht einem Rückgang von 150.000 bis 200.000 Arbeitnehmern.[27] Dieser Rückgang wurde durch betriebsbedingte Kündigungen einerseits, und das Auslaufen der befristeten Verträge andererseits erreicht. In der Folge mussten sich auch erstmals die Arbeitsgerichte in größerem Maßstab mit betriebsbedingten Kündigungen von Leiharbeitnehmern beschäftigen.

In der Folgezeit wurde dieser Beschäftigungsrückgang wieder ausgeglichen und die Leiharbeitsbranche setzte die positive Wachstumsentwicklung fort.[28] Die Verbreitung der Leiharbeit ist nach der Begrenzung auf die „vorübergehende Leiharbeit“ in § 1 AÜG[29] künftig fraglich.

Die Relevanz der Kündigungsthematik ergibt sich jedoch nicht allein aus der Anzahl der beschäftigten Arbeitnehmer, sondern auch aus der größeren Fluktuation im Bereich der Arbeitnehmerüberlassung.[30] Rein statistisch werden Leiharbeitnehmer schneller gekündigt, als Arbeitnehmer im Normalarbeitsverhältnis.[31] Im Jahr 2010 dauerten lediglich 44% der Arbeitsverhältnisse in der Zeitarbeitsbranche drei Monate oder länger.[32] Auch für das Jahr 2011 geht die Bundesagentur für Arbeit davon aus, dass 50% der Arbeitsverhältnisse nicht länger als drei Monate bestehen.[33] Die Beschäftigungsdauer steigt mit zunehmender Qualifikation der eingesetzten

---

26 Bundesagentur für Arbeit, Arbeitsmarktberichterstattung: Der Arbeitsmarkt in Deutschland, aktuelle Entwicklungen in der Zeitarbeit, 2009.

27 *Adamy*, Gute Arbeit 2010, Nr. 5, 17; Bundesagentur für Arbeit, Arbeitsmarktberichterstattung: Der Arbeitsmarkt in Deutschland, aktuelle Entwicklungen in der Zeitarbeit, 2011; Bundesagentur für Arbeit, Arbeitsmarktberichterstattung: Der Arbeitsmarkt in Deutschland, aktuelle Entwicklungen in der Zeitarbeit, Januar 2012; *Felser/Willmann*, AiB 2009, 161; *Schröder*, Fleißig, billig, schutzlos: Leiharbeitnehmer in Deutschland, S. 72.

28 *Kraschinski*, Sozialverträgliche Gestaltung der Arbeitnehmerüberlassung, S. 14; *Platzhoff*, Arbeitnehmerüberlassung und Legitimität, S. 41; Bundesagentur für Arbeit, Arbeitsmarktberichterstattung: Der Arbeitsmarkt in Deutschland, aktuelle Entwicklungen in der Zeitarbeit, Januar 2012.

29 Erstes Gesetz zur Änderung des Arbeitnehmerüberlassungsgesetzes – Verhinderung von Missbrauch der Arbeitnehmerüberlassung v. 28.04.2011, BGBl. 2011, Teil 1, Nr. 18 S. 642ff.

30 *Adamy*, Gute Arbeit 2010, Nr. 5, 17; Bundesagentur für Arbeit, Arbeitsmarktberichterstattung: Der Arbeitsmarkt in Deutschland, aktuelle Entwicklungen in der Zeitarbeit, Januar 2012, S. 4.

31 Bundesagentur für Arbeit, Arbeitsmarktberichterstattung: Der Arbeitsmarkt in Deutschland, aktuelle Entwicklungen in der Zeitarbeit, Januar 2012, S.19.

32 Bundesagentur für Arbeit, Arbeitsmarktberichterstattung: Der Arbeitsmarkt in Deutschland, aktuelle Entwicklungen in der Zeitarbeit, 2011.

33 Bundesagentur für Arbeit, Arbeitsmarktberichterstattung: Der Arbeitsmarkt in Deutschland, aktuelle Entwicklungen in der Zeitarbeit, Januar 2012, S. 4.

Arbeitskräfte.[34] Die Schätzungen über den Anteil der Leiharbeitsverhältnisse, die die Dauer von sechs Monaten überschreiten und damit in den Anwendungsbereich des Kündigungsschutzgesetzes fallen, reichen von 10–25%.[35]

Zudem werden in der Zeitarbeitsbranche mehr Arbeitsverhältnisse durch arbeitgeberseitige Kündigung beendet, als in anderen Arbeitsverhältnissen.[36] So wird jedes dritte Arbeitsverhältnis mit Leiharbeitnehmern durch Arbeitgeberkündigung beendet, während dies im Normalarbeitsverhältnis nur bei jedem siebten der Fall ist.[37] Die Gefahr einer arbeitgeberseitigen Kündigung ist also mehr als doppelt so hoch.[38] Den überwiegenden Anteil dieser Arbeitgeberkündigungen stellen die betriebsbedingten Kündigungen dar.

In der Leiharbeitsbranche stieg die durchschnittliche Dauer der Arbeitsverhältnisse in den letzten Jahren und damit auch der Anteil der Arbeitsverhältnisse, die in den Geltungsbereich des Kündigungsschutzgesetzes fallen.[39] Grund für die längere Dauer der Arbeitsverhältnisse war ein Funktionswandel in der Leiharbeitsbranche. Die Leiharbeit wurde immer weniger zur kurzfristigen Überbrückung von Auftragsspitzen und zum Ersatz wegen Urlaub, Freistellung oder Erkrankung ausfallender Stammarbeitnehmer genutzt.[40] Die Leiharbeit wurde zur dauerhaften Senkung der Arbeitskosten eingesetzt, indem Teile der Stammbelegschaft durch Leiharbeitneh-

34 *Kraschinski*, Sozialverträgliche Gestaltung der Arbeitnehmerüberlassung, S. 20; *Promberger* in Keller/Seifert, Atypische Beschäftigung – Flexibilisierung und soziale Risiken, S. 127(131); *Schröder*, Fleißig, billig, schutzlos: Leiharbeitnehmer in Deutschland, Einl. S.14.

35 *Steuer*, Die Arbeitnehmerüberlassung als Mittel zur Förderung des Arbeitsmarktes in Deutschland, S. 231.

36 *Adamy*, Gute Arbeit 2010, Nr. 5, 17; Kraschinski, Sozialverträgliche Gestaltung der Arbeitnehmerüberlassung, S. 21; *Promberger* in Keller/Seifert, Atypische Beschäftigung – Flexibilisierung und soziale Risiken, S. 127 (133).

37 *Adamy*, Gute Arbeit 2010, Nr. 5, 17; Kraschinski, Sozialverträgliche Gestaltung der Arbeitnehmerüberlassung, S. 21; *Promberger* in Keller/Seifert, Atypische Beschäftigung – Flexibilisierung und soziale Risiken, S. 127 (133).

38 *Kramme*, Leiharbeit (1/2009), Hintergrundpapier zur Leiharbeit, S. 4.

39 Bundesagentur für Arbeit, Arbeitsmarktberichterstattung: Der Arbeitsmarkt in Deutschland, aktuelle Entwicklungen in der Zeitarbeit, 2011; Bundesagentur für Arbeit, Arbeitsmarktberichterstattung: Der Arbeitsmarkt in Deutschland, aktuelle Entwicklungen in der Zeitarbeit, Januar 2012; *Holst*, WSI Mitteilungen 2009, 143; *Kramme*, Leiharbeit (1/2009), Hintergrundpapier zur Leiharbeit, S. 4; Holst, Funktionswandel von Leiharbeit, DGB Fachtagung „Leiharbeit – wie weiter nach der Krise" vom 21.06.2010; *Seifert/Brehmer*, WSI Mitteilungen 2008, 335.

40 9. Bericht der Bundesregierung über Erfahrungen bei der Anwendung des Arbeitnehmerüberlassungsgesetzes v. 04.10.2000, BT-Drucks. 14/4220, S. 15; *Adamy*, Gute Arbeit 2010, Nr. 5, 17; *Holst*, WSI Mitteilungen 2009, 143; *Holst/Nachtwey/Dörre*, Funktionswandel von Leiharbeit, S. 15; *Kramme*, Leiharbeit (1/2009), Hintergrundpapier zur Leiharbeit, S. 4; *Seifert/ Brehmer*, WSI Mitteilungen 2008, 335.

mer ersetzt werden.[41] Ein Teil des regulären Arbeitskräftebedarfes wird durch die Leiharbeit abgedeckt und ganze Funktionsbereiche von Leiharbeitnehmern übernommen. Diese können als flexiblere „Parallelbelegschaft" neben der Stammbelegschaft eingesetzt werden und diese teilweise ersetzen.[42] Diese Form der Leiharbeit wird auch als „strategische Nutzung der Leiharbeit" bezeichnet.[43]

Mit wachsendem Gewicht dieser Funktion verändert sich der Einsatz von Leiharbeit. Die Einsatzzeiten im Entleihbetrieb werden länger und die Zahl der in einem Entleihbetrieb beschäftigten Leiharbeitnehmer steigt. Mit der Verlängerung der Einsatzzeiten im Entleihbetrieb steigt auch die Dauer der Leiharbeitsverhältnisse zwischen Verleiher und Leiharbeitnehmer.[44]

Inwieweit dieser langfristige Einsatz nach der Beschränkung auf die vorübergehende Überlassung[45] noch möglich ist, wird von der Rechtsprechung im Einzelnen noch zu klären sein.

41 9. Bericht der Bundesregierung über Erfahrungen bei der Anwendung des Arbeitnehmerüberlassungsgesetzes v. 04.10.2000, BT-Drucks. 14/4220, S. 15; Adamy, Gute Arbeit 2010, Nr. 5, 17; *Kramme*, Leiharbeit (1/2009), Hintergrundpapier zur Leiharbeit, S. 4; *Seifert/Brehmer*, Leiharbeit: Funktionswandel einer flexiblen Beschäftigungsform, WSI-Mitteilungen 6, 2008, 335; Antrag der SPD Fraktion im Bundestag, Missbrauch der Leiharbeit verhindern, BT-Drucks.17/41/89, Abschnitt I.

42 *Holst*, WSI Mitteilungen 2009, 143; *Kramme*, Leiharbeit (1/2009), Hintergrundpapier zur Leiharbeit, S. 4; *Seifert/Brehmer*, WSI Mitteilungen 2008,335.

43 *Holst/Nachtwey/Dörre*, Funktionswandel von Leiharbeit, S. 4; Holst, WSI Mitteilungen 2009, 143.

44 *Holst/Nachtwey/Dörre*, Funktionswandel von Leiharbeit, S. 4; Holst, WSI Mitteilungen 2009, 143.

45 Erstes Gesetz zur Änderung des Arbeitnehmerüberlassungsgesetzes – Verhinderung von Missbrauch der Arbeitnehmerüberlassung v. 28.04.2011, BGBl. 2011, Teil 1, Nr. 18 S. 642ff.

B) Grundlagen

I) Begriffsbestimmung

Die Arbeitnehmerüberlassung stellt eine Form des drittbezogenen Personaleinsatzes dar.[46] Nach § 1 AÜG stellt dabei ein Arbeitgeber als Verleiher einen Arbeitnehmer ein, den er zum Zwecke der Arbeitsleistung an den Entleiher als Dritten überlässt.

Im alltäglichen Sprachgebrauch aber auch in der Literatur und Rechtsprechung werden die Begriffe Arbeitnehmerüberlassung, Leiharbeit und Zeitarbeit sowie Personalleasing größtenteils parallel verwendet.[47] Auch die Bundesagentur für Arbeit wendet die Begrifflichkeiten synonym an.[48]

Der Gesetzgeber hat sich bei der Benennung des Arbeitnehmerüberlassungsgesetzes für den Begriff der Arbeitnehmerüberlassung entschieden.[49] Im diesem Gesetz wurden die gebräuchlichen Bezeichnungen Verleiher, Entleiher und Leiharbeitnehmer aufgenommen, die Rechtsbeziehung zwischen den Beteiligten jedoch als Arbeitnehmerüberlassung bezeichnet.

Der Begriff der Leiharbeit ist die älteste Bezeichnung. Der Begriff ist umgangssprachlich entstanden, was sich in dem unjuristischen Gebrauch der Bezeichnung „Leihe" zeigt.[50] Der Begriff ist dabei nicht als Leihe im Sinne des § 598 BGB zu verstehen. Zum einen ist Vertragsgegenstand nicht die Gestattung zum Gebrauch einer Sache, zum anderen erfolgt die Überlassung des Arbeitnehmers gegen eine Überlassungsprämie und damit nicht unentgeltlich.[51] Trotz dieser kritisierten Ungenauigkeiten hat sich der Begriff der Leiharbeit im allgemeinen Sprachgebrauch

---

46 *Kim*, Die konzerninterne Arbeitnehmerüberlassung durch die Personalführungsgesellschaft und das Betriebsverfassungsrecht, S. 7; KR-*Griebeling*, § 1 KSchG Rn. 59; Schüren/*Schüren*, AÜG, Einl. Rn. 106 ff.; *Sandmann/Marschall/Schneider*, AÜG, Einleitung I.1.

47 *Sandmann/Marschall/Schneider*, AÜG, Einleitung I.7; *Witten*, Vertragsgestaltung und Gesetzesbindung im Recht der Zeitarbeit, S. 26.

48 Bundesagentur für Arbeit, Arbeitsmarktberichterstattung: Der Arbeitsmarkt in Deutschland, aktuelle Entwicklungen in der Zeitarbeit, 2011, S. 4.

49 Arbeitnehmerüberlassungsgesetz in der Fassung der Bekanntmachung vom 3. Februar 1995 (BGBl. I S. 158), zuletzt durch Artikel 26 des Gesetzes vom 20. Dezember 2011 (BGBl. I S. 2854) geändert.

50 Amtl. Begründung der Bundesregierung zum Entwurf des Arbeitnehmerüberlassungsgesetzes, BT-Drucks. 6/2303, S. 10; *Witten*, Vertragsgestaltung und Gesetzesbindung im Recht der Zeitarbeit, S. 27.

51 *Becker/Wulfgramm*, AÜG Rn. 14; *Platzhoff*, Arbeitnehmerüberlassung und Legitimität, S. 9; *Sandmann/Marschall/Schneider*, AÜG, Einleitung I.7; *Schaub*, Arbeitnehmerüberlassung, S. 1; Schüren/Hamann, AÜG, § 1 Rn. 32; *Witten*, Vertragsgestaltung und Gesetzesbindung im Recht der Zeitarbeit, S. 28.

durchgesetzt.[52] Auch der Gesetzgeber hat sich sowohl im Rahmen des Arbeitnehmerüberlassungsgesetzes, als auch bei der neueren Gesetzgebung für den Begriff der Leiharbeit entschieden. Auch auf europäischer Ebene wird die Bezeichnung Leiharbeit verwandt. Bereits 1991 trat die Richtlinie zur Verbesserung der Sicherheit und des Gesundheitsschutzes von Leiharbeitsverhältnissen in Kraft.[53] Im Jahr 2008 folgte die sogenannte Leiharbeitsrichtlinie.[54] Nach Art. 3 der Richtlinie 2008/104/EG werden Leiharbeitsunternehmen definiert als

> *„eine natürliche oder juristische Person, die nach einzelstaatlichem Recht mit Leiharbeitnehmern Arbeitsverträge schließt oder Beschäftigungsverhältnisse eingeht, um sie entleihenden Unternehmen zu überlassen, damit sie dort unter deren Aufsicht und Leitung vorübergehend arbeiten".*

Ein Leiharbeitnehmer wird nach Art. 3 der Richtlinie 2008/104/EG als Arbeitnehmer definiert,

> *„der mit einem Leiharbeitsunternehmen einen Arbeitsvertrag geschlossen hat, um einem entleihenden Unternehmen überlassen zu werden und dort unter dessen Leitung vorübergehend zu arbeiten".*

Auch der Begriff des Personalleasings ist dem Sachleasing entlehnt, jedoch ebenfalls nicht im rechtstechnischen Sinne zu verstehen, da Menschen mangels Sacheigenschaft nicht geleast werden können.[55]

Der Begriff der Zeitarbeit entspricht dem internationalen Sprachgebrauch. So wird die Arbeitnehmerüberlassung im englischen als „temporary work" und im französischen als „travail temporaire" bezeichnet. Diese Bezeichnung findet auch in Deutschland zunehmende Verbreitung.[56] Der Begriff „Zeitarbeit" wird vorwiegend von den Unternehmen und Verbänden der Branche genutzt.[57]

In der vorliegenden Arbeit werden die dargestellten Begriffe Arbeitnehmerüberlassung, Leiharbeit und Zeitarbeit in Anlehnung an den allgemeinen Sprachgebrauch synonym verwendet. Arbeitnehmerüberlassung kann dabei sowohl die Überlassung vom Verleiher an den Entleiher bezeichnen, als auch das Dreipersonenverhältnis insgesamt.

---

52 *Witten*, Vertragsgestaltung und Gesetzesbindung im Recht der Zeitarbeit, S. 28.

53 Richtlinie 91/383/EWG, ABl. Nr. L 206 vom 29.07.1991.

54 Richtlinie 2008/104/EG des Europäischen Parlamentes und des Rates vom 19.11.2008 über Leiharbeit, ABl. L327 vom 05.12.2008.

55 *Platzhoff*, Arbeitnehmerüberlassung und Legitimität, S. 10.

56 *Becker/Wulfgramm*, AÜG Einl. Rn. 17; *Platzhoff*, Arbeitnehmerüberlassung und Legitimität, S. 10; *Witten*, Vertragsgestaltung und Gesetzesbindung im Recht der Zeitarbeit, S. 29.

57 Bundesverband Zeitarbeit, www.bza.de, Stand: 01.07.2012; *Witten*, Vertragsgestaltung und Gesetzesbindung im Recht der Zeitarbeit, S. 29.

II) Abgrenzung

1) Echte – unechte Arbeitnehmerüberlassung

Echte Leiharbeit liegt vor, wenn der Arbeitnehmer gewöhnlich in den Betrieb des Arbeitgebers eingegliedert ist und nur vorübergehend an einen Dritten überlassen wird.[58] Unechte Leiharbeit liegt hingegen vor, wenn der Arbeitnehmer gerade zu dem Zweck eingestellt wird, Dritten gegen Entgelt zeitweise überlassen zu werden.[59] Diese Terminologie geht auf § 37 Abs. 3 AVAVG[60] zurück, aus dem nach herrschender Ansicht ein Verbot der unechten Leiharbeit abgeleitet wurde.[61]

2) Gewerbsmäßige – nicht gewerbsmäßige Arbeitnehmerüberlassung

Das Arbeitnehmerüberlassungsgesetz unterschied nach der bis 30.11.2011 geltenden Rechtslage noch zwischen gewerbsmäßiger und nicht gewerbsmäßiger Arbeitnehmerüberlassung. Nur für die gewerbsmäßige Arbeitnehmerüberlassung fand nach § 1 Abs. 3 AÜG a.F. das Arbeitnehmerüberlassungsgesetz Anwendung.

Eine gewerbsmäßige Arbeitnehmerüberlassung liegt vor, wenn die Überlassung eine nicht nur gelegentliche, sondern eine auf Dauer angelegte selbständige Tätigkeit darstellt, die auf mittelbare oder unmittelbare wirtschaftliche Vorteile abzielt.[62] Dabei werden auch solche Unternehmen erfasst, die als Mischbetriebe nicht ausschließlich Arbeitnehmerüberlassung betreiben, sondern daneben andere Zwecke verfolgen.[63]

Bei der nichtgewerbsmäßigen Arbeitnehmerüberlassung wird der Arbeitnehmer hingegen eingestellt, um in dem Betrieb des eigenen Arbeitgebers tätig zu werden. Der Arbeitnehmer ist gewöhnlich im arbeitgebereigenen Betrieb tätig und

---

58 BGH v. 09.03.1971, VI ZR 138/69, AP Nr. 1 zu § 611 BGB Leiharbeitsverhältnis; BAG v. 15.02.1974, 2 AZR 57/73, AP Nr. 7 zu § 637 RVO; BAG v. 05.05.1988, 8 AZR 484/85, AP Nr. 2 zu § 831 BGB; *Becker/Wulfgramm*, AÜG Einl. Rn. 16; Schüren/Schüren, AÜG, Einl. Rn. 98.

59 BGH v. 09.03.1971, VI ZR 138/69, AP Nr. 1 zu § 611 BGB Leiharbeitsverhältnis; *Sandmann/Marschall/Schneider*, AÜG, Einl. Rn. 8; *Becker/Wulfgramm*, AÜG, Einl. Rn. 16; Schüren/*Schüren*, AÜG Einl. Rn. 98.

60 Gesetz über die Arbeitsvermittlung und Arbeitslosenversicherung, v. 03.04.1957, BGBl. 1957, S. 321; *Kämmerer/Thüsing*, Leiharbeit und Verfassungsrecht, S. 16.

61 *Becker/Wulfgramm*, AÜG Einl. Rn. 16.

62 BAG v. 08.11.1978 AP Nr. 2 zu § 1 AÜG; *Kim*, Die konzerninterne Arbeitnehmerüberlassung durch die Personalführungsgesellschaft und das Betriebsverfassungsrecht, S. 7; Schüren/*Schüren*, AÜG, § 1 Rn. 33; Witten, Vertragsgestaltung und Gesetzesbindung im Recht der Zeitarbeit, S. 32.

63 *Jüttner*, Kollektivrechtliche Auswirkungen der gewerbsmäßigen Arbeitnehmerüberlassung im Betriebsverfassungsrecht, S. 41.

wird nur ausnahmsweise an einen Dritten überlassen.[64] Ein solcher Ausnahmefall liegt beispielsweise vor, wenn der Arbeitgeber zwischenzeitlich nicht in der Lage ist den Arbeitnehmer zu beschäftigen und ihn deshalb kurzfristig an ein anderes Unternehmen ausleiht.[65]

3) Im Rahmen ihrer wirtschaftlichen Tätigkeit nach § 1 AÜG n.F.

Nach dem Gesetz zur Verhinderung von Missbrauch der Arbeitnehmerüberlassung, das am 01.05.2011 bzw. 01.12.2011 in Kraft trat, ist die Unterscheidung zwischen gewerbsmäßiger und nicht gewerbsmäßiger Arbeitnehmerüberlassung nicht mehr vorgesehen.[66] In Umsetzung der europäischen Leiharbeitsrichtlinie 2008/104/EG[67] knüpft § 1 Abs. 1 AÜG n.F. nicht mehr an die Gewerbsmäßigkeit der Überlassung, sondern an die Ausübung „im Rahmen einer wirtschaftlichen Tätigkeit" an.[68] Danach ist das Arbeitnehmerüberlassungsgesetz zukünftig auch auf die nicht gewerbsmäßige Arbeitnehmerüberlassung anwendbar.

4) Abgrenzung von sonstigen Formen drittbezogenen Personaleinsatzes

Die Arbeitnehmerüberlassung ist von anderen Formen drittbezogenen Personaleinsatzes abzugrenzen.

Eine Arbeitnehmerüberlassung liegt vor, wenn der Arbeitnehmer nicht nur im Betrieb eines Dritten tätig wird, sondern der Dritte auch das arbeitsvertragliche Weisungsrecht ausübt.[69] Dieses Merkmal unterscheidet die Leiharbeit von den nachfolgend dargestellten Formen des drittbezogenen Personaleinsatzes. Bei diesen Vertragsarten kommt es gerade nicht zu der für die Leiharbeit typischen Übertragung des Weisungsrechtes.[70]

---

64 *Becker/Wulfgramm*, AÜG Einl. Rn. 14; *Jüttner*, Kollektivrechtliche Auswirkungen der gewerbsmäßigen Arbeitnehmerüberlassung im Betriebsverfassungsrecht, S. 42; Schüren/*Schüren*, AÜG Einl. Rn. 98.

65 *Jüttner*, Kollektivrechtliche Auswirkungen der gewerbsmäßigen Arbeitnehmerüberlassung im Betriebsverfassungsrecht, S. 42 Fn. 91.

66 Regierungsentwurf vom 15.12.2010, BR-Drucks. 847/10; Lembke, DB 2011, 414.

67 Richtlinie 2008/104/EG des Europäischen Parlaments und des Rates vom 19.11.2008 über Leiharbeit, ABl.EU L327 vom 05.12.2008.

68 Regierungsentwurf vom 15.12.2010, BR-Drucks. 847/10.

69 BAG v. 06.08.2003, 7 AZR 180/03, AP Nr. 6 zu § 9 AÜG, *Ulber*, AÜG Einl. C. Rn. 34; *Witten*, Vertragsgestaltung und Gesetzesbindung im Recht der Zeitarbeit, S. 63.

70 BAG v. 06.08.2003, 7 AZR 180/03, AP Nr. 6 zu § 9 AÜG; Witten, Vertragsgestaltung und Gesetzesbindung im Recht der Zeitarbeit, S. 67.

a) *Werkvertrag*

Abgrenzungsschwierigkeiten zwischen der Arbeitnehmerüberlassung und anderen Formen drittbezogenen Personaleinsatzes bestehen vor allem bei der Unterscheidung der Arbeitnehmerüberlassung vom Werkvertrag.[71] Dies gilt insbesondere, wenn der Einsatz des Arbeitnehmers im Betrieb des Auftraggebers erfolgt.

Die Arbeitnehmerüberlassung wird vom Werkvertrag durch den nach § 631 Abs. 2 BGB geschuldeten Erfolg abgegrenzt. Bei der Arbeitnehmerüberlassung wird kein unmittelbarer Leistungserfolg, sondern nur die vom Arbeitnehmer zu erbringende Arbeitsleistung geschuldet.[72] Arbeitnehmerüberlassung liegt vor, wenn der Verleiher dem Entleiher Arbeitskräfte zur Verfügung stellt, die in den Betrieb des Entleihers eingegliedert sind und ihre Arbeitsleistung nach dessen Weisungen erbringen.[73] Indizien für die Eingliederung in den Betrieb sind danach die Zusammenarbeit mit Arbeitskräften des Betriebes, die Abstimmung der Arbeiten mit den betriebsinternen Arbeiten, die Miterfüllung des Betriebszweckes, die Bereitstellung von Arbeitsmaterial durch den Entleiher sowie die Übernahme von ehemals betriebsinternen Arbeiten.[74]

Bei der Weisungsbefugnis wird zwischen arbeitsvertraglicher und werksbezogener Weisungsbefugnis unterschieden.[75] Nur bei der Erteilung arbeitsvertraglicher Weisungen wird auf das Vorliegen von Arbeitnehmerüberlassung geschlossen. Eine arbeitsvertragliche Weisung liegt dann vor, wenn durch die Weisung erst die zu erbringende Arbeitsleistung bestimmt wird. Auch wenn der Leiharbeitnehmer zusammen mit firmeneigenen Arbeitnehmern Weisungen vom Personal des Einsatzbetriebes erhält, deutet dies auf das Vorliegen von Arbeitnehmerüberlassung

---

71 Schüren/*Schüren*, AÜG, § 1 Rn. 113; Ulber, AÜG Einl. C. Rn. 34; Witten, Vertragsgestaltung und Gesetzesbindung im Recht der Zeitarbeit, S. 63.

72 LAG Köln v. 09.08.1989, 5 TaBV 3/89, LAGE Nr. 28 zu § 99 BetrVG 1972; KR-*Griebeling*, § 1 KSchG Rn. 59; Platzhoff, Arbeitnehmerüberlassung und Legitimität, S. 19; *Steuer*, Die Arbeitnehmerüberlassung als Mittel zur Förderung des Arbeitsmarktes in Deutschland, S. 48; *Ulber*, AÜG Einl. C Rn. 34; *Witten*, Vertragsgestaltung und Gesetzesbindung im Recht der Zeitarbeit, S. 63.

73 BAG v. 08.11.1978, 5 AZR 261/77, DB 1979, 851; BAG v. 26.07.1984, 2 AZR 471/83, EzAÜG Nr. 170; BAG v, 25.06.1986, 5 AZR 493/83, EzAÜG Nr. 202; *Steuer*, Die Arbeitnehmerüberlassung als Mittel zur Förderung des Arbeitsmarktes in Deutschland, S. 49; *Witten*, Vertragsgestaltung und Gesetzesbindung im Recht der Zeitarbeit, S. 63.

74 BAG v. 08.11.1978, 5 AZR 261/77, DB 1979, 851; BAG v. 14.06.1984, 2 AZR 215/83, EzAÜG Nr. 154; BAG v. 27.05.1983, 7 AZR 1210/79, EzAÜG Nr. 126, BAG v. 30.01.1991, 7 AZR 497/89, SAE 1992, 209; LAG Baden-Württemberg v. 13.06.1989, 14 TaBV 11/89, EzAÜG Nr. 313; *Witten*, Vertragsgestaltung und Gesetzesbindung im Recht der Zeitarbeit, S. 63.

75 BAG v. 10.02.1977, 2 ABR 80/76, EzAÜG Nr. 32; BAG v. 14.06.1984, 2 AZR 215/83, EzAÜG Nr. 154; BAG v. 25.06.1986, 5 AZR 493/83, EzAÜG Nr. 202; Schüren/*Hamann*, AÜG, § 1 Rn. 126.

hin.[76] Weiterhin werden zur Abgrenzung zusätzliche Kriterien wie ein abgrenzbarer Leistungsgegenstand[77], die Tragung des Unternehmerrisikos[78], sowie die Struktur[79] und die Organisationsgewalt des entsendenden Unternehmens[80] herangezogen. Entscheidend ist eine Gesamtbetrachtung aller Umstände.[81]

b) Dienstvertrag

Beim Dienstvertrag fehlt der für den Werkvertrag typische Erfolgsbestandteil.[82] Im Gegensatz zum Überlassungsvertrag schuldet der Dienstverpflichtete nicht lediglich die Zurverfügungstellung der Arbeitskraft seines Arbeitnehmers, sondern ist unmittelbar selbst zur Erbringung der Dienste verpflichtet. Allerdings darf der Dienstverpflichtete sich zur Vertragserfüllung eines Erfüllungsgehilfen nach § 278 BGB bedienen, soweit dies abweichend von § 613 BGB vereinbart ist.[83] In der Rechtsprechung wird die Abgrenzung der Arbeitnehmerüberlassung zum Dienstvertrag ebenfalls anhand der genannten Kriterien mit Ausnahme des Erfolgsbezuges wie beim Werkvertrag vorgenommen.[84] In der Hauptsache wird auf die Ausübung der Weisungsbefugnis abgestellt.

c) Mittelbares Arbeitsverhältnis

Eine Abgrenzung ist weiterhin zum mittelbaren Arbeitsverhältnis erforderlich. Beim mittelbaren Arbeitsverhältnis wird ein Arbeitnehmer von einem Mittelsmann eingestellt, der seinerseits Arbeitnehmer eines Dritten ist, wobei die Arbeit mit Wissen des Dritten unmittelbar für diesen geleistet wird, ohne dass mit diesem ein

---

76 BAG v. 30.01.1991, 7 AZR 497/89, SAE 1992, 209; LAG Berlin v. 25.07.1988, 12 Sa 9/88, EzAÜG Nr. 337.

77 BAG 09.11.1994, 7 AZR 217/94, BB 1995, 1293; LAG Bremen v. 11.01.1983, 4 TaBV 9/82, EzAÜG Nr.119.

78 LAG Köln v. 09.08.1989, 5 TaBV 3/89, LAGE Nr. 28 zu § 99 BetrVG 1972.

79 BAG 09.11.1994, 7 AZR 217/94, BB 1995, 1293.

80 BAG v. 08.11.1978, 5 AZR 261/77, DB 1979, 851; BAG v. 30.01.1991, 7 AZR 497/89, SAE 1992, 209.

81 BAG v. 18.01.1989, 7 ABR 21/88, NZA 1989, 724; BAG v. 30.01.1991, 7 AZR 497/89, SAE 1992, 209; LAG Berlin v. 25.07.1988, 12 Sa 9/88, EzAÜG Nr. 337; LAG Hessen v. 21.07.1989, EzAÜG Nr. 335; LAG Köln v. 17.10.1988, 11 Sa 145/88, DB 1989, 884; LAG Köln v. 09.08.1989, 5 TaBV 3/89, LAGE Nr. 28 zu § 99 BetrVG 1972; Schüren/*Hamann*, AÜG, § 1 Rn. 130.

82 BGH v. 16.07.2002, X ZR 27/01, BB 2002, 2039; Schüren/Hamann, AÜG, § 1 Rn. 197; *Witten*, Vertragsgestaltung und Gesetzesbindung im Recht der Zeitarbeit, S. 63.

83 *Schaub*, Arbeitnehmerüberlassung, S. 61; Schüren/*Hamann*, AÜG, § 1 Rn. 199.

84 BAG 31.03.1993, 7 AZR 338/92, AP Nr. 2 zu § 9 AÜG mit Anm. v. *Eckardt*; Schüren/*Hamann* AÜG, § 1 Rn. 201; *Witten*, Vertragsgestaltung und Gesetzesbindung im Recht der Zeitarbeit, S. 63.

Arbeitsvertrag zustande kommt.[85] Beim mittelbaren Arbeitsverhältnis muss der Mittelsmann, im Gegensatz zum Verleiher, Arbeitnehmereigenschaft besitzen.[86] Die Abgrenzung zur Arbeitnehmerüberlassung erfolgt dann anhand der Weisungsbefugnis wie beim Werk- und Dienstvertrag. Ein mittelbares Arbeitsverhältnis liegt vor, wenn der Mittelsmann als vertraglicher Arbeitgeber dem Arbeitnehmer die Weisungen erteilt.[87] Arbeitnehmerüberlassung liegt dagegen vor, wenn der Dritte die Weisungen erteilt.[88]

d) *Arbeitsvermittlung*

Schließlich ist die Arbeitsüberlassung von der Arbeitsvermittlung abzugrenzen. Nach der Zulassung privater Arbeitsvermittlung spielte die Abgrenzung eine Rolle für die Bestimmung des Arbeitgebers.[89] Der Gesetzgeber hatte die Arbeitnehmerüberlassung in § 37 Abs. 3 AVAVG der Arbeitsvermittlung gleichgestellt, um das staatliche Vermittlungsmonopol zu sichern.[90] Diese Gleichstellung hat das Bundesverfassungsgericht 1976 wegen Verstoßes gegen die Berufsfreiheit aufgehoben und das Verbot der Arbeitnehmerüberlassung für unzulässig erklärt.[91]

Die Abgrenzung zwischen Arbeitsvermittlung und Arbeitnehmerüberlassung wurde mit Einführung des Arbeitnehmerüberlassungsgesetzes geregelt. Nach § 1 Abs. 2 AÜG liegt eine Arbeitnehmerüberlassung vor, wenn der Verleiher die Arbeitgeberpflichten übernimmt. Danach kommt bei der Arbeitnehmerüberlassung ein Arbeitsverhältnis zwischen dem Verleiher und dem Arbeitnehmer zustande.[92]

Bei der Arbeitsvermittlung ist die Tätigkeit des Unternehmers hingegen auf den Abschluss eines Arbeitsverhältnisses zwischen dem Arbeitnehmer und einem Dritten gerichtet.[93] Nach § 35 Abs. 1 SGB III ist die Arbeitsvermittlung definiert als jegliche Tätigkeit, die darauf gerichtet ist, Ausbildungssuchende mit Arbeitgebern

---

85 BAG v. 24.06.2004, 2 AZR 215/03, AP Nr. 278 zu § 613a BGB; BAG v. 12.12.2001, 5 AZR 253/00, AP Nr. 111 zu § 611 BGB Abhängigkeit; BAG v. 08.08.1958, 4 AZR 173/55, AP Nr. 3 zu § 611 BGB Mittelbares Arbeitsverhältnis; *Becker/Wulfgramm*, Einl. Rn. 31; KR-*Griebeling*, § 1 KSchG Rn. 62; *Platzhoff*, Arbeitnehmerüberlassung und Legitimität, S. 21; *Röhsler*, AR-Blattei SD 220.3, Mittelbares Arbeitsverhältnis; *Koch* in: Schaub, Arbeitsrechts-Handbuch, § 182 Rn. 1; Schüren/*Hamann*, AÜG, § 1 Rn. 228; *Ulber*, Einl. C Rn. 127; *Waas*, RdA 1993, 153.

86 KR-*Griebeling*, § 1 KSchG Rn. 62; *Platzhoff*, Arbeitnehmerüberlassung und Legitimität, S. 22; *Koch* in: Schaub, Arbeitsrechts-Handbuch, § 182 Rn. 1ff; *Ulber*, AÜG Einl. C. Rn. 34.

87 Schüren/ *Hamann*, AÜG, § 1 Rn. 207; *Ulber* Einl. C Rn. 127.

88 *Schaub*, Arbeitnehmerüberlassung S. 70; *Ulber* Einl. C Rn. 127.

89 Schüren/*Hamann*, AÜG, § 1 Rn. 283, 288.

90 *Platzhoff*, Arbeitnehmerüberlassung, S. 22.

91 BVerfG v. 04.04.1967, 1 BVR 84/65, BVerfGE 21, 261.

92 Schüren/*Hamann*, AÜG, § 1 Rn. 286.

93 *Platzhoff*, Arbeitnehmerüberlassung, S. 25; *Steuer*, Die Arbeitnehmerüberlassung als Mittel zur Förderung des Arbeitsmarktes in Deutschland, S. 38.

zur Begründung eines Ausbildungsverhältnisses und Arbeitssuchende mit Arbeitgebern zur Begründung eines Beschäftigungsverhältnisses zusammenzuführen. Bei der Arbeitsvermittlung erschöpft sich die Rolle des Unternehmers daher in einer rein vermittelnden Tätigkeit, vergleichbar mit der Tätigkeit eines Maklers.[94] Die Tätigkeit ist mit dem Abschluss eines Arbeitsverhältnisses zwischen Arbeitnehmer und Arbeitgeber abgeschlossen.[95] Eine arbeitsvertragliche Beziehung zwischen Vermittler und Arbeitnehmer entsteht hierbei nicht.

Damit schließen sich Arbeitnehmerüberlassung und Arbeitsvermittlung inhaltlich grundsätzlich aus. Nach dem Wegfall des staatlichen Vermittlungsmonopols durch Art. 1 BeschFG[96] dient die Unterscheidung der Arbeitnehmerüberlassung von der Arbeitsvermittlung im Wesentlichen der Feststellung der Anwendbarkeit des Arbeitnehmerüberlassungsgesetzes.[97] Dieses ist allein auf die Arbeitnehmerüberlassung anzuwenden.

III) Historische Entwicklung

Die Arbeitnehmerüberlassung entwickelte sich historisch nicht aus normativen Regelungen, sondern aus der Praxis des Wirtschaftslebens.[98] Dies führte dazu, dass das Leiharbeitsverhältnis mit Sachstrukturen entstand, die den Bedürfnissen der Parteien Rechnung trugen. Folglich sind bei Auslegungsfragen in diesem Zusammenhang der Wille und das Interesse der Parteien und die wirtschaftlichen Bedürfnisse, die zu seiner Entstehung geführt haben, besonders zu berücksichtigen.[99]

1) Gesetzliche Entwicklung in Deutschland

a) Entwicklung bis Inkrafttreten des AÜG

Bis zum ersten Weltkrieg verliefen Arbeitsvermittlung und Arbeitnehmerüberlassung unkontrolliert und richteten sich nach den wirtschaftlichen Bedürfnissen der Unternehmen.[100] In der zweiten Hälfte des 19. Jahrhunderts führten die Industrialisierung und Intensivierung der Landwirtschaft zu einem gestiegenen Bedarf

---

94 *Kämmerer/Thüsing*, Leiharbeit und Verfassungsrecht, S. 15; *Kim*, Die konzerninterne Arbeitnehmerüberlassung durch die Personalführungsgesellschaft und das Betriebsverfassungsrecht, S. 7; *Platzhoff*, Arbeitnehmerüberlassung und Legitimität, S. 25; Thüsing/*Thüsing*, AÜG, Einf. Rn. 3.

95 BVerfG v. 04.04.1967, 1 BVR 84/65, BVerfGE 21, 261; *Platzhoff*, Arbeitnehmerüberlassung und Legitimität, S. 25; Thüsing/*Thüsing*, AÜG, Einf. Rn. 3.

96 BeschFG v. 26.07.1994, BGBl. I 1994, S. 1786.

97 *Platzhoff*, Arbeitnehmerüberlassung und Legitimität, S. 25.

98 *Reinsch*, Das Rechtsverhältnis zwischen Entleiher und Leiharbeitnehmer, S. 34ff.

99 *Reinsch*, Das Rechtsverhältnis zwischen Entleiher und Leiharbeitnehmer, S. 34ff.

100 *Schröder*, Fleißig, billig, schutzlos: Leiharbeitnehmer in Deutschland, S. 32; Schüren/*Schüren*, AÜG, Einl. Rn. 23.

an kurzfristig verfügbaren Arbeitskräften.[101] Dies führte zu der Entstehung von Unternehmen, die sich der Vermittlung beziehungsweise dem Verleih von Arbeitskräften widmeten. Nach Beginn des ersten Weltkrieges wurde eine Reichszentrale für Arbeitsnachweise eingerichtet um den Einsatz der Arbeitskräfte für die Rüstungsindustrie zu kontrollieren.[102]

Die ersten Regelungen der Arbeitnehmerüberlassung wurden zur Regulierung privater Arbeitsvermittlung erlassen. Hintergrund dieser Ansätze war der Arbeitnehmerschutz. Arbeitssuchende sollten vor finanzieller Ausbeutung in Notlagen geschützt werden.[103] Durch das Stellenvermittlergesetz von 1910 wurde die private Arbeitsvermittlung erstmals eingeschränkt und 1922 durch das Arbeitsnachweisgesetz[104] weiterentwickelt.[105] Danach galt gemäß § 48 Abs. 5 Arbeitsnachweisgesetz als verbotene gewerbsmäßige Stellenvermittlung auch die Zuweisung von Arbeitnehmern, deren Arbeitskraft der Zuweisende gewerbsmäßig dritten Personen für vorübergehende Beschäftigung zur Verfügung stellt, ohne die Arbeitgeberfunktion für die vermittelten Personen zu übernehmen.[106] Auch im Nationalsozialismus wurde die Arbeitnehmerüberlassung abgelehnt und schließlich verboten.[107]

Nach der Gründung der Bundesrepublik wurde die Arbeitnehmerüberlassung durch Inkrafttreten des Gesetzes über Arbeitsvermittlung und Arbeitslosenversicherung (AVAVG)[108] verboten.[109] Mit diesem Verbot sollte dem Schutzbedürfnis der

---

101 Schüren/*Schüren*, AÜG Einl. Rn. 23.

102 *Schröder*, Fleißig, billig, schutzlos: Leiharbeitnehmer in Deutschland, S. 32; Schüren/*Schüren*, AÜG, § 1 Rn. 23.

103 *Kämmerer/Thüsing*, Leiharbeit und Verfassungsrecht, Vorwort; *Steuer*, Die Arbeitnehmerüberlassung als Mittel zur Förderung des Arbeitsmarktes in Deutschland, S. 30.

104 Arbeitsnachweisgesetz vom 22.07.1922, RGBl. 1922, I, S. 657.

105 Schüren/*Schüren*, AÜG, § 1 Rn. 23; *Pollert/Spieler*, Die Arbeitnehmerüberlassung in der betrieblichen Praxis, S. 3; Witten, Vertragsgestaltung und Gesetzesbindung im Recht der Zeitarbeit, S. 37.

106 *Platzhoff*, Arbeitnehmerüberlassung und Legitimität, S. 27; *Witten*, Vertragsgestaltung und Gesetzesbindung im Recht der Zeitarbeit, S. 37.

107 Erlass des Reichsarbeitsministeriums 1941, RABl. I S. 6; Schüren/*Schüren*, AÜG, Einl. Rn. 33; *Steuer*, Die Arbeitnehmerüberlassung als Mittel zur Förderung des Arbeitsmarktes in Deutschland, S. 30; *Witten*, Vertragsgestaltung und Gesetzesbindung im Recht der Zeitarbeit, S. 37.

108 AVAVG v. 03.04.1957, BGBl. 1957, S. 321.

109 *Platzhoff*, Arbeitnehmerüberlassung und Legitimität, S. 29; *Pollert/Spieler*, Die Arbeitnehmerüberlassung in der betrieblichen Praxis, S. 3; *Schröder*, Fleißig, billig, schutzlos: Leiharbeitnehmer in Deutschland, S. 32; Schüren/*Schüren*, AÜG Einl. Rn. 43; *Steuer*, Die Arbeitnehmerüberlassung als Mittel zur Förderung des Arbeitsmarktes in Deutschland, S. 30; *Witten*, Vertragsgestaltung und Gesetzesbindung im Recht der Zeitarbeit, S. 37.

Leiharbeitnehmer Rechnung getragen werden und die als sozialschädlich angesehene Arbeitnehmerüberlassung abgeschafft werden.[110]

Dieses Verbot erklärte der erste Senat des Bundesverfassungsgerichtes 1967 für verfassungswidrig.[111] Die Arbeitnehmerüberlassung unterfalle dem Schutzbereich des Art. 12 GG und stelle eine legitime Beschäftigungsform dar. Das Bundesverfassungsgericht erteilte in diesem Urteil dem Gesetzgeber den Auftrag die Arbeitnehmerüberlassung sozialverträglich zu gestalten. Im Jahr 1970 entschied das Bundessozialgericht, eine Lohnzahlungspflicht des Verleihers liege bei der Arbeitnehmerüberlassung auch für verleihfreie Zeiten vor.[112]

b) Entwicklung seit Inkrafttreten des AÜG

Nach dem Urteil des Verfassungsgerichtes fand eine Zunahme der Leiharbeit statt.[113] Dieser Entwicklung wurde durch die Verabschiedung des Arbeitnehmerüberlassungsgesetzes im Jahr 1972 Rechnung getragen.[114] Ziel des Gesetzes war eine sozialverträgliche Regelung der Arbeitnehmerüberlassung sowie der Schutz der Arbeitnehmer.[115] Das Arbeitnehmerüberlassungsgesetz führte seit der Wiederzulassung der Zeitarbeit erstmals Mindeststandards für den Schutz der Leiharbeitnehmer ein. Zunächst durften Leiharbeitnehmer nur für drei Monate beschäftigt werden. Diese Spanne wurde nach und nach verlängert und die Beschränkung schließlich ganz aufgehoben.[116]

---

110 *Kämmerer/Thüsing*, Leiharbeit und Verfassungsrecht, S. 5.

111 BVerfG v. 04.04.1967, 1 BvR 84/65, BVerfGE 21, 261.

112 BSG v. 29.07.1970, 7 RAR 44/68, BSGE 31, 235; *Schröder*, Fleißig, billig, schutzlos: Leiharbeitnehmer in Deutschland, S. 32.

113 *Platzhoff*, Arbeitnehmerüberlassung und Legitimität, S. 32; *Sandmann/Marschall*, AÜG, Einl. Rn. 15; Steuer, Die Arbeitnehmerüberlassung als Mittel zur Förderung des Arbeitsmarktes in Deutschland, S. 31; *Witten*, Vertragsgestaltung und Gesetzesbindung im Recht der Zeitarbeit, S. 38.

114 *Becker/Wulfgramm*, AÜG Einl. Rn. 111 ff; *Steuer*, Die Arbeitnehmerüberlassung als Mittel zur Förderung des Arbeitsmarktes in Deutschland, S. 32.

115 Begründung zum Regierungsentwurf v. 15.06.1971, BT-Drucks. 6/2303, S. 9; *Pollert/Spieler*, Die Arbeitnehmerüberlassung in der betrieblichen Praxis, S. 5; *Sandmann/Marschall/Schneider*, AÜG, Einl. IV. a. Rn. 21.

116 Gesetz zur Bekämpfung der illegalen Beschäftigung (BillBG) v. 15.12.1981, BGBl. 1981, I, S. 1390; Beschäftigungsförderungsgesetz (BeschfG) v. 26.04.1985, BGBl. 1985 I, S. 710; Erstes Gesetz zur Umsetzung des Spar-, Konsolidierungs- und Wachstumsprogamms (1. SKWPG) v. 21.12.1993, BGBl. 1993 S. 2353; Arbeitsförderungsreformgesetz (AFRG) v. 24.03.1997, BGBl. 1997, I, S. 594; Gesetz zur Reform der arbeitsmarktpolitischen Instrumente (Job-AQTIV-Gesetz) v. 10.12.2001, BGBl. 2001 I, S. 3443, S. 3462; *Kim*, Die konzerninterne Arbeitnehmerüberlassung durch die Personalführungsgesellschaft und das Betriebsverfassungsrecht, S. 1; *Platzhoff*, Arbeitnehmerüberlassung und Legitimität, S. 85; *Schröder*, Fleißig, billig, schutzlos:

aa) Job-AQTIV-Gesetz

Mit dem Job-AQTIV-Gesetz[117] wurde den Leiharbeitnehmern erstmals mit § 10 Abs. 5 AÜG a.F. ein Anspruch auf die Arbeitsbedingungen vergleichbarer Arbeitnehmer im Entleihbetrieb ab dem 13. Überlassungsmonat eingeräumt.

bb) Erstes Gesetz über moderne Dienstleistungen am Arbeitsmarkt

Mit dem ersten Gesetz über moderne Dienstleistungen am Arbeitsmarkt[118] entschied sich der Gesetzgeber, statt einer Regulierung und Begrenzung, für eine Förderung der Arbeitnehmerüberlassung.[119] Die Arbeitnehmerüberlassung wurde als arbeitsmarktpolitisches Instrument zur Wiedereingliederung der Arbeitslosen gesehen.[120]

Mit der angestrebten Deregulierung sollte eine Beschäftigungsförderung erreicht werden.[121] Als Bestandteil dieser Deregulierung wurden die Höchstüberlassungsdauer sowie das Wiedereinstellungsverbot und das Synchronisationsverbot nach § 3 AÜG a.F. abgeschafft.[122] Im Gegenzug wurden die Grundsätze „Equal Pay" und „Equal Treatment" eingeführt. Nach § 3 Abs. 1 Nr. 3, § 9 Nr. 2, § 10 Abs. 4 AÜG haben Leiharbeitnehmer grundsätzlich Anspruch auf die Arbeitsbedingungen vergleichbarer Arbeitnehmer im Einsatzbetrieb. Von diesem Grundsatz kann jedoch durch den Abschluss eines Tarifvertrages abgewichen werden.[123] Das Bundesverfassungsgericht hat die Gesetzesänderung im Jahr 2004 bestätigt.[124] Der Eingriff in die Koalitionsfreiheit sei gerechtfertigt, da die neue Regelung die Stellung

---

Leiharbeitnehmer in Deutschland, S. 32; *Witten*, Vertragsgestaltung und Gesetzesbindung im Recht der Zeitarbeit, S. 40.

117 JobAQTIV-Gesetz v. 10.12.2001, BGBl. 2001, I, S. 3443.

118 Erstes Gesetz für moderne Dienstleistungen am Arbeitsmarkt v. 23.12.2002, BGBl. 2002 I, S. 4607.

119 Gesetzesbegründung Erstes Gesetz über moderne Dienstleistungen am Arbeitsmarkt, BT-Drucks. 15/25 v. 05.11.2002, S. 23; BAG v. 09.12.2003, 9 AZR 16/03, AP Nr. 8 zu § 8 TzBfG; *Düwell/Dahl*, DB 2009, 1070; *Kämmerer/Thüsing*, Leiharbeit und Verfassungsrecht, S. 5; *Platzhoff*, Arbeitnehmerüberlassung und Legitimität, S. 79; Thüsing/*Thüsing* AÜG Einl. Rn. 30.

120 Gesetzesbegründung Erstes Gesetz über moderne Dienstleistungen am Arbeitsmarkt, BT-Drucks. 15/25 v. 05.11.2002, S. 2, 39.

121 *Düwell/Dahl*, DB 2009, 1070; *Lembke*, BB 2010, 1533; *Platzhoff*, Arbeitnehmerüberlassung und Legitimität, S. 85; Schüren/*Schüren*, AÜG Einl. Rn. 87.

122 *Düwell/Dahl*, DB 2009, 1070; *Lembke*, BB 2010, 1533; *Kim*, Die konzerninterne Arbeitnehmerüberlassung durch die Personalführungsgesellschaft und das Betriebsverfassungsrecht, S. 1; *Platzhoff*, Arbeitnehmerüberlassung und Legitimität, S. 85.

123 *Lembke*, BB 2010, 1533; *Raab*, ZfA 2003, 389 (408); *Schüren*, RdA 2007, 231.

124 BVerfG v. 29.12.2004, 1 BvR 2283/03, AP Nr. 2 zu § 3 AEntG; dem BVerfG zustimmend *Raab*, ZfA 2003, 389 (417).

der Leiharbeitnehmer verbessere und damit dem Schutz der Berufsfreiheit nach Art. 12 Abs. 1 GG diene.[125]

Mit dem neu eingeführten Gleichbehandlungsgebot sollte der Arbeitnehmerschutz erhöht und die Arbeitnehmerüberlassung attraktiver gestaltet werden.[126] Die zum 01.03.2003 in Kraft getretenen Änderungen des Arbeitnehmerüberlassungsgesetzes fanden nach § 19 AÜG erst für die ab April 2004 begründeten Leiharbeitsverhältnisse Anwendung. Bis zum Inkrafttreten der Änderungen wurden flächendeckend Tarifvereinbarungen geschlossen, durch die die Anwendung von Equal Pay vermieden wurde.[127]

cc) Gesetz zur Sicherung von Beschäftigung und Stabilität

Wegen der bestehenden Wirtschaftskrise und zur Sicherung der Arbeitsplätze in der Leiharbeitsbranche eröffnete das Gesetz zur Sicherung von Beschäftigung und Stabilität vom 02.03.2009[128] vorübergehend die Möglichkeit der Inanspruchnahme von Kurzarbeit in der Zeitarbeit.[129] Diese Regelung lief jedoch nach § 11 Abs. 4 S. 2 AÜG zum 31.12.2011 aus.[130]

dd) Gesetz zur Verhinderung von Missbrauch der Arbeitnehmerüberlassung

Zur Umsetzung der europäischen Leiharbeitsrichtlinie[131] und zur Verhinderung missbräuchlicher Nutzung der Leiharbeit trat das „Gesetz zur Verhinderung von Missbrauch der Arbeitnehmerüberlassung" in Kraft.[132] Nach dem in die öffentliche Diskussion geratenen „Fall Schlecker" beschloss die Bundesregierung am 15.12.2010 den Regierungsentwurf eines ersten Gesetzes zur Änderung des Arbeitnehmerüberlassungsgesetzes.[133] Am 24.03.2011 wurde das Gesetz vom Bundestag

---

125 BVerfG v. 29.12.2004, 1 BvR 2283/03, AP Nr. 2 zu § 3 AEntG.

126 Gesetzesbegründung Erstes Gesetz über moderne Dienstleistungen am Arbeitsmarkt, BT-Drucks. 15/25 v. 05.11.2002, S. 24, 38.

127 *Pollert/Spieler*, Die Arbeitnehmerüberlassung in der betrieblichen Praxis, Vorwort.

128 Gesetz zur Sicherung von Beschäftigung und Stabilität v. 02.03.2009, BGBl. 2009, Teil 1, Nr. 11, S. 416.

129 Gesetzentwurf Gesetz zur Sicherung von Beschäftigung und Stabilität in Deutschland, BT-Drucks. 16/11740, S. 1 A) Problem und Ziel.

130 Art. 26 Gesetz zur Verbesserung der Eingliederungschancen am Arbeitsmarkt v. 20.12.2011, BGBl. 2011, Teil 1, Nr. 96.

131 Richtlinie 2008/104/EG des Europäischen Parlamentes und des Rates vom 19.11.2008 über Leiharbeit, ABl. L 327 vom 05.12.2008.

132 Erstes Gesetz zur Änderung des Arbeitnehmerüberlassungsgesetzes – Verhinderung von Missbrauch der Arbeitnehmerüberlassung v. 28.04.2011, BGBl. 2011, Teil 1, Nr. 18 S. 642; *Düwell/Dahl*, DB 2010, 1759; *Hamann*, NZA 2011, 70; *Hansen/Ragnit*, AuA 2011, 8; *Klebe*, AiB 2010, 646; *Lemke*, DB 2011, 414; *Pollert/Spieler*, Die Arbeitnehmerüberlassung in der betrieblichen Praxis, S. 9; *Ulber*, AUR 2010, 412; *Zimmermann*, ArbR 2011, 62.

133 *Lemke*, BB 2011, 414.

verabschiedet.[134] Durch die Gesetzesänderung entfällt in § 1 AÜG die Beschränkung des Anwendungsbereiches des Arbeitnehmerüberlassungsgesetzes auf die gewerbsmäßige Arbeitnehmerüberlassung.[135] Diese Änderung erfolgte aufgrund des Wortlautes der europäischen Leiharbeitsrichtlinie, die in Art. 1 Abs. 2 RL den Anwendungsbereich für Leiharbeitsunternehmen oder entleihende Unternehmen eröffnet, die eine wirtschaftliche Tätigkeit ausüben.[136] Die Leiharbeitsrichtlinie eröffnet den Anwendungsbereich daher, anders als § 1 AÜG, sowohl für die gewerbsmäßige, als auch für die nicht gewerbsmäßige Arbeitnehmerüberlassung.[137] Die Anpassung erfolgt durch die Ersetzung der Formulierung „gewerbsmäßig" durch „im Rahmen ihrer wirtschaftlichen Tätigkeit", in § 1 Abs. 1 S. 1 des Arbeitnehmerüberlassungsgesetzes.[138] Damit unterfällt zukünftig jegliche Arbeitnehmerüberlassung, die im Rahmen einer wirtschaftlichen Tätigkeit ausgeübt wird, der Erlaubnispflicht nach § 1 AÜG n.F.

Weiterhin wird nach Artikel 1 Nr. 2 a) bb) des ersten Gesetzes zur Änderung des Arbeitnehmerüberlassungsgesetzes (AÜG) vom 28.04.2011 nach § 1 Abs. 1 S. 1 AÜG a. F. der Satz eingefügt:

> *„Die Überlassung von Arbeitnehmern an den Entleiher erfolgt vorübergehend."*[139]

Damit orientiert sich die Neufassung am Wortlaut der Richtlinie 2008/104/EG, die in Art. 1 und Art. 3 ebenfalls von einem vorübergehenden Verleih von Arbeitskräften ausgeht. Dieser Teil des Gesetzes trat am 01.12.2011 in Kraft. Die Änderung hat in der Literatur und in der Praxis die Frage aufgeworfen, ob nach der neuen Rechtslage die dauerhafte Arbeitnehmerüberlassung als unzulässig zu betrachten ist, bzw. unter welchen Voraussetzungen die Überlassung noch als vorübergehend zu betrachten ist.[140] Das Gesetz regelt zwar, dass die Überlassung von Arbeitnehmern nur vorübergehend erfolgen soll, legt jedoch keine Höchstüberlassungsfristen fest.

---

134 Pressemeldung des Bundestages, http://www.bundestag.de/dokumente/textarchiv/2011/33857008_kw12_angenommen_abgelehnt/index.html, Stand: 01.07.2012.

135 Erstes Gesetz zur Änderung des Arbeitnehmerüberlassungsgesetzes – Verhinderung von Missbrauch der Arbeitnehmerüberlassung v. 28.04.2011, BGBl. 2011, Teil 1, Nr. 18 S. 642 ff.

136 RL 2008/104/EG des Europäischen Parlaments und des Rates vom 19.11.2008 über Leiharbeit, ABLEU L 327 vom 05.12.2008.

137 *Boemke*, RIW 2009, 177; *Hansen/Ragnit*, AuA 2011, 8; *Lembke* BB 2010, 1533; *Lembke*, DB 2011, 414; *Ulber*, AuR 2010, 1533.

138 Erstes Gesetz zur Änderung des Arbeitnehmerüberlassungsgesetzes – Verhinderung von Missbrauch der Arbeitnehmerüberlassung v. 28.04.2011, BGBl. 2011, Teil 1, Nr. 18 S. 642ff.

139 Erstes Gesetz zur Änderung des Arbeitnehmerüberlassungsgesetzes – Verhinderung von Missbrauch der Arbeitnehmerüberlassung v. 28.04.2011, BGBl. 2011, Teil 1, Nr. 18 S. 642ff.

140 *Hamann* NZA 2011, 70; *Rosenau/Mosch*, NJW-Spezial 2011, 242.

Der in der Richtlinie als zentraler Punkt vorgesehene Grundsatz des Equal Pay und Equal Treatment, wurde in Deutschland bereits im Zuge der Hartz-Gesetze umgesetzt. Mit den Änderungen entfällt nun zusätzlich die sechswöchige Ausnahme von diesem Grundsatz für zuvor Arbeitslose nach § 3 Abs. 1 Nr. 3 S. 1 Hs. 1 AÜG, da diese Ausnahme von der Leiharbeitsrichtlinie nicht vorgesehen ist.[141] Weiterhin werden in Umsetzung der Richtlinie die Rechte der Leiharbeitnehmer auf Information und Zugang zu den Gemeinschaftseinrichtungen im Einsatzbetrieb gestärkt. So werden in §§ 13 a und b AÜG n.F. die Ansprüche des Leiharbeitnehmers auf Information über freie Arbeitsplätze und auf Zugang zu Gemeinschaftseinrichtungen im Entleihbetrieb festgeschrieben.[142]

Vor dem Hintergrund des „Schleckerfalles" wurde die sogenannte „Drehtürklausel" in das Arbeitnehmerüberlassungsgesetz aufgenommen.[143] Die Neuregelung in § 3 Abs. 1 Nr. 3 S. 3 AÜG sieht vor, dass eine vom Equal Pay Grundsatz abweichende Regelung, nicht für Leiharbeitnehmer gilt, die in den letzten sechs Monaten vor der Überlassung in einem Arbeitsverhältnis zum Entleiher, oder einem anderen Konzernunternehmen standen.[144] Die Regelung stellt eine Einschränkung der Tariföffnungsklausel in §§ 3 Abs. 1 Nr. 3, 9 Nr. 2 AÜG dar.[145] Damit soll verhindert werden, dass Arbeitsplätze zur Lohnkostensenkung auf Leiharbeitsunternehmen ausgegliedert werden, um die gleichen Arbeitnehmer auszuleihen und zu schlechteren Bedingungen auf den alten Arbeitsplätzen zu beschäftigen.[146] Dieses Vorgehen wird als „Drehtüreffekt" oder „sale and lease back" bezeichnet. Durch die Neuregelung wird der Einsatz von Leiharbeit in diesen Fällen nicht untersagt, sondern die Anwendung des Gleichbehandlungsgebotes vorgeschrieben.[147] Durch die gesetzliche Festschreibung des Equal Pay Grundsatzes lässt sich die von den Unternehmen beabsichtigte Kostenersparnis nicht mehr verwirklichen.

---

141 Erstes Gesetz zur Änderung des Arbeitnehmerüberlassungsgesetzes – Verhinderung von Missbrauch der Arbeitnehmerüberlassung v. 28.04.2011, BGBl. 2011, Teil 1, Nr. 18 S. 642 ff.; *Boemke*, RIW 2009, 177; *Fuchs*, NZA 2009, 57; *Lembke*, DB 2011, 414; *Thüsing*, RdA 2009, 118.

142 Erstes Gesetz zur Änderung des Arbeitnehmerüberlassungsgesetzes – Verhinderung von Missbrauch der Arbeitnehmerüberlassung v. 28.04.2011, BGBl. 2011, Teil 1, Nr. 18 S. 642 ff.; *Lembke*, DB 2011, 414.

143 *Düwell/Dahl,*DB 2010, 1759; *Lembke*, BB 2010, 1533; *Lembke*, DB 2011, 414.

144 Erstes Gesetz zur Änderung des Arbeitnehmerüberlassungsgesetzes – Verhinderung von Missbrauch der Arbeitnehmerüberlassung v. 28.04.2011, BGBl. 2011, Teil 1, Nr. 18 S. 642 ff.

145 *Lembke*, DB 2011, 414.

146 BR. Drucks. 847/10, S. 9.

147 Erstes Gesetz zur Änderung des Arbeitnehmerüberlassungsgesetzes – Verhinderung von Missbrauch der Arbeitnehmerüberlassung v. 28.04.2011, BGBl. 2011, Teil 1, Nr. 18 S. 642 ff.; *Lembke*, DB 2011, 414; *Lembke*, BB 2010, 1533.

ee) *Mindestlohnverordnung vom 21.12.2011*

Mit der ersten Verordnung über eine Lohnuntergrenze in der Arbeitnehmerüberlassung vom 21.12.2011[148] wurde ab dem 01.01.2012 durch Rechtsverordnung des Bundesministeriums für Arbeit und Soziales aufgrund § 3 a AÜG ein verbindlicher Mindestlohn für Leiharbeitnehmer eingeführt. Dieser beträgt gestuft für den Zeitraum bis 31.10.2012 7,01 EUR brutto pro Stunde für den Bereich Ost und 7,89 EUR im Westen. Für den Zeitraum vom 01.11.2012 bis 31.10.2013 erhöhen sich diese Beträge auf 7,50 EUR bzw. 8,19 EUR.[149]

2) Tarifsituation

Seit der Reform des Arbeitnehmerüberlassungsgesetzes durch das erste Gesetz für moderne Dienstleistungen am Arbeitsmarkt[150] ist der Verleiher nach § 9 Nr. 2 AÜG verpflichtet, dem Leiharbeitnehmer die gleichen Arbeitsbedingungen und das gleiche Arbeitsentgelt zu gewähren, wie dies im Einsatzbetrieb üblich ist.[151] Dieser Grundsatz kann jedoch nach § 9 Nr. 2 AÜG durch Tarifvertrag abbedungen werden.

Um das in der Zeitarbeitsbranche traditionell niedrigere Lohnniveau[152] zu halten, finden in fast allen Zeitarbeitsunternehmen Tarifverträge Anwendung.[153] Dies kann durch Tarifbindung oder einzelvertragliche Inbezugnahme geschehen.[154] Wegen des geringen Organisationsgrades in der Zeitarbeit finden die Tarifverträge fast ausschließlich über einzelvertragliche Bezugnahmeklauseln Anwendung.[155]

---

148 Erste Verordnung über eine Lohnuntergrenze in der Arbeitnehmerüberlassung vom 21.12.2011, Bundesanzeiger 2011, Nummer 195, S. 4608.

149 § 2 Abs. 2 der ersten Verordnung über eine Lohnuntergrenze in der Arbeitnehmerüberlassung, Bundesanzeiger 2011, Nummer 195, S. 4608.

150 Erstes Gesetz für moderne Dienstleistungen am Arbeitsmarkt vom 23.12.2002, BGBl. 2002 I, S. 4607.

151 *Schüren*, RdA 2007, 231.

152 *Blanke*, Rechtsgutachten Umsetzung der EU-Richtline Leiharbeit, S.13; Bundesagentur für Arbeit, Arbeitsmarktberichterstattung: Der Arbeitsmarkt in Deutschland, aktuelle Entwicklungen in der Zeitarbeit, Januar 2012, S. 20f.; *Kim*, Die konzerninterne Arbeitnehmerüberlassung durch die Personalführungsgesellschaft und das Betriebsverfassungsrecht, S. 37f.; *Schüren*, RdA 2007, 231; *Seifert/Brehmer*, WSI Mitteilungen 2008, 335.

153 *Pollert/Spieler*, Die Arbeitnehmerüberlassung in der betrieblichen Praxis, Vorwort.

154 *Düwell/Dahl*, DB 2009, 1070; *Lembke*, BB 2010, 1533.

155 *Blanke*, Rechtsgutachten: Welche Änderungen des deutschen Gesetzes erfordert die Umsetzung der EU-Richtlinie Leiharbeit, S. 13; *Lembke*, BB 2005, 495; *Pollert/Spieler*, Die Arbeitnehmerüberlassung in der betrieblichen Praxis, S. 147; *Schüren/Behrend*, NZA 2003, 521; *Steuer*, Die Arbeitnehmerüberlassung als Mittel zur Förderung des Arbeitsmarktes in Deutschland, S. 175; *Ulber*, NZA 2008, 438.

Die Tarifbindung der Zeitarbeitsunternehmen wird auf 85 bis 95% geschätzt.[156] Darüber hinaus wenden jedoch auch die nicht tarifgebundenen Zeitarbeitsunternehmen die Tarifverträge durch einzelvertragliche Inbezugnahme an. Zwischenzeitlich wurden flächendeckend Tarifverträge zur Entgeltabsenkung abgeschlossen. Neue Arbeitsverträge werden nur noch mit Bezugnahmeklauseln vereinbart, so dass der gesetzliche Gleichbehandlungsgrundsatz in nahezu keinem Leiharbeitsverhältnis gilt.[157] Es sind in Deutschland keine Zeitarbeitsunternehmen bekannt, die nicht einen entsprechenden Tarifvertrag anwenden.[158] Das Lohnniveau der vereinbarten Tarifabschlüsse liegt bis zu 50% unter dem vergleichbarer Arbeitnehmer in den Entleihunternehmen.[159]

Der DGB war wegen der Vorbehalte der Gewerkschaften gegen die Arbeitnehmerüberlassung zunächst nicht bereit entsprechende Tarifverträge abzuschließen. Erst das Auftreten der christlichen Gewerkschaften (CGZP) und deren Abschluss erster Tarifverträge hatten ein Umdenken zur Folge.[160]

In Deutschland finden heute im Wesentlichen zwei große Flächentarifverträge Anwendung. Zum einen der Tarifvertrag des DGB mit dem BZA[161] und der Tarifvertrag zwischen DGB und IGZ[162]. Weitere Branchentarifverträge mit bundesweiter Geltung wurden von der Interessengemeinschaft Nordbayrischer Zeitarbeitsunternehmen (INZ), dem Arbeitgeberverband Mittelständischer Zeitarbeitsunternehmen (MVZ) sowie der Bundesvereinigung Deutscher Dienstleistungsunternehmen (BVD) mit der Tarifgemeinschaft Christliche Gewerkschaften Zeitarbeit und PSA (CGZP) abgeschlossen.[163] Daneben finden zahlreiche Haustarifverträge Anwendung[164], die meist schlechtere Arbeitsbedingungen vereinbaren, als die entsprechenden Flächentarifverträge. Hier schloss wiederum die CGZP Haustarifverträge, die eine weitere

---

156 *Kramme*, Leiharbeit (1/2009), Hintergrundpapier zur Leiharbeit, S. 2; Schüren, NZA 2007, 1213.

157 *Kramme*, Leiharbeit (1/2009), Hintergrundpapier zur Leiharbeit, S. 2; *Schüren*, RdA 2007, 231; *Schüren*, RdA 2006, 303; *Steuer*, Die Arbeitnehmerüberlassung als Mittel zur Förderung des Arbeitsmarktes in Deutschland, S. 171.

158 *Steuer*, Die Arbeitnehmerüberlassung als Mittel zur Förderung des Arbeitsmarktes in Deutschland, S. 175.

159 Bundesagentur für Arbeit, Arbeitsmarktberichterstattung: Der Arbeitsmarkt in Deutschland, aktuelle Entwicklungen in der Zeitarbeit, Januar 2012, S. 20f.; *Steuer*, Die Arbeitnehmerüberlassung als Mittel zur Förderung des Arbeitsmarktes in Deutschland, S. 172; *Schüren*, RdA 2007, 231.

160 *Düwell/Dahl*, DB 2009, 1070 (1071).

161 Manteltarifvertrag Zeitarbeit zwischen BZA und DGB in der Fassung des Änderungstarifvertrages vom 09.03.2010.

162 Manteltarifvertrag Zeitarbeit zwischen IGZ und DGB in der Fassung des Änderungstarifvertrages vom 30.04.2010.

163 *Lembke*, BB 2010, 1533; Schüren/*Schüren*, AÜG, § 9 Rn. 109; *Steuer*, Die Arbeitnehmerüberlassung als Mittel zur Förderung des Arbeitsmarktes in Deutschland, S. 173.

164 *Gutmann/Kilian*, Zeitarbeit – Fakten, Trends und Visionen, S. 64.

Absenkung des Lohnniveaus ermöglichen.[165] Grundsätzlich tendieren die größeren Zeitarbeitsunternehmen zur Anwendung von Tarifverträgen mit höheren Entgelten und längeren Laufzeiten, während kleinere Unternehmen zu den Billigtarifverträgen der CGZP tendieren.[166]

Die Tariffähigkeit der CGZP wurde bereits seit längerem bezweifelt.[167] Voraussetzung für die Tariffähigkeit ist eine gewisse soziale Mächtigkeit, also die Fähigkeit aufgrund der Mitgliederstärke oder einer Streikdrohung Druck auf den Arbeitgeber auszuüben.[168] Aufgrund des geringen Organisationsgrades und des Verdachtes der Gefälligkeitstarifverträge wurde der CGZP diese Mächtigkeit abgesprochen.[169] Eine fehlende Tariffähigkeit führt zur Nichtigkeit des entsprechenden Tarifvertrages.[170] Bei einer Nichtigkeit ist der Arbeitgeber daher zur Anwendung des Equal Pay Gebotes verpflichtet. Mit Beschluss vom 14.12.2010[171] hat der erste Senat des Bundesarbeitsgerichtes die fehlende Tariffähigkeit der CGZP festgestellt. Die CGZP sei keine tariffähige Spitzenorganisation nach § 2 Abs. 3 TVG, weil ihre Mitgliedsgewerkschaften sich nicht im Umfang ihrer Tariffähigkeit zusammengeschlossen haben. Der in der Satzung der CGZP festgelegte Organisationsbereich gehe über den ihrer Mitgliedsgewerkschaft hinaus.[172] Diese Entscheidung hat der erste Senat des Bundesarbeitsgerichtes in seinen Entscheidungen vom 23.05.2012[173] und 24.07.2012[174] dahingehend bestätigt, dass die CGZP auch in der Vergangenheit keine tariffähige Spitzenorganisation war.

Die Entscheidung des Bundesarbeitsgerichtes betrifft jedoch lediglich die Tariffähigkeit der CGZP. Über die Tariffähigkeit der einzelnen Mitgliedsgewerkschaften

---

165 Auflistung der CGZP Haustarifverträge Stand 08.03.2010, BT Drucks. 17/1121, 6; *Lembke*, BB 2010, 1533; *Schüren*, NZA 2008, 453; Schüren/*Schüren*, AÜG, § 9 Rn. 111.

166 *Steuer*, Die Arbeitnehmerüberlassung als Mittel zur Förderung des Arbeitsmarktes in Deutschland, S. 174, 185.

167 ArbG Osnabrück v. 15.01.2007, 3 Ca 535/06, AuR 2007, 182; ArbG Berlin v. 01.04.2009, 35 BV 17008/08, BB 2009, 1477; ArbG Berlin v. 16.01.2007, 81 Ca 27913/05; ArbuR 2007, 182; ArbG Limburg v. 19.11.2008, 1 Ca 541/08 n.v.; LAG Berlin v. 07.12.2009, 23 TaBV 1016/09, BB 2010, 1927; *Schindele*, AuR 2008, 31; *Schüren*, NZA 2007, 1213; *Ulber*, NZA 2008, 438.

168 BAG v. 14.12.2010, 1 ABR 19/10, BB 2011, 827; ErfK/ *Franzen*, § 2 TVG, Rn. 7, Rn. 11ff.

169 ArbG Osnabrück v. 15.01.2007, 3 Ca 535/06, AuR 2007, 182; ArbG Berlin v. 01.04.2009, 35 BV 17008/08, BB 2009, 1477; LAG Berlin v. 07.12.2009, 23 TaBV 1016/09, BB 2010, 1927; *Schindele*, AuR 2008, 31; *Schüren*, NZA 2007, 1213; *Ulber*, NZA 2008, 438; a.A. *Lembke*, NZA 2007, 1333.

170 *Steuer*, Die Arbeitnehmerüberlassung als Mittel zur Förderung des Arbeitsmarktes in Deutschland, S. 190.

171 BAG v. 14.12.2010, 1 ABR 19/10, BB 2011, 827.

172 BAG v. 14.12.2010, 1 ABR 19/10, BB 2011, 827.

173 BAG v. 23.05.2012, 1 AZB 58/11, NZA 2012, 623.

174 BAG v. 24.07.2012, 1 AZB 47/11, NZA 2012, 1061.

selbst trifft der Beschluss jedoch keine Aussage.[175] Damit bleibt die Frage offen, ob die CGZP als Tarifgemeinschaft nach § 2 Abs. 1 TVG die Tarifverträge im Namen ihrer Mitgliedsgewerkschaften schließen konnte.[176] Die von der Spitzenorganisation im eigenen Namen geschlossenen Verträge sind nichtig, womit grundsätzlich das Equal Pay Gebot in Kraft tritt. Mit der Entscheidung des Bundesarbeitsgerichtes drohen den Zeitarbeitsunternehmen Nachforderungen der Arbeitnehmer, die rückwirkend Anspruch auf die entsprechende Vergütung vergleichbarer Arbeitnehmer des Entleihunternehmens nach § 10 Abs. 4 AÜG haben. Unabhängig davon bestehen Nachforderungen der Sozialversicherungsträger.[177]

Da die Tariffähigkeit der christlichen Einzelgewerkschaften bislang nicht geklärt ist, sind die Auswirkungen der Entscheidung auf die Tariflandschaft und die Lohnentwicklung in der Zeitarbeitsbranche bislang noch nicht abzuschätzen. Ob durch ein Ausscheiden der christlichen Gewerkschaften ein Ansteigen des Lohnniveaus zu erwarten ist, bleibt daher abzuwarten.

3) Europarechtliche Vorgaben

In der Europäischen Union gab es bereits länger Bemühungen die Arbeitnehmerüberlassung auf europäischer Ebene zu regeln.[178] Die diesbezüglich von der Kommission vorgelegten Vorschläge wurden mehrfach abgelehnt.[179] 1990 trat die Richtlinie über die Sicherheit und den Gesundheitsschutz von Leiharbeitnehmern in Kraft.[180] In den anderen Bereichen blieb die Arbeitnehmerüberlassung auf europäischer Ebene vorerst ungeregelt.[181]

---

175 *Gutmann/Kilian*, Zeitarbeit – Fakten, Trends und Visionen, S. 74; Thüsing, CGZP keine tariffähige Spitzenorganisation, www.haufe.de/personal/news Details?newsID=1292429534.04, Stand 01.07.2012; *Bauer*, BAG-Urteil zur CGZP, www.haufe.de/personal/newsDetails?newsID=1292858053.2, Stand 01.07.2012.

176 *Thüsing*, CGZP keine tariffähige Spitzenorganisation, www.haufe.de/ personal/ne wsDetails?newsID=1292429534.04, Stand 01.07.2012; Bauer, BAG-Urteil zur CGZP, www.haufe.de/ personal/news Details?newsID=1292858053.2, Stand 01.07.2012.

177 *Gutmann/Kilian*, Zeitarbeit – Fakten, Trends und Visionen, S. 75; Schüren/Schüren, AÜG, § 9 Rn. 106 ff.

178 Thüsing/*Thüsing*, AÜG Einf. Rn. 29.

179 *Gagawczuk*, RdA 2003, 597; Steuer, Die Arbeitnehmerüberlassung als Mittel zur Förderung des Arbeitsmarktes in Deutschland, S. 132; Thüsing/*Thüsing*, AÜG Einf. Rn. 29.

180 Richtlinie 91/383/EWG des Rates vom 25. Juni 1991 zur Ergänzung der Maßnahmen zur Verbesserung der Sicherheit und des Gesundheitsschutzes von Arbeitnehmern mit befristetem Arbeitsverhältnis oder Leiharbeitsverhältnis, ABl. EG Nr. L 206 S. 19.

181 *Gagawczuk*, RdA 2003, 597.

Am 05.12.2008 wurde dann die sogenannte Leiharbeitsrichtlinie 2008/104/EG veröffentlicht.[182] Maßgeblicher Inhalt dieser Richtlinie ist die Schaffung von gleichen Arbeitsbedingungen von Leiharbeitskräften im Verhältnis zu vergleichbaren Arbeitnehmern ihres Einsatzbetriebes.[183] Durch die Festlegung von Mindestrechten für Leiharbeitnehmer nach Art. 9 der Richtlinie sollte die Attraktivität der Leiharbeit sowie deren Ruf verbessert werden.[184] Die Richtlinie definiert auch in Art. 1 und Art. 3 näher den Anwendungsbereich der Richtlinie sowie die Begriffe der Leiharbeit, des Leiharbeitsunternehmens und des Leiharbeitnehmers.[185] Die Änderungen des Arbeitnehmerüberlassungsgesetzes, die zum 01.12.2011 in Kraft traten, dienten der Umsetzung der Leiharbeitsrichtlinie. Damit erlangt die Richtlinie bei der Auslegung des Arbeitnehmerüberlassungsgesetzes erhebliche Bedeutung.

IV) Rechtsbeziehungen der Parteien

1) Rechtsbeziehung zwischen Verleiher und Arbeitnehmer

Bei der Arbeitnehmerüberlassung besteht ein Arbeitsverhältnis zwischen Verleiher und Leiharbeitnehmer.[186] Die Rechte und Pflichten der Parteien ergeben sich dabei aus dem Arbeitsvertrag, wobei sich Arbeitsleistung und Vergütung als Hauptleistungspflichten gegenüberstehen.[187] In einem Großteil der Arbeitsverhältnisse finden mittels Bezugnahme Tarifverträge Anwendung, die die Rechte und Pflichten der Parteien regeln und die Vergütung festsetzen.[188]

Die Arbeitgeberstellung ergibt sich aus § 1 Abs. 1 S. 1 AÜG. Darin wird der Verleiher als Arbeitgeber des zu überlassenden Arbeitnehmers bezeichnet. Auch §§ 9 und 11 AÜG gehen nach dem Wortlaut von einer Arbeitgeberstellung des Verleihers aus.

Anders als beim Normalarbeitsverhältnis ist der Arbeitnehmer im Leiharbeitsverhältnis jedoch zur Erbringung seiner Arbeitsleistung bei einem Dritten

---

182 RL 2008/104/EG des Europäischen Parlamentes und des Rates über Leiharbeit v. 19.11.2008, ABl. 2008, L 327/9 v. 05.12.2008.

183 *Steuer*, Die Arbeitnehmerüberlassung als Mittel zur Förderung des Arbeitsmarktes in Deutschland, S. 137.

184 Rat der Europäischen Union, Mitteilungen an die Presse v. 05.12.2007, C/07/284, S. 12; *Steuer*, Die Arbeitnehmerüberlassung als Mittel zur Förderung des Arbeitsmarktes in Deutschland, S. 137.

185 Leiharbeitsrichtlinie 2008/104/EG.

186 *Kim*, Die konzerninterne Arbeitnehmerüberlassung durch die Personalführungsgesellschaft und das Betriebsverfassungsrecht, S. 34.

187 BAG v. 14.05.1974, 1 ABR 40/73, AP Nr. 2 zu § 99 BetrVG 1972; Wank RdA 2003, 1 (3); *Witten*, Vertragsgestaltung und Gesetzesbindung im Recht der Zeitarbeit, S. 46.

188 Beispiel eines Arbeitsvertrages zwischen Verleiher und Leiharbeitnehmer mit Bezugnahme auf Tarifvertrag: *Lingemann* in: Bauer/Lingemann/Diller/ Haussmann, Anwaltsformularbuch Arbeitsrecht, Kap. 10.1.2.

verpflichtet.[189] Diese Abweichung von § 613 S. 2 BGB muss im Arbeitsvertrag geregelt werden.[190] Im Arbeitsvertrag ist in diesem Falle eine weite Ausgestaltung des Direktionsrechts geregelt, wonach der Arbeitgeber den Arbeitnehmer nach seiner Weisung zur Arbeitsleistung bei wechselnden Dritten einsetzen kann.[191]

2) Rechtsbeziehung zwischen Verleiher und Entleiher

Das Rechtsverhältnis zwischen Verleiher und Entleiher wird durch den Überlassungsvertrag bestimmt. Dieser bedarf nach § 12 Abs. 1 S. 1 AÜG der Schriftform und stellt einen Vertrag sui generis dar.[192] Im Überlassungsvertrag verpflichtet sich der Verleiher zur Verfügungstellung geeigneter, anhand ihrer beruflichen Qualifikation oder namentlich bestimmter Arbeitskräfte gegen Entgelt und für eine bestimmte Dauer.[193] [194]

Im Unterschied zu anderen Formen drittbezogenen Personaleinsatzes ist es der Verleiher, der nach dem Überlassungsvertrag die vom Arbeitnehmer erwartete Tätigkeit schuldet.[195] Der Leiharbeitnehmer ist verpflichtet, seine Arbeitskraft im

---

189 *Kim*, Die konzerninterne Arbeitnehmerüberlassung durch die Personalführungsgesellschaft und das Betriebsverfassungsrecht, S. 43; Steuer, Die Arbeitnehmerüberlassung als Mittel zur Förderung des Arbeitsmarktes in Deutschland, S. 57; *Witten*, Vertragsgestaltung und Gesetzesbindung im Recht der Zeitarbeit, S. 46.

190 Schüren/*Schüren*, AÜG, Einl. Rn. 177.

191 Schüren/*Schüren*, AÜG, Einl. Rn. 177.

192 *Becker*, NJW 1971, 691; *Jüttner*, Kollektivrechtliche Auswirkungen der gewerbsmäßigen Arbeitnehmerüberlassung im Betriebsverfassungsrecht, S. 27; *Kim*, Die konzerninterne Arbeitnehmerüberlassung durch die Personalführungsgesellschaft und das Betriebsverfassungsrecht, S. 57; *Lingemann* in: Bauer/ Lingemann/ Diller/ Haussmann, Anwaltsformularbuch Arbeitsrecht, Kap. 10.2 Fn. 1; *Platzhoff*, Arbeitnehmerüberlassung und Legitimität, S. 17; *Sandmann/ Marschall/ Schneider*, AÜG, § 12 Rn. 3; *Steuer*, Die Arbeitnehmerüberlassung als Mittel zur Förderung des Arbeitsmarktes in Deutschland, S. 82; *Witten*, Vertragsgestaltung und Gesetzesbindung im Recht der Zeitarbeit, S. 49.

193 BGH v. 09.03.1971, VI ZR 138/69, AP Nr. 1 zu § 611 BGB Leiharbeitsverhältnis; BAG v. 22.06.1994, 7 AZR 286/93, NZA 1995, 462; *Hamann*, Jura 2003, 361; *Jüttner*, Kollektivrechtliche Auswirkungen der gewerbsmäßigen Arbeitnehmerüberlassung im Betriebsverfassungsrecht, S. 27; *Platzhoff*, Arbeitnehmerüberlassung und Legitimität, S. 17; *Raab*, ZfA 2003, 389 (393); *Steuer*, Die Arbeitnehmerüberlassung als Mittel zur Förderung des Arbeitsmarktes in Deutschland, S. 82; *Ulber*, AÜG, § 1 Rn. 16; *Witten*, Vertragsgestaltung und Gesetzesbindung im Recht der Zeitarbeit, S. 49.

194 Beispiel Überlassungsvertrag in *Lingemann* in: Bauer/ Lingemann/ Diller/ Haussmann, Anwaltsformularbuch Arbeitsrecht, Kap. 10.2.

195 *Hamann*, Jura 2003, 361; *Jüttner*, Kollektivrechtliche Auswirkungen der gewerbsmäßigen Arbeitnehmerüberlassung im Betriebsverfassungsrecht, S. 27; Beispiel Überlassungsvertrag in *Lingemann* in: Bauer/ Lingemann/ Diller/ Haussmann, Anwaltsformularbuch Arbeitsrecht, Kap. 10.2.

Betrieb des Entleihers nach dessen Weisungen zu erbringen.[196] Die vom Entleiher erteilten Weisungen müssen sich im Rahmen des zwischen dem Verleiher und dem Leiharbeitnehmer arbeitsvertraglich Vereinbarten halten, da sich die Leistungspflichten des Arbeitnehmers aus dem Arbeitsvertrag ergeben. Die Verpflichtungen des Leiharbeitnehmers können nicht durch den Überlassungsvertrag erweitert werden.[197]

Diese Aufteilung des Direktionsrechtes unterscheidet das Leiharbeitsverhältnis vom Normalarbeitsverhältnis. Die damit einhergehende Beschränkung der Versetzungsbefugnis des Verleihers wirkt sich als Besonderheit des Leiharbeitsverhältnisses auf die betriebsbedingte Kündigung aus. Die Leistungspflicht des Verleihers gegenüber dem Entleiher ist durch den Überlassungsvertrag bestimmt. Die verschiedenen Gestaltungen des Überlassungsvertrages, wie etwa die namentliche Anforderung von Arbeitskräften oder deren gattungsmäßige Bestimmung haben insbesondere im Rahmen der Vergleichbarkeit der Sozialauswahl Einfluss auf die betriebsbedingte Kündigung.[198]

Der Überlassungsvertrag kann befristet oder unbefristet abgeschlossen werden.[199] Daneben kann das Vertragsverhältnis durch ordentliche oder außerordentliche Kündigung aus wichtigem Grund beendet werden.[200] Die entsprechenden Kündigungs- beziehungsweise Rückgabefristen für die Beendigung des Einsatzes eines Leiharbeitnehmers betragen regelmäßig nur wenige Tage.[201]

Mit der Beendigung des Überlassungsvertrages endet das Weisungsrecht des Entleihers und der Einsatz gilt als beendet.[202]

3) Rechtsbeziehung zwischen Entleiher und Arbeitnehmer

Die Einordnung der Rechtsbeziehung zwischen Entleiher und Leiharbeitnehmer wird kontrovers diskutiert. Die Gestaltungen reichen von zwei nebeneinander stehenden Arbeitsverhältnissen, über die Annahme eines dreiseitigen Arbeitsverhältnisses bis hin zur Ablehnung einer Arbeitgeberstellung des Entleihers.[203]

---

196 *Ulber*, AÜG, § 1 Rn. 156.

197 *Jüttner*, Kollektivrechtliche Auswirkungen der gewerbsmäßigen Arbeitnehmerüberlassung im Betriebsverfassungsrecht, S. 27.

198 Siehe unter C) X.

199 *Jüttner*, Kollektivrechtliche Auswirkungen der gewerbsmäßigen Arbeitnehmerüberlassung im Betriebsverfassungsrecht, S. 30; *Lingemann* in: Bauer/ Lingemann/ Diller/ Haussmann, Anwaltsformularbuch Arbeitsrecht, Kap. 10.2; *Pollert/Spieler*, Die Arbeitnehmerüberlassung in der betrieblichen Praxis, S. 163.

200 *Jüttner*, Kollektivrechtliche Auswirkungen der gewerbsmäßigen Arbeitnehmerüberlassung im Betriebsverfassungsrecht, S. 30; Schüren/ *Schüren* AÜG, Einl. Rn. 336.

201 *Jüttner*, Kollektivrechtliche Auswirkungen der gewerbsmäßigen Arbeitnehmerüberlassung im Betriebsverfassungsrecht, S. 30; Schüren/ *Schüren* AÜG, Einl. Rn. 336.

202 *Jüttner*, Kollektivrechtliche Auswirkungen der gewerbsmäßigen Arbeitnehmerüberlassung im Betriebsverfassungsrecht, S. 30.

203 *Schaub*, Arbeitnehmerüberlassung, S. 276; Schüren/Schüren, AÜG, Einl. Rn. 109 ff.

Das Arbeitnehmerüberlassungsgesetz trifft keine ausdrückliche Regelung zur Rechtsbeziehung zwischen Entleiher und Arbeitnehmer. Der Gesetzgeber hat sich in §§ 11, 12 und 14 AÜG darauf beschränkt, die Rechte und Pflichten der Beteiligten zu normieren.[204] Aus dem Wortlaut des Arbeitnehmerüberlassungsgesetzes lässt sich entnehmen, dass zwischen Leiharbeitnehmer und Entleiher kein Arbeitsverhältnis im herkömmlichen Sinne besteht. Der Entleiher wird in § 1 Abs. 1 S. 1 AÜG als Dritter bezeichnet. Auch die Fiktion in § 10 Abs. 1 S. 1 AÜG spricht gegen eine Arbeitgeberstellung des Entleihers. Sie fingiert ausschließlich für den Fall der Unwirksamkeit des Leiharbeitsverhältnisses ein Arbeitsverhältnis zwischen dem Entleiher und dem Leiharbeitnehmer. Eine ähnliche Fiktion enthält § 11 Abs. 7 AÜG, der Arbeitnehmer für die Dauer der Tätigkeit als Arbeitnehmer iSd Arbeitnehmererfindungsgesetzes gelten lässt.[205] Weiterhin regelt § 14 AÜG das aktive und passive Wahlrecht des Arbeitnehmers für den Betriebsrat des Verleihers. Bezüglich des Entleihbetriebes wurde den Leiharbeitnehmern zwar zwischenzeitlich das aktive, jedoch nicht das passive Wahlrecht eingeräumt.

Trotz dieser gesetzlichen Regelungen wurde von einigen Autoren die Arbeitgeberstellung des Entleihers, über ein Doppelarbeitsverhältnis[206], bzw. über die Aufspaltung der Arbeitgeberstellung vertreten.[207]

Weiter wird die Ansicht vertreten, bei der Arbeitnehmerüberlassung handele es sich um die Abtretung des Anspruches auf die Arbeitsleistung durch den Überlassungsvertrag.[208] Dabei sei der Arbeitnehmer dem Entleiher zur Erbringung der Arbeitsleistung verpflichtet, könne jedoch nach § 404 BGB dem Entleiher seine Einwendungen gegen den Verleiher entgegensetzen.[209]

Vertreten wird auch die Konstruktion einer Ausübungsermächtigung nach § 185 iVm § 362 BGB.[210] Danach überträgt der Verleiher dem Entleiher die Ermächtigung, im eigenen Namen die Weisungsbefugnis bezüglich der Arbeitsleistung geltend zu machen.

Eine weitere Ansicht ordnet das Überlassungsverhältnis als echten Vertrag zugunsten Dritter ein.[211] Danach bestehen zwischen Entleiher und Leiharbeitnehmer

---

204 Schüren/*Schüren*, AÜG, Einl. Rn. 110, 112.

205 *Walker*, AcP 1994, 295.

206 *Mayer-Maly*, ZfA 1972, 1 (23f).

207 Für einen Vertragsbeitritt: *Heinze*, ZfA 1976, 183 (201); Für ein dreiseitiges Arbeitsverhältnis: *Weber*, Anmerkung zu BAG v. 08.011.1978, AP Nr. 2 zu § 1 AÜG Bl. 7.

208 *Becker*, NJW 1971, 691; Gick, Gewerbsmäßige Arbeitnehmerüberlassung zwischen Verbot und Neugestaltung, S. 94.

209 *Schaub*, Arbeitnehmerüberlassung, S. 290; *Söllner*, Anm. zu BAG v. 08.07.1971, 5 AZR 29/71, AP Nr. 2 zu § 611 BGB Leiharbeitsverhältnis.

210 *Platzhoff*, Arbeitnehmerüberlassung und Legitimität, S. 16.

211 ErfK/*Wank*, AÜG Einl. Rn. 33; *Stefener*, Überlassungsverhältnis, S. 135; *Steuer*, Die Arbeitnehmerüberlassung als Mittel zur Förderung des Arbeitsmarktes in Deutschland, S. 58, 104ff; *Witten*, Vertragsgestaltung und Gesetzesbindung im Recht der Zeitarbeit, S. 61.

nur vertragsähnliche Verhältnisse. Der Entleiher erwirbt hiernach den Anspruch auf die Arbeitsleistung und ist zur Ausübung des Weisungsrechtes ermächtigt, ohne selbst die Arbeitgeberstellung innezuhaben.[212] Der Arbeitnehmer kann seine Einwendungen gegen den Verleiher gegenüber dem Entleiher nach § 334 BGB geltend machen.[213] Der Verleiher hat einen Anspruch gegen den Arbeitnehmer auf die Erbringung der Arbeitsleistung an den Entleiher nach § 335 BGB.[214]

Eine andere Ansicht vertritt die Konstruktion eines unechten Vertrages zugunsten Dritter.[215] Dabei erhält der Entleiher keinen Anspruch gegen den Arbeitnehmer, er ist auf seine Ansprüche aus dem Überlassungsvertrag beschränkt. Der Leiharbeitnehmer wird durch den Leiharbeitsvertrag verpflichtet die Arbeitsleistung bei einem Dritten zu erbringen.[216] Von einer weiteren Ansicht wird das Verhältnis zwischen Entleiher und Leiharbeitnehmer mit ähnlicher Begründung als Vertrag mit Schutzwirkung zugunsten Dritter angesehen.[217]

Im Arbeitnehmerüberlassungsgesetz ist das Verhältnis zwischen Leiharbeitnehmer und Entleiher nur partiell geregelt.[218] Aus dem Gesetz lässt sich die Rechtsnatur dieser Beziehung nicht entnehmen. Auch vertragliche Beziehungen zwischen dem Leiharbeitnehmer und dem Entleiher bestehen nicht.[219] Unstreitig trägt das Verhältnis des Entleihers zum Arbeitnehmer jedoch arbeitsvertragsähnliche Züge. Dies ergibt sich aus der Eingliederung des Arbeitnehmers in den Betrieb des Entleihers.[220] Dem Entleiher steht aus dem Überlassungsvertrag gegenüber dem Verleiher das Recht auf die Arbeitsleistung des Arbeitnehmers zu. Durch den Einsatz im Betrieb des Entleihers, mit Einverständnis des Arbeitnehmers, erhält dieser die Weisungsbefugnis bezüglich der Ausführung der Arbeitsleistung des Arbeitnehmers. Die Grenzen des Weisungsrechtes des Entleihers ergeben sich aus dem Arbeitsvertrag.

---

212 *Schaub*, Arbeitnehmerüberlassung, S. 295; *Steuer*, Die Arbeitnehmerüberlassung als Mittel zur Förderung des Arbeitsmarktes in Deutschland, S.104ff; *Walker* AcP 1994, 295.

213 *Schaub*, Arbeitnehmerüberlassung, S. 295; *Steuer*, Die Arbeitnehmerüberlassung als Mittel zur Förderung des Arbeitsmarktes in Deutschland, S.104ff; *Walker* AcP 1994, 295.

214 *Schaub*, Arbeitnehmerüberlassung, S. 295; *Steuer*, Die Arbeitnehmerüberlassung als Mittel zur Förderung des Arbeitsmarktes in Deutschland, S.104ff; *Walker* AcP 1994, 295.

215 *Becker/Wulfgramm*, AÜG, § 11 Rn. 23; *Kim*, Die konzerninterne Arbeitnehmerüberlassung durch die Personalführungsgesellschaft und das Betriebsverfassungsrecht, S. 45; *Schaub*, Arbeitnehmerüberlassung, S. 297ff; Thüsing/*Thüsing*, AÜG, Einl. Rn. 35.

216 *Schaub*, Arbeitnehmerüberlassung, S. 297ff.

217 *Koch* in: Schaub, Arbeitsrechts-Handbuch, § 120 Rn. 66; Schaub, Arbeitnehmerüberlassung, S. 313.

218 *Platzhoff*, Arbeitnehmerüberlassung und Legitimität, S. 15.

219 *Platzhoff*, Arbeitnehmerüberlassung und Legitimität, S. 15.

220 *Platzhoff*, Arbeitnehmerüberlassung und Legitimität, S. 15.

In Bezug auf die betriebsbedingte Kündigung von Leiharbeitnehmern wirkt sich die Einstufung des Verhältnisses zwischen Entleiher und Arbeitnehmer nicht unmittelbar aus, da die Kündigung unstreitig ausschließlich im Verhältnis zwischen Verleiher und Leiharbeitnehmer zu behandeln ist. Nur in diesem Verhältnis bestehen direkte arbeitsvertragliche Bindungen, deren Beendigung als Kündigung einzustufen ist. Die Kündigung ist daher vom Verleiher auszusprechen und die Wirksamkeit auch in diesem Verhältnis, unter Berücksichtigung der Dreiecksbeziehung des Leiharbeitsverhältnisses, zu untersuchen.

V) Interessenlage der Parteien

1) Interesse des Verleihers

Die Interessen des Verleihers sind vor allem wirtschaftlicher Natur. Bei der gewerblichen Arbeitnehmerüberlassung zielt die Tätigkeit des Verleihers auf das Überlassungsentgelt, dass er für die Überlassung des Arbeitnehmers vom Entleiher erhält. Um den Leiharbeitnehmer möglichst effizient einzusetzen, hat der Verleiher ein Interesse an einer möglichst geringen Vergütung des Arbeitnehmers, einem hohen Überlassungsentgelt sowie möglichst kurzen Nichteinsatzzeiten. Um die Nichteinsatzzeiten kurz zu halten, streben Entleiher eine breite Einsatzmöglichkeit ihrer Arbeitnehmer, d.h. ein weit ausgestaltetes Direktionsrecht im Arbeitsvertrag, sowie eine kurze Kündigungsfrist an.

2) Interesse des Entleihers

Für den Entleiher stellt die Leiharbeit eine kurz- bzw. mittelfristig abrufbare Personalreserve dar. Er hat durch den Einsatz von Leiharbeit die Möglichkeit, Personalengpässe, die durch Kündigung, Krankheit, Schwangerschaft, Urlaub oder vorübergehende Auftragsspitzen entstehen, kurzfristig ohne Anordnung von Überstunden zu überbrücken.[221] Diese Einsatzvariante stellt den Hauptbeweggrund zur Nutzung der Leiharbeit dar.[222] Durch den Einsatz der Leiharbeit kann der Entleiher

221 9. Bericht der Bundesregierung über Erfahrungen bei der Anwendung des AÜG sowie über die Auswirkungen des Gesetzes zur Bekämpfung der illegalen Beschäftigung, BT-Drucks. 14/4220, S. 15ff; ErfK/*Wank*, AÜG, Einl. Rn. 1; *Jütter*, Arbeitnehmerüberlassung, S. 22; *Kämmerer/Thüsing*, Leiharbeit und Verfassungsrecht, S. 16; *Pfarr/Bothfeld/Bradke/Kimmich/ Schneider/Ullmann*, REGAM-Studie: Atypische Beschäftigung in den Betrieben – eingesetzt zur Umgehung des Kündigungsschutzes? BB 2004, 602BB 2004, 602; Platzhoff, Arbeitnehmerüberlassung und Legitimität, S. 51; *Seifert/Brehmer*, WSI Mitteilungen 2008, 335; Thüsing/*Thüsing*, AÜG, Einf. Rn. 8.

222 *Pfarr/Bothfeld/Bradke/Kimmich/Schneider/Ullmann*, REGAM-Studie: Atypische Beschäftigung in den Betrieben – eingesetzt zur Umgehung des Kündigungsschutzes? BB 2004, 602; *Platzhoff*, Arbeitnehmerüberlassung und Legitimität, S. 53.s.

auf eine interne Personalreserve verzichten und so erhebliche Einsparungen realisieren.[223]

Daneben lässt sich durch die Anforderung von Leiharbeitnehmern der Verwaltungs- und Personalaufwand für die Suche, Einstellung und Betreuung von Mitarbeitern reduzieren.[224] Durch den Einsatz von Leiharbeitskräften können Arbeitnehmer erprobt und so der Aufwand für die Personalsuche reduziert werden.[225]

Die Beschäftigung von Leiharbeitnehmern bietet im Vergleich zur Einstellung eigener Mitarbeiter den Vorteil, dass die Überlassungsverträge mit kurzer Frist gekündigt werden können.[226] Insgesamt stellt die Leiharbeit für den Entleiher einen flexiblen und kurzfristig nutzbaren Personalpool dar.[227]

Neben der größeren Flexibilität der Leiharbeit bietet der Einsatz von Leiharbeitskräften für den Entleiher auch einen finanziellen Vorteil.[228] Die Beschäftigung von Leiharbeitnehmern verringert Lohn- und Lohnnebenkosten. Geringere Kosten fallen regelmäßig selbst dann an, wenn die Überlassungsvergütung über dem Entgeltniveau vergleichbarer Stammbelegschaft liegt.[229] Durch die fehlende Arbeitgebereigenschaft des Entleihers entfallen Entgeltfortzahlungsrisiken und die Abführung von Sozialabgaben.[230]

---

223 *Kuzmich*, Beendigung von Dienstverhältnissen überlassener Arbeitskräfte, S. 26f; *Platzhoff*, Arbeitnehmerüberlassung und Legitimität, S. 56.

224 *Jüttner*, Kollektivrechtliche Auswirkungen der gewerbsmäßigen Arbeitnehmerüberlassung im Betriebsverfassungsrecht, S. 23; *Kämmerer/Thüsing*, Leiharbeit und Verfassungsrecht, S. 16; *Kuzmich*, Beendigung von Dienstverhältnissen überlassener Arbeitskräfte, S. 26; *Platzhoff*, Arbeitnehmerüberlassung und Legitimität, S. 57; *Wank*, EuroAS 2002, 167; *Witten*, Vertragsgestaltung und Gesetzesbindung im Recht der Zeitarbeit, S. 45.

225 *Jüttner*, Kollektivrechtliche Auswirkungen der gewerbsmäßigen Arbeitnehmerüberlassung im Betriebsverfassungsrecht, S.23; *Kämmerer/Thüsing*, Leiharbeit und Verfassungsrecht, S. 16; *Kuzmich*, Beendigung von Dienstverhältnissen überlassener Arbeitskräfte, S. 26; *Platzhoff*, Arbeitnehmerüberlassung und Legitimität, S. 57; *Rieble/Klebeck*, NZA 2003, 23; *Seifert/Brehmer*, WSI Mitteilungen 2008, 335; Thüsing/*Thüsing*, AÜG Einf. Rn. 10; *Witten*, Vertragsgestaltung und Gesetzesbindung im Recht der Zeitarbeit, S. 45.

226 *Jüttner*, Kollektivrechtliche Auswirkungen der gewerbsmäßigen Arbeitnehmerüberlassung im Betriebsverfassungsrecht, S.23; *Kuzmich*, Beendigung von Dienstverhältnissen überlassener Arbeitskräfte, S. 27; *Rieble/Klebeck*, NZA 2003, 23.

227 *Platzhoff*, Arbeitnehmerüberlassung und Legitimität, S. 54; Thüsing/*Thüsing*, AÜG Einf. Rn. 8ff.

228 *Platzhoff*, Arbeitnehmerüberlassung und Legitimität, S. 54.

229 *Platzhoff*, Arbeitnehmerüberlassung und Legitimität, S. 54.

230 *Platzhoff*, Arbeitnehmerüberlassung und Legitimität, S. 54; *Rieble/Klebeck*, NZA 2003, 23; *Ulber*, AÜG, Einl. C Rn. 2; ErfK/*Wank*, Einl. AÜG Rn. 1.

Schließlich bringt der Einsatz von Fremdpersonal für den Entleiher auch den Vorteil, dass ausgeliehenes Personal effizienter arbeitet.[231] Die Gründe dafür sind vielfältig. Zum einen sind Leiharbeitnehmer im Gegensatz zum Stammpersonal von einem ständigen Verlust ihres Arbeitsplatzes bedroht.[232] Zum anderen erhoffen sich viele Arbeitnehmer eine Übernahme durch den Entleihbetrieb.[233] Diese andauernde Erprobungsphase führt zu einer höheren Leistungsbereitschaft der Arbeitnehmer. Auch die Leistungsbereitschaft der internen Arbeitskräfte steigt durch die externe Konkurrenz.[234] Weiterhin sind Fremdarbeitskräfte von innerbetrieblichen Positions- und Karrierekämpfen ausgeschlossen und nur selten gewerkschaftlich organisiert.[235]

Der Einsatz der Leiharbeitnehmer bringt für den Entleiher jedoch auch Nachteile mit sich. Zum einen birgt der Einsatz von Leiharbeitnehmern verstärktes Konfliktpotential im Unternehmen.[236] Die Betriebsräte der Entleihunternehmen stehen dem Einsatz von Leiharbeitnehmern ebenso wie das Stammpersonal ablehnend gegenüber.[237] Zusätzlich ist wegen unterschiedlicher Arbeitsverträge und Arbeitsbedingungen mit Konflikten in der Belegschaft zu rechnen.[238]

Beim Einsatz von Leiharbeitnehmern entsteht auch zusätzlicher Aufwand für die Einarbeitung der externen Arbeitnehmer.[239] Aufgrund der kurzen Beschäftigungsdauer verlassen die Leiharbeitnehmer den Betrieb häufig kurz nach dem Erwerb der für den Arbeitsplatz erforderlichen Kenntnisse.[240] Der Entleiher hat daher ein Interesse, einen eingearbeiteten Leiharbeitnehmer für die Dauer seines Bedarfes zu behalten. Bei Arbeitsplätzen mit längerer Einarbeitungsphase hat der Entleiher daher die Möglichkeit, den Leiharbeitnehmer namentlich anzufordern.

---

231 *Kuzmich*, Beendigung von Dienstverhältnissen überlassener Arbeitskräfte, S. 30; *Platzhoff*, Arbeitnehmerüberlassung und Legitimität, S. 57; Thüsing/*Thüsing*, AÜG Einf. Rn. 8ff.

232 *Kuzmich*, Beendigung von Dienstverhältnissen überlassener Arbeitskräfte, S. 30; *Platzhoff*, Arbeitnehmerüberlassung und Legitimität, S. 57; Thüsing/Thüsing, AÜG Einf. Rn. 8ff.

233 *Kuzmich*, Beendigung von Dienstverhältnissen überlassener Arbeitskräfte, S. 30; *Platzhoff*, Arbeitnehmerüberlassung und Legitimität, S. 57; Thüsing/Thüsing, AÜG Einf. Rn. 8ff.

234 *Kuzmich*, Beendigung von Dienstverhältnissen überlassener Arbeitskräfte, S. 30; *Platzhoff*, Arbeitnehmerüberlassung und Legitimität, S. 57; Thüsing/*Thüsing*, AÜG Einf. Rn. 8ff.

235 *Kuzmich*, Beendigung von Dienstverhältnissen überlassener Arbeitskräfte, S. 30; *Platzhoff*, Arbeitnehmerüberlassung und Legitimität, S. 57; Thüsing/*Thüsing*, AÜG Einf. Rn. 8ff.

236 *Platzhoff*, Arbeitnehmerüberlassung und Legitimität, S. 62.

237 *Platzhoff*, Arbeitnehmerüberlassung und Legitimität, S. 62.

238 *Platzhoff*, Arbeitnehmerüberlassung und Legitimität, S. 62.

239 *Platzhoff*, Arbeitnehmerüberlassung und Legitimität, S. 58.

240 *Platzhoff*, Arbeitnehmerüberlassung und Legitimität, S. 58.

Zunehmend werden Leiharbeitnehmer längerfristig als flexible Belegschaft und Ersatz von Teilen der Stammbelegschaft genutzt.[241] Der Grund für diesen Funktionswandel liegt in der Flexibilität der Leiharbeitnehmer. Die Einsatzform spart Kosten, jedoch ohne die ständige Einarbeitung neuer Arbeitnehmer.[242]

3) Interesse des Leiharbeitnehmers

Neben den offensichtlichen Interessen des Verleihers und Entleihers haben auch Leiharbeitnehmer ein Interesse an einem Leiharbeitsverhältnis. Dies stellte bereits das Bundesverfassungsgericht in seiner Entscheidung von 1967 fest, mit der es das Verbot der Arbeitnehmerüberlassung für unzulässig erklärte.[243] Danach bietet die Leiharbeit Vorteile für Arbeitnehmer, die aus verschiedenen Gründen keine Dauerstellung annehmen wollen.[244] Dies gilt beispielsweise für Arbeitskräfte, die eine flexible Gestaltung der Arbeitszeit anstreben oder sofort eingesetzt werden möchten.[245]

Zudem eröffnet die Zeitarbeitsbranche einen erleichterten Zugang zum Arbeitsmarkt.[246] Sie ermöglicht Arbeitslosen und Arbeitnehmern mit geringer Qualifikation oder Berufserfahrung einen kurzfristigen Ein- bzw. Wiedereinstieg ins Erwerbsleben.[247]

Für Berufseinsteiger bietet die Zeitarbeit eine Möglichkeit, innerhalb kurzer Zeit verschiedene Einsatzunternehmen und Arbeitsfelder kennen zu lernen und sich eine

241 *Adamy*, Gute Arbeit 2010, Nr. 5, 17; Kramme, Leiharbeit (1/2009), Hintergrundpapier zur Leiharbeit, S. 4; *Seifert/Brehmer*, Leiharbeit: Funktionswandel einer flexiblen Beschäftigungsform, WSI-Mitteilungen 6, 2008, 335; Antrag der SPD Fraktion im Bundestag, Missbrauch der Leiharbeit verhindern, BT-Drucks.17/41/89, Abschnitt I.

242 *Adamy*, Gute Arbeit 2010, Nr. 5, 17; *Kramme*, Leiharbeit (1/2009), Hintergrundpapier zur Leiharbeit, S. 4; *Seifert/Brehmer*, Leiharbeit: Funktionswandel einer flexiblen Beschäftigungsform, WSI-Mitteilungen 6, 2008, 335; Antrag der SPD Fraktion im Bundestag, Missbrauch der Leiharbeit verhindern, BT-Drucks.17/41/89, Abschnitt I.

243 BVerfG v. 04.04.1967, 1 BVR 84/65, BVerfGE 21, 261.

244 BVerfG v. 04.04.1967, 1 BVR 84/65, BVerfGE 21, 261.

245 BVerfG v. 04.04.1967, 1 BVR 84/65, BVerfGE 21, 261.

246 *Pollert/Spieler*, Die Arbeitnehmerüberlassung in der betrieblichen Praxis, Vorwort.

247 Bundesagentur für Arbeit, Arbeitsmarktberichterstattung: Der Arbeitsmarkt in Deutschland, aktuelle Entwicklungen in der Zeitarbeit, 2009, S. 11; *Jüttner*, Kollektivrechtliche Auswirkungen der gewerbsmäßigen Arbeitnehmerüberlassung im Betriebsverfassungsrecht, S. 24; *Pfarr/Bothfeld/Bradtke/Kimmich/ Schneider/ Ullmann*, REGAM-Studie: Atypische Beschäftigung in den Betrieben – eingesetzt zur Umgehung des Kündigungsschutzes? BB 2004, 602; *Platzhoff*, Arbeitnehmerüberlassung und Legitimität, S. 64; *Witten*, Vertragsgestaltung und Gesetzesbindung im Recht der Zeitarbeit, S. 45.

berufliche Orientierung zu verschaffen.[248] Die Leiharbeit verringert durch den erleichterten Einstieg die Beschäftigungsbarrieren bestimmter Arbeitnehmergruppen. Viele Arbeitnehmer beabsichtigen, die Beschäftigung in der Zeitarbeitsbranche als Übergang in eine feste Beschäftigung zu nutzen.[249] Das Bestehen und der Umfang dieser sogenannten Sprungbrettfunktion der Leiharbeit sind umstritten.

Für hochqualifizierte Arbeitnehmer stellt die Leiharbeit hingegen eine Beschäftigung mit guten Verdienstmöglichkeiten dar, die oft über denen einer Anstellung im Normalarbeitsverhältnis liegen.[250] Hier profitieren die Arbeitnehmer von einem höheren Gehalt sowie einer größeren Entscheidungsfreiheit bezüglich der Wahl Ihrer Einsätze. Der Bereich der hochqualifizierten Arbeitnehmer mit Schlüsselqualifikationen umfasst nur ungefähr 5 % der Arbeitnehmer der Zeitarbeitsbranche.[251] Der überwiegende Teil der Leiharbeitnehmer verfügt nur über geringe Qualifikationen und ein unterdurchschnittliches Gehalt.[252]

Die Leiharbeit bringt für die Arbeitnehmer auch Nachteile mit sich. Den Leiharbeitnehmern fehlt durch die ständig wechselnden Einsätze eine feste soziale Eingliederung in den Entleihbetrieb.[253] Durch den häufigen Arbeitsplatzwechsel und die fehlende Zugehörigkeit zum Entleihbetrieb wird der Aufbau von sozialen Kontakten zu Arbeitskollegen und Vorgesetzten erschwert.[254] Die Kontaktaufnahme beschränkt sich in der Regel auf das Mindestmaß an Kooperation, das zur gemeinsamen Arbeit erforderlich ist.[255] Dazu kommt, dass sich unter den Mitarbeitern eines Zeitarbeitsunternehmens kaum ein Zusammengehörigkeitsgefühl entwickelt. Das Fehlen eines eigenen Betriebes und der Einsatz in Fremdunternehmen führen dazu, dass sich die Arbeitnehmer in reinen Verleihunternehmen nicht kennen.[256] Dies wiederum führt

---

248 *Kuzmich*, Beendigung von Dienstverhältnissen überlassener Arbeitskräfte, S. 33; *Platzhoff*, Arbeitnehmerüberlassung und Legitimität, S. 65f.

249 BAG 24.03.2004, 5 AZR 303/03, AP Nr. 59 zu § 138 BGB; LG Mannheim 29.08.2002, 10 S 27/02, NZA-RR 2003, 561; *Brors/Schüren*, BB 2004, 2745 (2749); *Jütter*, Arbeitnehmerüberlassung, S. 22.

250 *Picker*, Arbeitnehmerüberlassung – Eine moderne Personalwirtschaftsform als Mittel arbeitsrechtlicher Modernisierung, ZfA 2002, 469 (479).

251 *Steuer*, Die Arbeitnehmerüberlassung als Mittel zur Förderung des Arbeitsmarktes in Deutschland, S. 25.

252 Bundesagentur für Arbeit, Arbeitsmarktberichterstattung: Der Arbeitsmarkt in Deutschland, aktuelle Entwicklungen in der Zeitarbeit, Januar 2012, S. 20f.; *Steuer*, Die Arbeitnehmerüberlassung als Mittel zur Förderung des Arbeitsmarktes in Deutschland, S. 25.

253 Thüsing/*Thüsing*, AÜG Einf. Rn. 5.

254 Thüsing/*Thüsing*, AÜG Einf. Rn. 5.

255 Thüsing/*Thüsing*, AÜG Einf. Rn. 5.

256 Thüsing/*Thüsing*, AÜG Einf. Rn. 5.

neben dem geringen Organisationsgrad in der Zeitarbeitsbranche[257] zum weitgehenden Fehlen betrieblicher Interessenvertretungen der Arbeitnehmer.[258]

Weiterhin sind die Arbeitnehmer in der Zeitarbeitsbranche einer größeren Fluktuation[259] und Unsicherheit ihres Arbeitsverhältnisses ausgesetzt. Die Arbeitsverträge werden oft nur befristet geschlossen, die arbeitgeberseitigen Kündigungen erreichen einen höheren Anteil, als dies im Normalarbeitsverhältnis der Fall ist.[260]

Ein weiterer Nachteil liegt darin, dass in der Regel wenig in die Aus- und Weiterbildung der Arbeitnehmer investiert wird.[261] Der Verleiher ist an einer Weiterbildung seiner Arbeitskräfte nur interessiert, wenn er sich davon einen unmittelbaren Einsatzvorteil verspricht, oder der Entleiher die Kosten für die Fortbildung trägt.[262] Der Entleiher betrachtet die Leiharbeitnehmer in der Regel als Personalreserve, für deren kurzfristigen Einsatz sich die Investition in Fortbildung nicht rentiert.[263] Hier besteht die Gefahr, dass die Arbeitnehmer durch die fehlende Weiterbildung den Anschluss an die technische Entwicklung verlieren.[264] Durch die kurzfristigen Einsatzzeiten und das dadurch bedingte Fehlen arbeitgeberspezifischer Qualifikationen hat der Leiharbeitnehmer kaum Aufstiegs- und Karrierechancen.[265] Der Einsatz als Leiharbeitnehmer reduziert daher mit zunehmender Dauer die Aussicht auf einen festen Arbeitsplatz, der den Qualifikationen des Arbeitnehmers entspricht.[266]

Daneben liegt auch das Lohnniveau der Leiharbeitnehmer im Schnitt deutlich unter dem vergleichbarer Normalarbeitnehmer.[267]

---

257 *Blanke*, Rechtsgutachten: Welche Änderungen des deutschen Gesetzes erfordert die Umsetzung der EU-Richtlinie Leiharbeit, S. 13.

258 Siehe unter D) I.

259 Bundesagentur für Arbeit, Arbeitsmarktberichterstattung: Der Arbeitsmarkt in Deutschland, aktuelle Entwicklungen in der Zeitarbeit, Januar 2012, S. 17ff.

260 Thüsing/*Thüsing*, AÜG, Einl. Rn. 6.

261 *Platzhoff*, Arbeitnehmerüberlassung und Legitimität, S. 67; *Seifert/Brehmer* WSI Mitteilungen 2008, 335; Thüsing/*Thüsing*, AÜG, Einl. Rn. 6.

262 *Kuzmich*, Beendigung von Dienstverhältnissen überlassener Arbeitskräfte, S. 35; *Platzhoff*, Arbeitnehmerüberlassung und Legitimität, S. 68.

263 *Kuzmich*, Beendigung von Dienstverhältnissen überlassener Arbeitskräfte, S. 35; *Platzhoff*, Arbeitnehmerüberlassung und Legitimität, S. 68.

264 *Kuzmich*, Beendigung von Dienstverhältnissen überlassener Arbeitskräfte, S. 35; *Platzhoff*, Arbeitnehmerüberlassung und Legitimität, S. 68.

265 Thüsing/*Thüsing*, AÜG, Einf. Rn. 5.

266 *Picker*, Arbeitnehmerüberlassung – Eine moderne Personalwirtschaftsform als Mittel arbeitsrechtlicher Modernisierung, ZfA 2002, 469 (480).

267 Bundesagentur für Arbeit, Arbeitsmarktberichterstattung: Der Arbeitsmarkt in Deutschland, aktuelle Entwicklungen in der Zeitarbeit, Januar 2012, S. 20ff.; *Seifert/Brehmer*, WSI Mitteilungen 2008, 335.

C) Individualrechtliche Kündigungsvoraussetzungen

I) Bestimmung der kündigungsrechtlich relevanten Vertragsparteien

1) Arbeitsverhältnis zwischen Verleiher und Leiharbeitnehmer

Die Kündigung ist im Verhältnis zwischen Verleiher und Leiharbeitnehmer zu untersuchen.[268] Der Verleiher ist als Vertragspartner Arbeitgeber des Leiharbeitnehmers, daher kann nur dieser das Leiharbeitsverhältnis im Rahmen der gesetzlichen Vorschriften kündigen.[269] Das Arbeitnehmerüberlassungsgesetz weist dem Verleiher in § 1 Abs. 1 AÜG die Arbeitgeberstellung zu. Dort wird der Verleiher als „Arbeitgeber" bezeichnet. Auch §§ 8 Abs. 1 Nr. 4, 9 Nr. 3, 4 und § 11 Abs. 4 S. 1 AÜG bezeichnen das Verhältnis zwischen Verleiher und Leiharbeitnehmer als „Arbeitsverhältnis". Des Weiteren weist das Arbeitnehmerüberlassungsgesetz in § 1 Abs. 1 S. 1 AÜG dem Verleiher die Arbeitgeberpflichten und das Arbeitgeberrisiko zu.

Insbesondere für die betriebsbedingte Kündigung, bei der die betriebliche Situation für die Wirksamkeit der Kündigung von besonderer Bedeutung ist, sind die Verhältnisse im Betrieb des Verleihers, nicht im Entleihbetrieb ausschlaggebend.[270]

2) Bestimmung des Arbeitgebers bei der konzerninternen Überlassung nach § 1 Abs. 3 Nr. 2 AÜG n.F.

a) *Problemdarstellung*

Mit der Geltung des neuen Konzernprivilegs nach § 1 Abs. 3 Nr. 2 AÜG n.F. ab 01.12.2011 treten in der Praxis bei der Bestimmung des kündigungsberechtigten Arbeitgebers erhebliche Schwierigkeiten im Bereich der konzerninternen Arbeitnehmeüberlassung auf.[271] Bislang war die konzerninterne Überlassung nach § 1 AÜG a.F. erlaubnisfrei zulässig. Nach der Neufassung von § 1 Abs. 3 Nr. 2 AÜG durch das erste Gesetz zur Änderung des Arbeitnehmerüberlassungsgesetzes vom 28.04.2011 gilt das Konzernprivileg nur noch, wenn das überlassende Konzernunternehmen

268 APS/*Preis*, Grundlagen F.Rn.33; *Kim*, Die konzerninterne Arbeitnehmerüberlassung durch die Personalführungsgesellschaft und das Betriebsverfassungsrecht, S. 53; *Schüren*, RdA 2007, 231 (234); Schüren/*Schüren*, AÜG, Einl. Rn. 267.

269 APS/*Preis*, Grundlagen F. Rn.31; Kim, Die konzerninterne Arbeitnehmerüberlassung durch die Personalführungsgesellschaft und das Betriebsverfassungsrecht, S. 53; KR-*Griebeling*, § 1 KSchG Rn. 60; *Schüren*, RdA 2007, 231 (234).

270 APS/*Preis*, Grundlagen F.Rn.33.

271 *Lipinski/Praß*, Personalmagazin 2012, 76.

den entsprechenden Arbeitnehmer nicht zum Zwecke der Überlassung einstellt und beschäftigt. Greift das Konzernprivileg nach § 1 Abs. 3 Nr. 2 AÜG n.F. nicht und ist der Verleiher nicht im Besitz einer Überlassungserlaubnis, ist der Arbeitsvertrag zwischen dem Verleiher und dem Entleiher nach § 9 Nr. 1 AÜG als unwirksam anzusehen. Das Arbeitsverhältnis gilt dann nach § 10 Abs. 1 AÜG als mit dem Entleiher zustande gekommen.[272] Dieser muss dann bei einem Personalabbau innerhalb des Konzerns die Kündigung aussprechen.

Die Beurteilung, wann bei einem wechselseitigen Personalaustausch zwischen Konzernunternehmen eine erlaubnispflichtige Überlassung vorliegt, bzw. in welchen Konstellationen nach § 9 Nr. 1 AÜG ein unwirksames Arbeitsverhältnis mit dem Verleiher und in der Folge nach § 10 Abs. 1 S. 1 AÜG ein Arbeitsverhältnis mit dem Entleiher vorliegen kann, ist in der Literatur umstritten. Nach dem Wortlaut des ab 01.12.2011 geltenden § 1 Abs. 2 Nr. 2 AÜG n.F. ist unklar, ob die Erlaubnispflicht für Konzernsachverhalte nur gelten soll, wenn der Arbeitnehmer ausschließlich zum Zweck der Überlassung eingestellt und beschäftigt wird, d.h. für reine konzerneigene Personalführungsgesellschaften oder auch für die wechselseitige nur gelegentliche Überlassung.[273] Von einem Teil des Schrifttums wird vertreten, dass das neu gefasste Konzernprivileg nur die Personalführungsgesellschaften der Erlaubnispflicht unterstellen sollte.[274] Nach der gegenteiligen Auffassung gilt die Erlaubnispflicht auch für Sachverhalte, in denen der Arbeitnehmer auch zum Zwecke der Überlassung eingestellt und beschäftigt wird.[275]

b) Weite Auslegung des Konzernprivilegs nach dem Wortlaut

Von einigen Literaturmeinungen wird die Neuregelung weit ausgelegt und die Erlaubnisfreiheit bei der konzerninternen Überlassung bejaht, soweit der überlassene Arbeitnehmer zumindest auch bei seinem Vertragsarbeitgeber eingesetzt wird. So argumentiert beispielsweise Hamann[276], nach dem ersten Gesetz zur Änderung des Arbeitnehmerüberlassungsgesetzes[277] werde in § 1 Abs. 3 AÜG die Formulierung „seine Arbeitsleistung vorübergehend nicht bei seinem Arbeitgeber leistet" durch die Wörter „nicht zum Zweck der Überlassung eingestellt und beschäftigt wird" ersetzt. Die Formulierung stelle klar, dass reine konzernangehörige Verleihunternehmen, wie bisher, nicht unter das Konzernprivileg fallen sollen. Inhaltliche Änderungen seien mit der Gesetzesänderung jedoch nicht verbunden, da der neue Wortlaut wie die bisherige Regelung weit auszulegen sei.[278] Nach dieser Ansicht ist

---

272 *Lingemann* in: Bauer/Lingemann/Diller/Haussmann, Anwaltsformularbuch Arbeitsrecht, Kap. 10 Rn. 6.

273 *Lipinski/Praß*, Personalmagazin 2012, 76.

274 *Hamann* NZA 2011, 70; *Raif*, GWR 2011, 303; *Lembke*, DB 2011, 414.

275 *Böhm* DB 2011, 473; *Leuchten* NZA 2011, 608; *Ulber* AiB 2011, 351.

276 *Hamann* NZA 2011, 70.

277 BT-Drucks. 17/4804.

278 *Hamann*, NZA 2011, 70.

daher auch § 1 Abs. 3 Nr. 2 AÜG n.F., der eine Ausnahme von der Erlaubnispflicht vorsieht, wenn der Arbeitnehmer nicht zum Zweck der Überlassung eingestellt und beschäftigt wird, weit auszulegen. Eine Erlaubnispflicht liegt nach dieser Ansicht nur für reine Verleihunternehmen innerhalb des Konzerns, ohne eigenen Einsatz des Arbeitnehmers vor. Für den Fall, dass lediglich eine Kooperation zwischen Konzernunternehmen stattfindet und ein wechselseitige Personaleinsatz bei freien Kapazitäten in einem Konzernunternehmen und Personalüberhang in einem anderen Konzernunternehmen praktiziert wird, würde nach dieser Ansicht weiterhin eine erlaubnisfreie konzerninterne Arbeitnehmerüberlassung nach § 1 Abs. 3 AÜG n.F. vorliegen. Kündigungsberechtigter Arbeitgeber wäre nach dieser Ansicht auch ohne Vorliegen einer Erlaubnis weiterhin der Verleiher als Vertragsarbeitgeber.

Ebenfalls für eine weite Auslegung des Konzernprivilegs plädieren Raif[279] und Lembke[280]. Danach soll für das Eingreifen des Konzernprivilegs ausreichend sein, dass der Arbeitnehmer nicht ausschließlich zum Zweck der Überlassung eingestellt und beschäftigt wird, d.h. er beim überlassenden Unternehmen wenigstens zeitweise arbeitet. Daher seien die Fälle vom Konzernprivileg gedeckt, in denen Arbeitnehmer aufgrund einer Konzernversetzungsklausel sowohl beim Vertragsarbeitgeber als auch in anderen Konzernunternehmen eingesetzt würden. Allerdings weisen auch die Vertreter dieser Ansicht auf die Rechtsunsicherheit hin.[281]

Die Ansicht von Hamann wird durch die Gesetzesbegründung in gewissem Umfang gestützt. In der Begründung zu dem Gesetzentwurf vom 17.02.2011 wird zu § 1 Abs. 2 Nr. 2 AÜG n.F. ausgeführt:

> *„Daher erstreckt sich der Anwendungsbereich des Konzernprivilegs künftig ausschließlich auf die Überlassung solcher Arbeitnehmerinnen und Arbeitnehmer, die nicht zum Zweck der Überlassung eingestellt und beschäftigt werden. Die Ergänzung stellt auch klar, dass die Privilegierung des Konzernverleihs nicht für die Arbeitnehmerüberlassung durch Personalführungsgesellschaften gilt, deren Zweck die Einstellung und Überlassung von Personal ist. Dies war bereits bei der Einführung des Konzernprivilegs in der Gesetzesbegründung festgelegt worden (BT-Drucks. 10/3206, S.33).“*[282]

Betrachtet man daher allein den Wortlaut des § 1 Abs. 3 Nr. 2 AÜG n.F. sowie die Gesetzesbegründung, lässt sich die Ansicht vertreten, dass der Gesetzgeber hier die Anwendung auf Personalführungsgesellschaften ausschließen, aber nicht den gelegentlichen Austausch von Arbeitnehmern zwischen Konzernunternehmen unterbinden wollte.

Genauso vertretbar ist in Bezug auf den Wortlaut jedoch die Gegenansicht, dass der Ausnahmetatbestand der erlaubnisfreien Überlassung nur greifen sollte, wenn

---

279 *Raif*, GWR 2011, 303.
280 *Lembke*, DB 2011, 414.
281 *Lembke* DB 2011, 414.
282 Gesetzesbegründung Erstes Gesetz zur Änderung der Arbeitnehmerüberlassung, BT-Drucks. 17/4804, S. 8.

der Arbeitnehmer überhaupt nicht, d.h. auch nicht teilweise, zum Zweck der Überlassung eingestellt oder beschäftigt wird.

c) Enge Auslegung nach Gesetzessystematik und Europarecht

Berücksichtigt man jedoch die Systematik wie auch die Entstehungsgeschichte des § 1 Abs. 3 Nr. 2 AÜG n.F. ist eine enge Auslegung zwingend. Zunächst ist zu beachten, dass die Gesetzesänderung der Umsetzung des Europarechts dient. § 1 Abs. 3 Nr. 2 und Nr. 2 a AÜG n.F. dienen der Umsetzung der europäischen Leiharbeitsrichtlinie 2008/104/EG vom 19.11.2008.[283] Nach Art. 1 der Richtlinie gilt diese „für Arbeitnehmer, die mit einem Leiharbeitsunternehmen einen Arbeitsvertrag geschlossen haben". Nach Art. 1 der Richtlinie 2008/104/EG sind daher vom Geltungsbereich der Richtlinie alle Arbeitnehmer erfasst, die an Entleiher überlassen werden. Nach Art. 2 der Richtlinie 2008/104/EG ist es Ziel dieser Richtlinie, „für den Schutz der Leiharbeitnehmer zu sorgen und die Qualität der Leiharbeit zu verbessern, indem die Einhaltung des Grundsatzes der Gleichbehandlung von Leiharbeitnehmern gemäß Art. 5 gesichert wird [...]". Dieser Zielsetzung der Richtlinie wird am besten Rechnung getragen, wenn ein möglichst weiter Kreis der Leiharbeitnehmer, d.h. auch die nur vorübergehend überlassenen Arbeitnehmer, von der Erlaubnispflicht erfasst wird.

Weiter definiert die Leiharbeitsrichtlinie die Begriffe Leiharbeitnehmer und Leiharbeitsunternehmen und präzisiert damit den Anwendungsbereich der Richtlinie. Danach ist ein „Leiharbeitsunternehmen eine natürliche oder juristische Person, die nach einzelstaatlichem Recht mit Leiharbeitnehmern Arbeitsverträge schließt oder Beschäftigungsverhältnisse eingeht, um sie entleihenden Unternehmen zu überlassen, damit sie dort unter deren Aufsicht und Leitung vorübergehend arbeiten".[284] Ein Leiharbeitnehmer wird als Arbeitnehmer definiert, „der mit einem Leiharbeitsunternehmen einen Arbeitsvertrag geschlossen hat, um einem entleihenden Unternehmen überlassen zu werden und dort unter dessen Leitung vorübergehend zu arbeiten".

Die Leiharbeitsrichtlinie definiert daher einen umfassenden Schutz der zum Zweck der Überlassung eingestellten oder beschäftigten Arbeitnehmer. Dies greift auch die Gesetzesbegründung zum AÜG-Änderungsgesetz auf. Nur Arbeitnehmer, die nicht zum Zweck der Überlassung eingestellt und beschäftigt werden, können daher vom Schutzbereich ausgenommen werden.[285] Auch nach der Gesetzessystematik des Arbeitnehmerüberlassungsgesetzes stellen § 1 Abs. 3 Nr. 2 und Nr. 2 a AÜG n.F. Ausnahmetatbestände zu § 1 Abs. 1 AÜG dar.

---

283 Gesetzesbegründung Erstes Gesetz zur Änderung des Arbeitnehmerüberlassungsgesetzes, BT-Drucks. 17/4804.

284 Art. 3 RL 2008/104/EG.

285 Gesetzesbegründung Erstes Gesetz zur Änderung des Arbeitnehmerüberlassungsgesetzes, BT-Drucks. 17/4804, S. 8.

Die Konzernprivilegierung stellt daher nach zutreffender Ansicht einen in der Richtlinie nicht vorgesehenen Ausnahmetatbestand dar. Daher sind die Ausnahmetatbestände des § 1 Abs. 3 Nr. 2 und 2 a AÜG zumindest eng auszulegen. Wie Böhm[286] und Lembke[287] zutreffend ausführen, normiert die Leiharbeitsrichtlinie einen umfassenden Mindestschutz für alle der Richtlinie unterfallenden Arbeitnehmer. Nur für die in Art. 1 Abs. 3 der Richtlinie genannten Beschäftigungszwecke, wie z.B. Ausbildung, kann von diesem Grundsatz abgewichen werden. Die Richtlinie sieht jedoch keine Ausnahmen für die wirtschaftliche Verbindung von Unternehmen im Konzern vor.[288]

Selbst wenn man nicht von einer Europarechtswidrigkeit der Norm ausgeht, so stellt § 1 Abs. 3 Nr. 2 und Nr. 2a AÜG n.F. jedenfalls einen Ausnahmetatbestand dar, der mit Hinblick auf den umfassenden Schutz der Richtlinie eng auszulegen ist. Auch der Gesetzgeber hat den Ausnahmecharakter von § 1 Abs. 3 AÜG n.F. in der Gesetzesbegründung zu § 1 Abs. 3 Nr. 2 a AÜG betont:

> *„Vor dem Hintergrund des Ausnahmecharakters des § 1 Abs. 3, aber auch im Hinblick auf den Schutzzweck der Norm sind an das Erfordernis einer nur gelegentlichen Überlassung strenge Anforderungen zu stellen.“* [289]

Daher wird von der zutreffenden Meinung in der Literatur eine enge Auslegung des Konzernprivilegs vertreten.[290] Danach ist erlaubnisfreie Überlassung nicht mehr möglich, wenn der Arbeitnehmer zumindest auch zum Zweck der Überlassung eingestellt oder beschäftigt wird. Dies ist beispielsweise dann der Fall, wenn im Arbeitsvertrag des Arbeitnehmers eine Konzernversetzungsklausel enthalten ist.[291]

d) Europarechtswidrigkeit des § 1 Abs. 3 Nr. 2 AÜG n.F.

aa) Richtlinienverstoß

Aufgrund des in der Leiharbeitsrichtlinie umfassend normierten Schutzbereiches sowie des auf europäischer Ebene fehlenden Ausnahmetatbestandes für Konzernsachverhalte werden die Ausnahmetatbestände des § 1 Abs. 3 Nr. 2 und Nr. 2a AÜG teilweise als europarechtswidrig angesehen.[292] Folgt man dieser Ansicht, so führt dies unabhängig von einer engen oder weiten Auslegung des deutschen Gesetzeswortlautes zu einer Europarechtswidrigkeit der Konzernprivilegierung.

---

286 *Böhm*, DB 2011, 473.

287 *Lembke* BB 2010, 1533; *Lembke*, DB 2011, 414.

288 *Böhm*, DB 2011, 473; *Lembke*, BB 2010, 1533; *Lembke*, DB 2011, 414.

289 Gesetzesbegründung Erstes Gesetz zur Änderung des Arbeitnehmerüberlassungsgesetzes, BT-Drucks. 17/4804, S. 8.

290 *Böhm* DB 2011, 473; *Leuchten* NZA 2011, 608; *Ulber* AiB 2011, 351.

291 *Böhm* DB 2011, 473; *Ulber* AiB 2011, 351.

292 *Böhm*, DB 2011, 473; ErfK/*Wank*, § 1 AÜG Rn. 57; *Hamann*, EuZA 2009, 287; *Lembke* DB 2011, 414; *Lembke* BB 2010, 1533; *Lembke* FA 2011, 290; *Ulber* AiB 2011, 351; *Ulber* AuR 2011. 231; a.A. Forst, NZA Editorial 11/2011.

Ein Verstoß gegen die Leiharbeitsrichtlinie und damit gegen Europarecht liegt vor, wenn der nationale Gesetzgeber nach Ablauf der Umsetzungsfrist die Richtlinie nicht oder nicht vollständig umgesetzt hat.[293] Die Umsetzungsfrist der Leiharbeitsrichtlinie ist am 05.12.2011 abgelaufen.[294] Der Gesetzgeber muss bei der Umsetzung der Richtlinie sicherstellen, dass alle Inhalte und Ziele der Richtlinie vollständig in das nationale Recht übernommen werden und der Bürger diese Rechte auch durchsetzen kann.[295]

Zieht der nationale Gesetzgeber den Anwendungsbereich eines Gesetzes zu eng, in dem er beispielsweise bestimmte Personengruppen vom Anwendungsbereich ausnimmt, liegt darin ein Richtlinienverstoß, wenn die Richtlinie keine Ausnahmen vorsieht.[296]

Zutreffend wird in der Literatur bei der Herausnahme bestimmter Überlassungsformen vom Anwendungsbereich des Arbeitnehmerüberlassungsgesetzes zwischen dem verwaltungsrechtlichen Erlaubnisvorbehalt und den materiellen Vorgaben der Richtlinie unterschieden.[297] Da die Richtlinie die gewerberechtliche Überwachung und Zulassung der Leiharbeitsunternehmen nicht regelt, ist die Ausnahme bestimmter Überlassungsformen, wie z.B. der konzerninternen Überlassung von der Erlaubnispflicht europarechtskonform möglich.[298] Eine Herausnahme der konzerninternen Überlassung aus den materiellen Vorschriften der Richtlinie stellt hingegen einen Richtlinienverstoß dar.[299]

Soweit § 1 Abs. 3 Nr. 2 AÜG die Unanwendbarkeit der verwaltungsrechtlichen Vorschriften wie §§ 1 Abs. 1 S. 1 und § 2 AÜG regelt, stellt dies keinen Verstoß gegen die Richtlinie dar. D.h. ein rein konzerninterner Verleih ist auch unter Beachtung der Leiharbeitsrichtlinie weiter erlaubnisfrei möglich. Wird also ein Arbeitnehmer konzernintern an einen Entleiher verliehen, und war dieser Arbeitnehmer weder zum Zweck der Überlassung eingestellt noch beschäftigt, führt dies bei einer nur gelegentlichen Überlassung zu einer Erlaubnisfreiheit. Ein in dieser Form überlassener Arbeitnehmer kann folglich nicht das Bestehen eines Arbeitsverhältnisses mit dem Entleiher geltend machen. Kündigungsberechtigt bleibt allein der Verleiher.

bb) Rechtsfolge des Richtlinienverstoßes

Soweit § 1 Abs. 3 Nr. 2 AÜG die Nichtanwendung der nicht bloß verwaltungsrechtlichen AÜG-Vorschriften regelt, liegt ein Verstoß gegen die Leiharbeitsrichtlinie vor.

---

293 EuGH v. 05.10.2004, C-397 403/01, BB 2004, 2353; *Kappelhoff* in: Nägele, EG-Arbeitsrecht in der deutschen Praxis, Kap. 1 II, 2.

294 Art. 11 Abs. 1 der RL 2008/104/EG vom 19. November 2008, Amtsblatt der Europäischen Union L 327/9.

295 *Kappelhoff* in: Nägele, EG-Arbeitsrecht in der deutschen Praxis, Kap. 1 II, 2.

296 *Preis/Temming*, NZA 2010, 185 (191).

297 *Rieblel/Vielmeier*, EuZA 2011, 474 (485).

298 *Rieblel/Vielmeier*, EuZA 2011, 474 (484).

299 *Rieblel/Vielmeier*, EuZA 2011, 474 (484).

Die Ansichten über die Rechtsfolgen dieses Verstoßes gehen auseinander. Fraglich ist, ob der Verstoß nationaler Rechtsnormen gegen eine Richtlinie, Rechtsfolgen im Sinne einer Unanwendbarkeit oder eines Anwendungsvorranges herbeiführt. Ist dies der Fall, stellt sich die Anschlussfrage, ob dies zu einer Erstreckung der Normen des AÜG auf die konzerninterne Überlassung führt, oder die von der Richtlinie garantierten Rechte direkt auf die Leiharbeitnehmer Anwendung finden. *Ulber* befürwortet hier beispielsweise eine Anwendung der AÜG-Normen auf alle Überlassungsformen im Konzern.[300] *Lembke* hingegen spricht sich für die Anwendung der materiellen Richtlinienregeln auf das Arbeitsverhältnis von Konzernleiharbeitern aus.[301]

Zunächst ist festzuhalten, dass nach Rechtsprechung des EuGH, „sogar eine klare, genaue und unbedingte Richtlinienbestimmung, mit der dem Einzelnen Rechte gewährt oder Verpflichtungen auferlegt werden sollen, im Rahmen eines Rechtsstreits, in dem sich ausschließlich Private gegenüberstehen, nicht als solche Anwendung finden kann."[302] Die durch die Europarechtswidrigkeit benachteiligte Partei wird auf einen Schadensersatzanspruch gegen den Staat verwiesen.[303] Dies bedeutet prinzipiell führt ein Verstoß des AÜG gegen die Leiharbeitsrichtlinie nicht dazu, dass sich ein Leiharbeitnehmer in einem Rechtsstreit zwischen Privaten auf die Richtlinienvorschriften berufen kann.[304]

Eine Ausnahme besteht dann, wenn die nationale Rechtsvorschrift neben der Richtlinie zusätzlich auch gegen primäres Europarecht verstößt.[305] Über Art. 6 EUV iVm Art. 5 der Grundrechtscharta sind die Mitgliedsstaaten an die europäischen Grundrechte gebunden.[306] Im vorliegenden Fall kommen als heranzuziehendes Primärrecht der allgemeine Gleichheitsgrundsatz bzw. Art. 21 und Art. 15 der Grundrechtscharta in Betracht. Es müsste dann argumentiert werden, § 1 Abs. 3 Nr. 2 AÜG verstoße gegen den in Art. 1 der Leiharbeitsrichtlinie definierten Anwendungsbereich der Richtlinie und damit gegen den von ihr präzisierten Gleichbehandlungsgrundsatz in Art. 21 GrCh als Primärrecht.

Gegen die unmittelbare Geltung der Richtlinie über den Umweg von europäischen Grundrechten oder allgemeinen Grundsätzen des Europarechts spricht, dass diese Sekundärrecht nach Art. 288 AEUV darstellen und der EuGH durch die direkte Anwendung der Richtlinien zwischen Privaten seine Befugnisse überschreiten würde.[307] Dies trifft im vorliegenden Fall umso mehr zu, als hier nicht Diskriminierungen

---

300 *Ulber*, AuR 2010, 10.
301 *Lembke*, DB 2011, 414.
302 Dominguez-Urteil des EuGH v. 24.01.2012, C-282/10, NZA 2012, 139.
303 Dominguez-Urteil des EuGH v. 24.01.2012, C-282/10, NZA 2012, 139.
304 Dominguez-Urteil des EuGH v. 24.01.2012, C-282/10, NZA 2012, 139; ErfK/*Wißmann, Vorbemerkung zum AEUV Rn. 21.*
305 Kücükdeveci-Urteil des EUGH v. 19.01.2010, NZA 2010, 85; Mangold-Urteil des EuGH v. 22. 11. 2005, NZA 2005, 1345.
306 *Preis/Temming*, NZA 2010, 185.
307 *Preis/Temming*, NZA 2010, 185.

wegen konkreter von den EU-Grundrechten oder grundsätzlich untersagter Kriterien im Raum stehen, sondern lediglich ein Bereich der Arbeitnehmerüberlassung aus dem Anwendungsbereich des Arbeitnehmerüberlassungsgesetzes ausgenommen wurde. Diese Ungleichbehandlung knüpft aber nicht an persönliche Unterscheidungskriterien der Leiharbeitnehmer selbst wie Alter, Geschlecht, etc. an. Eine Berufung auf den allgemeinen Gleichheitsgrundsatz wäre noch viel unkonkreter, zumal die Richtlinie in Art. 1 Abs. 3 selbst Ausnahmetatbestände vorsieht.

Soweit also § 1 Abs. 3 Nr. 2 AÜG die Nichtanwendung der Normen des AÜG regelt, kann sich der betroffene Leiharbeitnehmer nicht auf die Anwendung der Leiharbeitsrichtlinie bzw. einen Anwendungsvorrang berufen.

Ob die Gerichte das deutsche Konzernprivileg als europarechtswidrig ansehen, ist derzeit noch nicht abzusehen. Eine Entscheidung wird hier schließlich durch die Vorlage eines deutschen Gerichtes auf europäischer Ebene getroffen werden.[308]

e) Ergebnis

Das Konzernprivileg nach § 1 Abs. 3 Nr. 2a AÜG n.F. ist mit Hinblick auf die europarechtlichen Vorgaben eng auszulegen. Die Erlaubnispflicht gilt daher auch, wenn ein Arbeitnehmer innerhalb eines Konzerns auch für die Tätigkeit bei seinem Vertragsarbeitgeber eingestellt ist. Das Vorliegen einer konzernweiten Versetzungsklausel im Arbeitsvertrag stellt zumindest ein Indiz dafür dar, dass der Arbeitnehmer auch zum Zweck der Überlassung eingestellt wurde.

f) Rechtsfolgen für Personalabbaumaßnahmen im Konzern

Kommt es nach in Kraft treten der Änderungen zu einer engen Auslegung des § 1 Abs. 3 Nr. 2 AÜG durch die Gerichte bzw. zur Feststellung der Europarechtswidrigkeit mittels Entscheidung des EuGH durch Vorlagebeschluss eines deutschen Gerichtes, ist neben den drohenden Sanktionen des § 16 AÜG auch ein Personalabbau nicht mehr problemlos möglich.[309]

Ist nach §§ 9, 10 AÜG von einem unwirksamen Arbeitsverhältnis zum Verleiher auszugehen, kommt nach § 10 Abs. 1 AÜG dem Entleiher die Arbeitgeberstellung zu. Dieser ist nun allein kündigungsberechtigt. Der Arbeitnehmer hat in diesen Fällen dann stets die Möglichkeit nach dem Ausspruch der Kündigung durch seinen Vertragsarbeitgeber gerichtlich das Bestehen eines Arbeitsverhältnisses zum Entleiher geltend zu machen. Für die beteiligten Konzerngesellschaften empfiehlt sich in solchen Konstellationen daher vorsorglich zusätzlich der Kündigungsausspruch durch alle in Betracht kommenden, d.h. alle entleihenden oder verleihenden Konzernunternehmen. Präventiv kann eine solche Konstellation durch die Beantragung

308 *Ulber* AuR 2011, 231.

309 *Lipinski/Praß*, Personalmagazin 2012, 76.

einer Überlassungserlaubnis durch alle an der Überlassung beteiligten Konzernunternehmen vermieden werden.[310]

II) Betriebsbedingte Kündigung

Personen- beziehungsweise verhaltensbedingte Kündigungen weisen zwischen Normalarbeitsverhältnis und Leiharbeitsverhältnis wenig Unterschiede auf, da hier im Wesentlichen auf die Person des gekündigten Arbeitnehmers abzustellen ist. Fehlverhalten oder andauernde Erkrankungen kommen beispielsweise unabhängig von dem Einsatz als Leiharbeitnehmer vor. Bei der betriebsbedingten Kündigung kommt es hingegen auf die betriebliche Situation des Verleihers an,[311] die wiederum durch die Beziehung zum Entleiher beeinflusst wird. Nur bei diesem Kündigungsgrund kommen daher die Besonderheiten des Leiharbeitsverhältnisses als Dreiparteienverhältnis zur Geltung.

Der wichtigste Fall der betriebsbedingten Kündigung im Leiharbeitsverhältnis ist das Fehlen von Beschäftigungsmöglichkeiten durch den Rückgang bzw. die Kündigung von Überlassungsaufträgen.[312] Nach § 1 KSchG kann der Arbeitgeber betriebsbedingt kündigen, wenn dringende betriebliche Erfordernisse einer Weiterbeschäftigung des Arbeitnehmers in diesem Betrieb entgegenstehen. Ein solches dringendes betriebliches Erfordernis kann bei der Leiharbeit grundsätzlich dann vorliegen, wenn das Zeitarbeitsunternehmen den Arbeitnehmer wegen fehlender Verleihmöglichkeiten nicht weiter beschäftigen kann.[313] Das Ende der Überlassung bzw. das Fehlen eines Anschlussauftrages stellen jedoch für sich genommen noch keinen Kündigungsgrund dar.[314] Der Verleiher hat ebenso wie jeder andere Arbeitgeber auch das Annahmeverzugsrisiko für die Arbeitsleistung des Arbeitnehmers zu tragen. Gemäß § 11 Abs. 4 AÜG trägt der Verleiher explizit auch das Vergütungsrisiko für verleihfreie Zeiten. Diese Regelung unterscheidet das Leiharbeitsverhältnis nach deutschem Recht gerade von Regelungen in anderen europäischen Ländern, die das Arbeitsverhältnis gerade auf die Verleihdauer beschränken.[315]

310 *Lingemann* in: Bauer/Lingemann/Diller/Haussmann, Anwaltsformularbuch Arbeitsrecht, Kap. 10 Rn. 7; *Lipinski/Praß*, Personalmagazin 2012, 76.
311 *Reiserer/Christ* in: Moll, Münchener Anwaltshandbuch Arbeitsrecht, § 66 Rn. 59.
312 KR-*Griebeling*, § 1 KSchG Rn. 60; *Reiserer/Christ* in: Moll, Münchener Anwaltshandbuch Arbeitsrecht, § 66 Rn. 59.
313 *Schüren*, RdA 2007, 231 (234).
314 BAG 18. 5. 2006, 2 AZR 412/05, AP Nr. 7 zu § 9 AÜG; *Koch* in: Schaub Arbeitsrechts-Handbuch, § 120 Rn. 64, *Schüren*, RdA 2007, 231 (234).
315 *Schüren*, RdA 2007, 231.

III) Anwendbarkeit des KSchG

1) Anwendbarkeit des KSchG auf Leiharbeitsverhältnisse

Das Kündigungsschutzgesetz ist auch auf Leiharbeitsverhältnisse anwendbar.[316] Mit Ausnahme der Kündigungsfrist nach §§ 11 Abs. 4 S. 1 AÜG, 622 Abs. 5 Nr. 1 BGB enthalten weder das Arbeitnehmerüberlassungsgesetz noch das Kündigungsschutzgesetz Sondervorschriften für die Kündigung von Leiharbeitnehmern.[317] Daher gelten die Regelungen des Kündigungsschutzgesetzes für Leiharbeitnehmer, die nicht in Kleinbetrieben nach § 23 Abs. 1 S. 2 KSchG mit in der Regel zehn oder weniger Arbeitnehmern beschäftigt sind und deren Arbeitsverhältnis gemäß § 1 Abs. 1 KSchG länger als sechs Monate besteht.[318]

Als Beschäftigte nach § 23 Abs. 1 S. 2 KSchG zählen die unternehmensinternen Arbeitnehmer und die Leiharbeitnehmer eines Verleihunternehmens unabhängig davon, ob diese sich in einem Einsatz bei einem Entleiher befinden oder nicht.[319] In reinen Zeitarbeitsunternehmen handelt es sich bei den nicht als Leiharbeiter eingesetzten Arbeitnehmern um die Verwaltungsmitarbeiter.

Bei den in der Regel beschäftigten Arbeitnehmern ist darauf abzustellen, wie viele Arbeitnehmer typischerweise beschäftigt werden.[320] Auszugehen ist zunächst von der Beschäftigtenzahl zum Zeitpunkt der Kündigung, wobei eine nur vorübergehend höhere oder niedrigere Beschäftigtenzahl außer Acht gelassen wird. Die regelmäßige Beschäftigtenzahl eines Betriebes ist daher durch einen Rückblick auf

---

316 LAG Hessen, 29.04.2010, 9 Sa 1830/09, zit. nach Juris., Nichtzulassungsbeschwerde unter dem Az. 10 AZN 1100/10 erfolgreich (n.v.), Revision unter dem Az. 2 AZR 66/11, Erledigung durch Rücknahme; APS/*Preis*, Grundlagen F.Rn.31; *Böhm/Henning/Popp*, Zeitarbeit, F.VII. Rn. 820; *Kim*, Die konzerninterne Arbeitnehmerüberlassung durch die Personalführungsgesellschaft und das Betriebsverfassungsrecht, S. 53; KR-*Griebeling*, § 1 KSchG Rn. 60; *Sandmann/Marschall/Schneider*, Handbuch Zeitarbeit, Kap. 6, Rn. 324; *Koch* in: Schaub Arbeitsrechts-Handbuch, § 120, Rn. 63; *Schiefer*, NZA-RR 2005,1 (16); Schüren/*Schüren*, AÜG, Einl. Rn. 267.

317 APS/*Preis*, Grundlagen F.Rn.31; *Schüren/Behrend*, NZA 2003, 521 (524); Schüren/*Schüren*, AÜG, Einl. Rn. 267; *Witten*, Vertragsgestaltung und Gesetzesbindung im Recht der Zeitarbeit, S. 105.

318 LAG Hessen, 29.04.2010, 9 Sa 1830/09, zit. nach Juris., Nichtzulassungsbeschwerde unter dem Az. 10 AZN 1100/10 erfolgreich (n.v.), Revision unter dem Az. 2 AZR 66/11, Erledigung durch Rücknahme; APS/*Preis*, Grundlagen F.Rn.31; *Böhm/Henning/Popp*, Zeitarbeit, F.VII. Rn. 820; Kim, Die konzerninterne Arbeitnehmerüberlassung durch die Personalführungsgesellschaft und das Betriebsverfassungsrecht, S. 53; *Ulber*, AÜG, § 1 Rn. 102; *Sandmann/Marschall/Schneider*, Handbuch Zeitarbeit, Kap. 6, Rn. 324; *Schiefer*, NZA-RR 2005,1 (16); Schüren/*Schüren*, AÜG, Einl. Rn. 267.

319 Schüren/*Schüren*, AÜG, Einl. Rn. 273; ErfK/*Kiel*, § 23 KSchG Rn. 19; AÜG, § 1 Rn. 103; *Witten*, Vertragsgestaltung und Gesetzesbindung im Recht der Zeitarbeit, S. 105.

320 *Ulber*, AÜG, § 1 Rn. 103.

die Vergangenheit und eine Prognose der zukünftigen Entwicklung zu ermitteln.[321] Aushilfskräfte sind mitzuzählen, soweit diese regelmäßig für mehr als sechs Monate im Betrieb beschäftigt werden.[322] Obwohl die Leiharbeitnehmer typischerweise nur eine kurze Beschäftigungsdauer bei dem jeweiligen Zeitarbeitsunternehmen aufweisen und diese z.T. auch unter sechs Monate beträgt, werden diese bei der Bestimmung der in der Regel beschäftigten Arbeitnehmer im Zeitarbeitsunternehmen trotzdem mitgezählt. Mit Urteil vom 24.01.2013[323] entschied das Bundesarbeitsgericht, dass Leiharbeitnehmer bei der Bestimmung der Grenzwerte des § 23 KSchG im Entleihbetrieb mitzuzählen sind. Nach dieser Entscheidung dient die Herausnahme von Kleinbetrieben aus dem Anwendungsbereich des Kündigungsschutzgesetzes der Berücksichtigung der engen Zusammenarbeit, der geringeren Finanzausstattung und der geringeren Verwaltungskapazitäten.[324] Daher sei auf den vorhandenen Personalbedarf abzustellen, wobei es egal sei, ob dieser durch eigene oder Fremdarbeitnehmer gedeckt werde. Entscheidend sei der regelmäßige Beschäftigungsbedarf unabhängig davon, ob Leiharbeitnehmer dauerhaft eingesetzt werden oder ständig wechseln. Daher ist auch im Zeitarbeitsunternehmen unabhängig vom häufigen Wechsel der Mitarbeiter auf den Beschäftigungsbedarf abzustellen. Der Beschäftigungsbedarf ist beispielsweise anhand der im Stellenplan vorgesehenen Stellen des Zeitarbeitsunternehmens zu ermitteln.[325]

2) Anrechnung von Vorbeschäftigungszeiten zur Bestimmung der Sechsmonatsfrist nach § 1 Abs.1 S.1 KSchG

a) Bedeutung in der Leiharbeit

Eine besondere Rolle spielt in der Zeitarbeitsbranche die Anrechnung von Vorbeschäftigungszeiten auf die sechsmonatige Wartezeit. Die Branche ist von einer hohen Fluktuation geprägt.[326] Die Arbeitsverhältnisse weisen eine kurze Dauer auf und Kündigungen wie Neueinstellungen richten sich oft nach der gerade bestehenden Auftragslage.[327] In diesem Zusammenhang kann es nach dem Wegfall des

---

321 BAG v. 24.01.2013, 2 AZR 140/12, NZA 2013, 726; BAG v. 22.01. 2004, 2 AZR 237/03, AP Nr 31 zu § 23 KSchG 1969; ErfK/*Kiel*, § 23 KSchG Rn. 14; KR-*Bader*, § 23 KSchG Rn. 37ff.

322 BAG v. 12.10.1976, 1 ABR 1/76, AP Nr. 1 zu § 8 BetrVG 1972; KR-*Bader*, § 23 KSchG Rn. 37ff.

323 BAG v. 24.01.2013, 2 AZR 140/12, NZA 2013, 726.

324 BAG v. 24.01.2013, 2 AZR 140/12, NZA 2013, 726.

325 LAG Hamm v. 04.03.1997, 4 Sa 693/96, AP Nr. 15 zu § 23 KSchG 1969; APS/*Moll*, Kündigungsrecht, § 23 Rn. 30; KR-*Bader*, § 23 KSchG Rn. 33.

326 Der Arbeitsmarkt in Deutschland, aktuelle Entwicklungen in der Zeitarbeit, Januar 2012, S. 4; *Steuer*, Die Arbeitnehmerüberlassung als Mittel zur Förderung des Arbeitsmarktes in Deutschland, S. 231.

327 *Schüren*, RdA 2007, 231; *Steuer*, Die Arbeitnehmerüberlassung als Mittel zur Förderung des Arbeitsmarktes in Deutschland, S. 231.

Wiedereinstellungsverbotes vorkommen, dass Arbeitnehmer, deren Arbeitsverhältnis wegen schlechter Auftragslage beendet wurde, bei einer verbesserten Auftragslage wieder von demselben Arbeitgeber eingestellt werden. Die Auftragslage kann sich im Bereich der Zeitarbeitsbranche aufgrund der schlechten Vorhersehbarkeit kurzfristig ändern. Sind daher für den Leiharbeitnehmer nur kurzfristige Unterbrechungen seines Arbeitsverhältnisses entstanden, stellt sich die Frage, ob die vorangegangene Beschäftigung bei seinem Arbeitgeber auf die sechsmonatige Wartezeit anzurechnen ist oder ob es sich auch in diesem Zusammenhang um zwei getrennte Arbeitsverhältnisse handelt.

b) Anrechnung von Vorbeschäftigungszeiten ohne tarifliche Regelung

§ 1 Abs. 1 S. 1 KSchG geht zunächst davon aus, dass das Arbeitsverhältnis zum Arbeitgeber ohne Unterbrechung sechs Monate bestanden hat. Auf die sechsmonatige Wartezeit sind Zeiten aus einem vorangegangenen Arbeitsverhältnis jedoch anzurechnen, wenn ein enger sachlicher und zeitlicher Zusammenhang zwischen den Leiharbeitsverhältnissen besteht.[328] Ein solcher sachlicher Zusammenhang kann grundsätzlich vorliegen, wenn das Arbeitsverhältnis wegen Auftragsmangel beendet und dann wegen verbesserter Auftragslage neu begründet wurde.[329]

Uneinigkeit besteht bei der Festlegung der Unterbrechungsdauer, bei der noch ein enger zeitlicher Zusammenhang zu bejahen ist. So wird teilweise angenommen, dass bei einer Unterbrechung von mehr als einem Monat der enge zeitliche Zusammenhang der Begründung durch besondere Umstände bedarf.[330] Nach der Rechtsprechung des Bundesarbeitsgerichtes ist ein enger zeitlicher Zusammenhang bei einer Unterbrechung des Arbeitsverhältnisses für sechs Wochen nur bei Hinzutreten besonderer Umstände anzunehmen.[331] Dies gilt zum Beispiel, wenn der Arbeitgeber das Arbeitsverhältnis nur wegen fehlenden Arbeitsanfalles unterbrochen hat.[332] Dagegen kann eine Unterbrechung von sechs Wochen den Neubeginn der Wartezeit auslösen, wenn der Arbeitnehmer nicht bei beiden Arbeitsverhältnissen mit den gleichen Tätigkeiten betraut ist.[333] Eine Beschäftigung mit unterschiedlicher Stundenzahl schließt hingegen den engen sachlichen und zeitlichen Zusammenhang der Arbeitsverhältnisse nicht aus.[334]

---

328 APS/*Dörner* und Vossen, § 1 KSchG Rn. 37; KR-*Griebeling*, § 1 KSchG, Rn. 108ff; Schüren/*Schüren*, AÜG, Einl. Rn. 276; Thüsing/*Pelzner*, AÜG, § 3 Rn. 113.

329 Schüren/*Schüren*, AÜG, Einl. Rn. 267.

330 Schüren/*Schüren*, AÜG, Einl. Rn. 277.

331 BAG v. 19.06.2007, 2 AZR 94/06, NZA 2007, 1103; BAG v. 28.08.2008, 2 AZR 101/07, AE 2009, 57.

332 BAG v. 19.06.2007, 2 AZR 94/06, NZA 2007, 1103; BAG v. 20.08.1998, 2 AZR 76/98, AP KSchG 1969 § 1 Wartezeit Nr. 9 *KSchG. 1 Nr. 49.*

333 BAG, v. 28.08.2008, 2 AZR 101/07, AE 2009, 57.

334 BAG v. 19.06.2007, 2 AZR 94/06, NZA 2007, 1103.

Nach zutreffender Ansicht können bei der Prüfung, wann von einem ununterbrochenen Arbeitsverhältnis im Sinne von § 1 Abs. 1 KSchG auszugehen ist, keine festen zeitlichen Grenzen zugrunde gelegt werden.[335] Der Wortlaut von § 1 Abs. 1 KSchG „[...] dessen Arbeitsverhältnis [...] länger als sechs Monate bestanden hat" stellt auf den Bestand des jeweiligen Arbeitsverhältnisses ab. Sollen daher zwei an sich getrennte Arbeitsverhältnisse bei der Berechnung der Wartezeit als einheitliches Arbeitsverhältnis gewertet werden, handelt es sich um einen eng auszulegenden Ausnahmetatbestand, bei dem der zeitlichen Lücke nicht die entscheidende Bedeutung zukommt.[336] Auch der Anlass der Unterbrechung, sowie die Art der Weiterbeschäftigung sind zu berücksichtigen. Je länger die Unterbrechung andauert, desto schwerwiegender müssen die Umstände sein, die für einen sachlichen Zusammenhang sprechen.[337]

Die Regelung der Wartezeit in § 1 Abs. 1 KSchG hat den Zweck, den Parteien des Arbeitsverhältnisses die Prüfung zu ermöglichen, ob sie sich auf Dauer binden wollen.[338] Der Wortlaut der Norm knüpft an einen ununterbrochenen rechtlichen Bestand des Arbeitsverhältnisses an. Danach würde jede rechtliche Unterbrechung des Arbeitsverhältnisses einen Neubeginn der Sechsmonatsfrist auslösen. Eine solch enge Sichtweise würde aber dem Sinn und Zweck des Gesetzes nicht gerecht werden.[339] Wird das Arbeitsverhältnis allein auf Veranlassung des Arbeitgebers für einen verhältnismäßig kurzen Zeitraum unterbrochen, so kann sich der Arbeitgeber auf die von ihm selbst gesetzte Ursache der Unterbrechung des Arbeitsverhältnisses nicht berufen.[340]

Bei der Beurteilung des engen sachlichen und zeitlichen Zusammenhanges ist demnach auf die Umstände des jeweiligen Einzelfalles abzustellen. Als zeitliche Grenze für die Anrechnung stellen jedoch in der Regel sechs Wochen einen angemessenen Zeitraum dar.[341] Darüber hinaus müssen für die Bewertung als einheitliches Arbeitsverhältnis besondere Umstände hinzutreten.[342]

---

335 BAG v. 28.8.2008, 2 AZR 101/07, AE 2009, 57; APS/*Dörner und Vossen*, § 1 KSchG Rn. 39; KR-*Griebeling*, § 1 KSchG, Rn. 108ff.

336 BAG v. 28.8.2008, 2 AZR 101/07, AE 2009, 57; APS/*Dörner und Vossen*, § 1 KSchG Rn. 39.

337 BAG v. 28.08.2008, 2 AZR 101/07, AE 2009, 57; APS/Dörner und Vossen, § 1 KSchG Rn. 39; KR-*Griebeling*, § 1 KSchG, Rn. 108ff.

338 BAG v. 24.11. 2005, 2 AZR 614/04, AP Nr. 19 zu § 1 KSchG 1969 Wartezeit; HWK/Quecke, § 1 KSchG Rn. 7.

339 BAG, v. 28.08.2008, 2 AZR 101/07, AE 2009, 57.

340 BAG v. 19.06.2007, 2 AZR 94/06, AP KSchG 1969 § 1 Wartezeit Nr. 23.

341 BAG v. 19.06.2007, 2 AZR 94/06, NZA 2007, 1103; BAG v. 28.08.2008, 2 AZR 101/07, AE 2009, 57.

342 BAG v. 19.06.2007, 2 AZR 94/06, NZA 2007, 1103; BAG v. 28.08.2008, 2 AZR 101/07, AE 2009, 57.

Weiter ist umstritten, ob die Unterbrechungszeit selbst auf die Wartezeit nach § 1 Abs. 1 S. 1 KSchG anzurechnen ist.[343] Das Bundesarbeitsgericht hat diese Frage bislang offen gelassen.[344] Das LAG Hamm[345] lehnte eine Anrechnung von Unterbrechungszeiten jedenfalls für den Fall ab, dass die Unterbrechung allein auf Wunsch des Arbeitnehmers zustande kam. Das LAG Hamm führt aus, eine Urlaubszeit bei fortdauerndem Arbeitsverhältnis hätte die Wartezeit des § 1 Abs. 1 S. 1 KSchG nicht unterbrochen. Ersuche der Arbeitnehmer jedoch um eine rechtliche Unterbrechung und einen förmlichen Neubeginn des Arbeitsverhältnisses, führe dies nicht zu einer Anrechnung auf die Wartezeit. Das LAG stellt darauf ab, dass auch § 4 BUrlG eine sechsmonatige Wartezeit vorsieht. Zwar führt das LAG Hamm dies nicht ausdrücklich aus, jedoch scheint Hintergrund der Entscheidung auch die fehlende Schutzbedürftigkeit des Arbeitnehmers zu sein, wenn das Arbeitsverhältnis auf seine Veranlassung hin unterbrochen wird. So nennt das LAG Hamm[346] als Mindestvoraussetzung für eine Anrechnung der Unterbrechungszeit auf die Wartezeit, dass die Initiative für die Unterbrechung vom Arbeitgeber ausgeht. Das LAG Hamm zieht demnach eine Anrechnung von Unterbrechungszeiten jedenfalls unter dieser Bedingung in Betracht.[347]

Teilweise wurde für die Anrechnung von Unterbrechungszeiten der Rechtsgedanke des § 212 BGB a.F. in der bis zum 31.12.2001 gültigen Fassung herangezogen.[348] Nach § 212 Abs. 1 BGB a.F. galt die Verjährung durch Klageerhebung nicht als gehemmt bzw. unterbrochen, wenn die Klage zurückgenommen wurde oder durch ein nicht in der Sache entscheidendes Urteil abgewiesen wurde. Wurde jedoch gem. § 212 Abs. 2 BGB[349] innerhalb von sechs Monaten erneut Klage erhoben, galt die Verjährung als durch die erste Klage unterbrochen. Da auch bei einer Unterbrechung des Arbeitsverhältnisses und nachfolgender zeitnaher Anschlussbeschäftigung eine Unterbrechung eintritt, die sich rückblickend als nicht beständig erweist, wurde von dieser Ansicht auch die Unterbrechungszeit des Arbeitsverhältnisses als nicht

343 Gegen die Anrechnung der Unterbrechungszeit auf die Wartezeit: LAG Baden-Württemberg v. 17.02.1988, 2 Sa 92/87, LAGE § 1 KSchG Nr. 7; LAG Hamm 20.12.1996, 5 Sa 1307/95, LAGE § 1 KSchG Nr. 10 Ablehnung der Anrechnung für den Fall, dass die Unterbrechung durch den Arbeitnehmer gewünscht war; ErfK/*Oetker*, § 1 KSchG Rn. 39; KR-*Griebeling*, § 1 KSchG, Rn. 110a; für tarifliche Beschäftigungszeiten zur Bestimmung der Kündigungsfrist BAG v. 17.06.2003, 2 AZR 257/02, AP Nr. 61 zu § 622 BGB; a.A.: APS-Dörner/Vossen, § 1 KSchG Rn. 41.

344 BAG v. 06.12.1976, 2 AZR 470/75, AP Nr. 2 zu § 1 KSchG 1969 Wartezeit.

345 LAG Hamm 20.12.1996, 5 Sa 1307/95, LAGE § 1 KSchG Nr. 10.

346 LAG Hamm 20.12.1996, 5 Sa 1307/95, LAGE § 1 KSchG Nr. 10.

347 LAG Hamm 20.12.1996, 5 Sa 1307/95, LAGE § 1 KSchG Nr. 10.

348 So noch APS-*Dörner*, § 1 KSchG Rn. 41 in der 3. Auflage 2007, anders bereits APS-*Dörner/Vossen* in § 1 KSchG Rn. 41 der aktuellen Auflage.

349 § 212 BGB in der bis zum 31.12.2001 geltenden Fassung.

eingetreten behandelt.[350] Von der Gegenansicht wurde dagegen jedoch eingewandt, die §§ 210, 212 BGB a.F., beträfen keine vergleichbaren Sachverhalte.[351] Dem ist zuzustimmen, da die erwähnten BGB-Vorschriften die Unterbrechung der Verjährung regelten und nicht die Bestandsdauer des Arbeitsverhältnisses. Damit erfassten die BGB-Regelungen lediglich die Bedingungen einer Einrede, während § 1 KSchG an die Dauer des eigentlichen Vertragsverhältnisses selbst anknüpft. Auch die Anrechnung von Vorbeschäftigungszeiten führt nicht dazu, dass Unterbrechungszeiten anzurechnen sind. Das Arbeitsverhältnis hat während der Vorbeschäftigungszeiten tatsächlich bestanden. Dies gilt jedoch nicht für die Unterbrechungszeiten.[352]

c) Tarifliche Regelungen zur Anrechnung von Vorbeschäftigungszeiten und Unterbrechungszeiten

Die Tarifverträge der Leiharbeitsbranche erhalten zum Teil Regelungen über die Anrechnung von Vorbeschäftigungszeiten, die sich jedoch nicht explizit auf die anrechenbaren Zeiten gemäß § 1 Abs. 1 KSchG beziehen.[353]

Von der Regelung der Wartezeit in § 1 Abs. 1 KSchG darf weder im Arbeitsvertrag noch durch kollektive Regelungen zu Lasten der Arbeitnehmer abgewichen werden.[354] Durch Tarifverträge kann jedoch die Wartezeit von § 1 KSchG abweichend zugunsten der Arbeitnehmer gestaltet werden.[355] Das Bundesarbeitsgericht hat bereits im Jahr 1979 entschieden, dass tarifliche Regelungen über die Anrechnung von Vorbeschäftigungs- und Unterbrechungszeiten auf die Wartezeit des § 1 Abs. 1 KSchG zulässig sind.[356] Nach dem Bundesarbeitsgericht ist durch Auslegung des Tarifvertrages zu ermitteln, ob eine Anwendung der Regeln über die Betriebszugehörigkeit auf die Wartezeit nach § 1 KSchG anzuwenden ist.[357] Dabei ist neben

350 So noch APS-*Dörner,* § 1 KSchG Rn. 41 in der 3. Auflage 2007, anders bereits APS-*Dörner/Vossen* in § 1 KSchG Rn. 41 der aktuellen Auflage; KR-*Spilger,* § 622 BGB Rn. 60.

351 KR-*Griebeling,* § 1 KSchG, Rn. 110a.

352 KR-*Griebeling,* § 1 KSchG, Rn. 110a; zur Hinzurechnung von Unterbrechungszeiten bei Berechnung der Kündigungsfrist nach § 622 BGB, APS-Link, § 622 BGB, Rn. 85.

353 *Böhm/Hennig/Popp,* Zeitarbeit, F. VII. Rn. 822.

354 BAG v. 14.05.1987, 2 AZR 380/86, AP Nr. 5 zu § 1 KSchG 1969 Wartezeit; BAG v. 15.08.1984, 7 AZR 228/82, AP Nr. 8 zu § 1 KSchG 1969; KR/*Griebeling,* § 1 KSchG Rn. 94, 97.

355 BAG v. 14.05.1987, 2 AZR 380/86, AP Nr. 5 zu § 1 KSchG 1969 Wartezeit; BAG v. 18.01.1979 – 2 AZR 254/77 – AP Nr. 3 zu § 1 KSchG 1969 Wartezeit; KR/*Griebeling,* § 1 KSchG Rn. 94, 97.

356 BAG v. 18.01.1979 – 2 AZR 254/77 – AP Nr. 3 zu § 1 KSchG 1969 Wartezeit.

357 BAG v. 14.05.1987, 2 AZR 380/86, AP Nr. 5 zu § 1 KSchG 1969 Wartezeit; KR/*Griebeling,* § 1 KSchG Rn. 94, 97.

dem Wortlaut der Wille der Tarifparteien über sämtliche Auslegungsmethoden zu ermitteln und auf den Gesamtzusammenhang abzustellen.[358]

Das Bundesarbeitsgericht hat eine tarifliche Regelung, wonach auf die Betriebszugehörigkeit alle Betriebszugehörigkeitszeiten anzurechnen sind, die nicht mehr als sechs Monate unterbrochen waren, für zulässig erachtet. Nach Ansicht des Bundesarbeitsgerichtes bezog sich diese Regelung auch auf die Wartezeit nach § 1 Abs. 1 KSchG.[359] In dem vom Bundesarbeitsgericht zu entscheidenden Fall war weder aus dem Wortlaut, noch aus der systematischen Stellung zu erkennen, dass sich die Regelung für die Berechnung der Betriebszugehörigkeit allein auf den Urlaub und die Kündigungsfrist beziehen sollte. Daher ging das Bundesarbeitsgericht davon aus, dass die Tarifparteien die Berechnung der Betriebszugehörigkeit für alle Punkte geregelt hatten, bei denen diese eine Rolle spielt.[360] Dazu gehöre auch die Wartezeit nach § 1 KSchG. Insbesondere in witterungsabhängigen Gewerben würden Tätigkeiten häufig im Winterhalbjahr unterbrochen, so dass den Arbeitnehmern, ohne die Erstreckung der Tarifregelung auf die Wartezeit nach § 1 KSchG, die Möglichkeit zur Erreichung des Kündigungsschutzes verwehrt bliebe.[361] Aus diesem Grund spreche auch der Sinn und Zweck der Tarifregelung für eine Anwendung auf die Wartezeit nach § 1 Abs. 1 KSchG.[362]

In einem anderen Fall, in dem die Anrechnung der Unterbrechungszeiten für die Kündigungsfrist und den Urlaub in den jeweiligen Paragraphen extra geregelt waren, hatte das BAG die Anwendung auf die Wartezeit des § 1 Abs. 1 KSchG abgelehnt.[363]

aa) Manteltarifvertrag BZA – DGB

Der Manteltarifvertrag zwischen BZA und DGB[364] vom 22.07.2003 enthält in § 9 und § 15 die folgenden Regelungen:

> ***§ 9 Begründung / Beendigung des Arbeitsverhältnisses***
>
> *§ 9.1 Die Begründung des Arbeitsverhältnisses erfolgt aufgrund eines schriftlich abzuschließenden Arbeitsvertrages. Bei unentschuldigtem Nichterscheinen am ersten Arbeitstag gilt der Arbeitsvertrag als nicht zustande gekommen.*
>
> *§ 9.2 Der Arbeitsvertrag kann abweichend von § 14 Abs. 2 S. 1 TzBfG bis zu einer Gesamtdauer von zwei Jahren auch ohne Vorliegen eines sachlichen Grundes befristet*

358 BAG v. 14.05.1987, 2 AZR 380/86, AP Nr. 5 zu § 1 KSchG 1969 Wartezeit; KR/*Griebeling*, § 1 KSchG Rn. 94, 97.
359 BAG v. 14.05.1987, 2 AZR 380/86, AP Nr. 5 zu § 1 KSchG 1969 Wartezeit.
360 BAG v. 14.05.1987, 2 AZR 380/86, AP Nr. 5 zu § 1 KSchG 1969 Wartezeit.
361 BAG v. 14.05.1987, 2 AZR 380/86, AP Nr. 5 zu § 1 KSchG 1969 Wartezeit.
362 BAG v. 14.05.1987, 2 AZR 380/86, AP Nr. 5 zu § 1 KSchG 1969 Wartezeit.
363 BAG v. 18.01.1979 – 2 AZR 254/77, AP Nr. 3 zu § 1 KSchG 1969 Wartezeit.
364 Manteltarifvertrag Zeitarbeit zwischen BZA und DGB vom 22.07.2003 in der Fassung des Änderungstarifvertrages vom 09.03.2010.

werden. Innerhalb dieser Zeitspanne kann das Arbeitsverhältnis bis zu viermal verlängert werden. § 14 Abs. 3 S. 2 und 3 TzBfG bleiben unberührt.

§ 9.3 Die ersten sechs Monate des Beschäftigungsverhältnisses gelten als Probezeit.

Während der Probezeit kann das Arbeitsverhältnis mit einer Frist von einer Woche in den ersten drei Monaten gekündigt werden. Danach gelten die gesetzlichen Kündigungsfristen während der Probezeit gemäß § 622 Abs. 3 BGB von zwei Wochen.

Bei Neueinstellungen kann die Kündigungsfrist während der ersten zwei Wochen des Beschäftigungsverhältnisses arbeitsvertraglich auf einen Tag verkürzt werden. Als Neueinstellungen gelten Arbeitsverhältnisse mit Mitarbeitern, die mindestens drei Monate lang nicht in einem Arbeitsverhältnis zum Arbeitgeber standen.

§ 9.4 Im Übrigen gelten für die Kündigung des Arbeitsverhältnisses durch den Arbeitgeber oder den Mitarbeiter beiderseits die Fristen des § 622 Abs. 1 und 2 BGB.

[...]

§ 11 Urlaub

§ 11.1 [...]

§ 11.2 Die dem Mitarbeiter zustehende Urlaubsdauer richtet sich nach der Dauer der ununterbrochenen Betriebszugehörigkeit. [...]

§ 15 Jahressonderzahlungen

§ 15.1 Ab dem zweiten Jahr des ununterbrochenen Bestehens des Beschäftigungsverhältnisses hat der Mitarbeiter Anspruch auf Jahressonderzahlungen in Form von zusätzlichem Urlaubs- oder Weihnachtsgeld. Ab dem 01.01.2006 entsteht der Anspruch auf diese Jahressonderzahlung nach 6 Monaten ununterbrochenen Bestehens des Beschäftigungsverhältnisses. [...]

§ 15.2 Das Urlaubs- und Weihnachtsgeld beträgt, abhängig von der Dauer des ununterbrochenen Bestehens des Arbeitsverhältnisses, [...]

§ 15.3 Voraussetzung für den Anspruch auf Auszahlung der Sonderzahlungen ist das Bestehen eines ungekündigten Beschäftigungsverhältnisses zum Auszahlungszeitpunkt.[...]

Protokollnotiz zu § 15.3:

Bei der Berechnung der Dauer des ununterbrochenen Bestehens des Arbeitsverhältnisses werden Zeiten, in denen das Arbeitsverhältnis ruht, nicht mitgerechnet. Ausgenommen sind arbeitsbedingte Erkrankungen und Arbeitsunfälle bis zu einem Zeitraum von 12 Monaten nach Ablauf der Entgeltfortzahlung.

Nach dem Tarifvertrag sind daher Unterbrechungen von unter drei Monaten nicht als Neueinstellung zu bewerten.[365] Die Regelung in § 9.3 des Manteltarifvertrages zwischen BZA und DGB steht unter der Überschrift „Begründung / Beendigung des Arbeitsverhältnisses“. Dies spricht zunächst dafür, bei Unterbrechungen von unter drei Monaten, die Vorbeschäftigungszeit sowie die Unterbrechungszeit auf die Wartezeit nach § 1 Abs. 1 KSchG anzurechnen, da die Wartezeit nach § 1 Abs. 1 KSchG grundsätzlich Einfluss auf die Beendigung des Arbeitsverhältnisses hat. § 9.3 Abs. 3 des Manteltarifvertrages bezieht sich jedoch auf verkürzte Kündigungsfristen bei Neueinstellungen. In diesem Zusammenhang definiert § 9.3 Abs. 3 S.2 des Manteltarifvertrages was Neueinstellungen sind. Dafür spricht auch die systematische Stellung des § 9.3 Abs. 3 S. 2 des Tarifvertrages. Sowohl im Satz zuvor als auch im Satz danach werden die verschiedenen Kündigungsfristen geregelt. Dafür spricht auch, dass bezüglich der übrigen Regelungsgegenstände auf die ununterbrochene Betriebszugehörigkeit abgestellt wird, so z.B. in § 11 des Manteltarifvertrages bzgl. der Berechnung der Urlaubsdauer. Auch bzgl. Sonderzahlungen stellt § 15 des Manteltarifvertrages auf den ununterbrochenen Bestand des Arbeitsverhältnisses ab.

In der Protokollnotiz zu § 15 Abs. 3 werden lediglich Vorschriften bzgl. des ruhenden Arbeitsverhältnisses getroffen. Wenn jedoch bereits Zeiten, in denen das Arbeitsverhältnis ruht, nicht auf den Bestand des Arbeitsverhältnisses anzurechnen sind, gilt dies für rechtliche Unterbrechungen erst recht.

Daher ist die Regelung in § 9.3 Abs. 3 S. 3 des Manteltarifvertrages ausschließlich auf die Kündigungsfristen, nicht jedoch auf die Wartezeit nach § 1 Abs. 1 KSchG anzuwenden. Für die übrigen Regelungsgegenstände sind gerade keine oder abweichende Vorschriften von den Tarifparteien vorgesehen. D.h. bzgl. der Anrechnung von Vorbeschäftigungs- und Unterbrechungszeiten bestehen im Manteltarifvertrag zwischen BZA und DGB[366] vom 22.07.2003 keine Sonderregelungen.

bb) Manteltarifvertrag IGZ – DGB

Der Manteltarifvertrag zwischen IGZ und DGB vom 30.04.2010 enthält keine Regelung über die Anrechnung von Vorbeschäftigungs- bzw. kündigungsbedingten Unterbrechungszeiten auf die Wartezeit nach § 1 Abs. 1 KSchG.[367]

Die Protokollnotiz 6 des derzeit gültigen Manteltarifvertrages zwischen IGZ und DGB[368] enthält folgende Regelung:

> *6. Bei der Berechnung der Dauer des ununterbrochenen Arbeitsverhältnisses werden Zeiten, in denen das Arbeitsverhältnis ruht, nicht mitgerechnet. Ausgenommen sind*

---

365 § 9.3 Manteltarifvertrag Zeitarbeit zwischen BZA und DGB vom 22.07.2003 in der Fassung des Änderungstarifvertrages vom 09.03.2010; *Böhm/Hennig/ Popp*, Zeitarbeit, F. VII. Rn. 822.

366 Manteltarifvertrag Zeitarbeit zwischen BZA und DGB vom 22.07.2003 in der Fassung des Änderungstarifvertrages vom 09.03.2010.

367 Manteltarifvertrag zwischen IGZ und DGB vom 30.04.2010.

368 Manteltarifvertrag zwischen IGZ und DGB vom 30.04.2010.

arbeitsbedingte Erkrankungen und Arbeitsunfälle bis zu einem Zeitraum von 12 Monaten nach Ablauf der Entgeltfortzahlung. [...]

Ruhende Arbeitsverhältnisse sind nicht mit kündigungsbedingten Unterbrechungen des Arbeitsverhältnisses gleichzusetzen, da bei einer Kündigung das Arbeitsverhältnis nicht ruht, sondern endet.[369] Wenn jedoch nach der Protokollnotiz bereits Zeiten, in denen das Arbeitsverhältnis ruht, in der Regel von der Berechnung des ununterbrochenen Arbeitsverhältnisses ausgenommen werden, gilt dies für rechtliche Unterbrechungen des Arbeitsverhältnisses erst recht. Es verbleibt daher bei der gesetzlichen Regelung. D.h. eine tarifliche Regelung bzgl. der Anrechnung von kündigungsbedingten Unterbrechungen besteht im Manteltarifvertrag zwischen IGZ und DGB nicht. Auch für die Anrechnung von Vorbeschäftigungszeiten auf die Wartefrist nach § 1 Abs. 1 KSchG bei einer rechtlichen Unterbrechung des Arbeitsverhältnisses finden sich keine Anhaltspunkte.

Eine tarifliche Sonderregelung bzgl. der Anrechnung von Vorbeschäftigungs- oder Unterbrechungszeiten auf die Wartezeit nach § 1 Abs. 1 KSchG besteht in den Tarifverträgen zwischen IGZ und DGB nicht.

cc) Manteltarifvertrag zwischen AMP und CGZP

Auch der Manteltarifvertrag zwischen AMP und CGZP[370] enthält keine explizite Regelung zur Anrechnung von Vorbeschäftigungszeiten zur Berechnung der Sechsmonatsfrist nach § 1 Abs. 1 KSchG. § 9 des Manteltarifvertrages enthält folgende Regelung:

9. ***Urlaubsdauer***

[...]

9.1 Unter Betriebszugehörigkeit ist die Dauer des rechtlichen Bestandes des (aktuellen) Arbeitsverhältnisses zu verstehen. Zeiten, in denen das Arbeitsverhältnis ruht, werden nicht berücksichtigt.

9.1.2.1 Betriebszugehörigkeitszeiten aus der Vergangenheit werden nur anerkannt, wenn ein in der Vergangenheit liegendes Arbeitsverhältnis mindestens sechs Beschäftigungsmonate gedauert hat; hinzugerechnet werden dann nur Betriebszugehörigkeitszeiten, die in unmittelbarer Folge vor dem aktuellen Arbeitsverhältnis liegen und bei denen keine Unterbrechung länger als sechs Monate gedauert hat.

9.1.2.2 Tritt ein Arbeitnehmer nach einer Eigenkündigung erneut in die Dienste des Arbeitgebers, werden Betriebszugehörigkeiten nach Maßgabe von Ziffer 9.1.2.1 erst ab seinem Wiedereintritt berücksichtigt.

---

369 *Böhm/Hennig/Popp*, Zeitarbeit, F. VII. Rn. 822.

370 Manteltarifvertrag zwischen AMP und CGZP vom 15.03.2010.

9.1.2.3 Bei Schülern und Studenten werden Betriebszugehörigkeiten aus der Vergangenheit nicht anerkannt.

9.1.3 Für die Bemessung des Urlaubsanspruchs werden nur Betriebszugehörigkeitszeiten gemäß Ziffer 9.1.2 ab dem 01.01.2003 berücksichtigt, sofern das Arbeitsverhältnis nicht später begonnen hat.

[...]

12. Vermögenswirksame Leistungen

12.3 Die vermögenswirksame Leistung wird gemäß Ziffer 12.2 für jeden vollen Kalendermonat gezahlt, den der Arbeitnehmer gemäß Ziffer 9.1.2 betriebszugehörig ist.

[...]

14. Jubiläumszahlungen

14.1 Arbeitnehmer erhalten bei Erreichen einer Betriebszugehörigkeit gemäß Ziffer 9.1.2 von [...]

[...]

20. Beendigung des Arbeitsverhältnisses, Kündigung und Altersgrenze

20.1 In der Probezeit beträgt die Kündigungsfrist während des ersten Beschäftigungsmonats eine Woche, vom vierten bis sechsten Beschäftigungsmonat zwei Wochen.

20.2 Nach der Probezeit gelten die gesetzlichen Kündigungsbestimmungen. Zur Berechnung der Kündigungsfristen ist die Betriebszugehörigkeit heranzuziehen; in Abweichung von Ziffer 9.1.2.1 werden Betriebszugehörigkeitszeiten aus der Vergangenheit dann hinzugerechnet, wenn diese in unmittelbarer Folge vor dem zu kündigenden Arbeitsverhältnis lagen und bei denen keine Unterbrechung länger als zwei Monate gedauert hat.

20.3 Ein befristetes Arbeitsverhältnis endet mit Ablauf der vereinbarten Frist, ohne dass es einer Kündigung bedarf. [...]

Nach der Systematik des Manteltarifvertrages regelt § 9 den Grundsatz bzgl. der Anrechnung von Vorbeschäftigungszeiten. D.h. grundsätzlich zählt nur die Dauer des aktuellen Arbeitsverhältnisses. Zeiten, in denen das Arbeitsverhältnis ruht, werden nicht angerechnet. Vorbeschäftigungszeiten – nicht jedoch Unterbrechungszeiten – können ausnahmsweise dann berücksichtigt werden, wenn eine Arbeitgeberkündigung vorlag, die Unterbrechung nicht länger als sechs Monate dauerte und die Vorbeschäftigung mindestens sechs Monate bestand und der jetzigen Beschäftigung unmittelbar voranging. Bzgl. anderer Regelungsgegenstände, wie Vermögenswirksame Leistungen, Jubiläumszahlungen und der Beendigung des Arbeitsverhältnisses, wird auf § 9.1.2 des Manteltarifvertrages verwiesen. Abweichend davon regelt § 20.2 für die Berechnung der Kündigungsfristen die Hinzurechnung von Vorbeschäftigungszeiten, wenn das Arbeitsverhältnis nicht mehr als zwei Monate unterbrochen war. Von der Systematik her verweist der Tarifvertrag bzgl. jedes Regelungsgegenstandes explizit auf § 9.1.2, wenn dieser Anwendung finden soll. Dies spricht dafür, dass bei Regelungsgegenständen ohne entsprechenden Verweis § 9.1.2 keine Anwendung finden soll. Für die Wartezeit nach § 1 Abs. 1 KSchG ist eine solche Verweisung auf § 9.1.2 nicht vorhanden. Die in 20.2 enthaltene Verweisung auf § 9.1.2 bzw. die davon geregelte Abweichung bezieht sich nach dem Wortlaut und der systematischen Stellung nur auf die Berechnung der Kündigungsfrist.

Für eine Übertragung der Anrechnung von Vorbeschäftigungszeiten spricht zwar zunächst die Überschrift von § 20 „Beendigung des Arbeitsverhältnisses, Kündigung und Altersgrenze", da die Beendigung des Arbeitsverhältnisses eng mit der Wartezeit nach § 1 Abs. 1 KSchG verknüpft ist. Der Wortlaut von § 20.2 S. 2 „Zur Berechnung der Kündigungsfrist" lässt jedoch keine Übertragung der Verweisung auf die Wartefrist des § 1 Abs. 1 KSchG zu. Für dieses Ergebnis spricht auch, dass sowohl im davor geregelten Punkt 20.1 als auch in dem Punkt 20.3 lediglich Kündigungsfristen geregelt sind.

Im Manteltarifvertrag zwischen AMP und CGZP finden sich daher keine tariflichen Sonderregelungen zur Anrechnung von Vorbeschäftigungs- oder Unterbrechungszeiten auf die Wartefrist nach § 1 Abs. 1 KSchG.

3) Kündigungsschutz außerhalb des KSchG

Für Leiharbeitnehmer, die nach §§ 1 Abs. 1 S. 1, 23 Abs. 1 S. 2 KSchG nicht in den Geltungsbereich des Kündigungsschutzes fallen, ist der kündigungsrechtliche Schutz stark eingeschränkt. Wie im Normalarbeitsverhältnis unterliegt das Arbeitsverhältnis hier nur dem Mindestkündigungsschutz.

a) Sonderkündigungsschutz

Die Regelungen des Sonderkündigungsschutzes sind mangels Sonderregelungen auf die Leiharbeit anwendbar. Insofern unterscheidet sich das Leiharbeitsverhältnis hier nicht vom Normalarbeitsverhältnis. Demnach besteht Sonderkündigungsschutz für u.a. für Schwerbehinderte, Schwangere sowie für Betriebsräte und Mitglieder der Jugend- und Auszubildendenvertretung.

aa) Schutz von Behinderten und Schwangeren

Gemäß § 85ff SGB IX und § 9 MuSchG ist vor der Kündigung von Behinderten und Schwangeren zunächst die Zustimmung der zuständigen Behörde einzuholen. Kündigt der Arbeitgeber in Kenntnis der Schwerbehinderung bzw. Schwangerschaft ohne die Zustimmung der Behörde, ist die Kündigung unwirksam.

bb) Schutz in der Elternzeit

Nach § 18 BEEG besteht ein Kündigungsverbot während der Elternzeit. Eine Elternzeitkündigung ist nur mit Zustimmung der zuständigen Behörde wirksam. Die

Behörde kann die Zustimmung zur Kündigung erteilen, wenn die Kündigung aus betriebsbedingten oder verhaltensbedingten Gründen ausgesprochen wird und kein Zusammenhang mit der Elternzeit besteht. Will der Arbeitgeber den Arbeitnehmer zum Ende der Elternzeit kündigen, muss er nach § 19 BEEG eine Frist von drei Monaten einhalten.

cc) Schutz nach dem PflegeZG

Nach § 5 Abs. 1 PflegeZG darf der Arbeitgeber das Beschäftigungsverhältnis von der Ankündigung bis zur Beendigung der kurzzeitigen Arbeitsverhinderung nach § 2 oder der Pflegezeit nach § 3 nicht kündigen. Gemäß § 5 Abs. 2 PflegeZG kann die Kündigung ausnahmsweise von der für den Arbeitsschutz zuständigen obersten Landesbehörde, oder der von ihr bestimmten Stelle, für zulässig erklärt werden.

dd) Schutz von Betriebsräten und Mitgliedern der Jugend- und Auszubildendenvertretung

Nach § 15 Abs. 1 KSchG ist für Betriebsratsmitglieder und Mitglieder der Jugend- und Auszubildendenvertretung die ordentliche Kündigung ausgeschlossen, es sei denn der Betrieb wird nach § 15 Abs. 4, 5 KSchG stillgelegt. Es müssen Kündigungsgründe vorliegen, die eine außerordentliche Kündigung nach § 626 BGB rechtfertigen. Nach § 15 Abs. 1 KSchG iVm § 103 BetrVG muss für die Kündigung die Zustimmung des Betriebsrates eingeholt, oder diese gerichtlich ersetzt werden. Gleiches gilt nach § 15 Abs. 3 KSchG für Wahlvorstände oder Wahlbewerber einer Betriebsratswahl.

b) Schutz bei Betriebsübergang (§ 613a Abs. 4 BGB)

Auch das Kündigungsverbot nach § 613a Abs. 4 BGB ist auf Leiharbeitnehmer in der Probezeit oder in Kleinbetrieben anwendbar. D.h. gehen Betriebe oder Betriebsteile eines Zeitarbeitsunternehmens oder eines Unternehmens, das auch Leiharbeitnehmer beschäftigt, nach § 613a BGB im Wege des Betriebsüberganges auf einen Erwerber über, dürfen die dort beschäftigten Leiharbeitnehmer nicht wegen des Betriebsüberganges vom Veräußerer oder Erwerber gekündigt werden. Es gehen alle Arbeitnehmer des Betriebes oder Betriebsteiles auf den Erwerber über.

Betriebs-(teil)übergänge von Zeitarbeitsunternehmen spielen derzeit eine größere Rolle bei der Reintegration von konzerneigenen Personalüberlassungsgesellschaften. Wurden die Personalgesellschaften bis vor kurzem noch zur Überlassung ganzer Belegschaftsteile an das Hauptkonzernunternehmen genutzt, findet derzeit aufgrund des gestiegenen Widerstandes von Betriebsräten bei der Einstellung von Leiharbeitnehmern nach § 99 BetrVG und Gewerkschaften, sowie der Aufnahme des Begriffes „vorübergehend" in § 1 AÜG vielfach eine Wiederaufnahme der Belegschaft in das Hauptunternehmen statt.

Das Kündigungsverbot in § 613a BGB hat hier zur Folge, dass stets die gesamte Belegschaft ohne Auswahl vom Erwerber übernommen werden muss.

c) *Maßregelungsverbot (§ 612a BGB)*

Auch das Maßregelungsverbot nach § 612a BGB ist auf Kündigungen außerhalb des Anwendungsbereiches des KSchG anwendbar.[371] Demnach dürfen Arbeitnehmer nicht wegen einer beabsichtigten Betriebsratswahl oder einer Gewerkschaftsmitgliedschaft gekündigt werden.

d) *Schutz vor sittenwidrigen und willkürlichen Kündigungen*

Die Leiharbeitnehmer sind auch außerhalb des Kündigungsschutzgesetzes gegen sittenwidrige und willkürliche Kündigungen geschützt.[372]

Das Bundesverfassungsgericht hat die Kleinbetriebsklausel in seiner Entscheidung aus dem Jahr 1998 mit dem Hinweis für zulässig erachtet, dass bei verfassungskonformer Auslegung die Arbeitnehmer auch ohne den Schutz des Kündigungsschutzgesetzes Kündigungen durch den Arbeitgeber nicht schutzlos ausgeliefert seien.[373] Die Arbeitnehmer genießen über § 242 BGB, Art. 12 GG einen Schutz gegen willkürliche und treuwidrige Kündigungen.[374] Die berufliche Tätigkeit des Arbeitnehmers ist durch Art. 12 GG geschützt, da der Arbeitsplatz die wirtschaftliche Existenzgrundlage des Arbeitnehmers und seiner Familie darstellt.[375] Jedoch ist nach dem BVerfG auch der Kleinbetrieb schutzwürdig. In einem Betrieb mit wenigen Arbeitskräften hänge der Geschäftserfolg, mehr als bei Großbetrieben, von der Leistungsfähigkeit einzelner Arbeitnehmer ab.[376] Ausfälle ließen sich bei niedrigem Personalbestand nur schwer ausgleichen.[377]

Die Arbeitnehmer seien durch ihre Herausnahme aus dem gesetzlichen Kündigungsschutz nicht völlig schutzlos gestellt.[378] Sie seien durch die zivilrechtlichen Generalklauseln vor einer sitten- oder treuwidrigen Kündigung geschützt. Der verfassungsrechtlich gebotene Mindestschutz vor einem Arbeitsplatzverlust sei damit gewährleistet. Wie weit dieser Schutz im Einzelnen reiche, sei von den Arbeitsgerichten zu entscheiden.[379]

Der Grundrechtsschutz wirke umso schwächer, je stärker die mit der Kleinbetriebsklausel geschützten Grundrechtspositionen des Arbeitgebers im Einzelfall betroffen seien.[380] Arbeitnehmer seien daher vor willkürlichen, sachfremden oder

---

371 MüKo-BGB/*Hergenröder*, § 23 KSchG, Rn. 38.
372 BVerfG v. 27.01.1998, 1 BvL 15/87, BVerfGE 97, 169; KR-*Griebeling*, § 1 KSchG Rn. 127.
373 BVerfG v. 27.01.1998, 1 BvL 15/87, BVerfGE 97, 169.
374 BVerfG v. 27.01.1998, 1 BvL 15/87, BVerfGE 97, 169.
375 BVerfG v. 27.01.1998, 1 BvL 15/87, BVerfGE 97, 169.
376 BVerfG v. 27.01.1998, 1 BvL 15/87, BVerfGE 97, 169.
377 BVerfG v. 27.01.1998, 1 BvL 15/87, BVerfGE 97, 169.
378 BVerfG v. 27.01.1998, 1 BvL 15/87, BVerfGE 97, 169.
379 BVerfG v. 27.01.1998, 1 BvL 15/87, BVerfGE 97, 169.
380 BVerfG v. 27.01.1998, 1 BvL 15/87, BVerfGE 97, 169.

diskriminierenden Kündigungen zu schützen.[381] Zur Sittenwidrigkeit zählen nicht Gründe, die in den Schutzbereich des Kündigungsschutzgesetzes fallen.[382] Zu prüfen sei lediglich „die Einhaltung eines ethischen Minimums".[383] Der Vorwurf der Sittenwidrigkeit kann daher nur in Extremfällen erhoben werden, so z.B. bei verwerflichen Gründen des Kündigenden, „wenn die Kündigung dem Anstandsgefühl aller billig und gerecht Denkenden widerspricht".[384] Dies kann zum Beispiel bei Kündigungen aus Rachsucht der Fall sein.[385]

Nach der zutreffenden Rechtsprechung des BAG ist § 242 BGB auf Kündigungen, die die Sechsmonatsfrist noch nicht erfüllt haben, nur bedingt anzuwenden.[386] Das Kündigungsschutzgesetz regelt den Bestandsschutz des Arbeitsverhältnisses abschließend.[387] Vor Anwendbarkeit des Kündigungsschutzes verstößt eine Kündigung daher nur dann gegen § 242 BGB, wenn der Grundsatz von Treu und Glauben aus Gründen verletzt ist, die in § 1 KSchG nicht normiert sind.[388] Ein Beispiel für eine treuwidrige Kündigung stellt nach dem Bundesarbeitsgericht z.B. ein widersprüchliches Verhalten, der Ausspruch einer Kündigung zur Unzeit oder in ehrverletzender Weise dar.[389]

e) Sozialauswahl in Kleinbetrieben und in der Wartezeit nach § 1 Abs. 1 KSchG

Eine Sozialauswahl findet bei der Kündigung in Kleinbetrieben oder Wartezeitkündigungen mangels Anwendbarkeit des § 1 Abs. 3 KSchG nicht statt.[390] Allerdings ist nach dem Bundesverfassungsgericht[391] bei der Auswahl betriebsbedingt zu kündigender Arbeitnehmer ein besonderes Schutzbedürfnis einzelner Arbeitnehmer zu berücksichtigen. Soweit unter mehreren Arbeitnehmern eine Auswahl zu treffen sei, gebiete der verfassungsrechtliche Schutz des Arbeitsplatzes in Verbindung mit dem Sozialstaatsprinzip ein gewisses Maß an sozialer Rücksichtnahme.[392] Schließlich

381 BVerfG v. 27.01.1998, 1 BvL 15/87, BVerfGE 97, 169; mit Verweis auf BVerfG v. 27.01.1998, 1 BvL 15/87 auch BAG v. 21.02.2001, 2 AZR 15/00, AP Nr. 12 zu § 242 BGB Kündigung.

382 BAG v. 21.02.2001, 2 AZR 15/00, AP Nr. 12 zu § 242 BGB Kündigung.

383 BAG v. 21.02.2001, 2 AZR 15/00, AP Nr. 12 zu § 242 BGB Kündigung.

384 BAG v. 21.02.2001, 2 AZR 15/00, AP Nr. 12 zu § 242 BGB Kündigung.

385 BAG v. 21.02.2001, 2 AZR 15/00, AP Nr. 12 zu § 242 BGB Kündigung.

386 BAG v. 21.02.2001, 2 AZR 15/00, AP Nr. 12 zu § 242 BGB Kündigung.

387 BAG v. 21.02.2001, 2 AZR 15/00, AP Nr 12 zu § 242 BGB Kündigung.

388 BAG v. 21.02.2001, 2 AZR 15/00, AP Nr 12 zu § 242 BGB Kündigung.

389 BAG v. 21.02.2001, 2 AZR 15/00, AP Nr 12 zu § 242 BGB Kündigung.

390 BAG v. 28.10.2010, 2 AZR 392/08, DB 2011, 118; *Berkowski*, NJW 2009, 113.

391 BVerfG v. 27.01.1998, 1 BvL 15/87, BVerfGE 97, 169.

392 BVerfG v. 27.01.1998, 1 BvL 15/87, BVerfGE 97, 169; so auch BAG v. 19.01.1995, 8 AZR 914/93, AP Nr. 12 zu Art 13 Einigungsvertrag; mit Verweis auf BVerfG v. 27.01.1998, 1 BvL 15/87 auch BAG v. 21.02.2001, 2 AZR 15/00, AP Nr. 12 zu § 242 BGB Kündigung.

dürfe auch ein durch langjährige Betriebszugehörigkeit entstandenes Vertrauen in das Arbeitsverhältnis nicht unberücksichtigt bleiben.[393]

In der zitierten Entscheidung des Bundesverfassungsgerichtes aus dem Jahr 1998 führte das Gericht aus, der Schutz der betroffenen Arbeitnehmer durch die zivilrechtlichen Generalklauseln dürfe nicht dazu führen, dass dem Kleinbetrieb für die Kündigung der Maßstab der Sozialwidrigkeit des Kündigungsschutzgesetzes auferlegt werde.[394] Mit dieser Entscheidung hat das Bundesverfassungsgericht einen Rahmen abgesteckt, den das Bundesarbeitsgericht in diversen Einzelentscheidungen ausgefüllt hat.

Prinzipiell gilt, dass sich die Generalklausel des § 242 BGB außerhalb des Kündigungsschutzes nur auf Gründe bezieht, die nicht im Kündigungsschutzgesetz geregelt sind.[395] Danach wären die sozialen Gesichtspunkte wie Alter, Betriebszugehörigkeit, Unterhaltspflichten und Schwerbehinderung aus § 1 Abs. 3 KSchG für die Kündigung im Kleinbetrieb nicht über Treu und Glauben heranzuziehen. Das Bundesarbeitsgericht hat diesen Grundsatz jedoch nicht vollständig auf Kleinbetriebe übertragen. Hier sei trotz der Regelungen des Kündigungsschutzgesetzes ein Mindestmaß an sozialer Schutzwürdigkeit zu berücksichtigen.[396]

Das Bundesarbeitsgericht entschied, wenn sich „auf den ersten Blick" die Vergleichbarkeit des gekündigten Arbeitnehmers mit einem nicht gekündigten Arbeitnehmer ergebe,[397] müsse bei der Auswahlentscheidung auch außerhalb des Sonderkündigungsschutzes aus einer Wertentscheidung des Grundgesetzes Rücksicht auf besonders schutzwürdige Personengruppen genommen werden.[398] So hielt das Bundesarbeitsgericht eine Kündigung für unwirksam, bei der der Arbeitgeber kein eigenes Interesses an der Kündigung eines bestimmten Arbeitnehmers hatte und den Arbeitnehmer mit der längsten Betriebszugehörigkeit, dem höchsten Alter und den meisten Unterhaltspflichten entlassen hatte. In diesem Fall sprach nach dem Bundesarbeitsgericht alles dafür, dass der Arbeitgeber das verfassungsrechtlich gebotene Maß an sozialer Rücksichtnahme vernachlässigt hatte.[399] Das Mindestmaß an sozialer Rücksichtnahme ist nach der Rechtsprechung des Bundesarbeitsgerichtes

---

393 BVerfG v. 27.01.1998, 1 BvL 15/87, BVerfGE 97, 169; mit Verweis auf BVerfG v. 27.01.1998, 1 BvL 15/87 auch BAG v. 21.02.2001, 2 AZR 15/00, AP Nr. 12 zu § 242 BGB Kündigung.

394 So auch BAG v. 28.10.2010, 2 AZR 392/08, DB 2011, 118; BAG v. 21.02.2001, 2 AZR 15/00, AP Nr 12 zu § 242 BGB Kündigung.

395 BAG v. 19.01.1995, 8 AZR 914/93, AP Nr. 12 zu Art 13 Einigungsvertrag; BAG v. 21.02.2001, 2 AZR 15/00, AP Nr 12 zu § 242 BGB Kündigung.

396 BAG v. 19.01.1995, 8 AZR 914/93, AP Nr. 12 zu Art 13 Einigungsvertrag; BAG v. 21.02.2001, 2 AZR 15/00, AP Nr 12 zu § 242 BGB Kündigung.

397 BAG v. 06.02.2003, 2 AZR 672/01, AP Nr. 30 zu § 23 KSchG 1969; BAG v. 21.02.2001, 2 AZR 15/00, RdA 2002, 99 mit Anm. Otto.

398 BVerfG v. 27.01.1998, 1 BvL 15/87, BVerfGE 97, 169; BAG v. 21.02.2001, 2 AZR 15/00, RdA 2002, 99 mit Anm. *Otto*.

399 BAG v. 21.02.2001, 2 AZR 15/00, AP Nr. 12 zu § 242 BGB Kündigung.

beispielsweise verletzt, wenn der gekündigte Arbeitnehmer 16 Jahre älter ist als der nicht gekündigte vergleichbare Arbeitnehmer, der auch nur über ein Drittel der Betriebszugehörigkeit verfügt, wohingegen die Betriebszugehörigkeit des Gekündigten in vielen Branchen zu einer ordentlichen Unkündbarkeit geführt hätte.[400]

Das Bundesarbeitsgericht betont jedoch, dass eine Kündigung nur bei „dem extremen Auseinanderklaffen der Sozialdaten" und der Kündigung des „ganz erheblich sozial schutzbedürftigeren" Arbeitnehmers unwirksam sei, wenn der Arbeitgeber keine anderen Gründe für die Auswahl des zu Kündigenden hatte.[401] Kann der Arbeitgeber demnach andere Gründe für die Kündigung eines bestimmten Arbeitnehmers vortragen, wie z.B. wirtschaftliche Erwägungen, Betriebsablauf etc., ist auch die Kündigung eines sozial wesentlich schutzwürdigeren Arbeitnehmers möglich.[402]

f) Darlegungs- und Beweislast außerhalb des KSchG

Nach § 1 Abs. 2 Satz 4 KSchG hat der Arbeitgeber die Tatsachen zu beweisen, die die Kündigung bedingen.[403] Außerhalb des Kündigungsschutzgesetzes gilt diese Regel nicht.[404] Der Arbeitnehmer trägt die Beweislast für die Unwirksamkeit der Kündigung nach §§ 134, 138, 242 BGB.[405]

Ein Arbeitgeber kann daher z.B. pauschal wirtschaftliche Gründe für die Kündigung eines Arbeitnehmers behaupten. Dies genügt zunächst, da er nicht darlegungsbelastet ist.[406] Trägt der Arbeitnehmer keine Indizien dafür vor, dass die wirtschaftlichen Gründe nur vorgeschoben sind, genügt der Vortrag des Arbeitgebers. Es gelten die Grundsätze der abgestuften Darlegungs- und Beweislast.[407] Trägt der Arbeitnehmer Indizien für eine Treuwidrigkeit vor, z.B. die Sozialdaten anderer vergleichbarer Arbeitnehmer, die evident weniger schutzwürdig sind als der gekündigte Arbeitnehmer, muss der Arbeitgeber nach § 138 Abs. 2 ZPO näher zu seinen Auswahlgründen vortragen.[408] Tut er dies nicht, gilt der Vortrag des Arbeitnehmers als zugestanden. Kann der Arbeitgeber hingegen vortragen, warum er

---

400 BAG v. 21.02.2001, 2 AZR 15/00, AP Nr. 12 zu § 242 BGB Kündigung.

401 BAG v. 21.02.2001, 2 AZR 15/00, AP Nr. 12 zu § 242 BGB Kündigung; BAG v. 28.10.2010, 2 AZR 392/08, DB 2011, 118.

402 BAG v. 21.02.2001, 2 AZR 15/00, AP Nr. 12 zu § 242 BGB Kündigung.

403 *Preis* NZA 1997,1256 (1269).

404 BVerfG v. 27.01.1998, 1 BvL 15/87, BVerfGE 97, 169; BAG v. 28.10.2010, 2 AZR 392/08, DB 2011, 118; *Preis* NZA 1997,1256 (1269).

405 BAG v. 28.10.2010, 2 AZR 392/08, DB 2011, 118; *Vossen/Ulrich* in: Moll, Münchener Anwaltshandbuch Arbeitsrecht, § 43 Rn. 83; *Preis* NZA 1997,1256 (1269).

406 BAG v. 28.10.2010, 2 AZR 392/08, DB 2011, 118; BAG v. 21.02.2001, 2 AZR 15/00, AP Nr. 12 zu § 242 BGB Kündigung.

407 BAG v. 28.10.2010, 2 AZR 392/08, DB 2011, 118; BAG v. 21.02.2001, 2 AZR 15/00, AP Nr. 12 zu § 242 BGB Kündigung; *Preis* NZA 1997,1256 (1270).

408 BAG v. 21.02.2001, 2 AZR 15/00, AP Nr. 12 zu § 242 BGB Kündigung.

den sozial schutzbedürftigeren Arbeitnehmer gekündigt hat, muss der gekündigte Arbeitnehmer die Treuwidrigkeit der Kündigung beweisen.[409]

Neben wirtschaftlichen Gründen kann der Arbeitgeber sich auch auf die unterschiedliche Leistungsfähigkeit oder besondere Fähigkeiten der Arbeitnehmer berufen, oder auch persönliche Aspekte und Verhaltensmängel des Gekündigten vortragen. Auch ist es dem Arbeitnehmer möglich die Kündigung eines älteren Arbeitnehmers mit dem Erhalt der betrieblichen Altersstruktur zu begründen.[410]

Verkennt der Arbeitgeber seine Darlegungslast, muss ein Hinweis des Gerichtes nach § 139 ZPO erfolgen.[411]

g) *Frist Kündigungsschutzklage*

Seit 2004 unterliegt die Überprüfung aller Kündigungsgründe, d.h. auch der Gründe außerhalb der sozialen Rechtfertigung nach § 1 KSchG der Frist der §§ 4, 7 KSchG. D.h. auch die Kündigungsschutzklage gegen Kleinbetriebs- oder Wartezeitkündigungen muss innerhalb der Dreiwochenfrist eingereicht werden.

IV) Kündigungsfrist

1) Gesetzliche Kündigungsfrist

Grundsätzlich gelten bezüglich der Kündigungsfrist die gesetzlichen Bestimmungen des Normalarbeitsverhältnisses nach § 622 BGB.[412]

Gemäß § 622 Abs. 1 BGB beträgt die Kündigungsfrist mindestens vier Wochen zum Fünfzehnten oder zum Ende eines Kalendermonats. Nach § 622 Abs. 2 BGB verlängern sich diese Fristen mit zunehmender Betriebszugehörigkeit. Während der Probezeit bis zu sechs Monaten beträgt die Kündigungsfrist nach § 622 Abs. 3 BGB mindestens zwei Wochen.

Eine Besonderheit stellt § 11 Abs. 4 AÜG dar, wonach § 622 Abs. 5 Nr. 1 BGB nicht auf das Arbeitsverhältnis zwischen Verleiher und Leiharbeitnehmer anzuwenden ist. Im Leiharbeitsverhältnis kann daher keine kürzere Kündigungsfrist wegen der Einstellung als vorübergehende Aushilfe vereinbart werden.[413] § 11 Abs. 4 S. 1 AÜG soll verhindern, dass der Arbeitgeber das Beschäftigungs- und Entgeltrisiko für die

409 BAG v. 28.10.2010, 2 AZR 392/08, DB 2011, 118; BAG v. 21.02.2001, 2 AZR 15/00, AP Nr. 12 zu § 242 BGB Kündigung.

410 BAG v. 28.10.2010, 2 AZR 392/08, DB 2011, 118; BAG v. 21.02.2001, 2 AZR 15/00, AP Nr. 12 zu § 242 BGB Kündigung.

411 BAG v. 21.02.2001, 2 AZR 15/00, AP Nr. 12 zu § 242 BGB Kündigung.

412 Schüren/*Schüren*, AÜG, Einl. Rn. 267.

413 *Böhm/Henning/Popp*, Zeitarbeit, F.VII. Rn. 814; Schüren/*Schüren*, AÜG, Einl. Rn. 269.

verleihfreien Zeiten auf den Arbeitnehmer abwälzt, indem er den Arbeitnehmer als Aushilfe mit verkürzten Kündigungsfristen einstellt.[414]

2) Tarifliche Kündigungsfristen

Von den gesetzlichen Regelungen kann durch Tarifvertrag nach § 622 Abs. 4 S. 1 BGB abgewichen werden. Durch den Abschluss eines Tarifvertrages können die gesetzlichen Mindestfristen verkürzt werden, § 622 BGB ist insoweit tarifdispositiv.[415] In der Praxis finden auf nahezu alle Leiharbeitsverhältnisse Tarifverträge Anwendung.[416] Daher spielen die gesetzlichen Kündigungsfristen nur eine untergeordnete Rolle.[417] Die Tarifverträge der Zeitarbeitsbranche verkürzen die Kündigungsfristen auf nur wenige Tage oder Wochen.[418]

Der Manteltarifvertrag Zeitarbeit zwischen dem BZA und dem DGB[419] vom 22.07.2003 in der Fassung des Änderungstarifvertrages vom 09.03.2010, senkt die Kündigungsfristen während der ersten drei Monate der Probezeit auf eine Woche ab. Bei Arbeitnehmern, die mindestens drei Monate nicht bei dem Verleiher beschäftigt waren, kann die Kündigungsfrist während der ersten 14 Tage der Beschäftigung auf einen Tag verkürzt werden.[420]

Nach § 2.2 Manteltarifvertrag zwischen IGZ und DGB[421] gelten die ersten sechs Monate als Probezeit. In den ersten vier Wochen kann das Arbeitsverhältnis mit einer Frist von zwei Arbeitstagen gekündigt werden. Zwischen der fünften Woche und dem Ablauf von zwei Monaten beträgt die Kündigungsfrist eine Woche, zwischen dem dritten und dem sechsten Monat zwei Wochen. Ab dem siebten Monat gelten die gesetzlichen Kündigungsfristen.[422]

Nach dem Tarifvertrag zwischen dem AMP und der CGZP vom 29.11.2004[423] beträgt die Kündigungsfrist während der ersten zwei Beschäftigungsmonate zwei Werktage, im zweiten und dritten Beschäftigungsmonat eine Woche und vom vierten bis sechsten Monat zwei Wochen.[424] Danach gelten die gesetzlichen Kündigungsfristen.[425]

---

414 Schüren/*Schüren*, AÜG, § 11 Rn. 94; Thüsing/*Mengel*, AÜG, § 11 Rn. 40.
415 ErfK/*Müller-Glöge*, § 622 BGB Rn. 19.
416 *Pollert/Spieler*, Die Arbeitnehmerüberlassung in der betrieblichen Praxis, Vorwort.
417 Schüren/*Schüren*, AÜG, Einl. Rn. 203, § 9 Rn. 104.
418 *Böhm/Hennig/Popp*, Zeitarbeit, F. VII. Rn. 815; Schüren/*Schüren*, AÜG, Einl. Rn. 267.
419 Manteltarifvertrag Zeitarbeit zwischen BZA und DGB vom 22.07.2003 in der Fassung des Änderungstarifvertrages vom 09.03.2010.
420 § 9 Manteltarifvertrag Zeitarbeit zwischen BZA und DGB vom 22.07.2003 in der Fassung des Änderungstarifvertrages vom 09.03.2010.
421 Manteltarifvertrag zwischen IGZ und DGB v. 30.04.2010.
422 Manteltarifvertrag zwischen IGZ und DGB v. 30.04.2010.
423 § 20 Manteltarifvertrag zwischen AMP und CGZP vom 15.03.2010.
424 § 20 Manteltarifvertrag zwischen AMP und CGZP vom 15.03.2010.
425 § 20 Manteltarifvertrag zwischen AMP und CGZP vom 15.03.2010.

3) Einzelvertragliche Kündigungsfristen

Eine Verkürzung der in § 622 BGB geregelten Mindestkündigungsfristen durch einzelvertragliche Vereinbarung ist außer in den in § 622 Abs. 5 BGB genannten Fällen nicht möglich.[426] Insofern können abweichend von § 622 BGB einzelvertraglich lediglich längere als die in § 622 BGB vorgegebenen Fristen vereinbart werden.

Einzelvertraglich vereinbarte Kündigungsfristen spielen in der Zeitarbeit kaum eine Rolle. In der Leiharbeitsbranche finden schon aufgrund des Equal Pay Grundsatzes auf nahezu alle Arbeitsverhältnisse Tarifverträge zur Lohnabsenkung Anwendung[427], in denen auch die Verkürzung der Kündigungsfrist geregelt ist. Durch diese einzelvertragliche Bezugnahme auf die entsprechenden Tarifverträge ist eine Verkürzung der gesetzlichen Kündigungsfristen nach § 622 Abs. 4 S. 2 BGB möglich.

V) Unternehmerentscheidung

Der betriebsbedingten Kündigung liegt eine Unternehmerentscheidung zu Grunde. Diese muss vor dem Ausspruch der Kündigung erfolgen.[428] Grundlage dieser Unternehmerentscheidung können inner- und außerbetriebliche Gründe sein.[429] Bei der innerbetrieblichen Ursache fällt der Kündigungsgrund mit der Unternehmerentscheidung zusammen, bei der außerbetrieblichen Ursache bedarf es hingegen neben dem Grund einer umsetzenden Unternehmerentscheidung.[430]

1) Innerbetriebliche Ursache

Eine innerbetriebliche Ursache liegt vor, wenn sie unabhängig von außerbetrieblichen Faktoren besteht und auf einer freien Organisationsentscheidung des Unternehmens beruht.[431] Die Entscheidung des Unternehmers besteht darin, die betrieblichen Strukturen durch Rationalisierungsmaßnahmen oder Stilllegung von Betriebsteilen zu ändern. Es ist ausreichend, wenn der Arbeitgeber Umstrukturierungsmaßnahmen beschließt, die zum Verlust von Arbeitsplätzen führen. Er muss

426 ErfK/*Müller-Glöge*, § 622 BGB Rn. 19.

427 *Pollert/Spieler*, Die Arbeitnehmerüberlassung in der betrieblichen Praxis, Vorwort.

428 *V. Hoyningen-Huene*, NZA 1994, 1009; Kittner/Däubler/Zwanziger-*Deinert*, KSchR, § 1 KSchG Rn. 365; *Schiefer*, NZA-RR 2005,1(6).

429 BAG v. 17.06.1999, 2 AZR 141/99, AP Nr. 101 zu § 1 KSchG 1969 Betriebsbedingte Kündigung; BAG v. 20.02.1986, 2 AZR 212/85, AP Nr. 11 zu § 1 KSchG 1969; Kittner/Däubler/Zwanziger-*Deinert*, KSchR, § 1 KSchG Rn. 365; *Schiefer*, NZA-RR 2005,1.

430 Kittner/Däubler/Zwanziger-*Deinert*, KSchR, § 1 KSchG Rn. 365; Schiefer, NZA-RR 2005,1(5).

431 Kittner/Däubler/Zwanziger-*Deinert*, KSchR, § 1 KSchG Rn. 365; KR-*Griebeling*, § 1 KSchG Rn. 519; *Linck* in: Schaub, Arbeitsrechts-Handbuch, § 134 Rn. 5.

dabei weder die Auftragssituation noch deren Auswirkungen auf die Arbeitsverhältnisse darlegen.[432]

Für die innerbetriebliche Kündigungsursache gilt der Grundsatz der freien Unternehmerentscheidung.[433] Die Kündigung ist rechtmäßig, wenn die Entscheidung aus sachlichen Gründen erfolgt und nicht offensichtlich unsachlich oder willkürlich ist.[434]

2) Außerbetriebliche Ursache

Außerbetriebliche Ursachen wirken auf das Unternehmen, ohne dass der Arbeitgeber dies direkt beeinflussen kann. Sie rechtfertigen eine Kündigung, wenn der Arbeitsanfall dadurch soweit zurückgeht, dass der Beschäftigungsbedarf für einen oder mehrere Arbeitnehmer dauerhaft entfällt.[435] Beruft sich der Arbeitgeber auf außerbetriebliche Ursachen, muss er nachweisen, dass diese Umstände der Weiterbeschäftigung des gekündigten Arbeitnehmers entgegenstehen.[436] Im Gegensatz zur innerbetrieblichen Ursache dürfen nur so viele Arbeitnehmer gekündigt werden, wie Arbeitsplätze durch die außerbetriebliche Ursache weggefallen sind.[437]

Der häufigste Fall einer außerbetrieblichen Ursache ist der Auftragsverlust, durch den der Arbeitsanfall und somit die Anzahl der benötigten Arbeitnehmer reduziert wird.[438] Dies gilt auch für die Leiharbeit.

VI) Wegfall des Arbeitsplatzes

Zur Rechtfertigung der betriebsbedingten Kündigung muss der Arbeitsplatz nach der Prognose des Arbeitgebers auf Dauer entfallen sein.[439] Seine unternehmerische

---

432 Kittner/Däubler/Zwanziger-*Deinert*, KSchR, § 1 KSchG Rn. 365; KR-*Griebeling*, § 1 KSchG Rn. 519; Schiefer, NZA-RR 2005,1(5).

433 BAG, v. 16. 12. 2004, 2 AZR 66/04, NZA 2005, 761; KR-*Griebeling*, § 1 KSchG Rn. 520; *Schiefer*, NZA-RR 2005,1(5).

434 BAG, v. 16. 12. 2004, 2 AZR 66/04, NZA 2005, 761; *Dahl*, DB 2003, 1626 (1627); *V. Hoyningen-Huene*, NZA 1994, 1009; KR-*Griebeling*, § 1 KSchG Rn. 522; *Schiefer*, NZA-RR 2005,1(5).

435 *Dahl*, DB 2003, 1626 (1627); *Linck* in: Schaub, Arbeitsrechts-Handbuch, § 134 Rn. 4; ErfK/*Oetker*, § 1 KSchG Rn. 219; KR-*Griebeling*, § 1 KSchG Rn. 517.

436 Kittner/Däubler/Zwanziger-*Deinert*, KSchR, § 1 KSchG Rn. 365; ErfK/*Oetker*, § 1 KSchG Rn. 219; KR-*Griebeling*, § 1 KSchG Rn. 517; Schiefer, NZA-RR 2005,1 (3).

437 Kittner/Däubler/Zwanziger-*Deinert*, KSchR, § 1 KSchG Rn. 365; ErfK/Oetker, § 1 KSchG Rn. 219; KR-*Griebeling*, § 1 KSchG Rn. 518; *Schiefer*, NZA-RR 2005,1 (4).

438 BAG v. 15.06.1989, 2 AZR 600/88, NZA 1990, 65; BAG v. 30.05.1985, 2 AZR 321/84, AP Nr. 24 zu § 1 KSchG 1969 Betriebsbedingte Kündigung; *Dahl*, DB 2003, 1626 (1627); Kittner/Däubler/Zwanziger-*Deinert*, KSchR, § 1 KSchG Rn. 365.

439 BAG v. 17.06.1999, 2 AZR 141/99, AP Nr. 101 zu § 1 KSchG 1969 Betriebsbedingte Kündigung; BAG v. 17.06.1999, 2 AZR 456/98, AP Nr. 103 zu § 1 KSchG 1969

Entscheidung muss für den Wegfall des Arbeitsplatzes ursächlich sein.[440] Durch einen inner- oder außerbetrieblichen Grund muss ein Überhang an Arbeitskräften entstanden sein, durch den der Beschäftigungsbedarf für einen oder mehrere Arbeitnehmer entfällt.[441]

1) Arbeitskräfteüberhang

Im Bereich der Arbeitnehmerüberlassung entsteht ein solcher Überhang an Arbeitskräften typischerweise durch einen Auftragsverlust als außerbetriebliche Ursache, wenn der Einsatz eines Leiharbeitnehmers endet, ohne dass der Verleiher ihn bei einem Entleiher oder in der eigenen Verwaltung einsetzen kann.[442] Diese beschäftigungsfreie Zeit der Leiharbeitnehmer wird als „Nichteinsatz“ oder verleihfreie Zeit bezeichnet.[443]

In der Praxis werden Arbeitnehmer von den Entleihern kurzfristig beim Verleiher angefordert. Der Verleiher muss sich darauf einrichten, nicht langfristig über die Einsatzmöglichkeiten für seine Arbeitnehmer disponieren zu können. Für den Verleiher sind daher gewisse Nichteinsatzzeiten unvermeidbar und typisches Geschäftsrisiko in der Zeitarbeitsbranche.[444]

Der Verleiher muss als Arbeitgeber den Arbeitnehmer während der Nichteinsatzzeit weiter vergüten, obwohl von diesem in diesem Zeitraum keine Gegenleistung erbracht und kein Umsatz erwirtschaftet wird.[445] Erst wenn die Nichteinsatzzeiten das Maß des Üblichen übersteigen, ist der Arbeitgeber zum Abbau von Arbeitsplätzen und zur Kündigung aus außerbetrieblichen Gründen berechtigt.[446]

2) Negativprognose

Während ein Überhang von Arbeitskräften auch im Zeitarbeitsunternehmen vom Arbeitgeber unproblematisch zu begründen ist, ist die Darlegung der Negativprognose,

---

Betriebsbedingte Kündigung; Kittner/Däubler /Zwanziger-*Deinert*, KSchR, § 1 KSchG Rn. 391.

440 BAG v. 27.09.2001, 2 AZR 176/00, AP Nr. 6 zu § 14 KSchG 1969; *V. Hoyningen-Huene*, NZA 1994, 1009.

441 BAG v. 13.03.1987, 7 AZR 724/85, EzA § 1 KSchG Betriebsbedingte Kündigung Nr. 44; *V. Hoyningen-Huene*, NZA 1994, 1009; Kittner/Däubler /Zwanziger-*Deinert*, KSchR, § 1 KSchG Rn. 391.

442 BAG v. 18.05.2006, 2 AZR 412/05, AP Nr. 7 zu § 9 AÜG; LAG Hessen v. 17.11.1983, 9 Sa 599/83; EzAÜG KSchG Bd. 2 Nr. 137; *Dahl*, DB 2003, 1626 (1627); *Sandmann/Marschall/Schneider*, AÜG, § 11 Rn. 23.

443 *Dahl*, DB 2003, 1626 (1627).

444 BSG v. 21.07.2009, B 7 AL 3/08 R, BSGE 104, 83; *Schüren/Behrend*, NZA 2003, 521 (524).

445 BSG v. 29.07.1970, 7 RAR 44/68, BSGE 31, 235.

446 *Dahl*, DB 2003, 1626 (1627).

also die begründete Annahme, dass die Beschäftigungsmöglichkeit auf Dauer entfallen ist, deutlich schwieriger.[447]

Im Normalarbeitsverhältnis kann der Arbeitgeber, bei einem prognostizierten Wegfall der Beschäftigungsmöglichkeit, den Arbeitnehmer sofort kündigen. Die Kündigung ist rechtmäßig, wenn bei der Kündigung nicht von einer Beschäftigungsmöglichkeit bis zum Ablauf der Kündigungsfrist ausgegangen werden kann.[448] Es kommt demnach lediglich auf das Vorliegen einer Negativprognose zum Zeitpunkt des Kündigungsausspruches an. Ob diese sich als begründet erweist, ist für die Wirksamkeit der Kündigung nicht relevant und kann nur im Rahmen des Wiedereinstellungsanspruches berücksichtigt werden.[449]

Bei der Leiharbeit bereitet die Einschätzung des Arbeitskräftebedarfes mehr Schwierigkeiten. Aufgrund der kurzfristigen Anfragen der Entleiher ist eine Prognose über den Beschäftigungsbedarf nur schwer möglich. Kurzfristige Auftragslücken und beschäftigungsfreie Zeiten stellen im Leiharbeitsverhältnis das typische Risiko des Verleihers dar.[450] Das Leiharbeitsverhältnis ist durch niedrigere Löhne im Vergleich zum Normalarbeitsverhältnis gekennzeichnet.[451] Dafür übernimmt der Arbeitgeber die Aufgabe, Einsätze für den Arbeitnehmer zu beschaffen und einsatzfreie Zeiten durch die Weitergewährung des Gehaltes zu überbrücken.[452] Schwankungen bei der Auftragslage und der Arbeitnehmernachfrage sind für den Bereich der Zeitarbeit typisch und werden vom Gesetzgeber dem Risikobereich des Verleihers zugeordnet. § 11 Abs. 1 S. 2 Nr. 2, Abs. 4 Nr. 2 AÜG weist dem Arbeitgeber ausdrücklich das Beschäftigungs- und Lohnrisiko für verleihfreie Zeiten zu.[453]

Aus diesem Grund ist bei der Kündigung von Leiharbeitnehmern die Negativprognose durch den Arbeitgeber wesentlich schwieriger darzulegen, als dies im Normalarbeitsverhältnis der Fall ist. Der Arbeitgeber muss darlegen und beweisen, dass ein dauerhafter Auftragsrückgang und nicht eine vorübergehende Auftragslücke vorliegt. Bis zu welcher Dauer einsatzfreie Zeiten dem Arbeitgeber als typisches Risiko zuzumuten sind und ab welchem Zeitpunkt der Beschäftigungsbedarf als entfallen gilt, ist umstritten.

447 vgl. BAG v. 18.05.2006, 2 AZR 412/05, AP Nr. 7 zu § 9 AÜG.

448 LAG Köln v. 10.12.1998, 6 Sa 493/98, NZA 1999, 991; *Dahl*, DB 2003, 1626.

449 *Dahl*, Betriebsbedingte Kündigung, DB 2003, 1626 (1628).

450 BSG v. 21.07.2009, B 7 AL 3/08 R, BSGE 104, 83; LAG Köln, 6 Sa 493/98, NZA 1999, 991; *Hiekel*, Besonderheiten bei Befristung und betriebsbedingter Kündigung von Leiharbeitsverhältnissen, Arbeitsgemeinschaft Arbeitsrecht im Deutschen Anwaltsverein, FS zum 25 jährigen Bestehen, S. 333; Thüsing/*Pelzner*, AÜG, § 3 Rn. 115; *Urban-Crell/Schulz*, Arbeitnehmerüberlassung und Arbeitsvermittlung, Rn. 454; *Sandmann/Marschall*, AÜG, Art.1 § 11 Rn. 23.

451 *Schüren*, RdA 2007, 231; *Steuer*, Die Arbeitnehmerüberlassung als Mittel zur Förderung des Arbeitsmarktes in Deutschland, S. 155.

452 *Schüren*, RdA 2007, 231.

453 BSG v. 21.07.2009, B 7 AL 3/08 R, BSGE 104, 83; Thüsing/*Pelzner/Kock*, § 3 Rn. 82.

3) Dreimonatiger Nichteinsatz

a) Rechtslage vor Änderung des AÜG

Im Leiharbeitsverhältnis wurde bis zur Änderung des Arbeitnehmerüberlassungsgesetzes durch das erste Gesetz für moderne Dienstleistungen am Arbeitsmarkt[454] aus § 9 Nr. 3 AÜG a.F. der Schluss gezogen, dass der Verleiher das Arbeitsverhältnis für mindestens drei Monate aufrecht erhalten muss, bevor die Beschäftigungsmöglichkeit als auf Dauer entfallen gilt.[455]

Das Wiedereinstellungsverbot in § 9 Nr. 3 AÜG a.F. erklärte Kündigungen des Verleihers für unwirksam, wenn der Arbeitgeber den Leiharbeitnehmer innerhalb von drei Monaten nach Beendigung des Arbeitsverhältnisses neu einstellte. Das Wiedereinstellungsverbot sollte die Verlagerung des Beschäftigungsrisikos auf den Leiharbeitnehmer verhindern.[456] Wurde ein gekündigter Arbeitnehmer bis zu drei Monate nach der Kündigung von seinem Arbeitgeber wieder eingestellt, wurde daraus geschlossen, dass es dem Arbeitgeber zumutbar gewesen wäre, den Arbeitnehmer weiter zu beschäftigen. In diesem Fall wurde vermutet, dass die Kündigung des Arbeitgebers der Abwälzung des Beschäftigungsrisikos auf den Arbeitnehmer diente.[457] Außerdem war es nach dem sogenannten Synchronisationsverbot gemäß § 3 Abs. 1 Nr. 5 AÜG unzulässig, die Dauer des Arbeitsverhältnisses auf die Zeit der erstmaligen Überlassung an einen Entleiher zu beschränken.

Diese Regelungen wurden mit dem Gesetz zur Reform der Arbeitsförderung vom 24.03.1997[458] gelockert und durch das Erste Gesetz für moderne Dienstleistungen am Arbeitsmarkt vom 23.12.2002[459] aufgehoben. Das Arbeitnehmerüberlassungsgesetz enthält, abgesehen von § 11 Abs. 4 S. 1 AÜG, keine Sondervorschriften über die Kündigung von Leiharbeitsverhältnissen.[460]

Bis zum Inkrafttreten der Änderungen verlangte die Rechtsprechung vor der Kündigung eines Leiharbeitnehmers eine dreimonatige Nichteinsatzzeit.[461] Eine Gegenansicht hielt den Schluss auf die dreimonatige Nichteinsatzzeit bereits unter

---

454 BGBl. 2002, Teil I Nr. 87, S. 4607.

455 BSG v. 23.07.1992, 7 RAr 44/91, DB 1993, 541; LAG Hessen v. 17.11.1983, 9 Sa 599/83, EzAÜG KSchG Bd.2 Nr. 137; LAG Frankfurt v. 17.11.1983 EzAÜG Nr. 137; *Becker/Wulfgramm* AÜG, Art. 1 § 11 Rn. 65d; *Ulber*, AÜG, 2. Auflage, § 1 AÜG Rn. 91.

456 BAG v. 09.04.1987, 2 AZR 280/86, AP Nr. 1 zu Nr. 9 AÜG; *Witten*, Vertragsgestaltung und Gesetzesbindung im Recht der Zeitarbeit, S. 106.

457 *Witten*, Vertragsgestaltung und Gesetzesbindung im Recht der Zeitarbeit, S. 106.

458 BGBl. 1997, Teil I, 594.

459 BGBl. 2002, Teil I Nr. 87, S. 4607.

460 *Hiekel*, Besonderheiten bei Befristung und betriebsbedingter Kündigung von Leiharbeitsverhältnissen, Arbeitsgemeinschaft Arbeitsrecht im Deutschen Anwaltsverein, FS zum 25 jährigen Bestehen, S. 333.

461 LAG Hessen v. 17.11.1983, 9 Sa 599/83, EzAÜG KSchG Bd.2 Nr. 137; LAG Köln v. 10.12.1998, 6 Sa 493/98; AiB 2000, 55; LAG Frankfurt v. 17.11.1983, 9 Sa 599/83, EzAÜG Nr. 137.

der alten Rechtslage für falsch. Es sei dem Verleiher nicht zumutbar, derartig lange Nichteinsatzzeiten zu überbrücken.[462] Nachdem das Wiedereinstellungsverbot und das Synchronisationsverbot durch die Gesetzesänderung entfallen sind, stellt sich die Frage, ob diese dreimonatige Nichteinsatzzeit auch nach der neuen Gesetzeslage noch vom Arbeitgeber gefordert werden kann.

b) Rechtslage nach Änderung des AÜG

aa) Meinungsstand in der Literatur

Teilweise wurde der Schluss aus § 3 AÜG a.F. auf eine dreimonatige Nichteinsatzzeit vor der Zulässigkeit einer Kündigung auch bereits unter der früheren Rechtslage angezweifelt, da die Überbrückung dieser einsatzfreien Zeit für den Verleiher wirtschaftlich nicht zumutbar sei.[463] Dieses Argument lässt sich auch heute anführen.

Weiter wird in der Literatur angeführt, dass nach der Streichung des § 9 Nr. 3 AÜG a.F. die Grundlage für die Dreimonatsfrist nicht mehr gegeben sei[464] und auch ganz allgemein durch das erste Gesetz für moderne Dienstleistungen das Leiharbeitsverhältnis an traditionelle Arbeitsverhältnisse angenähert und Besonderheiten im Arbeitnehmerüberlassungsgesetz abgebaut werden sollten.[465] Aus dieser gesetzgeberischen Intention wird der Schluss gezogen, die Dreimonatsfrist nicht anzuwenden. Diese Argumentation vernachlässigt jedoch die in der Realität vorhandenen und bereits dargestellten Unterschiede zum Normalarbeitsverhältnis und benachteiligt Leiharbeitnehmer zusätzlich.

Die Gegenansicht hält auch nach der Gesetzesänderung an der Dreimonatsfrist fest.[466] So fordert Ulber[467], dass der Verleiher das Arbeitsverhältnis drei Monate aufrechterhalten müsse, bis er prüfen dürfe, ob eine Weiterbeschäftigung möglich

---

462 *Dahl*, DB 2006, 2519 (2520); ausdrücklich offen gelassen von LAG Köln v. 10.12.1998, 6 Sa 493/98, NZA 1999, 991.

463 *Dahl*, DB 2003, 1626 (1627); *Dahl*, DB 2006, 2519 (2520); *Hiekel*, Besonderheiten bei der Befristung und betriebsbedingten Kündigung von Leiharbeitnehmern, Arbeitsgemeinschaft Arbeitsrecht im Deutschen Anwaltsverein, FS zum 25 jährigen Bestehen, S. 333 (341).

464 *Hamann*, Anmerkung zu BAG v. 18.05.2006. 2 AZR 412/05, jurisPR-ArbR 38/2006 Anm. 4; *Mohnke*, AuA 2006, 682; KR-*Griebeling*, § 1 KSchG Rn. 60; *Sandmann/ Marschall/Schneider, Handbuch Zeitarbeit, Kap. 6 Rn. 327.*

465 *Dahl*, DB 2006, 2519 (2520); *Hiekel*, Besonderheiten bei der Befristung und betriebsbedingten Kündigung von Leiharbeitnehmern, Arbeitsgemeinschaft Arbeitsrecht im Deutschen Anwaltsverein, FS zum 25 jährigen Bestehen, S. 333 (344); *Schiefer*, NZA-RR 2005,1(16).

466 Schüren/*Schüren*, Einl. Rn. 279.

467 *Ulber*, AÜG, § 9 Rn. 371.

ist. Der Verleiher könnte dann erst nach Ende der drei Monate die Kündigung aussprechen. Die Wartezeit stellt nach dieser Ansicht eine Karenzzeit dar.[468]

Schüren[469] hält eine Kündigung dann für gerechtfertigt, wenn bei der Beendigung des Arbeitsverhältnisses absehbar ist, dass der Arbeitnehmer innerhalb der nächsten drei Monate nicht wirtschaftlich sinnvoll beschäftigt werden kann. Der Arbeitgeber kann hiernach also bereits vor Ablauf der drei Monate die Kündigung aussprechen. Die Frist dient nach dieser Ansicht nur als Maßstab zur Erstellung der negativen Prognose.[470]

Brors versteht die Dreimonatsfrist auch nach Wegfall des § 9 Nr. 3 AÜG weiterhin als „Daumenregel" zur Beurteilung eines dauerhaften Auftragsrückgangs.[471]

bb) Rechtsprechung

(aaa) Rechtsprechung des BAG

Der zweite Senat des Bundesarbeitsgerichtes hat in seiner Entscheidung vom 18.05.2006[472] die starre Anwendung der Dreimonatsfrist abgelehnt. In der zitierten Entscheidung des Bundesarbeitsgerichtes vom 18.05.2006 war der Kläger als Arbeitnehmer bei dem beklagten Verleihunternehmen beschäftigt. Nachdem der Auftraggeber, bei dem der Kläger zuvor eingesetzt war, den Auftrag nicht verlängerte, sprach der beklagte Arbeitgeber dem Kläger wegen Auftragsmangel die betriebsbedingte Kündigung aus.

In der ersten Instanz hatte die Kündigungsschutzklage des Klägers Erfolg. Die dagegen gerichtete Berufung der Beklagten wurde vom Landesarbeitsgericht Köln mit Urteil vom 03.07.2005 zurückgewiesen.[473] Das Landesarbeitsgericht argumentierte, für das Vorliegen einer negativen Prognose bezüglich der Weiterbeschäftigungsmöglichkeiten seien die Besonderheiten der Arbeitnehmerüberlassung zu berücksichtigen. Dabei sei davon auszugehen, dass ein Unternehmen, welches Gewinne durch die kurzfristige Überlassung von Arbeitnehmern erzielt, auch das Beschäftigungsrisiko für kurzfristige etwa drei Monate umfassende Auftragslücken zu tragen hat. Jedenfalls wenn in einem repräsentativen Zeitraum vor Ausspruch

468 *Steuer*, Die Arbeitnehmerüberlassung als Mittel zur Förderung des Arbeitsmarktes in Deutschland, S. 73.

469 Schüren/*Schüren*, AÜG, Einl. Rn. 279.

470 *Steuer*, Die Arbeitnehmerüberlassung als Mittel zur Förderung des Arbeitsmarktes in Deutschland, S. 73.

471 *Brors*, Betriebsbedingte Kündigung des Leiharbeitnehmers bei Auftragsrückgang – Anmerkung zu LAG Köln v. 03.06.2005, 11 Sa 1014/04, jurisPR-ArbR 19/2006 Anm. 4.

472 BAG v. 18.05.2006, 2 AZR 412/05, AP Nr. 7 zu § 9 AÜG; zustimmend *Mohn*, AuA 2006, 682.

473 LAG Köln vom 03.07.2005, 11 Sa 1014/04, EzAÜG KSchG Nr. 14.

der Kündigung Aufträge vorlagen, muss angenommen werden, dass auch für die Zukunft eine Beschäftigungsmöglichkeit besteht.[474]

In der Revision entschied der zweite Senat des Bundesarbeitsgerichtes mit Urteil vom 18.05.2006 anders als die Vorinstanz, ein dringendes betriebliches Erfordernis für die Kündigung könne nicht schon deshalb verneint werden, weil der Arbeitgeber vor einer Kündigung noch für weitere drei Monate das Beschäftigungsrisiko trage. Die Dreimonatsfrist könne nach Wegfall des § 9 Nr. 3 AÜG a.F. nicht mehr mit dem Sinn und Zweck des Leiharbeitsverhältnisses begründet werden. Welcher Zeitraum als kurzfristige Auftragslücke gilt und somit zum Beschäftigungsrisiko des Arbeitgebers gehört, hat das Bundesarbeitsgericht in seiner Entscheidung nicht festgelegt.

(bbb) Rechtsprechung der Sozialgerichte

Mit der Frage der Abgrenzung der kurzfristigen Auftragslücke, von dem dauerhaften Auftragsrückgang haben sich in der Folge auch die Sozialgerichte beschäftigt. Die Frage, die im Rahmen der betriebsbedingten Kündigung den Arbeitsgerichten zugewiesen ist, beschäftigt im Rahmen des Kurzarbeitergeldes von Leiharbeitskräften die Sozialgerichte.

Nach §§ 95 SGB III haben Arbeitnehmer Anspruch auf Kurzarbeitergeld, sofern ein erheblicher Arbeitsrückgang mit Entgeltausfall vorliegt. Vor der Legalisierung der Kurzarbeit durch § 11 Abs. 4 S. 2 AÜG n.F. verstieß die Vereinbarung von Kurzarbeit in der Leiharbeit gegen die in § 11 Abs. 4 S. 2 AÜG in Verbindung mit § 615 S. 1 BGB geregelte Risikoverteilung.[475] Das Arbeitgeberrisiko war nur durch die Möglichkeit einer betriebsbedingten Kündigung bei dauerhaftem Auftragsrückgang begrenzt. Daher sah das Landessozialgericht Baden-Württemberg in seinem Urteil vom 14.12.2007[476] die Einführung von Kurzarbeit nicht mehr als Umgehung von § 11 Abs. 4 S. 2 AÜG in Verbindung mit § 615 S. 1 BGB an, wenn eine betriebsbedingte Kündigung wirksam durch den Arbeitgeber ausgesprochen werden konnte. Über diesen Umweg entschied das Landessozialgericht letztlich über die Wirksamkeitsvoraussetzungen einer betriebsbedingten Kündigung.

Das Landessozialgericht Baden-Württemberg entschied mit Urteil vom 14.12.2007[477] ein Anspruch auf Kurzarbeitergeld bestehe nicht, weil der Arbeitsausfall durch einen kurzfristigen, insgesamt nur drei Monate dauernden Auftragsrückgang bedingt war. Jedenfalls sei Kurzarbeitergeld wegen Arbeitsausfalles im Rahmen eines Leiharbeitsverhältnisses für die ersten drei Monate nicht möglich, wenn der Ausfall durch einen kurzfristigen Auftragsrückgang bedingt sei. An

474 LAG Köln vom 03.07.2005, 11 Sa 1014/04, EzAÜG KSchG Nr. 14.
475 BSG v. 21.07.2009, B 7 AL 3/08 R, BSGE 104, 83; LSG Baden-Württemberg v. 14.12.2007, L 13 AL 4932/06, EzAÜG SGB III Nr. 15.
476 LSG Baden-Württemberg v. 14.12.2007, L 13 AL 4932/06, EzAÜG SGB III Nr. 15.
477 LSG Baden-Württemberg v. 14.12.2007, L 13 AL 4932/06, EzAÜG SGB III Nr. 15.

anderer Stelle hält das Landessozialgericht mit Brors[478] die dreimonatige Frist auch nach der Änderung des Arbeitnehmerüberlassungsgesetzes als „Daumenregel“ für anwendbar. Aus dem Wortlaut der Entscheidung lässt sich entnehmen, dass sich das Landessozialgericht trotz Berufung auf die Rechtsprechung des Bundesarbeitsgerichtes auf die Zeitspanne von drei Monaten stützt. Mit Urteil vom 21.07.2009 bestätigte der siebte Senat des Bundessozialgerichtes das Urteil des Landessozialgerichtes Baden-Württemberg ohne weitere Ausführungen zu der Dreimonatsfrist.[479]

c) Systematische Auslegung

Nach der Änderung des Arbeitnehmerüberlassungsgesetzes enthält § 3 AÜG keine Vorgaben für verleihfreie Zeiten mehr. Diese Zeiten haben allerdings nach § 11 Abs. 4 S. 2 AÜG in Verbindung mit § 615 S. 1 BGB auch nach Streichung des Synchronisationsverbotes weiterhin Bedeutung. Das Arbeitnehmerüberlassungsgesetz enthält nach wie vor Regelungen über verleihfreie Zeiten. Die in der verleihfreien Zeit vom Verleiher an den Leiharbeitnehmer zu gewährenden Leistungen sind gemäß § 11 Abs. 1 Nr. 2 AÜG in der Niederschrift anzugeben. Nach § 2 Abs. 1 S. 2 Nr. 7 Nachweisgesetz muss zudem die vereinbarte Arbeitszeit angegeben werden.[480]

Eine systematische Auslegung dieser Regelungen ergibt, dass das Arbeitnehmerüberlassungsgesetz auch nach seiner Änderung dem Verleiher für verleihfreie Zeiten das Risiko der Beschäftigung zuweist. Für welche Dauer die beschäftigungsfreien Zeiten in den Risikobereich des Verleihers fallen, lässt sich jedoch auch durch eine systematische Auslegung von § 11 Abs. 4 S. 2 AÜG nicht genau bestimmen.

d) Historische Auslegung

Eine historische Auslegung spricht gegen eine starre Anwendung der Dreimonatsfrist. Gegen eine Beibehaltung der Frist von drei Monaten spricht zunächst die Änderung der Gesetzeslage. In der Gesetzesänderung wird teilweise eine Wertung des Gesetzgebers über die Risikoverteilung im Leiharbeitsverhältnis gesehen.[481] Da das Arbeitnehmerüberlassungsgesetz keine Sondervorschriften mehr zur Kündigung von Leiharbeitsverhältnissen durch den Verleiher enthält, spricht dies für einen Wegfall der Dreimonatsfrist.[482]

---

478 *Brors*, Anmerkung zu LAG Köln v. 03.06.2005, 11 Sa 1014/04, Juris Praxisreport-ArbR 19/2006 Anm. 4.

479 BSG v. 21.07.2009, B 7 AL 3/08 R, BSGE 104, 83.

480 LSG Baden-Württemberg v. 14.12.2007, L 13 AL 4932/06 EzAÜG SGB III Nr. 15; *Felser*, Betriebsbedingte Kündigung von Leiharbeitnehmern, blog.juracity.de, S. 1; Schüren/*Hamann*, AÜG, § 11 Rn. 48 u. 99ff.

481 *Steuer*, Die Arbeitnehmerüberlassung als Mittel zur Förderung des Arbeitsmarktes in Deutschland, S. 74.

482 *Bayreuther*, RdA 2007, 176; *Steuer*, Die Arbeitnehmerüberlassung als Mittel zur Förderung des Arbeitsmarktes in Deutschland, S. 74.

Aus der Gesetzesänderung kann jedoch nicht auf die uneingeschränkte Anwendung der Kündigungsschutzvorschriften und die anpassungslose Übertragung der Voraussetzungen der betriebsbedingten Kündigung von Normalarbeitsverhältnissen geschlossen werden. Nach der Gesetzesbegründung sollte mit der Änderung des Arbeitnehmerüberlassungsgesetzes die Leiharbeit flexibilisiert und von überflüssiger Regulierung befreit werden:

> *„Gleichzeitig wird die Arbeitnehmerüberlassung durch Aufhebung des Synchronisationsverbots, des besonderen Befristungsverbots sowie des Wiedereinstellungsverbots flexibilisiert. Arbeitnehmerüberlassung wird folgerichtig von all denjenigen Regelungen befreit, die bisher als Schutzmaßnahmen notwendig waren, weil Leiharbeit aufgrund des Zusammentreffens hoher Flexibilitätsanforderungen mit relativ geringen Entgelten vielfach als prekär angesehen werden musste."* [483]

Die Leiharbeit wurde dadurch an die Normalarbeitsverhältnisse angepasst.[484] Die Arbeitnehmerüberlassung sollte gerade von, aus Sicht des Gesetzgebers, nicht mehr notwendigen Schutzmaßnahmen befreit und dereguliert werden. Das Wiedereinstellungsverbot wurde vom Gesetzgeber explizit abgeschafft. Daher ist nach der Gesetzesbegründung jedenfalls eine starre Anwendung der Dreimonatsfrist als Mindestwartezeit nicht mehr vertretbar.

Allerdings sollte durch das erste Gesetz für moderne Dienstleistungen am Arbeitsmarkt die Stellung und Akzeptanz des Leiharbeitnehmers verbessert werden.[485] Dies spricht dafür, die Anforderungen an die Kündigung eines Normalarbeitsverhältnisses nicht anpassungslos auf das Leiharbeitsverhältnis zu übertragen. Angesichts der derzeitigen Tarifsituation ist eine solche Akzeptanzsteigerung nicht zu erreichen, wenn der Schutz der Leiharbeitnehmer durch die Schaffung einer sofortigen Kündigungsmöglichkeit zusätzlich reduziert wird. Zudem hatte der Gesetzgeber bei der Deregulierung die Abschaffung des Wiedereinstellungsverbotes selbst im Sinn, nicht jedoch die Rückschlüsse, die die Rechtsprechung daraus in Bezug auf die Verteilung des Beschäftigungsrisikos gezogen hat.

Auch die Gesetzesbegründung enthält keine eindeutigen Hinweise bezüglich der Anwendung der Dreimonatsfrist nach Wegfall des Wiedereinstellungsgebotes. Nach der Gesetzesbegründung soll durch die Aufhebung des Synchronisationsverbotes, des Wiedereinstellungsverbotes und des Befristungsverbotes die Arbeitnehmerüberlassung flexibilisiert werden.[486] Diese beabsichtigte Flexibilisierung spricht zunächst dafür, dem Arbeitgeber ohne jeglichen Bezug auf die dreimonatige Frist, beim Vorliegen eines prognostizierten dauerhaften Auftragsrückganges die Kündigung

---

483 Gesetzesbegründung BT-Drucks. 15/26 S. 19.

484 *Dahl*, DB 2003, 1626 (1627).

485 Gesetzesbegründung Erstes Gesetz über moderne Dienstleistungen am Arbeitsmarkt, BT-Drucks. 15/25 v. 05.11.2002, S. 22ff.

486 Gesetzesbegründung Erstes Gesetz über moderne Dienstleistungen am Arbeitsmarkt, BT-Drucks. 15/25 v. 05.11.2002, S. 22ff.

zu ermöglichen. Dafür spricht auch, dass nach der Gesetzesbegründung durch die Flexibilisierung die Wettbewerbsfähigkeit der Unternehmen gestärkt werden soll.[487] Zwar sind hier in erster Linie die Einsatzbetriebe gemeint, der Fokus wird jedoch weg vom Schutz der einzelnen Arbeitnehmer, auf die wirtschaftlichen Interessen der Unternehmen und den vermehrten Einsatz von Leiharbeitnehmern gelenkt.

Nach der Gesetzesbegründung wird die „Arbeitnehmerüberlassung folgerichtig von all denjenigen Regelungen befreit, die bisher als Schutzmaßnahmen notwendig waren, weil Leiharbeit aufgrund des Zusammentreffens hoher Flexibilitätsanforderungen mit relativ geringen Entgelten vielfach als prekär angesehen werden musste".[488]

> *„Im Gegenzug zu dem eingeführten Gleichbehandlungsgebot können das besondere Befristungsverbot, das Wiedereinstellungsverbot, das Synchronisationsverbot sowie die Beschränkung der Überlassungsdauer aufgrund des erhöhten Schutzes des Leiharbeitnehmers entfallen. Dadurch werden die Rahmenbedingungen der Arbeitnehmerüberlassung grundlegend verändert".*[489]

Der Gesetzgeber ging demnach davon aus, durch die Einführung des Gleichbehandlungsgebotes den Schutz der Leiharbeitnehmer gefördert und in ausreichendem Maße gewährleistet zu haben. Mit der Einführung des Gleichbehandlungsgebotes sollte ein Abbau der Schutzmaßnahmen an anderer Stelle einhergehen. Diese gesetzgeberische Absicht bestand jedoch unter der Prämisse, dass die Gleichbehandlung die Regel werden sollte. Bei der Abweichung vom Grundsatz des Equal Pay sollte der Schutz der Leiharbeitnehmer durch die Arbeitnehmervertretungen gewährleistet werden, die sich durch die Neuregelung in einer günstigen Verhandlungsposition für die anstehenden Tarifverhandlungen befanden. Wie bereits dargestellt, erfolgte jedoch eine gegensätzliche Entwicklung. Statt einer Anpassung des Lohnniveaus der Leiharbeitnehmer an vergleichbare Stammarbeitnehmer, erfolgte durch die Tarifabschlüsse eine durchgängige Absenkung des Lohnniveaus. Auch die kurze Dauer der Leiharbeitsverhältnisse und die nach wie vor bestehenden Nachteile der Leiharbeitnehmer führten dazu, dass die Leiharbeit auch Jahre nach der Einführung des ersten Gesetzes für moderne Dienstleistungen am Arbeitsmarkt nicht als ein normales Arbeitsverhältnis eingestuft wird.[490]

Eine historische Auslegung spricht demnach nach der Abschaffung des Wiedereinstellungsverbotes tendenziell gegen eine weitere Anwendung der Dreimonatsfrist.

---

487 Gesetzesbegründung Erstes Gesetz über moderne Dienstleistungen am Arbeitsmarkt, BT-Drucks. 15/25 v. 05.11.2002, S. 22ff.

488 Gesetzesbegründung Erstes Gesetz über moderne Dienstleistungen am Arbeitsmarkt, BT-Drucks. 15/25 v. 05.11.2002, S. 22ff.

489 Gesetzesbegründung Erstes Gesetz über moderne Dienstleistungen am Arbeitsmarkt, BT-Drucks. 15/25 v. 05.11.2002, S. 38ff.

490 Schüren, RdA 2007, 231.

e) Sinn und Zweck der Norm

§ 9 Abs. 3 AÜG a.F. sollte den Arbeitnehmer davor schützen, dass der Arbeitgeber durch eine kurzzeitige Unterbrechung des Arbeitsverhältnisses das Arbeitgeberrisiko auf den Arbeitnehmer abwälzt und diesem so den Kündigungsschutz vorenthält.[491]

Der Leiharbeitnehmer ist aufgrund der dargestellten Besonderheiten erheblich schutzwürdiger als ein gewöhnlicher Arbeitnehmer.[492] Ließe man die betriebsbedingte Kündigung bereits beim einfachen Fehlen eines Anschlussauftrages zu, könnte der Verleiher ein Arbeitsverhältnis kündigen, das im Normalarbeitsverhältnis nicht gefährdet wäre.[493] Der Verleiher könnte so das Risiko von Nichteinsatzzeiten einseitig auf den Arbeitnehmer abwälzen. Daher ist dem zweiten Senat des Bundesarbeitsgerichtes[494] zuzustimmen, wenn es den Nachweis eines langfristigen Auftragsrückganges fordert und an die Darlegungs- und Beweislast hohe Anforderungen stellt.

Durch die Abschaffung des Wiedereinstellungsverbotes ist das Schutzbedürfnis der Leiharbeitnehmer vor einer Verlagerung des Arbeitgeberrisikos nicht entfallen. Angesichts des aus heutiger Sicht durch die Tarifausnahme abgesenkten Schutzniveaus in der Leiharbeitsbranche kann dem damals vorliegenden gesetzgeberischen Willen nicht alleinige Bedeutung zukommen.

f) Betriebliche Praxis

Die herkömmlichen Auslegungsmethoden liefern kein eindeutiges Ergebnis. Daher ist für die Beurteilung, wann eine für die Leiharbeit typische Auftragslücke vorliegt, die keine betriebsbedingte Kündigung rechtfertigt und wann von einem untypischen Auftragsrückgang ausgegangen werden kann, die betriebliche Praxis im Bereich der Leiharbeit heranzuziehen.

aa) Zeitspanne für die Auftragsakquise

Für eine Heranziehung der Dreimonatsfrist zumindest als „Daumenregel“ spricht, dass die Zeitspanne von drei Monaten dem Unternehmen in der Regel ausreichend Zeit zur Abklärung des Weiterbeschäftigungsbedarfes, beziehungsweise zur Beschaffung neuer Aufträge gibt. In der Leiharbeit werden Arbeitskräfte von den Entleihern meist kurzfristig und für kurze Zeiträume angefragt. Drei Monate stellen

---

491 *Steuer*, Die Arbeitnehmerüberlassung als Mittel zur Förderung des Arbeitsmarktes in Deutschland, S. 74 mit Verweis auf Begründung zum Regierungsentwurf, BT-Drucks. VI/ 2303 S. 13.

492 *Steuer*, Die Arbeitnehmerüberlassung als Mittel zur Förderung des Arbeitsmarktes in Deutschland, S. 74.

493 *Steuer*, Die Arbeitnehmerüberlassung als Mittel zur Förderung des Arbeitsmarktes in Deutschland, S. 74.

494 BAG v. 18.05.2006, 2 AZR412/05, AP Nr. 7 zu § 9 AÜG.

daher einen angemessenen Prognosezeitraum dar. Bei einer kürzeren Zeitspanne, lässt sich aufgrund der für die Leiharbeit typischen verleihfreien Zeiten nicht beurteilen, ob es sich um einen dauerhaften Auftragsrückgang handelt. Eine über drei Monate hinausgehende Frist scheidet aufgrund der wirtschaftlichen Belastung des Arbeitgebers aus.

Nach anderer Ansicht ist dieses Argument jedoch als praxisfremd einzustufen. Kein Verleiher könne es sich wirtschaftlich erlauben Leiharbeitnehmer drei Monate im Nichteinsatz zu halten.[495] Eine Kalkulation dieses Risikos in das Überlassungsentgelt werde von den Entleihern nicht übernommen.[496] Gegen eine Praxistauglichkeit der Dreimonatsregel spreche weiter, dass es nicht bei einer Nichteinsatzzeit von drei Monaten jährlich bleibe. Bei dem Erfordernis einer dreimonatigen Nichteinsatzzeit zur Gewinnung einer hinreichend sicheren Negativprognose, sei diese jedes Mal neu einzuhalten, wenn der Leiharbeitnehmer zwischenzeitlich auch nur kurzfristig in einen Einsatz vermittelt werde.[497] Die Prognoseentscheidung werde durch die Wartezeit auch nicht wesentlich sicherer, da sich die Lage wegen der Schnelllebigkeit der Zeitarbeitsbranche jederzeit, also auch direkt nach den drei Monaten Nichteinsatz ändern könne.[498]

bb) Kurze Dauer der Arbeitsverhältnisse und Befristungspraxis

Bei der Beurteilung der Frage nach der Dauer der vom Arbeitgeber zu tragenden Nichteinsatzzeiten ist auf die spezifischen Besonderheiten im Zeitarbeitssektor abzustellen. Die Zeitarbeitsbranche ist generell von Arbeitsverhältnissen mit kurzer Dauer und befristeten Beschäftigungsverhältnissen geprägt. Im Jahr 2010 betrug die durchschnittliche Dauer von Leiharbeitsverhältnissen lediglich zwei Monate.[499] Nur knapp 50% der Leiharbeitsverhältnisse erreichen eine Dauer von drei Monaten.[500] Ein Festhalten an der Dreimonatsfrist würde daher bedeuten, dem Arbeitgeber zuzumuten, das Beschäftigungsrisiko d.h. den Nichteinsatz seines Arbeitnehmers länger zu tragen, als ein durchschnittliches Arbeitsverhältnis in dieser Branche überhaupt besteht. Auf der anderen Seite wird die kurze Dauer der Arbeitsverhältnisse gerade durch eine überdurchschnittliche Anzahl an Arbeitgeberkündigungen verursacht.[501]

---

495 *Dahl*, Betriebsbedingte Kündigung, DB 2003, 1626 (1627).

496 *Dahl*, Betriebsbedingte Kündigung, DB 2003, 1626 (1627).

497 *Dahl*, Betriebsbedingte Kündigung, DB 2003, 1626 (1627).

498 *Dahl*, Betriebsbedingte Kündigung, DB 2003, 1626 (1627).

499 Antwort der Bundesregierung 02. 02. 2011 auf die kleine Anfrage der Abgeordneten Sabine Zimmermann, Jutta Krellmann, Diana Golze, weiterer Abgeordneter und der Fraktion die Linke, Drucksache 17/4626, S. 2.

500 Bundesagentur für Arbeit, Arbeitsmarktberichterstattung: Der Arbeitsmarkt in Deutschland, aktuelle Entwicklungen in der Zeitarbeit, Januar 2012; Elfter Bericht der Bundesregierung über Erfahrungen bei der Anwendung des Arbeitnehmerüberlassungsgesetzes, 18. 01. 2010, BT – Drucks. 17/464, S. 24f.

501 Bundesagentur für Arbeit, Arbeitsmarktberichterstattung: Der Arbeitsmarkt in Deutschland, aktuelle Entwicklungen in der Zeitarbeit, 2011 *Adamy*, Gute Arbeit

Hinzu kommt, dass die Dreimonatsfrist nur bei Arbeitsverhältnissen eine Rolle spielt, die in den Geltungsbereich des Kündigungsschutzgesetzes fallen und daher mindestens sechs Monate bestanden haben. Durch diese Beschränkung auf längerfristige Arbeitsverhältnisse ist dem Arbeitgeber eine gewisse Rentabilität der Beschäftigung seiner Arbeitnehmer garantiert. Vor dem Ablauf von sechs Monaten kann der Arbeitgeber den Leiharbeitnehmer außerhalb des Geltungsbereiches des Kündigungsschutzgesetzes unter erleichterten Bedingungen kündigen. Daher ist davon auszugehen, dass ein Großteil der Arbeitnehmer in diesen sechs Monaten auch Arbeitsleistungen erbracht hat, d.h. der Arbeitgeber durch den Verleih Einkommen erzielt hat. Stellt man diese Zeitspanne in Relation zu den drei Monaten, die der Arbeitgeber maximal überbrücken muss, und berücksichtigt dabei, dass der Arbeitgeber das Beschäftigungsrisiko für seine Arbeitnehmer grundsätzlich zu tragen hat, kann ihm diese Spanne je nach dem Umständen des Einzelfalles zuzumuten sein.

cc) Weiterbestehen der Dreimonatsfrist in Tarifverträgen der Zeitarbeit

Auch in einzelnen Tarifverträgen in der Zeitarbeit finden sich nach wie vor Regelungen, die an die Dreimonatsfrist anknüpfen. So enthält beispielsweise § 9.3 des Manteltarifvertrages zwischen BZA und DGB vom 22.07.2003 die Regelung, dass bei Neueinstellungen die Kündigungsfrist verkürzt werden kann.[502] Als Neueinstellungen gelten nach § 9.3 des Manteltarifvertrages BZA/DGB „Arbeitsverhältnisse mit Mitarbeitern, die mindestens drei Monate lang nicht in einem Arbeitsverhältnis zum Arbeitgeber standen".[503] Aus dieser Regelung lässt sich schließen, dass auch große Teile der Zeitarbeitsbranche selbst, sowie die Tarifparteien BZA und DGB davon ausgegangen sind, dass es sich bei der Dreimonatsfrist um eine angemessene Frist zur Unterscheidung zwischen einer vorübergehenden Auftragslücke und einem dauerhaften Auftragsrückgang handelt. Die Tarifparteien haben sich hier ohne gesetzlichen Zwang nach dem Wegfall des Wiedereinstellungsverbotes für die Beibehaltung dieser Frist entschieden.

2010, Nr. 5, 17; *Kraschinski*, Sozialverträgliche Gestaltung der Arbeitnehmerüberlassung, S. 21; *Promberger* in Keller/Seifert, Atypische Beschäftigung – Flexibilisierung und soziale Risiken, S. 127 (133).

502 Manteltarifvertrag zwischen BZA und DGB vom 22.07.2003 in der Fassung des Änderungstarifvertrages vom 09.03.2010, http://www.randstad.de/polopoly_fs/1.577!/download/downloadFile/Tarifvertrag-Zeitarbeit-BZA-DGB-2010-07.pdf, Stand: 01.07.2012.

503 Manteltarifvertrag zwischen BZA und DGB vom 22.07.2003 in der Fassung des Änderungstarifvertrages vom 09.03.2010, http://www.randstad.de/polopoly_fs/1.577!/download/downloadFile/Tarifvertrag-Zeitarbeit-BZA-DGB-2010-07.pdf, Stand: 01.07.2012.

dd) Zulässigkeit der Kurzarbeit bei Leiharbeitnehmern

Durch das Gesetz zur Sicherung von Stabilität und Beschäftigung in Deutschland vom 02.03.2009[504] wurde in § 11 Abs. 4 AÜG die Kurzarbeit befristet auch für die Zeitarbeit eingeführt. Durch die Neuregelung sollte die Verteilung des Beschäftigungsrisikos in der Leiharbeit jedoch nicht geändert werden.[505] Dies zeigt sich auch bereits darin, dass die Kurzarbeit nur befristet bis 31.12.2011 für zulässig erklärt wurde. Damit sollten die Folgen der Wirtschaftskrise gemildert und eine massenhafte Entlassung von Leiharbeitnehmern verhindert werden. Prinzipiell sollte der Verleiher auch weiterhin das Beschäftigungsrisiko tragen.

4) Stellungnahme

Trotz der gesetzgeberischen Bestrebungen das Leiharbeitsverhältnis dem Normalarbeitsverhältnis anzugleichen, konnten die Gesetzesänderungen die Unterschiede zwischen dem Normalarbeitsverhältnis und der Leiharbeit nicht beseitigen. Im Gegensatz zum Normalarbeitsverhältnis ist das Leiharbeitsverhältnis wesentlich von der Übernahme des Beschäftigungsrisikos durch den Verleiher geprägt. Dies unterscheidet das Leiharbeitsverhältnis auch nach der Abschaffung des Wiedereinstellungsverbotes vom Normalarbeitsverhältnis.

Zudem ist zu berücksichtigen, dass der Arbeitnehmer im Gegenzug für diese gesteigerten Verpflichtungen des Arbeitgebers in der Regel ein niedrigeres Lohnniveau im Vergleich zum Normalarbeitsverhältnis in Kauf nehmen muss. Diese Einbuße des Arbeitnehmers ist bei der hier vorzunehmenden Interessenabwägung zu berücksichtigen. Die geringere Lohnhöhe muss durch eine Verlagerung des Beschäftigungsrisikos auf den Arbeitgeber ausgeglichen werden, andernfalls würde eine einseitige Benachteiligung der Leiharbeitnehmer vorliegen. Die nach wie vor bestehende besondere Schutzbedürftigkeit der Leiharbeitnehmer ist durch die Sondervorschriften des Arbeitnehmerüberlassungsgesetzes wie beispielsweise die Erlaubnispflicht nach § 1 Abs. 1 AÜG oder die nach § 11 Abs. 4 AÜG untersagte Abdingbarkeit der Annahmeverzugsregelungen dokumentiert.[506]

Dem zweiten Senat des Bundesarbeitsgerichtes ist darin zuzustimmen, dass der gesetzgeberische Wille bei der Streichung des § 9 Nr. 3 AÜG nicht unberücksichtigt bleiben kann.[507] Nach dem Wegfall diesbezüglicher Regelungen ist eine Beibehaltung einer starren Dreimonatsfrist nicht mehr zu begründen. Gleichwohl muss den oben dargestellten Interessen der Leiharbeitnehmer in ausreichendem Maße Rechnung

---

504 Gesetz zur Sicherung von Stabilität und Beschäftigung in Deutschland, BGBl. I, S. 416.

505 Gesetzesbegründung des Gesetzes zur Sicherung von Stabilität und Beschäftigung v. 02.03.2009, BT-Drucks. 16/11740, S. 33ff; Schüren/*Schüren*, AÜG, § 11 Rn. 118.

506 *Hamann*, Anmerkung zu BAG v. 18.05.2006, 2 AZR 412/05, jurisPR-ArbR 38/2006 Anm. 4.

507 So auch *Hamann*, Anmerkung zu BAG v. 18.05.2006, 2 AZR 412/05, jurisPR-ArbR 38/2006 Anm. 4.

getragen werden. Berücksichtigt man die betriebliche Praxis, so ist festzuhalten, dass drei Monate eine angemessene Frist für die Beschaffung neuer Aufträge darstellen und für diese Zeitspanne dem Arbeitgeber die Tragung des Lohnrisikos in aller Regel gerade noch zumutbar ist. Auch in den Zeitarbeitstarifverträgen findet sich eine Bezugnahme auf die Dreimonatsfrist. Diese Beurteilung der Zumutbarkeit muss jedoch für den jeweiligen Einzelfall vorgenommen werden. Aufgrund der großen Unterschiede durch die verschiedenen Einsatzbereiche der Zeitarbeitsfirmen ist jeweils darauf abzustellen, welche Nichteinsatzzeiten im jeweiligen Tätigkeitsfeld des Verleihunternehmens üblich sind und daher nicht als langfristiger Auftragsrückgang anzusehen sind. Hier können sich je nach Branche und Qualifikationsniveau erhebliche Unterschiede ergeben.

Die Dreimonatsregel kann demnach nicht mehr als starre Frist zur Anwendung kommen. Als Orientierungswert im Sinne einer maximalen Obergrenze bis zu der ggf. eine kurzfristige Auftragslücke anzunehmen ist, kann jedoch nach wie vor auf sie zurückgegriffen werden. Dies bedeutet, dass eine Negativprognose ab einer Nichteinsatzzeit von drei Monate vermutet wird. Der Arbeitgeber kann jedoch auch bei kürzeren Nichteinsätzen darlegen, warum ein endgültiger Wegfall des Arbeitsplatzes im jeweiligen Einzelfall gegeben ist bzw. ihm die Tragung des Lohnrisikos für drei Monate nicht zumutbar ist.

VII) Darlegungs- und Beweislast

Auch im Rahmen der Darlegungs- und Beweislast bestehen bei der Leiharbeit besondere Anforderungen.

1) Darlegungs- und Beweislast im Normalarbeitsverhältnis

Grundsätzlich trägt der Arbeitgeber nach § 1 Abs. 2 S. 4 KSchG die Darlegungs- und Beweislast dafür, dass für die Kündigung ein dringendes betriebliches Erfordernis besteht und eine anderweitige Beschäftigung des Arbeitnehmers nicht möglich ist.[508] Bezüglich der Anforderungen ist zwischen der Kündigung aus innerbetrieblichen Ursachen und der Kündigung aus außerbetrieblichen Ursachen zu differenzieren.[509]

Bei einer Kündigung aus innerbetrieblichen Gründen genügt es, wenn der Arbeitgeber das Vorliegen einer entsprechenden Unternehmerentscheidung nachweist und die entsprechende Maßnahme bereits greifbare Formen angenommen hat.[510] Es

508 BAG v. 15.06.1989, 2 AZR 600/88, DB 1989, 2384; BAG v. 07.12.1978, 2 AZR 155/77, DB 1979, 650; ErfK/Oetker, § 1 KSchG, Rn. 259; Kittner/Däubler/Zwanziger-*Deinert*, KSchR, § 1 KSchG Rn. 433ff; KR-*Griebeling*, § 1 KSchG, Rn. 553.

509 BAG v. 17.06.1999, 2 AZR 522/98, AP Nr. 102 zu § 1 KSchG 1969 Betriebsbedingte Kündigung; BAG v. 07.12.1978, 2 AZR 155/77, DB 1979, 650; ErfK/*Oetker*, § 1 KSchG, Rn. 259ff.

510 BAG v. 17.06.1999, 2 AZR 522/98, AP Nr. 102 zu § 1 KSchG 1969 Betriebsbedingte Kündigung; BAG v. 07.07.2005 - 2 AZR 399/04 - AP KSchG 1969 § 1 Betriebsbedingte Kündigung Nr. 138; ErfK/*Oetker*, § 1 KSchG, Rn. 260.

ist ausreichend, wenn bei einer planmäßigen Umsetzung der Unternehmerentscheidung der Arbeitsplatz bei Ablauf der Kündigungsfrist entfällt. Ausschlaggebend ist eine Prognose zum Zeitpunkt der Kündigung.[511]

Bei einer Kündigung aus außerbetrieblichen Gründen muss der Arbeitgeber den konkreten auf den einzelnen Arbeitsplatz entfallenden Rückgang der Arbeitsmenge darlegen. Er darf hier nur so viele Arbeitsplätze abbauen, wie durch den Auftragsrückgang weggefallen sind.[512] Zusätzlich muss der Arbeitgeber die Dringlichkeit des betrieblichen Erfordernisses darlegen. Er muss beispielsweise nachweisen, dass ein nicht nur vorübergehender Auftragsrückgang vorliegt, der nicht vom Arbeitgeber zu überbrücken ist.[513]

2) Darlegungs- und Beweislast im Leiharbeitsverhältnis

Im Leiharbeitsverhältnis besteht die Besonderheit, dass Auftragslücken und in der Folge einsatzfreie Zeiten der Leiharbeitnehmer häufig vorkommen. Diese sind im Gegensatz zum Normalarbeitsverhältnis typisch und prägend für die Arbeitnehmerüberlassung.[514] Der Arbeitgeber trägt bei der Leiharbeit nach § 11 Abs. 4 S. 2 AÜG, § 615 BGB das Beschäftigungsrisiko für verleihfreie Zeiten. Er kann den Arbeitnehmer nur kündigen, wenn er das Bestehen eines dauerhaften, über das im Leiharbeitsverhältnis typische Maß hinausgehenden Auftragsrückgangs, nachweist. Um zu verhindern, dass dieses Risiko durch voreilige Kündigungen auf den Arbeitnehmer übertragen wird, sind besondere Anforderungen an die Darlegungslast des Arbeitgebers an das Bestehen eines dauerhaften Auftragsrückgangs zu stellen.

a) Rechtsprechung zur Darlegungs- und Beweislast im Leiharbeitsverhältnis

aa) LAG Köln v. 10.12.1998

Die Rechtsprechung stellt bereits seit längerem spezifische Anforderungen an die Darlegung des dauerhaften Auftragsrückgangs in der Leiharbeit. So nahm beispielsweise das Landesarbeitsgericht Köln in seiner Entscheidung vom 10.12.1998[515] zur Darlegungslast des Verleihers Stellung. Nach der Entscheidung des Landesarbeitsgerichtes sind kurzfristige Auftragslücken nicht geeignet eine

511 BAG v. 17.06.1999, 2 AZR 522/98, AP Nr. 102 zu § 1 KSchG 1969 Betriebsbedingte Kündigung; ErfK/*Oetker*, § 1 KSchG, Rn. 260.

512 BAG v. 15.06.1989, 2 AZR 600/88, DB 1989, 2384; ErfK/*Oetker*, § 1 KSchG, Rn. 261; Kittner/Däubler/Zwanziger-*Deinert*, KSchR, § 1 KSchG Rn. 446, 447; KR-*Griebeling*, § 1 KSchG, Rn. 554.

513 BAG v. 17.06.1999, 2 AZR 522/98, AP Nr. 102 zu § 1 KSchG 1969 Betriebsbedingte Kündigung.

514 BAG v. 18.05.2006, 2 AZR 412/05, AP Nr. 7 zu § 9 AÜG; LAG Köln v. 10.12.1998, 6 Sa 493/98, AiB 2000, 55.

515 LAG Köln v. 10.12.1998, 6 Sa 493/98, AiB 2000, 55.

betriebsbedingte Kündigung sozial zu rechtfertigen.[516] Es gehöre zum Wesen der Arbeitnehmerüberlassung, dass Arbeitnehmer oft kurzfristig von den Einsatzbetrieben angefordert werden.[517] Die dadurch erschwerte Planung stelle erhöhte Anforderungen an die Prognose des Arbeitsplatzwegfalls. Wenn in der Vergangenheit regelmäßig Einsatzmöglichkeiten für den Leiharbeitnehmer vorgelegen haben, ohne dass es zu längeren Unterbrechungen gekommen ist, sei daraus zu schließen, dass eine Beschäftigungsmöglichkeit auch für die Zukunft bestehe.[518] Dies gelte insbesondere dann, wenn sich der Arbeitnehmer verpflichtet habe, zur Vermeidung von Beschäftigungslücken auch Helfertätigkeiten in einem anderen Beruf zu übernehmen.[519] Hat der Leiharbeitnehmer auf diese Weise das Unternehmerrisiko minimiert, komme eine betriebsbedingte Kündigung erst in Betracht, wenn solche Ausweichmöglichkeiten für längere Zeit nicht zur Verfügung stehen.[520] Eine solche Prognose erfordere erhebliche Ausfallzeiten vor dem Ausspruch der Kündigung, die der Arbeitgeber darzulegen habe.[521]

bb) BAG v. 18.05.2006

Im Jahr 2006 hat das Bundesarbeitsgericht zur Frage der Darlegungslast bei der Kündigung eines Leiharbeitnehmers erstmals Stellung genommen. In der bereits dargestellten Entscheidung des zweiten Senates vom 18.05.2006[522] wurden die Anforderungen an die Darlegungs- und Beweislast durch das Bundesarbeitsgericht zusätzlich verschärft.[523] Danach seien aufgrund der Besonderheiten des Leiharbeitsverhältnisses besondere Anforderungen an die Darlegungs- und Beweislast, insbesondere im Hinblick auf die Prognose des zukünftigen Beschäftigungsvolumens zu stellen. Das Vorliegen von kurzfristigen Auftragsschwankungen müsse „auszuschließen" sein.[524] Diese Forderung des zweiten Senates des Bundesarbeitsgerichts geht damit über die Anforderungen an eine Prognose im Normalarbeitsverhältnis hinaus.[525]

Der Arbeitgeber muss nach der Entscheidung des zweiten Senats des Bundesarbeitsgerichtes einen stetigen Auftragsrückgang über einen nennenswerten Zeitraum

---

516 LAG Köln v. 10.12.1998, 6 Sa 493/98, AiB 2000, 55.
517 LAG Köln v. 10.12.1998, 6 Sa 493/98, AiB 2000, 55.
518 LAG Köln v. 10.12.1998, 6 Sa 493/98, AiB 2000, 55.
519 LAG Köln v. 10.12.1998, 6 Sa 493/98, AiB 2000, 55.
520 LAG Köln v. 10.12.1998, 6 Sa 493/98, AiB 2000, 55.
521 LAG Köln v. 10.12.1998, 6 Sa 493/98, AiB 2000, 55.
522 BAG v. 18.05.2006, 2 AZR 412/05, AP Nr. 7 zu § 9 AÜG.
523 BAG v. 18.05.2006, 2 AZR 412/05, AP Nr. 7 zu § 9 AÜG; *Hamann*, Anmerkung zu BAG v. 18.05.2006, 2 AZR 412/05, jurisPR-ArbR 38/2006 Anm. 4; so auch *Mohnke*, AuA 2006, 682.
524 BAG v. 18.05.2006, 2 AZR 412/05, AP Nr. 7 zu § 9 AÜG.
525 *Hamann*, Anmerkung zu BAG v. 18.05.2006, 2 AZR 412/05, jurisPR-ArbR 38/2006 Anm. 4.

darlegen.[526] Diesen Auftragsrückgang muss er mit konkreten Zahlen und Daten belegen. Erforderlich ist eine hinreichend sichere Prognose, dass der entsprechende Arbeitsplatz auf Dauer entfallen ist. Dies kann zum Beispiel durch einen Vergleich mit Referenzperioden geschehen.[527] Der zweite Senat stellt in seinem Urteil vom 18.05.2006 ganz konkrete Anforderungen an den Nachweis eines langfristigen Auftragsrückganges.[528] Danach muss das Zeitarbeitsunternehmen für einen repräsentativen Zeitraum genau spezifizieren wie sich Aufträge und Einsatzmöglichkeiten entwickelt haben und zukünftig entwickeln werden.[529] Dazu sei eine genaue Aufschlüsselung der Einsatzmöglichkeiten nach den benötigten Qualifikationen der Arbeitnehmer erforderlich, sowie eine Aufstellung, welche Arbeitnehmer für welche dieser Aufträge in der Vergangenheit eingesetzt wurden. Der dauerhafte Auftragsrückgang sei dann durch den Arbeitgeber anhand eines Vergleiches der aufgeschlüsselten Aufträge in einer Referenzperiode zu belegen.[530] Darüber hinaus müsse der Arbeitgeber schildern, welche Maßnahmen eingeleitet worden sind um Arbeitnehmer in neue Aufträge zu vermitteln.[531]

cc) nachfolgende Entscheidungen der Instanzgerichte

Die in der Folge ergangenen Entscheidungen der Instanzgerichte nehmen auf die Rechtsprechung des zweiten Senates des Bundesarbeitsgerichtes vom 18.05.2006[532] Bezug. In einem vom Landesarbeitsgericht Köln am 12.01.2009[533] entschiedenen Fall berief sich ein Leiharbeitnehmer auf die Unwirksamkeit der betriebsbedingten Kündigung des Verleihers. Er trug vor, nach der Entscheidung des Bundesarbeitsgerichtes vom 18.05.2006 habe der Verleiher den Auftragsrückgang im Einzelnen mit einer Darstellung der Einsatz- und Personalplanung aus der Vergangenheit und der hieraus für die Zukunft gezogenen Schlussfolgerungen darstellen müssen. Das Landesarbeitsgericht Köln[534] folgte dem jedoch nicht und entschied, die Beklagte habe ausreichende Gründe dargelegt, die die Prognose eines dauerhaften

526 BAG v. 18.05.2006, 2 AZR 412/05, AP Nr. 7 zu § 9 AÜG; *Dahl*, DB 2003, 1626 (1628); *Hiekel*, Besonderheiten bei der Befristung und betriebsbedingten Kündigung von Leiharbeitnehmern, Arbeitsgemeinschaft Arbeitsrecht im Deutschen Anwaltsverein, FS zum 25 jährigen Bestehen, S. 333 (341).

527 BAG v. 18.05.2006, 2 AZR 412/05, AP Nr. 7 zu § 9 AÜG; *Dahl*, DB 2003, 1626.

528 BAG v. 18.05.2006, 2 AZR 412/05, AP Nr. 7 zu § 9 AÜG.

529 BAG v. 18.05.2006, 2 AZR 412/05, AP Nr. 7 zu § 9 AÜG.

530 BAG v. 18.05.2006, 2 AZR 412/05, AP Nr. 7 zu § 9 AÜG.

531 BAG v. 18.05.2006, 2 AZR 412/05, AP Nr. 7 zu § 9 AÜG.

532 BAG v. 18.05.2006, 2 AZR 412/05, AP Nr. 7 zu § 9 AÜG.

533 LAG Köln v. 12.01.2009, 2 Sa 1116/08, LAGE § 1 KSchG Betriebsbedingte Kündigung Nr. 84, Nichtzulassungsbeschwerde eingelegt unter dem Aktenzeichen 9 AZN 253/09.

534 LAG Köln v. 12.01.2009, 2 Sa 1116/08, LAGE § 1 KSchG Betriebsbedingte Kündigung Nr. 84, Nichtzulassungsbeschwerde eingelegt unter dem Aktenzeichen 9 AZN 253/09.

Arbeitsplatzwegfalles rechtfertigten. Dabei berief sich das Gericht ebenfalls auf die genannte Bundesarbeitsgerichtsentscheidung vom 18.05.2006[535] und entschied, der Vortrag des beklagen Verleihers, dass bereits seit einem halben Jahr kein Auftrag eingegangen sei, bei dem man den Kläger habe einsetzen können, sei ausreichend.[536]

b) Literatur

In der Literatur werden teilweise niedrigere Anforderungen an die Darlegungs- und Beweislast des Arbeitgebers gestellt. So hält Hiekel[537] bereits den Verlust eines nennenswerten Kunden im Rahmen der Darlegung eines dauerhaften Arbeitsausfalles für ausreichend.[538]

c) Stellungnahme

Die abweichenden Auffassungen der Rechtsprechung, die jeweils unter Berufung auf das Urteil des Bundesarbeitsgerichtes vom 18.05.2005[539] vertreten werden, zeigen, dass die konkreten Anforderungen an die Darlegungslast im Einzelnen auch nach der Entscheidung durch das Bundesarbeitsgericht noch unklar sind. Es bleibt eine Beurteilung des Einzelfalles, welche Nachweise der Verleiher konkret zu erbringen hat. Mit der zunehmenden Dauer der Nichteinsatzzeit des Arbeitnehmers sinken die Anforderungen an die Darlegungslast des Arbeitgebers. Kann der Arbeitgeber nachweisen, dass seit einem halben Jahr bereits keine Einsatzmöglichkeit mehr für den Leiharbeitnehmer bestand, so liegt die Vermutung nahe, dass hier ein dauerhafter Auftragsrückgang vorliegt. Bei einer kürzeren Spanne ist hingegen, wegen der im Leiharbeitsverhältnis typischerweise bestehenden Auftragslücken, zunächst von einer kurzfristigen Auftragslücke auszugehen. Hier obliegt es dem Arbeitgeber nachzuweisen, dass im Ausnahmefall trotz der kurzen Spanne ein dauerhafter Auftragsrückgang vorliegt.

Die Anforderungen des zweiten Senates des Bundesarbeitsgerichtes in seiner Entscheidung vom 18.05.2006[540] sind jedoch insgesamt als zu hoch einzustufen. Dem zweiten Senat ist zwar darin zuzustimmen, dass die Besonderheiten des Leiharbeitsverhältnisses zu berücksichtigen sind und dem Arbeitnehmer nicht das Be-

---

535 BAG v. 18.05.2006, 2 AZR 412/05, AP Nr. 7 zu § 9 AÜG.

536 LAG Köln v. 12.01.2009, 2 Sa 1116/08, LAGE § 1 KSchG Betriebsbedingte Kündigung Nr. 84, Nichtzulassungsbeschwerde eingelegt unter dem Aktenzeichen 9 AZN 253/09.

537 *Hiekel*, Besonderheiten bei Befristung und betriebsbedingter Kündigung von Leiharbeitsverhältnissen, Arbeitsgemeinschaft Arbeitsrecht im Deutschen Anwaltsverein, FS zum 25 jährigen Bestehen S. 333 (341).

538 *Hiekel*, Besonderheiten bei Befristung und betriebsbedingter Kündigung von Leiharbeitsverhältnissen, Arbeitsgemeinschaft Arbeitsrecht im Deutschen Anwaltsverein, FS zum 25 jährigen Bestehen S. 333 (341).

539 BAG v. 18.05.2006, 2 AZR 412/05; AP Nr. 7 zu § 9 AÜG.

540 BAG v. 18.05.2006, 2 AZR 412/05; AP Nr. 7 zu § 9 AÜG.

schäftigungsrisiko aufgebürdet werden soll. Dies kann jedoch nur in dem Maße gelten, wie eine erhöhte Schutzbedürftigkeit des Leiharbeitnehmers gegenüber dem Normalarbeitnehmer besteht. Daher sind auch in der Leiharbeit die Anforderungen an die Darlegung eines langfristigen Auftragsrückganges auf eine Prognoseentscheidung des Arbeitgebers zu beschränken. Die Forderung des zweiten Senates, dass eine kurzfristige Auftragslücke ausgeschlossen sein muss, überschreitet diesen Prognoserahmen und geht daher zu weit.

3) Gestaltungsmöglichkeit des Arbeitgebers

Durch die hohen Anforderungen, die die Rechtsprechung seit dem Urteil des Bundesarbeitsgerichtes[541] an die Darlegung des Arbeitgebers bezüglich des Vorliegens eines dauerhaften Auftragsrückganges stellt, ist eine ausreichende Darlegung für den Arbeitgeber schwierig und eine Prognose über die Wirksamkeit einer beabsichtigten Kündigung nahezu unmöglich geworden.[542]

Daher stellt es eine Alternative für den Arbeitgeber dar, die beabsichtigte Kündigung auf eine innerbetriebliche Ursache, statt den Auftragswegfall selbst, als außerbetriebliche Ursache zu stützen.[543] Eine Organisationsentscheidung des Arbeitgebers, die zum Abbau von Arbeitsplätzen führt, wird anders als der Wegfall eines Arbeitsplatzes wegen Auftragsrückgang nicht auf ihren wirtschaftlichen Sinn, sondern nur auf Willkür überprüft. Nur das Bestehen dieser Organisationsentscheidung muss dem Gericht nachgewiesen werden.

Eine solche Organisationsentscheidung muss vom Arbeitgeber vor Ausspruch der Kündigungen getroffen werden. Die Entscheidung kann beispielsweise darin bestehen, keine Leiharbeitnehmer mehr für bestimmte Tätigkeiten oder bestimmte Branchen zu überlassen.[544]

VIII) Dringlichkeit des betrieblichen Erfordernisses

Auch bei der betriebsbedingten Kündigung im Verleihunternehmen gilt das ultima ratio Prinzip. Die Kündigung darf für den Arbeitgeber daher nur das letzte Mittel sein. Stehen mildere gleich geeignete Maßnahmen zur Verfügung, muss der Arbeitgeber diese ausschöpfen, bevor er eine Beendigungskündigung aussprechen darf.[545] Kann der Arbeitgeber die Kündigung durch andere mildere Maßnahmen auf technischem, organisatorischem oder wirtschaftlichem Gebiet vermeiden, fehlt es an

541 BAG v. 18.05.2006, 2 AZR 412/05, AP Nr. 7 zu 9 AÜG.
542 Ähnlich *Mohnke*, AuA 2006, 682.
543 *Mohnke*, AuA 2006, 682.
544 *Mohnke*, AuA 2006, 682.
545 ErfK/*Oetker*, § 1 KSchG Rn. 234ff; Kittner/Däubler/Zwanziger-*Deinert*, KSchR, § 1 KSchG Rn. 405ff.

der Dringlichkeit des betrieblichen Erfordernisses.[546] Außerdem ist die Änderungskündigung nach § 1 Abs. 2 S. 3 KSchG als vorrangiges milderes Mittel zu beachten. Grundsätzlich sind vor dem Ausspruch einer Kündigung auch andere Maßnahmen wie der Abbau von Überstunden auszuschöpfen.[547]

Der Arbeitgeber muss daher zunächst prüfen, ob keine Weiterbeschäftigungsmöglichkeit auf einem anderen freien Arbeitsplatz gemäß § 1 Abs. 2 KSchG möglich ist oder der Arbeitnehmer nach zumutbaren Umschulungs- oder Fortbildungsmaßnahmen weiterbeschäftigt werden kann.[548]

1) Anderer freier Arbeitsplatz im Unternehmen

Eine Kündigung ist gemäß § 1 Abs. 2 Nr. 1 b KSchG auch sozial ungerechtfertigt, wenn der Arbeitnehmer auf einem anderen freien Arbeitsplatz im Betrieb oder Unternehmen weiterbeschäftigt werden kann. Im Zeitarbeitsunternehmen beinhaltet der Arbeitsplatz des Arbeitnehmers jedoch bereits den Einsatz bei verschiedenen Entleihern. D.h. kann dem Arbeitnehmer ein anderer Einsatz bei einem Entleiher zugewiesen werden, ist der Arbeitsplatz in der Regel bereits nicht weggefallen. Als andere freie Arbeitsplätze im Unternehmen kommen daher nur andere Einsätze infrage, die z.B. bei entsprechender Betriebsorganisation des Zeitarbeitsunternehmens einem anderen Betrieb des Unternehmens zugeordnet sind, oder Arbeitsplätze in der Verwaltung des Zeitarbeitsunternehmens. In allen anderen Fällen scheitert die Wirksamkeit der Kündigung bereits an einem fehlenden Wegfall des Arbeitsplatzes des Arbeitnehmers.

2) Nichtverlängerung befristeter Arbeitsverträge

Fraglich ist, ob die Verlängerung von befristeten vergleichbaren Arbeitsverträgen, die im Kündigungszeitraum oder kurz danach auslaufen, der Wirksamkeit einer Kündigung entgegensteht.

Könnte der Arbeitnehmer an einem anderen freien Arbeitsplatz des Arbeitgebers weiterbeschäftigt werden, besteht kein dringendes betriebliches Erfordernis für die Kündigung.[549] Frei sind Arbeitsplätze, die im Kündigungszeitpunkt nicht besetzt sind.[550] Nach der Rechtsprechung des Bundesarbeitsgerichtes sind auch solche Arbeitsplätze in die Beurteilung einzubeziehen, bei denen im Zeitpunkt der Kündigung

---

546 BAG v. 07.12.1978, 2 AZR 155/77, AP Nr. 6 zu § 1 KSchG 1969 Betriebsbedingte Kündigung; ErfK/*Oetker*, § 1 KSchG Rn. 234ff; Kittner/Däubler/Zwanziger-*Deinert*, KSchR, § 1 KSchG Rn. 405ff.

547 HWK/*Quecke*, § 1 KSchG Rn. 272.

548 BAG v. 24.06. 2004, 2 AZR 326/03 , NZA 2004, 1268; KR-*Griebeling*, § 1, Rn. 217ff.

549 KR-*Griebeling*, § 1, Rn. 545; ErfK/*Oetker*, § 1 KSchG Rn. 234ff; Kittner/Däubler/Zwanziger-*Deinert*, KSchR, § 1 KSchG Rn. 405ff.

550 BAG v. 15.12.1994, 2 AZR 327/94, AP Nr. 67 zu § 1 KSchG 1969 Betriebsbedingte Kündigung; KR-*Griebeling*, § 1, Rn. 219.

feststeht, dass sie in absehbarer Zeit, nach Ablauf der Kündigungsfrist, frei werden, sofern die Überbrückung dieses Zeitraums dem Arbeitgeber zumutbar ist. Als zumutbar wird dabei ein Zeitraum angesehen, den ein anderer Stellenbewerber zur Einarbeitung benötigen würde.[551]

Diese Auffassung begründet das Bundesarbeitsgericht überzeugend mit einem Erst-recht-Schluss aus § 1 Abs. 2 Satz 3 KSchG Kann ein Arbeitnehmer nach zumutbarer Umschulungs- bzw. Fortbildungsmaßnahme auf einem freien Arbeitsplatz weiterbeschäftigt werden, liegt nach der Rechtsprechung des Bundesarbeitsgerichtes kein dringendes betriebliches Erfordernis für eine Kündigung vor.[552] Dies muss dann jedoch erst recht für absehbar frei werdende Arbeitsplätze gelten, die der Arbeitnehmer ohne Umschulung besetzen kann.[553]

Gleiches muss auch für vergleichbare Arbeitsplätze gelten, die mit Arbeitnehmern mit befristeten Beschäftigungsverhältnissen besetzt sind, die im Kündigungszeitraum oder kurz danach auslaufen. Der Arbeitgeber hat in diesem Fall die Entscheidung, ob er den Arbeitsvertrag des befristet beschäftigten Arbeitnehmers verlängert oder nicht. Die Situation ist für den Arbeitgeber daher, mit der Besetzung eines freien Arbeitsplatz über eine Neueinstellung, vergleichbar. Die Tatsache, dass es sich hier um eine Verlängerung des Arbeitsverhältnisses und nicht um einen Neuabschluss handelt, ist hier nicht zu berücksichtigen. Der Arbeitgeber kann bei Ablauf der Befristung frei über die Besetzung des Arbeitsplatzes verfügen, insofern ist der Arbeitsplatz als frei anzusehen. Hier liegt die gleiche Situation vor, wie wenn der Arbeitgeber einen ursprünglich freien Arbeitsplatz durch Versetzung besetzt.[554]

Gleiches gilt auch für freie Arbeitsplätze, die der Arbeitgeber vor Ausspruch, aber in Kenntnis der Kündigung durch Neueinstellungen oder Versetzungen besetzt.[555] Besetzt der Arbeitgeber freie Arbeitsplätze in engem zeitlichem und sachlichem Zusammenhang vor einer nachfolgenden betriebsbedingten Kündigung eines anderen vergleichbaren Arbeitnehmers, entfällt die dringende betriebliche Erforderlichkeit für die nachfolgende Kündigung, wenn der Arbeitgeber bei der Neubesetzung den Arbeitsplatzwegfall absehen konnte.[556] Andernfalls hätte es der Arbeitgeber in der

---

551 BAG v. 15.12.1994, 2 AZR 327/94, AP Nr. 67 zu § 1 KSchG 1969 Betriebsbedingte Kündigung; BAG v. 29.03.1990, 2 AZR 369/89, AP Nr. 50 zu § 1 KSchG 1969 Betriebsbedingte Kündigung; BAG v. 07.02.1991, 2 AZR 205/90, AP Nr. 1 zu § 1 KSchG 1969 Umschulung; KR-*Griebeling*, § 1, Rn. 219; *Busch*, NZA 2000, 754.

552 BAG v. 07.02.1991, 2 AZR 205/90, AP Nr. 1 zu § 1 KSchG 1969 Umschulung.

553 BAG v. 15.12.1994, 2 AZR 327/94, AP Nr. 67 zu § 1 KSchG 1969 Betriebsbedingte Kündigung.

554 KR-*Griebeling*, § 1, Rn. 221.

555 *Busch*, NZA 2000, 754 (755).

556 BAG v. 23.08.1990, 2 AZR 57/90, RzK I 7b 10; BAG v. 10.11.1994, 2 AZR 242/94, AP Nr. 65 zu § 1 KSchG 1969 Betriebsbedingte Kündigung; Busch, NZA 2000, 754 (755).

Hand trotz der zusammengehörigen Maßnahme durch die vorherige Besetzung der Stellen, die Sozialauswahl zu umgehen.[557]

Verlängert der Arbeitgeber befristete Arbeitsverträge vergleichbarer Arbeitnehmer vor dem Ausspruch einer betriebsbedingten Kündigung, oder weiß der Arbeitgeber von frei werdenden vergleichbaren Arbeitsplätzen in oder kurz nach Ablauf der Kündigungsfrist, besteht kein dringendes betriebliches Erfordernis für die betriebsbedingte Kündigung.

Aufgrund des hohen Anteils an befristeten Arbeitsverhältnissen in Zeitarbeitsunternehmen, hat der vorrangige Abbau befristeter Beschäftigungsverhältnisse eine erhebliche Bedeutung.

3) Kurzarbeit als milderes Mittel

Fraglich ist, ob Kurzarbeit als milderes gleich geeignetes Mittel vor dem Ausspruch betriebsbedingter Kündigungen eingeführt werden muss.[558] Kurzarbeit setzt nach § 96 SGB III das Vorliegen eines vorübergehenden Arbeitswegfalls voraus, wohingegen für eine betriebsbedingte Kündigung ein dauerhafter Arbeitsfortfall vorliegen muss.[559] Prinzipiell schließen sich daher die Voraussetzungen der Kurzarbeit und der betriebsbedingten Kündigung aus.[560] Daher kann Kurzarbeit grundsätzlich auch nicht als milderes gleich geeignetes Mittel angesehen werden. Ist der Arbeitsplatzwegfall dauerhaft, ist die Einführung von Kurzarbeit für den Arbeitgeber nicht mehr möglich.[561]

Allerdings können die sozialversicherungsrechtliche und die arbeitsrechtliche Bedeutung von „vorübergehend" auseinanderfallen.[562] Nur in diesem Fall, d.h., wenn der Arbeitswegfall zwar vorübergehend im Sinne des SGB aber schon dauerhaft im Sinne des Kündigungsrechts ist, kommt die Kurzarbeit als milderes Mittel im Verhältnis zur Kündigung in Betracht.

Während als vorübergehend im Sinne des Kurzarbeitergeldes, die Höchstleistungsdauer nach §§ 104, 109 Abs. 1 SGB III angesehen wird[563], welche in den vergangenen Jahren zwischen sechs Monaten und 24 Monaten schwankten, zieht das Bundesarbeitsgericht die Grenze für die betriebsbedingte Kündigung im

557 BAG v. 23.08.1990, 2 AZR 57/90, RzK I 7b 10.

558 Kiel in A/P/S, § 1 Rn. 570; verneint von BAG v. 04.03.1986, 1 ABR 15/84, NZA 1986, 432; BAG v. 15.06.1989, 2 AZR 600/88, NZA 1990, 65.

559 *Linck* in Schaub, Arbeitsrechts-Handbuch, § 134 Rn. 15; BAG v. 04.03.1986, 1 ABR 15/84, NZA 1986, 432; BAG v. 15.06.1989, 2 AZR 600/88, NZA 1990, 65.

560 *Linck* in Schaub, Arbeitsrechts-Handbuch, § 134 Rn. 15; BAG v. 04.03.1986, 1 ABR 15/84, NZA 1986, 432; BAG v. 15.06.1989, 2 AZR 600/88, NZA 1990, 65.

561 *Linck* in Schaub, Arbeitsrechts-Handbuch, § 134 Rn. 15; BAG v. 04.03.1986, 1 ABR 15/84, NZA 1986, 432; BAG v. 15.06.1989, 2 AZR 600/88, NZA 1990, 65.

562 Kiel in A/P/S, § 1 Rn. 576.

563 Gagel/*Bieback*, SGB III, § 96 Rn. 72ff.

Normalarbeitsverhältnis bei sechs bis neun Monaten.[564] Im Zeitarbeitsverhältnis ist aufgrund der spezifischen Besonderheiten ein kürzerer Zeitraum anzusetzen. Als Daumenregel kommt hier die Dreimonatsfrist nach wie vor zum Einsatz.[565]

a) Kündigung aus innerbetrieblichen Gründen

Zu unterscheiden ist weiter zwischen einer Kündigung aus innerbetrieblichen und außerbetrieblichen Gründen. Beschließt der Arbeitgeber beispielsweise einen Betrieb- oder Teilbetrieb im Rahmen einer Umstrukturierung zu schließen und stützt er die daraus resultierenden betriebsbedingten Kündigungen auf eine innerbetriebliche Entscheidung, kann die Einführung von Kurzarbeit keine gleich geeignete Maßnahme darstellen. Mit Einführung der Kurzarbeit lässt sich das beabsichtigte Ziel Stilllegung gerade nicht erreichen.[566] Bei Kündigungen aus innerbetrieblichem Grund, ist die Einführung von Kurzarbeit daher von vornherein nicht als vorrangiges gleich geeignetes Mittel anzusehen.[567]

b) Kündigung aus außerbetrieblichen Gründen

Bei betriebsbedingten Kündigungen aufgrund Auftragswegfalls, d.h. aus außerbetrieblichen Gründen, trägt der Arbeitgeber hingegen nur eine Anpassung des Personalbedarfs an den wegen Auftragswegfalls gesunkenen Arbeitskräftebedarf vor.[568] Auch hier kommt die Kurzarbeit als milderes Mittel jedoch nur in Betracht, wenn Kurzarbeit unter Berücksichtigung der Betriebsstruktur auch sinnvoll möglich ist.[569] Des Weiteren muss der Arbeitgeber auch zur Einführung von Kurzarbeit rechtlich in der Lage sein, d.h. es muss eine Rechtsgrundlage in Form der Betriebsvereinbarung oder eines Tarifvertrages vorliegen, oder der Arbeitgeber muss die in Betrieben ohne Betriebsrat die Zustimmung seiner Arbeitnehmer einholen.[570] Der Arbeitgeber ist jedoch nicht verpflichtet statt der Beendigungskündigungen die Kurzarbeit mittels Änderungskündigungen durchzusetzen.[571]

Lehnt der Betriebsrat die Einführung der Kurzarbeit ab und liegt keine tarifliche Rechtsgrundlage vor, kann der Arbeitgeber die Kurzarbeit nicht als milderes Mittel einführen. Er kann in dieser Situation betriebsbedingt kündigen.[572]

---

564 BAG v. 22.05.1997, 8 AZR 156/95, NZA 1999, 486; BAG v. 11.09.1997, 8 AZR 555/95, AP Nr. 16 zu EWG-Richtlinie Nr. 77/187.
565 Siehe unter C.VI.3.
566 *Wahlig/Jeschke*, NZA 2010, 607.
567 *Wahlig/Jeschke*, NZA 2010, 607; *Denck*, ZfA 1985, 249 (250f).
568 *Wahlig/Jeschke*, NZA 2010, 607; *Denck*, ZfA 1985, 249 (250f).
569 *Wahlig/Jeschke*, NZA 2010, 607.
570 ErfK/*Kania*, § 87 BetrVG, Rn. 35ff; *Kiel* in APS § 1 Rn. 574.
571 *Kiel* in APS § 1 Rn. 574.
572 *Wahlig/Jeschke*, NZA 2010, 607.

Problematisch ist, ob die Kurzarbeit als vorrangig anzusehen ist, wenn der Betriebsrat sein Initiativrecht bzgl. der Einführung von Kurzarbeit nicht ausübt. Das Bundesarbeitsgericht hat in einer Entscheidung vom 04.03.1986 ausgeführt, dem Arbeitgeber sei eine Initiative für die vorrangige Einführung von Kurzarbeit nicht zuzumuten, wenn schon der Betriebsrat keinen diesbezüglichen Versuch unternehme.[573] Die Geeignetheit der Maßnahme unterliege in diesem Fall lediglich der Missbrauchskontrolle der Arbeitsgerichte.[574] Der Arbeitgeber hat jedoch mildere Mittel aktiv zu ergreifen, bevor er als ultima ratio die Kündigung aussprechen darf. Aus diesem Grund muss der Arbeitgeber zunächst aktiv auf den Betriebsrat zugehen und darf erst im Falle der Ablehnung zur Kündigung greifen.[575]

Die Kurzarbeit muss milder, aber gleich geeignet sein wie eine betriebsbedingte Kündigung. Gegen eine gleiche Geeignetheit der Kurzarbeit können beispielsweise die im Vergleich zur Kündigung höheren Kosten für den Arbeitgeber sprechen.[576] Daran schließt sich jedoch die Frage an, ob die Prognose des Arbeitgebers über die Dauer des Arbeitswegfalls, sowie die Frage danach, ob die Einführung von Kurzarbeit im Betrieb organisatorisch möglich und gleich geeignet ist, vom Gericht voll überprüfbar ist. Eine Ansicht spricht sich hier für eine bloße Missbrauchskontrolle aus[577], während die Gegenansicht die Alternative zur Kündigung für überprüfbar hält.[578]

Bei dieser Beurteilung spielen jedoch die Einschätzung von Folgeaufträgen, sowie der Marktsituation eine wesentliche Rolle. Dabei handelt es sich um eine wirtschaftliche Prognose, welche vom Arbeitsgericht nur auf Missbrauch zu überprüfen ist.[579] Die rein wirtschaftliche Entscheidung ist Teil der unternehmerischen Entscheidungsfreiheit und inhaltlich vom Gericht nicht zu überprüfen.[580] Für diese Ansicht spricht auch, dass im Fall der Einführung von Kurzarbeit das Gericht die Entscheidung offensichtlich auch nicht inhaltlich überprüfen und dem Arbeitgeber vorschreiben kann, sinnvoller Weise lieber Kündigungen auszusprechen.[581] Daher

573 BAG v. 04.03.1986, 1 ABR 15/84, AP Nr. 3 zu § 87 BetrVG 1972 Kurzarbeit; BAG v. 11.09.1986, 2 AZR 564/85, BB 1987, 1882.

574 BAG v. 04.03.1986, 1 ABR 15/84, AP Nr. 3 zu § 87 BetrVG 1972 Kurzarbeit.

575 KR-*Griebeling*, § 1 KSchG Rn. 531.

576 *Wahlig/Jeschke*, NZA 2010, 607 (610); *Denck*, ZfA 1985, 249 (251).

577 *Denck*, ZfA 1985, 249 (250, 256, 260f), einschränkend für die organisatorische Machbarkeit der Kurzarbeit (S. 261); v. Hoyningen-Hühne/*Krause*, KSchG, § 1 Rn. 772; *Stahlhacke*, DB 1994, 1361 (1367).

578 *Wahlig/Jeschke*, NZA 2010, 607 (610); KR-*Griebeling*, § 1 KSchG Rn. 531; Preis, NZA 1998, 449 (456).

579 *Stahlhacke*, DB 1994, 1361 (1367); *Denck*, ZfA 1985, 249 (250, 256, 260f), einschränkend für die organisatorische Machbarkeit der Kurzarbeit (S. 261); v. Hoyningen-Hühne/*Krause*, KSchG, § 1 Rn. 772.

580 *Stahlhacke*, DB 1994, 1361 (1367); *Denck*, ZfA 1985, 249 (250, 256, 260f); v. Hoyningen-Hühne/*Krause*, KSchG, § 1 Rn. 772.

581 *Denck*, ZfA 1985, 249 (246).

muss dies im umgekehrten Fall genauso gelten und die freie Unternehmerentscheidung nicht voll gerichtlich überprüfbar sein.[582]

c) Ergebnis

Im Ergebnis kommt die Kurzarbeit als milderes Mittel nur in Betracht, wenn der Arbeitswegfall zwar vorübergehend im Sinne des SGB, aber dauerhaft im Sinne des Kündigungsschutzrechts ist. Weiter kann die Kurzarbeit bei der Kündigung aus innerbetrieblichen Gründen kein gleich geeignetes Mittel sein.

Die Einführung von Kurzarbeit kann zwar theoretisch ein milderes Mittel im Vergleich zur betriebsbedingten Kündigung aus außerbetrieblichen Gründen darstellen. Der Arbeitgeber hat jedoch bzgl. der Dauer des Arbeitswegfalls und der gleichen Geeignetheit sowie der organisatorischen Möglichkeit der Einführung von Kurzarbeit, eine Einschätzungsprärogative. Die Entscheidung des Arbeitgebers ist vom Arbeitsgericht nur auf Missbrauch zu überprüfen. Entscheidet sich der Arbeitgeber daher für den Ausspruch betriebsbedingter Kündigungen ohne Kurzarbeit einzuführen, steht dies der dringenden Erforderlichkeit nicht entgegen.

4) Negativindiz Stellenanzeige

Ein dringendes betriebliches Erfordernis wird für das Normalarbeitsverhältnis verneint, wenn der Arbeitgeber Einstellungen vergleichbarer Arbeitnehmer vornimmt, also ein Beschäftigungsbedarf besteht. Ein Indiz für das Bestehen eines Beschäftigungsbedarfes sind beispielsweise Stellenanzeigen des Arbeitgebers.[583] Problematisch in der Zeitarbeitsbranche ist hierbei, dass Zeitarbeitsunternehmen Stellenausschreibungen für die von ihnen beschäftigten Berufsgruppen bei der Agentur für Arbeit und in den Medien publizieren, ohne dass diese Stellen konkret zur Besetzung anstehen oder überhaupt existieren.[584] Die Stellenanzeigen dienen den Zeitarbeitsunternehmen häufig als Kontaktaufnahme zu geeigneten Bewerbern, auf die im Bedarfsfall zurückgegriffen werden kann.[585] Bei kurzfristigen Anfragen der Einsatzbetriebe können die Zeitarbeitsunternehmen dann auf passende Bewerber zurückgreifen mit denen gegebenenfalls bereits Vorstellungsgespräche geführt und die wesentlichen Eckdaten des Arbeitsvertrages besprochen sind.[586] Anders als

---

582 *Denck*, ZfA 1985, 249 (246).

583 BAG v. 24.06. 2004, 2 AZR 326/03, NZA 2004, 1268.

584 *Dahl*, Betriebsbedingte Kündigung, DB 2003, 1626 (1628); *Romberg*, Was heißt hier frei? Die Zeit online v. 25.02.2011, http://www.zeit.de/2011/09/Zeitarbeitsfirmen-Leiharbeiter.

585 *Romberg*, Was heißt hier frei? Die Zeit online v. 25.02.2011, http://www.zeit.de/2011/09/Zeitarbeitsfirmen-Leiharbeiter, Stand: 01.07.2012.

586 *Dahl*, Betriebsbedingte Kündigung, DB 2003, 1626 (1628); *Romberg*, Was heißt hier frei? Die Zeit online v. 25.02.2011, http://www.zeit.de/2011/09/Zeitarbeitsfirmen-Leiharbeiter, Stand: 01.07.2012.

im Normalarbeitsverhältnis erfolgt in der Arbeitnehmerüberlassung die Stellenausschreibung schon im Vorfeld einer tatsächlich bestehenden Einsatzmöglichkeit für den Arbeitnehmer. Die kurzfristige Nachfrage der Entleiher führt hier zu einer Vorverlagerung der Arbeitnehmersuche.[587]

Diese Praxis kann dem Nachweis eines dringenden betrieblichen Erfordernisses im Wege stehen. Der Arbeitgeber muss im Zweifelsfall nachweisen, dass die Stellenausschreibungen nicht auf einem konkreten Beschäftigungsbedarf beruhen.[588] Beruft sich der gekündigte Leiharbeitnehmer im Rahmen einer gerichtlichen Überprüfung also auf die Stellenanzeige, so hat der Arbeitgeber darzulegen und zu beweisen, dass die Anzeigen nur der Kontaktaufnahme mit geeigneten Kandidaten dienen.[589] Dieser Nachweis kann in der Praxis erhebliche Schwierigkeiten bereiten, da der Arbeitgeber im Zweifelsfall darlegen und beweisen muss, wie mit den aus den Stellenanzeigen gewonnenen Kontakten weiter verfahren wurde. Von ihm kann auch der Nachweis verlangt werden, dass trotz der Stellenanzeigen keine Einstellung eines Arbeitnehmers mit einem ähnlichen Einsatzfeld wie der gekündigte Arbeitnehmer erfolgt ist. Selbst wenn keine Einstellung eines Arbeitnehmers erfolgt ist, muss der Arbeitnehmer die durch die Stellenanzeige geschaffene Vermutung eines bestehenden Arbeitskräftebedarfes widerlegen. Dies kann beispielsweise durch Vorlage der aktuellen Personalbedarfsplanung oder durch Benennung der an der Personalplanung beteiligten Mitarbeiter als Zeugen geschehen. Hier besteht wiederum das Problem, dass in der Zeitarbeitsbranche anders als in einem normalen Unternehmen eine längerfristige Personalplanung nur bedingt möglich ist. Von den Verleihern werden Arbeitskräfte meist kurzfristig für einen bestimmten Zeitraum angefordert. Diese Anforderungen sind, ebenso wie eine eventuelle Verlängerung oder Kündigung der Überlassungsaufträge durch den Verleiher nur schwer abzuschätzen, da sich der Bedarf nicht nach einer Auftragsplanung des eigenen Unternehmens, sondern der Entleihunternehmen richtet. Vor allem bei Verleihunternehmen, die branchenübergreifend Arbeitskräfte verleihen, ist daher eine Abschätzung des zukünftigen Arbeitskräftebedarfes anhand der wirtschaftlichen Entwicklung und damit eine konkrete Personalplanung kaum möglich. Das Zeitarbeitsunternehmen muss in der Lage sein, kurzfristig auf Entwicklungen zu reagieren.

Diese kurzfristige Planung erschwert den Nachweis des Arbeitgebers, dass eine Stellenanzeige nur der Kontaktaufnahme mit potentiellen Bewerbern und nicht der tatsächlichen Deckung eines Arbeitskräftebedarfes dient. Das Risiko einer unwirksamen Kündigung aufgrund der Stellenanzeigen kann von den Zeitarbeitsunternehmen nur aufgrund sorgfältiger Dokumentation der Personalplanung, Stellenausschreibung und Einstellungsverfahren reduziert werden.

587 *Dahl*, Betriebsbedingte Kündigung, DB 2003, 1626 (1628).
588 *Dahl*, Betriebsbedingte Kündigung, DB 2003, 1626 (1628).
589 *Dahl*, Betriebsbedingte Kündigung, DB 2003, 1626 (1628).

IX) Hinweispflicht nach § 241 Abs. 2 BGB

Der zweite Senat des Bundesarbeitsgerichtes hat in seiner Entscheidung vom 18.05.2006 ausgeführt, dass der Verleiher vor dem Ausspruch einer Kündigung nach § 241 Abs. 2 BGB verpflichtet ist, den Arbeitnehmer darauf hinzuweisen, dass er für den Einsatz in weiteren Aufträgen nicht hinreichend qualifiziert ist.[590] Diese Pflicht besteht neben der Verpflichtung aus § 1 Abs. 2 KSchG, vor Ausspruch der Kündigung notwendige und zumutbare Umschulungsmaßnahmen durchzuführen.

In dem der Entscheidung vom 18.05.2006[591] zugrundeliegenden Fall war der Kläger bei dem beklagten Zeitarbeitsunternehmen als Programmierer angestellt und wurde von der Beklagten an diverse Einsatzbetriebe verliehen. Der Kläger war dort hauptsächlich mit dem Einsatz der Programmiersprache Clipper betraut. Diese Programmiersprache entsprach jedoch nicht mehr dem Stand der Technik und wurde von den Kunden nicht mehr verwendet. Für einen anderweitigen Einsatz besaß der Kläger nach Ansicht der Arbeitgeberin nicht die notwendige Qualifikation. Daraufhin kündigte der Arbeitgeber dem Kläger aus betriebsbedingten Gründen ohne ihn zuvor auf seine mangelnden Qualifikationen hinzuweisen.[592] Den Verstoß gegen diese Hinweispflicht nennt das Bundesarbeitsgericht in der Entscheidung vom 18.05.2006[593] als Grund für die Unwirksamkeit der Kündigung.[594]

Mit dieser Hinweispflicht hat der zweite Senat des Bundesarbeitsgerichtes eine besondere Voraussetzung für die Kündigung von Leiharbeitnehmern entwickelt. Dem zweiten Senat ist hinsichtlich dieser zusätzlichen Anforderung in Bezug auf die Kündigung von Leiharbeitnehmern zuzustimmen. In der Zeitarbeitsbranche besteht die Besonderheit, dass der Arbeitgeber im Gegensatz zum Normalarbeitsverhältnis weniger an einer Qualifizierung seiner Mitarbeiter interessiert ist.[595] In die Aus- und Fortbildung der Leiharbeitnehmer wird durchschnittlich weniger investiert, als dies im Normalarbeitsverhältnis der Fall ist.[596] Der Verleiher ist an einer Weiterbildung seiner Arbeitskräfte nur interessiert, wenn er sich davon einen unmittelbaren Einsatzvorteil verschafft oder der Entleiher die Kosten für die Fortbildung trägt.[597] Aufgrund der kurzen Dauer der Leiharbeitsverhältnisse und der Tatsache, dass die Arbeitnehmer auch im Entleihbetrieb als externe Arbeitnehmer

590 BAG v. 18.05.2006, 2 AZR 412/05, AP Nr. 7 zu 9 AÜG; der Entscheidung des BAG zustimmend KR-*Griebeling*, § 1 KSchG Rn. 60.

591 BAG v. 18.05.2006, 2 AZR 412/05, AP Nr. 7 zu 9 AÜG.

592 BAG v. 18.05.2006, 2 AZR 412/05, AP Nr. 7 zu 9 AÜG.

593 BAG v. 18.05.2006, 2 AZR 412/05, AP Nr. 7 zu 9 AÜG.

594 *Brose*, DB 2008, 1378 (1380).

595 *Platzhoff*, Arbeitnehmerüberlassung und Legitimität, S. 67; *Seifert/Brehmer*, WSI Mitteilungen 2008, 335; Thüsing/*Thüsing*, AÜG, Einl. Rn. 6.

596 *Platzhoff*, Arbeitnehmerüberlassung und Legitimität, S. 67; *Seifert/Brehmer*, WSI Mitteilungen 2008, 335; Thüsing/*Thüsing*, AÜG, Einl. Rn. 6.

597 *Kuzmich*, Beendigung von Dienstverhältnissen überlassener Arbeitskräfte, S. 35; *Platzhoff*, Arbeitnehmerüberlassung und Legitimität, S. 68.

nicht in gleichem Maße fortgebildet werden wie betriebseigene Arbeitnehmer, besteht bei einer längeren Tätigkeit in der Zeitarbeit die Gefahr für die Arbeitnehmer, den Anschluss an den Stand der Technik zu verlieren.[598] Außer dem Nachteil der dadurch unterbleibenden beruflichen Verbesserungen und Aufstiegschancen, birgt eine länger andauernde Beschäftigung in der Zeitarbeit zusätzlich die Gefahr der Entqualifizierung für den ausgeübten Beruf.[599]

Um diese Benachteiligung der Arbeitnehmer auszugleichen, ist es daher notwendig, neben den zumutbaren Umschulungs- oder Fortbildungsmaßnahmen gem. § 1 Abs. 2 KSchG den Arbeitnehmer auch auf seine nicht mehr ausreichende Qualifizierung hinsichtlich künftiger Einsätze hinzuweisen. Der Verleiher hat als Arbeitgeber hier im Vergleich zum Arbeitnehmer einen besseren Einblick in den Markt und die Anforderungen seines Kundenstamms. Dieses Wissen muss er dem Arbeitnehmer mitteilen, um ihm zu ermöglichen, die nicht mehr ausreichende Qualifikation gegebenenfalls noch rechtzeitig durch eigenständige Fortbildung aufzuholen und seine Einsatzfähigkeit zu erhalten.

X) Sozialauswahl

Ein weiteres Problem stellt sich im Rahmen der betriebsbedingten Kündigung von Leiharbeitnehmern bezüglich der Sozialauswahl.

1) Problemdarstellung

Im Normalarbeitsverhältnis sind grundsätzlich alle Arbeitnehmer des jeweiligen Betriebes in die Auswahl einzubeziehen, die miteinander vergleichbar sind. Im Leiharbeitsverhältnis stellt sich aufgrund der Struktur der Zeitarbeitsunternehmen und deren teilweise bundesweiten Ausdehnung unter einheitlicher Verwaltung bereits die Frage nach der Bestimmung des Betriebes bzw. der bundesweiten Ausdehnung der Sozialauswahl.

Im Rahmen der Vergleichbarkeit stellt sich daran anschließend die Frage, ob alle Leiharbeitnehmer eines bundesweit agierenden Zeitarbeitsunternehmens einer Berufsgruppe, also beispielsweise alle ungelernten Hilfsarbeiter miteinander zu vergleichen sind. Hier sind die besonderen Strukturen des Leiharbeitsverhältnisses sowie Erwägungen zum Schutzzweck der Sozialauswahl, als auch Praktikabilitätserwägungen miteinander in Einklang zu bringen.

Die Frage, welche Arbeitnehmer in die Auswahl einzubeziehen sind, stellt sich zusätzlich unter dem Aspekt des aktuellen Einsatzes, d.h. ob eingesetzte und nicht eingesetzte Leiharbeitnehmer miteinander vergleichbar sind. Im Normalarbeitsver-

598 *Kuzmich*, Beendigung von Dienstverhältnissen überlassener Arbeitskräfte, S. 35; *Platzhoff*, Arbeitnehmerüberlassung und Legitimität, S. 68.

599 *Picker*, Arbeitnehmerüberlassung – Eine moderne Personalwirtschaftsform als Mittel arbeitsrechtlicher Modernisierung, ZfA 2002, 469 (480); Thüsing/*Thüsing*, AÜG, Einf. Rn. 5.

hältnis stellt sich diese Frage grundsätzlich nicht. Dort hat die Sozialauswahl gerade die Aufgabe, die Folgen des Wegfalls eines Arbeitsplatzes möglichst sozialverträglich zuzuordnen.[600] Dies geschieht dadurch, dass die Arbeitnehmer, deren Arbeitsplätze wegfallen, mit den Arbeitnehmern verglichen werden, für die noch eine Beschäftigung vorhanden ist. Eine Übertragung der Grundsätze aus dem Normalarbeitsverhältnis, wonach alle vergleichbaren Arbeitnehmer einzubeziehen sind, hätte für den Arbeitgeber und Verleiher zur Folge, dass er im Einsatz befindliche Arbeitnehmer bei geringerer sozialer Schutzwürdigkeit kündigen müsste. Im Gegenzug müssten Arbeitnehmer ohne Einsatz weiter beschäftigt werden, obwohl diese ggf. nicht auf den Arbeitsplatz des gekündigten Arbeitnehmers versetzt werden können.

Besteht im Normalarbeitsverhältnis nach der Kündigung des sozial stärksten Arbeitnehmers die Möglichkeit des Arbeitgebers, mittels Ausübung seines Weisungsrechtes den freigekündigten Arbeitsplatz mit den verbleibenden Arbeitnehmern zu besetzen, so ist beim Leiharbeitsverhältnis zu berücksichtigen, dass es sich um ein Dreiparteienverhältnis handelt. Der Arbeitgeber kann als Verleiher sein Direktionsrecht über den Einsatz der Arbeitnehmer nicht frei ausüben. Er ist durch den Überlassungsvertrag gegenüber dem Entleiher zur Überlassung der jeweiligen Arbeitnehmer verpflichtet. Zusätzlich erschwert wird eine einheitliche Beurteilung aller Fallgestaltungen dadurch, dass durch unterschiedliche Gestaltung der Überlassungs- und Arbeitsverträge das Austauschrecht des Verleihers gegenüber dem Entleiher variiert.

Daher steht der Verleiher im günstigsten Fall, also bei einem nicht personengebundenen Überlassungsvertrag, dem Problem gegenüber, durch den Austausch von Arbeitnehmern die Vertragsbeziehungen zum Entleiher zu gefährden, indem er diesem nachträglich seine sozial schwächsten Arbeitnehmer vermittelt und gleichzeitig bereits eingearbeitete Arbeitnehmer entzieht.

Im ungünstigsten Fall ist der Arbeitgeber durch den Überlassungsvertrag zu der Überlassung bestimmter, namentlich benannter, Arbeitnehmer verpflichtet. Bejaht man eine Einbeziehung dieser Mitarbeiter in die Sozialauswahl, ist der Verleiher im Überlassungsvertrag zur Überlassung eines Arbeitnehmers verpflichtet, während ihn die Anforderungen der Sozialauswahl zur Kündigung eben dieses Arbeitnehmers verpflichten. Der Arbeitgeber und Verleiher stünde so vor der Alternative, sich durch den Vertragsbruch schadensersatzpflichtig zu machen, oder sich dem Risiko der Unwirksamkeit der ausgesprochenen Kündigungen auszusetzen.

Hinzu kommt, dass bei der Durchführung der Sozialauswahl unter Einbeziehung der namentlich angeforderten Arbeitnehmer, durch die Kündigung dieser Arbeitnehmer, der Arbeitsplatz nicht dem sozial schwächeren, im Nichteinsatz befindlichen Arbeitnehmer zur Verfügung steht. Da der Arbeitgeber nicht entgegen seiner Vertragsbindung dem verbleibenden Arbeitnehmer durch Ausübung seiner Weisungsbefugnis den Arbeitsplatz beim Entleiher zuweisen kann, ist der sozial

600 *Mues*, Handbuch Kündigungsrecht, Teil 2 Rn. 339; *Preis* in Stahlhacke/Preis/Vossen, Kündigungsschutz, Abschn. 2 § 2 Rn. 1022.

schwächere Arbeitnehmer nach wie vor ohne Beschäftigung. Der Arbeitgeber kann den Beschäftigungsanspruch des verbleibenden Arbeitnehmers nicht erfüllen. Dies würde bedeuten, dass der Verleiher einen Auftrag verliert und gleichzeitig weiter den Lohn eines Arbeitnehmers im Nichteinsatz bezahlen muss. In der Praxis würde dies bedeuten, dass der Verleiher entgegen seiner Intention durch die Kündigung den Personalüberhang nicht abbauen kann, sondern dieser fortbesteht und durch den Auftragsverlust zusätzlich wirtschaftlicher Schaden entsteht. Jede Kündigung unter diesen Voraussetzungen hätte den Verlust weiterer Aufträge zur Folge.

Auf Seiten des Arbeitnehmers könnte eine derart vorgenommene Sozialauswahl ihren vom Gesetzgeber vorgesehenen Sinn und Zweck nicht erfüllen. Die Kündigung des sozial stärkeren Arbeitnehmers verhindert zwar zunächst die Kündigung des sozial schwächeren Arbeitnehmers im Nichteinsatz, beseitigt aber durch den nachfolgenden Auftragsverlust nicht den Arbeitskräfteüberhang. Die Nachteile, die nach dem Zweck des § 1 Abs. 3 KSchG sozialverträglich verteilt werden sollen, würden im Endeffekt nicht den Schutz des sozial schwächeren Arbeitnehmers bewirken, sondern zusätzliche Arbeitsplätze gefährden.

Diese widersprüchlichen Anforderungen führen in Verbindung mit der bestehenden Rechtsunsicherheit dazu, dass von den Arbeitgebern die Vorgaben des Kündigungsschutzgesetzes vielfach missachtet und Arbeitnehmer bei Bedarf ohne die Durchführung einer Sozialauswahl gekündigt werden.

Bezüglich der Sozialauswahl im Zeitarbeitsunternehmen bestehen ungeklärte Rechtsfragen auf unterschiedlichen Prüfungsstufen und in jeweils verschiedenen Konstellationen. Bei allen Einzelproblemen stellt sich jedoch die Frage, ob angesichts der Besonderheiten im Dreipersonenverhältnis der Leiharbeit, bei der Sozialauswahl die zum Normalarbeitsverhältnis entwickelten Kriterien anpassungslos zu übertragen sind. Zu klären ist, ob der Überlassungsvertrag für das Verhältnis zwischen Arbeitgeber und Arbeitnehmer von Belang ist und somit Auswirkungen auf die Kündigung des Arbeitsverhältnisses haben kann. Ein weiterer Ansatzpunkt ist die Herausnahme von Arbeitnehmern aus der Sozialauswahl wegen dringender betrieblicher Erfordernisse.

2) Behandlung in Literatur und Rechtsprechung

a) Rechtsprechung

Es existieren viele Entscheidungen bezüglich Sozialauswahl und Leiharbeit zur Einbeziehung betriebsfremder Leiharbeitnehmer in die Sozialauswahl des Entleihunternehmens. Entscheidungen zur Sozialauswahl innerhalb des Verleihunternehmens selbst sind selten.

In der bereits dargestellten Entscheidung des zweiten Senates des Bundesarbeitsgerichtes vom 18.05.2006[601] hatte sich der Kläger auf eine Fehlerhaftigkeit der Sozialauswahl berufen. Der zweite Senat hatte die Wirksamkeit der Kündigung

601 BAG v. 18.05.2006, 2 AZR 412/05, DB 2006, 1962.

jedoch bereits an einer mangelhaften Darlegung des dringenden betrieblichen Erfordernisses scheitern lassen.[602] Das LAG Köln ließ mit Urteil vom 12.02.2009[603] die Frage dahinstehen, ob ein Austausch des eingesetzten Arbeitnehmers gegen den gekündigten Arbeitnehmer im Rahmen der Sozialauswahl gegen den Willen des Kunden für die restlichen zwei Monate des Einsatzes zumutbar war, oder eine Herausnahme aus der Sozialauswahl rechtfertigte.

aa) Urteil des LAG Hessen v. 29.04.2010

Das Urteil des Landesarbeitsgerichtes Hessen vom 29.04.2010[604] hat sich als erstes mit der Frage der Vergleichbarkeit von eingesetzten und nicht eingesetzten Arbeitnehmern, bei namentlicher Bezeichnung der überlassenen Arbeitnehmer, befasst.

(aaa) Sachverhalt und Entscheidungsgründe des Urteils

In diesem Fall hatte ein Zeitarbeitsunternehmen Leiharbeitskräfte im Rahmen namentlich bestimmter Überlassungsverträge an Unternehmen verliehen, die das entliehene Personal im sicherheitsrelevanten Flughafenbereich einsetzten. Aufgrund des sicherheitsrelevanten Einsatzes mussten sich die Leiharbeitnehmer vor ihrem Einsatz einem Eignungstest und einer Zulässigkeitsprüfung nach dem Luftsicherheitsgesetz unterziehen. Aufgrund Fracht- und Passagierrückganges meldete die Einsatzfirma den Kläger namentlich ab. Mangels anderweitiger Aufträge und fehlender Anfragen von Kunden, sowie eines seit längerem bestehenden Bedarfsrückganges und schlechter Entwicklungsprognose beschloss die Beklagte, die nicht wieder vermittelbaren Arbeitnehmer zu kündigen. Zur Umsetzung dieser Maßnahme wurden die nicht im Einsatz befindlichen Leiharbeitnehmer zu der Betriebseinheit „Personalpool" zusammengefasst. Aufgrund innerbetrieblicher Organisationsentscheidung wurde dieser Personalpool geschlossen und den entsprechenden Mitarbeitern gekündigt.[605]

In der ersten Instanz gab das Arbeitsgericht Frankfurt[606] dem Kündigungsschutzantrag statt. Es fehle an substantiiertem Vortrag zur Unternehmerentscheidung. Des Weiteren erscheine die Kündigung auch im Hinblick auf die Sozialauswahl fehlerhaft, da die Beklagte die Sozialauswahl nicht auf die im Einsatz befindlichen Arbeitnehmer erstreckt habe. Die Beklagte habe ihrer Darlegungslast im Hinblick

602 BAG v. 18.05.2006, 2 AZR 412/05, DB 2006, 1962.

603 LAG Köln v. 12.02.2009, 2 Sa 1116/08, LAGE § 1 KSchG Betriebsbedingte Kündigung Nr. 84.

604 LAG Hessen v. 29.04.2010, 9 Sa 1830/09 zit. nach Juris, Nichtzulassungsbeschwerde unter dem Az. 10 AZN 1100/10 erfolgreich (n.v.), Revision eingelegt unter Az. 2 AZR 66/11, Verfahrensbeendigung durch Rücknahme, zit. nach Juris.

605 LAG Hessen v. 29.04.2010, 9 Sa 1830/09 zit. nach Juris, Nichtzulassungsbeschwerde unter dem Az. 10 AZN 1100/10 erfolgreich (n.v.), Revision eingelegt unter Az. 2 AZR 66/11, Verfahrensbeendigung durch Rücknahme, zit. nach Juris.

606 Arbeitsgericht Frankfurt v. 01.10.2009, 3 Ca 368/09, n.v.

auf Sozialdaten und Auswahlentscheidung nicht genügt. Den Weiterbeschäftigungsantrag wies das Arbeitsgericht ab, ein Anspruch auf Weiterbeschäftigung auf demselben Arbeitsplatz bestehe nicht, beziehungsweise sei nicht hinreichend präzisiert.

In der Berufungsinstanz erachtete das LAG Hessen das Vorbringen der Beklagten bezüglich des dauerhaften Auftragsrückganges im Hinblick auf die Anforderungen des Urteil des Bundesarbeitsgerichtes vom 18.05.2006[607] für ausreichend. Allerdings hielt das Gericht die Sozialauswahl für fehlerhaft. Die Beklagte habe den Kreis der vergleichbaren Arbeitnehmer zu eng gefasst. Es seien die eingesetzten Leiharbeitnehmer in die Sozialauswahl einzubeziehen. Die Beklagte habe den überwiegenden Teil der Belegschaft nicht in die Sozialauswahl einbezogen. Es spreche grundsätzlich eine Vermutung für die Fehlerhaftigkeit der Sozialauswahl, wenn der Arbeitgeber den überwiegenden Teil der Belegschaft generell von der Austauschbarkeit ausnehme und die Sozialauswahl auf den verbliebenen Teil der Restbelegschaft beschränke. Der Vergleichbarkeit stehe die Zuordnung zu der Abteilung Personalpool nicht entgegen, da diese lediglich diejenigen Arbeitnehmer umfasse, die sich gerade nicht im Einsatz befänden.[608]

Eine Vergleichbarkeit von eingesetzten und nicht eingesetzten Arbeitnehmern sei „ohne weiteres gegeben". Der Vergleichbarkeit stehe auch nicht die namentliche Anforderung der Arbeitnehmer in den Überlassungsverträgen entgegen. Zwar sei es bis an die Grenze des Rechtsmissbrauches zulässig, einzelvertraglich Arbeitnehmer von der Sozialauswahl auszunehmen, eine derartige Regelung liege hier jedoch nicht vor. Vielmehr sei zu überprüfen, ob das Direktionsrecht der Beklagten durch die vertraglichen Bindungen derart eingeschränkt sei, dass eine Austauschbarkeit ausgeschlossen ist.[609] In der Literatur werde eine Austauschbarkeit ausgeschlossen, wenn eine namentliche Überlassung vereinbart ist, weil es dem Entleiher auf bestimmte fachliche und persönliche Gesichtspunkte besonders ankomme. Die Ersetzungsbefugnis des Verleihers könne zwar grundsätzlich vertraglich ausgeschlossen werden, aus dem Vortrag der Beklagten ergebe sich dies jedoch nicht. In den verwendeten Überlassungsverträgen seien die angeforderten Arbeitnehmer zwar namentlich benannt, ein Ausschluss der Ersetzungsbefugnis ergebe sich daraus jedoch nicht. Weder aus §§ 133, 157 BGB, noch durch das Gebot von Treu und Glauben sei aus der namentlichen Benennung der Arbeitnehmer ein Verbot der Ersetzung abzuleiten. Auch die ausgeübten Tätigkeiten und die Qualifikationsanforderungen stünden einem Austausch nicht entgegen. Ein Überlassungsvertrag mit namentlich

607 BAG v. 18.05.2006, 2 AZR 412/05, AP Nr. 7 zu § 9 AÜG.

608 LAG Hessen v. 29.04.2010, 9 Sa 1830/09 zit. nach Juris, Nichtzulassungsbeschwerde unter dem Az. 10 AZN 1100/10 erfolgreich (n.v.), Revision eingelegt unter Az. 2 AZR 66/11, Verfahrensbeendigung durch Rücknahme, zit. nach Juris.

609 LAG Hessen v. 29.04.2010, 9 Sa 1830/09 zit. nach Juris, Nichtzulassungsbeschwerde unter dem Az. 10 AZN 1100/10 erfolgreich (n.v.), Revision eingelegt unter Az. 2 AZR 66/11, Verfahrensbeendigung durch Rücknahme, zit. nach Juris.

angeforderten Arbeitnehmern reiche nicht aus, „den staatlichen Kündigungsschutz durch hineingelesene Bindungen einzuschränken“.[610]

Auch einen Anspruch auf Weiterbeschäftigung bejaht das Landesarbeitsgericht.[611] Infolge des Unterliegens in zwei Instanzen, müsse das Interesse des beklagten Arbeitgebers zurückstehen. Mit der Frage, ob für Leiharbeitnehmer überhaupt ein Weiterbeschäftigungsanspruch zur Sicherung ihres Arbeitsplatzes in Betracht kommt, beschäftigt sich das Landesarbeitsgericht nicht.

(bbb) Kritik am Urteil des LAG Hessen

Zuzustimmen ist dem Urteil des LAG Hessen[612] insoweit, als die Gründung einer Betriebseinheit „Personalpool“, die alle nicht eingesetzten Leiharbeitnehmer umfasst, nicht zu einer Beschränkung der Sozialauswahl auf diese Betriebseinheit führt. Dem Personalpool gehörten im vorliegenden Fall alle Arbeitnehmer an, die gegenwärtig nicht beschäftigt waren. Der Personalpool enthält demnach einen ständig wechselnden Bestand von Mitarbeitern, der je nach Einsatzlage variiert. Für ein Zeitarbeitsunternehmen ist es jedoch gerade typisch, auch Arbeitnehmer im Nichteinsatz zu beschäftigen. Der Verleiher trägt das Betriebsrisiko für die verleihfreie Zeit und ist weiter zur Vergütung verpflichtet. Eine eigene Betriebseinheit „Personalpool“ ist zwar in einem produzierenden Unternehmen denkbar, das einen festen Bestand von Mitarbeitern zum flexiblen Einsatz bei Engpässen im restlichen Personalbestand bereithält. Dieser Einheit wären die entsprechenden Mitarbeiter dann jedoch sowohl für die Zeiten des Einsatzes als auch sonst zugeordnet. Im Fall der Zeitarbeit ist das Verleihunternehmen selbst der externe Personalpool für den Einsatzbetrieb. Das Zeitarbeitsunternehmen insgesamt generiert seine Einnahmen durch die Vorhaltung und ständige Vermittlung seiner als Leiharbeitnehmer eingestellten Mitarbeiter. Die Gründung eines sogenannten Personalpools dient hier lediglich der Abgrenzung zu den im Einsatz befindlichen Arbeitnehmern, zur Begründung eines innerbetrieblichen Kündigungsgrundes und zur Beschränkung der Sozialauswahl.

Das Urteil des LAG Hessen[613] ist jedoch in mehreren Punkten angreifbar.

Das Landesarbeitsgericht sieht eine Vermutung für eine fehlerhafte Sozialauswahl begründet, sobald der überwiegende Teil der Belegschaft aus der Sozialauswahl

---

610 LAG Hessen v. 29.04.2010, 9 Sa 1830/09 zit. nach Juris, Nichtzulassungsbeschwerde unter dem Az. 10 AZN 1100/10 erfolgreich (n.v.), Revision eingelegt unter Az. 2 AZR 66/11, Verfahrensbeendigung durch Rücknahme, zit. nach Juris.

611 LAG Hessen v. 29.04.2010, 9 Sa 1830/09 zit. nach Juris, Nichtzulassungsbeschwerde unter dem Az. 10 AZN 1100/10 erfolgreich (n.v.), Revision eingelegt unter Az. 2 AZR 66/11, Verfahrensbeendigung durch Rücknahme, zit. nach Juris.

612 LAG Hessen v. 29.04.2010, 9 Sa 1830/09 zit. nach Juris, Nichtzulassungsbeschwerde unter dem Az. 10 AZN 1100/10 erfolgreich (n.v.), Revision eingelegt unter Az. 2 AZR 66/11, Verfahrensbeendigung durch Rücknahme, zit. nach Juris.

613 LAG Hessen v. 29.04.2010, 9 Sa 1830/09 zit. nach Juris, Nichtzulassungsbeschwerde unter dem Az. 10 AZN 1100/10 erfolgreich (n.v.), Revision eingelegt unter Az. 2 AZR 66/11, Verfahrensbeendigung durch Rücknahme, zit. nach Juris.

ausgenommen ist. Die Begründung des Landesarbeitsgerichtes überzeugt nicht. Die vom Landesarbeitsgericht diesbezüglich zitierte Rechtsprechung des Bundesarbeitsgerichtes[614] bezieht sich ausdrücklich auf die Herausnahme aus der Sozialauswahl aus betrieblichen Gründen nach § 1 Abs. 3 S. 2 KSchG. Nach § 1 Abs. 3 S. 2 KSchG kann, so das Urteil des zweiten Senates des Bundesarbeitsgerichtes, ein bestimmter Anteil vergleichbarer Arbeitnehmer zur Verhinderung von Betriebsablaufstörungen bei Massenentlassungen von der Sozialauswahl ausgenommen werden. Nur für diese, an sich vergleichbaren, Arbeitnehmer besteht die dargestellte Vermutung der sozialen Fehlerhaftigkeit bei Herausnahme des überwiegenden Teils der Belegschaft.[615] Das Landesarbeitsgericht zieht diese Vermutung jedoch bereits auf der Stufe der Vergleichbarkeit heran. Auf dieser Stufe ist eine solche Vermutung jedoch nicht begründet. Auf der Stufe der Vergleichbarkeit soll die Austauschbarkeit der Arbeitnehmer nach objektiven Kriterien untersucht werden. Hier ist es unbedenklich, wenn ein Großteil der Belegschaft als nicht vergleichbar eingestuft wird. Erst bei der Herausnahme nach § 1 Abs. 3 S. 2 KSchG findet eine Interessenabwägung zwischen den betrieblichen Interessen an der Herausnahme bestimmter Arbeitnehmer aus der Sozialauswahl und dem Interesse des Arbeitnehmers an einer möglichst umfassenden Sozialauswahl statt. Erst bei dieser Interessenabwägung liegt die Vermutung nahe, dass bei einer Herausnahme von über 50% der Belegschaft die Interessen des Arbeitnehmers nicht ausreichend berücksichtigt wurden. Bei der Bestimmung der Vergleichbarkeit findet eine Interessenabwägung jedoch nicht statt. Daher ist die zu § 1 Abs. 3 S. 2 KSchG ergangene Rechtsprechung auf den vorliegenden Sachverhalt nicht zu übertragen. Dies hat auch das Bundesarbeitsgericht in seiner Entscheidung vom 20.06.2013 ausdrücklich bestätigt.[616]

Weiter bejaht das Landesarbeitsgericht[617] im vorliegenden Fall „ohne weiteres" die Vergleichbarkeit eingesetzter und nicht eingesetzter Leiharbeitnehmer und erstreckt dies auch auf Überlassungsverträge, die eine namentliche Anforderung von Arbeitnehmern beinhalten. Dem ist nicht zuzustimmen. Das Gericht weist zutreffend auf die Möglichkeit hin, Arbeitnehmer durch einzelvertragliche Regelung der ordentlichen Unkündbarkeit aus der Sozialauswahl herauszunehmen. Soweit das Gericht jedoch im Anschluss lediglich darauf hinweist, Parallelen seien hier nicht gegeben, greift dies zu kurz. Hier stellt sich die Frage nach einem Erst-recht-Schluss. Wenn sogar der gezielte Ausschluss der ordentlichen Kündigung und die Herausnahme aus der Sozialauswahl zwischen Arbeitgeber und Arbeitnehmer zulässig ist, sollte dies erst recht für Verträge mit Dritten gelten, die eine Beschränkung der Sozialauswahl als bloße Nebenfolge anderer Vertragsziele ergeben. Die

614 BAG v. 05.12.2002, 2 AZR 697/01, EzA § 1 KSchG Soziale Auswahl Nr. 52.
615 So ausdrücklich BAG v. 20.06.2013, 2 AZR 271/12, NZA 2013, 837.
616 BAG v. 20.06.2013, 2 AZR 271/12, NZA 2013, 837.
617 LAG Hessen v. 29.04.2010, 9 Sa 1830/09 zit. nach Juris, Nichtzulassungsbeschwerde unter dem Az. 10 AZN 1100/10 erfolgreich (n.v.), Revision eingelegt unter Az. 2 AZR 66/11, Verfahrensbeendigung durch Rücknahme, zit. nach Juris.

Vereinbarung der Überlassung namentlich benannter Arbeitnehmer erfolgt in der Regel zur Sicherung der Entleiherinteressen, nicht jedoch im Hinblick auf eine eventuelle Kündigungssituation.

Nicht zuzustimmen ist dem Landesarbeitsgericht Hessen[618] auch, soweit ein Austauschrecht des Verleihers auch für den Fall namentlich bestimmter Überlassungsverträge angenommen wird, sofern das Austauschrecht nicht explizit ausgeschlossen wird. Auch aus der zitierten Literatur[619] ist ein solcher Schluss nicht zu entnehmen. Soweit das Gericht darauf abstellt, ein Ausschluss der Ersetzbarkeit ergebe sich nicht ausdrücklich aus dem Vertrag[620], ist darauf hinzuweisen, dass sich auch eine Ersetzungsbefugnis nicht aus dem Vertrag ergibt. Der Vertragswortlaut, der die zu überlassenden Arbeitnehmer im Gegensatz zu einer Ausgestaltung als Gattungsschuld namentlich bezeichnet, spricht jedoch für eine Beschränkung auf die bezeichneten Arbeitnehmer. Der Feststellung des Gerichtes[621], der staatliche Kündigungsschutz dürfe nicht durch „hineingelesene Bindungen" eingeschränkt werden, ist hier entgegenzuhalten, dass die Entscheidung des Landesarbeitsgerichtes gegen den Vertragswortlaut eine Bindungslosigkeit beziehungsweise freie Austauschbarkeit in den Überlassungsvertrag hineinliest.

Bezüglich des Weiterbeschäftigungsanspruches geht das Urteil des Landesarbeitsgerichtes[622] von einem Bestehen des Anspruches aus, ohne sich mit der Frage zu beschäftigen, ob ein Weiterbeschäftigungsanspruch im Rahmen eines Leiharbeitsverhältnisses nach dem Sinn und Zweck des Beschäftigungsanspruches überhaupt bestehen kann.[623]

Gegen das Urteil des LAG Hessen wurde nach erfolgreicher Nichtzulassungsbeschwerde Revision beim Bundesarbeitsgericht eingelegt. Das Verfahren wurde jedoch durch Rücknahme der Revision beendet.[624]

---

618 LAG Hessen v. 29.04.2010, 9 Sa 1830/09 zit. nach Juris, Nichtzulassungsbeschwerde unter dem Az. 10 AZN 1100/10 erfolgreich (n.v.), Revision eingelegt unter Az. 2 AZR 66/11, Verfahrensbeendigung durch Rücknahme, zit. nach Juris.

619 *Dahl*, DB 2003, 1626; *Schiefer*, NZA-RR 2005,1(16); *Schüren/Behrend* NZA 2003, 521 (524); *Ulber*, AÜG 3. Auflage, § 12, Rn. 13, Thüsing/*Thüsing*, AÜG § 12 Rn. 27.

620 LAG Hessen v. 29.04.2010, 9 Sa 1830/09 zit. nach Juris, Nichtzulassungsbeschwerde unter dem Az. 10 AZN 1100/10 erfolgreich (n.v.), Revision eingelegt unter Az. 2 AZR 66/11, Verfahrensbeendigung durch Rücknahme, zit. nach Juris.

621 LAG Hessen v. 29.04.2010, 9 Sa 1830/09 zit. nach Juris, Nichtzulassungsbeschwerde unter dem Az. 10 AZN 1100/10 erfolgreich (n.v.), Revision eingelegt unter Az. 2 AZR 66/11, Verfahrensbeendigung durch Rücknahme, zit. nach Juris.

622 LAG Hessen v. 29.04.2010, 9 Sa 1830/09 zit. nach Juris, Nichtzulassungsbeschwerde unter dem Az. 10 AZN 1100/10 erfolgreich (n.v.), Revision eingelegt unter Az. 2 AZR 66/11, Verfahrensbeendigung durch Rücknahme, zit. nach Juris.

623 Siehe unter E II).

624 LAG Hessen v. 29.04.2010, 9 Sa 1830/09 zit. nach Juris, Nichtzulassungsbeschwerde unter dem Az. 10 AZN 1100/10 erfolgreich (n.v.), Revision eingelegt unter Az. 2 AZR 66/11, Verfahrensbeendigung durch Rücknahme, zit. nach Juris.

bb) Urteil des BAG v. 20.06.2013

Mit Urteil vom 20.06.2013[625] hat erstmals das Bundesarbeitsgericht zur Sozialauswahl im Verleihunternehmen Stellung genommen.

Das Verleihunternehmen hatte ca. 150 Leiharbeitnehmer an ein Entleihunternehmen überlassen. Im Überlassungsvertrag mit dem Entleiher war die unbefristete Überlassung von bis zu 150 Hilfsarbeitern ohne namentliche Benennung vereinbart. Der Entleiher hatte den Kläger, wie auch weitere Arbeitnehmer, wegen fehlenden Arbeitskräftebedarfs abgemeldet. Der Verleiher sprach dem Arbeitnehmer daraufhin die Kündigung aus.

Die Vorinstanzen wie auch das Bundesarbeitsgericht hielten die Kündigung wegen fehlerhafter Sozialauswahl für unwirksam. Der zweite Senat führte aus, entgegen der Entscheidung des Landesarbeitsgerichts, führe die Herausnahme eines Großteils der Belegschaft nicht zu einer vermuteten Fehlerhaftigkeit der Sozialauswahl. Die Vermutung entstehe nur bei der Herausnahme gemäß § 1 Abs. 3 S. 2 KSchG, nicht jedoch bei § 1 Abs. 3 S. 1 KSchG. Weiter führte der zweite Senat aus, zu dem Betriebsbegriff der Sozialauswahl gehörten sowohl die eingesetzten, wie auch die nicht eingesetzten Arbeitnehmer des Verleihers, die unter einer einheitlichen Leitung stünden. Der Verleiher sei im vorliegenden Fall auch nicht durch den Überlassungsvertrag mit dem Entleiher oder durch § 242 BGB gehindert gewesen, den gekündigten Arbeitnehmer mit einem weniger schutzwürdigen Arbeitnehmer auszutauschen. Der Überlassungsvertrag gestatte einen Austausch. Die Rückgabe des Arbeitnehmers durch den Entleiher sei nur auf die Reduzierung der Anzahl der überlassenen Arbeitskräfte, nicht auf die Person des gekündigten Arbeitnehmers, gerichtet. Sei die Überlassung als Gattungsschuld ausgestaltet, sei der Verleiher nur zur Überlassung einer geeigneten, nicht aber einer bestimmten Person, verpflichtet. Daher bestünde grundsätzlich das Recht zum Austausch, sofern dem nicht eine Vereinbarung mit dem Entleiher oder sonstige berechtigte Belange des Entleihers, wie eine lange Einsatzzeit für unternehmensspezifische Aufgaben, entgegenstünden. Ohne eine solche Regelung sei der Verleiher daher bei einer Gattungsschuld zur Sozialauswahl verpflichtet. D.h. er müsse nicht den vom Entleiher zurückgegebenen, sondern den sozial weniger schutzwürdigen Arbeitnehmer kündigen. Soweit das Austauschrecht des Verleihers nicht ausgeschlossen ist, seien in die Sozialauswahl beim Verleiher auch Arbeitnehmer einzubeziehen, die anderen Unternehmen auf vergleichbaren Arbeitsplätzen überlassen sind.

Ausdrücklich offen gelassen, hat der zweite Senat die Frage, ob bei namentlicher Nennung im Überlassungsvertrag ein Austausch gestattet und eine Sozialauswahl durchzuführen ist oder die Ablehnung eines Austauschs durch den Entleiher einer Sozialauswahl entgegensteht.

---

625 BAG v. 20.06.2013, 2 AZR 271/12, NZA 2013, 837.

Der Entscheidung des zweiten Senates ist zuzustimmen.[626] Soweit der Überlassungsvertrag keine Einschränkung des Austauschrechts enthält, gelten die für das Normalarbeitsverhältnis entwickelten Grundsätze der Sozialauswahl auch für das Leiharbeitsverhältnis. D.h. der Arbeitgeber muss alle Arbeitnehmer des Betriebes in die Sozialauswahl einbeziehen. Dass Leiharbeitnehmer auch während der Überlassung Betriebsangehörige des Verleihbetriebes bleiben, ergibt sich bereits aus § 14 Abs. 1 AÜG. Auch vom Betriebsbegriff des Kündigungsschutzgesetzes, sind die überlassenen Arbeitnehmer erfasst. Auch die, in verschiedene Betriebe überlassenen, Leiharbeiter unterstehen der einheitlichen Organisation und Leitung des Verleihers. Dieser nimmt auch während der Überlassung die Arbeitgeberfunktion wahr und darf disziplinarische Weisungen erteilen.

b) Literatur

Auch in der Literatur wird die Frage der Sozialauswahl wenig behandelt. In der Regel wird lediglich pauschal festgestellt, zur Wirksamkeit einer Kündigung müsse auch bei der Leiharbeit eine korrekte Sozialauswahl stattfinden.[627] Wie in der Leiharbeit jedoch eine korrekte Sozialauswahl aussieht, wird kaum beantwortet. Die Frage der Vergleichbarkeit zwischen Arbeitnehmern im Einsatz und solchen im Nichteinsatz wird häufig nicht thematisiert.

So stellt z.B. Schüren[628] lediglich fest, dass der Arbeitgeber, sofern nur für einen Teil der Arbeitnehmer Anschlussaufträge vorliegen, der Arbeitgeber denjenigen Arbeitnehmer kündigen darf, der am wenigsten schutzwürdig ist. Die Frage nach der Vergleichbarkeit zwischen Arbeitnehmern im Einsatz und denjenigen im Nichteinsatz wird nicht aufgeworfen.

Zur Einbeziehung von Leiharbeitnehmern im Einsatz in die Sozialauswahl werden die unterschiedlichsten Ansichten vertreten. Von einem Teil des Schrifttums wird die Ansicht vertreten, die zum Normalarbeitsverhältnis entwickelten Grundsätze seien ohne Rücksicht auf bestehende Überlassungsverträge anzuwenden.[629] Die Gegenansicht verneint eine Vergleichbarkeit mit Hinweis auf die Bindung des Verleihers durch den Überlassungsvertrag.[630]

Teilweise wird eine Vergleichbarkeit zwar grundsätzlich bejaht, dieser Grundsatz jedoch in bestimmten Fällen eingeschränkt. So verneint beispielsweise *Steuer*[631] eine

626 Zustimmend auch *Käckenmeister*, Anmerkung zu BAG v. 20.06.2013, 2 AZR 271/12, jurisPR-ArbR 34/2013 Anm. 2.

627 KR-*Griebeling*, § 1 KSchG Rn. 60; *Sandmann/Marschall/Schneider*, Handbuch Zeitarbeit, Kap. 6, Rn. 327; *Schaub*, Arbeitnehmerüberlassung, S. 333; Schüren/*Schüren*, AÜG Einl. Rn. 281.

628 Schüren/*Schüren*, Einl. Rn. 283.

629 *Hermann*, Schaffung von Arbeitsplätzen durch Leiharbeit, S. 222.

630 *Dahl*, DB 2003, 1626 (1629).

631 *Steuer*, Die Arbeitnehmerüberlassung als Mittel zur Förderung des Arbeitsmarktes in Deutschland, S. 75.

Einbeziehung in die Sozialauswahl für den Fall, dass ein Leiharbeitnehmer langfristig überlassen ist und ein Austausch im Überlassungsvertrag ausgeschlossen, beziehungsweise schlechthin unzumutbar ist. Schiefer[632] hingegen macht den Kreis der in die Sozialauswahl einzubeziehenden Arbeitnehmer ausschließlich von den Arbeitnehmerüberlassungsverträgen abhängig. Sehen die Überlassungsverträge die Überlassung konkret benannter Arbeitnehmer vor und schließen eine Austauschbarkeit aus, ist nach dieser Ansicht nicht von einer Vergleichbarkeit auszugehen und eine Einbeziehung schon auf dieser Stufe abzulehnen.[633]

Von *Hermann*[634] hingegen werden die Vereinbarungen im Überlassungsvertrag zwar grundsätzlich als Teil des Betriebsrisikos des Verleihers angesehen[635], die Kündigung des nichteingesetzten Arbeitnehmers nur unter den Voraussetzungen der Druckkündigung zugelassen.[636]

Ungeklärt bleibt auch die Frage, auf welcher Stufe die Herausnahme aus der Sozialauswahl zu erfolgen hat. Wird von einigen Autoren bereits die Vergleichbarkeit verneint, befürworten andere erst die Herausnahme aus der Sozialauswahl nach § 1 Abs. 3 S. 2 KSchG. So vertreten Schüren/Behrend[637] eine Herausnahme der eingesetzten Arbeitnehmer aus der Sozialauswahl, wenn der Arbeitnehmer längerfristig überlassen ist und ein Austausch im Überlassungsvertrag ausgeschlossen oder praktisch unzumutbar ist. Auch Ulber[638] befürwortet die Herausnahme aus der Sozialauswahl nach § 1 Abs. 3 S. KSchG trotz grundsätzlich bestehender Vergleichbarkeit.

Im Folgenden soll die Einbeziehung in die Sozialauswahl daher zunächst systematisch aufgeschlüsselt und untersucht werden.

3) Allgemeines

Die Sozialauswahl richtet sich grundsätzlich nach § 1 Abs. 3 KSchG. Sinn und Zweck der Regelung ist es, den Nachteil des Arbeitsplatzwegfalls nach sozialen Gesichtspunkten auf die Arbeitnehmer zu verteilen.[639] Die Sozialauswahl dient somit der „personellen Konkretisierung" des betrieblichen Erfordernisses der Kündigung.[640]

---

632 *Schiefer*, NZA-RR 2005,1(16).
633 *Schiefer*, NZA-RR 2005,1(16).
634 *Hermann*, Schaffung von Arbeitsplätzen durch Leiharbeit, S. 223.
635 *Hermann*, Schaffung von Arbeitsplätzen durch Leiharbeit, S. 223.
636 *Hermann*, Schaffung von Arbeitsplätzen durch Leiharbeit, S. 223.
637 *Schüren/Behrend*, NZA 2003, 521 (524).
638 *Ulber*, AiB 2009, 139 (141).
639 *Mues*, Handbuch Kündigungsrecht, Teil 2 Rn. 339; *Preis* in Stahlhacke/Preis/Vossen, Kündigungsschutz, Abschn. 2 § 2 Rn. 1022.
640 BAG v. 07.02.1985, 2 AZR 91/84, AP Nr. 9 § 1 KSchG 1969 Soziale Auswahl; *V. Hoyningen-Huene*, NZA 1994, 1009; *Preis* in Stahlhacke/Preis/Vossen, Kündigungsschutz, § 2 Rn. 1046.

Sinn und Zweck der Sozialauswahl ist somit der Schutz der sozial schwächeren Arbeitnehmer.[641]

Nach der Rechtsprechung des Bundesarbeitsgerichtes und der herrschenden Lehre ist die Sozialauswahl in drei Schritten zu prüfen.[642] Zuerst ist der Kreis der in die Sozialauswahl einzubeziehenden Arbeitnehmer zu ermitteln, in einem zweiten Schritt ist die soziale Schutzwürdigkeit der vergleichbaren Arbeitnehmer und als letztes die Herausnahme aus der Sozialauswahl nach § 1 Abs. 3 S. 2 KSchG wegen dringender betrieblicher Interessen zu prüfen.[643]

Arbeitnehmer, die keinen Kündigungsschutz nach § 1 Abs. 1 KSchG genießen, weil ihr Arbeitsverhältnis weniger als sechs Monate besteht, sind vorrangig zu kündigen.[644] Daher stellt sich das eingangs dargestellte Problem nur, wenn der zu kündigende Arbeitnehmer im Nichteinsatz mehr als sechs Monate bei dem Arbeitgeber beschäftigt ist. Auch Arbeitnehmer, bei denen die ordentliche Kündigung ausgeschlossen ist, sind von der Sozialauswahl auszunehmen.[645]

4) Betriebsbezogenheit der Sozialauswahl

Nach § 1 Abs. 3 KSchG ist die Sozialauswahl betriebsbezogen durchzuführen.[646] Die Auswahl ist demnach weder auf das Unternehmen auszudehnen[647], noch auf bestimmte Betriebsteile zu beschränken[648]. Dies gilt auch, wenn ein betriebsübergreifendes Versetzungsrecht im Arbeitsvertrag vereinbart ist.[649] Die Sozialauswahl erstreckt sich demnach auf alle vergleichbaren Arbeitnehmer des Beschäftigungs-

641 *V. Hoyningen-Huene*, NZA 1994, 1009; *Mues*, Handbuch Kündigungsrecht, Teil 2 Rn. 340.

642 BAG v. 25.04.1985, 2 AZR 140/84, AP § 1 KSchG 1969 Soziale Auswahl Nr. 7; APS/Kiel, § 1 KSchG Rn. 655.

643 *Preis* in Stahlhacke/Preis/Vossen, Kündigungsschutz, Abschn. 2 § 2 Rn. 1030; APS/Kiel, § 1 KSchG Rn. 655.

644 *Henning*, Die betriebsbedingte Kündigung, www.zeitarbeit-und-recht.de, S. 4.

645 ErfK/*Oetker*, § 1 KSchG, Rn. 21 und 301.

646 BAG v. 31.05.2007, 2 AZR 218/06; n.v. zit. nach Juris; BAG v. 02.06.20005, 2 AZR 158/04, BAGE 115,82; ErfK/*Oetker*, § 1 KSchG Rn. 318; HWK/Quecke, § 1 KSchG Rn. 333; *v. Hoyningen-Huene*, NZA 1994, 1009; APS/*Kiel*, § 1 KSchG Rn. 665; Kittner/Däubler/Zwanziger-*Deinert*, § 1 KSchG Rn. 435; KR-*Griebeling*, § 1 KSchG, Rn. 608.

647 BAG v. 15.12.2005, 6 AZR 199/05, AP Nr. 76 zu § 1 KSchG 1969 Soziale Auswahl; BAG v. 02.06.2005, 2 AZR 158/04, AP Nr. 73 zu § 1 KSchG 1969 Soziale Auswahl; v. *Hoyningen-Huene*, NZA 1994, 1009; APS/*Kiel*, § 1 KSchG Rn. 669.

648 BAG v. 31.05.2007, 2 AZR 276/06, AP Nr. 94 zu § 1 KSchG 1969 Soziale Auswahl; *v. Hoyningen-Huene*, NZA 1994, 1009; KR-*Griebeling*, § 1 KSchG, Rn. 608.

649 BAG v. 02.06.2005, 2 AZR 158/04, BAGE 115,82; BAG v. 15.12.2005, 6 AZR 199/05, AP KSchG 1969 § 1 Soziale Auswahl Nr. 76; BAG v. 18.10.2006, 2 AZR 676/05, EzA KSchG § 1 Soziale Auswahl Nr. 73; Kittner/Däubler/Zwanziger-*Deinert*, § 1 KSchG Rn. 435.

betriebes ohne Rücksicht auf die Betriebsgröße und die räumliche Entfernung der Arbeitsplätze.[650] Selbst weite räumliche Entfernungen zwischen Haupt- und Nebenbetrieb stehen einer einheitlichen Sozialauswahl nicht im Wege.[651] Ein Betrieb ist eine organisatorische Einheit, in der von Inhaber und Mitarbeitern mit Hilfe der Betriebsmittel bestimmte arbeitstechnische Zwecke verfolgt werden.[652] Soweit im Falle der räumlich weiten Entfernung vom Hauptbetrieb ein Betrieb als selbständiger Betriebsteil nach § 4 S. 1 Nr. 1 BetrVG gilt, spielt dies für den Betriebsbegriff des Kündigungsschutzgesetzes keine Rolle.[653] Das Kündigungsschutzgesetz differenziert nicht nach der räumlichen Distanz zwischen Betriebsteilen.[654] Auch Betriebsteile mit einem parallel ausgerichteten Betriebszweck, d.h. ohne dass ein Teil dem anderen zuarbeitet, können einen einheitlichen Betrieb im Sinne des Kündigungsschutzgesetzes darstellen.[655]

Im Bereich der Zeitarbeit fehlt es an der ursprünglich für den Betriebsbegriff typischen Produktionsgemeinschaft[656]. Eine eigene Produktionsstätte des Verleihbetriebes existiert in reinen Verleihunternehmen nicht. Im Verleihbetrieb selbst eingesetzte Arbeitnehmer sind in solchen Verleihbetrieben lediglich im Verwaltungs- und Personalbereich eingesetzt. Der ganz überwiegende Teil der Arbeitnehmer ist jedoch zum Zwecke der Überlassung eingestellt und daher in den Entleihbetrieben tätig. Für die Festlegung der Ausdehnung der Sozialauswahl im Verleihunternehmen ist jedoch entscheidend, welche Arbeitnehmer dem Betrieb des Verleihers zuzuordnen sind.

Abseits des traditionellen produzierenden Gewerbes wird der Betriebsbegriff vor allem durch eine einheitliche Organisationsstruktur und Leitungsmacht bestimmt.[657] Dies hat das Bundesarbeitsgericht auch für Zeitarbeitsunternehmen bestätigt.[658] Eine einheitliche Organisation ist nach der Rechtsprechung zu bejahen, wenn ein einheitlicher Leitungsapparat die Gesamtheit der für die Erreichung des arbeitstech-

650 LAG Sachsen-Anhalt v. 11.01.2000, 8 Sa 449/99, NZA-RR 2001, 81.

651 BAG v. 31.05.2007, 2 AZR 218/06, n.v. zit. nach Juris; BAG v. 03.06.2004, 2 AZR 577/03, AP Nr. 141 zu § 102 BetrVG 1972; BAG v. 17.01.2002, 2 AZR 15/01, EzA KSchG § 1 Soziale Auswahl Nr. 47; HWK/*Quecke*, § 1 KSchG Rn. 336; ErfK/*Oetker*, § 1 KSchG Rn. 319; KR-*Griebeling*, § 1 KSchG, Rn. 608.

652 APS/*Kiel*, § 1 KSchG Rn. 665.

653 BAG v. 03.06.2004, 2 AZR 577/03, AP BetrVG 1972 § 102 Nr. 141; BAG v. 21.06.1995, 2 AZR 693/94, AP Nr. 16 zu § 1 BetrVG 1972; LAG Sachsen-Anhalt v. 11.01.2000, 8 Sa 449/99, NZA-RR 2001, 81; APS/*Kiel*, § 1 KSchG Rn. 665; *Preis* in Stahlhacke/Preis/Vossen-Preis, Kündigungsschutz, Abschn. 2 § 2 Rn. 1047.

654 BAG v. 31.05.2007, 2 AZR 218/06, n.v. zit. nach Juris.

655 LAG Sachsen-Anhalt v. 11.01.2000, 8 Sa 449/99, NZA-RR 2001, 81.

656 RG v. 06.02.1923, III 93/22, RGZ 106.272.275.

657 BAG v. 20.06.2013, 2 AZR 271/12, NZA 2013, 837; BAG v. 31.05.2007, 2 AZR 218/06, n.v. zit. nach Juris; BAG v. 26.08.1971, 2 AZR 233/70, AP KSchG 1969 § 23 Nr. 1.

658 BAG v. 20.06.2013, 2 AZR 271/12, NZA 2013, 837.

nischen Gesamtzweckes eingesetzten Mittel lenkt.[659] Die einheitliche Leitungsmacht liegt vor, wenn der Kern der Arbeitgeberfunktion in personellen und sozialen Angelegenheiten von derselben institutionellen Leitung im Wesentlichen selbständig ausgeübt wird.[660] Auf dieser Leitungsebene muss selbständig über Arbeitsbedingungen und Organisationsfragen entschieden werden. Es müssen Einstellungen, Entlassungen und Versetzungen vorgenommen werden.[661] Die organisatorische Einheit lässt räumliche Aspekte zurücktreten, so dass sich Produktionsmittel oder Mitarbeiter nicht an einem Ort befinden müssen.[662]

Danach ist es von der konkreten Ausgestaltung der Organisationsstruktur des Verleihers abhängig, ob die Sozialauswahl nur in der jeweiligen Niederlassung oder bundesweit durchzuführen ist.

Kleinere Zeitarbeitsunternehmen sind oft regional ausgerichtet und auf die Vermittlung von Arbeitskräften durch eine einzige Geschäftsstelle beschränkt. Hier ist die Betriebsbestimmung unproblematisch.

Die Marktführer der Branche rekrutieren Arbeitnehmer jedoch in zahlreichen, über das gesamte Bundesgebiet verteilten Niederlassungen. So beschäftigt beispielsweise Randstad nach eigenen Angaben ca. 46.000 Mitarbeiter und betreibt 400 Niederlassungen.[663] Manpower vermittelt in Deutschland jährlich 25.000 Arbeitnehmer an 4.000 Entleiher und unterhält 200 Niederlassungen.[664] Bei Randstad Deutschland besteht je eine Geschäftsführung für die vier regional strukturierten „Businessareas".[665] Entsprechend sind auch vier Betriebsräte anhand der regionalen Vertriebsstruktur vorhanden. Die Betriebsräte Ost, Süd, Mitte, Nord sowie ein Gesamtbetriebsrat vertreten die Mitarbeiter.[666] In diesem Fall ist aufgrund der hier ausgestalteten Organisationsstruktur bei jeder der regionalen Businessareas von einem Betrieb im Sinne des § 1 KSchG auszugehen, soweit die Geschäftsführungen die entsprechende Organisationshoheit und personelle Entscheidungsmacht auch tatsächlich ausüben. Liegen solche organisatorischen Untergliederungen nicht vor, beziehungsweise wird die organisatorische Leitungsmacht zentral ausgeübt, sind alle bundesweit im Unternehmen beschäftigten Leiharbeitnehmer in die Sozialauswahl einzubeziehen.

---

659 BAG v. 31.05.2007, 2 AZR 218/06, n.v. zit. nach Juris; BAG v. 26.08.1971, 2 AZR 233/70, AP KSchG 1969 § 23 Nr.1.

660 BAG v. 15.03.2001, 2 AZR 151/00, NZA 2001, 831.

661 BAG v. 31.05.2007, 2 AZR 218/06 n.v. zit. nach Juris; BAG v. 03.06.2004, 2 AZR 386/03, AP Nr. 33 zu § 23 KSchG 1969.

662 APS/*Moll*, Kündigungsrecht, § 23 KSchG Rn. 9.

663 http://www.randstad.de/content/aboutrandstad/unternehmensprofil, Stand: 01.07.2012.

664 http://www.manpower.de/ueber-manpower, Stand: 01.07.2012.

665 http://www.randstad.de/content/aboutrandstad/unternehmensprofil/randstad-deutschland/geschaeftsfuehrung.xml, Stand: 01.07.2012.

666 http://www.randstad.de/content/aboutrandstad/unternehmensprofil/randstad-deutschland/betriebsrat.xml, Stand: 01.07.2012.

Für Zeitarbeitsunternehmen hat der zweite Senat des Bundesarbeitsgerichtes in seiner Entscheidung von 20.06.2013[667] zutreffend klargestellt, dass Leiharbeitnehmer auch hinsichtlich der Sozialauswahl während einer Überlassung Angehörige des Verleihbetriebes bleiben. Dies ergebe sich bereits aus § 14 AÜG sowie dem Betriebsbegriff des Kündigungsschutzgesetzes. Der für die Sozialauswahl relevante Verleihbetrieb umfasst daher nach dem Bundesarbeitsgericht ausdrücklich sowohl die einsatzfreien als auch die verliehenen Arbeitnehmer.

5) Vergleichbarkeit

Die Sozialauswahl erstreckt sich innerhalb des Betriebes nur auf vergleichbare Arbeitnehmer.[668]

a) Nach arbeitsplatzbezogenen Merkmalen

Vergleichbar sind diejenigen Arbeitnehmer, die austauschbar sind.[669] Die Austauschbarkeit bestimmt sich zunächst nach objektiven arbeitsplatzbezogenen Merkmalen, d.h. nach der ausgeübten Tätigkeit.[670] Eine Austauschbarkeit ist dann gegeben, wenn der Arbeitnehmer aufgrund seiner Qualifikation und seiner bislang ausgeübten Tätigkeit in der Lage ist, die Tätigkeit der vergleichbaren Arbeitnehmer zu übernehmen.[671] Eine Vergleichbarkeit scheidet jedoch nicht aus, wenn der Arbeitnehmer erst nach einer kurzen Einarbeitungszeit auf dem anderen Arbeitsplatz einsetzbar ist.[672] Die Bestimmung der Vergleichbarkeit nach arbeitsplatzbezogenen Merkmalen unterliegt auch im Leiharbeitsverhältnis keinen Besonderheiten.[673]

b) Nach arbeitsvertraglich geschuldeter Tätigkeit

Neben der Austausch- und Vergleichbarkeit nach arbeitsplatzbezogenen Merkmalen muss eine rechtliche Austauschbarkeit bestehen.[674] Der Arbeitgeber muss also aufgrund des Arbeitsvertrages in der Lage sein, den Arbeitnehmer, dessen Arbeitsplatz wegfällt, auf den anderen, nach arbeitsplatzbezogenen Merkmalen vergleichbaren

667 BAG v. 20.06.2013, 2 AZR 271/12, NZA 2013, 837.
668 *V. Hoyningen-Huene*, NZA 1994, 1009; APS/Kiel, § 1 KSchG Rn. 680.
669 APS/*Kiel*, § 1 KSchG Rn. 680; KR-*Griebeling*, § 1 KSchG, Rn. 614.
670 *V. Hoyningen-Huene*, NZA 1994, 1009; *Mues*, Handbuch Kündigungsrecht, Teil 2 Rn. 342; APS/*Kiel*, § 1 KSchG Rn. 681; KR-*Griebeling*, § 1 KSchG, Rn. 614.
671 BAG v. 20.06.2013, 2 AZR 271/12, NZA 2013, 837; BAG v. 03.12.1998, 2 AZR 341/98, AP Nr. 39 zu § 1 KSchG 1969 Soziale Auswahl; *V. Hoyningen-Huene*, NZA 1994, 1009; APS/*Kiel*, § 1 KSchG Rn. 681; KR-*Griebeling*, § 1 KSchG, Rn. 616.
672 *Mues*, Handbuch Kündigungsrecht, Teil 2 Rn. 344; APS/*Kiel*, § 1 KSchG Rn. 683.
673 BAG v. 20.06.2013, 2 AZR 271/12, NZA 2013, 837.
674 BAG v. 20.06.2013, 2 AZR 271/12, NZA 2013, 837; *Mues*, Handbuch Kündigungsrecht, Teil 2 Rn. 350; APS/*Kiel*, § 1 KSchG Rn. 684; KR-*Griebeling*, § 1 KSchG, Rn. 617.

Arbeitsplatz umzusetzen.[675] An einer Austauschbarkeit fehlt es, wenn der Arbeitgeber diese Versetzung nicht einseitig durch Ausübung des Direktionsrechtes vornehmen kann.[676] Wenn die Versetzung nur über eine Vertragsänderung zu erreichen ist, scheidet eine Austauschbarkeit aus.[677] Daher erfolgt die Auswahl der in die Sozialauswahl einzubeziehenden Arbeitnehmer auch nach der arbeitsvertraglich geschuldeten Tätigkeit.[678]

Das Bundesarbeitsgericht hat bei der Feststellung der Vergleichbarkeit die Begrenzung durch das arbeitsvertragliche Direktionsrecht strikt angewandt, mit der Folge einer starken Einengung der Sozialauswahl.[679] So entschied der zweite Senat des Bundesarbeitsgerichtes mit Urteil vom 17.09.1998[680], dass die Einstellung einer Arbeitnehmerin für lediglich einen bestimmten Gastronomiebereich die Vergleichbarkeit in der Sozialauswahl entsprechend einschränkt. Mit Entscheidung vom 17.02.2000[681], hat der zweite Senat die Vergleichbarkeit eines Arbeitnehmers, der nur für die Redaktion einer bestimmten Zeitung eines Verlages eingestellt war, mit den Arbeitnehmern anderer Redaktionen verneint. Der damit einhergehende Verlust des Kündigungsschutzes stelle nur die rechtliche Konsequenz der Vertragsgestaltung dar.

Diese Beschränkung wird vom Bundesarbeitsgericht einerseits mit der Systematik des § 1 Abs. 1 und Abs. 3 KSchG und andererseits mit der Unzulässigkeit eines Vertrages zu Lasten Dritter begründet.[682] Würde der Arbeitnehmer, der nach seinem Arbeitsvertrag nicht auf den anderen Arbeitsvertrag versetzt werden kann, z.B. durch seine Zustimmung, in die Gruppe der vergleichbaren Arbeitnehmer einbezogen, würden durch die erst im Zusammenhang mit der Kündigung vorgenommene Vertragsänderung die Rechte des dann verdrängten Arbeitnehmers berührt. Somit würde durch eine Entscheidung des betroffenen Arbeitnehmers der Bereich der Sozialauswahl nachträglich erweitert und erst dadurch ein Kündigungsgrund

675 BAG v. 20.06.2013, 2 AZR 271/12, NZA 2013, 837; *Mues*, Handbuch Kündigungsrecht, Teil 2 Rn. 350; APS/*Kiel*, § 1 KSchG Rn. 684; KR-*Griebeling*, § 1 KSchG, Rn. 617.

676 BAG v. 20.06.2013, 2 AZR 271/12, NZA 2013, 837;BAG v. 17.02.2000, 2 AZR 142/99, AP Nr. 46 zu § 1 KSchG 1969 Soziale Auswahl; BAG v. 15.06.1989, 2 AZR 580/88, AP Nr. 18 zu § 1 KSchG 1969 Soziale Auswahl; APS/*Kiel*, § 1 KSchG Rn. 684; KR-*Griebeling*, § 1 KSchG, Rn. 617, 621; *Preis* in Stahlhacke/Preis/Vossen, Kündigungsschutz, Abschn. 2 § 2 Rn. 1035.

677 BAG v. 17.02.2000, 2 AZR 142/99, AP Nr. 46 zu § 1 KSchG 1969 Soziale Auswahl; *Mues*, Handbuch Kündigungsrecht, Teil 2 Rn. 350; APS/*Kiel*, § 1 KSchG Rn. 684.

678 *Dahl*, DB 2003, 1626 (1629); APS/*Kiel*, § 1 KSchG Rn. 684.

679 *Preis* in Stahlhacke/Preis/Vossen, Kündigungsschutz, Abschn. 2 § 2 Rn. 1036.

680 BAG v. 17.09.1998, 2 AZR 725/97, AP Nr. 36 zu § 1 KSchG 1969 Soziale Auswahl, mit zust. Anm. *Oetker*, m. krit. Anm. *Glutzeit*, m. zust. Anm. *Langenbucher*, mit zust. Anm. *Krasshöfer*.

681 BAG v. 17.02.2000, 2 AZR 142/99, AP Nr. 46 zu § 1 KSchG 1969 Soziale Auswahl, mit krit. Anm. *Kassen*, krit. Anm. *Kittner*, mit zust. Anm. *Dahlbender*.

682 BAG v. 17.02.2000, 2 AZR 142/99, AP Nr. 46 zu § 1 KSchG 1969 Soziale Auswahl, mit krit. Anm. *Kassen*, krit. Anm. *Kittner*, mit zust. Anm. *Dahlbender*.

für den dann verdrängten Arbeitnehmer geschaffen. Die Kündigung für diesen Arbeitnehmer wäre dann nicht unmittelbare Folge des betrieblichen Umstandes, sondern der Entscheidung des anderen Arbeitnehmers.[683] Dies stellt nach dem Bundesarbeitsgericht einen unzulässigen Vertrag zu Lasten Dritter dar.[684]

Der Leiharbeitsvertrag beinhaltet regelmäßig, dass der Arbeitnehmer bei verschiedenen Entleihern eingesetzt werden kann.[685] Diese Regelung ist in den entsprechenden Arbeitsverträgen explizit[686] oder auch durch die Einstellung als Leiharbeitnehmer enthalten.[687] Häufig wird dem Verleiher in dem Arbeitsvertrag auch die Befugnis eingeräumt, den Arbeitnehmer von seinem Einsatzort abzuberufen und anderweitig einzusetzen.[688] Im Verhältnis zwischen Arbeitgeber und Leiharbeitnehmer kann der Arbeitgeber sein Direktionsrecht daher wie im Normalarbeitsverhältnis ausüben.

Beschränkt man die Beurteilung der Austauschbarkeit und des Direktionsrechtes auf die arbeitsvertragliche Ebene, so bestehen keine Besonderheiten zum Normalarbeitsverhältnis. Verlangt man hingegen eine rechtliche Austauschbarkeit insgesamt, d.h. ein dem Arbeitgeber tatsächlich nicht nur im Verhältnis zum Arbeitnehmer zustehendes und tatsächlich durchsetzbares Direktionsrecht, stoßen die zum Normalarbeitsverhältnis entwickelten Grundsätze auf Schwierigkeiten.

Im Normalarbeitsverhältnis kann der Arbeitgeber den Arbeitnehmer durch einseitige Ausübung des Direktionsrechtes auf einen anderen Arbeitsplatz versetzen. Im reinen Leiharbeitsverhältnis besteht in der Regel jedoch keine eigene Betriebsstätte des Arbeitgebers, in die Arbeitnehmer versetzt werden könnten. Die Arbeitnehmer sind gerade zur Überlassung an verschiedene Entleiher eingestellt. Bezüglich dieser Einsätze ist der Arbeitgeber in der Ausübung seines Weisungsrechtes nicht frei, sondern durch den Überlassungsvertrag gebunden.

c) Nach dem Inhalt des Überlassungsvertrages

Der Überlassungsvertrag zwischen Entleiher und Verleiher kann unterschiedlich ausgestaltet sein. Generell ist darin jedoch die Überlassung namentlich benannter oder nach allgemeinen Merkmalen umschriebener Leiharbeitnehmer zur Erbringung der Arbeitsleistung für eine bestimmte Dauer an den Entleiher geregelt.[689] Der Überlassungsvertrag kann also als „Gattungs-„ oder „Stückschuld“ ausgestaltet

683 *Mues*, Handbuch Kündigungsrecht, Teil 2 Rn. 352.
684 BAG v. 17.02.2000, 2 AZR 142/99, AP Nr. 46 zu § 1 KSchG 1969 Soziale Auswahl.
685 *Reinsch*, Das Rechtsverhältnis zwischen Entleiher und Leiharbeitnehmer, S. 34ff.
686 *Reinsch*, Das Rechtsverhältnis zwischen Entleiher und Leiharbeitnehmer, S. 34.
687 *Reinsch*, Das Rechtsverhältnis zwischen Entleiher und Leiharbeitnehmer, S. 34ff.
688 *Reinsch*, Das Rechtsverhältnis zwischen Entleiher und Leiharbeitnehmer, S. 34ff.
689 Beispiel Überlassungsvertrag in *Lingemann* in: Bauer/ Lingemann/ Diller/ Haussmann, Anwaltsformularbuch Arbeitsrecht, Kap. 10.2; *Reinsch*, Das Rechtsverhältnis zwischen Entleiher und Leiharbeitnehmer, S. 34ff.

sein.[690] Da sich die Begriffe Spezies- oder Gattungs- beziehungsweise Stückschuld grundsätzlich auf Sachen beziehen, es im vorliegenden Fall jedoch um die zu überlassenden Arbeitnehmern geht, sind die Begriffe nur entsprechend zu verwenden und die Regelungen analog anzuwenden.[691]

Weiter können im Überlassungsvertrag Regelungen zum Austauschrecht bzw. zur Ersetzungsbefugnis des Verleihers enthalten sein. Diese Regelungen bestimmen die rechtliche Austauschbarkeit des Arbeitnehmers durch den Arbeitgeber. Daher ist für die Bestimmung der Vergleichbarkeit der Arbeitnehmer nach der Ausgestaltung des Überlassungsvertrages zu differenzieren.

aa) Ausgestaltung als Gattungsschuld

(aaa) Vertragsgestaltung

Bei der Ausgestaltung als Gattungsschuld regelt der Überlassungsvertrag lediglich die Überlassung einer bestimmten Anzahl von Arbeitnehmern einer bestimmten Berufsgruppe oder mit bestimmten Qualifikationen.[692] Eine solche Regelung kann beispielsweise lauten:

> *Der Verleiher überlässt dem Entleiher in der Zeit vom ... bis ... x Arbeitnehmer mit den Qualifikationen und für Tätigkeiten, die in der Anlage zu diesem Vertrag aufgeführt sind, zur Arbeitsleistung.*[693]

Eine solche Regelung, in der sich der Arbeitgeber verpflichtet, dem Entleiher für die Dauer des Überlassungszeitraumes einen ordnungsgemäß ausgewählten, für die jeweilige Arbeit geeigneten Arbeitnehmer zu überlassen, stellt eine gattungsmäßige Leistungsverpflichtung dar.[694] Auf eine gattungsmäßige Leistungsverpflichtung sind prinzipiell die Vorschriften der §§ 243 ff BGB anzuwenden. § 243 BGB geht dem Wortlaut nach jedoch davon aus, dass eine „Sache“ geschuldet wird. § 90 BGB definiert Sachen als körperliche Gegenstände. Darunter werden jedoch keine

690 BAG v. 20.06.2013, 2 AZR 271/12, NZA 2013, 837; Reinsch, Das Rechtsverhältnis zwischen Entleiher und Leiharbeitnehmer, S.51; Schüren/*Schüren*, AÜG, Einl. Rn. 320.

691 BAG v. 20.06.2013, 2 AZR 271/12, NZA 2013, 837; AG Solingen v. 08.08.2000, 13 C 236/00, NZA-RR 2000, 579; Schüren/*Schüren*, AÜG, Einl. Rn. 321; Thüsing/*Thüsing*, AÜG, § 12 Rn. 23.

692 Kim, Die konzerninterne Arbeitnehmerüberlassung durch die Personalführungsgesellschaft und das Betriebsverfassungsrecht, S. 59; Beispiel Überlassungsvertrag, *Lingemann* in: Bauer/ Lingemann/ Diller/ Haussmann, Anwaltsformularbuch Arbeitsrecht, Kap. 10.2.

693 *Reinsch*, Das Rechtsverhältnis zwischen Entleiher und Leiharbeitnehmer, S. 34ff; ganz ähnlich auch Beispiel in *Lingemann* in: Bauer/ Lingemann/ Diller/ Haussmann, Anwaltsformularbuch Arbeitsrecht, Kap. 10.2.

694 BAG v. 20.06.2013, 2 AZR 271/12, NZA 2013, 837; *Reinsch*, Das Rechtsverhältnis zwischen Entleiher und Leiharbeitnehmer, S. 51, Schüren/*Schüren*, AÜG, Einl. Rn. 320.

natürlichen Personen verstanden.[695] Dies ergibt eine systematische Auslegung des BGB, das im ersten Abschnitt „Personen", d.h. natürliche und juristische Personen und im zweiten Abschnitt (§ 90 ff. BGB) „Sachen und Tiere" behandelt.[696] Bereits aus dieser Aufteilung wird deutlich, dass der Gesetzgeber Menschen bzw. natürliche Personen nicht als Sachen verstanden hat. Hinzu kommt, dass gem. § 90a BGB schon Tiere nicht als Sachen iSd BGB verstanden werden. Dies muss dann erst recht für Menschen gelten. Im vorliegenden Fall wird jedoch die Überlassung von Leiharbeitnehmern, d.h. natürlicher Personen, geschuldet. Aus diesem Grund kommt eine direkte Anwendung der Vorschriften über die Gattungsschuld nicht in Betracht. Eine analoge Anwendung einer Norm ist möglich, wenn für einen bestimmten Sachverhalt eine planwidrige Regelungslücke besteht, die Interessenlage des nicht geregelten Falles, jedoch mit der eines geregelten Falles vergleichbar ist.[697] Dies ist vorliegend der Fall. Für die geschuldete Überlassung von Menschen besteht keine eigene Regelung. Die Art der Leistungsverpflichtung ist jedoch die gleiche, wie bei der Gattungsschuld.[698] Der Einordnung als Gattungsschuld entspricht auch das Vertragsverhältnis zwischen Verleiher und Entleiher. Der Entleiher überträgt das Risiko der Personalbeschaffung abstrakt auf das Zeitarbeitsunternehmen.[699] Dazu gehört auch, dass sich der Entleiher nicht mit der Personalauswahl, d.h. der Entscheidung welchen Arbeitnehmer er für welche Stelle aussucht, beschäftigt. Die Konkretisierung vom abstrakten Anforderungsprofil bis zur Bestimmung des Arbeitnehmers zur Stellenbesetzung wird in der Regel auf den Verleiher übertragen. Die Anforderung des Entleihers ist daher nur abstrakt, d.h. gattungsmäßig bestimmt, wie dies auch bei der Gattungsschuld der Fall ist.

Daher sind auf diese Leistungsverpflichtung die Vorschriften über die Gattungsschuld analog anzuwenden.[700]

Die Gattungsschuld stellt ein Schuldverhältnis mit unbestimmtem, aber bestimmbarem Leistungsgegenstand dar. Der Leistungsgegenstand ist bei der Gattungsschuld nur nach generellen Merkmalen bestimmt.[701]

Selbst bei einer solchen flexiblen Gestaltung sind in aller Regel jedoch bestimmte Qualifikationen festgelegt, über die der zu überlassende Arbeitnehmer verfügen

---

695 BGH v. 09.11.1993, VI ZR 62/93, BGHZ 124, 52; AG Solingen v. 08.08.2000, 13 C 236/00, NZA-RR 2000, 579; MüKo-BGB/*Stresemann,* § 90 Rn. 2; /*Ellenberger*, § 90 Rn. 3.

696 MüKo-BGB/*Stresemann,* § 90 Rn. 2.

697 BGH v. 13.07.1988, IVa ZR 55/87, BGHZ 105, 140; BGH v. 31.01.1990, VIII ZR 280/88, BGHZ 110, 183; Larenz/Canaris, Methodenlehre der Rechtswissenschaft, S. 194ff.

698 AG Solingen v. 08.08.2000, 13 C 236/00, NZA-RR 2000, 579.

699 Schüren/*Schüren*, AÜG, Einl. Rn. 320.

700 BAG v. 20.06.2013, 2 AZR 271/12, NZA 2013, 837; AG Solingen v. 08.08.2000, 13 C 236/00, NZA-RR 2000, 579; Schüren/*Schüren*, AÜG, Einl., Rn. 321; Thüsing/*Thüsing*, § 12 Rn. 23.

701 Palandt/*Grüneberg* § 243 Rn. 1.

muss.[702] Die Parteien können die Gattung durch Festlegung von Qualitätsmerkmalen oder bestimmten Eigenschaften begrenzen.[703] Je höher die Qualifikationsanforderung an die jeweils zu besetzende Stelle ist, desto detaillierter werden die Anforderungen im Überlassungsvertrag ausgestaltet. Dies gilt insbesondere für Fachkräfte und hochqualifizierte Arbeitnehmer. Eine Anforderung von Arbeitskräften ohne nähere Spezifikation kommt daher vorwiegend bei ungelernten Hilfskräften oder niedrig qualifizierten Arbeitnehmern vor. Sind die zu überlassenden Arbeitskräfte im Überlassungsvertrag nur gattungsmäßig bestimmt, hat der Verleiher zunächst die freie Auswahl, welche Arbeitnehmer er dem Entleiher zuweist.

(bbb) Konkretisierung durch Aufnahme der Tätigkeit

Das freie Auswahl- und Zuweisungsrecht des Verleihers erfährt durch die erstmalige Überlassung des Arbeitnehmers an den Entleiher keine Einschränkung.[704] Die Zuweisung eines bestimmten Arbeitnehmers und dessen Arbeitsaufnahme beim Entleiher, führt nicht zu einer Konkretisierung der Gattungsschuld auf den überlassenen Arbeitnehmer.[705] Mit der Überlassung des jeweiligen Arbeitnehmers erfolgt daher keine Gleichstellung mit den Fällen der Überlassung eines namentlich benannten Arbeitnehmers.

Die Annahme einer solchen Konkretisierung scheidet bereits von vornherein aus, wenn sich der Verleiher im Überlassungsvertrag ein Austauschrecht vorbehalten hat. Eine solche Regelung kann beispielsweise lauten:[706]

> *Der Verleiher kann während des Arbeitseinsatzes Leiharbeitnehmer ohne Einhaltung einer Frist abberufen, sofern er sie gleichzeitig durch andere, ebenso geeignete Leiharbeitnehmer ersetzt.*

Auch ohne explizit vereinbartes Austauschrecht tritt bei der Gattungsschuld keine Konkretisierung der geschuldeten Leistung auf den einzelnen Arbeitnehmer durch die erstmalige Arbeitsaufnahme ein. Das Vorliegen einer Konkretisierung des Leistungsgegenstandes ist durch die analoge Anwendung der Vorschriften über

702 *Kim*, Die konzerninterne Arbeitnehmerüberlassung durch die Personalführungsgesellschaft und das Betriebsverfassungsrecht, S. 59.

703 *Kim*, Konzerninterne Arbeitnehmerüberlassung, S. 59; Palandt/*Grüneberg*, § 234 Rn. 2.

704 BAG v. 20.06.2013, 2 AZR 271/12, NZA 2013, 837.

705 BAG v. 20.06.2013, 2 AZR 271/12, NZA 2013, 837; *Kim*, Die konzerninterne Arbeitnehmerüberlassung durch die Personalführungsgesellschaft und das Betriebsverfassungsrecht, S. 59; *Ulber*, AÜG, § 12 Rn. 23; *Reinsch*, Das Rechtsverhältnis zwischen Entleiher und Leiharbeitnehmer, S. 34ff; *Witten*, Vertragsgestaltung und Gesetzesbindung im Recht der Zeitarbeit, S. 50; Schüren/*Schüren*, AÜG, Einl., Rn. 325.

706 *Reinsch*, Das Rechtsverhältnis zwischen Entleiher und Leiharbeitnehmer, S. 34ff.

die Gattungsschuld zu prüfen.[707] Nach den Regelungen über die Gattungsschuld bestimmt der Schuldner den jeweiligen Leistungsgegenstand. Er muss lediglich nach § 243 Abs. 1 BGB eine Sache mittlerer Art und Güte leisten.[708] Auf der anderen Seite obliegt dem Schuldner die Beschaffungspflicht.[709] Der Schuldner wird daher auch im Falle der Nichtleistung des Arbeitnehmers nicht nach § 275 BGB von seiner Leistungspflicht befreit, d.h. er ist weiter verpflichtet, Ersatz aus der Gattung zu beschaffen. Auf die Arbeitnehmerüberlassung übertragen, ist der Verleiher zum Beispiel im Falle von Krankheit verpflichtet, dem Entleiher unverzüglich einen neuen Arbeitnehmer zur Verfügung zu stellen.[710]

Gemäß § 243 Abs. 2 BGB kann sich die Leistungshandlung des Schuldners auf einen bestimmten Gegenstand, also zu einer Stückschuld konkretisieren. Voraussetzung ist, dass der Schuldner seinerseits alles zur Leistung Erforderliche getan hat. Ist eine Konkretisierung eingetreten, so richten sich die Rechtsfolgen bei Unmöglichkeit nach den Vorschriften über die Stückschuld.[711] Das seinerseits Erforderliche getan hat der Schuldner, wenn er alles zum Leistungserfolg vorbereitet hat, so dass es nur noch am Gläubiger liegt, ob er die Sache in Empfang nehmen will oder nicht.[712] Wann ein Schuldner alles zur Leistung Erforderliche getan hat, hängt von der im Einzelfall übernommenen Schuld ab.[713] Es ist also auf die diesbezügliche Ausgestaltung des Überlassungsvertrages abzustellen. Der Verleiher schuldet dem Entleiher nicht nur die prinzipielle Überlassung der vertraglich vereinbarten Arbeitnehmer, sondern auch das Erscheinen derselben an dem vertraglich vereinbarten Arbeitsplatz sowie die Arbeitsaufnahme.[714] Muss die Sache dem Gläubiger an seinem Wohn- oder Geschäftssitz in einer Annahmeverzug begründenden Weise tatsächlich angeboten werden, handelt es sich um eine Bringschuld.[715] Bei den Vereinbarungen des Überlassungsvertrages handelt es sich folglich um die Vereinbarung einer Bringschuld.[716] Bei einer Bringschuld tritt eine Konkretisierung auf den jeweiligen Leistungsgegenstand jedoch erst ein, wenn der ausgesonderte Gegenstand in erfüllungstauglicher Art zum Gläubiger gebracht und diesem zum

---

707 BAG v. 20.06.2013, 2 AZR 271/12, NZA 2013, 837; Schüren/*Schüren*, AÜG, Einleitung, Rn. 321.
708 Palandt/*Grüneberg*, § 243 Rn. 4.
709 Palandt/*Grüneberg*, § 243 Rn. 3.
710 Schüren/*Schüren*, AÜG Einleitung, Rn. 321ff; *Ulber*, AÜG, § 12 Rn. 13.
711 Palandt/*Grüneberg*, § 243 Rn. 7.
712 bereits RG v. 29.03.1904, II 372/03, RGZ 57, 402; MüKo-BGB/*Emmerich*, § 243 Rn. 26.
713 MüKo-BGB/*Emmerich*, § 243 Rn. 27; Palandt/*Grüneberg*, § 243 Rn. 5; Schüren/*Schüren*, AÜG, Einl., Rn. 322.
714 *Reinsch*, Das Rechtsverhältnis zwischen Entleiher und Leiharbeitnehmer, S. 63.
715 MüKo-BGB /*Emmerich*, § 243 Rn. 28; Palandt/*Grüneberg*, § 243 Rn. 5.
716 *Reinsch*, Das Rechtsverhältnis zwischen Entleiher und Leiharbeitnehmer, S. 63; *Stefener*, Überlassungsverhältnis, S. 50.

vereinbarten Zeitpunkt tatsächlich angeboten wird.[717] Ein Angebot des Verleihers in erfüllungstauglicher Weise liegt bei einem Überlassungsvertrag grundsätzlich vor, wenn der Verleiher dem Entleiher einen sorgfältig ausgewählten Arbeitnehmer überlassen und dieser beim Entleiher die Arbeit aufgenommen hat. Der Verleiher ist dann seiner im Überlassungsvertrag übernommenen Schuld, soweit dies zu diesem Zeitpunkt möglich ist, nachgekommen.[718]

Bei dem Leiharbeitsverhältnis handelt es sich jedoch um ein Dauerschuldverhältnis.[719] Die Pflicht zur Überlassung eines Arbeitnehmers endet somit nicht mit der erstmaligen Arbeitsaufnahme. Die Erbringung der zum Erfolg führenden Leistungshandlung reicht hier zur Erfüllung der Leistungspflicht nicht aus.[720] Bei dem durch den Überlassungsvertrag begründeten Dauerschuldverhältnis, hat der Verleiher daher immer nur für die zurückliegenden Zeiträume das Erforderliche getan. Mit der erstmaligen Überlassung kann der Verleiher daher nie insgesamt und für die Zukunft die Leistungshandlung erbringen.[721] Die Leistungshandlung muss über die gesamte Vertragsdauer erbracht werden.[722]

Was das jeweils zur Konkretisierung erforderliche ist, bestimmt sich nach dem Vertragsinhalt des Überlassungsvertrages bzw., sofern dort nichts explizit geregelt ist, im Wege der ergänzenden Vertragsauslegung.[723] Da der Einsatz von Leiharbeit gerade dazu gedacht ist, das Risiko der Personalbeschaffung auf den Verleiher zu verlagern, wird im Regelfall eine Ersatzbeschaffung für den Fall des Ausfalls eines Leiharbeitnehmers vereinbart sein.[724] Für den Entleiher besteht der Nutzen der Arbeitnehmerüberlassung darin, dass er die Arbeitskraft des Arbeitnehmers

---

717 MüKo-BGB /*Emmerich*, § 243, Rn. 28; Palandt/*Grüneberg*, § 243 Rn. 5; *Reinsch*, Das Rechtsverhältnis zwischen Entleiher und Leiharbeitnehmer, S. 63.

718 *Becker/Wulfgramm*, § 12 Rn. 49; *Reinsch*, Das Rechtsverhältnis zwischen Entleiher und Leiharbeitnehmer, S. 64.

719 BAG v. 20.06.2013, 2 AZR 271/12, NZA 2013, 837; *Kim*, Die konzerninterne Arbeitnehmerüberlassung durch die Personalführungsgesellschaft und das Betriebsverfassungsrecht, S. 59; *Reinsch*, Das Rechtsverhältnis zwischen Entleiher und Leiharbeitnehmer, S. 64; *Ulber*, AÜG, § 12 Rn. 23; *Witten*, Vertragsgestaltung und Gesetzesbindung im Recht der Zeitarbeit, S. 50.

720 BAG v. 20.06.2013, 2 AZR 271/12, NZA 2013, 837; *Brors*, WiVerw 1996, 229 (234); *Kim*, Die konzerninterne Arbeitnehmerüberlassung durch die Personalführungsgesellschaft und das Betriebsverfassungsrecht, S. 59; *Reinsch*, Das Rechtsverhältnis zwischen Entleiher und Leiharbeitnehmer, S. 63; *Ulber*, AÜG, § 12 Rn. 23; *Witten*, Vertragsgestaltung und Gesetzesbindung im Recht der Zeitarbeit, S. 51.

721 *Reinsch*, Das Rechtsverhältnis zwischen Entleiher und Leiharbeitnehmer, S. 64; *Ulber*, AÜG, § 12 Rn. 23; *Witten*, Vertragsgestaltung und Gesetzesbindung im Recht der Zeitarbeit, S. 50.

722 BAG v. 20.06.2013, 2 AZR 271/12, NZA 2013, 837; *Ulber*, AÜG, § 12 Rn. 23; *Witten*, Vertragsgestaltung und Gesetzesbindung im Recht der Zeitarbeit, S. 51.

723 MüKo-BGB/*Emmerich*, § 243 Rn. 27; Schüren/*Schüren*, AÜG, Einl., Rn. 322.

724 Schüren/*Schüren*, AÜG, Einl. Rn. 321ff; *Stefener*, Überlassungsverhältnis, S. 50; *Reinsch*, Das Rechtsverhältnis zwischen Entleiher und Leiharbeitnehmer, S. 64.

nutzen kann, ohne jedoch die damit verbundenen Risiken wie z.B. Ausfallzeiten bei Krankheit zu tragen.[725] Die Übertragung des Personalbeschaffungsrisikos ermöglicht dem Entleiher, ohne Zeitaufwand für die Personalbeschaffung mit einem festen Personalbestand zu kalkulieren. Aus diesem Grund ist der Entleiher bereit, dem Verleiher eine über dem Arbeitslohn liegende Vergütung zu zahlen.[726] Würde eine Konkretisierung auf den erstmals überlassenen Arbeitnehmer eintreten, wäre eine Ersatzbeschaffung für den Verleiher unmöglich. Ohne die Verpflichtung der Ersatzbeschaffung müsste sich der Entleiher entgegen der dargelegten Interessenlage wieder selbst um die Personalrekrutierung kümmern.[727] Auch die in den Überlassungsverträgen häufig vorgesehene Ersetzungsbefugnis des Verleihers bzw. eine Ersetzungsverpflichtung bei Arbeitsversäumnissen des Arbeitnehmers spricht dafür, dass eine Konkretisierung mit der erstmaligen Überlassung des Arbeitnehmers nicht beabsichtigt ist.[728]

Mit § 243 Abs. 2 BGB beabsichtigt der Gesetzgeber den Schutz des Schuldners, der seine Leistung erbracht hat und dem die Verfügungsgewalt über die geschuldete Sache entzogen ist.[729] Haben die Parteien jedoch das Personalbeschaffungsrisiko auf den Verleiher übertragen, hat der Verleiher im Falle des Ausfalls eines Arbeitnehmers weiterhin die Pflicht zur Ersatzbeschaffung, aber auch das Recht zum Austausch der Leiharbeitnehmer.[730] Etwas anderes gilt, wenn z.B. Arbeitnehmer mit seltenen Qualifikationen überlassen werden, für die, für beide Parteien erkennbar, am Arbeitsmarkt nicht in absehbarer Zeit Ersatz zu beschaffen ist.[731] Letztlich entscheidet daher der konkret abgeschlossene Überlassungsvertrag über die Konkretisierung der Schuld bei erstmaliger Arbeitsaufnahme. In der Regel bleibt das Risiko für die Ersatzbeschaffung jedoch beim Verleiher.[732]

Der Überlassungsvertrag wird deshalb zu Recht von der herrschenden Ansicht als ein Dauerschuldverhältnis eingeordnet, bei dem der Verleiher das Beschaffungsrisiko im Sinne von § 276 Abs. 1 S. 1 BGB bis zum Ende der Überlassungszeit übernimmt.[733] Durch das erstmalige Überlassen des Arbeitnehmers tritt eine

---

725 Schüren/*Schüren*, AÜG, Einl. Rn. 321ff; *Stefener*, Überlassungsverhältnis, S. 50; *Reinsch*, Das Rechtsverhältnis zwischen Entleiher und Leiharbeitnehmer, S. 64.

726 Schüren/*Schüren*, AÜG, Einl. Rn. 321ff; *Stefener*, Überlassungsverhältnis, S. 50; *Reinsch*, Das Rechtsverhältnis zwischen Entleiher und Leiharbeitnehmer, S. 64.

727 *Reinsch*, Das Rechtsverhältnis zwischen Entleiher und Leiharbeitnehmer, S. 64.

728 AG Solingen v. 08.08.2000, 13 C 236/00, NZA-RR 2000, 579; *Reinsch*, Das Rechtsverhältnis zwischen Entleiher und Leiharbeitnehmer, S. 64.

729 *Reinsch*, Das Rechtsverhältnis zwischen Entleiher und Leiharbeitnehmer, S. 64.

730 BAG v. 20.06.2013, 2 AZR 271/12, NZA 2013, 837.

731 Schüren/*Schüren*, AÜG, Einl. Rn. 323.

732 BAG v. 20.06.2013, 2 AZR 271/12, NZA 2013, 837.

733 BAG v. 20.06.2013, 2 AZR 271/12, NZA 2013, 837; AG Solingen v. 08.08.2000, 13 C 236/00, NZA-RR 2000, 579; *Brors*, WiVerw 1996, 232; *Kim*, Die konzerninterne Arbeitnehmerüberlassung durch die Personalführungsgesellschaft und das Betriebsverfassungsrecht, S. 59; *Schneider* in: Sandmann/Marschall/Schneider,

Konkretisierung daher hinsichtlich der zurückliegenden Zeiträume, nicht jedoch für die Zukunft ein. Für den verbleibenden Zeitraum steht dem Entleiher lediglich ein Anspruch auf die Überlassung eines Arbeitnehmers mittlerer Art und Güte zu.[734] Eine Konkretisierung der Schuld auf einen bestimmten Arbeitnehmer tritt durch die Überlassung des Arbeitnehmers nicht ein.[735]

(ccc) Einschränkung wegen Unzumutbarkeit bei Dauereinsatz

Von einigen Autoren wird eine Einbeziehung von Arbeitnehmern im Einsatz in die Sozialauswahl und deren Vergleichbarkeit mit Arbeitnehmern im Nichteinsatz bei einem Dauereinsatz des einzubeziehenden verliehenen Arbeitnehmers wegen Unzumutbarkeit verneint.[736] Dies ist jedoch abzulehnen, da sich beim Leiharbeitsverhältnis hier grundsätzlich keine Besonderheiten zum Normalarbeitsverhältnis ergeben. Auch im Normalarbeitsverhältnis hat der Arbeitgeber in vielen Fällen ein Interesse daran, den bislang auf dem fortbestehenden Arbeitsplatz beschäftigten und eingearbeiteten Arbeitnehmer auf seinem Arbeitsplatz zu belassen um Verluste durch Einarbeitungszeiten zu vermeiden. Dieses Interesse des Arbeitgebers hat der Gesetzgeber bei der Einführung der Sozialauswahl jedoch bewusst zugunsten einer sozialverträglichen Verteilung der Folgen des Arbeitsplatzwegfalles zurücktreten lassen. Nicht anders stellt sich die Situation im Leiharbeitsverhältnis dar. In der typischen Dreieckskonstellation ist der Arbeitgeber zwar nur indirekt, zur Erhaltung der Kundenzufriedenheit des Entleihers, an der Vermeidung von zusätzlich entstehenden Einarbeitungszeiten interessiert, die Interessenlage ändert sich durch die Beteiligung von Verleiher und Entleiher jedoch nicht. Verleiher und Entleiher vertreten hier die gleichen Interessen wie ein Normalarbeitgeber. Daher ist die Rechtslage auch zu beurteilen wie im Normalarbeitsverhältnis. Ein zusätzliches Schutzbedürfnis besteht hier nicht. Dies gilt umso mehr als Verleiher und Entleiher hier durch die eigene Vertragsgestaltung eine Austauschbarkeit vorgesehen haben. Die Vertragsparteien tragen hier lediglich die Folgen der Vertragsgestaltung. Da hier jedoch die Möglichkeit einer Einflussnahme besteht und die Parteien durch die Wahl

---

Handbuch Zeitarbeit, 8. Kap. Rn. 425; Schüren/*Schüren* AÜG Einl. 323; *Stefener*, Überlassungsverhältnis, S. 50; *Ulber*, AÜG, § 12 Rn. 23; *Witten*, Vertragsgestaltung und Gesetzesbindung im Recht der Zeitarbeit, S. 50.

734 BAG v. 20.06.2013, 2 AZR 271/12, NZA 2013, 837; AG Solingen v. 08.08.2000, 13 C 236/00, NZA-RR 2000, 579; *Reinsch*, Das Rechtsverhältnis zwischen Entleiher und Leiharbeitnehmer, S. 64; *Ulber*, AÜG, § 12 Rn.23.

735 BAG v. 20.06.2013, 2 AZR 271/12, NZA 2013, 837, AG Solingen v. 08.08.2000, 13 C 236/00, NZA-RR 2000,579; *Kim*, Die konzerninterne Arbeitnehmerüberlassung durch die Personalführungsgesellschaft und das Betriebsverfassungsrecht, S. 59; *Schneider* in: Sandmann/Marschall/Schneider, Handbuch Zeitarbeit, 8. Kap. Rn. 425; Schüren/*Schüren* AÜG Einl. 321ff; *Stefener*, Überlassungsverhältnis, S. 50; Thüsing/*Thüsing*, AÜG, § 12 Rn. 26; *Ulber*, AÜG, § 12 Rn.23; *Witten*, Vertragsgestaltung und Gesetzesbindung im Recht der Zeitarbeit, S. 50.

736 *Reinsch*, Das Rechtsverhältnis zwischen Entleiher und Leiharbeitnehmer, S. 64.

einer Gattungsschuld keinen besonderen Wert auf die Vereinbarung eines bestimmten Arbeitnehmers gelegt haben, liegt eine Unzumutbarkeit in der Regel nicht vor. Etwas anderes kann lediglich dann gelten, wenn über die lange Einsatzdauer hinaus, berechtigte Belange des Entleihers einem Austausch entgegenstehen.[737] Dies kann nach dem Bundesarbeitsgericht etwa der Fall sein, wenn der betreffende Arbeitnehmer langfristig für unternehmensspezifische Aufgaben eingesetzt ist, dass eine übermäßig lange Einarbeitungszeit des Austauscharbeitnehmers notwendig wäre.[738] In diesen Fällen wird jedoch meist schon eine Vergleichbarkeit zu verneinen sein.

(ddd) Durchsetzbarkeit des Austauschrechtes

Besteht ein Austauschrecht, hat der Verleiher auch nach dem Austausch weiterhin Anspruch auf das Überlassungsentgelt. Der entsprechende eingetauschte und dem Entleiher neu zugewiesene Arbeitnehmer behält seinen Arbeitsplatz beim Verleiher und gegen diesen einen Anspruch auf Entlohnung. Den tatsächlichen Austausch der Arbeitnehmer, d.h. den Einsatz des sozial schutzwürdigeren Arbeitnehmers, kann der Verleiher nicht gegen den Willen des Entleihers durchsetzen. Er behält im Falle der Weigerung jedoch den Anspruch auf das Überlassungsentgelt bis zur Kündigung des Überlassungsvertrages.

Das Bundesarbeitsgericht hat in seiner Entscheidung vom 20.06.2013 die Frage offen gelassen, ob im Einsatz befindliche Arbeitnehmer von der Sozialauswahl ausgenommen werden können, wenn der Entleiher mit einem Auftragsentzug droht, also den Austausch tatsächlich verweigert.[739]

Sofern der Entleiher die Durchführung des Austausches, trotz Austauschrechts, verweigert, stellt dies einen Vertragsbruch dar. Der Verleiher hat es in der Hand seine Vertragspartner auszuwählen, daher fällt eine solche Weigerung des Entleihers, den vertraglich zulässigen Austausch der Arbeitnehmer vorzunehmen, in das Betriebsrisiko des Verleihers. Auch eine drohende Kündigung des Überlassungsvertrages steht einer Einbeziehung in die Vergleichsgruppe der Sozialauswahl nicht entgegen. Zwar ist fraglich ob eine explizit wegen Wahrnehmung des Austauschrechts ausgesprochene Kündigung des Überlassungsvertrages wirksam wäre. Allerdings ist in der Regel keine Angabe von Gründen für die Kündigung des Überlassungsvertrages erforderlich. Die Kündigung von Überlassungsverträgen und die Rückgabe von Arbeitnehmern sind für die Zeitarbeit üblich. Mit diesen muss der Verleiher rechnen und neue Aufträge für seine Arbeitnehmer heranziehen.

(eee) Ergebnis

Gattungsmäßig bestimmte Arbeitnehmer im Einsatz sind mit Arbeitnehmern im Nichteinsatz vergleichbar und daher in die Sozialauswahl einzubeziehen. Die

737 BAG v. 20.06.2013, 2 AZR 271/12, NZA 2013, 837.
738 BAG v. 20.06.2013, 2 AZR 271/12, NZA 2013, 837.
739 BAG v. 20.06.2013, 2 AZR 271/12, NZA 2013, 837.

Vergleichbarkeit besteht sowohl nach arbeitsplatzbezogenen Merkmalen als auch unter dem Aspekt der rechtlichen Austauschbarkeit. Bei der Gattungsschuld tritt durch die erstmalige Überlassung keine Konkretisierung auf den überlassenen Arbeitnehmer ein. Auch eine Unzumutbarkeit, den Arbeitnehmer bei längerer Überlassungsdauer auszutauschen, besteht nicht.

Auf die Frage, ob der Überlassungsvertrag für das Verhältnis zwischen Arbeitnehmer und Arbeitgeber überhaupt von Belang ist, kommt es daher bei der Gattungsschuld nicht an.[740] Selbst unter Einbeziehung des Rechtsverhältnisses zwischen Verleiher und Entleiher steht dem Verleiher ein volles Austauschrecht gegenüber dem Entleiher zu.[741] Das arbeitsvertragliche Weisungsrecht des Verleihers erfährt daher durch diese Ausgestaltung des Überlassungsvertrages keine Einschränkung. Die rechtliche Austauschbarkeit der Arbeitnehmer ist damit gegeben.

bb) Namentliche Anforderung von Arbeitnehmern mit Austauschrecht

Eine weitere Gestaltungsvariante der Überlassungsverträge ist die namentliche Anforderung von Arbeitnehmern.[742] Diese kommt vorwiegend dann zum Einsatz, wenn der Entleiher den Arbeitnehmer bereits aus einem vorangegangenen Einsatz kennt.[743] Mit Klauseln wie der Folgenden wird die Überlassung von bestimmten Arbeitnehmern vereinbart:

> *„Der Verleiher überlässt dem Entleiher für die Zeit vom ... bis ... den in der Anlage zu diesem Vertrag benannten Arbeitnehmer zum Einsatz in dessen Betrieb.*[744]

Diese Überlassung ist dann als sogenannte Spezies- oder Stückschuld zu qualifizieren.[745] Eine Stückschuld liegt dann vor, wenn der Leistungsgegenstand im Gegensatz zur Gattungsschuld individuell festgelegt ist.[746] Diese individuelle Festlegung geschieht im Überlassungsvertrag, beziehungsweise durch eine dem Überlassungsvertrag anliegende Namensliste, mittels namentlicher Bezeichnung der zu überlassenden Arbeitnehmer.

---

740 BAG v. 20.06.2013, 2 AZR 271/12, NZA 2013, 837.

741 BAG v. 20.06.2013, 2 AZR 271/12, NZA 2013, 837.

742 Beispiel Überlassungsvertrag *Lingemann* in: Bauer/ Lingemann/ Diller/ Haussmann, Anwaltsformularbuch Arbeitsrecht, Kap. 10.2.

743 *Kim*, Die konzerninterne Arbeitnehmerüberlassung durch die Personalführungsgesellschaft und das Betriebsverfassungsrecht, S. 58.

744 Beispiel Überlassungsvertrag mit namentlicher Nennung der Arbeitnehmer *Lingemann* in: Bauer/ Lingemann/ Diller/ Haussmann, Anwaltsformularbuch Arbeitsrecht, Kap. 10.2; Reinsch, Das Rechtsverhältnis zwischen Entleiher und Leiharbeitnehmer, S. 34ff.

745 *Kim*, Die konzerninterne Arbeitnehmerüberlassung durch die Personalführungsgesellschaft und das Betriebsverfassungsrecht, S. 58; *Reinsch*, Das Rechtsverhältnis zwischen Entleiher und Leiharbeitnehmer, S. 51.

746 Palandt/*Grüneberg*, § 243 Rn. 1.

Die Ausgestaltung als Stückschuld wird jedoch teilweise durch die Vereinbarung eines Austauschrechtes relativiert. Eine solche Regelung kann beispielsweise lauten:

> *„Der Verleiher kann während des Arbeitseinsatzes Leiharbeitnehmer ohne Einhaltung einer Frist abberufen, sofern er sie gleichzeitig durch andere, ebenso geeignete Leiharbeitnehmer ersetzt.“*[747]

Diese Gestaltung führt dazu, dass der Entleiher zwar grundsätzlich Anspruch auf die Überlassung des namentlich benannten Arbeitnehmers hat. Die Austauschklausel berechtigt den Verleiher jedoch zum Austausch und zur Ersetzung durch einen anderen Arbeitnehmer. Bezogen auf die Sozialauswahl ist somit eine rechtliche Austauschbarkeit gegeben.

Aufgrund der rechtlichen Austauschbarkeit ist die Sozialauswahl im Verleihbetrieb auch auf Arbeitnehmer zu erstrecken, die im Rahmen von Überlassungsverträgen mit namentlicher Anforderung von Arbeitskräften mit Austauschrecht des Verleihers an den Entleihbetrieb überlassen wurden. Durch das bestehende Austauschrecht gelten hier die für die Gattungsschuld entwickelten Grundsätze.

cc) Namentliche Anforderung ohne explizit vereinbartes Austauschrecht

Bei der Vergleichbarkeit nach arbeitsplatzbezogenen Merkmalen ergeben sich keine Besonderheiten zum Normalarbeitsverhältnis. Üben der Arbeitnehmer im Nichteinsatz und der beim Entleiher eingesetzte Arbeitnehmer vor dem Wegfall des Arbeitsplatzes die gleiche Tätigkeit aus, so besteht eine Vergleichbarkeit nach arbeitsplatzbezogenen Merkmalen.

Das arbeitsvertragliche Direktionsrecht ist in den Arbeitsverträgen der Zeitarbeitsbranche in der Regel weit ausgestaltet, um die Arbeitnehmer in wechselnden Einsatzbetrieben beschäftigen zu können. Daher enthalten die entsprechenden Verträge meist eine umfassende Einsatz- und Versetzungsbefugnis des Arbeitgebers.

Das arbeitsvertragliche Direktionsrecht hindert demnach nicht den Vergleich zwischen eingesetzten und nicht eingesetzten Arbeitnehmern.

(aaa) Bestehen eines Austauschrechtes ohne konkrete Vereinbarung

In einer weiteren Vertragsgestaltung werden im Überlassungsvertrag die zu überlassenden Arbeitnehmer namentlich benannt, jedoch ein Austauschrecht nicht vereinbart. Eine Berechtigung zur Ersatzbeschaffung durch den Verleiher besteht dann nicht. Durch die Vereinbarung der Überlassung eines konkret benannten Arbeitnehmers wird der Verleiher sowohl von seiner Verpflichtung zur Ersatzbeschaffung, als auch von seiner Berechtigung zum Austausch der überlassenen Arbeitnehmer

747 *Reinsch*, Das Rechtsverhältnis zwischen Entleiher und Leiharbeitnehmer, S. 34ff.

befreit.[748] Hier stellt sich die eigentliche Frage nach der Vergleichbarkeit von nicht eingesetzten und eingesetzten Arbeitnehmern.

Einigkeit besteht darin, dass das Austauschrecht des Verleihers im Überlassungsvertrag ausgeschlossen werden kann.[749] Unklar ist die Rechtslage jedoch, wenn das Austauschrecht des Verleihers weder explizit vereinbart, noch ausgeschlossen wurde. Das Bundesarbeitsgericht hat diese Frage in seiner Entscheidung vom 20.06.2013 offen gelassen.[750]

Das Landesarbeitsgericht Hessen geht in seiner Entscheidung vom 29.04.2010[751] davon aus, dass ein Überlassungsvertrag, der die zu überlassenden Arbeitnehmer namentlich bezeichnet, einen Austausch der entsprechenden Arbeitnehmer zulässt.

Aufgrund der unter C.X.2)a)bb) bbb) dargestellten Kritik an dem Urteil des LAG Hessen ist dem jedoch nicht zu folgen.

Haben sich die Vertragsparteien auf die Überlassung bestimmter namentlich bezeichneter Arbeitnehmer geeinigt, spricht der Wortlaut dafür, dass sich die Überlassung auch nur auf diese Arbeitnehmer beschränken sollte. Den Parteien kam es erkennbar auf die Überlassung der bezeichneten Arbeitnehmer an. Wäre dies nicht der Fall, hätte der Überlassungsvertrag als Gattungsschuld ausgestaltet werden können. Für diese Ansicht spricht auch bereits eine natürliche unjuristische Betrachtung. Stellt ein Arbeitgeber einen bestimmten Arbeitnehmer ein, so geht er selbstverständlich davon aus, dass die Arbeitsleistung auch von diesem Arbeitnehmer erbracht wird. Gleiches gilt beim Abschluss des Überlassungsvertrages, auch hier darf der Entleiher davon ausgehen, dass die extra ausgehandelten und namentlich bezeichneten Arbeitnehmer die vereinbarte Arbeitsleistung erbringen. Die Parteien haben hier gerade eine Gestaltung des Überlassungsvertrages gewählt, die die Überlassung auf bestimmte Arbeitnehmer beschränkt. Diese spezielle Gestaltung in Abweichung von der „normalen" Ausgestaltung als Gattungsschuld spricht klar gegen ein Austauschrecht.

Diese Auslegung liegt auch im Interesse beider Vertragsparteien. Hat der Entleiher ein Interesse an der Überlassung von bestimmten Arbeitnehmern, beispielsweise weil diese aufgrund vorheriger Überlassungen bereits eingearbeitet sind oder weil diese über besondere Qualifikationen verfügen, ist durch den Verleiher in der Regel ein höheres Überlassungsentgelt zu erzielen als dies bei Verträgen der Fall ist, bei

---

748 Kim, Die konzerninterne Arbeitnehmerüberlassung durch die Personalführungsgesellschaft und das Betriebsverfassungsrecht, S. 58; Thüsing/*Thüsing*, AÜG, Einl. Rn. 42.

749 BAG v. 20.06.2013, 2 AZR 271/12, NZA 2013, 837; LAG Hessen, 29.04.2010, 9 Sa 1830/09, zit. nach Juris, Nichtzulassungsbeschwerde unter 10 AZN 1100/10 (n.v.) erfolgreich, Revision unter Az. 2 AZR 66/11, Erledigung durch Rücknahme; *Ulber*, AÜG, § 12 Rn. 12.

750 BAG v. 20.06.2013, 2 AZR 271/12, NZA 2013, 837.

751 LAG Hessen, 29.04.2010, 9 Sa 1830/09, zit. nach Juris, Nichtzulassungsbeschwerde unter dem Az. 10 AZN 1100/10 (n.v.) erfolgreich, Revision unter Az. 2 AZR 66/11, Erledigung durch Rücknahme.

denen bloß gattungsmäßig bestimmte Arbeitnehmer überlassen werden. Im Gegenzug kann der Entleiher erwarten, dass ihm die vereinbarten Arbeitnehmer auch in Person überlassen und nicht durch andere Arbeitnehmer ausgetauscht werden. Würde man auch bei der namentlich bestimmten Überlassung ein Austauschrecht des Verleihers annehmen, bestünde letztlich kein wesentlicher Unterschied zu der Ausgestaltung als Gattungsschuld.

Ein Austauschrecht des Verleihers bei namentlich bestimmten Überlassungsverträgen besteht auch ohne explizit vereinbarten Ausschluss der Ersetzungsbefugnis, nicht.

(bbb) Beschränkung des Direktionsrechtes durch den Überlassungsvertrag

Durch die Ausgestaltung des Überlassungsvertrages als Stückschuld wird im Verhältnis zwischen Verleiher und Entleiher der Austausch von Arbeitnehmern ausgeschlossen. Die Sozialauswahl findet jedoch im Verhältnis zwischen dem Verleiher und dem Leiharbeitnehmer statt. Daher wird, zunächst konsequent, von einem Teil der Literatur ein Einfluss der Direktionsrechtsbeschränkung im Verhältnis zum Entleiher auf die Sozialauswahl verneint.[752] Diese Ansicht stützt sich darauf, dass das Kündigungsschutzgesetz bei der Bestimmung der Vergleichbarkeit auf die vertraglich geschuldete Arbeitsleistung und nicht auf den Inhalt eines Vertrages mit Dritten beziehungsweise des Überlassungsvertrages abstellt.[753]

Nach dieser Ansicht darf sich der Verleiher bei Beendigung eines Überlassungsvertrages bei der Sozialauswahl weder auf die Arbeitnehmer beschränken, die gerade nicht im Einsatz sind, noch auf die Arbeitnehmer, die bei dem kündigenden Entleiher im Einsatz waren.[754]

Für eine solche Betrachtung spricht, dass hier eine saubere Unterscheidung zwischen den jeweiligen Rechtsverhältnissen vorgenommen wird. Die Sozialauswahl findet im Verhältnis zwischen Arbeitgeber und Arbeitnehmer statt, insofern wird auch nur die Ausgestaltung des arbeitsvertraglichen Direktionsrechtes im Verhältnis zwischen diesen Beteiligten der Reichweite der Sozialauswahl zu Grunde gelegt.

Auch der Sinn und Zweck der Sozialauswahl, die Folgen des Arbeitsplatzwegfalles möglichst sozialverträglich zu verteilen[755], wird auf den ersten Blick hier besser umgesetzt. Eine möglichst weit ausgestaltete Vergleichbarkeit führt durch die Einbeziehung zusätzlicher Arbeitnehmer zu einem besseren Schutz der sozial

752 *Henning*, Die betriebsbedingte Kündigung, www.zeitarbeit-und-recht.de, S. 4, Stand: 01.07.2012.

753 *Henning*, Die betriebsbedingte Kündigung, www.zeitarbeit-und-recht.de, S. 4, Stand: 01.07.2012.

754 *Henning*, Die betriebsbedingte Kündigung, www.zeitarbeit-und-recht.de, S. 4, Stand: 01.07.2012.

755 BAG v. 17.09.1998, 2 AZR 725/97, AP § 1 KSchG 1969 Soziale Auswahl Nr. 36; ErfK/*Oetker*, § 1 KSchG Rn. 300; *Preis* in Stahlhacke/Preis/Vossen, Kündigungsschutz, Abschn. § 2 Rn. 1022.

Schwächeren. Die Folgen des Arbeitsplatzwegfalles treffen den sozial stärksten Arbeitnehmer einer möglichst großen Gruppe, dem auf dem Arbeitsmarkt die besten Chancen auf einen neuen Arbeitsplatz eingeräumt werden.

Weiter würde die Berücksichtigung des Überlassungsvertrages bei der Sozialauswahl dazu führen, dass der Arbeitgeber durch die Ausgestaltung der Überlassungsverträge die Reichweite der Sozialauswahl beeinflussen kann, ohne dass die betroffenen Arbeitnehmer darauf Einfluss haben, oder auch nur Kenntnis erlangen. Für den Arbeitnehmer, dessen Arbeitsplatz wegfällt, stellt der Überlassungsvertrag ohne Austauschrecht eine Einschränkung seines Schutzes durch § 1 Abs. 3 KSchG dar. Um einen unzulässigen Vertrag zu Lasten Dritter handelt es sich hier allerdings nicht. Dieser liegt nur dann vor, wenn durch ihn unmittelbar eine Rechtspflicht eines am Vertrag nicht beteiligten Dritten entstehen soll.[756] Dass sich eine zwischen zwei Parteien vereinbarte Regelung für einen Dritten wirtschaftlich nachteilig auswirkt, macht die Vereinbarung nicht zu einem Vertrag zu Lasten Dritter im Rechtssinne.[757]

Ein weiterer Vorteil dieser Auslegung liegt darin, dass die zum Normalarbeitsverhältnis entwickelten Grundsätze ohne besondere Anpassungen übertragen werden können. In dieser anpassungslosen Übertragung werden jedoch gleichzeitig die Besonderheiten des Leiharbeitsverhältnisses außer Acht gelassen.

Diese Ansicht verkennt, dass es sich bei dem Leiharbeitsverhältnis im Unterschied zum Normalarbeitsverhältnis nicht um ein Zweipersonenverhältnis zwischen Verleiher und Arbeitnehmer handelt. Durch eine Gleichstellung mit dem Normalarbeitsverhältnis wird außer Acht gelassen, dass es sich bei der Leiharbeit um ein Dreiecksverhältnis mit eigenen Vertragsbeziehungen zwischen Verleiher und Leiharbeitnehmer einerseits und Entleiher und Verleiher andererseits handelt.[758] Diese Dreiecksbeziehung und somit das Verhältnis zwischen Verleiher und Entleiher prägt auch die arbeitsvertragliche Ebene zwischen Arbeitnehmer und Arbeitgeber. Die Einstellung zur Arbeitnehmerüberlassung ist auch ausdrücklicher Vertragsbestandteil des Arbeitsvertrages zwischen Verleiher und Arbeitnehmer. Einerseits besteht die Bindung des Arbeitgebers durch den Überlassungsvertrag, andererseits ist der Arbeitnehmer im Betrieb des Entleihers eingesetzt und untersteht dessen Weisungen. Der Bestand des Arbeitsverhältnisses hängt von der Fähigkeit des Arbeitgebers ab, genügend Überlassungsverträge abzuschließen.

Durch die Änderung des Arbeitnehmerüberlassungsgesetzes wurde zwar eine Angleichung an das Normalarbeitsverhältnis bewirkt. Allerdings wurde durch die Gesetzesänderung keine völlige Gleichstellung der Leiharbeit mit Zweipersonenarbeitsverhältnissen erreicht. Die typische Dreiecksbeziehung, die die Besonderheit des Leiharbeitsverhältnisses darstellt, blieb erhalten. Eine solche Besonderheit und

756 BGH v. 29.06.2004, VI ZR 211/03, NJW 2004, 3326; BGH v. 23.01.2003, V ZB 48/02, NJW-RR 2003, 577; LSG Rheinland-Pfalz v. 09.11.1999, L 7 U 210/99, EzS 128/186; MüKo-BGB/*Gottwald*, § 328 Rn. 250, 256.

757 BGH v. 06.02.2009, V ZR 130/08, NJW 2009, 1346.

758 *Dahl*, DB 2003, 1626 (1629).

deren Auswirkungen können daher für die arbeitsvertragliche Beziehung nicht unberücksichtigt bleiben. Dies würde sowohl rechtliche Bindungen als auch praktisch bestehende Unterschiede zu Unrecht außer Acht lassen. Daher wird von der zutreffenden Ansicht vertreten, dass die Verhältnisse des Überlassungsvertrages auch im Arbeitsverhältnis bei der Frage der Austauschbarkeit zu berücksichtigen sind.[759]

Im Gegensatz zum Normalarbeitsverhältnis hat der Arbeitgeber wegen des fehlenden Austauschrechtes im Überlassungsverhältnis nicht das Recht, den sozial schwächeren Arbeitnehmer auf den Arbeitsplatz des gekündigten Arbeitnehmers zu versetzen.

Auch im Normalarbeitsverhältnis gelten Arbeitnehmer im Rahmen der Sozialauswahl nur als vergleichbar, wenn der Arbeitgeber den Arbeitnehmer, dessen Arbeitsplatz wegfällt, im Rahmen seines Versetzungsrechtes, d.h. ohne Arbeitsvertragsänderung, auf den Arbeitsplatz eines sozial weniger schutzwürdigen Arbeitnehmers umsetzen kann. Gleiches muss auch beim Zeitarbeitsunternehmen gelten. Nur dann, wenn der Arbeitgeber im Rahmen seiner vertraglichen Befugnisse einen Arbeitnehmer auf den Arbeitsplatz eines sozial schutzwürdigeren Arbeitnehmers versetzen kann, sind diese als vergleichbar anzusehen. Kann der Arbeitnehmer aufgrund eines fehlenden Austauschrechtes einen Arbeitnehmer hingegen nicht auf einen anderen Arbeitsplatz versetzen, ist dieser nicht als vergleichbar anzusehen. Das Bundesarbeitsgericht spricht hier davon, dass der Arbeitgeber den Arbeitnehmer „einseitig auf den anderen Arbeitsplatz um- oder versetzen kann".[760] Eine solche Einseitigkeit liegt jedoch nur vor, wenn der Arbeitgeber die Versetzung ohne Zustimmung des Entleihers durchführen kann. Es darf hier keinen Unterschied machen, ob die arbeitsvertragliche Situation der Leiharbeitnehmer die Vergleichbarkeit einschränkt, oder der Arbeitnehmerüberlassungsvertrag. In beiden Fällen ist die vertragliche Dispositions- bzw. Versetzungsbefugnis des Arbeitgebers gleichermaßen eingeschränkt. Nur auf diese ist jedoch abzustellen, da nur dann ein Austausch zwischen dem Arbeitnehmer auf dem weggefallenen Arbeitsplatz und dem sozial weniger schutzwürdigeren Arbeitnehmer stattfinden kann.

(ccc) Ergebnis

Die Ausgestaltung der Überlassungsverträge hat Einfluss auf die Rechtsbeziehung zwischen Verleiher und Leiharbeitnehmer. Die Direktionsrechtseinschränkung durch den Überlassungsvertrag führt zum Ausschluss der rechtlichen Austauschbarkeit. Daher sind Arbeitnehmer, die sich im Rahmen von namentlich bestimmten Überlassungsverträgen ohne Austauschrecht des Verleihers beim Entleiher im Einsatz befinden, im Rahmen der Sozialauswahl nicht mit anderen Arbeitnehmern des Verleihers vergleichbar. Eine Einbeziehung dieser Arbeitnehmer in die Sozialauswahl findet nicht statt.

---

759 *Dahl*, DB 2003, 1626 (1629).

760 BAG v. 02.06.2005, 2 AZR 480/04, AP Nr. 75 zu § 1 KSchG 1969 Soziale Auswahl.

6) Bestimmung der sozialen Schutzwürdigkeit

Nach § 1 Abs. 3 S. 1 KSchG hat der Arbeitgeber bei der Sozialauswahl das Lebensalter, die Dauer der Betriebszugehörigkeit, Unterhaltspflichten sowie eine Schwerbehinderung zu berücksichtigen. Unter Betriebszugehörigkeit ist hier die Dauer des Arbeitsverhältnisses zu verstehen, d.h. die Zugehörigkeit zum Unternehmen.[761]

Bei der Bestimmung der Betriebszugehörigkeit sind Vorbeschäftigungszeiten dann zu berücksichtigen, wenn sie in einem engen zeitlichen und sachlichen Zusammenhang zum jetzigen Arbeitsverhältnis stehen.[762] Hier gelten die gleichen Anrechnungsgrundsätze wie bei der Bestimmung der Sechsmonatsfrist nach § 1 Abs. 1 S. 1 KSchG.[763] [764] § 1 Abs. 3 S. 1 KSchG stellt auf die „Betriebszugehörigkeit" ab, während § 1 Abs. 1 S. 1 KSchG das sechsmonatige Bestehen eines Arbeitsverhältnisses mit dem gleichen Arbeitgeber „ohne Unterbrechung" voraussetzt. § 1 Abs. 1 S. 1 KSchG ist also insoweit enger formuliert als § 1 Abs. 3 S. 1 KSchG als er ausdrücklich das ununterbrochene Bestehen eines Arbeitsverhältnisses verlangt, während § 1 Abs. 3 KSchG nur generell auf die Betriebszugehörigkeit verweist. Aus diesem unterschiedlichen Wortlaut folgt, dass wenn schon bei § 1 Abs. 1 S. 1 KSchG im Zusammenhang stehende Vorbeschäftigungszeiten anzurechnen sind, dies bei § 1 Abs. 3 KSchG erst recht gelten muss.

In der Rechtsprechung existieren keine starren Vorgaben bzgl. der Gewichtung der einzelnen Kriterien. Der Arbeitgeber hat bei der Bewertung der einzelnen Kriterien einen Beurteilungsspielraum.[765] Diesbezüglich bestehen demnach keine Besonderheiten in Bezug auf das Leiharbeitsverhältnis.

7) Herausnahme aus der Sozialauswahl § 1 Abs. 3 S. 2 KSchG

a) Herausnahme als Leistungsträger

Arbeitnehmer, deren Weiterbeschäftigung wegen ihrer besonderen Kenntnisse, Fähigkeiten und Leistungen im berechtigten betrieblichen Interesse nach § 1 Abs. 3 S. 2 KSchG liegt, können ausnahmsweise von der Sozialauswahl ausgenommen werden.[766] Dies ergibt sich aus der Stellung und Reihenfolge der

---

761 BAG v. 02.06.2005, 2 AZR 158/04, AP Nr. 73 zu § 1 KSchG 1969 Soziale Auswahl; BAG v. 06.02.2003, 2 AZR 623/01, EzA § 1 KSchG Soziale Auswahl Nr. 51; A/P/S-*Kiel*, § 1 Rn. 713; ErfK/*Oetker*, § 1 KSchG, Rn. 331.

762 APS/*Dörner* und Vossen, § 1 KSchG Rn. 37; KR-*Griebeling*, § 1 KSchG, Rn. 108ff; Schüren/*Schüren*, AÜG, Einl. Rn. 276.

763 BAG v. 06.02.2003, 2 AZR 623/01, EzA § 1 KSchG Soziale Auswahl Nr. 51; A/P/S-*Kiel*, § 1 Rn. 713; ErfK/*Oetker*, § 1 KSchG, Rn. 331; KR-*Griebeling*, § 1 KSchG, Rn. 672.

764 Siehe unter C)III) 2.

765 *Jobs*, DB 1986, 538.

766 APS/*Kiel*, § 1 KSchG Rn. 748; *Däubler* NZA 2004, 177 (181); *Preis* in Stahlhacke/Preis/Vossen, Kündigungsschutz, Abschn. 2 § 2 Rn. 1102.

Regelungen in § 1 Abs. 3 KSchG.[767] Ein berechtigtes betriebliches Interesse liegt vor, wenn die Weiterbeschäftigung des Arbeitnehmers im Interesse eines geordneten Betriebsablaufes erforderlich ist.[768] Das Vorliegen einer Zwangslage ist für die Herausnahme eines Arbeitnehmers aus der Sozialauswahl nicht erforderlich[769], bloße Nützlichkeitserwägungen genügen allerdings auch nicht.[770]

Eine Herausnahme aus der Sozialauswahl kann erfolgen, wenn der entsprechende Arbeitnehmer über besondere Kenntnisse, Fähigkeiten oder Leistungen verfügt, die seine Weiterbeschäftigung erfordern. Auch eine vielseitigere Verwendbarkeit beziehungsweise Einsetzbarkeit, kann der Einbeziehung in die Sozialauswahl entgegenstehen.[771] Problematisch ist dies jedoch, wenn die vielseitigere Verwendbarkeit aus zusätzlichen Qualifikationen des Arbeitnehmers besteht. Sind diese Qualifikationen nicht für die konkret geschuldete Tätigkeit maßgeblich, berechtigen sie nicht zur Herausnahme aus der Sozialauswahl.[772] Besondere Kontakte zu Kunden oder Lieferanten können die Weiterbeschäftigung eines sozial stärkeren Arbeitnehmers rechtfertigen,[773] sofern diese Geschäftskontakte für den Betrieb einen wichtigen betrieblichen Faktor darstellen und diese durch die Kündigung entfallen.[774]

Das bei der Leiharbeit gegebene betriebliche Interesse, den Arbeitnehmer im Nichteinsatz anstelle des aktuell eingesetzten Arbeitnehmers zu kündigen, lässt sich keiner dieser Fallgruppen zuordnen.

Zunächst naheliegend ist die Fallgruppe der vielseitigeren Verwendbarkeit eines Arbeitnehmers. Der Arbeitnehmer im Einsatz ist für den Verleiher zunächst besser zu verwenden, als ein Arbeitnehmer im Nichteinsatz. Dies gilt insbesondere, wenn der Überlassungsvertrag nur die Überlassung des vereinbarten Arbeitnehmers gestattet. Die vielseitigere Verwendbarkeit im Sinne des § 1 Abs. 3 S. 1 KSchG kann sich jedoch nur aus einem weit gefassten arbeitsvertraglichen Direktionsrecht oder zusätzlichen Qualifikationen ergeben, die nicht Bestandteil der arbeitsvertraglich vereinbarten Arbeitnehmerleistung sind.[775] Die vielseitigere Verwendbarkeit resultiert im vorliegenden Fall jedoch weder aus besonderen Fähigkeiten des Arbeitnehmers,

---

767 LAG Düsseldorf v. 04.03.1998, 12 Sa 2125/97, LAGE § 1 KSchG Interessenausgleich Nr. 3.

768 BAG v. 24.03.1983, 2 AZR 21/82, AP Nr. 12 zu § 1 KSchG 1969 Betriebsbedingte Kündigung; BAG v. 25.04.1985, 2 AZR 140/84, AP Nr. 7 zu § 1 KSchG 1969 Soziale Auswahl; *Schaub*, BB 1993, 1089 (1093).

769 *Preis* in Stahlhacke/Preis/Vossen, Kündigungsschutz, Abschn. 2 § 2 Rn. 1104.

770 *Preis* in Stahlhacke/Preis/Vossen, Kündigungsschutz, Abschn. 2 § 2 Rn. 1104.

771 BAG v. 20.10.1983, 2 AZR 211/82, AP Nr. 13 zu § 1 KSchG 1969 Betriebsbedingte Kündigung; *Bütefisch*, Die Sozialauswahl, S. 311; *Preis* in Stahlhacke/Preis/Vossen, Kündigungsschutz, Abschn. 2 § 2 Rn. 1118;

772 *Preis* in Stahlhacke/Preis/Vossen, Kündigungsschutz, Abschn. 2 § 2 Rn. 1118.

773 ErfK/*Oetker*, § 1 KSchG Rn. 346; *Preis* in Stahlhacke/Preis/Vossen, Kündigungsschutz, Abschn. 2 § 2 Rn. 1116.

774 *Preis* in Stahlhacke/Preis/Vossen, Kündigungsschutz, Abschn. 2 § 2 Rn. 1116.

775 *Bütefisch*, Die Sozialauswahl, S. 313.

noch aus der weiten Direktionsrechtsgestaltung. Die aktuelle Verwendbarkeit richtet sich nur danach, ob der betreffende Arbeitnehmer zufällig gerade eingesetzt ist beziehungsweise nach der Ausgestaltung des aktuellen Überlassungsvertrages.

Beides stellt jedoch keine Eigenschaft dar, die gerade dem Arbeitnehmer oder dem Arbeitsverhältnis zwischen Arbeitgeber und Arbeitnehmer anhaftet. Solche Kriterien berechtigen nicht zu einer Herausnahme aus der Sozialauswahl wegen dringender betrieblicher Bedürfnisse.

Auch besondere Kunden- oder Lieferantenkontakte können eine Herausnahme aus der Sozialauswahl rechtfertigen.[776] Erforderlich ist, dass der Arbeitnehmer besondere Kontakte hat, die für den Betrieb einen beachtlichen wirtschaftlichen Faktor darstellen und bei einer Entlassung des Arbeitnehmers wegzufallen drohen.[777] Allein der Einsatz bei einem Entleiher stellt jedoch keinen solchen Kundenkontakt dar. Zwar hat ein Arbeitnehmer, der im Betrieb des Entleihers tätig ist, unzweifelhaft einen besseren Kontakt zu diesem als ein Arbeitnehmer im Nichteinsatz. Diese Situation beruht jedoch nicht auf besonderen Kontakten oder Netzwerken des Arbeitnehmers, sondern ergibt sich bloß zufällig aus der Einsatzlage zum Zeitpunkt anstehender Kündigungen. Die Kontakte ergeben sich demnach nicht aus der Person des Arbeitnehmers, sondern der zufälligen Einsatzplanung des Verleihers. Hinzu kommt, dass die Kundenkontakte, d.h. die Kontakte zu den Entleihbetrieben in der Regel nicht von den Leiharbeitnehmern, sondern von den internen Arbeitnehmern des Verleihers aufgebaut werden. Die Kundenakquise und Betreuung wird von der Verwaltungsabteilung des Zeitarbeitsunternehmens ausgeübt, von Arbeitnehmern die nicht als Leiharbeitnehmer beschäftigt werden. Besondere Kundenkontakte der Leiharbeitnehmer im Einsatz bestehen demnach in aller Regel nicht.

Zusammenfassend ergibt sich, dass die Herausnahme aus der Sozialauswahl nach § 1 Abs. 3 S. 1 KSchG schon nach dem Wortlaut der Norm an Besonderheiten in der Person des Arbeitsnehmers oder des Arbeitsvertrages zwischen Arbeitnehmer und Arbeitgeber anknüpft. Daher ist weder ein aktuell bestehender Einsatz des Leiharbeitnehmers, noch die Ausgestaltung des Überlassungsvertrages ohne Austauschrecht des Verleihers, eine zulässige Rechtfertigung für die Herausnahme aus der Sozialauswahl.

b) Herausnahme zur Erhaltung der Altersstruktur

Die Herausnahme aus der Sozialauswahl zur Erhaltung der Altersstruktur bzw. die Bildung von Altersbändern spielt in der Leiharbeit keine Rolle. Zwar darf der Arbeitgeber zur Erhaltung der betrieblichen Altersstruktur grundsätzlich Altersgruppen zur Durchführung der Sozialauswahl bilden.[778] Die unterschiedliche, an

776 *Bütefisch*, Die Sozialauswahl, S. 315; ErfK/*Oetker*, § 1 KSchG Rn. 346; ErfK/*Oetker*, § 1 KSchG Rn. 346.

777 *Bütefisch*, Die Sozialauswahl, S. 315.

778 BAG v. 06.12.2008, 2 AZR 523/07, AP Nr. 182 zu § 1 KSchG 1969; ErfK/*Oetker*, § 1 KSchG Rn. 347.

das Alter anknüpfende Behandlung ist jedoch nur dann gerechtfertigt, wenn berechtigte betriebliche Bedürfnisse für eine Erhaltung der Altersstruktur bestehen und diese vom Arbeitgeber nachgewiesen werden.[779] Der Arbeitgeber muss hier konkret nachweisen, welche Nachteile sich durch eine Soziauswahl ohne Altersgruppenbildung ergäben.[780]

Solche berechtigten betrieblichen Bedürfnisse fehlen in Zeitarbeitsunternehmen meist. In der Leiharbeit besteht anders als in Normalarbeitsverhältnissen die Besonderheit, dass keine langjährige Stammbelegschaft besteht und Arbeitsverhältnisse nicht auf Dauer angelegt sind. Die hohe Fluktuation und die kurze durchschnittliche Dauer der Arbeitsverhältnisse führen dazu, dass nur ein sehr kleiner Teil der Leiharbeitnehmer bei einer Entlassungswelle in den Bereich des Kündigungsschutzgesetzes fällt und bei der Sozialauswahl zu berücksichtigen ist. Dieser Teil der in den Bereich des Kündigungsschutzgesetzes fallenden Arbeitnehmer ist für den Erhalt der Altersstruktur des Betriebes kaum relevant.

Hinzu kommt, dass aufgrund der hohen Fluktuation und der vielen befristeten Arbeitsverhältnisse der Arbeitgeber die Möglichkeit hat, eventuelle Verschiebungen in der Altersstruktur schnell wieder auszugleichen. Ein betriebliches Bedürfnis für eine Herausnahme aus der Sozialauswahl oder Bildung von Altersbändern ist demnach nicht gegeben. Aufgrund des entsprechenden Organisations- und Begründungsaufwandes und den dargestellten einfachen Ausgleichmöglichkeiten durch die für die Leiharbeit typische Fluktuation liegen besondere Maßnahmen zur Erhaltung der Altersstruktur auch nicht im Interesse des Arbeitgebers.

8) Zusätzliche Voraussetzungen in der Leiharbeit

Die Beschränkung der Vergleichbarkeit bei namentlich bestimmten Überlassungsverträgen auf die nicht im Einsatz befindlichen Arbeitnehmer führt zu einer Beschränkung der Vergleichsgruppe und somit zu einer Minderung des Schutzniveaus des nicht eingesetzten Arbeitnehmers. Fraglich ist, ob als Kompensation dieses eingeschränkten Schutzes besondere Anforderungen an die Kündigung des Arbeitnehmers im Nichteinsatz zu stellen sind.

Bei einem Personallabbau außerhalb der Zeitarbeitsunternehmen werden nur wenige Arbeitnehmer wegen ihrer besonderen Fähigkeiten aus der Sozialauswahl ausgenommen. Im vorliegenden Fall wird jedoch bereits auf der Stufe der Vergleichbarkeit ein erheblicher Teil der Arbeitnehmer, also alle im Einsatz befindlichen Arbeitnehmer, die im Rahmen eines Überlassungsvertrages ohne Austauschrecht überlassen sind, von der Sozialauswahl ausgenommen. Die Sozialauswahl wird dadurch erheblich eingeschränkt.

Sinn und Zweck der Sozialauswahl ist es, den Nachteil der betriebsbedingten Kündigung möglichst gerecht nach sozialen Gesichtspunkten auf die Arbeitnehmer

779 BAG v. 20.04.2005, 2 AZR 201/04, NZA 2005, 877.
780 BAG v. 20.04.2005, 2 AZR 2010/04, NZA 2005, 877.

zu verteilen.[781] Durch die Beschränkung der Sozialauswahl auf eine kleinere Gruppe werden die Folgen des Arbeitsplatzabbaus nicht auf die sozial stärksten Arbeitnehmer verteilt. Überdies schafft der Arbeitgeber die Einengung der einzubeziehenden Arbeitnehmer einseitig durch den Abschluss entsprechender Überlassungsverträge. Damit wird das Betriebsrisiko, dass der Arbeitgeber durch seine Bindung an die Überlassungsverträge eingeht, auf den Arbeitnehmer abgewälzt, dem dadurch der Schutz der ihm zustehenden Sozialauswahl zum Teil entzogen wird.

Daher wird vertreten, dass an die Kündigung der nicht eingesetzten Arbeitnehmer erhöhte Anforderungen zu stellen sind. Hierzu wird von *Hermann*[782] die Ansicht vertreten, die Kündigung des Arbeitnehmers im Nichteinsatz könne nur unter den Voraussetzungen der Druckkündigung erfolgen.

Als Druckkündigung wird eine Kündigung bezeichnet, die von Belegschaft, Betriebsrat, Gewerkschaft oder Kunden des Arbeitgebers unter Androhung von Nachteilen gegenüber dem Arbeitgeber erzwungen wird.[783] Die Druckkündigung wird, soweit sie nicht als personen- oder verhaltensbedingte Kündigung gerechtfertigt ist, in Grenzen als betriebsbedingte Kündigung zugelassen.[784] Nach der Rechtsprechung muss der Arbeitgeber sich auf Grund seiner arbeitsvertraglichen Fürsorgepflicht schützend vor den Arbeitnehmer stellen und alles Zumutbare unternehmen, um den Dritten von der Drohung abzubringen und eine Kündigung zu vermeiden. Die Kündigung muss danach das letztmögliche Mittel sein, um Schaden vom Unternehmen abzuwenden.[785]

Diese Ansicht ist abzulehnen, da der Druckkündigung einerseits und der hier behandelten betriebsbedingten Kündigung von Leiharbeitnehmern andererseits unterschiedliche Ausgangssituationen zugrunde liegen. Bei der Druckkündigung besteht im Verhältnis zwischen Arbeitnehmer und Arbeitgeber kein Kündigungsgrund nach § 1 Abs. 3 KSchG. Daher sind hier die erhöhten Anforderungen einer Druckkündigung gerechtfertigt. Bei der Kündigung des Leiharbeitnehmers im Nichteinsatz wegen der Beschränkung der rechtlichen Vergleichbarkeit durch die Überlassungsverträge handelt es sich jedoch um eine betriebsbedingt sozial gerechtfertigte Kündigung.

Der Verleiher hat die Beschränkung der Sozialauswahl jedoch durch seine Vertragsgestaltung verursacht. Daher wäre denkbar, ihm vor der Kündigung eines

---

781 BAG v. 29.03.1990, 2 AZR 369/89, AP Nr. 50 zu § 1 KSchG 1969 Betriebsbedingte Kündigung; BAG v. 17.09.1998, 2 AZR 725/97, AP Nr. 36 zu § 1 KSchG 1969 Soziale Auswahl; ErfK/*Oetker*, § 1 KSchG Rn. 300; *Preis* in Stahlhacke/Preis/Vossen, Kündigungsschutz, Abschn. 2 § 2 Rn. 1022.

782 *Hermann*, Schaffung von Arbeitsplätzen durch Leiharbeit, S. 223.

783 *Preis* in Stahlhacke/Preis/Vosssen, Kündigungsschutz, Abschn. 2 § 2 Rn. 970.

784 BAG v. 19.06.1986, 2 AZR 563/85, EzA § 1 KSchG Betriebsbedingte Kündigung Nr. 39; BAG v. 04.10.1990, 2 AZR 201/90, AP Nr. 12 zu § 626 BGB Druckkündigung; *Preis* in Stahlhacke/Preis/Vosssen, Kündigungsschutz, Abschn. 2 § 2 Rn. 970.

785 ArbG Frankfurt v. 16.12.2003, 5 Ca 1883/03 zit. nach Juris; *Preis* in Stahlhacke/Preis/Vossen, Kündigungsschutz, Abschn. 2 § 2 Rn. 970.

sozial schwächeren Arbeitnehmers im Nichteinsatz besondere Bemühungen zur Herbeiführung einer Austauschbarkeit aufzuerlegen. Möglich wäre hier beispielsweise, dass der Arbeitgeber vor dem Ausspruch einer Kündigung bei den jeweiligen Verleihern anfragen muss, ob dieser trotz des namentlich bestimmten Überlassungsvertrages bereit ist, einem Austausch des sozial stärkeren eingesetzten Arbeitnehmers zuzustimmen. Für diese zusätzliche Anforderung an die Wirksamkeit der Kündigung eines Leiharbeitnehmers sprechen zunächst das Schutzbedürfnis des Leiharbeitnehmers sowie die effektive Umsetzung des Gesetzeszwecks, die Folgen des Arbeitsplatzabbaus möglichst sozialverträglich zu verteilen.

Gegen diese zusätzliche Anforderung spricht jedoch die Praktikabilität einer solchen Lösung. Der Verleiher wäre gezwungen, im Falle einer Kündigungswelle bei den Entleihern die Austauschbereitschaft abzufragen und dieses Vorgehen im Kündigungsschutzprozess gegebenenfalls zu belegen. Bei den großen bundesweit agierenden Zeitarbeitsunternehmen würde demnach jede betriebsbedingte Personalabbaumaßnahme im Bereich des Kündigungsschutzgesetzes eine Flut von Anfragen an Entleiher im ganzen Bundesgebiet auslösen. Bis zur vollständigen Beantwortung dieser Anfragen bestünde Rechtsunsicherheit bezüglich des zu kündigenden Arbeitnehmers. Der Verleiher muss jedoch die Möglichkeit haben, die Sozialauswahl in seinem Betrieb vorhersehbar und rechtssicher zu gestalten. Er muss daher allein anhand der ihm vorliegenden Überlassungsverträge die Austauschbarkeit der Arbeitnehmer beurteilen und die Sozialauswahl entsprechend durchführen können.

Eine solche, der Kündigung vorgeschaltete Nachfrage bei den Entleihbetrieben, ist daher abzulehnen.

9) Fazit

Eine systematische, differenzierte Überprüfung der einzelnen Stufen der Sozialauswahl führt zu dem Ergebnis, dass die jeweilige Ausgestaltung des Überlassungsvertrages Einfluss auf die Reichweite der vergleichbaren Arbeitnehmer nimmt. Diese Lösung ermöglicht eine passgenaue Beurteilung des jeweiligen Einzelfalles.

Damit ist jedoch gleichzeitig der Nachteil verbunden, dass nicht pauschal einheitliche Regeln zur Durchführung der Sozialauswahl und zur Bildung der Vergleichsgruppen aufgestellt werden können. Für die Verleiher bedeutet dies einen erheblichen Verwaltungsaufwand und eine Überprüfung der dazugehörigen Überlassungsverträge im Einzelfall bei jeder beabsichtigten Kündigung. Der Leiharbeitnehmer steht einerseits der Schwierigkeit gegenüber, die bestehenden Rechtsverhältnisse überhaupt zu überblicken und andererseits kann er aufgrund der Unkenntnis der für ihn bestehenden Überlassungsverträge nicht die korrekte Bildung der Vergleichsgruppe beurteilen.

Der Arbeitnehmer hat somit zunächst keine Möglichkeit, die Aussichten eines Kündigungsschutzprozesses einzuschätzen. Hier kommt dem Auskunftsanspruch des Arbeitnehmers nach § 1 Abs. 3 S. 1 HS 2 KSchG besondere Bedeutung zu. Auch die Zeitarbeitsunternehmen müssen jederzeit damit rechnen, dass ihre

Auswahlentscheidung von den Arbeitsgerichten nicht als rechtmäßig anerkannt und die Kündigung für unwirksam erklärt wird. Den Unternehmen drohen damit bis zur rechtskräftigen Entscheidung erhebliche Differenzlohnansprüche und Unsicherheiten in der Personalplanung.

Die Sozialauswahl ist somit sowohl auf Arbeitgeber- wie auch Arbeitnehmerseite durch erhebliche Rechtsunsicherheit geprägt.

10) Vertragliche Gestaltungsmöglichkeiten

Solange weder der Gesetzgeber, noch die höchst- bzw. obergerichtliche Rechtsprechung hier Rechtssicherheit geschaffen haben, kommt für die Zeitarbeitsunternehmer der gezielten Gestaltung der Überlassungs- und Arbeitsverträge besondere Bedeutung zu.

a) Nachträgliche Änderung der Überlassungsverträge

Sandmann/Marschall/Schneider[786] empfehlen zur Legitimierung einer Sozialauswahl unter Kündigung eines sozial schwächeren Arbeitnehmers, die Überlassungsverträge der vergleichbaren sozial stärkeren Arbeitnehmer mit den Entleihern nachträglich vor Ausspruch der Kündigung so anzupassen, dass ein Austauschrecht des Verleihers ausgeschlossen wird. Zwar ist grundsätzlich auf die zum Zeitpunkt der Kündigung bestehenden Überlassungsverträge abzustellen. Ein solches Vorgehen ist jedoch bei einem unmittelbaren zeitlichen und sachlichen Zusammenhang mit den Kündigungen als unwirksam anzusehen. Eine solche Änderung der Verträge im Vorfeld der Kündigung stellt rechtsmissbräuchliches Handeln zur Umgehung des Kündigungsschutzes dar.

Eine nachträgliche Änderung der Überlassungsverträge schafft, von der Wirksamkeit einer solchen nachträglichen Änderung abgesehen, zudem auch nur bedingt zusätzliche Rechtssicherheit. Da von einem Teil der Literatur[787] vertreten wird, dass die Vereinbarungen im Überlassungsvertrag zwischen Verleiher und Entleiher keinen Einfluss auf die Sozialauswahl haben, und die Entwicklung der Rechtsprechung in diesem Bereich noch nicht abzuschätzen ist, bietet auch die Änderung der Überlassungsverträge keine Gewähr für die Wirksamkeit der Kündigung. Insoweit ist bei der Vertragsgestaltung der Schwerpunkt auf das Vertragsverhältnis zwischen Leiharbeitnehmer und Verleiher zu legen, da der Arbeitsvertrag und die Gestaltung des Weisungsrechtes unstreitig Einfluss auf die Sozialauswahl nehmen können.

786 *Sandmann/Marschall/Schneider*, Handbuch Zeitarbeit, Kap. 6 Rn. 327.

787 *Hermann*, Schaffung von Arbeitsplätzen durch Leiharbeit, S. 222; so wohl auch *Mohnke*, AuA 2006, 682.

b) *Nachträgliche Direktionsrechtsänderungen im Arbeitsvertrag vor Kündigungsausspruch*

Naheliegend ist, zunächst bei bevorstehenden Kündigungen, die Arbeitsverträge einzelner Mitarbeiter so zu ändern, dass durch gezielte Direktionsrechtserweiterungen oder Beschränkungen die Sozialauswahl so gesteuert werden kann, dass die gewünschten Arbeitnehmer gekündigt bzw. weiterbeschäftigt werden können.

aa) Direktionsrechtserweiterungen

Einerseits kann, zum Beispiel weil der nach der derzeitigen Arbeitsvertragsgestaltung zu kündigende Arbeitnehmer sich gerade im Einsatz befindet, das Einsatzgebiet dieses Arbeitnehmers so erweitert werden, dass sich die Sozialauswahl auf andere, sozial weniger schutzwürdige, Arbeitnehmer erstreckt.[788] Fallen durch die ausgeweitete Vergleichbarkeit zusätzliche sozial stärkere Arbeitnehmer in die Vergleichsgruppe des Klägers, so wären diese an seiner Stelle zu kündigen.[789]

Für eine solche Änderung des arbeitsvertraglichen Direktionsrechtes ist die Zustimmung des Arbeitnehmers erforderlich. Unter dem Gesichtspunkt, dass die Änderung des Direktionsrechtes vorgenommen wird, um eine Kündigung des jeweiligen Arbeitnehmers zu vermeiden, ist hier mit einer Mitwirkung des Arbeitnehmers zu rechnen. Allerdings ist zu berücksichtigen, dass eine solche Direktionsrechtserweiterung auch Nachteile für den Arbeitnehmer mit sich bringt. Um den Kreis der einzubeziehenden Arbeitnehmer ausreichend zu erweitern, ist es erforderlich, das Direktionsrecht des Arbeitgebers möglichst weit zu fassen. Dies bedeutet, der Arbeitnehmer hat weniger Einfluss auf die Zuweisung seiner künftigen Tätigkeit.

Eine solche Klausel, mit weiter Versetzungsbefugnis des Arbeitgebers, kann gegen §§ 305ff BGB verstoßen. Ein Verstoß gegen AGB-Recht kann nach der Rechtsprechung des Bundesarbeitsgerichtes beispielsweise vorliegen, wenn sich der Arbeitgeber vorbehält, dem Arbeitnehmer auch geringerwertige Tätigkeiten bzw. Tätigkeiten mit geringerer Vergütung zuzuweisen.[790]

Eine Überprüfung nach den §§ 305 ff BGB setzt jedoch zunächst das Vorliegen einer allgemeinen Geschäftsbedingung voraus. Dafür muss gem. § 305 Abs. 1 S. 1 BGB eine vorformulierte Vertragsbedingung vorliegen, diese muss für eine Vielzahl von Verträgen erstellt und vom Arbeitgeber gestellt worden sein.

Im vorliegenden Fall ist zweifelhaft, ob die Vertragsbedingung vom Arbeitgeber gestellt oder nicht vielmehr zwischen den Parteien ausgehandelt ist. Die Parteien müssen sich hier über die Änderung einer einzelnen Vertragsklausel verständigen.

---

788 *Dathe*, NZA 2007, 1205 (1208).

789 *Dathe*, NZA 2007, 1205 (1208).

790 BAG v. 09.05.2006, 9 AZR 424/05, AP Nr. 21 zu § 307 BGB; so auch: *Lakies*, Vertragsgestaltung und AGB im Arbeitsrecht, Kapitel 2 Rn. 70ff; BGB; Henssler/Moll, AGB-Kontrolle vorformulierter Arbeitsbedingungen, B. VII. 1; *Preis/Geneger*, NZA 2008, 969 (974); *Thüsing*, AGB-Kontrolle im Arbeitsrecht, E.VII.1.

Der Arbeitgeber ist hier nicht in der selben Position wie beim Abschluss des Vertrages, wo der Arbeitnehmer faktisch häufig nur den Gesamtvertrag annehmen kann oder nicht. Allerdings gilt § 310 Abs. 3 Nr. 1 BGB, wonach die Klausel als vom Verwender gestellt gilt, wenn sie nicht durch den Verbraucher in den Vertrag eingeführt wurde. Nach der Rechtsprechung des Bundesarbeitsgerichtes sind Arbeitsverträge als Verbraucherverträge einzustufen und daher ist § 310 Abs. 3 BGB auf Arbeitsverträge anzuwenden.[791] Eine aktive Einführung der Versetzungsklausel durch den Arbeitnehmer dürfte vom Arbeitgeber jedoch nur schwer nachzuweisen sein.

Jedoch liegt auch keine für eine Vielzahl von Verwendungen vorformulierte Klausel vor. Eine solche wird angenommen, wenn mindestens ihre dreimalige Verwendung beabsichtigt ist.[792] Dies ist bei Klauseln anzunehmen, die nicht auf die konkrete Vertragssituation zugeschnitten sind.[793]

Die Versetzungsklausel würde im vorliegenden Fall jedoch jeweils individuell auf den bestimmten Arbeitnehmer und die gewünschte Reichweite zugeschnitten, d.h. wäre nur für eine Verwendung gedacht. Selbst wenn die Versetzungsklauseln mehrerer Arbeitnehmer angepasst werden sollen, würde es sich hier gerade nicht um gleichlautende Klauseln handeln. Die Klauseln würden in jedem Einzelfall definieren, welcher Arbeitnehmer in welchen Bereich versetzt werden, bzw. mit welchen Arbeitsaufgaben betraut werden kann. Diese für den speziellen Einzelfall zugeschnittenen Klauseln sind daher nicht für eine Vielzahl von Verwendungen vorformuliert. Allerdings greift auch hier § 310 Abs. 3 Nr. 2 BGB ein, wonach die §§ 305c II und 307 bis 309 BGB auf nur zur einmaligen Verwendung vorformulierte Vertragsbedingungen in Verbraucherverträgen Anwendung finden, soweit der Verbraucher aufgrund der Vorformulierung keinen Einfluss auf den Inhalt nehmen konnte. Hier hat der Arbeitgeber die Möglichkeit, bei Abschluss der Änderungsvereinbarung die Einflussnahme bzw. die Einflussmöglichkeit des Arbeitnehmers sorgfältig zu dokumentieren und so eine Anwendung des § 310 Abs. 3 Nr. 2 BGB zu verhindern. Dies kann ggf. durch Nachweis unterschiedlicher Fassungen der Klausel bzw. des Änderungsvertrages geschehen. Kann der Arbeitgeber nachweisen, dass der Arbeitnehmer Einfluss auf die Vertragsbedingung genommen hat, ist diese nicht anhand von § 305 ff. BGB zu prüfen.[794] Eine Inhaltskontrolle findet nicht statt. Die §§ 305 ff. BGB beziehen sich ausdrücklich allein auf allgemeine Geschäftsbedingungen und die besonderen Fälle des § 310 Abs. 3 Nr. 2 BGB.[795] Individuelle

---

791 BAG v. 25.05.2005, 5 AZR 572/04, AP Nr. 1 zu § 310 BGB.

792 BAG v. 15.09.2009, AP Nr. 42 zu § 611 BGB; BAG v. 01.03.2006, 5 AZR 363/05, AP Nr. 3 zu § 308 BGB; *Henssler/Moll*, AGB-Kontrolle vorformulierter Arbeitsbedingungen, A. II. 1.; *Linck* in Schaub, Arbeitsrechts-Handbuch, § 35 Rn. 11.

793 BAG v. 01.03.2006, 5 AZR 363/05, AP Nr. 3 zu § 308 BGB; *Henssler/Moll*, AGB-Kontrolle vorformulierter Arbeitsbedingungen, A.II.1.; *Linck* in Schaub, Arbeitsrechts-Handbuch, § 35 Rn. 11.

794 BAG v. 25.05.2005, 5 AZR 572/04, AP Nr. 1 zu § 310 BGB.

795 BAG v. 25.05.2005, 5 AZR 572/04, AP Nr. 1 zu § 310 BGB.

Vertragsabreden haben daher nach § 305b BGB Vorrang. Diese Wertung darf nicht durch die Anwendung der §§ 305 ff. BGB umgangen werden.[796]

Daher liegt bei sorgfältiger Vorbereitung und Dokumentation der Einflussmöglichkeit des Arbeitnehmers in der dargestellten nachträglichen Direktionsrechtserweiterung bereits keine allgemeine Geschäftsbedingung nach § 305 ff BGB. Kann der Nachweis einer Einflussnahmemöglichkeit des Arbeitnehmers nicht geführt werden, muss sich die Erweiterung der Versetzungsklausel im AGB-konformen Rahmen bewegen, d.h. es darf zum Beispiel lediglich eine Versetzung auf gleichwertige Tätigkeiten vereinbart werden. Kann der Arbeitgeber die Einflussnahmemöglichkeit des Arbeitnehmers nicht nachweisen und ist die Klausel nicht AGB-rechtskonform formuliert, hat dies die Unwirksamkeit der Klausel gem. § 306 Abs. 2 BGB zur Folge.

Fraglich ist, welche Auswirkungen dies auf die durchzuführende Sozialauswahl hat. Würde man den Grundsatz anwenden, dass der Arbeitgeber sich nicht auf die Unwirksamkeit einer von ihm gestellten Klausel berufen kann[797], würde dies bedeuten, dass die Versetzungsklausel trotz Unwirksamkeit der Sozialauswahl zugrunde zu legen ist. Danach wäre eine sehr weite, wenn auch unwirksame Direktionsrechtserweiterung zur Vermeidung der Kündigung eines bestimmten Arbeitnehmers möglich. Kann der Arbeitgeber sich nicht auf die Unwirksamkeit der Klausel berufen, muss er die Sozialauswahl so durchführen, als ob die Klausel wirksam wäre. Anders als im direkten Verhältnis zwischen Arbeitgeber und Arbeitnehmer, sind vorliegend jedoch noch andere Arbeitnehmer von der Wirksamkeit der Klausel betroffen.[798]

Das Bundesarbeitsgericht hat in einem Urteil vom 03.04.2008[799] entschieden, dass der Arbeitgeber sich nach Treu und Glauben nicht auf die Unwirksamkeit einer Versetzungsklausel zur Rechtfertigung einer Sozialauswahl bzw. einer gerade nicht durchgeführten Sozialauswahl berufen kann, wenn er sich zuvor wiederholt auf diese Klausel berufen hat. Der Versuch, einerseits dem Vertragspartner den Schutz vor unangemessenen Benachteiligungen gem. § 305 ff BGB nicht zu gewähren „und andererseits seine rechtliche Wirkung in eine prozessuale Waffe umzuschmieden, mit deren Hilfe eigene soziale Pflichten abgewehrt werden sollen", sei widersprüchlich. Diese Entscheidung betraf jedoch einen Fall in dem der Arbeitnehmer die Kündigung erhalten hatte, in dessen Arbeitsvertrag sich die unwirksame Klausel befand. Den Fall, dass der Arbeitgeber sich auf eine unwirksame Versetzungsklausel im Arbeitsvertrag eines Arbeitnehmers zur Begründung der Sozialauswahl und Kündigung eines anderen Arbeitnehmers nutzt, hat das Bundesarbeitsgericht hingegen nicht entschieden.

In diesen Fällen wird zutreffend vertreten, dass bei einer wegen Verstoß gegen §§ 305 ff BGB unwirksamen Versetzungsklausel, das Versetzungsrecht gem.

796 BAG v. 25.05.2005, 5 AZR 572/04, AP Nr. 1 zu § 310 BGB.

797 So z.B. BAG v. 27. 10. 2005, 8 AZR 3/05, NZA 2006, 257; BGH v. 0 2.04. 1998, IX ZR 79/97, NJW 1998, 2280.

798 *Gehlhaar*, NJW 2010, 2550; KR-Griebeling, § 1 KSchG, Rn. 621a.

799 BAG v. 03.04.2008, 2 AZR 879/06, NZA 2008, 1060.

§ 106 GewO der Sozialauswahl zugrunde zu legen ist.[800] Bei der Bestimmung der Reichweite der Sozialauswahl kommt es nicht auf das Rechtsverhältnis zwischen Arbeitgeber und Arbeitnehmer, sondern auf die Auswahl zwischen verschiedenen Arbeitnehmern an.[801] Daher ist der Grundsatz, dass sich der Arbeitgeber nicht zu seinem Vorteil auf die Unwirksamkeit einer Regelung berufen dürfe, hier nicht anwendbar. Im Übrigen würde so der Arbeitnehmer, den die Sozialauswahl dann trifft, die Folgen dafür tragen müssen, dass der Arbeitgeber sich nicht auf die Unwirksamkeit der Klausel berufen kann.[802] Auch das Bundesarbeitsgericht hat in der bereits zitierten Entscheidung vom 03.04.2008 ausgeführt, der Arbeitgeber könne sich nach Treu und Glauben nicht auf die Unwirksamkeit der Versetzungsklausel berufen, weil er sich gerade diesem gegenüber zuvor mehrfach auf die Versetzungsklausel gestützt hatte. Im Umkehrschluss lässt sich argumentieren, dass der Arbeitgeber sich gegenüber anderen Arbeitnehmern auf die Unwirksamkeit der Klausel stützen kann.[803]

Darüber hinaus ist die Wirksamkeit der Regelung an § 1 Abs. 3 KSchG zu messen. Bei § 1 Abs. 3 KSchG handelt es sich um zwingendes Recht.[804] Allerdings enthält § 1 Abs. 3 KSchG nur Vorgaben bezüglich der Kriterien der Bestimmung der sozialen Schutzwürdigkeit. Über die Festlegung der Vergleichbarkeit trifft § 1 KSchG jedoch keine Regelung.[805] Sinn und Zweck des § 1 KSchG ist es, die Folgen des Arbeitsplatzwegfalls möglichst sozialverträglich zu verteilen, d.h. die sozial schwächeren Arbeitnehmer möglichst vor einer Kündigung zu schützen.[806] Im Fall einer Direktionsrechtserweiterung bleibt der Arbeitnehmer, mit dem die Änderung des Arbeitsvertrages vorgenommen wird, in die Sozialauswahl einbezogen. Der Kreis der einbezogenen Arbeitnehmer wird lediglich erweitert. Der im Einsatz befindliche Arbeitnehmer entgeht daher auch bei einer Erweiterung des Direktionsrechtes nur dann einer Kündigung, wenn er sozial schutzwürdiger ist als andere nunmehr in die Auswahl einbezogene Arbeitnehmer.[807] Die Erstreckung der Sozialauswahl auf möglichst viele Arbeitnehmer entspricht daher grundsätzlich dem Sinn und Zweck des § 1 Abs. 3 KSchG. [808] Die Direktionsrechtserweiterung ist daher grundsätzlich zulässig und von der Vertragsfreiheit der Parteien gedeckt. Grundsätzlich ist daher zur Bestimmung der Vergleichbarkeit auf das bestehende Weisungsrecht des Arbeitgebers bei Ausspruch der Kündigung abzustellen, d.h. etwaige Änderungen des Direktionsrechtes sind einzubeziehen.

---

800 *Gehlhaar*, NJW 2010, 2550; KR-Griebeling, § 1 KSchG, Rn. 621a.
801 KR-Griebeling, § 1 KSchG, Rn. 621a.
802 *Gehlhaar*, NJW 2010, 2550.
803 Ähnlich *Gehlhaar*, NJW 2010, 2550.
804 BAG v. 02.06.2005, 2 AZR 480/04, NZA 2006, 207 (210); *Dathe*, NZA 2007,1205 (1208).
805 *Dathe*, NZA 2007, 1205 (1207).
806 *Dathe*, NZA 2007, 1205 (1209).
807 *Dathe*, NZA 2007, 1205 (1209).
808 *Dathe*, NZA 2007, 1205 (1208).

Die nachträgliche Vertragsänderung stellt auch keinen Vertrag zu Lasten Dritter dar. Ein solcher Vertrag zu Lasten Dritter liegt nur dann vor, wenn durch die Vereinbarung zwischen zwei Vertragsparteien die Verpflichtung eines Dritten begründet werden soll.[809] Verträge wie der vorliegende haben zwar mittelbar nachteilige Wirkung auf den Dritten, begründen jedoch keine Verpflichtung desselben.[810] Daher liegt bei der nachträglichen Direktionsrechtserweiterung abweichend von der Ansicht des zweiten Senates des Bundesarbeitsgerichtes vom 17.02.2000[811] kein Vertrag zu Lasten Dritter vor. Der zweite Senat argumentiert, die Reichweite der Vergleichbarkeit würde durch die subjektive Entscheidung der Arbeitsvertragsparteien ausgedehnt. Für den letztlich von der Kündigung betroffenen Arbeitnehmer werde dadurch erst ein Kündigungsgrund geschaffen. Dabei verkennt der zweite Senat jedoch, dass für einen Vertrag zu Lasten Dritter eine Verpflichtung des Dritten unmittelbar aus dem Vertrag erforderlich ist.[812] Die Vertragsänderung hat im vorliegenden Fall jedoch nur mittelbare tatsächliche Auswirkungen auf den Dritten. Eine nachträgliche Direktionsrechtserweiterung ist demnach grundsätzlich zulässig.

Soweit die Vertragsgestaltung jedoch dazu dient, die Regelungen des Kündigungsschutzes und der Sozialauswahl zu umgehen, findet dieser Grundsatz seine Grenzen. Insoweit ist dem Bundesarbeitsgericht darin zuzustimmen, dass der Arbeitgeber nicht unbegrenzt durch seine Entscheidungen im Hinblick auf anstehende Kündigungen die Reichweite der Sozialauswahl beeinflussen kann.[813] Dies gilt jedenfalls dann, wenn unmittelbar vor einem Personalabbau, durch die Vertragsänderung die Sozialauswahl in der Weise gezielt gesteuert wird, dass anstelle eines bestimmten Arbeitnehmers ein ausgewählter anderer Arbeitnehmer gekündigt werden soll. Grundsätzlich spricht hier eine veränderte Vertragsgestaltung nach der unternehmerischen Entscheidung, einen oder mehrere Arbeitsplätze abzubauen, für eine rechtsmißbräuchliche Beeinflussung der Sozialauswahl. Je länger die Vertragsänderung vor dem Ausspruch einer Kündigung bzw. der arbeitgeberseitigen Entscheidung zum Abbau von Arbeitsplätzen liegt, desto näher liegt die Vermutung, dass die Änderung nicht zur Beeinflussung der Sozialauswahl vorgenommen wurde.

Aus diesem Grund ist die nachträgliche Direktionsrechtserweiterung für den Arbeitgeber nur bedingt zur Steuerung der Kündigungen, d.h. zur Kündigung der Arbeitnehmer im Nichteinsatz geeignet. Welche Arbeitnehmer sich beim Ausspruch von Kündigungen im Einsatz beim Entleiher befinden, ist aufgrund der kurzen Rückgabefristen der Entleiher nur schwer vorherzusagen. Muss der Arbeitgeber daher, um die Annahme einer rechtsmissbräuchlichen Vornahme der Vertragsänderung im Kündigungsschutzprozess möglichst zu vermeiden, die Vertragsänderung lange im

809 BGH v. 23.01.2003, V ZB 48/02, NJW-RR 2003, 577; *Dathe*, NZA 2007, 1205 (1209).
810 BGH v. 23.01.2003, V ZB 48/02, NJW-RR 2003, 577; *Dathe*, NZA 2007, 1205 (1209).
811 BAG v. 17.02.2000, 2 AZR 142/99, AP Nr. 46 zu § 1 KSchG 1969 Soziale Auswahl.
812 BGH v. 23.01.2003, V ZB 48/02, NJW-RR 2003, 577.
813 BAG v. 17.02.2000, 2 AZR 142/99, AP Nr. 46 zu § 1 KSchG 1969 Soziale Auswahl.

Vorfeld vornehmen, kann sich die Situation bis zum Ausspruch der Kündigungen bereits wieder geändert haben.

bb) Direktionsrechtsbeschränkung

Auf der anderen Seite kann das Versetzungsrecht des Arbeitgebers in Bezug auf einen sozial schwächeren Arbeitnehmer, dessen Arbeitsplatz wegfällt, so beschränkt werden, dass bezüglich eines anderen, sozial stärkeren Arbeitnehmers, der dem Betrieb erhalten bleiben soll, keine Austauschbarkeit mehr besteht, dieser nicht in die Sozialauswahl einzubeziehen ist und stattdessen ein dritter, sozial weniger schutzwürdiger Arbeitnehmer zu kündigen ist.[814] Sind beispielsweise drei Arbeitnehmer zunächst als vergleichbar anzusehen und fällt der Arbeitsplatz des sozial schutzwürdigsten Arbeitnehmers weg, müsste der sozial stärkste Arbeitnehmer der Vergleichsgruppe gekündigt werden.[815] Will der Arbeitgeber gerade diesen Arbeitnehmer nicht kündigen, kann er vor Ausspruch der Kündigung eine Arbeitsvertragsänderung mit dem sozial schutzwürdigsten Arbeitnehmer anstreben, dessen Arbeitsplatz wegfällt.[816] Wird mittels Arbeitsvertragsänderung die Versetzungsbefugnis des Arbeitgebers enger gefasst und so ausgestaltet, dass der Arbeitnehmer, dessen Arbeitsplatz wegfällt, nicht mehr auf den Arbeitsplatz des sozial stärksten Arbeitnehmer der Vergleichsgruppe versetzt werden kann, so wäre nicht mehr der sozial stärkste der drei ursprünglich vergleichbaren, sondern der nächst schwächere Arbeitnehmer zu kündigen mit dem noch eine Vergleichbarkeit besteht.[817] Diese Lösung kommt jedoch nur in ganz bestimmten Fällen in Betracht, in denen nicht alle Arbeitnehmer einer Vergleichsgruppe gleichlautende Arbeitsverträge haben.

Im Gegensatz zur Direktionsrechtserweiterung wird vorliegend der Kreis der in die Sozialauswahl einzubeziehenden Arbeitnehmer nicht erweitert, sondern nachträglich begrenzt.[818] Dieses Vorgehen lässt sich damit bereits nicht mit dem Sinn und Zweck des § 1 Abs. 3 KSchG, d.h. mit der möglichst sozialverträglichen Verteilung des Arbeitsplatzwegfalls rechtfertigen.[819] Weiterhin sprechen die bereits bei der nachträglichen Direktionsrechtserweiterung angesprochenen Erwägungen dagegen, eine gezielte Auswahl des zu kündigenden Arbeitnehmers durch den Arbeitgeber mittels arbeitsvertraglicher Änderungen vorzunehmen. Hinzu kommt, dass der Arbeitnehmer in dem vorliegend geschilderten Fall in der Ausgangslage, d.h. vor der Direktionsrechtsbeschränkung, nicht von einer Kündigung bedroht ist. Der Arbeitnehmer hat demnach keinen Anlass einer Änderung seines Arbeitsvertrages ohne Gegenleistung zuzustimmen.

---

814 *Dathe*, NZA 2007, 1205 (1208).
815 *Dathe*, NZA 2007, 1205 (1209).
816 *Dathe*, NZA 2007, 1205 (1209).
817 *Dathe*, NZA 2007, 1205 (1209).
818 *Dathe*, NZA 2007, 1205 (1209).
819 *Dathe*, NZA 2007, 1205 (1209).

c) Anfängliche Beschränkung des Direktionsrechtes im Arbeitsvertrag

Das arbeitsvertragliche Direktionsrecht kann im Arbeitsvertrag von Beginn an unterschiedlich ausgestaltet werden.[820] Nach dem Bundesarbeitsgericht kann der Arbeitgeber bei Vertragsabschluss ein weit gefasstes Direktionsrecht vereinbaren und so eine weite Vergleichbarkeit bei der Sozialauswahl auslösen, oder eine einschränkende Regelung mit der Folge der nur begrenzten Austauschbarkeit in den Arbeitsvertrag aufnehmen.[821] Dies gilt auch dann, wenn der Arbeitgeber die Regelungen bereits im Hinblick auf die Reichweite der Sozialauswahl vereinbart.[822]

Wie bereits dargestellt, richtet sich die Bestimmung der Vergleichbarkeit im Normalarbeitsverhältnis auch nach der Ausgestaltung des arbeitgeberseitigen Weisungsrechtes im Arbeitsvertrag.[823] Arbeitnehmer gelten dann als vergleichbar, wenn der Arbeitgeber einen Arbeitnehmer mittels einseitiger Ausübung seines Weisungsrechtes auf den Arbeitsplatz des anderen Arbeitnehmers versetzen kann.[824] Die Austauschbarkeit richtet sich also danach, wie weit das Direktionsrecht des Arbeitgebers in den jeweiligen Arbeitsverträgen ausgestaltet ist. In den Arbeitsverträgen der Zeitarbeitsbranche ist das Weisungsrecht regelmäßig weit ausgestaltet, um den Arbeitnehmern die diversen Arbeitsstellen bei den Entleihern zuweisen zu können. Da beim Abschluss des Arbeitsvertrages häufig der Entleihbetrieb und damit die genaue Tätigkeit des Leiharbeitnehmers noch nicht feststehen, kann der Verleiher die Einsatztätigkeit des Arbeitnehmers häufig noch nicht eingrenzen.[825] Hinzu kommt, dass der Verleiher sich durch die enge Fassung des Direktionsrechtes dem Risiko häufigerer beschäftigungsfreier Zeiten des Arbeitnehmers aussetzt.[826] Um dies zu vermeiden, finden sich in Zeitarbeitsverträgen häufig sogar direktionsrechtserweiternde Klauseln, die dem Verleiher erlauben, dem Leiharbeitnehmer vorübergehend auch unter seiner Qualifikation liegende Arbeiten zuzuweisen.[827]

Durch die Einschränkung des Weisungsrechtes im Arbeitsvertrag kann jedoch die Reichweite der Sozialauswahl beschränkt und relativ zuverlässig bestimmt werden. Zur Beschränkung der Sozialauswahl kann zum Beispiel die Einsetzbarkeit des Arbeitnehmers in örtlicher Hinsicht[828] oder in Bezug auf die Tätigkeit eingeschränkt werden.[829]

---

820 BAG v. 17.02.2000, 2 AZR 142/99, AP Nr. 46 zu § 1 KSchG 1969 Soziale Auswahl; Witten, Vertragsgestaltung und Gesetzesbindung im Recht der Zeitarbeit, S. 134.
821 BAG v. 17.02.2000, 2 AZR 142/99, AP Nr. 46 zu § 1 KSchG 1969 Soziale Auswahl.
822 BAG v. 17.02.2000, 2 AZR 142/99, AP Nr. 46 zu § 1 KSchG 1969 Soziale Auswahl.
823 *Witten*, Vertragsgestaltung und Gesetzesbindung im Recht der Zeitarbeit, S. 134.
824 *Witten*, Vertragsgestaltung und Gesetzesbindung im Recht der Zeitarbeit, S. 134.
825 *Witten*, Vertragsgestaltung und Gesetzesbindung im Recht der Zeitarbeit, S. 135.
826 *Witten*, Vertragsgestaltung und Gesetzesbindung im Recht der Zeitarbeit, S. 135.
827 *Witten*, Vertragsgestaltung und Gesetzesbindung im Recht der Zeitarbeit, S. 139.
828 *Witten*, Vertragsgestaltung und Gesetzesbindung im Recht der Zeitarbeit, S. 146.
829 *Mohnke*, AuA 2006, 682.

In Betracht kommt auch eine Einstellung nur für den Einsatz bei bestimmten Auftraggebern.[830] Dies hätte zur Folge, dass der betreffende Arbeitgeber nicht ohne eine Änderung des Arbeitsvertrages bei einem anderen Entleiher eingesetzt werden kann. Der Arbeitnehmer ist somit nicht mit Arbeitnehmern bei anderen Verleihern vergleichbar, da es an einer rechtlichen Austauschbarkeit fehlt. Eine Vergleichbarkeit ist somit nur mit anderen Arbeitnehmern gleicher Tätigkeit des gleichen Entleihers gegeben.

Der Vorteil einer solchen Regelung besteht darin, dass der Kreis der in die Sozialauswahl einzubeziehenden Arbeitnehmer grundsätzlich eng und einfach zu bestimmen ist. Im Gegenzug ist der Arbeitnehmer jedoch nicht mehr flexibel einsetzbar.[831] Für jeden Einsatzwechsel ist eine Änderung des Arbeitsvertrages entweder mit Zustimmung des Mitarbeiters oder durch eine Änderungskündigung erforderlich. Da die Zeitarbeitsbranche jedoch durch einen häufigen Wechsel der Einsätze gekennzeichnet ist, ist ein solches Vorgehen mit einem hohen Verwaltungsaufwand verbunden. Hinzu kommt, dass bei dieser Gestaltung das Direktionsrecht im Arbeitsvertrag generell beschränkt ist. Die Direktionsrechtsbeschränkung besteht dann sowohl bei Überlassungen, die als Gattungsschuld mit oder ohne Austauschrecht vereinbart sind, als auch für namentlich bestimmte Überlassungsverträge.

Aufgrund dieser eingeschränkten Einsetzbarkeit ist die grundsätzliche Beschränkung des Direktionsrechtes im Arbeitsvertrag nur in seltenen Fällen eine vorteilhafte praktikable Alternative. Beispielsweise bei hochqualifizierten Arbeitskräften, die gezielt aufgrund ihrer speziell zugeschnittenen Qualifikationen für die langfristige Überlassung an einen bestimmten Entleiher eingestellt werden, kommt eine solche Regelung in Betracht. Wegen des langfristigen Einsatzes besteht kein zusätzlicher Aufwand für die Änderung des Arbeitsvertrages und aufgrund des spezifisch zugeschnittenen Anforderungsprofils ist das Vorhandensein eines Anschlussauftrages möglicherweise von vornherein zweifelhaft.

d) Synchronisierung von Überlassungsvertrag und Arbeitsvertrag bzgl. Versetzungs- und Austauschrecht

Um einerseits Rechtssicherheit über die Reichweite der Sozialauswahl zu erhalten und andererseits eine weitest mögliche Verwendbarkeit zu gewährleisten, ist eine Gleichschaltung von arbeitsvertraglicher Einsetzbarkeit und der Einsetzbarkeit im Überlassungsvertrag notwendig. Reicht das arbeitsvertragliche Weisungsrecht nur soweit, wie das Austauschrecht des Arbeitgebers im Überlassungsvertrag ausgestaltet ist, kann ein Arbeitnehmer nur dann in die Sozialauswahl einbezogen werden, wenn der Arbeitgeber auch die entsprechenden Versetzungsmöglichkeiten hat.

830 *Mohnke*, AuA 2006, 682.

831 *Mohnke*, AuA 2006, 682; *Witten*, Vertragsgestaltung und Gesetzesbindung im Recht der Zeitarbeit, S. 135.

aa) Einstellung nur für den Einsatz bei einem Entleiher

Eine Möglichkeit besteht darin, den Leiharbeitnehmer nur für den Einsatz bei jeweils einem Entleiher einzustellen und das Versetzungsrecht entsprechend auszugestalten. Auch in diesem Fall entspricht das arbeitsvertragliche Versetzungsrecht, das heißt der Einsatz nur bei einem bestimmten Entleiher, dem mit diesem Entleiher abgeschlossenen Überlassungsvertrag. Diese Lösung begegnet jedoch den bereits dargestellten Problemen bzgl. wechselnder Überlassungen und ist daher nur im Einzelfall praktikabel.

bb) Bezugnahme auf die jeweils relevanten Überlassungsverträge im Arbeitsvertrag

Eine Abstimmung des Arbeitsvertrages auf die jeweiligen Überlassungsverträge ohne ständige Anpassung vor jeder erneuten Überlassung, müsste daher durch eine entsprechend flexible Bezugnahme auf den jeweiligen Überlassungsvertrag im Arbeitsvertrag geschehen.

Eine solche Klausel könnte beispielsweise lauten:

> *„Der Arbeitgeber ist berechtigt den Arbeitnehmer als xx bei verschiedenen Entleihfirmen einzusetzen, soweit dies nicht im Widerspruch zu den jeweiligen Entleihverträgen steht......"*

Die Sozialauswahl würde sich bei Anwendung einer solchen Klausel nur auf solche Arbeitnehmer erstrecken, die auf Arbeitsplätzen beschäftigt sind, für die im jeweiligen Überlassungsvertrag ein Austauschrecht des Arbeitgebers geregelt ist. Befindet sich beispielsweise ein Arbeitnehmer wegen eines Arbeitskräfteüberhanges im Nichteinsatz, so ist im Kündigungsfall ein anderer, sozial stärkerer Arbeitnehmer, der bei einem Verleiher im Einsatz ist, nur dann in die Sozialauswahl einzubeziehen, wenn der betreffende Arbeitnehmer mittels eines Überlassungsvertrages mit Austauschmöglichkeit überlassen wurde. Wurde der betreffende Arbeitnehmer im Überlassungsvertrag namentlich bezeichnet und kein gesondertes Austauschrecht vereinbart, so steht der Einsatz nach der arbeitsvertraglichen Klausel im Widerspruch zum Überlassungsvertrag, und ist damit nicht vom arbeitsvertraglichen Direktionsrecht umfasst.

Fraglich ist indes, ob eine solch flexible Klausel der AGB-Kontrolle standhält.

Grundsätzlich ist in Verträgen die Bezugnahme auf externe Regelwerke oder Verträge zulässig. So kann beispielsweise in Werkverträgen auf Regelwerke wie die VOB-B oder in Arbeitsverträgen auf Tarifverträge Bezug genommen werden.[832]

832 BGH v. 25.01.1996, VII ZR 233/94, BGHZ 131, 392; *Diehn*, NZA 2004, 129 (131); *Däubler* in: Däubler/Bonin/Deinert, AGB-Kontrolle im Arbeitsrecht, § 305c Rn. 40.

(aaa) Zulässigkeit dynamischer Verweisungen auf Tarifverträge

Auch die Bezugnahme auf wechselnde, beziehungsweise geänderte Vertragswerke ist in diesem Zusammenhang grundsätzlich zulässig. Zwar werden außerhalb des Arbeitsrechtes dynamische Bezugnahmen auf die jeweils geltende Fassung bestimmter Regelwerke wegen Verstoß gegen § 305 Abs. 2 BGB als unzulässig angesehen.[833] Dies gilt jedoch nicht für das Arbeitsrecht, da nach § 310 Abs. 4 S. 3 BGB die Besonderheiten des Arbeitsrechtes zu berücksichtigen und § 305 Abs. 2 und Abs. 3 BGB nicht anzuwenden sind.[834] Danach sind im Arbeitsrecht auch Bezugnahmen auf Regelwerke zulässig, deren Inhalt sich nachträglich ändert.[835]

Wird im Arbeitsvertrag die Anwendung eines Tarifvertrags in der jeweils geltenden Fassung vereinbart, wird diese Verweisung als dynamische Bezugnahme oder Jeweiligkeitsklausel bezeichnet.[836] Solche Klauseln sind grundsätzlich zulässig, da sie üblicherweise weder überraschend noch intransparent sind.[837] Nur wenn sie ausnahmsweise nicht vorhersehbar oder übermäßig belastend sind, ist die Zulässigkeit zu verneinen.[838] Eine Klausel kann beispielsweise überraschend sein, wenn auf einen branchen- oder ortsfremden Tarifvertrag Bezug genommen wird.[839]

Tarifverträge werden von gleichberechtigten Tarifparteien ausgehandelt. Daher wird vermutet, dass sie eine ausgewogene Regelung enthalten, die die Interessen der Arbeitnehmer berücksichtigt.[840] Die dynamische Ausgestaltung der Klauseln ist für den Arbeitnehmer normalerweise günstig, weil durch spätere Tarifverträge in der Regel eine Vergütungserhöhung erfolgt.[841]

Auch die dynamische Bezugnahme auf kirchliche Arbeitsbedingungen ist wirksam, wenn diese von einer paritätisch besetzten unabhängigen Kommission ausgehandelt wurden.[842] Eine solche Bezugnahme gewährleistet, wie die Bezugnahme auf einen einschlägigen Tarifvertrag, eine Anpassung der Arbeitsbedingungen an veränderte Umstände und liegt nicht nur im Interesse des Arbeitgebers, sondern auch des Arbeitnehmers. Die arbeitsrechtliche Kommission steht außerhalb der konkreten Vertragsbeziehung der Parteien und gewährleistet durch die paritätische

---

833 *Diehn*, NZA 2004, 129 (130); *Lakies*, AR-Blattei 35, S. 58 Rn. 156.

834 *Diehn*, NZA 2004, 129 (132); *Lakies*, AR-Blattei 35, S. 58 Rn. 156; ErfK/*Preis*, § 310 BGB Rn. 11 und 30; *Thüsing*, NZA 2002, 1361.

835 *Däubler* in: Däubler/Bonin/Deinert, AGB-Kontrolle im Arbeitsrecht, § 305c Rn. 40; *Diehn*, NZA 2004, 129 (132).

836 *Däubler* in: Däubler/Bonin/Deinert, AGB-Kontrolle im Arbeitsrecht, § 305c Rn. 40; *Lakies*, AR-Blattei 35, S. 48 Rn. 120; Preis/*Preis*, Der Arbeitsvertrag, II V 40, Rn. 11.

837 BAG v. 24.09.2008, 6 AZR 76/07, NZA 2009, 154; Preis, NZA 2010, 361.

838 *Lakies*, AR-Blattei 35, S. 48 Rn. 120; *Preis*, NZA 2010, 361.

839 *Diehn*, NZA 2004, 129 (131); *Lakies*, AR-Blattei 35, S. 48 Rn. 120; *Thüsing*, NZA 2002, 1361.

840 *Preis*, NZA 2010, 361.

841 BAG v. 09.11.2005, 5 AZR 128/05, NZA 2006, 202; *Preis*, NZA 2010, 361; Preis/*Preis*, Der Arbeitsvertrag, II V 40 Rn. 37.

842 BAG v. 22.07.2010, 6 AZR 847/07, ArbR 2010, 524.

Besetzung und die Unabhängigkeit der Kommission, dass die Arbeitgeberseite bei der Festlegung des Inhalts der Arbeitsbedingungen ihre Interessen nicht einseitig durchsetzen kann.[843]

(bbb) Unzulässigkeit dynamischer Bezugnahme auf allgemeine Arbeitsbedingungen

Anders ist dies jedoch bei der dynamischen Bezugnahme auf allgemeine Arbeitsbedingungen zu bewerten.[844] Nimmt der Arbeitgeber im Arbeitsvertrag auf allgemeine Arbeitsbedingungen in der jeweiligen Fassung Bezug, so ist diese Regelung im Allgemeinen wegen Verstoß gegen §§ 308 Nr. 4, 307 Abs. 1 S. 1 BGB wegen unangemessener Benachteiligung und wegen Verstoß gegen das Transparenzgebot nach § 307 Abs. 1 S. 2 BGB unwirksam, wenn der Arbeitgeber dadurch die Möglichkeit zur voraussetzungslosen und jederzeitigen Änderung eines Großteils der Vertragsbedingungen erhält.[845] Eine solche voraussetzungslose Änderungsmöglichkeit soll jedoch nur vorliegen, wenn es im Gegensatz zu Tarifverträgen und Betriebsvereinbarungen „allein in der Hand des Arbeitgebers“ liegt, die Vertragsinhalte zu ändern.[846]

Auch die Vorteilhaftigkeit einer dynamischen Tarifverweisungsklausel besteht bei der Bezugnahme auf allgemeine Arbeitsbedingungen nicht. Anders als bei Tarifverträgen kann hier nicht von einer regelmäßigen Verbesserung der Arbeitsbedingungen ausgegangen werden. Allgemeine Arbeitsbedingungen werden vom Arbeitgeber einseitig gestaltet, ohne dass hier eine Berücksichtigung von Arbeitnehmerinteressen durch Tarif- oder Betriebsparteien erfolgt.[847] Die Klausel wirkt für den Arbeitnehmer wie ein umfassender Widerrufsvorbehalt ohne jegliche Festlegung der Widerrufsgründe. Daher unterliegen Jeweiligkeitsklauseln in diesem Fall denselben Anforderungen wie Änderungsvorbehalte.[848] Lässt die Bezugnahmeklausel daher keine Änderungsbedingungen erkennen, liegt eine unangemessene Benachteiligung nach § 308 Nr. 4 BGB vor.

Die Ausgestaltung einer solchen Klausel verstößt auch gegen das Transparenzgebot. Danach müssen die aus dem Vertrag resultierenden Rechte und Pflichten möglichst klar dargestellt werden und wirtschaftliche Nachteile für den Arbeitnehmer erkennbar sein.[849] Die dynamische Bezugnahme auf allgemeine Arbeitsbedingungen

---

843 BAG v. 22.07.2010, 6 AZR 847/07, ArbR 2010, 524.

844 BAG v. 08.10.1997, IV ZR 220/96, BGHZ 136, 394; *Preis*, NZA 2010, 361; Preis/*Preis*, Der Arbeitsvertrag, II V 40 Rn. 14.

845 BAG v. 08.10.1997, IV ZR 220/96, BGHZ 136, 394; *Preis*, NZA 2010, 361; Preis/*Preis*, Der Arbeitsvertrag, II V 40 Rn. 14.

846 *Preis*, NZA 2010, 361 (363).

847 *Preis*, NZA 2010, 361.

848 BAG v. 11.02.2009, 10 AZR 222/08, NZA 2009, 428; *Preis*, NZA 2010, 361 (362); Preis/*Preis*, Der Arbeitsvertrag, II V 40, Rn. 16.

849 BGH v. 09.05.2001, IV ZR 138/99, NJW 2001, 2012; BGH v. 24.03.1999, IV ZR 90/98, NJW 1999, 2279; BGH v. 19.10.1999, XI ZR 8/99, NJW 2000, 651.

lässt jedoch nicht erkennen, welche Vertragsbedingungen in Zukunft für den Arbeitnehmer gelten sollen.[850] Eine dynamische Bezugnahmeklausel auf allgemeine Arbeitsbedingungen kann demnach nur dann zulässig sein, wenn die Änderung der Arbeitsbedingungen nur unter bestimmten Voraussetzungen möglich ist und das Bezugnahmeobjekt im Zeitpunkt der Anwendung bestimmbar ist.[851] Auf vom Arbeitgeber formulierte allgemeine Arbeitsbedingungen verweisende Jeweiligkeitsklauseln unterliegen daher den Anforderungen der Änderungsvorbehalte.[852]

(ccc) Verweisungen auf wechselnde Überlassungsverträge

Die Verweisung auf wechselnde Überlassungsverträge ist zwischen den dargestellten Bezugnahmeklauseln auf Tarifverträge und allgemeine Arbeitsbedingungen anzusiedeln.

Im Gegensatz zu der Bezugnahme auf Tarifverträge werden bei der Vereinbarung der Überlassungsverträge die Arbeitnehmerinteressen nicht berücksichtigt. Die Überlassungsverträge werden frei zwischen dem Verleiher und dem Entleiher vereinbart, wobei beide Parteien im Arbeitgeberlager stehen. Eine Vermutung für die Ausgewogenheit der Änderungen oder gar deren Vorteilhaftigkeit für die Arbeitnehmer besteht daher nicht.

Auch ist die bei Tarifverträgen zumindest in gewissem Maße vorliegende öffentliche Zugänglichkeit in Bezug auf Überlassungsverträge nicht gewahrt. § 8 TVG schreibt für Tarifverträge die Auslegung im Betrieb vor, so dass der Arbeitnehmer von den Vertragsbedingungen Kenntnis nehmen kann. Zwar ist § 8 TVG ebenso wie die entsprechenden Vorschriften des Nachweisgesetzes eine reine Ordnungsvorschrift[853], für Überlassungsverträge existiert jedoch noch nicht einmal eine solche Regelung. Im Übrigen sind die Tarifverträge in der Regel über Gewerkschaften oder den Betriebsrat zu beziehen. Bei Überlassungsverträgen ist der Inhalt nur dem Verleiher und dem Entleiher bekannt. Bei kurzfristigen, häufig wechselnden Überlassungen wechseln auch die Überlassungsverträge ständig, ohne dass der Arbeitnehmer von deren Inhalt Kenntnis erlangt. Der Arbeitgeber kann hier also den einbezogenen Vertrag beliebig ändern, ohne dass der Arbeitnehmer hierauf Einfluss nehmen kann.

Auf der anderen Seite liegt es, anders als bei der Bezugnahme auf allgemeine Arbeitsbedingungen, nicht allein in der Hand des Arbeitgebers, die Vertragsbedingungen zu ändern. Der Arbeitgeber handelt die Vertragsbedingungen mit dem Entleiher als gleichberechtigtem Dritten aus, kann also die Vertragsgestaltung nicht frei nach eigenen Bedürfnissen festlegen.

Zudem beschränkt sich die Änderung der Arbeitsbedingungen nur auf die Versetzungsbefugnis des Arbeitgebers, nur diese wird durch die Bezugnahme auf die

---

850 *Diehn*, NZA 2004, 129 (134); Preis, NZA 2010, 361 (362).
851 *Preis*, NZA 2010, 361 (362).
852 BAG v. 22.07.2010, 6 AZR 847/07, ArbR 2010, 524.
853 Preis/*Preis*, Der Arbeitsvertrag, II V 40 Rn. 40.

jeweils geltenden Überlassungsverträge beeinflusst. Auch sind die Voraussetzungen einer Änderung der Versetzungsbefugnis näher umrissen, diese hängt eben an der Ausgestaltung des jeweiligen Überlassungsvertrages.

Die Tatsache, dass der Arbeitgeber durch die Gestaltung der Überlassungsverträge einseitig auf die Reichweite der Sozialauswahl Einfluss nehmen kann, führt für sich genommen noch nicht zu einer Unwirksamkeit der Klausel. Zwar hat der Arbeitgeber die Möglichkeit, bei sich abzeichnendem Arbeitskräfteüberhang in einem bestimmten Geschäftsbereich dort vor allem namentlich bestimmte Überlassungsverträge zu schließen. Die Bezugnahmeklausel im Arbeitsvertrag führt dann zu einem beschränkten Versetzungsrecht des Arbeitgebers und somit zu einer Beschränkung der Sozialauswahl auf die Arbeitnehmer im Nichteinsatz. Diejenigen Arbeitnehmer, die derzeit mittels namentlich bestimmten Überlassungsvertrages beim Entleiher beschäftigt sind, wären dann von der Sozialauswahl auszunehmen. Allerdings ist hier zu berücksichtigen, dass der Arbeitgeber die Überlassungsverträge nicht frei nach eigenen Bedürfnissen gestalten kann. Er muss vielmehr auf die Anforderungen seiner Kunden eingehen. Die namentliche Bestimmung der zu überlassenden Arbeitskraft entspricht jedoch vielfach nicht den Interessen der Entleiher. Vor allem bei der Überlassung von niedrig qualifizierten Arbeitnehmern mit geringer Einarbeitungszeit ist der Entleiher an einer jederzeitigen Austauschbarkeit oder Ersetzbarkeit des überlassenen Arbeitnehmers interessiert. Demnach dürfte hier die gezielte Beeinflussbarkeit der Sozialauswahl die Ausnahme darstellen.

Hinzu kommt, dass die Beeinflussung der Sozialauswahl von der Rechtsprechung als zulässig angesehen wird, wenn es sich um einen bloßen Rechtsreflex handelt. So wird beispielsweise der Ausschluss der ordentlichen Kündigung durch Arbeits- oder Tarifvertrag als zulässig eingestuft.[854] Diese ordentlich unkündbaren Arbeitnehmer sind nach der herrschenden Ansicht aus der Sozialauswahl herauszunehmen.[855]

Die Wirksamkeit der Klausel scheitert jedoch wegen fehlender Bestimmbarkeit und Verstoßes gegen das Transparenzgebot. Wie bereits dargestellt, werden nach §§ 310 Abs. 4 S. 3, 305 Abs. 2 und Abs. 3 BGB im Arbeitsrecht durch Bezugnahme auch Vertragsbestandteile einbezogen, von deren Inhalt der Arbeitnehmer bei Vertragsschluss keine Kenntnis erlangt. Dem stehen auch nicht die Regelungen des Nachweisgesetzes entgegen. Das Nachweisgesetz enthält lediglich deklaratorische Nachweispflichten, die auf die Wirksamkeit einer Bezugnahme keinen Einfluss haben.[856] Die in Bezug genommenen Vertragsbestandteile müssen im Anwendungszeitpunkt bestimmbar sein. Dies ist jedoch im vorliegenden Fall nicht in ausreichendem Maße gegeben. Einerseits sind die Überlassungsverträge für den Arbeitnehmer nicht zugänglich. Andererseits ist ihm bereits die Bestimmung der im konkreten Fall

---

854 BAG v. 05.06.2008, 2 AZR 907/06, NZA 2008, 1120; Preis/*Preis*, Der Arbeitsvertrag, II K 10 Rn. 30f; *Wendeling-Schröder*, NZA 2007, 1399.

855 LAG Berlin v. 01.06.2010, 12 Sa 403/10, n.v. zit. nach Juris; ErfK/*Oetker*, § 1 KSchG, Rn. 312 f.;Preis/*Preis*, Der Arbeitsvertrag, II K 10 Rn. 30f.

856 Preis/*Preis*, Der Arbeitsvertrag, II V 40 Rn. 40.

einschlägigen Überlassungsverträge unmöglich. Kommt es zu einer Sozialauswahl, so sind für die Bestimmung der Vergleichbarkeit beziehungsweise einer Versetzungsmöglichkeit des betroffenen Arbeitnehmers alle Überlassungsverträge der nach arbeitsplatzbezogenen Merkmalen vergleichbaren Arbeitnehmer relevant. Wie viele und welche Überlassungsverträge dies sind, kann der Arbeitnehmer jedoch vor Erfüllung des Auskunftsanspruches nach § 1 Abs. 3 KSchG nicht bestimmen.

Erschwerend kommt hinzu, dass der Arbeitnehmer nicht mit einer Bezugnahme auf Überlassungsverträge im Arbeitsvertrag rechnen muss. Solche Bezugnahmen werden bislang in der Arbeitnehmerüberlassung nicht praktiziert und sind daher auch nicht als üblich anzusehen. Die Klausel wird daher als überraschende Klausel nach § 305 c Abs. 1 S.1 BGB nicht Bestandteil des Vertrages.

e) Vereinbarung eines Austauschrechtes im Überlassungsvertrag

Die Vereinbarung eines Austauschrechtes im Überlassungsvertrag schützt den Arbeitgeber davor, im Verhältnis zum Entleiher vertragsbrüchig zu werden. Nachteil dieser Regelung ist eine umfassend durchzuführende Sozialauswahl.

11) Legislativer Reformbedarf

Da die dargestellten vertraglichen Gestaltungsmöglichkeiten nur bedingt geeignet sind, die Rechtsunsicherheit im Bereich der Sozialauswahl zu beseitigen, ist hier eine gesetzliche Klarstellung erforderlich.

Rechtsunsicherheit besteht hier sowohl auf der Arbeitnehmer- als auch auf der Arbeitgeberseite. Angesichts der zunehmenden Bedeutung der Zeitarbeit ist es nicht hinnehmbar, einen ganzen Wirtschaftszweig im Unklaren über existenzielle Folgen seiner Arbeitsverträge zu lassen. Dies gilt umso mehr, da im Bereich der Arbeitnehmerüberlassung die zum Normalarbeitsverhältnis entwickelten Arbeitnehmerschutzmechanismen im betriebsverfassungsrechtlichen und kollektivrechtlichen Bereich nicht greifen und eine gerichtliche Klarstellung der aufgeworfenen Fragen in den nächsten Jahren nicht zu erwarten ist.

Eine solche Klarstellung kann entweder durch Aufnahme einer entsprechenden Regelung in das Arbeitnehmerüberlassungsgesetz oder durch Einfügung einer entsprechenden Regelung in § 1 Abs. 3 KSchG geschehen.

Nach der Systematik des Arbeitnehmerüberlassungsgesetzes werden Abweichungen zu allgemeinen arbeitsrechtlichen Normen nicht in das jeweilige Gesetz, sondern in das AÜG aufgenommen. So regelt z.B. § 11 Abs. 4 S. 1 AÜG die Nichtanwendbarkeit des § 622 Abs. 5 Nr. 1 BGB auf Leiharbeitsverhältnisse. § 11 Abs. 4 S. 2 AÜG erklärt den im Normalarbeitsverhältnis abdingbaren § 615 S. 1 BGB[857] für nicht beschränkbar. Weiter werden in § 11 Abs. 4 S. 3 AÜG Regelungen zur Kurzarbeit getroffen.

857 BAG v. 10. 1. 2007 – 5 AZR 84/06; NZA 2007, 384; ErfK/*Preis*, § 615 BGB Rn. 8.

Insofern wäre es konsequent eine Vorschrift über die Durchführung der Sozialauswahl in § 11 Abs. 4 AÜG aufzunehmen. Eine solche Regelung könnte beispielsweise in Anlehnung an § 1 Abs. 3 S. 2 KSchG lauten:

> § 11 Abs. 4 S 4 AÜG n.F.
> [...]
> *In die soziale Auswahl nach § 1 Abs. 3 Satz 1 KSchG sind Arbeitnehmer nicht einzubeziehen, die sich zum Zeitpunkt des Kündigungsausspruches in einem Einsatz beim Entleiher befinden, soweit für diesen Einsatz eine Auswechslung durch einen anderen sozial schutzwürdigeren Arbeitnehmer aufgrund der vertraglichen Gestaltung des Überlassungsvertrages nicht möglich ist.*

Eine solche Regelung hätte zur Folge, dass der Arbeitgeber solche, an sich vergleichbaren Arbeitnehmer, von der Sozialauswahl ausnehmen könnte, die er nicht durch andere sozial schutzwürdigere Arbeitnehmer ersetzen kann, weil der Überlassungsvertrag nicht den Austausch der Arbeitnehmer vorsieht oder er sich zur Überlassung namentlich bestimmter Arbeitnehmer verpflichtet hat. Der Arbeitgeber wäre nicht mehr gezwungen, Arbeitnehmer im Einsatz ohne Ersatzmöglichkeit zu kündigen und im Verhältnis zum Entleiher vertragsbrüchig zu werden. Die betriebsbedingte Kündigung würde dem Verleiher die Möglichkeit bieten, wirtschaftlich sinnvoll einen Arbeitskräfteüberhang abzubauen.

Kritikpunkt an einer solchen Regelung wäre sicherlich, dass ein Teil der Arbeitnehmer des Zeitarbeitsunternehmens von der Sozialauswahl ausgenommen wäre und damit soziale Sicherungsmechanismen in der Zeitarbeit weiter reduziert würden.

Einzig eine Herausnahme der eingesetzten und nicht austauschbaren Leiharbeitnehmer aus der Sozialauswahl bietet jedoch die Möglichkeit, die Besonderheiten in der Zeitarbeit zu berücksichtigen und dem Zeitarbeitsunternehmen eine rechtssichere und wirtschaftlich sinnvolle Möglichkeit zum Ausspruch von betriebsbedingten Kündigungen zu geben. Dem Einwand der Reduzierung des Schutzes sozial schwächerer Arbeitnehmer ist entgegenzuhalten, dass in der Regel ein Austausch von Arbeitnehmern nach dem Überlassungsvertrag zulässig ist. Die Nichteinbeziehung von diesen Arbeitnehmern stellt daher die Ausnahme dar und rechtfertigt wie § 1 Abs. 3 S. 2 KSchG aus dringenden betrieblichen Erfordernissen die Herausnahme aus der Sozialauswahl.

D) Kollektivrechtliche Voraussetzungen

I) Kollektivrechtliche Situation in der Zeitarbeitsbranche

1) Betriebsverfassungsrechtliche Interessenvertretung

In der Zeitarbeitsbranche besteht gegenüber anderen Branchen die Besonderheit, dass in einem wesentlich geringeren Anteil der Unternehmen eine Arbeitnehmervertretung besteht.[858] Bei einigen Unternehmen der Verleihbranche, tendenziell bei den größeren Unternehmen, existieren Betriebsräte. So bestehen beispielsweise bei Randstadt und Adecco seit Jahrzehnten Betriebsräte. In den meisten kleineren Zeitarbeitsunternehmen gibt es jedoch keine Betriebsräte.[859] Nach dem IAB Betriebspanel 2003 existiert kein signifikantes Vorkommen von Betriebsräten in der Zeitarbeitsbranche.[860] Nach einer anderen Untersuchung soll der Anteil der Zeitarbeitsunternehmen mit Betriebsrat ca. 17% betragen.[861]

Soweit Betriebsräte bestehen, sind diese hauptsächlich mit internen Mitarbeitern, also Mitarbeitern die im Verleihunternehmen selbst eingesetzt sind, besetzt.[862] Auch bezüglich der Durchsetzungsfähigkeit der bestehenden Betriebsräte bestehen Zweifel. Zwar werben Unternehmen wie Randstad gezielt mit dem Bestehen des Betriebsrates für ihre Geschäftspolitik, allerdings tauchen auch immer wieder negative Berichte über die Arbeit des Betriebsrates auf, die einen dominierenden Einfluss des Unternehmens vermuten lassen.[863] Noch seltener sind vom entsprechenden Betriebsrat abgeschlossene Betriebsvereinbarungen. Sofern diese existieren, sind oft nur die internen Mitarbeiter und nicht die extern eingesetzten Leiharbeitnehmer des Unternehmens betroffen.[864]

Die besonderen Bedingungen der Arbeitnehmerüberlassung, die hohe Fluktuation und der Einsatz der Leiharbeitnehmer außerhalb des eigenen Unternehmens erschweren kollektive Prozesse.[865] Zudem findet die Förderung von Betriebsräten durch die Gewerkschaften in der Zeitarbeitsbranche nicht in gleichem Maße wie im Normalarbeitsverhältnis statt. So weist die Leiharbeitsbranche einen derart

858 *Promberger* in Keller/Seifert, Atypische Beschäftigung – Flexibilisierung und soziale Risiken, S. 127 (135); Schüren, RdA 2007, 231.
859 *Schröder*, Fleißig, billig, schutzlos: Leiharbeitnehmer in Deutschland, S.158.
860 *Schröder*, Fleißig, billig, schutzlos: Leiharbeitnehmer in Deutschland, S.158.
861 *Platzhoff*, Arbeitnehmerüberlassung und Legitimität, S. 292.
862 *Platzhoff*, Arbeitnehmerüberlassung und Legitimität, S. 293.
863 *Schröder*, Fleißig, billig, schutzlos: Leiharbeitnehmer in Deutschland, S. 166.
864 *Platzhoff*, Arbeitnehmerüberlassung und Legitimität, S. 293.
865 *Böhm/Hennig/Popp*, Zeitarbeit, Rn. 940ff; *Platzhoff*, Arbeitnehmerüberlassung und Legitimität, S. 194; *Promberger* in Keller/Seifert, Atypische Beschäftigung – Flexibilisierung und soziale Risiken, S. 127 (137); *Schröder*, Fleißig, billig, schutzlos: Leiharbeitnehmer in Deutschland, S. 161.

niedrigen Organisationsgrad auf[866], dass die Gewerkschaften in den Unternehmen keine tragfähige Basis vorfinden. Die Möglichkeit, Druck auf den Arbeitgeber auszuüben, ist gering. So sind Gewerkschaften wie die IG Metall nach eigenen Angaben in der Leiharbeitsbranche nicht streikfähig.[867]

Hinzu kommt die ablehnende Haltung der Arbeitgeber zu Betriebsratsgründungen.[868] Bestrebungen zu Betriebsratsgründungen werden in Einzelfällen durch gezielte Kündigungen vereitelt.[869] Vielfach werden Arbeitnehmer aus Furcht vor der Nichtverlängerung ihrer befristeten Arbeitsverträge von einem Betriebsratsengagement abgehalten.[870] Auch das Ziel vieler Leiharbeitnehmer eine Übernahme in den Entleihbetrieb zu erreichen, steht einem Betriebsratsmandat im Verleiherbetriebsrat entgegen, da eine Betriebsratsmitgliedschaft oft als Einstellungshindernis betrachtet wird.[871] Hinzu kommt, dass Leiharbeitnehmer im Schnitt geringer qualifiziert sind als der durchschnittliche Arbeitnehmer im Normalarbeitsverhältnis.[872] Auch dies trägt zu dem geringen Anteil an Betriebsratsgründungen bei.

2) Die betriebsverfassungsrechtliche Stellung des Leiharbeitnehmers

Aufgrund des Dreiecksverhältnisses in der Leiharbeit und der Arbeitsleistung des Arbeitnehmers im Betrieb des Entleihers wird der Leiharbeitnehmer sowohl vom Entleiherbetriebsrat, als auch vom Verleiherbetriebsrat vertreten.

a) Stellung im Verleihbetrieb

Bei der betriebsverfassungsrechtlichen Stellung der Leiharbeitnehmer im Verleihbetrieb bestehen zunächst keine Besonderheiten gegenüber dem Normalarbeitsverhältnis.[873] Auch in Bezug auf das Betriebsverfassungsrecht gilt der Verleiher als Arbeitgeber des Leiharbeitnehmers.[874]

§ 14 Abs. 1 AÜG ordnet an, dass der Leiharbeitnehmer auch während der Zeit der Überlassung, Angehöriger des Verleihbetriebes bleibt. Damit sind die

---

866 *Blanke*, Rechtsgutachten: Welche Änderungen des deutschen Gesetzes erfordert die Umsetzung der EU-Richtlinie Leiharbeit, S. 13; *Böhm/Hennig/Popp*, Zeitarbeit, Rn. 940ff.

867 *Schröder*, Fleißig, billig, schutzlos: Leiharbeitnehmer in Deutschland, S. 161.

868 *Böhm/Hennig/Popp*, Zeitarbeit, Rn. 944.

869 *Schröder*, Fleißig, billig, schutzlos: Leiharbeitnehmer in Deutschland, S. 156.

870 *Schröder*, Fleißig, billig, schutzlos: Leiharbeitnehmer in Deutschland, S. 156.

871 *Platzhoff*, Arbeitnehmerüberlassung und Legitimität, S. 294.

872 *Steuer*, Die Arbeitnehmerüberlassung als Mittel zur Förderung des Arbeitsmarktes in Deutschland, S. 25.

873 *Böhm/Hennig/Popp*, Zeitarbeit, Rn. 930.

874 *Böhm/Hennig/Popp*, Zeitarbeit, Rn. 875; *Sandmann/Marschall/ Schneider*, AÜG, § 14 Rn. 3.

Leiharbeitnehmer betriebsverfassungsrechtlich dem Verleihbetrieb zugeordnet. Für den Betriebsrat des Verleihbetriebes besitzen die Leiharbeitnehmer somit auch für die Zeiten der Überlassung das aktive und passive Wahlrecht und werden durch den Betriebsrat des Verleihers vertreten.[875] Die Zuordnung zum Verleiherbetrieb besteht fort, auch wenn die Arbeitnehmer dauerhaft bei einem Entleiher eingesetzt sind.[876]

b) Stellung im Entleihbetrieb

§ 14 Abs. 2 AÜG regelt die betriebsverfassungsrechtliche Stellung des Leiharbeitnehmers im Entleihbetrieb. Danach können Leiharbeitnehmer nicht in den Betriebsrat des Entleihbetriebes gewählt werden. Der Leiharbeitnehmer hat jedoch nach § 7 BetrVG[877] ein aktives Wahlrecht für den Betriebsrat des Einsatzbetriebes, wenn er länger als drei Monate eingesetzt ist. Darüber hinaus kann der Leiharbeitnehmer nach § 14 Abs. 2 AÜG an den Betriebsversammlungen des Entleihbetriebes teilnehmen und hat die in § 14 Abs. 2 S. 3 AÜG aufgezählten Informationsrechte.

Der Betriebsrat des Entleihbetriebes hat in Bezug auf die Leiharbeitnehmer die in § 14 Abs. 2 S. 2 und S. 3 AÜG aufgezählten Rechte. Darüber hinaus stehen ihm Mitwirkungsrechte bei allen Maßnahmen zu, die nach den Vorschriften des Betriebsverfassungsrechtes seine Beteiligung auslösen und die eingesetzten Leiharbeitnehmer betreffen. Ob bei einer konkreten Maßnahme der Verleiher- oder Entleiherbetriebsrat zu beteiligen ist, richtet sich danach, ob der Verleiher oder der Entleiher die Entscheidung über die mitbestimmungspflichtige Maßnahme trifft.[878]

3) Gewerkschaften

Grundsätzlich sind die Leiharbeitnehmer frei, sich gewerkschaftlich zu organisieren und mit den Mitteln des Arbeitskampfes Tarifverträge durchsetzen.[879] Während

---

875 *Kim*, Die konzerninterne Arbeitnehmerüberlassung durch die Personalführungsgesellschaft und das Betriebsverfassungsrecht, S. 72, 81; *Sandmann/Marschall/Schneider*, AÜG, Art. 1 § 14 Rn. 4; Schüren/*Schüren*, AÜG, § 14 Rn. 115 ff; *Steuer*, Die Arbeitnehmerüberlassung als Mittel zur Förderung des Arbeitsmarktes in Deutschland, S. 77; Thüsing/*Thüsing*, AÜG, § 14 Rn. 17ff.

876 BAG v. 22.03.2000, 7 ABR 34/98, DB 2000, 2330; LAG Düsseldorf v. 12.10.2005, 12 Sa 931/05, EzAÜG Nr. 62 zu § 14 AÜG Betriebsverfassung; *Böhm/Hennig/Popp*, Zeitarbeit, Rn. 930; *Kim*, Die konzerninterne Arbeitnehmerüberlassung durch die Personalführungsgesellschaft und das Betriebsverfassungsrecht, S. 72.

877 Eingeführt durch das Betriebsverfassungsreformgesetz 2001, BT-Drucks. 15/6008 v. 30.09.2005, S. 33.

878 BAG v. 17.06.2008, 1 ABR 39/107, DB 2008, 2658; BAG v. 19.06.2001, 1 ABR 43/00, AP Nr. 1 zu § 87 BetrVG 1972; Böhm/Hennig/Popp, Zeitarbeit, Rn. 958; Kim, konzerninterne Arbeitnehmerüberlassung, S. 107; *Sandmann/Marschall/Schneide*r, AÜG, Art. 1 § 14 Rn. 16.

879 BAG v. 24.04.2007, 1 AZR 252/06, AiB 2007, 732; Schüren/*Schüren*, AÜG, Einl. Rn. 300.

rund 25% der Normalarbeitnehmer in einer Gewerkschaft organisiert sind, liegt der Organisationsgrad in der Zeitarbeit bei unter 5%.[880] Die Gewerkschaften standen der Zeitarbeit ablehnend gegenüber.[881] Erst mit der Einführung des Equal Pay Gebotes und der christlichen Gewerkschaften nahmen sich die DGB-Gewerkschaften der Leiharbeitnehmer an. Es wurde die Tarifgemeinschaft Zeitarbeit gegründet, die 2003 erstmals Tarifverträge abschloss.[882] Weder die DGB-Gewerkschaften, noch die christlichen Gewerkschaften Zeitarbeit verfügen in der Zeitarbeit jedoch über viele Mitglieder.[883] Wie bereits dargestellt, sind die Gewerkschaften in der Zeitarbeitsbranche nicht streikfähig und damit nicht in der Lage, Druck auf die Unternehmen auszuüben.[884] Arbeitskämpfe zwischen Leiharbeitnehmern und Verleihern sind nicht bekannt.[885]

Grund für den niedrigen Organisationsgrad der Gewerkschaften, ist neben der kurzen Beschäftigungsdauer und der hohen Fluktuation in der Branche auch die Vernachlässigung durch die Gewerkschaften. So wurden die Leiharbeiter lange von den Gewerkschaften als Konkurrenz zu den organisierten festangestellten Arbeitnehmern begriffen. Die Gewerkschaften versuchten, den Einsatz von Leiharbeitern in den Betrieben zu verhindern.[886] In den letzten Jahren bemühen sich die DGB-Gewerkschaften vermehrt um die Leiharbeitnehmer und versuchen über Tarifverträge bessere Bedingungen für diese auszuhandeln.[887] Zudem wird die Anforderung von Leiharbeitern von Unternehmen oft als Drohung genutzt, um schlechtere Arbeitsbedingungen durchzusetzen oder Streikversuche der Gewerkschaften zu brechen.[888]

880 *Blanke*, Rechtsgutachten: Welche Änderungen des deutschen Gesetzes erfordert die Umsetzung der EU-Richtlinie Leiharbeit, S. 13; *Schüren*, RdA 2007, 231; *Schüren* in: FS Löwisch, S. 367; *Gutmann/Kilian*, Zeitarbeit – Fakten, Trends und Visionen, S. 161.

881 9. Bericht der Bundesregierung über Erfahrungen bei der Anwendung des Arbeitnehmerüberlassungsgesetzes v. 04.10.2000, BT-Drucks. 14/4220, S. 25.

882 *Schüren*, RdA 2007, 231 (235).

883 *Steuer*, Die Arbeitnehmerüberlassung als Mittel zur Förderung des Arbeitsmarktes in Deutschland, S.185; *Schüren/Behrend*, NZA 2003, 521 (524); *Schüren*, RdA 2006, 303; *Schüren* RdA 2007, 321.

884 *Schröder*, Fleißig, billig, schutzlos: Leiharbeitnehmer in Deutschland, S. 161.

885 Schüren/*Schüren*, AÜG, Einl. Rn. 300.

886 9. Bericht der Bundesregierung über die Erfahrungen bei der Anwendung des AÜG vom 04.10.2000, BT-Drucks. 14/4220, S. 26; *Kämmerer/Thüsing*, Leiharbeit und Verfassungsrecht, S. 43; *Lembke*, NZA 2007, 1333; *Picker*, Arbeitnehmerüberlassung – Eine moderne Personalwirtschaftsform als Mittel arbeitsrechtlicher Modernisierung, ZfA 2002, 469 (477); *Platzhoff*, Arbeitnehmerüberlassung und Legitimität, S. 71; *Schröder*, Fleißig, billig, schutzlos: Leiharbeitnehmer in Deutschland, S. 162f; *Steuer*, Die Arbeitnehmerüberlassung als Mittel zur Förderung des Arbeitsmarktes in Deutschland, S. 286.

887 *Platzhoff*, Arbeitnehmerüberlassung und Legitimität, S. 73, 77.

888 *Schröder*, Fleißig, billig, schutzlos: Leiharbeitnehmer in Deutschland, S. 164.

Die Gewerkschaften sind im Falle anstehender Kündigungen auch berechtigt, einen Sozialtarifvertrag für die Betroffenen zu fordern, oder Tarifverträge zur Beschäftigungssicherung auszuhandeln.[889] Darüber hinaus, kommt den Gewerkschaften jedoch seit der Einführung des Equal Pay Gebotes eine wichtige Rolle zu.[890] Die Arbeitgeber sind auf den Abschluss von Tarifverträgen mit den Gewerkschaften angewiesen, wenn der Eintritt des Equal Pay vermieden werden soll. Da die ausgehandelten Tarifverträge mehrheitlich über arbeitsvertragliche Bezugnahme auf die Arbeitsverhältnisse Anwendung finden, spielt die geringe Tarifbindung in diesem Bereich keine Rolle.

4) Arbeitgeberverbände

In Deutschland sind circa 80% der Zeitarbeitsunternehmen in Arbeitgeberverbänden organisiert.[891] Die Arbeitgeberverbände sind im Gegensatz zu den Gewerkschaften gut organisiert und durchsetzungsfähig.[892] Auf Arbeitgeberseite waren bislang hauptsächlich drei Arbeitgeberverbände in der Zeitarbeitsbranche tätig, der Bundesverband Zeitarbeit Personal-Dienstleistungen e.V. (BZA)[893], der Interessenverband deutscher Zeitarbeitsunternehmen e.V. (IGZ)[894] und der Arbeitgeberverband Mittelständischer Personaldienstleister e.V. (AMP)[895]. BZA und AMP haben sich 2011 zum „Bundesarbeitgeberverband der Personaldienstleister“ (BAP) zusammengeschlossen.[896]

5) Ergebnis

Der geringe Organisationsgrad in der Leiharbeit[897] und die mehrheitlich nicht bestehende betriebliche Interessenvertretung führen dazu, dass für Leiharbeitnehmer eine kollektivrechtliche Interessenvertretung kaum besteht.[898] Den Leiharbeitnehmern fehlt damit ein wesentlicher Teil der im Normalarbeitsverhältnis etablierten Schutzmechanismen.

---

889 *Schoof*, Rechtsprechungsübersicht betriebsbedingte Kündigung, AiB 2009, 65 (656).
890 *Böhm/Hennig/Popp*, Zeitarbeit, Rn. 962.
891 *Böhm/Hennig/Popp*, Zeitarbeit, Rn. 954.
892 *Böhm/Hennig/Popp*, Zeitarbeit, Rn. 945.
893 http://www.bza.de/, Stand: 01.07.2012.
894 http://www.ig-zeitarbeit.de/, Stand: 01.07.2012.
895 http://www.amp-info.de/, Stand: 01.07.2012.
896 http://www.amp-info.de/, Stand: 01.07.2012; http://www2.aequivalent-personal.de/news/bza/1505-bundesarbeitgeberverband-der-personaldienstleister-(bap).html, Stand 01.07.2012.
897 *Gutmann/Kilian*, Zeitarbeit – Fakten, Trends und Visionen, S. 161.
898 *Schüren* RdA 2007, 231 (233).

II) Beteiligungsrechte im Zusammenhang mit der Kündigung von Leiharbeitnehmern

Nach der Rechtsprechung des Bundesarbeitsgerichtes ist der Betriebsrat des Zeitarbeitsunternehmens immer dann zuständig, wenn der Verleiher als „Vertragsarbeitgeber“ die Maßnahme vornimmt.[899] Da die Beendigung des Arbeitsverhältnisses allein das Zeitarbeitsunternehmen als Arbeitgeber betrifft, kommen in Bezug auf die Kündigung selbst auch nur Beteiligungsrechte des Verleiherbetriebsrates in Betracht.[900]

Ein Mitbestimmungsrecht des Entleiherbetriebsrats kommt lediglich in mittelbarem Zusammenhang mit der Kündigung in Betracht, beispielsweise beim Austausch oder bei der Rückgabe des Leiharbeitnehmers.

1) Betriebsratsanhörung nach § 102 BetrVG

a) Beteiligung des Verleiherbetriebsrates

aa) Allgemeines

Die Leiharbeitnehmer sind Arbeitnehmer des Verleihers, § 102 BetrVG kommt daher bei einer Kündigung des Arbeitsverhältnisses durch den Verleiher zur Anwendung.[901] Der Betriebsrat des Verleihbetriebes ist demnach gemäß § 102 Abs. 1 BetrVG vor jeder Kündigung anzuhören. Eine Kündigung ohne Anhörung des Betriebsrates ist nach § 102 Abs. 1 S. 2 BetrVG unwirksam.

bb) Widerspruchsrecht nach § 102 Abs. 3 BetrVG

Der Betriebsrat kann der Kündigung in den von § 102 Abs. 3 BetrVG bestimmten Fällen widersprechen. Das Widerspruchsrecht des Betriebsrates spielt in der Leiharbeit jedoch eine untergeordnete Rolle. Aufgrund der bereits dargestellten Besonderheiten und mangelnder Organisation der Leiharbeitnehmer fehlt es in der Leiharbeitsbranche weitgehend an durchsetzungsfähigen Arbeitnehmervertretungen.[902] Die Zahl der Widersprüche von den wenigen in der Leiharbeitsbranche bestehenden Betriebsräten ist daher als gering einzustufen. Belastbares Zahlenmaterial existiert diesbezüglich nicht.

---

899 BAG v. 17.06.2008, 1 ABR 39/107, DB 2008, 2658; BAG v. 19.06.2001, 1 ABR 43/00, AP Nr. 1 zu § 87 BetrVG 1972 Leiharbeitnehmer.

900 *Unger-Hellmich*, AuA 2008, 660.

901 *Kim*, Die konzerninterne Arbeitnehmerüberlassung durch die Personalführungsgesellschaft und das Betriebsverfassungsrecht, S. 179; Kittner/Däubler/Zwanziger-*Kittner*, KSchR, § 102 BetrVG Rn. 8; KR-*Etzel*, § 102 BetrVG Rn. 12; Schüren/*Schüren*, AÜG, Einl. Rn. 291.

902 Siehe unter D) I.

cc) Widerspruchsrecht nach § 102 Abs. 3 Nr. 1 und Nr. 2 BetrVG

Das Widerspruchsrecht des Betriebsrates nach § 102 Abs. 3 Nr. 1 und Nr. 2 BetrVG unterliegt prinzipiell in der Leiharbeit keinen Besonderheiten. Danach kann der Betriebsrat einer Kündigung widersprechen, wenn der Arbeitgeber soziale Gesichtspunkte nicht ausreichend berücksichtigt oder gegen eine Richtlinie nach § 95 BetrVG verstoßen hat. Aufgrund der bereits dargestellten Unklarheiten bei der Sozialauswahl im Hinblick auf die Vergleichbarkeit und die Einbeziehung bestimmter Arbeitnehmergruppen kann der Betriebsrat eines Verleihunternehmens allen betriebsbedingten Kündigungen des Verleihers wegen fehlerhafter Sozialauswahl widersprechen, wenn die betroffenen Arbeitnehmer in den Schutzbereich des Kündigungsschutzgesetzes fallen. Der Betriebsrat kann die fehlerhafte Durchführung der Sozialauswahl, beispielsweise wegen unterlassener Einbeziehung der im Einsatz befindlichen Leiharbeitnehmer rügen, und die, nach seiner Ansicht vergleichbaren, weniger schutzwürdigen Arbeitnehmer benennen.[903]

dd) Widerspruchsrecht nach § 102 Abs. 3 Nr. 3 BetrVG

Ein Widerspruch des Betriebsrates nach § 102 Abs. 3 Nr. 3 BetrVG wegen einer Weiterbeschäftigungsmöglichkeit im selben Betrieb oder in einem anderen Betrieb des Unternehmens kommt in reinen Verleihunternehmen auf den ersten Blick nur bezüglich Weiterbeschäftigungsmöglichkeiten in der unternehmenseigenen Verwaltung in Betracht, da reine Zeitarbeitsunternehmen im Übrigen keinen Betrieb im eigentlichen Sinne unterhalten.

Ein freier Arbeitsplatz beim Entleiher, stellt für den Verleiher an sich noch keine Weiterbeschäftigungsmöglichkeit dar und löst daher kein noch Widerspruchsrecht des Verleiherbetriebsrates aus.[904] Eine solche Beschäftigungsmöglichkeit richtet sich für den Verleiher nur nach dem Überlassungsvertrag. Sobald dieser beendet ist, hat der Verleiher keine Möglichkeit den Leiharbeitnehmer im Entleihbetrieb einzusetzen.[905] Das Widerspruchsrecht des Verleiherbetriebsrates bezieht sich jedoch ausschließlich auf Weiterbeschäftigungsmöglichkeiten des Verleihers, d.h. dieser muss rechtlich gegenüber dem Entleiher zum Einsatz des Leiharbeitnehmers befugt sein.

Dem Betriebsrat steht ein Widerspruchsrecht zu, wenn eine Beschäftigungsmöglichkeit bei einem anderen Entleiher besteht.[906] Dagegen spricht zwar zunächst der Wortlaut des § 102 Abs. 3 Nr. 3 BetrVG, der eine Beschäftigungsmöglichkeit im selben Betrieb oder einem anderen Betrieb des Unternehmens fordert. § 102 Abs. 3 Nr. 3 BetrVG geht jedoch von dem Bestehen eigener Betriebe des Arbeitgebers aus. Im Leiharbeitsverhältnis besteht die Besonderheit, dass auf Verleih ausgerichtete Betriebe über keinen eigenen Betrieb beziehungsweise nur einen Verwaltungsapparat zur

---

903 Kittner/Däubler/Zwanziger-*Deinert*, KSchR, § 102 BetrVG Rn. 211.

904 Schüren/*Hamann* AÜG, § 14 Rn. 429.

905 Schüren/*Hamann* AÜG, § 14 Rn. 429.

906 Schüren/*Schüren*, AÜG, § 14 Rn. 430; a.A. *Boemke/Lembke*, AÜG, 2. Auflage, § 14 Rn. 55.

Mitarbeiterverwaltung verfügen. Da die Verleihbetriebe jedoch darauf ausgerichtet sind und die Leiharbeitnehmer dem Einsatz in wechselnden Fremdbetrieben im Arbeitsvertrag zugestimmt haben, besteht eine vergleichbare Interessenlage zu dem für das Normalarbeitsverhältnis geregelten Fall des § 102 Abs. 3 Nr. 3 BetrVG. Eine entsprechende Regelung für das Leiharbeitsverhältnis besteht jedoch nicht. Eine analoge Anwendung einer Norm ist grundsätzlich dann möglich, wenn für einen bestimmten Sachverhalt eine planwidrige Regelungslücke besteht, die Interessenlage des nicht geregelten Falles jedoch mit der eines geregelten Falles vergleichbar ist.[907] Von einem Teil der Literatur wird eine analoge Anwendung des § 102 Abs. 3 BetrVG abgelehnt.[908] Der Gesetzgeber habe es, trotz zunehmender Bedeutung der Arbeitnehmerüberlassung unterlassen, eine gesetzliche Anpassung vorzunehmen. Demnach sei davon auszugehen, dass die Aufzählung der Widerspruchsgründe in § 102 Abs. 3 BetrVG abschließend sein sollte.[909] Aus einer unterlassenen Regelung des Gesetzgebers kann jedoch nicht stets das Ausscheiden einer Analogie gefolgert werden. Im vorliegenden Fall ist es naheliegender, dass der Gesetzgeber der Materie aufgrund der geringen praktischen Relevanz der Thematik eine Regelung unterlassen und die Auslegung der Rechtsprechung überlassen hat. Im Ergebnis ist daher aufgrund der gleichartigen Interessenlage und des Fehlens einer Regelung eine analoge Anwendung von § 102 Abs. 3 BetrVG gerechtfertigt.

ee) Widerspruchsrecht nach § 102 Abs. 3 Nr. 4 BetrVG

Nach § 102 Nr. 4 BetrVG kann der Betriebsrat widersprechen, wenn eine Weiterbeschäftigung nach zumutbaren Fortbildungen möglich ist. Solche Fortbildungsmaßnahmen sind im Zeitarbeitssektor in gleichem Maße zumutbar wie im Normalarbeitsverhältnis. Der zweite Senat des Bundesarbeitsgerichtes hat in seiner Entscheidung vom 18.05.2006[910] ausgeführt, dass der Verleiher vor dem Ausspruch einer Kündigung nach § 241 Abs. 2 BGB verpflichtet ist, den Arbeitnehmer darauf hinzuweisen, dass er für den Einsatz in weiteren Aufträgen nicht hinreichend qualifiziert sei. Diese Pflicht besteht neben der Verpflichtung aus § 1 Abs. 2 KSchG vor Ausspruch der Kündigung notwendige und zumutbare Umschulungsmaßnahmen durchzuführen.[911] Damit hat der zweite Senat klargestellt, dass der Verleiher in gleichem Maße wie ein Arbeitgeber im Normalarbeitsverhältnis verpflichtet ist, trotz der kürzeren Dauer der Leiharbeitsverhältnisse zumutbare Umschulungsmaßnahmen vor dem Ausspruch einer Kündigung durchzuführen.

---

907 BGH v. 13.07.1988, IVa ZR 55/87, BGHZ 105, 140; BGH v. 31.01.1990, VIII ZR 280/88, BGHZ 110, 183; Larenz/Canaris, Methodenlehre der Rechtswissenschaft, S. 194ff.

908 *Boemke/Lembke*, AÜG, 2. Auflage, § 14 Rn. 55.

909 *Platzhoff*, Arbeitnehmerüberlassung und Legitimität, S. 280.

910 BAG v. 18.05.2006, 2 AZR 412/05, AP Nr. 7 zu 9 AÜG.

911 BAG v. 18.05.2006, 2 AZR 412/05, AP Nr. 7 zu 9 AÜG.

b) Beteiligung des Entleiherbetriebsrates

Nach § 102 BetrVG besteht die Verpflichtung zur Betriebsratsanhörung nur im Falle einer Kündigung.[912] Die Einsatzbeendigung des Leiharbeitnehmers beim Entleiher stellt jedoch keine Kündigung dar.[913] Die Beendigung des Einsatzes hat keine unmittelbare Auswirkung auf den Bestand des Arbeitsverhältnisses des Leiharbeitnehmers.[914] Auch aus der Kündigung des Verleihers ergibt sich kein Anhörungsrecht des Entleihbetriebsrates.[915] § 102 BetrVG ist ausschließlich auf den Betriebsrat des Arbeitgebers, also des Verleihers beschränkt. Die Beteiligung des Betriebsrates dient der Förderung des Bestandsschutzes des Arbeitsverhältnisses.[916] Der Bestand des Arbeitsverhältnisses ist bei der Beendigung des Einsatzes beim Entleiher jedoch nicht unmittelbar gefährdet.[917] Einzig bei einer Fiktion eines Arbeitsverhältnisses nach § 10 AÜG, kann eine Anhörung des Entleiherbetriebsrates erforderlich werden, wenn der Entleiher sich durch Kündigung von dem entstandenen Arbeitsverhältnis lösen will.[918]

c) Ergebnis

Der Verleiherbetriebsrat ist nach § 102 BetrVG vor einer Kündigung anzuhören. Eine unterlassene Anhörung führt nach § 102 Abs. 1 S. 3 BetrVG zur Unwirksamkeit der Kündigung. Das Widerspruchsrecht des Betriebsrates nach § 102 Abs. 3 BetrVG besteht grundsätzlich auch für Zeitarbeitsunternehmen. Die Norm hat jedoch in der Zeitarbeitsbranche aufgrund der dargestellten Besonderheiten nur eine eingeschränkte praktische Bedeutung.

Der Entleiherbetriebsrat hat kein Beteiligungsrecht nach § 102 BetrVG.

2) Zustimmungserfordernis nach § 103 BetrVG

a) Beteiligung des Verleiherbetriebsrates

In Zeitarbeitsunternehmen mit Betriebsrat kann es auch zur Kündigung von Betriebsratsmitgliedern kommen. Diese genießen den besonderen Kündigungsschutz

---

912 *Platzhoff*, Arbeitnehmerüberlassung, S. 290.

913 *Böhmke/Lemke*, AÜG, § 14 Rn. 54; *Platzhoff*, Arbeitnehmerüberlassung und Legitimität, S. 290.

914 *Platzhoff*, Arbeitnehmerüberlassung und Legitimität, S. 290.

915 *Böhmke/Lemke*, AÜG, § 14 Rn. 54; *Kim*, Die konzerninterne Arbeitnehmerüberlassung durch die Personalführungsgesellschaft und das Betriebsverfassungsrecht, S. 180.

916 *Platzhoff*, Arbeitnehmerüberlassung und Legitimität, S. 290.

917 Kim, Die konzerninterne Arbeitnehmerüberlassung durch die Personalführungsgesellschaft und das Betriebsverfassungsrecht, S. 181; *Platzhoff*, Arbeitnehmerüberlassung und Legitimität, S. 290.

918 KR-*Etzel*, § 102 BetrVG Rn. 12.

nach §§ 103, 15 Abs. 1 KSchG.[919] Danach ist die Kündigung gemäß § 15 Abs. 1 KSchG zulässig, wenn ein wichtiger Grund vorliegt und der Betriebsrat der Kündigung zustimmt oder wenn gemäß § 15 Abs. 4 und Abs. 5 KSchG die Stilllegung eines Betriebes oder einer Betriebsabteilung erfolgt. Bezüglich der Stilllegung ist auf den Verleihbetrieb abzustellen. Die Stilllegung eines Betriebes oder Betriebsteiles des Entleihers berechtigt den Verleiher nicht zur Kündigung des Betriebsratsmitgliedes. Der Betriebsrat ist Funktionsträger des Verleihbetriebes, daher ist bezüglich seines Sonderkündigungsschutzes die Situation in diesem Betrieb entscheidend. Die Kündigung eines Betriebsratsmitgliedes ist daher nur dann zulässig, wenn das Zeitarbeitsunternehmen selbst einen kompletten Betrieb oder einen Betriebsteil stilllegt.

Im Gegensatz zur Anhörung nach § 102 BetrVG muss der Betriebsrat nach § 103 BetrVG bei der Kündigung von Betriebsratsmitgliedern zustimmen. Verweigert der Betriebsrat die Zustimmung, kann der Arbeitgeber nach § 103 Abs. 2 BetrVG eine die Zustimmung ersetzende gerichtliche Entscheidung beim Arbeitsgericht beantragen.

Eine Kündigung, die vor einer Zustimmung des Betriebsrates nach § 103 Abs. 1 BetrVG oder einer Zustimmungsersetzung durch das Arbeitsgericht nach § 103 Abs. 2 BetrVG ausgesprochen wird, ist nichtig.[920]

b) Beteiligung des Entleiherbetriebsrates

Mangels arbeitsvertraglicher Bindung zwischen Entleiher und Leiharbeitnehmer ist auch nach § 103 BetrVG der Entleiherbetriebsrat bei einer Kündigung eines Leiharbeitnehmers nicht zu beteiligen.[921]

3) Beteiligung nach § 99 BetrVG

a) Kündigung als personelle Einzelmaßnahme nach § 99 BetrVG

Nach § 99 BetrVG ist der Betriebsrat über personelle Einzelmaßnahmen wie Einstellungen, Ein- und Umgruppierungen oder Versetzungen vor deren Umsetzung zu informieren. Der Arbeitgeber muss dem Betriebsrat Auskunft über die Auswirkungen der geplanten Maßnahme erteilen und dessen Zustimmung zur Durchführung einholen. Bei der Mitwirkung der Betriebsrates nach § 99 BetrVG handelt es sich

919 Kim, Die konzerninterne Arbeitnehmerüberlassung durch die Personalführungsgesellschaft und das Betriebsverfassungsrecht, S. 180; Schüren/*Hamann*, AÜG, § 14 Rn. 432.

920 BAG v. 22.08.1974, 2 ABR 17/74, AP Nr. 1 zu § 103 BetrVG 1972; ErfK/*Kania*, § 103 BetrVG Rn. 7; KR-*Etzel*, § 103 BetrVG Rn. 109.

921 *Kim*, Die konzerninterne Arbeitnehmerüberlassung durch die Personalführungsgesellschaft und das Betriebsverfassungsrecht, S. 180.

nicht um ein bloßes Informations- und Beratungsrecht des Betriebsrates, sondern um ein echtes Zustimmungserfordernis.[922]

Die Kündigung eines Leiharbeitnehmers fällt jedoch nicht unter die personellen Einzelmaßnahmen nach § 99 BetrVG.[923] Die Aufzählung der personellen Maßnahmen in § 99 Abs. 1 S. 1 BetrVG ist abschließend.[924]

b) *Austausch des Leiharbeitnehmers im Einsatzbetrieb wegen betriebsbedingter Kündigung als mitbestimmungspflichtige Maßnahme*

Im Rahmen der betriebsbedingten Kündigung kann jedoch das Mitbestimmungsrecht nach § 99 Abs. 1 S. 1 Alt. 4 BetrVG eine Rolle spielen. Ist der Verleiher durch eine Sozialauswahl gezwungen, einen beim Entleiher eingesetzten Arbeitnehmer zu kündigen und will oder muss er aufgrund des Überlassungsvertrages diesen gekündigten Arbeitnehmer durch einen anderen, gleich geeigneten Arbeitnehmer ersetzen, so kommen Mitbestimmungsrechte nach § 99 BetrVG des Entleiher-, als auch des Verleiherbetriebsrates in Betracht. Dieser Austausch der eingesetzten Leiharbeitnehmer kann für den Verleihbetrieb eine Versetzung nach § 99 Abs. 1 S. 1 Alt. 4 BetrVG darstellen, während es sich bei dem Austausch für den Entleihbetrieb um eine Einstellung nach § 99 Abs. 1 S. 1 Alt. 1 BetrVG handeln kann.

aa) *Mitbestimmungspflichtige Einstellung beim Entleiher*

§ 14 Abs. 3 AÜG schreibt vor, dass der Entleiherbetriebsrat vor der Übernahme eines Leiharbeitnehmers nach § 99 BetrVG zu beteiligen ist. Der Austausch von Leiharbeitnehmern innerhalb einer laufenden Überlassung stellt eine mitbestimmungspflichtige Einstellung im Entleihbetrieb dar.[925] Eine Einstellung liegt vor, wenn eine Person in den Betrieb eingegliedert wird, um dort mit den anderen Beschäftigten an der Erfüllung des Betriebszweckes mitzuwirken.[926] Die Mitbestimmung bei der Einstellung ist auf die konkret einzustellende Person gerichtet. Daher liegt beim Austausch eines Leiharbeitnehmers in der Eingliederung des neu eingesetzten Leiharbeitnehmers eine erneute mitbestimmungspflichtige Einstellung vor.[927]

---

922 Richardi-*Thüsing*, BetrVG, § 99 Rn. 4.

923 *Böhm/Hennig/Popp*, Zeitarbeit, Rn. 902; Richardi-*Thüsing*, BetrVG, § 99 Rn. 7.

924 *Böhm/Hennig/Popp*, Zeitarbeit, Rn. 902; Richardi-*Thüsing*, BetrVG, § 99 Rn. 7.

925 LAG Hessen v. 16.01.2007, 4 TaBV 203/06, EzAÜG § 14 AÜG Betriebsverfassung Nr. 66; ArbG Verden v. 01.08. 1989, 2 BV 24/89, AiB 1989, 318; *Ulber*, AÜG, § 14 Rn. 195.

926 BAG v. 20.02.2001, 1 ABR 30/00, AP Nr. 23 zu § 101 BetrVG 1972.

927 LAG Hessen v. 16.01.2007, 4 TaBV 203/06, EzAÜG § 14 AÜG Betriebsverfassung Nr. 66; ArbG Verden v. 01.08. 1989, 2 BV 24/89, AiB 1989, 318; *Ulber*, AÜG, § 14 Rn. 195.

Ein Mitbestimmungsrecht bei der Einstellung von Leiharbeitnehmern wird teilweise verneint, wenn der Verleiher nur die Überlassung einer gattungsmäßig bestimmten Anzahl von Leiharbeitnehmern schuldet.[928] Diese Ansicht ist jedoch mit der herrschenden Ansicht in der Literatur, sowie einem Teil der Rechtsprechung abzulehnen.[929] Das Beteiligungsrecht nach § 99 BetrVG bei der Einstellung eines Mitarbeiters soll dem Betriebsrat die Möglichkeit geben die Auswirkungen der Eingliederung einer bestimmten Person auf die bereits beschäftigten Mitarbeiter zu beurteilen und zu erwartende negative Einflüsse durch die Verweigerung der Zustimmung zu verhindern.[930] Dies ergibt sich bereits aus den Widerspruchsgründen des § 99 Abs. 2 BetrVG.[931] Diesen Einfluss kann der Betriebsrat nicht ausüben, wenn ihm eine Mitbestimmung durch die Ausgestaltung der Überlassungsverträge versagt werden könnte. Dem Entleiher werden die Namen der überlassenen Arbeitnehmer regelmäßig vor dem Einsatz bekannt gegeben. Für den Fall, dass dies erst kurz vor dem eigentlichen Einsatz geschieht, kann der Entleiher eine vorläufige Einstellung nach § 100 Abs. 1 S. 1 Alt. 1 BetrVG vornehmen. Diese Norm ermöglicht es dem Arbeitgeber, eine nach § 99 BetrVG mitbestimmungspflichtige Maßnahme in dringenden Fällen vor der Äußerung des Betriebsrates vorläufig durchzuführen. Eine vollständige Nichtanwendung des Mitbestimmungsrechtes ist dadurch jedoch nicht gerechtfertigt.[932]

Bei den im Rahmen der betriebsbedingten Kündigung relevanten Fallkonstellationen, sind vorläufige Einstellungen nach § 100 BetrVG jedoch in der Regel nicht erforderlich. Werden vom Verleiher Kündigungen ausgesprochen, die beispielsweise durch eine Sozialauswahl im Entleiherbetrieb eingesetzte Leiharbeiter betreffen, gilt für die betroffenen Arbeitnehmer eine Kündigungsfrist. Zwar enthalten die Tarifverträge der Zeitarbeitsbranche in der Regel kurze Kündigungsfristen. Diese reichen jedoch aus, um sowohl eine Unterrichtung des Entleihers als auch das Verfahren nach § 99 BetrVG zu ermöglichen.

bb) Mitbestimmungspflichtige Versetzung beim Verleiher

Der Austausch der Leiharbeitnehmer im Entleihbetrieb aufgrund einer Kündigung stellt für den Verleiher keine mitbestimmungspflichtige Versetzung nach § 99 Abs. 1 Alt. 4 BetrVG dar.

---

928 LAG Niedersachsen v. 13.10.1999, 13 TaBV 106/98, n.v. zit. nach Juris.

929 LAG Hessen v. 16.01.2007, 4 TaBV 203/06, EzAÜG § 14 AÜG Betriebsverfassung Nr. 66.

930 LAG Hessen v. 16.01.2007, 4 TaBV 203/06, EzAÜG § 14 AÜG Betriebsverfassung Nr. 66; Ulber, AÜG, § 14 Rn. 195.

931 LAG Hessen v. 16.01.2007, 4 TaBV 203/06, EzAÜG § 14 AÜG Betriebsverfassung Nr. 66.

932 LAG Hessen v. 16.01.2007, 4 TaBV 203/06, EzAÜG § 14 AÜG Betriebsverfassung Nr. 66.

Nach § 99 Abs. 1 Alt. 4 BetrVG ist der Betriebsrat bei jeder Versetzung des Arbeitnehmers zu beteiligen. Nach § 95 Abs. 3 S. 1 BetrVG ist eine Versetzung im Sinne des Betriebsverfassungsgesetzes die Zuweisung eines anderen Arbeitsbereichs, die voraussichtlich die Dauer von einem Monat überschreitet, oder die mit einer erheblichen Änderung der Umstände verbunden ist, unter denen die Arbeit zu leisten ist. Unter diese Definition ist die Zuweisung eines neuen Einsatzes bei einem anderen Entleiher grundsätzlich zu subsumieren.

§ 95 Abs. 3 S. 2 BetrVG schließt das Vorliegen einer mitbestimmungspflichtigen Versetzung jedoch aus, wenn der Arbeitnehmer nach der Eigenart ihres Arbeitsverhältnisses üblicherweise nicht ständig an einem bestimmten Arbeitsplatz beschäftigt wird.[933] Für einen Leiharbeitnehmer, der zum Zwecke der Überlassung an wechselnde Entleiher eingestellt wurde, stellt der Einsatzwechsel daher keine mitbestimmungspflichtige Versetzung dar.[934] Eine Versetzung kommt allenfalls dann in Betracht, wenn der Leiharbeitnehmer ausschließlich für den Einsatz bei einem bestimmten Entleiher eingestellt war und dann einem anderen Entleiher zugewiesen wird.[935] Die Zuweisung zu einem anderen Entleiher ist dann jedoch von der Zustimmung des Arbeitnehmers abhängig, weil die Zuweisung nicht mehr vom arbeitsvertraglichen Direktionsrecht gedeckt ist. Ein solches Einverständnis steht dem Mitbestimmungsrecht des Betriebsrates jedoch nicht entgegen.[936]

c) Ergebnis

Eine Kündigung stellt an sich keine personelle Einzelmaßnahme nach § 99 Abs. 1 S. 1 BetrVG dar. Die Kündigung eines beim Entleiher eingesetzten Leiharbeitnehmers zieht jedoch mitbestimmungspflichtige Maßnahmen nach sich. Der Austausch eines von der Kündigung betroffenen Leiharbeitnehmers stellt für den Entleiher eine mitbestimmungspflichtige Neueinstellung dar. Verweigert der Betriebsrat die Zustimmung, kann das Zeitarbeitsunternehmen ein Zustimmungsersetzungsverfahren nach § 99 Abs. 4 BetrVG einleiten. Für den Verleiher stellt der Austausch der Arbeitnehmer, insbesondere die Zuweisung eines neuen Arbeitnehmers auf den Arbeitsplatz des gekündigten Arbeitnehmers, in der Regel keine mitbestimmungspflichtige Versetzung dar, da Leiharbeitnehmer meist nicht auf einem festen Arbeitsplatz beschäftigt werden.

---

933 *Fitting*, BetrVG, § 99 Rn. 156.

934 BAG v. 19.06.2001, 1 ABR 43/00, AP Nr. 1 zu § 87 BetrVG 1972 Leiharbeitnehmer; *Fitting*, BetrVG, § 99 Rn. 159a; Schüren/*Hamann*, AÜG, § 14 Rn. 196; *Ulber*, AÜG, § 14 Rn. 27.

935 Schüren/*Hamann*, AÜG, § 14 Rn. 418.

936 Schüren/*Hamann*, AÜG, § 14 Rn. 418.

4) Beteiligung bei Personalabbaumaßnahmen nach § 92 BetrVG

a) Beteiligung des Verleiherbetriebsrates

Nach § 92 BetrVG hat der Verleiherbetriebsrat ein Unterrichtungs- und Beratungsrecht bezüglich der Personalplanung und der sich daraus ergebenden personellen Maßnahmen im Zeitarbeitsunternehmen. Unter Personalplanung nach § 92 BetrVG ist jede Planung zu verstehen, die sich auf den aktuellen und zukünftigen Personalbedarf, dessen Deckung und den Einsatz des Personals bezieht.[937] Plant demnach das Zeitarbeitsunternehmen wegen rückläufiger Auftragslage oder schlechter Wirtschaftslage den Abbau eines aus seiner Sicht bestehenden Personalüberhanges durch Kündigungen oder andere Maßnahmen, so ist der Verleiherbetriebsrat rechtzeitig von den geplanten Maßnahmen zu informieren.[938] Der Verleiherbetriebsrat hat dann das Recht die Art und den Umfang der Maßnahmen mit dem Arbeitgeber zu beraten. Das Beteiligungsrecht nach § 92 BetrVG ist jedoch insgesamt auf die Personalplanung, nicht auf jede individuelle Kündigung bezogen.[939]

b) Beteiligung des Entleiherbetriebsrates

Bezüglich der Personalplanung im Entleihbetrieb stehen dem Betriebsrat des Entleihers die gleichen Rechte zu. Somit ist der Entleiherbetriebsrat auch über die Personalplanung und eine gegebenenfalls anstehende Rückgabe der im Betrieb beschäftigten Leiharbeitnehmer zu informieren.[940] Damit kann der Entleiherbetriebsrat zumindest mittelbar über bestimmte Weichenstellungen im Vorfeld etwaiger im Verleihbetrieb anstehender Kündigungen mitwirken.

c) Auswirkungen auf die Wirksamkeit der Kündigung

Eine Verletzung der Beteiligungsrechte nach § 92 BetrVG führt jedoch nicht zu einer Unwirksamkeit einer Kündigung, die auf einer ohne die Beteiligung des Betriebsrates zustande gekommenen Personalplanung basiert.[941]

---

937 *Kim*, Die konzerninterne Arbeitnehmerüberlassung durch die Personalführungsgesellschaft und das Betriebsverfassungsrecht, S. 165; *Ulber*, AÜG, § 14 Rn. 114.

938 *Kim*, Die konzerninterne Arbeitnehmerüberlassung durch die Personalführungsgesellschaft und das Betriebsverfassungsrecht, S. 165.

939 *Kim*, Die konzerninterne Arbeitnehmerüberlassung durch die Personalführungsgesellschaft und das Betriebsverfassungsrecht, S. 165.

940 *Kim*, Die konzerninterne Arbeitnehmerüberlassung durch die Personalführungsgesellschaft und das Betriebsverfassungsrecht, S. 165.

941 ErfK/*Kania*, § 92 BetrVG Rn. 12.

5) Beteiligung bei Massenentlassungen nach § 17 KSchG

Die Beteiligung nach § 17 KSchG spielt nur in Bezug auf den Verleiherbetriebsrat eine Rolle.

a) Unterrichtungs- und Beratungsrecht nach § 17 Abs. 2 KSchG

Der Betriebsrat hat nach § 17 Abs. 2 KSchG ein Unterrichtungs- und Beratungsrecht bei der Durchführung einer Massenentlassung nach § 17 Abs. 1 KSchG. Dies gilt auch im Zeitarbeitsunternehmen ohne weitere Besonderheiten im Vergleich zum Normalarbeitsverhältnis.[942]

Werden bei den Entlassungen im Betrieb die Schwellenwerte nach § 17 Abs. 1 KSchG überschritten, hat der Arbeitgeber dem Betriebsrat die in § 17 Abs. 2 KSchG aufgeführten Angaben mitzuteilen. Der Betriebsrat hat zudem nach § 17 Abs. 2 KSchG das Recht, über die Vermeidung oder Einschränkung der geplanten Entlassungen oder deren Folgen zu beraten. Das Beteiligungsrecht des Betriebsrates nach § 17 KSchG entsteht erst bei einer Überschreitung der Schwellenwerte nach § 17 Abs. 1 KSchG. Daher besteht auch hier, wie schon bei der Bestimmung des Anwendungsbereiches nach § 23 KSchG, wieder die Schwierigkeit, den Begriff des Betriebes im Zeitarbeitsunternehmen festzulegen. Diesbezüglich kann auf die Ausführungen zu § 23 KSchG verwiesen werden.

b) Auswirkungen auf die Wirksamkeit der Kündigung

Die Rechtsfolge einer fehlenden bzw. fehlerhaften Massenentlassungsanzeige ist umstritten. Teilweise werden sowohl Kündigungen infolge fehlender, als auch nach fehlerhafter Massenentlassungsanzeige als unwirksam angesehen.[943]

Das Bundesarbeitsgericht ist in seiner früheren Rechtsprechung davon ausgegangen, dass ein Verstoß gegen § 17 KSchG nicht zur Unwirksamkeit der Kündigungen führt, sondern eine Entlassungssperre nach § 18 Abs. 1 KSchG eintritt.[944] Unter Entlassung wurde nach damaliger Rechtsprechung nicht die Kündigungserklärung, sondern die tatsächliche Beendigung des Arbeitsverhältnisses verstanden.[945] Diese

942 *Sandmann/Marschall/Schneider*, Handbuch Zeitarbeit, Kap. 6 Rn. 330.

943 LAG Baden-Württemberg v. 21.07.2010, 13 Sa 31/10, ZInsO 2011, 1605; LAG Düsseldorf v. 15.09.2010, 12 Sa 627/10, ZInsO 2011, 1167; LAG Niedersachsen v. 07.04.2011, 4 Sa 1271/10, LAGE § 17 KSchG Nr. 8; ErfK/*Kiel*, § 17 KSchG Rn. 36; *Niklas/Koehler*, NZA 2010, 913; *Riesenhuber/Domröse*, NZA 2005, 568; *Osnabrügge*, NJW 2005, 1093; *Klumpp*, NZA 2006, 703; *Lembke/Oberwinter*, NJW 2007, 721; *Reinhard*, RdA 2007, 207; *Nicolai*, NZA 2005, 206.

944 BAG, v. 18. 9. 2003, 2 AZR 79/02, AP Nr. 14 zu § 17 KSchG 1969; zustimmend Berscheid, Anmerkung zu BAG v. 18. 9. 2003, 2 AZR 79/02, jurisPR-ArbR 24/2004 Anm. 2.

945 BAG v. 24.02.2005, 2 AZR 207/04, AP Nr. 20 zu § 17 KSchG 1969; gegen eine Gleichsetzung der Kündigungserklärung mit der Entlassung auch KR/*Weigand*, § 17 KSchG Rn. 32c ff.

Ansicht stützte sich auf die Rechtsfolge des § 18 Abs. 1 KSchG, da die Massenentlassungsrichtlinie nicht unmittelbar Anwendung findet und eine richtlinienkonforme Auslegung von § 18 KSchG aufgrund der eindeutig geregelten Rechtsfolge nicht möglich war.[946] Nach einer weiteren Ansicht war zwischen einer unterlassenen und einer fehlerhaften Massenentlassungsanzeige zu unterscheiden.[947] Das völlige Fehlen einer Anzeige führte nach dieser Ansicht zu einer Unwirksamkeit der Kündigung, während die lediglich fehlerhafte Anzeige lediglich eine Entlassungssperre zur Folge hatte.[948] Folge der Interpretation als reine Entlassungssperre war die Nachholbarkeit bzw. Heilbarkeit von Verstößen, auch nach Ausspruch der Kündigung.[949]

Nach der „Junk"-Entscheidung des EuGH[950], in der der Entlassungszeitpunkt als der Zeitpunkt der Kündigungserklärung bestimmt wurde, geht auch das Bundesarbeitsgericht von einer Unwirksamkeit der Kündigung bei nicht oder nicht wirksam erfolgter Massenentlassungsanzeige aus.[951] § 18 KSchG ist danach so auszulegen, dass die Kündigungserklärung nicht wirksam möglich ist.[952] In seiner Entscheidung vom 28.06.2012[953] sieht das BAG die Unwirksamkeit der Kündigung infolge nicht ordnungsgemäßer Massenentlassungsanzeige sogar als allgemeine Meinung an.

Die neuere Literatur hat sich dieser BAG-Ansicht weitgehend angeschlossen.[954] Die Unwirksamkeit als Rechtsfolge wird allerdings unterschiedlich begründet. Teilweise wird die Rechtsfolge im Wege einer richtlinienkonformen Auslegung der §§ 17, 18 KSchG begründet und auf den Wortlaut von Art. 4 Abs. 1 der Massenentlassungsrichtlinie[955] gestützt, worin vom „Wirksamwerden" der beabsichtigten Massenentlassungen die Rede ist.[956] Die Massenentlassungsrichtlinie diene auch dem

946 BAG v. 18. 9. 2003, 2 AZR 79/02, AP Nr. 14 zu § 17 KSchG 1969; mit gleicher Argumentation jedenfalls für die fehlerhafte Anzeige *Ferme/Lipinski*, ZIP 2005, 593; trotz letztlich abweichenden Ergebnisses sieht auch *Klumpp*, NZA 2006, 703 die Schwierigkeiten einer europarechtskonformen Auslegung des § 18 KSchG.

947 *Ferme/Lipinski*, ZIP 2005, 593.

948 *Ferme/Lipinski*, ZIP 2005, 593.

949 HWK/*Molkenbur*, § 17 KSchG, Rn. 41.

950 EuGH v. 27.1.2005 AZ: C-188/03, BB 2005, 331.

951 BAG v. 28.06.2012, 6 AZR 780/10, NZA 2012, 1029; BAG v. 21.03.2012, 6 AZR 596/10, NZA 2012, 1058; BAG v. 22.04.2010, 6 AZR 948/08, AP Nr. 38 zu § 17 KSchG 1969; BAG v. 28.05.2009, 8 AZR 273/08, AP Nr. 370 zu § 613a BGB; BAG v. 23.03.2006, 2 AZR 343/05, AP Nr. 21 zu § 17 KSchG 1969.

952 KR-Weigand, § 17 KSchG, Rn. 103.

953 BAG v. 28.06.2012, 6 AZR 780/10, NZA 2012, 1029.

954 ErfK/*Kiel*, § 17 KSchG Rn. 35; KR-*Weigand*, § 17 KSchG Rn. 64b, 101; v. Hoyningen-Huene/Linck § 17 KSchG Rn. 97; MüKo-BGB/Hergenröder, § 17 KSchG Rn. 44; *Niklas/Koehler*, NZA 2010, 913.

955 Richtlinie 98/59/EG des Rates vom 20. Juli 1998 zur Angleichung der Rechtsvorschriften der Mitgliedstaaten über Massenentlassungen (MERL), ABl. L 225 vom 12.8.1998, S. 16–21.

956 *Riesenhuber/Domröse*, NZA 2005, 568.

individuellen Schutz des Arbeitnehmers.[957] Daher folge aus dem Gebot der effektiven Umsetzung europarechtlicher Vorgaben die Unwirksamkeit der Kündigung.[958] Vereinzelt wird die Unwirksamkeitsfolge sogar aus einer „richtlinienkonformen Analogie zu § 102 BetrVG" hergeleitet.[959] Die fehlende Beratung mit dem Betriebsrat dürfe im Hinblick auf das Europarecht nicht schwächer sanktioniert sein, als die fehlende oder fehlerhafte Anhörung nach § 102 BetrVG.[960]

Nach einer anderen Ansicht ergibt sich die Unwirksamkeit der Kündigung aus § 134 BGB in Verbindung mit § 17 KSchG als Verbotsgesetz.[961] Die Auslegung von § 17 KSchG als Verbotsgesetz wird von dieser Ansicht ebenfalls aus einer europarechtskonformen Auslegung abgeleitet.

Der Arbeitnehmer muss zur Geltendmachung der Unwirksamkeit der Kündigung innerhalb der Drei-Wochen-Frist des § 4 KSchG Klage erheben.[962]

Umstritten ist zudem, ob die versäumte Vorlage der Betriebsratsstellungnahme bei der Agentur für Arbeit, bei ordnungsgemäßer Beteiligung des Betriebsrates, zwei Wochen vor Erstattung der Anzeige, nachholbar ist. Das BAG hatte mit Urteil vom 21.05.2008[963] entschieden, dass die Beifügung der Stellungnahme des Betriebsrats Wirksamkeitsvoraussetzung für die Massenentlassungsanzeige sei. Die fehlende Stellungnahme des Betriebsrats könne jedoch bei ordnungsgemäßer fristgerechter Unterrichtung nachgereicht werden. Die Anzeige werde dann erst mit Eingang der Stellungnahme des Betriebsrats bei der Arbeitsagentur wirksam.

Diese Entscheidung des Bundesarbeitsgerichtes wurde vom Bundesverfassungsgericht[964] wegen Verletzung des Art. 101 Abs. 1 S. 2 GG aufgehoben. Das Bundesarbeitsgericht habe durch das Absehen von einem Vorabentscheidungsverfahren den Anspruch auf den gesetzlichen Richter verletzt. Die Rechtsfrage, ob eine Vorlage der Betriebsratsstellungnahme nach § 17 Abs. 3 KSchG bei der Agentur für Arbeit nachholbar sei, sei nur unter Einbeziehung der europarechtlichen Vorschriften zu beantworten. Die vom BAG getroffene Entscheidung verstoße möglicherweise gegen die Massenentlassungsrichtlinie (MERL)[965].

---

957 KR/*Weigand*, § 17 KSchG Rn. 6j, 8; *Osnabrügge*, NJW 2005, 1093.

958 KR/*Weigand*, § 17 KSchG Rn. 103; *Riesenhuber/Domröse*, NZA 2005, 568.

959 *Riesenhuber/Domröse*, NZA 2005, 568.

960 *Riesenhuber/Domröse*, NZA 2005, 568.

961 ErfK/*Kiel*, § 17 KSchG Rn. 36; *Lembke/Oberwinter*, NJW 2007, 721; *Niklas/Koehler*, NZA 2010, 913; a.A.: *Riesenhuber/Domröse*, NZA 2005, 568 die die Auslegung des § 17 KSchG als Verbotsgesetz für entbehrlich halten.

962 ErfK/*Kiel*, § 17 KSchG Rn. 36; KR/*Weigand*, § 17 KSchG, Rn. 107; *Lembke/Oberwinter*, NJW 2007, 721; *Reinhard*, RdA 2007, 207; *Riesenhuber/Domröse*, NZA 2005, 568.

963 BAG v. 21.05.2008, 8 AZR 84/07, NZA 2008, 753.

964 BVerfG v. 25.02.2010, 1 BvR 230/09, NZA 2010, 439.

965 Richtlinie 98/59/EG des Rates vom 20. Juli 1998 zur Angleichung der Rechtsvorschriften der Mitgliedstaaten über Massenentlassungen, ABl. L 225 vom 12.8.1998, S. 16–21.

In der Literatur wird teilweise vertreten, dass das Konsultationsverfahren und die Massenentlassungsanzeige ein zweistufiges Verfahren darstellen und das Konsultationsverfahren daher grundsätzlich vor der Erstattung der Massenentlassungsanzeige abzuschließen sei. Die Erstattung der Anzeige sei entsprechend erst dann wirksam möglich. Eine Nachreichung der Stellungnahme führe demnach nicht zur Wirksamkeit der Anzeige.[966] Für diese Ansicht spricht sowohl Art. 3 Abs. 1 Unterabsatz 3 der MERL, der vorschreibt, dass die Massenentlassungsanzeige bereits alle zweckdienlichen Angaben über die Konsultation enthalten muss.[967] Auch auf europäischer Ebene lassen sich Tendenzen in diese Richtung erkennen. So wurde bereits in früheren Verfahren in den jeweiligen Schlussanträgen der Generalanwälte vertreten, dass das Konsultationsverfahren der Massenentlassungsanzeige vorgeschaltet sein müsse.[968]

Die Gegenansicht hält die Nachreichung der Betriebsratsstellungnahme, bei ordnungsgemäßer Betriebsratsbeteiligung, zwei Wochen vor Erstattung der Massenentlassungsanzeige, für möglich.[969] Ein Verbot der Nachreichung wird von dieser Ansicht als reiner Formalismus angesehen.[970] Gegen diese Ansicht spricht, dass der EuGH einen Abschluss des Konsultationsverfahrens vor Einreichung der Massenentlassungsanzeige fordert. Da die Massenentlassungsrichtlinie auch dem individuellen Schutz des Arbeitnehmers dient, ist eine entsprechende Nachholungsmöglichkeit abzulehnen.[971]

6) Mitbestimmung nach § 87 Abs. 1 Nr. 3 BetrVG zur Verhinderung von Personalabbau

Nach § 87 Abs. 1 Nr. 3 BetrVG hat der Betriebsrat über die vorübergehende Verlängerung oder Verkürzung der Arbeitszeit mitzubestimmen. Darunter fällt auch die Einführung von Kurzarbeit. Nach § 11 Abs. 3 S. 3 AÜG konnte Kurzarbeit bis zum 31.12.2011 auch in Zeitarbeitsunternehmen eingeführt werden. Bis zu diesem Zeitpunkt bestand für den Betriebsrat die Möglichkeit, durch Ausübung seines Initiativrechtes bezüglich der Kurzarbeit Personalabbaumaßnahmen des Arbeitgebers zumindest vorübergehend zu blockieren. Die erneute Gestattung von Kurzarbeit durch den Gesetzgeber ist im Falle einer Wirtschaftskrise wahrscheinlich.

---

966 *Grau/Sittard,* BB 2011, 1845; *Rehwald,* Anmerkung zu EuGH v. 10.09.2009, C-44/08, AiB 2010, 201; aA: KR-*Weigand,* § 17 KSchG Rn. 92; *Niklas/Koehler,* NZA 2010, 913.

967 *Grau/Sittard,* BB 2011, 1845.

968 Schlussanträge des Generalanwaltes zu EuGH v. 11.03.2004, C-55/02 zit. nach juris; Schlussanträge des Generalanwaltes zu EUGH v. 21.09.2009, C-12/08, zit. nach juris; *Grau/Sittard,* BB 2011, 1845; so auch *Rehwald,* Anmerkung zu EuGH v. 10.09.2009, C-44/08, AiB 2010, 201.

969 KR-*Weigand,* § 17 KSchG Rn. 92; *Niklas/Koehler,* NZA 2010, 913.

970 KR-*Weigand,* § 17 KSchG Rn. 92.

971 KR/*Weigand,* § 17 KSchG Rn. 6j, 8; *Osnabrügge,* NJW 2005, 1093.

a) Mitbestimmung beim Verleiher

Ein Mitbestimmungsrecht nach § 87 Abs. 1 Nr. 3 BetrVG besteht auch in Zeitarbeitsunternehmen.[972] In der Literatur wird teilweise vertreten, es gäbe für Leiharbeitnehmer keine betriebsübliche Arbeitszeit beim Verleiher, da diese dort nicht eingesetzt würden. Daher könne auch keine Mitbestimmung über die vorübergehende Änderung dieser Arbeitszeit bestehen.[973] *Raab*[974] begründet diese Ansicht u.a. damit, dass ein Normalarbeitgeber bei Verweigerung der Mehrarbeit durch seinen Betriebsrat die Möglichkeit habe, den Arbeitskräftebedarf durch Neueinstellungen oder durch Werkverträge zu decken.[975] Eine solche Möglichkeit habe der Verleiher nicht, er müsse die vom Entleiher geforderte Stundenzahl, d.h. die betriebsübliche Arbeitszeit beim Entleiher abdecken, sonst komme der Überlassungsvertrag nicht zustande. Ein Mitbestimmungsrecht des Verleiherbetriebsrates würde diesem daher Einfluss auf die unternehmerische Entscheidung, welche Überlassungsverträge abgeschlossen werden, einräumen.[976] Die Mitbestimmung sei daher ausgeschlossen, da die vom Leiharbeitnehmer geschuldete Arbeitsleistung Gegenstand der vom Verleiher zu erbringenden Dienstleistung sei. Die Vereinbarung einer Arbeitszeit im Leiharbeitsvertrag diene nicht dazu, das Arbeitsvolumen festzulegen, sondern das Entgeltrisiko in verleihfreien Zeiten zu bestimmen. Das Arbeitszeitvolumen richte sich nach der betriebsüblichen Arbeitszeit des Entleihers, daher existiere auch keine betriebsübliche Arbeitszeit beim Verleiher.[977]

Der Ansicht von *Raab* ist jedoch in mehrfacher Hinsicht zu widersprechen. Zum einen dient die Vereinbarung einer Arbeitszeit im Arbeitsvertrag zur Festlegung des Arbeitszeitvolumens. Dort sind die zu erbringende Arbeitszeit und das Entgelt als Gegenleistung festgelegt, was bereits das Nachweisgesetz fordert. Der Arbeitnehmer hat das Recht sich auf diese dort festgelegte Arbeitszeit verlassen zu können und, abgesehen von Ausnahmefällen, nicht zu einer längeren Arbeitsleistung herangezogen zu werden.

Zum anderen verkennt die Ansicht von *Raab,* dass die Beschränkung der Abschlussfreiheit des Verleihers in Bezug auf die Überlassungen eine Mitbestimmung des Betriebsrates nicht hindert.[978] Der erste Senat des Bundesarbeitsgerichtes führt dazu aus, der Arbeitgeber müsse bei seiner Geschäftstätigkeit die arbeitsrechtlichen

972 BAG v. 19.06.2001, 1 ABR 43/00; AP Nr. 1 zu § 87 BetrVG 1972 Leiharbeitnehmer mit zustimmender Anm. *Marschall*; zust. Anmerkung *Hamann*, EzA § 87 BetrVG 1972 Arbeitszeit Nr. 63, S. 12; *Kim*, Die konzerninterne Arbeitnehmerüberlassung durch die Personalführungsgesellschaft und das Betriebsverfassungsrecht, S. 128.

973 *Raab* ZfA 2003, 389 (442ff).

974 *Raab* ZfA 2003, 389 (442ff).

975 So auch *Kraft*, SAE 2002, 45.

976 So auch *Kraft*, SAE 2002, 45.

977 So auch *Kraft*, SAE 2002, 45.

978 BAG v. 19.06.2001, 1 ABR 43/00, AP Nr. 1 zu § 87 BetrVG 1972 Leiharbeitnehmer; BAG v. 17.11.1998, 1 ABR 12/98, AP Nr. 79 zu § 87 BetrVG 1972 Arbeitszeit.

Beschränkungen beachten. Diese Beschränkungen seien vom Gesetzgeber gewollt und vom Arbeitgeber hinzunehmen.[979] Abgesehen von der weitreichenden Ansicht des ersten Senats muss dies jedenfalls für den vorliegenden Fall gelten, da es dem Verleiher frei steht eine ausreichend hohe Arbeitszeit mit dem Leiharbeitnehmer zu vereinbaren um im Normalfall die betriebsübliche Arbeitszeit beim Entleiher abdecken zu können. Die mitbestimmungspflichtige Mehrarbeit würde dann lediglich in Ausnahmefällen anfallen.

Auch die kurzfristigen Anforderungen der Entleiher von Arbeitnehmereinsätzen mit einer bestimmten Stundenzahl stehen einem Mitbestimmungsrecht des Verleiherbetriebsrates nicht entgegen. Ein Mitbestimmungsrecht entfällt nach der ständigen Rechtsprechung des Bundesarbeitsgerichtes prinzipiell nicht aufgrund der Eilbedürftigkeit.[980] Dies gilt auch für die Mitbestimmung bei Überstunden.[981]

Hinzu kommt, dass bei der Ansicht von *Raab* das Risiko von Nichteinsatzzeiten zum Teil auf den Arbeitnehmer verschoben würde.[982] Der Verleiher könnte arbeitsvertraglich eine geringere Stundenzahl vereinbaren (z.B. nur 35 Stunden pro Woche) und müsste auch nur diese 35 Stunden im Falle des Nichteinsatzes bezahlen.[983] Für den Fall der Überlassung, könnte der Verleiher die Arbeitsleistung seiner Arbeitnehmer ohne Kontrolle des Betriebsrates durch die Anweisung von Überstunden auf 40 Stunden aufstocken. Eine solche teilweise Verlagerung des Einsatzrisikos ist jedoch nicht im Sinne des § 11 Abs. 4 AÜG, der eindeutig dem Verleiher das Einsatzrisiko zuweist.

Soweit *Raab*[984] eine betriebsübliche Arbeitszeit mangels Arbeitsplatz beim Verleiher ablehnt, ist dem die Ansicht des ersten Senats des Bundesarbeitsgerichtes entgegenzuhalten. Zutreffend führt der erste Senat des Bundesarbeitsgerichtes aus, auf das Vorliegen eines Arbeitsplatzes komme es nicht an, da das Mitbestimmungsrecht nach § 87 Abs. 1 Nr. 3 BetrVG nur die Veränderung des Arbeitsbedarfs betreffe.[985] Der Arbeitsbedarf setze sich aus der Zahl der Arbeitnehmer und der

979 Hierauf weist *Raab* in ZfA 2003, 389 (444) auch selbst hin.

980 BAG v. 19.06.2001, 1 ABR 43/00, AP Nr. 1 zu § 87 BetrVG 1972 Leiharbeitnehmer; BAG v. 17.11.1998, 1 ABR 12/98, AP Nr. 79 zu § 87 BetrVG 1972 Arbeitszeit; ErfK/*Kania*, § 87 BetrVG, Rn. 7; *Kraft* SAE 2002, 45.

981 BAG v. 19.06.2001, 1 ABR 43/00, AP Nr. 1 zu § 87 BetrVG 1972 Leiharbeitnehmer; BAG v. 17.11.1998, 1 ABR 12/98, AP Nr. 79 zu § 87 BetrVG 1972 Arbeitszeit; ErfK/*Kania*, § 87 BetrVG, Rn. 7; *Kraft* SAE 2002, 45.

982 Hierauf weist *Raab* in ZfA 2003, 389 (444) auch selbst hin; ebenso auch *Hamann*, Anm. zu BAG v. 19.06.2001, 1 ABR 43/00, EzA § 87 BetrVG 1972 Arbeitszeit Nr. 63, S. 17.

983 Hierauf weist *Raab* in ZfA 2003, 389 (444) auch selbst hin; ebenso auch *Hamann*, Anm. zu BAG v. 19.06.2001, 1 ABR 43/00, EzA § 87 BetrVG 1972 Arbeitszeit Nr. 63, S. 17.

984 *Raab* ZfA 2003, 389 (442ff).

985 BAG v. 19.06.2001, 1 ABR 43/00, AP Nr. 1 zu § 87 BetrVG 1972 Leiharbeitnehmer mit zustimmender Anm. *Marschall*.

vereinbarten Stundenzahl zusammen, so dass eine Veränderung der Stundenzahl das Mitbestimmungsrecht nach § 87 Abs. 1 Nr. 3 BetrVG auslöse. Das Mitbestimmungsrecht betreffe die Frage wie der vermehrte Bedarf gedeckt werden kann und welche Arbeitnehmer zur Mehrarbeit heranzuziehen sind.[986]

Hinzu kommt, dass eine betriebsübliche Arbeitszeit in der Praxis in Zeitarbeitsunternehmen vorliegt, wenn der Verleiher einheitliche Arbeitsverträge mit vorgegebenen Arbeitszeiten verwendet oder anwendbare Tarifverträge entsprechende Regelungen enthalten.[987] Die Leiharbeitsverträge verweisen durchgehend auf Zeitarbeitstarifverträge. Im Manteltarifvertrag zwischen BZA und DGB[988], sowie im Manteltarifvertrag zwischen IGZ und DGB[989] ist eine durchschnittliche wöchentliche Arbeitszeit von 35 Stunden vereinbart. Beide Tarifverträge sehen jedoch die Anpassung der jeweiligen Arbeitszeit an die betriebsübliche Arbeitszeit des Einsatzbetriebes (Entleiher) vor.[990] Das Mitbestimmungsrecht des Betriebsrates besteht nach § 87 Abs. 1 BetrVG nur, wenn keine tarifliche Regelung vorliegt. Das Mitbestimmungsrecht des Betriebsrates ist jedoch nur soweit ausgeschlossen, als die Tarifparteien eine abschließende Regelung getroffen haben, die dem Mitbestimmungsrecht des Betriebsrates entspricht.[991] Dies bedeutet in Bezug auf die Anordnung von Überstunden, dass dem Arbeitgeber für bestimmte Ausnahmefälle oder Eilfälle die einseitige Anordnungsbefugnis übertragen werden kann.[992] Dabei müssen die Tarifparteien regeln, unter welchen Voraussetzungen und in welchem Umfang der Arbeitgeber Mehrarbeit einseitig anordnen kann.[993] Aus einer abschließenden Tarifregelung müssen sich daher der Zeitpunkt und die Verteilung der Mehrarbeit auf die Arbeitnehmer ergeben.[994] Eine solche abschließende Regelung über die Modalitäten der Mehrarbeit darf nach der Rechtsprechung aber nicht bereits in Verbandstarifverträgen gesehen werden, da diese nicht auf die betriebliche

---

986 BAG v. 19.06.2001, 1 ABR 43/00, AP Nr. 1 zu § 87 BetrVG 1972 Leiharbeitnehmer.

987 BAG v. 19.06.2001, 1 ABR 43/00; AP Nr. 1 zu § 87 BetrVG 1972 Leiharbeitnehmer mit zustimmender Anm. *Marschall*; *Kim*, Die konzerninterne Arbeitnehmerüberlassung durch die Personalführungsgesellschaft und das Betriebsverfassungsrecht, S. 128.

988 § 2 Manteltarifvertrag Zeitarbeit zwischen BZA und DGB v. 22.07.2003 in der Fassung des Änderungstarifvertrages vom 09.03.2010.

989 § 3.1 Manteltarifvertrag zwischen IGZ und DGB v. 30.04.2010.

990 § 3.2 Manteltarifvertrag zwischen IGZ und DGB v. 30.04.2010 und § 4 Manteltarifvertrag Zeitarbeit zwischen BZA und DGB v. 22.07.2003 in der Fassung des Änderungstarifvertrages vom 09.03.2010.

991 BAG v. 17.11.1998, 1 ABR 12/98, AP Nr. 79 zu § 87 BetrVG 1972 Arbeitszeit; BAG v. 23.07.1996, 1 ABR 13/96, AP Nr. 68 zu § 87 BetrVG 1972 Tarifvorrang; ErfK/*Kania*, § 87 BetrVG, Rn. 16; Richardi/*Richardi*, § 87 BetrVG Rn. 161ff.

992 BAG v. 17.11.1998, 1 ABR 12/98, AP Nr. 79 zu § 87 BetrVG 1972 Arbeitszeit.

993 BAG v. 17.11.1998, 1 ABR 12/98, AP Nr. 79 zu § 87 BetrVG 1972 Arbeitszeit.

994 BAG v. 17.11.1998, 1 ABR 12/98, AP Nr. 79 zu § 87 BetrVG 1972 Arbeitszeit.

Situation zugeschnitten sein können.[995] Eine solche verbandstarifliche Regelung liegt in den genannten Zeitarbeitstarifverträgen jedoch vor.

Hinzu kommt, dass die Tarifparteien dem Arbeitgeber nicht pauschal die Anordnungsbefugnis übertragen dürfen, d.h. das Mitbestimmungsrecht nicht aushöhlen dürfen. Entsprechend ist die Übertragung der Anordnung von Überstunden nur auf kurzfristige Übergangslösungen bis zum Erreichen einer kollektiven Einigung möglich.[996] Eine Übertragung der Alleinentscheidung des Arbeitgebers auf erwartungsgemäß oder regelmäßig eintretende Fälle stellt ebenso einen unzulässigen Ausschluss des Mitbestimmungsrechts dar.[997] Die in den beiden genannten Manteltarifverträgen geschlossenen Regelungen übertragen die Entscheidung über die Arbeitszeit beim jeweiligen Einsatz jedoch generell und pauschal allein dem Arbeitgeber. Zwar ist die Dauer der jeweiligen Arbeitszeit auf die betriebsübliche des Einsatzunternehmens festgelegt, so dass der Arbeitgeber hier keine eigenständige Entscheidung mehr trifft. Allerdings wird dem Arbeitgeber die pauschale Entscheidung überantwortet, welche Arbeitnehmer bzw. Arbeitnehmergruppen die Anordnung von Mehrarbeit trifft. Im Übrigen stellt der veränderte Arbeitsbedarf für Einsätze beim Entleiher keinen unerwarteten Ausnahmefall dar, sondern einen regelmäßig zu erwarteten und vorhersehbaren Fall. Für solche Fälle darf die Mitbestimmung jedoch nicht ausgeschlossen werden, zumal es sich hier nicht um vorläufige Regelungen bis zu einer kollektiven Entscheidung handelt und auch keine konkreten Verfahrensabläufe oder Kriterien bestimmt sind nach denen der Arbeitgeber über die Anordnung von Überstunden entscheiden muss. Wollte man eine solche Tarifregelung als abschließende Regelung verstehen, wäre diese als unwirksam anzusehen. Da jedoch grundsätzlich davon auszugehen ist, dass die Tarifparteien eine gesetzeskonforme Regelung vereinbaren wollten[998], sind die Tarifregelungen in den Tarifverträgen von BZA und IGZ dahingehend auszulegen, dass die Tarifparteien keine abschließende Regelung treffen wollten. Entsprechend besteht das Mitbestimmungsrecht des Verleiherbetriebsrates gemäß § 87 Abs. 1 Nr. 3 BetrVG bzgl. der Anordnung von Mehrarbeit trotz des Tarifvorranges in § 87 Abs. 1 BetrVG fort.

Die betriebsübliche Arbeitszeit beim Verleiher liegt daher bei einem Großteil der Leiharbeitsunternehmen bei 35 Stunden. Jeder darüber hinausgehende Einsatz bezieht sich gerade auf die betriebsübliche Arbeitszeit des Entleihers.

Der erste Senat des Bundesarbeitsgerichtes stellt bzgl. der betriebsüblichen Arbeitszeit sogar nur auf die nach dem jeweiligen Arbeitsvertrag geschuldete

995 BAG v. 17.11.1998, 1 ABR 12/98, AP Nr. 79 zu § 87 BetrVG 1972 Arbeitszeit.

996 BAG v. 17.11.1998, 1 ABR 12/98, AP Nr. 79 zu § 87 BetrVG 1972 Arbeitszeit.

997 BAG v. 17.11.1998, 1 ABR 12/98, AP Nr. 79 zu § 87 BetrVG 1972 Arbeitszeit.

998 BAG v. 17.11.1998, 1 ABR 12/98, AP Nr. 79 zu § 87 BetrVG 1972 Arbeitszeit.

Arbeitsleistung ab.[999] Eine Einheitlichkeit der individualrechtlich vereinbarten Arbeitszeiten müsse im Betrieb nicht vorliegen.[1000]

Die Abweichung von dieser im Arbeitsvertrag oder Tarifvertrag festgelegten Arbeitszeit, die auf Anordnung des Arbeitgebers geschieht, stellt daher eine vorübergehende Verlängerung oder Verkürzung der betriebsüblichen Arbeitszeit des Verleihers gemäß § 87 Abs. 1 Nr. 3 BetrVG dar.[1001]

Jede andere Auslegung hätte auch eine Schutzlücke zur Folge.[1002] D.h. die Leiharbeitnehmer würden nicht von dem in § 87 Abs. 1 Nr. 3 BetrVG festgeschriebenen Schutz durch das erzwingbare Mitbestimmungsrecht des Betriebsrates profitieren. Bei einer Anordnung von Mehrarbeit durch den Verleiher, hat auch der Entleiher kein Mitbestimmungsrecht zum Schutz der Leiharbeitnehmer, da die Entscheidung nicht beim Entleiher fällt. Daher stünde der Leiharbeitnehmer ohne den Schutz des Betriebsrates dar. Hierzu führt das Bundesarbeitsgericht zutreffend aus, dass die das Leiharbeitsverhältnis kennzeichnende Aufspaltung der Arbeitgeberfunktion nicht die Schutzfunktion der Betriebsverfassung außer Kraft setzen darf.[1003]

Auch eine teleologische Auslegung des § 87 Abs. 1 Nr. 3 BetrVG führt zu einem Mitbestimmungsrecht des Betriebsrates.[1004] Sinn und Zweck des § 87 Abs. 1 Nr. 3 BetrVG ist es dem Arbeitgeber nicht allein die Entscheidung über die zeitliche Beanspruchung des Leiharbeitnehmers durch Überstunden zu gestatten.[1005] Das Mitbestimmungsrecht sichert die Berücksichtigung der Interessen der betroffenen Leiharbeitnehmer und deren Freizeitgestaltung.[1006]

Der Verleiherbetriebsrat kann daher grundsätzlich nach § 87 Abs. 1 Nr. 3 BetrVG, sowohl bei der vorübergehenden Verlängerung, als auch bei der vorübergehenden Verkürzung der Arbeitszeit, mitbestimmen.

---

999 BAG v. 19.06.2001, 1 ABR 43/00, AP Nr. 1 zu § 87 BetrVG 1972 Leiharbeitnehmer mit zustimmender Anm. *Marschall.*

1000 BAG v. 19.06.2001, 1 ABR 43/00, AP Nr. 1 zu § 87 BetrVG 1972 Leiharbeitnehmer mit zustimmender Anm. *Marschall;* zust. Anmerkung *Hamann*, EzA § 87 BetrVG 1972 Arbeitszeit Nr. 63, S. 17.

1001 BAG v. 19.06.2001, 1 ABR 43/00, AP Nr. 1 zu § 87 BetrVG 1972 Leiharbeitnehmer mit zustimmender Anm. *Marschall.*

1002 Hierauf weist *Raab* in ZfA 2003, 389 (443f) auch selbst hin; Anmerkung *Hamann* zu BAG v. 19.06.2001, 1 ABR 43/00, EzA § 87 BetrVG 1972 Arbeitszeit Nr. 63, S. 18.

1003 BAG v. 19.06.2001, 1 ABR 43/00, AP Nr. 1 zu § 87 BetrVG 1972 Leiharbeitnehmer mit zustimmender Anm. *Marschall.*

1004 BAG v. 19.06.2001, 1 ABR 43/00, AP Nr. 1 zu § 87 BetrVG 1972 Leiharbeitnehmer mit zustimmender Anm. *Marschall.*

1005 BAG v. 19.06.2001, 1 ABR 43/00, AP Nr. 1 zu § 87 BetrVG 1972 Leiharbeitnehmer mit zustimmender Anm. *Marschall.*

1006 BAG v. 19.06.2001, 1 ABR 43/00, AP Nr. 1 zu § 87 BetrVG 1972 Leiharbeitnehmer mit zustimmender Anm. *Marschall;* zust. Anmerkung *Hamann*, Anm. EzA § 87 BetrVG 1972 Arbeitszeit Nr. 63, S. 12.

aa) Initiativrecht

Die erzwingbare Mitbestimmung nach § 87 Abs. 1 Nr. 3 BetrVG umfasst grundsätzlich auch ein Initiativrecht des Betriebsrates.[1007] Der Betriebsrat kann demnach aus eigener Initiative die Verlängerung oder die Verkürzung der Arbeitszeit anregen und Verhandlungen mit dem Arbeitgeber aufnehmen. Führen diese Verhandlungen nicht zum Erfolg, kann der Betriebsrat die Einigungsstelle anrufen.[1008]

Von einem Teil der Literatur wird ein Initiativrecht des Betriebsrates abgelehnt, wenn die Ausübung dieser Mitbestimmung unmittelbar in die unternehmerische Entscheidungsfreiheit des Arbeitgebers eingreifen würde.[1009] Nach zutreffender Ansicht des Bundesarbeitsgerichtes gilt das Mitbestimmungsrecht nach § 87 BetrVG jedoch unbeschränkt einschließlich eines vollumfänglichen Initiativrechtes.[1010] Das Mitbestimmungsrecht des Betriebsrates kann daher auch in die Unternehmerentscheidung eingreifen.[1011] Dies ergibt sich zunächst aus dem Wortlaut von § 87 Abs. 1 Nr. 3 BetrVG, der keinerlei Einschränkungen des Mitbestimmungsrechtes vorsieht.[1012] Diese Auslegung ist auch durch die Gesetzeshistorie gedeckt. In einem alternativen Gesetzentwurf war die Aufteilung der Mitbestimmung der sozialen Angelegenheiten in solche mit und ohne Initiativrecht des Betriebsrates vorgesehen.[1013] Diese Aufteilung wurde jedoch unter Hinweis auf eine sachlich nicht gebotene Einschränkung des Mitbestimmungsrechts verworfen.[1014] Nach dem Willen des

---

1007 BAG v. 14.11.1974, 1 ABR 65/73, AP Nr. 1 zu § 87 BetrVG 1972; ErfK/*Kania*, § 87 BetrVG Rn. 9.

1008 BAG v. 14.11.1974, 1 ABR 65/73, AP Nr. 1 zu § 87 BetrVG 1972; ErfK/*Kania*, § 87 BetrVG Rn. 9.

1009 *Rüthers*, ZfA 1973, 399 (423) zum Initiativrecht des Betriebsrates bei der Einführung eines neuen Entlohnungssystems (Prämien bzw. Akkordlohn).

1010 BAG v. 04.03.1986, 1 ABR 15/84, AP Nr. 3 zu § 87 BetrVG 1972 Kurzarbeit; BAG v. 24.11.1987, 1 ABR 12/86, AP Nr. 6 zu § 87 BetrVG 1972 Akkord.

1011 BAG v. 04.03.1986, 1 ABR 15/84, AP Nr. 3 zu § 87 BetrVG 1972 Kurzarbeit; ErfK/*Kania*, § 87 BetrVG Rn. 9.

1012 BAG v. 04.03.1986, 1 ABR 15/84, AP Nr. 3 zu § 87 BetrVG 1972 Kurzarbeit.

1013 Entwurf BetrVG der CDU/CSU Fraktion, BT-Drucks. VI/1806; BAG v. 04.03.1986, 1 ABR 15/84, AP Nr. 3 zu § 87 BetrVG 1972 Kurzarbeit.

1014 Schriftlicher Bericht des Ausschusses für Arbeit und Sozialordnung (10. Ausschuß) über den von der Bundesregierung eingebrachten Entwurf eines Betriebsverfassungsgesetzes (Drucksachen VI/1786, zu VI/1786), über den von der Fraktion der CDU/CSU eingebrachten Entwurf eines Gesetzes über die Mitbestimmung der Arbeitnehmer in Betrieb und Unternehmen (Drucksache VI/ 1806), zu BT-Drucks. IV/2729, S. 4:
„Allerdings sprach sich die Mehrheit gegen die im CDU/CSU-Entwurf vorgesehene Aufteilung der sozialen Angelegenheiten aus, die zwischen solchen, in denen der Betriebsrat ein echtes Mitbestimmungsrecht, d. h. auch ein eigenes Initiativrecht hat, und solchen, die ausschließlich von der Initiative des Arbeitgebers abhängen und lediglich der Zustimmung des Betriebsrates bedürfen, unterscheidet. Die Mehrheit des Ausschusses erkannte an, daß nach der CDU, CSU-Vorlage der Kreis der

Gesetzgebers wurde daher ein flächendeckendes Initiativrecht des Betriebsrates in § 87 BetrVG festgeschrieben.[1015] Durch ein Initiativrecht des Betriebsrats ist der Kern der unternehmerischen Entscheidungsfreiheit nicht betroffen.[1016] Dem Arbeitgeber bleibt die Möglichkeit durch den Abschluss eines Haus- oder Verbandstarifvertrages eine tarifliche Regelung durchzusetzen, die die betriebliche Mitbestimmung nach §§ 77 Abs. 3, § 87 Abs. 1 BetrVG verdrängt.[1017] Durch die Verhandlung von Tarifverträgen kann er seine unternehmerischen Vorstellungen zumindest frei verhandeln und es zu einem einvernehmlichen Kompromiss mit der Gewerkschaft bringen, der ihm nicht, wie bei der betrieblichen Mitbestimmung, durch einen Spruch der Einigungsstelle aufgezwungen werden kann. Aus diesem Grund sind auch keine Grundrechte des Arbeitgebers gemäß Art. 9, Art. 12 GG verletzt.[1018] Nur wenn der Arbeitgeber normativ an keine Tarifregelung gebunden ist, wird durch § 87 Abs. 1 BetrVG der Schutz der Arbeitnehmer durch die Mitbestimmung des Betriebsrates gewährleistet. Dieser Schutz kann jedoch nur gewährleistet werden wenn der Betriebsrat aus eigenem Antrieb Missstände angehen und deren Beseitigung aktiv anstreben kann. Dafür ist jedoch eine Arbeitnehmervertretung erforderlich, die auf Augenhöhe mit dem Unternehmen agiert, d.h. die gleichen Rechte in Bezug auf das Initiativrecht innehat.[1019]

Der Betriebsrat des Zeitarbeitsunternehmens kann daher sein Initiativrecht auch bei der Mitbestimmung bezüglich der Einführung von Kurzarbeit für Zeiten ausüben, in denen die Kurzarbeit nach § 11 Abs. 4 AÜG auch in der Zeitarbeit gestattet ist.[1020]

Der Betriebsrat hat mitzubestimmen über jede vorübergehende Verkürzung der Arbeitszeit. Eine solche vorübergehende Verkürzung stellt auch die Einführung von Kurzarbeit dar.[1021] Die Mitbestimmung besteht bezüglich der Frage ob und in welchem Umfang Kurzarbeit eingeführt werden soll.[1022] Wie bereits dargestellt, steht auch dem Betriebsrat des Zeitarbeitsunternehmens ein Mitbestimmungsrecht zur Einführung von Kurzarbeit dar.[1023]

---

beteiligungsbedürftigen Angelegenheiten ebenfalls erweitert werden sollte. Sie sah jedoch in dieser Aufspaltung eine sachlich nicht gebotene Einschränkung des Mitbestimmungsrechts des Betriebsrates."

1015 BAG v. 04.03.1986, 1 ABR 15/84, AP Nr. 3 zu § 87 BetrVG 1972 Kurzarbeit.

1016 BVerfG v. 18.10.1986, 1 BvR 1426/83, AP Nr. 7 zu § 87 BetrVG 1972 Auszahlung.

1017 BVerfG v. 18.10.1986, 1 BvR 1426/83, AP Nr. 7 zu § 87 BetrVG 1972 Auszahlung.

1018 BVerfG v. 18.10.1986, 1 BvR 1426/83, AP Nr. 7 zu § 87 BetrVG 1972 Auszahlung.

1019 BAG v. 04.03.1986, 1 ABR 15/84, AP Nr. 3 zu § 87 BetrVG 1972 Kurzarbeit.

1020 BAG v. 04.03.1986, 1 ABR 15/84, AP Nr. 3 zu § 87 BetrVG 1972 Kurzarbeit; ErfK/*Kania*, § 87 BetrVG Rn. 9, 35.

1021 BAG v. 04.03.1986, 1 ABR 15/84, AP Nr. 3 zu § 87 BetrVG 1972 Kurzarbeit; ErfK/*Kania*, § 87 BetrVG Rn. 35.

1022 ErfK/Kania, § 87 BetrVG Rn. 35; *Fitting*, BetrVG, § 87 Rn. 150ff.

1023 BAG v. 04.03.1986, 1 ABR 15/84, AP Nr. 3 zu § 87 BetrVG 1972 Kurzarbeit; ErfK/*Kania*, § 87 BetrVG Rn. 9, 35.

bb) Blockade von Personalabbaumaßnahmen

Der Betriebsrat des Verleihers hätte die Möglichkeit einem geplanten Personalabbau durch die Ausübung seines Initiativrechtes nach § 87 Abs. 1 Nr. 3 BetrVG zur Einführung der Kurzarbeit entgegenzuwirken und einen Spruch der Einigungsstelle zu erzwingen.[1024]

Solange die Verhandlungen über die vorgeschlagene Kurzarbeit, einschließlich der Anrufung der Einigungsstelle nach § 87 Abs. 2 BetrVG, nicht abgeschlossen sind, wird vertreten, dass der Arbeitgeber zur Sicherung des Mitbestimmungsrechtes keine Kündigungen aussprechen darf.[1025] Dieses Blockaderecht ist jedoch auf Kündigungen aus außerbetrieblichen Gründen beschränkt, da im Vergleich zur Kündigung aus innerbetrieblichen Gründen die Kurzarbeit kein gleich geeignetes Mittel ist.[1026] Bei der Kündigung aus außerbetrieblichen Gründen, kann die Einführung von Kurzarbeit grundsätzlich ein milderes gleich geeignetes Mittel darstellen.[1027] Allerdings hat der Verleiher auch hier eine Einschätzungsprärogative bzgl. der gleichen Eignung und der organisatorischen Möglichkeit der Kurzarbeit.[1028] Soweit der Arbeitgeber daher darlegt, die Einführung von Kurzarbeit sei im Verhältnis zur Kündigung nicht gleich geeignet, kann das Arbeitsgericht diese unternehmerischen Entscheidungen nur auf Missbrauch kontrollieren.[1029] Nur für den Fall, dass diese Darlegung fehlt, oder das Gericht einen Missbrauchsfall feststellt, könnte der Betriebsrat die Umsetzung von Personalabbaumaßnahmen verhindern.

b) Mitbestimmung beim Entleiher

Für die Anordnung von Kurzarbeit durch den Verleiher ist der Entleiherbetriebsrat nicht zuständig. Da die Maßnahme vom Verleiher ausgeht, besteht die Zuständigkeit des dortigen Betriebsrates.[1030]

Auch ein Mitbestimmungsrecht des Entleiherbetriebsrates über die Anordnung von Kurzarbeit beim Entleiher spielte für die Blockade von Personalabbaumaßnahmen und damit zur Verhinderung von Kündigungen der Leiharbeitnehmer keine Rolle. Zum einen gilt das Interesse des Entleiherbetriebsrates zuerst der Stammbelegschaft, d.h. der Betriebsrat strebt vor der Einführung der Kurzarbeit die Rückgabe der Fremdarbeitskräfte an. Zum anderen könnte der Entleiherbetriebsrat durch die Initiative zur Kurzarbeit die Rückgabe der Leiharbeitnehmer nicht verhindern.

1024 BAG v. 04.03. 1986, 1 ABR 15/84, AP Nr. 3 zu § 87 BetrVG 1972 Kurzarbeit; LAG Frankfurt a.M. v. 08.11.1983, 5 TaBV 74/83, DB 1984, 672; LAG Niedersachsen v. 24.01.1984, 8 TaBV 5/83, DB 1984, 994, Fitting, BetrVG, § 87 Rn. 159; a.A. GK-BetrVG/*Wiese*, § 87 Rn. 367.

1025 *Fitting*, BetrVG, § 87 Rn. 161.

1026 Siehe unter C. VIII.2.

1027 Siehe unter C. VIII.2.

1028 Siehe unter C. VIII.2.

1029 Siehe unter C. VIII.2.

1030 BAG v. 19.06.2001, 1 ABR 43/00; AP Nr. 1 zu § 87 BetrVG 1972 Leiharbeitnehmer.

Die Kurzarbeit dient der Verhinderung von Kündigungen, nicht jedoch der Sicherung des Fremdpersonaleinsatzes im Unternehmen. Ein Unterlassungsanspruch des Betriebsrates ist demnach weder theoretisch gegeben, noch im Interesse des Entleiherbetriebsrates.

7) Beteiligung in wirtschaftlichen Angelegenheiten nach § 106 BetrVG

a) Beteiligung des Verleiherbetriebsrates

Nach § 106 BetrVG ist in Unternehmen mit in der Regel mehr als hundert Beschäftigten ein Wirtschaftsausschuss zu bilden. Nach § 106 Abs. 3 BetrVG sind wirtschaftliche Angelegenheiten, wie beispielsweise Rationalisierungsvorhaben, die einen Personalabbau mit einschließen, mit dem Wirtschaftsausschuss zu beraten. Demnach ist ein Personalabbau im Zeitarbeitsunternehmen gemäß § 106 BetrVG mit dem Wirtschaftsausschuss des Zeitarbeitsunternehmens zu beraten.[1031]

Ein Verstoß gegen die Unterrichtungs- und Beratungspflichten des § 106 BetrVG führt jedoch weder zu einem Unterlassungsanspruch des Betriebsrates hinsichtlich der geplanten Maßnahme, noch ist die individualrechtliche Wirksamkeit von Kündigungen durch die Verletzung des Beteiligungsrechtes beeinträchtigt.[1032]

b) Beteiligung des Entleiherbetriebsrates

Nach einer Ansicht gilt die Pflicht zur Beteiligung des Wirtschaftsausschusses nur für den Verleiherbetriebsrat. Nach dieser Ansicht ist der Einsatz von Leiharbeitnehmern keine wirtschaftliche Angelegenheit nach § 106 BetrVG für den Entleiher.[1033] Die Interessen der Stammbelegschaft seien bereits durch die Beteiligungsrechte nach § 99 BetrVG geschützt und eine Beteiligung nach § 106 BetrVG nicht von der Generalklausel in § 106 Abs. 3 Nr. 10 BetrVG erfasst.[1034]

Nach der Gegenansicht stellt der Einsatz von Leiharbeitnehmern sowie deren Rückgabe jedoch eine wirtschaftliche Angelegenheit nach § 106 BetrVG dar.[1035] Für diese Ansicht spricht, dass der Einsatz und dem entsprechend auch der zukünftige Verzicht auf den Einsatz von Leiharbeitnehmern die Interessen der Arbeitnehmer

---

1031 *Kim*, Die konzerninterne Arbeitnehmerüberlassung durch die Personalführungsgesellschaft und das Betriebsverfassungsrecht, S. 185.

1032 GK-*Oetker*, BetrVG, § 106 Rn. 133.

1033 *Kim*, Die konzerninterne Arbeitnehmerüberlassung durch die Personalführungsgesellschaft und das Betriebsverfassungsrecht, S. 188.

1034 *Kim*, Die konzerninterne Arbeitnehmerüberlassung durch die Personalführungsgesellschaft und das Betriebsverfassungsrecht, S. 188.

1035 *Kim*, Die konzerninterne Arbeitnehmerüberlassung durch die Personalführungsgesellschaft und das Betriebsverfassungsrecht, S. 185.

des Unternehmens berührt. Zudem spricht die Erfassung einer Maßnahme durch ein anderes Beteiligungsrecht nicht gegen eine parallele Beteiligung nach § 106 BetrVG.

8) Beteiligung wegen Betriebsänderung nach §§ 111, 112 BetrVG

a) Beteiligung des Verleiherbetriebsrates

aa) Betriebsänderung

Der Betriebsrat hat nach § 111 BetrVG ein Unterrichtungs- und Beratungsrecht über geplante Betriebsänderungen. Eine Betriebsänderung nach § 111 BetrVG kann bei Personalabbaumaßnahmen dann vorliegen, wenn durch die Einschränkung oder Stilllegung eines gesamten Betriebes oder Betriebsteiles die Grenzwerte des § 17 KSchG erreicht werden.[1036] Der Abbau von Arbeitsplätzen der Leiharbeitnehmer kann nach § 111 ff BetrVG im Verleihbetrieb zum Abschluss eines Sozialplans und zum Versuch eines Interessenausgleichs verpflichten.[1037]

Bei einem reinen Personalabbau im Zeitarbeitsunternehmen kann ein Sozialplan nur erzwungen werden, wenn die Schwellenwerte des § 112a Abs. 1 BetrVG erreicht werden. Selbst bei einem nicht erzwingbaren Sozialplan außerhalb von § 112a BetrVG kann der Abschluss eines Sozialplanes ratsam sein um die Interessenausgleichsverhandlungen zu beschleunigen.[1038] Durch den Abschluss eines Interessenausgleiches mit Sozialplan können die Interessen der Leiharbeitnehmer geschützt werden. Wird entgegen §§ 112 Abs. 3, 113 Abs. 3 BetrVG kein Interessenausgleich versucht, entstehen Nachteilsausgleichsansprüche nach § 113 BetrVG.[1039] Inhaltlich weist der Interessenausgleich im Rahmen der Leiharbeit keine Besonderheiten zum Normalarbeitsverhältnis auf. Bei den Sozialplänen ist die Besonderheit zu berücksichtigen, dass die Leiharbeitnehmer wegen der oft kurzen Beschäftigungsdauer keinen Anspruch auf Arbeitslosengeld haben. Hier können im Sozialplan Aufstockungsleistungen nach § 112 Abs. 2 S. 2 BetrVG geregelt werden, um diese soziale Härte abzumildern.[1040]

1036 BAG v. 07.08.1990, 1 AZR 445/89, NZA 1991, 114; Kittner/Däubler/Zwanziger-*Däubler*, KSchR, § 111–113 Rn. 11.

1037 *Reiserer/Christ* in: Moll, Münchener Anwaltshandbuch Arbeitsrecht, § 66 Rn. 169; *Kim*, Die konzerninterne Arbeitnehmerüberlassung durch die Personalführungsgesellschaft und das Betriebsverfassungsrecht, S. 187; *Bömke/Lembke*, AÜG, § 14 Rn. 56; *Ulber*, AiB 2009, 139 (141); ders., AÜG § 14 Rn. 29a.

1038 Kittner/Däubler/Zwanziger-*Däubler*, KSchR, § 111–113 Rn. 40.

1039 *Kim*, Die konzerninterne Arbeitnehmerüberlassung durch die Personalführungsgesellschaft und das Betriebsverfassungsrecht, S. 187.

1040 *Ulber*, AiB 2009, 139 (141).

bb) *Unterlassungsanspruch des Betriebsrates bzgl. Durchführung der Maßnahme*

Auch bezüglich der Kündigungsmöglichkeiten nimmt das Interessenausgleichsverfahren großen Einfluss. So ist dem Arbeitgeber nach zutreffender herrschender Ansicht bis zum Abschluss der Interessenausgleichsverhandlungen nach § 112 Abs. 2 S. 2 BetrVG der Ausspruch von Kündigungen verwehrt. Kündigt der Arbeitgeber beispielsweise vor einem endgültigen Scheitern der Interessenausgleichsverhandlungen in der Einigungsstelle, kann der Betriebsrat im Wege der einstweiligen Verfügung die Unterlassung der Betriebsänderung und der Kündigungen beantragen.[1041] Nur diese Rechtsansicht gewährleistet eine effektive Durchsetzung des Mitbestimmungsrechtes nach § 87 Abs. 1 Nr. 3 BetrVG und einen entsprechenden Schutz der Arbeitnehmer.

Die praktische Bedeutung des Unterlassungsanspruches des Betriebsrates wegen eines unterlassenen Interessenausgleiches in der Leiharbeit ist bislang gering, da in den wenigsten Zeitarbeitsunternehmen Betriebsräte bestehen.[1042] Für die Beteiligung des Betriebsrates ist es erforderlich, dass ein Betriebsrat gewählt wurde, noch bevor der Arbeitgeber den Personalabbau beschließt.[1043]

b) *Beteiligung des Entleiherbetriebsrates*

Der Abbau von Leiharbeitnehmern beim Entleiher löst keine Beteiligungspflicht des Entleiherbetriebsrates nach §§ 111, 112 BetrVG aus.[1044]

1041 LAG München v. 22.12.2008, 6 TaBVGa 6/08, BB 2010, 896; LAG Berlin v. 07.09.1995, 10 TaBV 5/95, NZA 1996, 1284; LAG Hamm v. 28.08.2003, 13 TaBV 127/03, NZA-RR 2004, 80; LAG Frankfurt v. 06.04.1993, 4 TaBVGA 45/93, LAGE § 111 BetrVG 1972 Nr. 12; LAG Hamburg v. 13.11.1981, 6 TaBV 9/81, DB 1982, 1522; LAG Schleswig-Holstein v. 15.12.2010, 3 TaBVGa 12/10, DB 2011, 714; Kittner/Däubler/Zwanziger-*Däubler*, KSchR, § 111–113 BetrVG Rn. 49; *Schoof*, Rechtsprechungsübersicht betriebsbedingte Kündigung, AiB 2009, 65 (656); *Ulber*, AÜG, § 1 Rn. 125; gegen einen Unterlassungsanspruch: LAG Köln v. 27.05.2009, 2 TaBVGa 7/09, ZInsO 2010, 591; LAG München v. 24.09.2003, 5 TaBV 48/03, NZA-RR 2004, 536; LAG Nürnberg v. 09.03.2009, 6 TaBVGa 2/09, BB 2009, 1917; LAG Rheinland-Pfalz v. 28.03.1989, 3 TaBV 6/89, NZA 1989, 863; LAG Sachsen-Anhalt v. 30.11.2004, 11 TaBV 18/04; LAG Schleswig-Holstein v. 13.01.1992, 4 TaBV 54/91, DB 1992, 1788; LAG Baden-Württemberg v. 28.08.1985, 2 TaBV 8/85, DB 1986, 805; ArbG Marburg v. 04.02.2011, 2 BVGa1/11, zit. nach juris, ArbG Dresden v. 30.11.1999, 17 BVGa 8/99, BB 2000, 363; ArbG Neustrelitz v. 24.02.1994, 4 BVGa 5/94, BB 1995, 206; ArbG Nürnberg v. 20.03.1996, 12 BVGa 6/96, NZA-RR 1996, 411; ArbG Passau v. 22.10.2002, 3 BVGa 3/02, BB 2003, 744.

1042 *Ulber*, AiB 2009, 139 (141).

1043 BAG v. 20.04.1982, 1 ABR 3/80, AP Nr. 15 zu § 112 BetrVG 1972; *Ulber*, AiB 2009, 139 (141).

1044 *Kim*, Die konzerninterne Arbeitnehmerüberlassung durch die Personalführungsgesellschaft und das Betriebsverfassungsrecht, S. 192.

Der Abbau oder Verzicht auf den Einsatz von Leiharbeitnehmern stellt keine Betriebsänderung nach §§ 111 S. 3 Nr. 1, 112a BetrVG dar.[1045] § 112 a BetrVG erfordert nach seinem Wortlaut die Entlassung von Arbeitnehmern. Eine Entlassung im Sinne der §§ 111 ff. BetrVG liegt vor, wenn das Arbeitsverhältnis wegen der Betriebsänderung auf Veranlassung des Arbeitgebers beendet worden ist.[1046] Ohne eine Beendigung des Arbeitsverhältnisses entfällt das Schutzbedürfnis, das §§ 111 ff. BetrVG zugrunde liegt.[1047] Der Abbau von Leiharbeitnehmern beim Entleiher lässt das Arbeitsverhältnis zwischen Verleiher und Leiharbeitnehmer jedoch unangetastet. Die Rückgabe des Leiharbeitnehmers führt in der Regel zu einer neuen Einsatzvermittlung durch den Verleiher. Der Wechsel der Einsatzbetriebe ist gerade typisch für die Tätigkeit des Leiharbeitnehmers.[1048]

III) Tarifvertragliche Kündigungshindernisse

Grundsätzlich können im Tarifvertrag Beschränkungen der betriebsbedingten Kündigung, wie etwa verlängerte Kündigungsfristen oder der Ausschluss ordentlicher Kündigungen, für einen bestimmten Zeitraum vereinbart werden.

Im Bereich der Zeitarbeit spielen diese Gestaltungen jedoch kaum eine Rolle, da die Kündigungsfristen in aller Regel verkürzt werden und ein Ausschluss ordentlicher betriebsbedingter Kündigungsmöglichkeiten in der Regel nicht vorkommt. Gerade in der Zeitarbeit haben die Gewerkschaften nicht die entsprechende Durchsetzungskraft, um solche Regelungen zum Abschluss zu bringen. Hinzu kommt, dass die Zeitarbeitsunternehmen in besonderem Maße darauf angewiesen sind, auf Auftragsschwankungen flexibel reagieren und den Personalbestand anpassen zu können. Der Ausschluss betriebsbedingter Kündigungen wäre damit allenfalls im Rahmen der Beschäftigungssicherung einzelner Unternehmen, d.h. im Rahmen von Haustarifverträgen, als Gegenleistung zu Gehaltseinschnitten bei den Beschäftigten denkbar. Da die Zeitarbeitsunternehmen meist nicht an einer langfristigen Bindung ihrer Arbeitnehmer interessiert sind, werden Tarifverträge zur Beschäftigungssicherung in der Zeitarbeit auch in Zukunft keine große Rolle spielen.

1045 *Kim*, Die konzerninterne Arbeitnehmerüberlassung durch die Personalführungsgesellschaft und das Betriebsverfassungsrecht, S. 192.

1046 BAG v. 14.12.2004, 1 AZR 405/03, AP Nr. 32 zu § 611 BGB Haftung des Arbeitgebers.

1047 BAG v. 14.12.2004, 1 AZR 405/03, AP Nr. 32 zu § 611 BGB Haftung des Arbeitgebers.

1048 *Kim*, Die konzerninterne Arbeitnehmerüberlassung durch die Personalführungsgesellschaft und das Betriebsverfassungsrecht, S. 192.

E) Rechtsschutz

Bezüglich des Rechtsschutzes bestehen auf den ersten Blick keine Besonderheiten im Vergleich zum Normalarbeitsverhältnis. Der Leiharbeitnehmer ist wie jeder andere Arbeitnehmer berechtigt, die Wirksamkeit seiner Kündigung mittels Kündigungsschutzklage überprüfen zu lassen.

Diese rein rechtliche Gleichstellung hält einer näheren tatsächlichen Überprüfung jedoch nicht stand.

Die wirtschaftliche und tatsächliche Situation der Leiharbeitnehmer führt dazu, dass diese ihre Rechte in viel geringerem Maße gerichtlich durchsetzen, als andere Arbeitnehmergruppen. Daran ist unter anderem die wirtschaftliche Abhängigkeit der Leiharbeitnehmer von der Zeitarbeitsbranche verantwortlich. Ein hoher Anteil der Leiharbeitnehmer, die zuvor in einem Zeitarbeitsunternehmen beschäftigt waren, findet in diesem Sektor eine Anschlussanstellung.[1049] Nur ein geringer Teil findet eine Anschlussanstellung auf dem normalen Arbeitsmarkt.[1050] Von diesen Arbeitnehmern wird der Großteil aus einem bestehenden Entleihverhältnis übernommen. Die Chancen eines Leiharbeitnehmers nach einer Kündigung außerhalb des Zeitarbeitssektors eine Beschäftigung zu finden, sind demnach gering. Leiharbeitnehmer sind daher nach einer betriebsbedingten Kündigung in sehr starkem Maße darauf angewiesen, entweder nach Ende der Konjunkturflaute oder bei neuen Aufträgen wieder bei ihrem alten Arbeitgeber, oder einem anderen Zeitarbeitsunternehmen der Region eingestellt zu werden. Aufgrund dieser Konstellation bestehen Hemmungen, gegen die Kündigung des Arbeitsgebers gerichtlich vorzugehen. Der Leiharbeitnehmer muss befürchten, durch die Wahrnehmung des Rechtsschutzes seine Chancen auf eine Neuanstellung zu verschlechtern. Hinzu kommt die im Durchschnitt geringere Qualifikation und Bildung der Leiharbeitnehmer im Vergleich zu den Beschäftigten im Normalarbeitsverhältnis.[1051] Die geringere Bildung führt durch die damit einhergehende geringere Kenntnis der eigenen Rechte zu einer verminderten Klagebereitschaft.[1052] Ebenfalls nachteilig wirken sich die fehlenden betriebsverfassungsrechtlichen und gewerkschaftlichen Organisationsstrukturen aus.[1053]

1049 *Rudzio*, Leiharbeit manche bleiben kleben, Die Zeit online v. 21.11.2011, http://www.zeit.de/2011/47/Leiharbeit-Klebeeffekt, Stand 01.07.2012.

1050 *Rudzio*, Leiharbeit manche bleiben kleben, Die Zeit online v. 21.11.2011, http://www.zeit.de/2011/47/Leiharbeit-Klebeeffekt, Stand 01.07.2012.

1051 *Steuer*, Die Arbeitnehmerüberlassung als Mittel zur Förderung des Arbeitsmarktes in Deutschland, S. 25.

1052 *Steuer*, Die Arbeitnehmerüberlassung als Mittel zur Förderung des Arbeitsmarktes in Deutschland, S. 25.

1053 Siehe unter D).

Zu dieser, aus den wirtschaftlichen und tatsächlichen Verhältnissen resultierenden Benachteiligung kommen rechtliche Schwierigkeiten bei der Durchsetzung des Kündigungsschutzes sowie der begleitend gestellten Anträge auf Weiterbeschäftigung oder Wiedereinstellung hinzu.

I) Auskunftsanspruch nach § 1 Abs. 3 S. 1 HS 2 KSchG

Nach § 1 Abs. 3 S. 1 HS 2 KSchG hat der Arbeitgeber dem Arbeitnehmer auf Verlangen die Gründe anzugeben, die zu der getroffenen Sozialauswahl geführt haben.

Rügt der Arbeitnehmer im Prozess die fehlerhafte Sozialauswahl und erfolgt darauf kein ausreichend substantiierter Vortrag des Arbeitgebers zur Rechtmäßigkeit der Sozialauswahl, ist anzunehmen, dass diese nicht ordnungsgemäß vorgenommen wurde und die Kündigung unwirksam ist. Der Vortrag des Arbeitnehmers ist dann als unstreitig zu werten.[1054]

Der Arbeitgeber hat nach dem Wortlaut der Norm nicht nur das Ergebnis der Sozialauswahl, sondern die dem Ergebnis zugrundeliegenden Überlegungen mitzuteilen.[1055] Der Arbeitgeber muss beispielsweise unter Mitteilung der Sozialdaten die anderen Arbeitnehmer der Vergleichsgruppe benennen, der der gekündigte Arbeitnehmer angehört.[1056]

Inwieweit darüber hinaus eine Verpflichtung des Arbeitgebers besteht, die Kriterien zu benennen nach denen die jeweiligen Vergleichsgruppen gebildet wurden, ist in der Literatur und Rechtsprechung nicht eindeutig geklärt. Einerseits stellt das Bundesarbeitsgericht klar, dass der Arbeitgeber nicht nur die Auswahlkriterien, sondern auch die Bewertungsmaßstäbe mitzuteilen hat, nach denen er die soziale Auswahl vorgenommen hat.[1057]

Auf der anderen Seite wird vertreten, der Arbeitgeber genüge seiner Auskunftsverpflichtung bereits durch die Mitteilung der Anzahl und Benennung der gebildeten Vergleichsgruppen und der in der entsprechenden Vergleichsgruppe befindlichen Arbeitnehmer unter Angabe der Sozialdaten.[1058]

Nach dem Sinn und Zweck der Norm ist diese Ansicht jedoch nicht vertretbar. Der Arbeitgeber muss darüber hinaus auch die Kriterien benennen, nach der die jeweiligen Vergleichsgruppen gebildet wurden. Der Auskunftsanspruch soll dem

---

1054 BAG v. 10.02.1999, 2 AZR 715/98, RzK I 10 h Nr. 49; BAG v. 08.08.1985, 2 AZR 464/84, AP Nr. 10 zu § 1 KSchG 1969 Soziale Auswahl; ArbG Ludwigshafen v. 11.03.1997, 1 Ca 3094/96, ZAP ERW 1997, 109; ArbG Offenbach v. 14.04.1998, 4 Ca 264/97, AE Heft 2/98 S. 13; LAG Hamm v. 21.06.2005, 19 Sa 197/05, n.v. zit. nach Juris; ArbG Darmstadt v. 20.07.1997, 2 Ca 462/96, ZAP ERW 1998, 68, *Berscheid*, ZInsO 1999, 511; *v. Hoyningen-Huene*, EzA § 1 KSchG Soziale Auswahl Nr. 26.

1055 LAG Hamm v. 21.06.2005, 19 Sa 197/05, zit. nach Juris; *Berscheid*, ZInsO 1999, 511 (513).

1056 *Berscheid*, ZInsO 1999, 511 (513).

1057 BAG v. 08.08.1985, 2 AZR 464/84, AP Nr. 10 zu § 1 KSchG 1969 Soziale Auswahl.

1058 ArbG Osnabrück v. 04.05.2010, 3 Ca 516/09 n.v.

Arbeitnehmer eine Überprüfung und gegebenenfalls gerichtliche Rüge der Sozialauswahl ermöglichen.[1059] Diese Möglichkeit besteht jedoch nur, wenn der Arbeitnehmer bzw. das Gericht auch die korrekte Bildung der Vergleichsgruppen überprüfen kann. Eine solche Überprüfung ist jedoch nur gegeben, wenn der Arbeitgeber die der Sozialauswahl bzw. der Vergleichsgruppenbildung zugrundeliegenden Kriterien, mithin also die Gründe der Sozialauswahl benennt. Der Arbeitgeber muss daher Auskunft über alle subjektiven Überlegungen erteilen, die zur jeweiligen Vergleichsgruppenbildung geführt haben.[1060]

Eine besondere zusätzliche Relevanz erhält diese Frage bei der Sozialauswahl im Zeitarbeitsunternehmen. Bejaht man den Einfluss der Ausgestaltung des Überlassungsvertrages auf die Reichweite der Sozialauswahl, ist eine Überprüfung derselben auch nur bei Kenntnis der Überlassungsverträge möglich. Die Beurteilung der Frage, ob der Arbeitgeber die Vergleichsgruppen korrekt gebildet, beziehungsweise alle vergleichbaren Arbeitnehmer in die Sozialauswahl einbezogen hat, ist demnach davon abhängig, ob dem Arbeitgeber nach dem Überlassungsvertrag ein Austauschrecht zusteht. Die Frage, ob ein bestimmter derzeit eingesetzter Arbeitnehmer, mit dem Arbeitnehmer vergleichbar ist, dessen Arbeitsplatz wegfällt, kann danach trotz gleicher Tätigkeit und weiter Ausgestaltung des arbeitsvertraglichen Direktionsrechtes unterschiedlich zu beantworten sein.

Um eine Überprüfung der korrekten Einbeziehung zu ermöglichen, müsste der Arbeitgeber demnach zumindest angeben, ob ihm ein Austauschrecht im Verhältnis zum Verleiher zusteht. Im Bestreitensfalle wäre eine solche Behauptung dann durch die Vorlage der entsprechenden Überlassungsverträge zu beweisen. Die praktischen Auswirkungen einer solchen Auskunftsverpflichtung würden eine erhebliche Belastung für das Zeitarbeitsunternehmen darstellen. Zum einen wäre der Arbeitgeber zur Offenlegung seiner Vereinbarungen mit den Einsatzbetrieben gezwungen. Dies liefe jedoch sowohl den Interessen des Verleihers, wie auch des Entleihers zuwider, da die Überlassungsverträge unter anderem auch die Höhe der Überlassungsprämie enthalten. Das Bekanntwerden dieser Zahlen wäre geeignet, den Betriebsfrieden erheblich zu stören, da von einer erheblichen Diskrepanz zwischen dem Überlassungsentgelt und dem Arbeitsentgelt der Arbeitnehmer auszugehen ist. Zum anderen werden die Arbeitnehmer eines Verleihers von verschiedenen Einsatzbetrieben angefordert. Je nach Bedarf können hier für jeden Einsatzbetrieb unterschiedliche Überlassungskonditionen gelten. Vor allem größere Zeitarbeitsunternehmen mit zahlreichen vergleichbaren Arbeitnehmern müssen hier eine Fülle von verschiedenen Verträgen vor- und offenlegen.

Diese Problematik wurde bei der Schaffung des Auskunftsanspruches in § 1 Abs. 3 KSchG nicht berücksichtigt. Der Gesetzgeber hatte hier lediglich die typischen Zweiparteienarbeitsverhältnisse im Blick. Hier bereitet es dem Arbeitgeber keine unzumutbaren Schwierigkeiten den Auskunftsanspruch zu erfüllen, da von

1059 *Bütefisch*, Die Sozialauswahl, S. 379.
1060 LAG Hamm v. 21.06.2005, 19 Sa 197/05, zit. nach Juris.

ihm lediglich die Angabe von Daten der bei ihm beschäftigten Arbeitnehmer, nicht jedoch die Offenlegung seiner Geschäftsverbindungen gefordert wird.

Aufgrund des eindeutigen Wortlautes ist eine abweichende Auslegung nach der derzeitigen Gesetzeslage jedoch nicht möglich. Diese Auslegung ist auch vom Sinn und Zweck der Norm gedeckt. Würde man die Offenlegung der Überlassungsverträge von der Auskunftsverpflichtung des Arbeitgebers ausnehmen, würde der Auskunftsanspruch der Leiharbeitnehmer leer laufen. Für den Leiharbeitnehmer wäre eine substantiierte Rüge der Sozialauswahl und somit ein Obsiegen mit der Kündigungsschutzklage in den entsprechenden Fällen nicht mehr möglich. Der ohnehin im Leiharbeitsverhältnis nur schwach ausgeprägte Bestandsschutz wäre vollends untergraben.

Der Auskunftsanspruch des Leiharbeitnehmers erstreckt sich daher, sofern dies für die Beurteilung der Rechtmäßigkeit der Sozialauswahl von Belang ist, auch auf die Ausgestaltung der Überlassungsverträge.

II) Weiterbeschäftigungsanspruch

1) Problemdarstellung

Grundsätzlich besteht während des Kündigungsschutzprozesses zwischen Ablauf der Kündigungsfrist und Ergehen einer rechtskräftigen Entscheidung ein Anspruch auf Weiterbeschäftigung entweder in der Ausprägung des betriebsverfassungsrechtlichen- oder des allgemeinen Weiterbeschäftigungsanspruches.

Sinn und Zweck dieses Weiterbeschäftigungsanspruches ist es, den Arbeitsplatz des Arbeitnehmers während des schwebenden Kündigungsschutzprozesses zu sichern. Im Falle des Obsiegens, also des gerichtlich festgestellten Fortbestehens des Arbeitsverhältnisses, soll der Arbeitnehmer auf seinem angestammten Arbeitsplatz weiterarbeiten können.[1061]

Fraglich ist jedoch, ob ein solcher Weiterbeschäftigungsanspruch auch im Rahmen der Leiharbeit besteht. Es besteht im Leiharbeitsverhältnis kein fester Arbeitsplatz des Arbeitnehmers der ihm erhalten bzw. freigehalten werden könnte.[1062] Der Arbeitnehmer ist im Gegensatz zum Normalarbeitsverhältnis durch den Leiharbeitsvertrag verpflichtet, seine Arbeitsleistung an ständig wechselnden Arbeitsplätzen zu erbringen. Aus dem Vertragsinhalt des Arbeitsvertrages kann daher kein Anspruch auf Erhaltung eines bestimmten Arbeitsplatzes abgeleitet werden. Fraglich ist daher, ob es vom Sinn und Zweck des Weiterbeschäftigungsanspruches noch gedeckt ist, ihn auch bei der Kündigung eines Leiharbeitnehmers anzuwenden, bzw. ob ein diesbezügliches Rechtsschutzinteresse des Arbeitnehmers besteht.

1061 Däubler/Kittner/Klebe-*Kittner*, BetrVG, § 102 Rn. 241; Schüren/*Schüren*, AÜG, Einl. Rn. 295.

1062 Schüren/*Schüren*, AÜG, Einl. Rn. 295.

2) Betriebsverfassungsrechtlicher Weiterbeschäftigungsanspruch

Gesetzlich normiert ist der betriebsverfassungsrechtliche Weiterbeschäftigungsanspruch in § 102 Abs. 5 BetrVG. Danach hat der Arbeitnehmer nach einer Kündigung des Arbeitgebers einen Weiterbeschäftigungsanspruch zu den bisherigen Bedingungen vom Ablauf der Kündigungsfrist bis zur rechtskräftigen Entscheidung über die Kündigung, wenn der Betriebsrat der Kündigung widersprochen hat und der Arbeitnehmer Feststellungsklage erhebt.[1063] Der Anwendungsbereich des § 102 Abs. 5 BetrVG ist jedoch beschränkt. So wird überwiegend vertreten, dass nur die Arbeitnehmer einen Anspruch auf Weiterbeschäftigung geltend machen können, die Kündigungsschutz nach den Vorschriften des Kündigungsschutzgesetzes genießen.[1064] Darüber hinaus kann der Betriebsrat der Kündigung nur aus den Gründen des § 102 Abs. 3 BetrVG widersprechen.

Zweck des Beschäftigungsanspruches aus § 102 Abs. 5 BetrVG ist der Schutz des individuellen Beschäftigungsinteresses des Arbeitnehmers sowie der Stellung des Betriebsrates sowie seiner kollektivrechtlichen Befugnisse.[1065]

Der betriebsverfassungsrechtliche Weiterbeschäftigungsanspruch findet im Bereich der Leiharbeit kaum Anwendung. Nur in wenigen Betrieben existieren Betriebsräte die der Kündigung widersprechen könnten. Zum anderen treffen die Widerspruchsgründe des § 102 Abs. 3 BetrVG in der Leiharbeitsbranche noch seltener zu als im Normalarbeitsverhältnis.

3) Allgemeiner Weiterbeschäftigungsanspruch

Wegen des stark begrenzten Anwendungsbereiches des § 102 Abs. 5 BetrVG wurde von der Rechtsprechung ein sogenannter allgemeiner Weiterbeschäftigungsanspruch entwickelt.[1066] Das Bestehen dieses Anspruches war lange umstritten. Der Große Senat des Bundesarbeitsgerichtes erkannte mit seiner Entscheidung vom 27.02.1985[1067] den allgemeinen Weiterbeschäftigungsanspruch schließlich an. Dieser besteht, wenn die Kündigung entweder offensichtlich unwirksam ist oder

---

1063 Däubler/Kittner/Klebe-*Kittner*, BetrVG, § 102 Rn. 255; *Linck* in: Schaub, Arbeitsrechts-Handbuch, § 125 Rn. 6.

1064 LAG Hessen v. 18.06.1976, 10 Sa Ga 816/76, NJW 78, 76; Däubler/Kittner/Klebe-*Kittner*, BetrVG § 102 Rn. 255; *Linck* in: Schaub, Arbeitsrechtshandbuch, § 125 Rn. 4; a.A. Fuchs, AuR 73, 174.

1065 BAG v. 10.03.1987, 8 AZR 146/84, AP Nr. 1 zu § 611BGB, Weiterbeschäftigung.

1066 *Büring*, Die Rechtsfolgen des allgemeinen Weiterbeschäftigungsanspruchs, S. 9 ff.

1067 BAG v. 27.02.1985, GS 1/84, AP Nr. 14 zu § 611 BGB Beschäftigungspflicht.

wenn ein erstinstanzliches Urteil die Unwirksamkeit der Kündigung feststellt.[1068] Dieser Anspruch wird auch von der Literatur inzwischen allgemein anerkannt.[1069]

Aufgrund der Unsicherheit über das Fortbestehen des Arbeitsverhältnisses müssen die widerstreitenden Interessen von Arbeitnehmer und Arbeitgeber in einer Interessenabwägung berücksichtigt werden.[1070] Das Interesse des Arbeitgebers an einer Nichtbeschäftigung überwiegt zunächst, da der Anspruch des Arbeitnehmers auf das Arbeitsentgelt im Falle einer unwirksamen Kündigung auch ohne die tatsächliche Weiterbeschäftigung durch § 615 BGB gesichert ist.[1071] Das Interesse des Arbeitgebers geht hier vor, da durch eine Weiterbeschäftigung ein erzwungenes vorübergehendes Arbeitsverhältnis entsteht, das auch bei einer später festgestellten Wirksamkeit der Kündigung nicht mehr rückgängig gemacht werden kann.[1072]

Mit einem obsiegenden Urteil erster Instanz überwiegt das Interesse des Arbeitnehmers, da ein Gericht bereits die Unwirksamkeit der Kündigung festgestellt hat und somit eine gewisse Wahrscheinlichkeit für die Feststellung der Unwirksamkeit auch in zweiter Instanz besteht.[1073] Für ein Überwiegen des Interesses des Arbeitgebers an einer Nichtbeschäftigung müssen zusätzliche Umstände hinzutreten, die den Weiterbeschäftigungsanspruch entfallen lassen.[1074] Unter den dargestellten Voraussetzungen steht dem Arbeitnehmer bis zur rechtskräftigen gerichtlichen Entscheidung ein Anspruch auf Weiterbeschäftigung zu.[1075]

1068 BAG v. 27.02.1985, GS 1/84, AP Nr. 14 zu § 611 BGB Beschäftigungspflicht; BAG v. 28.03.1985, 2 AZR 548/83, AP Nr. 4 zu § 767 ZPO; BAG v. 13.06.1985, 2 AZR 410/84, AP Nr. 19 zu § 611 BGB Beschäftigungspflicht; *Büring*, Die Rechtsfolgen des allgemeinen Weiterbeschäftigungsanspruchs, S. 13; Däubler/Kittner/Klebe-*Kittner*, BetrVG § 102 Rn. 242.

1069 *Büring*, Die Rechtsfolgen des allgemeinen Weiterbeschäftigungsanspruchs, Einleitung; HWK/*Ricken*, § 102 BetrVG Rn. 97; Däubler/Kittner/Klebe-*Kittner*, BetrVG, § 102 Rn. 265; *Linck* in: Schaub, Arbeitsrechts-Handbuch, § 125 Rn. 16.

1070 BAG v. 27.02.1985, GS 1/84, AP Nr. 14 zu § 611 BGB Beschäftigungspflicht; *Büring*, Die Rechtsfolgen des allgemeinen Weiterbeschäftigungsanspruchs, S. 14; *Linck* in: Schaub, Arbeitsrechts-Handbuch, § 125 Rn. 16.

1071 BAG v. 27.02.1985, GS 1/84, AP Nr. 14 zu § 611 BGB Beschäftigungspflicht; *Büring*, Die Rechtsfolgen des allgemeinen Weiterbeschäftigungsanspruchs, S. 14; *Linck* in: Schaub, Arbeitsrechts-Handbuch, § 125 Rn. 16.

1072 BAG v. 27.02.1985, GS 1/84, AP Nr. 14 zu § 611 BGB Beschäftigungspflicht; *Büring*, Die Rechtsfolgen des allgemeinen Weiterbeschäftigungsanspruchs, S. 14; *Linck* in: Schaub, Arbeitsrechts-Handbuch, § 125 Rn. 16.

1073 BAG v. 27.02.1985, GS 1/84, AP Nr. 14 zu § 611 BGB Beschäftigungspflicht; *Büring*, Die Rechtsfolgen des allgemeinen Weiterbeschäftigungsanspruchs, S. 14.

1074 BAG v. 27.02.1985, GS 1/84, AP Nr. 14 zu § 611 BGB Beschäftigungspflicht; *Berkowsky*, BB 1986, 795; *Büring*, Die Rechtsfolgen des allgemeinen Weiterbeschäftigungsanspruchs, S. 15; *Falkenberg*, DB 1987, 1534.

1075 BAG v. 27.02.1985, GS 1/84, AP Nr. 14 zu § 611 BGB Beschäftigungspflicht.

Der Antrag auf Weiterbeschäftigung kann als unechter Hilfsantrag mit der Kündigungsschutzklage verbunden[1076] oder im Wege der einstweiligen Verfügung geltend gemacht werden[1077].

4) Weiterbeschäftigungsanspruch im Leiharbeitsverhältnis

Der Weiterbeschäftigungsanspruch soll die Effektivität des Kündigungsschutzprozesses gewährleisten und dem ungerechtfertigt gekündigten Arbeitnehmer helfen, seinen Arbeitsplatz zu erhalten.[1078]

Ein einmal aus dem Betrieb ausgeschiedener Arbeitnehmer hat im Normalfall kaum Aussichten auf die Rückkehr und tatsächliche Beschäftigung an seinem Arbeitsplatz im Betrieb. Kann die Beschäftigung nicht bereits während des Prozesses durchgesetzt werden, scheidet der Arbeitnehmer meist gegen Erhalt einer Abfindung endgültig aus.[1079] Die beschäftigungslose Zeit erschwert für den Arbeitnehmer jedoch nicht nur den Wiedereinstieg auf seinem alten Arbeitsplatz. Auch der Wiedereinstieg bei einem neuen Arbeitgeber wird durch die beschäftigungslose Zeit erschwert. Insbesondere bei langer Prozessdauer besteht die Gefahr, aktuelle Entwicklungen des jeweiligen Berufes zu verpassen und daher für andere Arbeitgeber an Attraktivität zu verlieren.

Bei der Arbeitnehmerüberlassung hat ein Leiharbeitnehmer jedoch anders als der Arbeitnehmer im Normalarbeitsverhältnis keinen festen Arbeitsplatz, der zu sichern wäre.[1080] Bereits arbeitsvertraglich ist der Leiharbeitnehmer zum Einsatz in wechselnden Fremdbetrieben verpflichtet. Der Weiterbeschäftigungsanspruch reicht inhaltlich nur so weit, wie der allgemeine Beschäftigungsanspruch im ungekündigten Arbeitsverhältnis. Danach kann der Arbeitgeber den Arbeitnehmer im Rahmen seines Direktionsrechtes auf einen anderen gleichwertigen Arbeitsplatz versetzen.[1081] Im Normalarbeitsverhältnis stellen solche Wechsel eine Ausnahme dar. In der Regel bleibt dem Arbeitnehmer daher sein angestammter Arbeitsplatz erhalten. Im Leiharbeitsverhältnis ist die Zuweisung zu wechselnden Einsatzbetrieben jedoch gerade typisch und ein wesentlicher Bestandteil des Leiharbeitsverhältnisses, der im Arbeitsvertrag verankert ist.

Das Leiharbeitsverhältnis ist zudem von wiederkehrenden Nichteinsatzzeiten geprägt. Der Leiharbeitnehmer kann daher im Gegensatz zum Normalarbeitnehmer

---

1076 ErfK/*Kiel*, § 4 KSchG Rn. 43; HWK/Ricken, § 102 BetrVG Rn. 91; *Linck* in: Schaub Arbeitsrechts-Handbuch, § 125 Rn. 17.

1077 LAG Hamm v. 03.02.2004, 19 Sa 120/04, NZA-RR 2005, 358; HWK/*Ricken*, § 102 BetrVG Rn. 91; *Linck* in: Schaub, Arbeitsrechts-Handbuch, § 125 Rn. 18.

1078 Däubler/Kittner/Klebe-*Kittner*, BetrVG § 102 Rn. 241.

1079 Däubler/Kittner/Klebe-*Kittner*, BetrVG § 102 Rn. 241; *Wolff*, Vorläufiger Bestandsschutz des Arbeitsverhältnisses durch Weiterbeschäftigung nach § 102 Abs. 5 BetrVG, S. 24.

1080 Schüren/*Schüren*, AÜG, Einl. Rn. 295.

1081 *Linck* in: Schaub, Arbeitsrechts-Handbuch, § 125 Rn. 16 ff.

nicht mit einem ununterbrochenen Beschäftigungsverlauf rechnen.[1082] Der Beschäftigungsanspruch des Leiharbeitnehmers gegen den Verleiher ist nur gegeben, soweit eine tatsächliche Beschäftigungsmöglichkeit durch Überlassungsaufträge auch vorhanden ist. Zusätzlich wird der Leiharbeitnehmer für diese Nichteinsatzzeiten vom Verleiher entlohnt. Daher ist eine Nichteinsatzzeit nicht als Persönlichkeitsrechtsverletzung zu werten.[1083]

Zudem muss ein Weiterbeschäftigungsantrag im Prozess hinreichend bestimmt gestellt werden. Nach der üblichen Formulierung wird beantragt,

> *„den Kläger bis zur rechtskräftigen Beendigung des vorliegenden Rechtsstreits zu den bisherigen Bedingungen als... (Funktion) im Betrieb in ... (Ort) weiter zu beschäftigen“.*[1084]

Ein solcher Antrag ist für einen Leiharbeitnehmer nur schwer zu konkretisieren. Ein Anspruch auf Beschäftigung auf seinem bisherigen Arbeitsplatz besteht für den Leiharbeitnehmer nicht, da er nach dem Arbeitsvertrag gerade nicht für einen bestimmten Arbeitsplatz und meist auch nicht für eine bestimmte, genauer definierte Tätigkeit eingestellt ist. So entschied beispielsweise das Arbeitsgericht Frankfurt[1085], dass in Bezug auf ein Leiharbeitsverhältnis der Antrag „den Kläger über den Kündigungstermin hinaus zu unveränderten Bedingungen auf demselben Arbeitsplatz weiter zu beschäftigen“, nicht hinreichend präzisiert sei.

Hinzu kommt, dass es für den Verleiher aufgrund des fehlenden eigenen Betriebes wesentlich schwerer ist als für einen normalen Arbeitgeber, den Weiterbeschäftigungsanspruch zu erfüllen.[1086] Der Verleiher wäre gezwungen, den Arbeitnehmer zu verleihen. Mit dem Gewinn des Kündigungsschutzprozesses entfiele der Weiterbeschäftigungsanspruch jedoch. Hat sich der Verleiher jedoch mittels Überlassungsvertrags zur Überlassung eines entsprechenden Arbeitnehmers verpflichtet, läuft er für den Fall des Obsiegens im Prozess Gefahr, seiner Überlassungspflicht nicht nachkommen zu können. Er müsste demnach eine Personalreserve vorhalten.[1087] Gestaltet der Verleiher den Überlassungsvertrag als namentlich bestimmten Überlassungsvertrag ohne Austauschrecht, so ist der Verleiher bei einem Gewinn des Prozesses durch die Bindung an den Entleiher zunächst nicht in der Lage, den Arbeitnehmer sofort abzuziehen. Gegebenenfalls müssen die Kündigungsfristen des Überlassungsvertrages eingehalten werden. In diesem Fall besteht durch die Weiterbeschäftigung nach Obsiegen im Kündigungsschutzprozess die Gefahr der Begründung eines neuen Arbeitsverhältnisses.

Sowohl der betriebsverfassungsrechtliche als auch der allgemeine Weiterbeschäftigungsanspruch stellen eine Regelung des vorläufigen Rechtsschutzes dar,

---

1082 *Steuer*, Die Arbeitnehmerüberlassung als Mittel zur Förderung des Arbeitsmarktes in Deutschland, S. 85.
1083 Schüren/*Schüren*, AÜG, Einl. Rn. 432 .
1084 *Düwell/Braasch*, BetrVG, § 102 Rn.113.
1085 ArbG Frankfurt v. 01.10.2009, 3 Ca 368/09, n.v..
1086 Schüren/*Schüren*, AÜG, Einl. Rn. 295.
1087 Schüren/*Schüren*, AÜG, Einl. Rn. 295.

bei der eine Interessenabwägung zwischen dem Interesse des Arbeitnehmers auf Beschäftigung und dem Interesse des Arbeitgebers vorzunehmen ist.[1088] Die gesetzliche Wertung in § 102 Abs. 5 BetrVG entscheidet diese Abwägung für die Dauer des Kündigungsschutzprozesses grundsätzlich zugunsten des Arbeitnehmers.[1089] Aus besonderen Gründen kann das Interesse des Arbeitgebers jedoch höher zu bewerten sein.[1090] Ein solcher Fall liegt nach § 102 Abs. 5 Nr. 2 BetrVG vor, wenn die Weiterbeschäftigung des Arbeitnehmers eine unzumutbare wirtschaftliche Belastung des Arbeitgebers darstellt. Eine solche wirtschaftliche Unzumutbarkeit liegt vor, wenn der Pflicht zur Entgeltzahlung keine gleichwertige Gegenleistung gegenübersteht, beispielsweise wenn der Arbeitgeber den Arbeitnehmer aufgrund von Betriebsschließungen nicht entsprechend beschäftigen kann.[1091] Eine entsprechende Einschränkung hat das Bundesarbeitsgericht auch für den allgemeinen Weiterbeschäftigungsanspruch entwickelt. Auch dort können bei Hinzutreten bestimmter Umstände die Interessen des Arbeitgebers an einer Nichtbeschäftigung überwiegen.[1092]

Ein solcher Fall liegt in der Regel auch in Bezug auf die Weiterbeschäftigung eines Leiharbeitnehmers vor. Im Fall einer Kündigung wegen Auftragsrückganges ist gerade die Einsatzmöglichkeit für den gekündigten Leiharbeitnehmer weggefallen. Der Entgeltzahlung stehen demnach kein Einsatz und kein durch den Arbeitnehmer erwirtschaftetes Überlassungsentgelt gegenüber. Bei der betriebsbedingten Kündigung von Leiharbeitnehmern überwiegen aufgrund der dargestellten Besonderheiten des Leiharbeitsverhältnisses und der besonderen Schwierigkeiten zur Realisierung des Weiterbeschäftigungsanspruches die Interessen des Arbeitgebers, die einer Weiterbeschäftigung entgegenstehen.

In der Regel ist demnach im Bereich der Leiharbeit ein Anspruch auf Weiterbeschäftigung zu verneinen. Jedoch ist auch hier eine Interessenabwägung im konkreten Einzelfall vorzunehmen und ein Überwiegen der Arbeitnehmerinteressen bei bestimmten Umständen denkbar.

Überwiegt das berechtigte Interesse des Arbeitgebers daran, den Arbeitnehmer nicht weiter zu beschäftigen, kann er sich gemäß §102 Abs. 5 S. 2 Nr. 2 BetrVG von der Weiterbeschäftigungspflicht durch einstweilige Verfügung entbinden lassen.[1093]

1088 *Büring*, Die Rechtsfolgen des allgemeinen Weiterbeschäftigungsanspruchs, S. 14; GK BetrVG/ *Raab*, § 102 Rn. 179.

1089 GK BetrVG/ *Raab*, § 102 Rn. 179.

1090 GK BetrVG/ *Raab*, § 102 Rn. 179.

1091 LAG Berlin v. 20.03.1978, 9 Sa 10/78, zit. nach Juris; *Fitting*, BetrVG, § 102 Rn. 119; GK BetrVG/ *Raab*, § 102 Rn. 191.

1092 Siehe unter F II 3).

1093 *Fitting*, BetrVG, § 102 Rn 121.

5) Ergebnis

Ein Weiterbeschäftigungsanspruch des Leiharbeitnehmers besteht in der Regel nicht. Lediglich bei Hinzutreten besonderer Umstände können die Interessen des Leiharbeitnehmers an einer Weiterbeschäftigung ausnahmsweise überwiegen.

III) Wiedereinstellungsanspruch

Anknüpfend an die Besonderheiten des Weiterbeschäftigungsanspruches in der Leiharbeit stellt sich die Frage, ob die spezifischen Bedingungen des Leiharbeitsverhältnisses auch Auswirkungen auf den Wiedereinstellungsanspruch haben.

1) Der Wiedereinstellungsanspruch im Normalarbeitsverhältnis

Im Normalarbeitsverhältnis besteht für den Arbeitnehmer ein Anspruch auf Wiedereinstellung, wenn der Arbeitgeber die Kündigung ausgesprochen hat, das Arbeitsverhältnis unter die Anwendung des Kündigungsschutzgesetzes fällt[1094] und der Kündigungsgrund in der Kündigungsfrist weggefallen ist.[1095] Der Wiedereinstellungsanspruch besteht nicht nur bei dem Wegfall des ursprünglichen Kündigungsgrundes, sondern auch, wenn sich nachträglich eine andere Beschäftigungsmöglichkeit für den Arbeitnehmer ergibt.[1096]

Der Wiedereinstellungsanspruch besteht jedoch nicht, wenn schützenswerte Interessen des Arbeitgebers entgegenstehen, der Arbeitsplatz beispielsweise zwischenzeitlich anderweitig besetzt ist[1097] Dies gilt nicht, wenn der Arbeitgeber die Wiedereinstellung des Arbeitnehmers bewusst verhindert hat, indem er beispielsweise den Arbeitnehmer nicht über freie Stellen informiert.[1098]

Die Darlegungs- und Beweislast für den Wiedereinstellungsanspruch trägt grundsätzlich der Arbeitnehmer. Da der Wegfall der negativen Zukunftsprognose in der Sphäre des Arbeitgebers liegt, gelten die Grundsätze der abgestuften Darlegungs- und Beweislast.[1099]

1094 LAG Hessen v. 07.03.2000, 9 Sa 1077/99; ZInsO 2000, 625; HWK/*Quecke*, § 1 KSchG Rn. 79.

1095 *Elz*, Der Wiedereinstellungsanspruch des Arbeitnehmers nach Wegfall des Kündigungsgrundes, S. 19; HWK/*Quecke*, § 1 KSchG Rn. 77ff.

1096 BAG v. 28.06.2000, 7 AZR 904/98, AP Nr. 6 zu § 1 KSchG 1969 Wiedereinstellung; HWK/*Quecke*, § 1 KSchG Rn. 80; a.A. *Raab*, RdA 2000, 147.

1097 BAG v. 27.02.1997, 2 AZR 160/96, AP Nr. 1 zu § 1 KSchG 1969 Wiedereinstellung; BAG v. 28.06.2000, 7 AZR 904/98, AP Nr. 6 zu § 1 KSchG 1969 Wiedereinstellung; HWK/*Quecke*, § 1 KSchG Rn. 83.

1098 BAG v. 28.06.2000, 7 AZR 904/98, AP Nr. 6 zu § 1 KSchG 1969 Wiedereinstellung; HWK/*Quecke*, § 1 KSchG Rn. 77ff.

1099 HWK/*Quecke*, § 1 KSchG Rn. 86; *Ziemann*, MDR 1999, 716.

2) Bedeutung des Wiedereinstellungsanspruches in der Leiharbeit

Der Wiedereinstellungsanspruch besteht in der Leiharbeit nur für einen kleinen Teil der Arbeitsverhältnisse, da für sein Bestehen der Anwendungsbereich des Kündigungsschutzgesetzes eröffnet sein muss[1100] und der Wiedereinstellungsanspruch auch nicht auf das Auslaufen befristeter Arbeitsverhältnisse übertragen werden kann.[1101]

Hinzu kommt, dass Kündigungen in der Zeitarbeitsbranche meist aus außerbetrieblichen Gründen wegen Auftragsrückgang ausgesprochen werden.[1102] Der Wiedereinstellungsanspruch aufgrund des Wegfalls eines außerbetrieblichen Kündigungsgrundes ist in der Praxis jedoch selten. Häufiger kommt der Wiedereinstellungsanspruch bei innerbetrieblichen Unternehmerentscheidungen vor, da diese schnell getroffen bzw. geändert werden können. Bei außerbetrieblichen Kündigungsgründen ist eine spürbare Verbesserung der Auftragslage innerhalb der Kündigungsfrist selten.[1103] Dies gilt vor allem bei den in der Zeitarbeitsbranche üblicherweise kurzen Kündigungsfristen. Nach den gängigen Zeitarbeitstarifverträgen beträgt die Kündigungsfrist nach der Probezeit in aller Regel maximal die gesetzliche Frist des § 622 BGB. [1104] Diese beträgt bei Beschäftigungsverhältnissen bis zu zwei Jahren jedoch lediglich einen Monat.

Ein Wiedereinstellungsanspruch kommt daher nur in Betracht, wenn der Verleiher noch in dieser kurzen Frist von maximal einem Monat neue Überlassungsaufträge abschließt.

Der Wiedereinstellungsanspruch ist daher in der Leiharbeit auf Einzelfälle beschränkt.

1100 BAG v. 06.11.2008, 2 AZR 709/07, zit. nach Juris; BAG v. 25.10.2007, 8 AZR 989/06, NZA 2008, 357; BAG v. 09.11.2006, 2 AZR 509/05, DB 2007, 861; BAG v. 28.10.2004, 8 AZR199/04, NZA 2005, 405; BAG v. 13.05.2004, 8 AZR 198/03, AP Nr. 264 zu § 613 BGB; BAG v. 28.06.2000, 7 AZR 904/98, NZA 2000, 1097; 04.12.1997, 2 AZR 140/97, NZA 1998, 701; BAG v. 06.08.1997, 7 AZR 557/96, NZA 1998, 254; LAG Köln, 8 Sa 685/10, zit. nach Juris.

1101 BAG GS v. 12.10.1960, GS 1/59, AP Nr. 16 zu § 620 BGB Befristeter Arbeitsvertrag.

1102 Schüren/ *Schüren*, AÜG, Einl. Rn. 279.

1103 *Elz*, Der Wiedereinstellungsanspruch des Arbeitnehmers nach Wegfall des Kündigungsgrundes, S. 105.

1104 § 9 Manteltarifvertrag Zeitarbeit zwischen BZA und DGB vom 22.07.2003 in der Fassung des Änderungstarifvertrages vom 09.03.2010; Manteltarifvertrag zwischen IGZ und DGB v. 30.04.2010; § 20 Manteltarifvertrag zwischen AMP und CGZP vom 15.03.2010.

3) Besonderheiten des Wiedereinstellungsanspruches in der Leiharbeit

In der Leiharbeit trägt der Arbeitgeber in besonderem Maße das Beschäftigungsrisiko. Wiederkehrende Nichteinsatzzeiten gelten als typisch und prägend für das Leiharbeitsverhältnis. Dem Arbeitgeber wird eine betriebsbedingte Kündigung daher anders als im Normalarbeitsverhältnis nicht sofort bei einem Wegfall des Beschäftigungsbedarfes gestattet. Der Arbeitgeber muss nachweisen, dass es sich nicht um eine kurzfristige Auftragslücke, sondern einen dauerhaften Auftragsrückgang handelt. Wie unter C VI 3 dargestellt, wird dem Arbeitgeber sogar eine Frist zugemutet, während der er sich um die Beschaffung neuer Aufträge bemühen muss, bevor er die Kündigung aussprechen darf. Im Vergleich zum Normalarbeitsverhältnis sind dem Arbeitgeber daher bereits erhöhte Anforderungen an die Darlegung des Beschäftigungswegfalles auferlegt. Ihm hier zusätzlich die Folgen einer sich als falsch erweisenden Zukunftsprognose aufzubürden, würde den Arbeitgeber zusätzlich belasten.

Allerdings wird der Verleiher als Arbeitgeber durch den Wiedereinstellungsanspruch selbst nicht mehr belastet als der Arbeitgeber im Normalarbeitsverhältnis. Er hat das gleiche Interesse am Bestand seiner ursprünglich wirksam ausgesprochenen Kündigung wie der Normalarbeitgeber auch. Auch eine Unzumutbarkeit der Wiedereinstellung durch die besonderen Prognoseanforderungen ist nicht gegeben.

Der Wiedereinstellungsanspruch schränkt die Vertragsfreiheit des Arbeitgebers ein.[1105] Dieser Grundsatz hat im Arbeitsrecht aufgrund zahlreicher Sonderregelungen jedoch nur eingeschränkte Geltung. Hinzu kommt, dass der Arbeitgeber bei der Wiedereinstellung mit seinem ehemaligen Arbeitnehmer kontrahiert, für dessen Einstellung er sich bereits entschieden hatte. Die Abschlussfreiheit ist hier demnach schwächer beeinträchtigt, als dies bei der erstmaligen Einstellung der Fall ist.[1106]

Zudem ist der Wiedereinstellungsanspruch wie im Normalarbeitsverhältnis auf zumutbare Fälle beschränkt. Eine Unzumutbarkeit allein aufgrund der Besonderheiten des Leiharbeitsverhältnisses ist hier nicht gegeben, da die besondere Belastung des Verleihers im Verhältnis zum Normalarbeitsverhältnis gerade nicht aus dem Wiedereinstellungsanspruch resultiert.

4) Ergebnis

Der Wiedereinstellungsanspruch besteht grundsätzlich auch im Leiharbeitsverhältnis, dürfte jedoch aufgrund der Besonderheiten der Zeitarbeitsbranche nur in Einzelfällen zur Anwendung kommen.

1105 *Elz*, Der Wiedereinstellungsanspruch des Arbeitnehmers nach Wegfall des Kündigungsgrundes, S. 67.

1106 *Elz*, Der Wiedereinstellungsanspruch des Arbeitnehmers nach Wegfall des Kündigungsgrundes, S. 67.

F) Ausblick

Durch das Gesetz zur Verhinderung von Missbrauch der Arbeitnehmerüberlassung ist der Anwendungsbereich des Arbeitnehmerüberlassungsgesetzes auch auf die nicht gewerbsmäßige Arbeitnehmerüberlassung erweitert worden.

Mit der ersten Verordnung über eine Lohnuntergrenze in der Arbeitnehmerüberlassung vom 21.12.2011[1107] wurde ab dem 01.01.2012 durch Rechtsverordnung des Bundesministeriums für Arbeit und Soziales aufgrund § 3 a AÜG ein verbindlicher Mindestlohn für Leiharbeitnehmer eingeführt. Dieser beträgt ab 01.01.2012 für den Zeitraum bis 31.10.2012 7,01 EUR brutto pro Stunde für den Bereich Ost und 7,89 EUR im Westen.

Im Koalitionsvertrag[1108] für die 18. Legislaturperiode haben CDU, CSU und SPD verschiedene Gesetzesänderungen vereinbart, die die Leiharbeit betreffen. So ist beispielsweise eine allgemeine gesetzliche Mindestlohnregelung vorgesehen. Tarifliche Abweichungen von dieser Regelung sollen maximal bis zum 31. Dezember 2016 möglich sein und müssen durch „repräsentative Tarifpartner auf Branchenebene" vereinbart werden.[1109] Dies bedeutet, eine Abweichung vom Mindestlohn wäre durch Haustarifverträge nicht möglich, durch die verbreiteten Zeitarbeitstarifverträge maximal bis 31.12.2016. Weiter soll das Arbeitnehmerentsendegesetz[1110] dahingehend präzisiert werden, dass die Überlassung an einen Entleiher vorübergehend erfolgt und eine Höchstüberlassungsdauer von 18 Monaten festgelegt wird. Abweichungen durch oder aufgrund eines Tarifvertrags der Einsatzbranche sollen jedoch ermöglicht werden.[1111] Nach neun Monaten soll jeweils eine Gleichstellung zu den Stammarbeitnehmern hinsichtlich des Entgelts erfolgen.[1112]

Die Einführung einer solchen Regelung würde das bisherige Gefüge in der Leiharbeit nachhaltig verändern und zumindest einen Teil der strukturellen Benachteiligung des Leiharbeitnehmers im Vergleich zum Normalarbeitnehmer beseitigen. Diese gesetzliche Regelung hätte im Falle ihrer Einführung jedoch zumindest keinen

1107 Bundesanzeiger 2011, Nummer 195, S. 4608.

1108 Deutschlands Zukunft gestalten, Koalitionsvertrag zwischen CDU, CSU und SPD, 18. Legislaturperiode.

1109 Deutschlands Zukunft gestalten, Koalitionsvertrag zwischen CDU, CSU und SPD, 18. Legislaturperiode, S. 68.

1110 Fraglich ist, ob hier tatsächlich das AEntG gemeint ist, oder es sich hier um ein Redaktionsversehen handelt und vielmehr eine diesbezügliche Änderung des AÜG gemeint ist. Eine Klarstellung im AEntG würde die Arbeitnehmerüberlassung außerhalb des AEntG ggf. garnicht erfassen.

1111 Deutschlands Zukunft gestalten, Koalitionsvertrag zwischen CDU, CSU und SPD, 18. Legislaturperiode, S. 69.

1112 Deutschlands Zukunft gestalten, Koalitionsvertrag zwischen CDU, CSU und SPD, 18. Legislaturperiode, S. 69.

direkten Einfluss auf die in dieser Arbeit behandelten Fragen der betriebsbedingten Kündigung. Die Gesetzesänderung würde sich zumindest in ihren direkten Auswirkungen auf die Entlohnungsgrundsätze beschränken.

Trotz des offenkundigen Änderungs- beziehungsweise Klarstellungsbedarfes ist im Bereich der betriebsbedingten Kündigung auf absehbare Zeit keine gesetzgeberische Maßnahme zu erwarten. Die Klarstellung und Konkretisierung der Anwendung der Kündigungsschutznormen bleibt demnach auch für die Zukunft der Rechtsprechung überlassen.

Nachdem die Revision gegen das Urteil des LAG Hessen vom 29.04.2010[1113] zurückgenommen wurde, ist eine höchstrichterliche Entscheidung zur Vergleichbarkeit von eingesetzten und nicht eingesetzten Arbeitnehmern sowie zum Einfluss der jeweiligen Überlassungsverträge im Rahmen der Sozialauswahl in naher Zukunft nicht zu erwarten.

Auch im Bereich der konzerninternen Arbeitnehmerüberlassung ist die Entwicklung der Rechtsprechung nach Inkrafttreten der Reform im Dezember 2011 abzuwarten. Hier ist entscheidend, ob die Rechtsprechung das deutsche Konzernprivileg überhaupt mit den europäischen Vorgaben für vereinbar hält.

Bis zu einer Entscheidung dieser Fragestellungen durch die Gerichte bleibt den Zeitarbeitsunternehmen für die Begrenzung der Sozialauswahl nur der Rückgriff auf die aufgezeigten vertraglichen Gestaltungsmöglichkeiten beziehungsweise der Abschluss von Aufhebungsverträgen.

Im Bereich der konzerninternen Arbeitnehmerüberlassung bietet bis zur einer gerichtlichen Klärung die Beantragung einer Arbeitnehmerüberlassungserlaubnis nach §§ 1 und 2 AÜG durch alle beteiligten Konzernunternehmen eine Möglichkeit, zusätzliche Rechtsunsicherheiten für nachfolgende Kündigungen zu vermeiden.

1113 LAG Hessen, 29.04.2010, 9 Sa 1830/09, n.v., Nichtzulassungsbeschwerde unter dem Az. 10 AZN 1100/10 erfolgreich, Revisionsrücknahme.

G) Zusammenfassung

Die zum Normalarbeitsverhältnis entwickelten Grundsätze sind nicht unangepasst auf das Leiharbeitsverhältnis übertragbar.

Der Kündigung liegt in der Zeitarbeit meist der Auftragswegfall als außerbetriebliche Ursache zu Grunde. Der Arbeitgeber muss in diesem Fall einen dauerhaften Auftragswegfall nachweisen. Zwar gilt nach Wegfall des Wiedereinstellungsverbotes in § 11 Abs. 4 AÜG nicht mehr die starre Dreimonatsfrist als Wirksamkeitserfordernis für die Kündigung. Die Frist kann jedoch im Sinne einer Maximalfrist nach wie vor als Daumenregel zur Begründung eines dauerhaften Auftragsrückgangs herangezogen werden. Der Arbeitgeber kann aber im Einzelfall darlegen, dass eine Weiterbeschäftigung für diese Zeitspanne nicht zumutbar ist. Er kann nachweisen, dass der dauerhafte Wegfall des Arbeitsplatzes bereits früher eingetreten ist.

Der zweite Senat des Bundesarbeitsgerichtes hat mit seiner Entscheidung vom 18.05.2006 zu Recht hohe Anforderungen an die Darlegung eines dauerhaften Auftragswegfalles gestellt. Zur Vermeidung dieser Anforderungen hat der Verleiher in bestimmten Fällen die Möglichkeit, auf eine Kündigung wegen innerbetrieblicher Ursachen auszuweichen. Durch eine aus dem Auftragsrückgang resultierende entsprechende Unternehmerentscheidung, beispielsweise die Schließung bestimmter Geschäftsbereiche, kann der Verleiher die Überprüfung des Gerichtes auf eine reine Willkürkontrolle beschränken.

Für Leiharbeitnehmer, die unter das Kündigungsschutzgesetz fallen, muss eine Sozialauswahl stattfinden. Welche Arbeitnehmer in die Sozialauswahl einzubeziehen sind bzw. ob eine Vergleichbarkeit von Arbeitnehmern im Nichteinsatz mit Arbeitnehmers im Einsatz bei Entleihern besteht, hängt neben der arbeitsvertraglichen Vergleichbarkeit auch von der Ausgestaltung der Überlassungsverträge ab. Bei Überlassungsverträgen, die ein Austauschrecht des Verleihers beinhalten, sind die eingesetzten Arbeitnehmer in die Sozialauswahl einzubeziehen. Dies gilt sowohl für rein gattungsmäßig bestimmte Überlassungsverträge als auch bei namentlich bestimmten Arbeitnehmern mit explizit vereinbartem Austauschrecht. Bei der Überlassung namentlich bestimmter Arbeitnehmer ohne Austauschrecht sind die verliehenen Arbeitnehmer nicht mit den im Nichteinsatz befindlichen Arbeitnehmern vergleichbar, da keine Austauschbarkeit der Arbeitnehmer nach dem Überlassungsvertrag besteht.

Eine Herausnahme aus der Sozialauswahl wegen dringender betrieblicher Bedürfnisse nach § 1 Abs. 3 S. 2 KSchG besteht im Leiharbeitsverhältnis nicht über die für das Normalarbeitsverhältnis bekannten Fälle hinaus. Eine Herausnahme als Leistungsträger von im Einsatz befindlichen Arbeitnehmern ist nicht allein aus diesem Grund zulässig.

Die kollektivrechtliche Situation in der Zeitarbeitsbranche ist durch das weitgehende Fehlen der organisierten Arbeitnehmervertretungen gekennzeichnet. Dies hat zur Folge, dass die Leiharbeitnehmer nur in einigen wenigen Betrieben tatsächlich von Schutzvorschriften wie § 102 BetrVG, 111 BetrVG oder Sozialplänen und Interessenausgleichen profitieren. In Bezug auf Kündigungen sind die Leiharbeitnehmer prinzipiell dem Verleihbetrieb zugeordnet. Nur dieser Betriebsrat muss bei der Kündigung angehört werden und hat bei Massenentlassungen Mitwirkungsrechte.

Leiharbeitnehmer nehmen den gerichtlichen Kündigungsschutz aufgrund ihrer fortbestehenden Abhängigkeit vom Zeitarbeitssektor wegen der geringeren Qualifikation und fehlenden Arbeitnehmervertretungen nur in geringem Maße wahr. Der Durchsetzung ihrer Interessen stehen auch rechtliche Aspekte entgegen.

Der Auskunftsanspruch nach § 1 Abs. 3 S. 1 HS 2 KSchG erstreckt sich, soweit dies für die Beurteilung der Sozialauswahl von Belang ist, auch auf die Offenlegung der entsprechenden Überlassungsverträge.

Ein Weiterbeschäftigungsanspruch des Leiharbeitnehmers besteht in der Regel nicht. Lediglich bei Hinzutreten besonderer Umstände können die Interessen des Arbeitnehmers an einer Weiterbeschäftigung überwiegen. Der Wiedereinstellungsanspruch besteht auch im Leiharbeitsverhältnis, kommt jedoch nur in Einzelfällen zur Anwendung.

Literaturverzeichnis

Adamy, Wilhelm: Die Risiken der Leiharbeit – Arbeitslosigkeit, Verarmung, Erkrankung, Gute Arbeit 2010, Nr. 5, 17.

Ascheid, Reiner / Preis, Ulrich / Schmidt, Ingrid: Kündigungsrecht, Großkommentar zum gesamten Recht der Beendigung von Arbeitsverhältnissen, 4. Auflage, München 2012 (Zit. APS/Bearbeiter) 3. Auflage, München 2007 (Zit. APS/Bearbeiter, 3. Auflage 2007).

Astheimer, Sven/ Roßbach, Henrike: Mindestlöhne für 1,2 Millionen Arbeiter, FAZ.net vom 22.02.2011, FAZ.net, www.faz.net/artikel/ C30770/lohnuntergrenzen-mindest loehne-fuer-1-2-millionen-arbeiter-30328380.html, Stand: 01.07.2012.

Bauer, Jobst-Hubertus/ Krets, Jerome: Gesetze für moderne Dienstleistungen am Arbeitsmarkt, NJW 2003, 537.

Bauer, Jobst-Hubertus/ Lingemann, Stefan/ Diller, Martin/ Haußmann, Katrin: Anwaltsformularbuch Arbeitsrecht, 4. überarbeitete Auflage 2011.

Bayreuther, Frank: Betriebsbedingte Kündigung eines Leiharbeitnehmers nach Wegfall eines Auftrages – Besprechung des Urteils BAG v. 18.05.2006, 2 AZR 412/05; RdA 2007,176.

Becker, Friedrich; Wulfgramm, Jörg: Kommentar zum Arbeitnehmerüberlassungsgesetz, 3. Auflage, Neuwied 1985.

Becker, Friedrich; Kreikebaum, Hartmut: Zeitarbeit – gewerbsmäßige Arbeitnehmerüberlassung, 2. Auflage, Wiesbaden 1982.

Becker, Friedrich: Die Rechtsbeziehungen bei der Zeitarbeit, NJW 1971, 691.

Beckschulze, Martin: Der Wiedereinstellungsanspruch nach betriebsbedingter Kündigung, DB 1998, 417.

Berkowsky, Wilfried: Der Weiterbeschäftigungsanspruch nach der Entscheidung des Großen Senats, BB 1986, 795.

Berkowsky, Wilfried: Kündigungsschutz außerhalb des KSchG – Eine Herausforderung für die Praxis, NJW 2009, 113.

Berscheid, Ernst-Dieter: Anmerkung zu BAG v. 18. 9. 2003, 2 AZR 79/02, jurisPR-ArbR 24/2004 Anm. 2.

Blanke, Thomas: Rechtsgutachten im Auftrag des DGB, Welche Änderungen des deutschen Gesetzes erfordert die Umsetzung der EU-Richtlinie Leiharbeit – mit dem Schwerpunkt Gleichbehandlungsgrundsatz und Abweichungen gem. Art. 5 der EU-RL? Oldenburg, April 2010.

Blanke, Thomas: Die betriebsverfassungsrechtliche Stellung der Leiharbeit, DB 2008, 1153.

Böhm, Wolfgang: Umsetzung der EU-Leiharbeitsrichtlinie – mit Fragezeichen?! DB 2011, 473.

Böhm, Wolfgang: 01.05.2011: Europa-Tag für die Zeitarbeit, NZA 2010, 1218.

Böhm, Wolfgang: Befristung von Leiharbeitsverhältnissen nach der AÜG Reform, RdA 2005, 360.

Böhm, Wolfgang/ Henning, Jörg/ Popp, Cornelius: Zeitarbeit, Leitfaden für die Praxis, 2. neu bearbeitete Auflage, Köln 2011.

Boemke, Burkhard/ Lembke, Mark: Arbeitnehmerüberlassungsgesetz, Kommentar, 3. Auflage, Frankfurt a.M. 2010 und 2. Auflage, Frankfurt a.M. 2005.

Boemke, Burkhard: Die EG-Leiharbeitsrichtlinie und ihre Einflüsse auf das deutsche Recht, RIW 2009, 177.

Brose, Wiebke: Sachgrundlose Befristung und betriebsbedingte Kündigung von Leiharbeitnehmern – Ein unausge-wogenes Rechtsprechungskonzept, DB 2008,1378.

Brose, Wiebke: Die betriebsverfassungsrechtliche Stellung von Leiharbeitnehmern nach den Änderungen des AÜG, NZA 2005, 797.

Brors, Christiane: Betriebsverfassungsrechtliche Zuordnung von Leiharbeitnehmern, Juris PR-ArbR 42/2005 Anm.3.

Brors, Christiane: Betriebsbedingte Kündigung des Leiharbeitnehmers bei Auftragsrückgang, Anmerkung zu LAG Köln v. 03.06.2005, 11 Sa 1014/04; Juris PR- ArbR 19/2006 Anm.4.

Brors, Christiane: Haftung des Verleihers und des Entleihers aus dem Arbeitnehmerüberlassungsvertrag, WiVerw 1996, 229.

Brors, Christiane/ Schüren, Peter: Konzerninterne Arbeitnehmerüberlassung zur Kostensenkung, BB 2004, 2745.

Büring, Ralf: Die Rechtsfolgen des allgemeinen Weiterbeschäftigungsanspruchs, Münster 1995 (Jur. Diss. Münster 1995).

Bütefisch, Wylka: Die Sozialauswahl, Köln 2000.

Bundesagentur für Arbeit (Hrsg.): Arbeitsmarktberichterstattung: Der Arbeitsmarkt in Deutschland, Zeitarbeit in Deutschland – Aktuelle Entwicklungen, Nürnberg 2012.

Bundesagentur für Arbeit (Hrsg.): Arbeitsmarktberichterstattung: Der Arbeitsmarkt in Deutschland, Zeitarbeit in Deutschland – Aktuelle Entwicklungen, Nürnberg 2011.

Bundesagentur für Arbeit (Hrsg.): Arbeitsmarkt in Zahlen – Arbeitnehmerüberlassung, Leiharbeitnehmer und Verleihbetriebe im ersten Halbjahr 2010, Nürnberg 2010.

Bundesagentur für Arbeit (Hrsg.): Arbeitsmarktberichterstattung: Der Arbeitsmarkt in Deutschland, aktuelle Entwicklungen in der Zeitarbeit, Nürnberg 2009.

Bundesagentur für Arbeit (Hrsg.): Arbeitsmarktberichterstattung: Branchen und Berufe in Deutschland 1997 – 2007, Zeitarbeit, Nürnberg 2008.

Bundesagentur für Arbeit (Hrsg.): Arbeitsmarkt 2006, Amtliche Nachrichten der Bundesagentur für Arbeit, 55. Jahrgang, Sondernummer 1, Nürnberg 2007.

Busch, Ralf: Maßgeblicher Beurteilungszeitpunkt für die Möglichkeit der Weiterbeschäftigung bei Betriebsbedingten Kündigungen, NZA 2000, 754.

Dathe, Uwe: Die Auswirkung ausgewählter Vereinbarungen auf die Sozialauswahl, NZA 2007, 1205.

Dahl, Holger: Betriebsbedingte Kündigung eines Leiharbeitsverhältnisses wegen Auftragsrückgangs, DB 2003,1626.

Dahl, Holger: Beschäftigungsrisiko in der Zeitarbeit, DB 2006, 2519.

Dahlbender, Frank: Betriebsbedingte Kündigung bei arbeitsvertraglich bestimmtem eingegrenzten Arbeitsbereich des Arbeitnehmers, Anmerkung zu BAG v. 17.02.2000, 2 AZR 142/99, EWiR 2000, 743.

Däubler, Wolfgang: Neues zur betriebsbedingten Kündigung, NZA 2004, 177.

Däubler, Wolfgang: Däubler, Betriebsbedingte Kündigung ohne Interessenabwägung? ArbuR 2013, 9.

Däubler, Wolfgang/ Bonin, Birger/ Deinert, Olaf: AGB-Kontrolle im Arbeitsrecht, Kommentierung zu den §§ 305 bis 310 BGB, 3. Auflage, München 2010.

Denck , Johannes: Betriebsbedingte Kündigung und Kurzarbeitergeld, ZfA 1985, 249.

Derleder, Peter: Anmerkung zu BGH v. 22.12.2003, VIII ZR 81/03, NZM 2004, 247.

Deutscher Bundestag (Hrsg.): Elfter Bericht der Bundesregierung über Erfahrungen bei der Anwendung des Arbeitnehmerüberlassungsgesetzes vom 18.01.2010, BT-Drucksache 17/464.

Düwell, Franz Josef (Hrsg.): Betriebsverfassungsgesetz, Handkommentar, 3. Aufl. Baden-Baden 2010 (zit.: Düwell/Bearbeiter, BetrVG).

Düwell, Franz Josef/ Dahl, Holger: Verhinderung des missbräuchlichen Einsatzes von Arbeitnehmerüberlassung und Umsetzung der Leiharbeitsrichtlinie, DB 2010, 1759.

Düwell, Franz Josef/ Dahl, Holger: Aktuelle Gesetzes- und Tariflage in der Arbeitnehmerüberlassung; DB 2009, 1070.

Düwell, Franz Josef/ Dahl, Holger: Leiharbeitnehmer: First in, first out; DB 2007, 1699.

Elz, Dirk: Der Wiedereinstellungsanspruch des Arbeitnehmers nach Wegfall des Kündigungsgrundes, Köln 2002 (Jur. Diss. Köln 2001).

Erfurter Kommentar zum Arbeitsrecht, Müller-Glöge, Rudi / Preis, Ulrich / Schmidt, Ingrid (Hrsg.): Kommentar zum Arbeitsrecht, 14. Auflage, München 2014 (zit.: ErfK/Bearbeiter).

Falkenberg, Rolf-Dieter: Die Weiterbeschäftigungsentscheidung des Bundesarbeitsgerichts und ihre verfahrensrechtlichen Auswirkungen, DB 1987, 1534.

Felser, Michael/ Willmann, Axel: Betriebsrat als Krisenmanager, AiB 2009, 161.

Felser, Michael: Betriebsbedingte Kündigung von Leiharbeitnehmern, Blog.juracity.de, http://blog.juracity.de/2009-01-04/betriebsbedingte-kuendigung-von-leihar beitnehmern.html.

Fitting, Karl/ Engels, Gerd/ Schmidt, Ingrid/ Trebinger, Nicole/ Linsenmaier, Wolfgang: Betriebsverfassungsgesetz Handkommentar, 26. Auflage, München 2012.

Forst, Gerrit: AÜG-Konzernprivileg: Kein Fall für Luxemburg, NZA 2011, Editorial 11/2011.

Forst, Gerrit: Entspricht das Konzernprivileg des neuen AÜG der Leiharbeitsrichtlinie? ZESAR 2011, 315.

Fuchs, Maximilian: Das Gleichbehandlungsgebot in der Leiharbeit nach der neuen Leiharbeitsrichtlinie, NZA 2009, 57.

Fuchs, Dieter: Zur vorläufigen Weiterbeschäftigung des Arbeitnehmers nach § 102 Abs. 5 BetrVG, AuR 1973, 174.

Gagel, Alexander/ Knickerehm, Sabine/ Deinert, Olaf (Hrsg.): SGB II und SGB III, Grundsicherung und Arbeitsförderung, Kommentar, Ergänzungslieferung Stand Juni 2013.

Gagawczuk, Walter: Leiharbeitsrichtlinie – wiederholter Anlauf gescheitert?, DRdA 2003, 597 (Österreich).

Gehlhaar, Daniel: Sozialauswahl: Vergleichbarkeit von Arbeitnehmern bei unwirksamer Versetzungsklausel; NJW 2010, 2550.

Gick, Dietmar: Gewerbsmäßige Arbeitnehmerüberlassung zwischen Verbot und Neugestaltung, Berlin 1984 (Jur. Diss. Berlin 1983).

Guenoub, Marcel: Equal Pay und Equal Treatment im Leiharbeitsverhältnis, Aachen 2009 (Jur. Diss. Berlin 2008).

Gutmann, Joachim / Kilian, Sven: Zeitarbeit – Fakten, Trends und Visionen, 2. Auflage, Freiburg u.a. 2011.

Gutzeit, Martin: Anmerkung zu BAG v. 17.09.1998, 2 AZR 725/97, EzA § 1 KSchG Soziale Auswahl Nr. 36.

Grau, Timon / Sittard, Ulrich: Neues zum Verfahren bei Massenentlassungen? BB 2011, 1845.

Hamann, Wolfgang: Kurswechsel bei der Arbeitnehmerüberlassung? NZA 2011, 70.

Hamann, Wolfgang: Mitbestimmung bei der Einstellung von Leiharbeitnehmern, Anmerkung zu LAG Hannover vom 09.08.2006, jurisPR-ArbR 2/2007 Anm. 1.

Hamann, Wolfgang: Gleichbehandlungsgrundsatz im AÜG, BB 2005, 2185.

Hamann, Wolfgang: Die Richtlinie Leiharbeit und ihre Auswirkungen, EuZA 2009, 278.

Hamann, Wolfgang: Betriebsbedingte Kündigung eines Leiharbeitnehmers nach Auftragsverlust des Verleihers, EzA § 1 KSchG Betriebsbedingte Kündigung Nr. 146.

Hamann, Wolfgang: Hamann, Anmerkung zu BAG v. 18.05.2006, 2 AZR 412/05, jurisPR-ArbR 38/2006 Anm. 4.

Hamann, Wolfgang: Gewerbsmäßige Arbeitnehmerüberlassung, Jura 2003, 361.

Hamann, Wolfgang: Anmerkung zu BAG v. 19.06.2001, 1 ABR 43/00, EzA § 87 BetrVG 1972 Arbeitszeit Nr. 63.

Hans-Böckler Stiftung (Hrsg.): Atypische Beschäftigung in den Betrieben , Projekt Regulierung des Arbeitsmarktes, März 2004, http://www.boeckler.de/pdf/wsi_regam_ atypisch.pdf, Stand: 01.07.2012.

Hansen, Leif/ Ragnit, Regina: Neue Regeln für die Zeitarbeit, AuA 2011, 8.

Heinze, Meinhard: Rechtsprobleme des sog. Echten Leiharbeitsverhältnisses, ZfA 1976,183.

Henning, Jörg: Die betriebsbedingte Kündigung, http://www.zeitarbeit-und-recht.de/tce/frame/main/ 442.htm .

Henssler, Martin/ Willemsen, Heinz Josef/ Kalb, Heinz-Jürgen (Hrsg.): Arbeitsrecht Kommentar, 5. Auflage, Köln 2012 (zit.: HWK/ Bearbeiter).

Henssler, Martin/ Moll, Wilhelm: AGB-Kontrolle vorformulierter Arbeitsbedingungen, München 2011.

Herrmann, Tanja: Schaffung von Arbeitsplätzen durch Leiharbeit? Hamburg 2009 (Diss. Hamburg 2009).

Hiekel, Hans-Jürgen: Besonderheiten bei Befristung und betriebsbedingter Kündigung von Leiharbeitsverhältnissen, Arbeitsgemeinschaft Arbeitsrecht im Deutschen Anwaltsverein, Festschrift zum 25 jährigen Bestehen, 2006 S. 333–344.

Holst, Hajo: Funktionswandel von Leiharbeit, DGB Fachtagung „Leiharbeit – wie weiter nach der Krise" vom 21.06.2010.

Holst, Hajo: Disziplinierung durch Leiharbeit? WSI Mitteilungen 2009, 143.

Holst, Hajo/ Nachtwey, Oliver/ Dörre, Klaus: Funktionswandel von Leiharbeit – Neue Nutzungsstrategien und ihre arbeits- und mitbestimmungspolitischen Folgen, Frankfurt 2009.

Horcher, Michael: Wann muss der Arbeitgeber einen Arbeitsplatz freikündigen? Oder gibt es einen Verdrängungswettbewerb außerhalb der Sozialauswahl, NZA-RR 2006, 393.

Hoyningen-Huene, Gerrick von/ Linck, Rüdiger/ Krause, Rüdiger: Kündigungsschutzgesetz, Kommentar, 15. Auflage München 2013.

Hoyningen-Huene, Gerrick von: Massenentlassung – Sozialauswahl – Darlegungs- und Beweislast, Anmerkung zur Entscheidung des BAG vom 21.7.1988 2 AZR 75/88; EzA § 1 KSchG Soziale Auswahl Nr. 26.

Hoyningen-Huene, Gerrick von: Betriebsbedingte Kündigungen in der Wirtschaftskrise, NZA 1994, 1009.

Hromadka, Wolfgang: Möglichkeiten und Grenzen der Änderungskündigung, NZA 1996, 1.

Hümmerich, Klaus/ Holthausen, Joachim/ Weslau, Dietmar: Arbeitsrechtliches im Ersten Gesetz für moderne Dienstleistungen am Arbeitsmarkt, NZA 2003, 7.

Jobs, Friedhelm: Soziale Auswahl bei betriebsbedingter Kündigung, DB 1986, 538.

Jüttner, Andreas: Kollektivrechtliche Auswirkungen der gewerbsmäßigen Arbeitnehmerüberlassung im Betriebsverfassungsrecht, Berlin 2005.

Käckenmeister, Lisa: Anmerkung zu BAG v. 20.06.2013, 2 AZR 271/12, jurisPR-ArbR 34/2013 Anm. 2.

Kämmerer, Axel/ Thüsing, Gregor: Leiharbeit und Verfassungsrecht, Monographie, Berlin 2005.

Kaiser, Tobias/ Wisdorff, Flora: „Soziale Gerechtigkeit ist ein CDU-Thema“ Wie Arbeitsministerin von der Leyen verhindern will, dass die soziale Spaltung der deutschen Gesellschaft größer wird, Interview Ursula von der Leyen, Welt online vom 26.03.2012, http://www.welt.de/print/die_welt/wirtschaft/article13946139/Soziale-Gerechtigkeit-ist-ein-CDU-Thema.html, Stand 01.07.2012.

Kassen, Dirk: Betriebsbedingte Kündigung – Sozialauswahl, Anmerkung zu BAG v. 17.02.2000, 2 AZR 142/99, AP Nr. 46 zu § 1 KSchG 1969 Soziale Auswahl.

Keller/Seifert (Hrsg.): Atypische Beschäftigung – Flexibilisierung und soziale Risiken, Berlin 2007 .

Kim, Ki Sun: Die konzerninterne Arbeitnehmerüberlassung durch die Personalführungsgesellschaft und das Betriebsverfassungsrecht, Hamburg 2011 (Jur. Diss. Leipzig 2011).

Kittner, Michael/ Däubler, Wolfgang/ Zwanziger, Bertram (Hrsg.): Kündigungsschutzrecht, 8. Auflage, Frankfurt am Main 2011 (zit.: Kittner/Däubler/Zwanziger-Bearbeiter, KSchR).

Kittner, Michael: Betriebsbedingte Kündigung – Soziale Auswahl, Anmerkung zu BAG v. 17.02.2000, 2 AZR 142/99, EzA § 1 KSchG Soziale Auswahl Nr. 43.

Klebe, Thomas: Flexibilität oder Lohndumping? Zum AÜG Gesetzentwurf vom 02.09.2010, AiB 2010, 646.

Klumpp, Steffen: Der EuGH und die Massenentlassung – Zeit für „Junk II”? NZA 2006, 703.

Kokemoor, Axel: Neuregelung der Arbeitnehmerüberlassung durch die Hartz-Umsetzungsgesetze, NZA 2003, 238.

Kraft, Alfons: Arbeitszeit von Leiharbeitnehmern – Mitbestimmung des Betriebsrats im Verleiherbetrieb, Anmerkung zu BAG v. 19.06.2001, 1 ABR 43/00, SAE 2002, 45.

KR – Etzel, Gerhard / Bader, Peter / Fischermeier, Ernst / Friedrich Hans-Wolf / Gallner, Inken / Griebeling, Jürgen / Kreft, Burghard / Link, Christian / Lipke, Gert-Albert / Rost, Friedhelm / Spilger, Andreas Michael / Treber, Jürgen / Vogt, Norbert / Weigand, Horst: KR Gemeinschaftskommentar zum Kündigungsschutzgesetz und zu sonstigen kündigungsschutzrechtlichen Vorschriften, 10. Auflage, Köln 2013 (zit.: KR-Bearbeiter) 9. Auflage, Köln 2009 (zit.: KR-Bearbeiter, 9. Auflage 2009).

Kramme, Anette: Leiharbeit (1/2009), Hintergrundpapier Leiharbeit, 4. Version, http://www.anettekramme. de/uploads /090113_hintergrundpapier_leiharbeit_kramme_sk.pdf; Stand 01.07.2012.

Kraschinski, Gloria: Sozialverträgliche Gestaltung der Arbeitnehmerüberlassung, Troisdorf 2009.

Krasshöfer, Horst-Dieter: Zur Vergleichbarkeit von Arbeitnehmern im Rahmen der sozialen Auswahl bei Betriebsbedingten Kündigungen, Anmerkung zu BAG v. 19.09.1998, 2 AZR 725/97, EWiR 1999, 271.

Kuzmich, Eveline: Beendigung von Dienstverhältnissen überlassener Arbeitskräfte, Wien 2009 (Jur. Diss. Wien 2009).

Lakies, Thomas: AGB – Kontrolle im Arbeitsrecht, AR-Blattei SD 35.

Lakies, Thomas: AGB – Kontrolle im Arbeitsrecht, 2. Auflage, Heidelberg 2011.

Larenz, Karl: Methodenlehre der Rechtswissenschaft, 3. Auflage 1995.

Lembke, Mark: Die geplanten Änderungen im Recht der Arbeitnehmerüberlassung, DB 2011, 414.

Lembke, Mark: Die jüngsten Änderungen des AÜG im Überblick, FA 2011, 290.

Lembke, Mark: Aktuelle Brennpunkte in der Zeitarbeit, BB 2010, 1533.

Lembke, Mark: Die Tariffähigkeit und Tarifzuständigkeit der Tarifgemeinschaft Christlicher Gewerkschaften für Zeitarbeit und Personalserviceagenturen, NZA 2007, 1333.

Lembke, Mark: Verfassungsmäßigkeit der AÜG Reform, BB 2005, 495.

Lembke, Mark / Oberwinter, Jens Wilhelm: Massenentlassung zwei Jahre nach „Junk" – Eine Bestandsaufnahme, NJW 2007, 721.

Leuchten, Alexius: Das neue Recht der Leiharbeit, NZA 2011, 608.

Leuchten, Alexius: Zur Zustimmung des Betriebsrats bei der Einstellung von Leiharbeitnehmern, Arbeitsgemeinschaft Arbeitsrecht im Deutschen Anwaltverein, Festschrift zum 25-jährigen Bestehen, 2006, 927.

Lipinski, Wolfgang/ Praß, Anne: Mitarbeiter erlaubnisfrei verleihen, Personalmagazin 2012, 76.

Löwisch, Manfred / Bernards, Kordula: Anmerkung zu BAG vom 20. März 1986, Az: 2 AZR 294/85, EzA § 2 KSchG Nr. 6.

Löwisch, Manfred/ Buschbaum, Jörg: Darlegungslast für die Betriebsbedingtheit einer Kündigung wegen Auftragsrückgangs, BB 2010, 1789.

Löwisch, Manfred/Schüren, Peter: Zur Sozialauswahl bei betriebsbedingten Kündigungen, SAE 1984, 50.

Mayer, Jörg: Pflegeversicherung und Sozialhilferegress – Anmerkung zu BGH v. 21.09.2001, V ZR 14/01.

Mayer-Maly, Theo: Das Leiharbeitsverhältnis, ZfA 1972, 1.

Marschall, Dieter: Anmerkung zu BAG v. 19.06.2001, 1 ABR 43/00, AP Nr. 1 zu § 87 BetrVG 1972 Leiharbeitnehmer.

Mastmann, Gabriele/ Offer, Bettina: Ausgewählte Probleme der Leiharbeit, AuA 2005, 330.

Mohnke, Lars: Betriebsbedingte Kündigung von Leiharbeitnehmern, AuA 2006, 682.

Moll, Wilhelm (Hrsg.): Münchener Anwaltshandbuch Arbeitsrecht, 3. Auflage, München 2012.

Moll, Wilhelm/ Ittmann, Benjamin: Betriebsbedingte Kündigung und Leiharbeit, RdA 2008, 321.

Mues, Werner/ Eisenbeis, Ernst/ Legerlotz, Christoph/ Laber, Jörg: Handbuch Kündigungsrecht, 2. Auflage, Köln 2010.

Münchener Kommentar zum Bürgerlichen Gesetzbuch Säcker, Franz Jürgen / Rixecker, Roland / Oetker, Hartmut (Hrsg.): Band 2, Schuldrecht – Allgemeiner Teil, §§ 241 – 432, 6. Auflage, München 2012 (zit.: MüKo-BGB/Bearbeiter).

Nägele, Stefan (Hrsg.): EG-Arbeitsrecht in der deutschen Praxis, Frankfurt a.M. 2007.

Nicolai, Andrea: Neue Regeln für Massenentlassungen? NZA 2005, 206.

Niklas, Thomas / Koehler, Lisa-Marie: Vermeidung von Problemen bei Massenentlassungen, NZA 2010, 913.

Oetker, Hartmut: Der Wiedereinstellungsanspruch des Arbeitnehmers bei nachträglichem Wegfall des Kündigungsgrundes, ZIP 2000, 643.

Oetker, Hartmut: Der auswahlrelevante Personenkreis im Rahmen von § 1 Abs. 3 KSchG, in: Festschrift für Günther Wiese, Neuwied 1998, S. 333.

Oetker, Hartmut: Soziale Auswahl – Vergleichbarkeit bei arbeitsvertraglicher Konkretisierung der Aufgabenstellung, Anmerkung zu BAG v. 17.09.1998, 2 AZR 725/97, AP Nr. 36 zu § 1 KSchG 1969 Soziale Auswahl.

Osnabrügge, Stephan: Massenentlassungen – Kein russisches Roulette für Arbeitgeber, NJW 2005, 1093 .

Palandt: Bürgerliches Gesetzbuch, 72. Auflage, München 2013.

Pfarr, Heide/ Bothfeld, Silke/ Bradtke, Marcus/ Kimmich, Martin/ Schneider, Julia/ Ullmann, Karen: REGAM-Studie: Atypische Beschäftigung in den Betrieben – eingesetzt zur Umgehung des Kündigungsschutzes? BB 2004, 602.

Picker, Eduard: Arbeitnehmerüberlassung, Eine moderne Personalwirtschaftsform als Mittel arbeitsrechtlicher Modernisierung, ZfA 2002, 469.

Platzhoff, Elke: Arbeitnehmerüberlassung und Legitimität, Chemnitz 2009 (Jur. Diss. Chemnitz 2009).

Pollert, Dirk/ Spieler, Sven: Die Arbeitnehmerüberlassung in der betrieblichen Praxis, 3. Auflage, Heidelberg 2011.

Preis, Ulrich (Hrsg.): Der Arbeitsvertrag, 4. Auflage Köln 2011 (zit.: Preis/Bearbeiter, Der Arbeitsvertrag).

Preis, Ulrich: Probleme der Bezugnahme auf Allgemeine Arbeitsbedingungen und Betriebsvereinbarungen, NZA 2010, 361.

Preis, Ulrich: Die unechte Direktionsrechtserweiterung; NZA 2008, 969.

Preis, Ulrich: Die Verantwortung des Arbeitgebers und der Vorrang betrieblicher Maßnahmen vor Entlassungen (§ 2 I Nr. 2 SGB III) Programmsatz oder verbindlicher Rechtssatz?, NZA 1998, 449.

Preis, Ulrich: Aktuelle Tendenzen im Kündigungsschutzrecht, NZA 1997, 1073.

Preis, Ulrich: Der Kündigungsschutz außerhalb des Kündigungsschutzgesetzes; NZA 1997, 1256.

Preis, Ulrich/Temming, Felipe: Der EuGH, das BVerfG und der Gesetzgeber; NZA 2010, 185.

Promberger, Markus: Leiharbeit – Flexibilität und Prekarität in der betrieblichen Praxis, WSI-Mitteilungen 2006, 263–269.

Raif, Alexander: Reform der Leiharbeit – Was ändert sich für Unternehmen? GWR 2011, 303.

Raab, Thomas: Europäische und nationale Entwicklungen im Recht der Arbeitnehmerüberlassung, ZfA 2003, 389.

Rehwald, Rainer: Anmerkung zu EuGH v. 10.09.2009, C-44/08, AiB 2010, 201.

Reim, Uwe: Gleichbehandlung von Leiharbeitnehmern, AiB 2005, 203 .

Reinhard, Barbara: Rechtsfolgen fehlerhafter Massenentlassungen, RdA 2007, 207.

Reinsch, Julia Das Rechtsverhältnis zwischen Entleiher und Leiharbeitnehmer, Baden-Baden 2009.

Richardi, Reinhard (Hrsg.): Betriebsverfassungsgesetz mit Wahlordnung, Kommentar, 13. Auflage, München 2012.

Richardi, Reinhard / Wlotzke, Otfried / Wissmann, Hellmut / Oetker, Hartmut: Münchener Handbuch Arbeitsrecht, Band 1: Individualarbeitsrecht, Band 2 Kollektivarbeitsrecht, 3. Auflage München 2009 .

Rieble, Volker/ Junker, Abbo/ Giesen, Richard (Hrsg.): Zukunft der Zeitarbeit, 6. ZAAR-Kongress, München 2009.

Rieble, Volker/ Klebeck, Ulf: Lohngleichheit für Leiharbeit, NZA 2003, 23.

Rieble, Volker: Der Entscheidungsspielraum des Arbeitgebers bei der Sozialauswahl nach § 1 III KSchG und seine Arbeitsgerichtliche Kontrolle, NJW 1991, 65.

Rieble, Volker/ Vielmeier, Stefan: Umsetzungsdefizite der Leiharbeitsrichtlinie, EuZA 2011, 474.

Riesenhuber, Karl / Domröse, Ronny: Richtlinienkonforme Auslegung der §§ 17, 18 KSchG und Rechtsfolgen fehlerhafter Massenentlassungen, NZA 2005, 568.

Röder, Gerhard/ Krieger, Steffen: Arbeitnehmerüberlassung: Kein Ausweg aus der equal pay-Falle? DB 2006, 2122.

Röhsler, Waldemar: Das mittelbare Arbeitsverhältnis, AR-Blattei SD 220.3, Mittelbares Arbeitsverhältnis.

Romberg, Tobias: Was heißt hier frei? Die Zeit online v. 25.02.2011, http://www.zeit.de/2011/09/Zeitarbeitsfirmen-Leiharbeiter, Stand: 01.07.2012.

Rosenau, Marc Tobias/ Mosch, Ulrich: Neue Regelungen für die Leiharbeit, NJW-Spezial 2011, 242.

Rüthers, Bernd/ Bakker, Rainer: Arbeitnehmerentsendung und Betriebsinhaberwechsel im Konzern, ZfA 1990, 245.

Rüthers, Bernd: Rechtsprobleme des Zeitlohnes an taktgebundenen Produktionsanlagen, ZfA 1973, 399.

Rudzio, Kolja/ Crocoll, Sophie: Zeitarbeit Schluss mit billig? Die Zeit online vom 10.02.2011, http://www.zeit.de/2011/07/Leiharbeit, Stand 01.09.2013.

Rudzio, Kolja: Manche bleiben kleben? Die Zeit online vom 21.11.2011, http://www.zeit.de/2011/47/Leiharbeit-Klebeeffekt, Stand 01.09.2013.

Sandmann, Georg /Marschall, Dieter/ Schneider, Tobias: Arbeitnehmerüberlassungsgesetz (AÜG) Kommentar mit Handbuch Zeitarbeit, Stand 61. Ergänzungslieferung Juni 2012 .

Schaub, Achim: Arbeitnehmerüberlassung, Göttingen 2001 (Jur. Diss. Göttingen 2001).

Schaub, Günter: Personalabbau im Betrieb und neueste Rechtsprechung zum Kündigungsschutzrecht, insbesondere zur betriebsbedingten Kündigung, BB 1993, 1089.

Schaub, Günter/ Koch, Ulrich/ Linck, Rüdiger/ Treber, Jürgen/ Vogelsang, Hinrich: Arbeitsrechts-Handbuch, 15. Auflage, München 2013.

Schiefer, Bernd: Betriebsbedingte Kündigung nach aktueller Rechtsprechung- Zwei Schritte vor, ein Schritt zurück; DB 2007, 54.

Schiefer, Bernd: Betriebsbedingte Kündigung – Kündigungsursache und Unternehmerentscheidung, NZA-RR 2005, 1.

Schindele, Fritz: Tarifpolitik auf den Kopf gestellt – Tarifliche Abweichung von Equal pay in der Leiharbeit, AuR 2008, 31.

Schoof, Christian: Rechtsprechungsübersicht: Betriebsbedingte Kündigung, AiB 2009, 655.

Schröder, Dietmar: Die Sozialauswahl bei betriebsbedingten Kündigungen nach § 1 Abs. 3 KSchG, ZTR 1995, 394.

Schröder, Gerhard: Fleißig, billig, schutzlos: Leiharbeitnehmer in Deutschland, Köln 2009.

Schüren, Peter Arbeitnehmerüberlassungsgesetz, Kommentar, 4. neubearbeitete Auflage, München 2010.

Schüren, Peter: Die Tariffähigkeit der Tarifgemeinschaften Christlicher Gewerkschaften für Zeitarbeit und PSA vor den deutschen Arbeitsgerichten, NZA 2007, 1213.

Schüren, Peter: Leiharbeit in Deutschland, RdA 2007, 231.

Schüren, Peter: Die Verfassungsmäßigkeit der Reform des Arbeitnehmerüberlassungsgesetzes- ein Rückblick mit Ausblicken, RdA 2006, 303.

Schüren, Peter/ Riederer Paar, Britta von: Risiken nichtiger Verträge in der Leiharbeit, AuR 2004, 241.

Schüren, Peter/ Behrend, Britta: Arbeitnehmerüberlassung nach der Reform-Risiken der neuen Freiheit, NZA 2003, 521.

Schüren, Peter: Das Synchronisationsverbot bei der gewerbsmäßigen Arbeitnehmerüberlassung, in FS für Otto Rudolf Kissel, Arbeitsrecht in der Bewährung, 1994, S. 1037 .

Seifert, Hartmut/ Brehmer, Wolfram Leiharbeit: Funktionswandel einer flexiblen Beschäftigungsform, WSI-Mitteilungen 6, 2008, 335–341.

Söllner, Alfred: Das Zurückbehaltungsrecht des Arbeitnehmers im Leiharbeitsverhältnis, Anmerkung zum Urteil des BAG vom 08.07.1971, 5 AZR 29/71, AP Nr. 2 zu § 611 BGB Leiharbeitsverhältnis.

Stahlhacke, Eugen: Grundfragen der betriebsbedingten Kündigung, DB 1994, 1361.

Stahlhacke, Eugen/ Preis, Ulrich; Vossen, Reinhard: Kündigung und Kündigungsschutz im Arbeitsverhältnis, 10. Auflage München 2010.

Steuer, Markus: Die Arbeitnehmerüberlassung als Mittel zur Förderung des Arbeitsmarktes in Deutschland, Baden-Baden 2009 (Jur. Diss. Augsburg 2008).

Stefener, Klaus: Die Haftung des Verleihers im Überlassungsverhältnis zum Entleiher bei der gewerblichen Arbeitnehmerüberlassung und deren Gestaltung durch allgemeine Geschäftsbedingungen, Münster 1999 (Jur. Diss. Münster 1999).

Stoffels, Markus: AGB-Recht, 2. Auflage, München 2009.

Thüsing, Gregor: Zeitarbeit und betriebsbedingte Kündigung in: Rieble, Volker/ Thüsing, Gregor/ Junker, Abbo/ Giesen, Richard (Hrsg.), Zukunft der Zeitarbeit: 6. ZAAR Kongress München 8. Mai 2009, S. 153.

Thüsing, Gregor: Blick in das europäische und ausländische Arbeitsrecht, RdA 2009, 118.

Thüsing, Gregor: Arbeitnehmerüberlassungsgesetz, 3. Auflage, München 2012.

Thüsing, Gregor: AGB-Kontrolle arbeitsvertraglicher Bezugnahmeklauseln, NZA 2002, 1361.

Thüsing, Gregor: AGB-Kontrolle im Arbeitsrecht, München 2007.

Ulber, Jürgen: Das neue Arbeitnehmerüberlassungsgesetz, AiB 2011, 351.

Ulber, Jürgen: Regierungsentwurf zur Verhinderung von Missbrauch der Arbeitnehmerüberlassung, AuR 2010, 412.

Ulber, Jürgen: Die Richtlinie zur Leiharbeit, AuR 2010, 10.

Ulber, Jürgen: Kurzarbeit, Kurzarbeitergeld und Leiharbeitnehmer – Entlassungen durch verkürzte Arbeitszeiten vermeiden; AiB 2009, 139.

Ulber, Jürgen (Hrsg.): AÜG Arbeitnehmerüberlassungsgesetz, Kommentar für die Praxis, 4. Auflage, Frankfurt am Main 2011.

Ulber, Jürgen: Tariffähigkeit und Tarifzuständigkeit der CGZP als Spitzenorganisation? NZA 2008, 438.

Ulber, Jürgen/ Schindele, Friedrich: Unwirksamkeit der Christen-Tarifverträge für Leiharbeitnehmer, AiB 2006, 212.

Uellenberg-van Dawen, Wolfgang: Leiharbeiter in der Krise – Hire and fire, NRhZ-online, Online-Flyer Nr. 189 vom 18.03.2009, http://www.nrhz.de/flyer/beitrag.php?id=13571, Stand: 01.07.2012.

Ulrici, Bernhard: Rechtsweg für Schadensersatzklage des Leiharbeitnehmers gegen den Entleiher, jurisPR-ArbR 36/2010 Anm. 4.

Unger-Hellmich, Dagmar: Welcher Betriebsrat ist zuständig?, Mitbestimmung bei der Arbeitnehmerüberlassung, AuA 2008, 660.

Urban-Crell, Sandra/ Schulz, Christian: Arbeitnehmerüberlassung und Arbeitsvermittlung, München 2003.

Waas, Bernd: Das sogenannte „mittelbare Arbeitsverhältnis",RdA 1993, 153.

Wahling, Thomas/ Jeschke, Anja: Betriebsbedingte Kündigung versus Kurzarbeit, NZA 2010, 607.

Wank, Rolf: Neuere Entwicklungen im Arbeitnehmerüberlassungsrecht, RdA 2003, 1.

Wank, Rolf: Leiharbeit in Deutschland aus arbeitsrechtlicher Sicht, EuroAS 2002, 167.

Walker, Wolf-Dietrich: Rechtsverhältnisse bei der gewerbsmäßigen Arbeitnehmerüberlassung und Schadensersatzansprüche des Entleihers wegen Schlechtleistung, AcP 1994, 295.

Weber, Hansjörg: Anmerkung zu BAG v. 08.11.1978 , AP Nr. 2 zu § 1 AÜG.

Wendeling-Schröder, Ulrike: Der Prüfungsmaßstab bei Altersdiskriminierungen, NZA 2007, 1399.

Witten, Tina: Vertragsgestaltung und Gesetzesbindung im Recht der Zeitarbeit, Frankfurt am Main 2002 (Jur. Diss. Göttingen 2001).

Wolff, Alexander: Vorläufiger Bestandsschutz des Arbeitsverhältnisses durch Weiterbeschäftigung nach § 102 Abs. 5 BetrVG, Berlin 1999 (Jur. Diss. Rostock 1998).

Wolf, Roland: Gemeinsame Verantwortung für den Arbeitsmarkt, AuA 1998, 7.

Zimmermann, Andre: Der Entwurf eines Gesetzes zur Änderung des AÜG – Verhinderung von Missbrauch der Arbeitnehmerüberlassung, ArbR 2011, 62.

Das Gendiagnostikgesetz – Rechtsfragen der Humangenetik

Recht und Medizin

Bd./Vol. 118

Zur Qualitätssicherung und Peer Review der vorliegenden Publikation

Die Qualität der in dieser Reihe erscheinenden Arbeiten wird vor der Publikation durch Herausgeber der Reihe geprüft.

Notes on the quality assurance and peer review of this publication

Prior to publication, the quality of the work published in this series is reviewed by editors of the series.

Bernd-Rüdiger Kern (Hrsg.)

Das Gendiagnostikgesetz – Rechtsfragen der Humangenetik

PL ACADEMIC RESEARCH

Bibliografische Information der Deutschen Nationalbibliothek
Die Deutsche Nationalbibliothek verzeichnet diese Publikation in der Deutschen Nationalbibliografie; detaillierte bibliografische Daten sind im Internet über http://dnb.d-nb.de abrufbar.

Gedruckt auf alterungsbeständigem,
säurefreiem Papier.

ISSN 0172-116X
ISBN 978-3-631-64588-8 (Print)
E-ISBN 978-3-653-03804-0 (E-Book)
DOI 10.3726/978-3-653-03804-0

PL Academic Research ist ein Imprint der Peter Lang GmbH.

Peter Lang – Frankfurt am Main · Bern · Bruxelles · New York ·
Oxford · Warszawa · Wien

Dieses Buch erscheint in einer Herausgeberreihe bei PL Academic Research und wurde vor Erscheinen peer reviewed.

www.peterlang.com

Vorwort

Der Band vereinigt alle Vorträge, die während der Tagung der *Vereinigung für Medizinrecht (VfM) e.V.* am 15. Oktober 2011 in Leipzig gehalten wurden. Ergänzt werden die Vortragsmanuskripte durch eine Stellungnahme aus medizinischer Sicht von Ulrike Reuner, die auf mehreren Diskussionsbeiträgen während der Tagung beruht. Alle Beiträge wurden aktualisiert, insbesondere fanden die neueren Richtlinien der GEKO und das Patientenrechtegesetz Berücksichtigung. Auch wurden einige Anregungen aus den Rezensionen des GenDG-Kommentars[1] aufgegriffen.

Durch die lebhafte, interdisziplinäre Diskussion während der Tagung wurde allen Teilnehmern die grundlegende gesetzgeberische Fehlentscheidung deutlich vor Augen geführt. Das Gesetz, das in seiner Anlage auf die Humangenetik zugeschnitten ist, und für dieses Fach auch sicherlich weitgehend angemessen wäre, wurde auf alle anderen medizinischen Fachgebiete ausgedehnt und ist für diese unpraktikabel. Die Anforderungen, die für von Humangenetikern durchgeführte prädiktive Untersuchungen passen, sind für diagnostische Untersuchungen, die von Nichthumangenetikern veranlasst werden, in der Regel unbrauchbar.[2] Das gilt beispielsweise für den zeitlichen Umfang von Aufklärung und Beratungen, aber auch für die in § 7 Abs. 3 GenDG verlangte Qualifikation für die genetische Beratung. So mag eine lange Beratungszeit für den Humangenetiker sinnvoll sein, für den Neurologen, der beispielsweise eine genetische Schlaganfallursache abklären lassen will, gilt das indessen nicht. Und für seinen Patienten erst recht nicht. Dieser will regelmäßig nichts von den Möglichkeiten und Gefahren der genetischen Untersuchung und seinem Recht auf Nichtwissen hören. Er möchte nur erfahren, ob seine Erkrankung eine genetische Ursache hat oder nicht. Für die Beratung im Kontext einer diagnostischen genetischen Untersuchung ist demzufolge auch der Humangenetiker, be-

---

1 *Kern* (Hrsg.), Kommentar zum Gendiagnostikgesetz, 2012.

2 In diesem Sinne haben sich auch die Bundesärztekammer und zahlreiche wissenschaftliche Fachgesellschaften in einer gemeinsamen Erklärung zum Novellierungsbedarf des GenDG (S. 1) geäußert. Erklärung vom 18. 2. 2013 abrufbar unter: www.bundesaerztekammer.de/downloads/gemeinsame_erklaerung_gendg.pdf.

ziehungsweise ein Arzt mit der Zusatzqualifikation für die genetische Untersuchung nicht nötig. Vielmehr ist der jeweilige Facharzt gefordert, der die zu behandelnde Krankheit und ihre Ursachen kennt und über die für sein Fachgebiet notwendigen humangenetischen Grundkenntnisse verfügt. Dieser Facharzt bedarf für die Beratung auch keiner genetischen Weiterbildung, unabhängig davon, ob sie solide durchgeführt wird, oder im Schnellverfahren.

Nach dieser Vorgabe wird auch deutlich, dass das GenDG kein Gesetz für eine vergleichsweise kleine Zahl von Humangenetikern ist, sondern die praktische Medizin in nahezu ihrer ganzen Breite betrifft. Das wird weithin noch nicht so verstanden, weder von Ärzten noch gar von Juristen. Der erste einschlägige Beschluss des OLG Koblenz,[3] der die Existenz des GenDG überhaupt nicht zur Kenntnis nimmt, zeigt das so deutlich, wie zwei von drei Anmerkungen zu dieser Entscheidung.[4] Zur Beseitigung dieser beklagenswerten Kenntnislücken werden noch viele derartige Veranstaltungen notwendig sein.

Die Finanzierung des Tagungsbandes hat dankenswerterweise die *Vereinigung für Medizinrecht (VfM) e.V.* übernommen. Für die redaktionelle Betreuung des Bandes danke ich meinen Mitarbeiterinnen Isabell Richter und Sibylle Gründel.

Leipzig im Juli 2013 Bernd-Rüdiger Kern

3 OLG Koblenz GesR 2012, 164 = MedR 2012, 742.

4 *Jaeger*, Anmerkung zum Urteil des OLG Koblenz vom 1. 2. 2012 - Zur Arzthaftung bei der Mitteilung einer möglichen Erbkrankheit an den geschiedenen Ehepartner, VersR 2012, 862 f.; *Damm*, Prädiktive Gendiagnostik im Familienverband und Haftungsrecht, MedR 2012, 705 ff.; anders: *Kern*, Arzthaftung für Mitteilung einer gravierenden Erbkrankheit (Chorea Huntington), GesR 2012, 352 f.

Inhaltsverzeichnis

Einführung

Bernd-Rüdiger Kern

Nach jahrelanger Vorarbeit trat das GenDG am 1. 2. 2010 in Kraft. Eine Ausnahme bildete § 7 Abs. 3, der erst am 1. 2. 2012 in Kraft getreten ist und auf den noch näher einzugehen sein wird. Damit fand die Suche nach einer gesetzlichen Regelung der Humangenetik einen vorläufigen Abschluss. Humangenetik definiert die MWO wie folgt: „Das Gebiet Humangenetik umfasst die Aufklärung, Erkennung und Behandlung genetisch bedingter Erkrankungen einschließlich der genetischen Beratung von Patienten und ihren Familien sowie den in der Gesundheitsversorgung tätigen Ärzte."[1]

Im Folgenden sei ein Überblick über das Gesetz gegeben. Der Abschnitt 1 (§§ 1 bis 6) enthält Allgemeine Vorschriften. Es folgen die im Gesetz geregelten, genetischen Untersuchungen: zu medizinischen Zwecken (§§ 7 bis 16), zur Klärung der Abstammung (§ 17), im Versicherungsbereich (§§ 18) sowie im Arbeitsleben (§§ 19 bis 22). Der im Abschnitt 6 geregelte „Allgemein anerkannte Stand der Wissenschaft und Technik" (§ 23) hätte besser seinen Platz im Abschnitt 1 gefunden. Abschnitt 7 enthält die mittlerweile in medizinrechtlichen Gesetzen (MPG, AMG, TPG usw.) üblich gewordenen Straf- und Bußgeldvorschriften (§§ 25 und 26), Abschnitt 8 die Schlussvorschriften: § 27 regelt das Inkrafttreten des Gesetzes.

Während § 1 etwas programmatisch den Zweck des Gesetzes festlegt, regelt § 2 den Anwendungsbereich. Diese Vorschrift bestimmt den Geltungsbereich des Gesetzes durch eine positive Beschreibung und durch eine negative Abgrenzung. Die Abgrenzung erfolgt in zweifacher Hinsicht, in Abs. 1 bezogen auf den naturwissenschaftlichen Anwendungsbereich, einschließlich der medizinischen und sonstigen Indikationen, und in Abs. 2 bezogen auf den juristischen Anwendungsbereich.

Abs. 1 regelt die Geltung des Gesetzes für die genetischen Untersuchungen und die in deren Rahmen durchgeführten genetischen Analysen,

---

1 Musterweiterbildungsordnung 2003 in der Fassung v. 28. 6. 2013.

die als integraler Bestandteil der genetischen Untersuchungen angesehen werden.[2] Vom Gesetz erfasst wird zudem der Umgang mit genetischen Proben und den Daten,[3] die bei genetischen Untersuchungen zu medizinischen Zwecken, zur Klärung der Abstammung sowie im Versicherungsbereich und im Arbeitsleben gewonnen werden. Was das Gesetz unter medizinischen Zwecken versteht, ist nicht definiert.[4] Vielmehr muss insoweit auf ein allgemeines Verständnis abgestellt werden, was aber auch schwierig ist.

Nicht vom Gesetz erfasst werden demzufolge sogenannte Lifestyle-Tests.[5] Es wäre indessen wünschenswert, dass zumindest die Vorschriften des 2. Abschnitts auf sie Anwendung finden.

Das Gesetz gilt für geborene Menschen sowie für Embryonen und Föten während der Schwangerschaft. Da Menschen, Föten und Embryonen aufgezählt sind, muss die Auseinandersetzung, wann menschliches Leben beginnt, hier nicht geführt werden. Auch ist die Abgrenzung innerhalb dieser Gruppe nicht von Interesse,[6] weil keine unterschiedlichen Rechtsfolgen daran geknüpft sind.

Das GenDG gilt dem Wortlaut nach demzufolge nicht für die Präimplantationsdiagnostik (PID) und nicht für die Polkörperdiagnostik[7] obwohl das der inhaltlichen Nähe wegen sinnvoll wäre.[8] Diese Entscheidung

---

2 Vgl. dazu § 3 Nrn. 1 und 2 GenDG. Somit unterliegen andere Untersuchungsmethoden, wie z.B. die Bestimmung des Phänotypus durch Blickdiagnostik oder die klinische Diagnostik, nicht dem GenDG. Kritisch dazu *Reuner*, in diesem Band, S. 63.

3 BT-Drs. 16/10532, S. 20.

4 *Schillhorn/Heidemann*, Gendiagnostikgesetz, Kommentar für die Praxis, 2011, § 2 Rn. 10.

5 *Schillhorn/Heidemann*, GenDG, § 2 Rn. 13–16.

6 Vgl. dazu *Schillhorn/Heidemann*, GenDG, § 2 Rn. 3, 4.

7 So auch BT-Drs. 16/10532, S. 20.

8 *Schillhorn/Heidemann*, GenDG, § 2 Rn. 7. So auch die Bundesärztekammer und zahlreiche wissenschaftliche Fachgesellschaften in einer gemeinsamen Erklärung zum Novellierungsbedarf des GenDG (S. 2). Erklärung vom 18. 2. 2013 abrufbar unter: www.bundesaerztekammer.de/downloads/gemeinsame_erklaerung_gendg .pdf.

des Gesetzgebers wurde schon vor der Änderung des ESchG als „pragmatischer Umweg" angesehen, der helfen sollte, Probleme zu vermeiden.[9] Die Nichtgeltung für die PID wird sich nach der eingeschränkten Zulassung der PID kaum sinnvoll aufrechterhalten lassen, weil § 3a Abs. 3 ESchG die bei der PID einzuhaltenden Vorgaben nur nennt, ohne sie näher zu bestimmen.[10] „Denn bei der PID handelt es sich um eine genetische Untersuchung, für die ein besonders hohes Schutzniveau erforderlich ist. Zu diskutieren sind in diesem Zusammenhang sowohl die Ausweitung des Anwendungsbereichs des GenDG als auch die Erstreckung der Geltung einzelner Normen auf die PID im Wege der Verweisung".[11]

Das Gesetz findet weiterhin keine Anwendung auf genetische Untersuchungen an Verstorbenen und toten Embryonen und Föten. Für die Todesfeststellung ist - gegen vereinzelte Stimmen in der Literatur[12] - auf den Herz-Kreislauf-Stillstand abzustellen, der in der Praxis als die übliche Todesfeststellung anzusehen ist. Die Forderung nach der Hirntoddiagnostik ist unpraktikabel und unnütz teuer. Für Untersuchungen an Verstorbenen gelten Landesrecht und datenschutzrechtliche Bestimmungen. Aus den Materialien ergibt sich nicht deutlich, welche Bestimmungen für Abstammungsuntersuchungen an Toten gelten.[13] Auch hier spricht wohl viel für die zumindest entsprechende Anwendung von § 17 GenDG.

---

9 *Henn*, Der Diskussionsentwurf des Gendiagnostikgesetzes, Ethik in der Medizin 2005, 34, 36.

10 „Eine Präimplantationsdiagnostik nach Absatz 2 darf nur nach einer medizinischen und psychosozialen Beratung und schriftlichen Einwilligung der Mutter von fachlich geschulten Ärzten nach einem positiven Votum einer interdisziplinär zusammengesetzten Ethikkommission und in für die Präimplantationsdiagnostik lizenzierten Zentren vorgenommen werden. Die im Rahmen der Präimplantationsdiagnostik durchgeführten Maßnahmen werden in einer Zentralstelle dokumentiert. Das Nähere wird durch Verordnung der Bundesregierung geregelt."

11 Gemeinsame Erklärung der Bundesärztekammer und zahlreicher wissenschaftlicher Fachgesellschaften zum Novellierungsbedarf des GenDG (S. 2). Erklärung vom 18. 2. 2013 abrufbar unter: www.bundesaerztekammer.de/downloads/gemeinsame_erklaerung_gendg.pdf.

12 *Schillhorn/Heidemann*, GenDG, § 2 Rn. 2.

13 BT-Drs. 16/10532, S. 20.

Das Gesetz ist selbstverständlich nicht auf Tiere, Pflanzen und Mikroorganismen anwendbar.[14]

§ 2 Abs. 2 GenDG nennt ausdrücklich die Gebiete, für die das Gesetz nicht gilt. Das sind einmal der Bereich der Forschung, für den die allgemeinen gesetzlichen Bestimmungen, insbesondere das AMG und das MPG, gelten sollen, und zum anderen die Bereiche des Strafverfahrens im weitesten Sinne und des Infektionsschutzes, weil insoweit spezialgesetzliche Vorschriften existieren,[15] die als Spezialregeln dem GenDG vorgehen.

Unerwähnt lässt Abs. 2 die zivilrechtlichen Regeln der Vaterschaftsfeststellung (§§ 1598a ff. BGB, § 178 FamFG), die aber trotz des gleichen Regelungsinhalts durch das GenDG nicht obsolet werden.

Auf den ersten Blick scheint die Rechtslage für die wissenschaftliche Forschung ganz eindeutig bestimmt zu sein. Gemäß § 2 Abs. 2 Nr. 1 „gilt dieses Gesetz [...] nicht für genetische Untersuchungen und Analysen und den Umgang mit genetischen Proben und Daten [...] zu Forschungszwecken". Die genetische Forschung soll einem eigenen Forschungsgesetz vorbehalten bleiben, eine - vor dem Hintergrund zahlreicher humangenetischer Forschungsvorhaben (insbesondere pharmakogenetische und -kinetische Forschung) - keinesfalls überzeugende Lösung.

Der erste Entwurf zu einem GenDG vom 3. 11. 2006 enthielt diesen Passus noch nicht. Vielmehr sah der 7. Abschnitt in den §§ 26 bis 33 EntwGenDG eine umfangreiche Regelung vor,[16] die, jedenfalls zum Teil, speziellere Ausformungen der allgemeinen Regeln enthalten sollte. Das gilt insbesondere für die Einwilligung und Aufklärung. Die Nichtaufnahme der Forschung stieß zu Recht allgemein auf Kritik.[17]

---

14 *Schillhorn/Heidemann*, GenDG, § 2 Rn. 2.

15 BT-Drs. 16/10532, S. 20.

16 BT-Drs. 16/3233, S. 14-16; *Henn*, Ethik in der Medizin 2005, 34, 37; *Hasskarl/Ostertag*, Der deutsche Gesetzgeber auf dem Weg zu einem Gendiagnostikgesetz, MedR 2005, 640, 649 f.; *Kiehntopf/Pagel*, Der Entwurf des Gendiagnostikgesetzes - genetischer Exzeptionalismus oder allgemeines Diagnostikgesetz?, MedR 2008, 344, 346.

17 Vgl. u.a. die Stellungnahmen zum Gesetzentwurf der Bundesregierung zum GenDG anlässlich der vom Ausschuss für Gesundheit des Deutschen Bundestages durchgeführten öffentlichen Anhörung am 21. 1. 2009 von: ACHSE, Aus-

Ungeklärt lässt das Gesetz, was es unter Forschungszwecken versteht, nur Grundlagenforschung, oder auch angewandte Forschung (Heilversuche). Aus dem Schutzzweck des GenDG folgt, den Forschungsbegriff eng auszulegen, und die angewandte Forschung nicht unter § 2 Abs. 2 Nr. 1 zu subsumieren. Das bedeutete nämlich, für Heilversuche die strengeren Regeln des GenDG nicht anzuwenden, obwohl gerade die Teilnehmer eines Heilversuches schutzbedürftiger sind, als die üblichen Patienten. Für die Anwendung des weiten Forschungsbegriffes hingegen spricht der Umstand, dass es sich beim GenDG auch um ein Strafgesetz handelt, das dem Bestimmtheitsgebot unterliegt.[18] Das zweite Argument wiegt allerdings weit weniger schwer als das erste, zumal auch das AMG vergleichbare Strafnormen enthält. Abs. 2 schließt demzufolge nur die Grundlagenforschung aus dem Anwendungsbereich des Gesetzes aus.[19]

Nach § 2 Abs. 2 Nr. 2a ist auch die genetische Untersuchung im Strafverfahren vom Gesetz ausgenommen. Sie ist in den §§ 81e bis 81h StPO geregelt. Besondere Bedeutung kommt dabei § 81h StPO zu, der die Reihengentests regelt.[20]

§ 2 Abs. 2 Nr. 2b nennt das IfSG als von der Geltung des GenDG ausgenommen. Das IfSG enthält indessen keine Regelungen zur Gewinnung und den Umgang mit genetischen Daten. Die Bedeutung der Vorschrift erschöpft sich also in der Anwendung der Vorschriften über die Meldepflichten.[21]

§ 3 hält Begriffsbestimmungen vor, Definitionen von Begriffen, die im GenDG vorkommen, sehr viele Definitionen, aber leider nicht alle und die vorhandenen zum Teil inkonsistent.[22] So wird etwa nicht erläutert, was

---

schuss-Drs. 16(14)0469(22), BAG SELBSTHILFE, Ausschuss-Drs. 16(14)0469(19); Bundesbeauftragter für den Datenschutz und die Informationsfreiheit (Peter Schaar), Ausschuss-Drs. 16(14)0469(4).

18 *Sosnitza/Op den Camp*, Auswirkungen des Gendiagnostikgesetzes auf klinische Prüfungen, MedR 2011, 401, 404.

19 So im Ergebnis wohl auch: *Schillhorn/Heidemann*, GenDG, § 2 Rn. 18 und *Eberbach*, Rezension zu Kern: GenDG-Kommentar, MedR 2012, 766, 767.

20 Vgl. dazu BGH, Urt. v. 20. 12. 2012 - 3 StR 117/12, juris.

21 *Schillhorn/Heidemann*, GenDG, § 2 Rn. 22 f.

22 *Eberbach*, MedR 2012, 766, 767.

„Sperren" in § 12 Abs. 1 und 2 bedeutet. Die Definition, die § 3 Abs. 4 Nr. 4 BDSG liefert, ist für das GenDG nicht brauchbar.[23] Vermutlich ist ein irgendwie geartetes Sperren im GenDG überhaupt nicht möglich. Dritten dürfen die Aufzeichnungen sowieso nicht zugänglich gemacht werden und dem Betroffenen kann die Einsicht in die ihn betreffenden Patientenunterlagen nicht verwehrt werden.

Noch schwieriger gestaltet sich die Rechtslage, wenn die in § 3 gegebenen Definitionen im weiteren Gesetzestext variieren. Das gilt beispielsweise für die in § 3 Nr. 5 definierte „verantwortliche ärztliche Person".[24] Gemäß § 3 Nr. 5 „ist verantwortliche ärztliche Person die Ärztin oder der Arzt, die oder der die genetische Untersuchung zu medizinischen Zwecken vornimmt". § 10 Abs. 4 unterscheidet zwischen der „verantwortlichen ärztlichen Person" und der „Ärztin oder dem Arzt, die oder der die Beratung angeboten oder vorgenommen hat". Gemäß § 11 Abs. 1 hingegen ist die verantwortliche ärztliche Person diejenige, die die „genetische Beratung durchgeführt hat". Das Gesetz definiert also an drei Stellen die verantwortliche ärztliche Person unterschiedlich. Vom Sinn der Vorschriften her ist § 11 der Vorzug zu geben, weil es tatsächlich stärker auf die Beratung als auf die „technische" Durchführung der Untersuchung ankommt. Demnach ist auch nach § 7 Abs. 3 davon auszugehen, dass es sich insoweit um die verantwortliche ärztliche Person handelt.[25]

Nicht unproblematisch ist meiner Meinung nach § 4 GenDG, der vom Gesetzgeber als wesentlicher Zweck angesehen wird.[26] Er verschiebt die Schwerpunkte, die das Gesetz behandeln sollte, einseitig zu Gunsten des Diskriminierungsverbotes. Vorrangig wäre jedoch eine Problemorientierung an den medizinischen und medizinrechtlichen Vorgaben: Indikation, Einwilligung und sorgfältige Durchführung. Sinnvollerweise hält sich das

---

23 Vgl. dazu *Kern*, in: Kern (Hrsg.), Kommentar zum Gendiagnostikgesetz, 2012, § 12 Rn. 9.

24 Vgl. dazu auch *Hahn/Schwarz*, in: Kern, GenDG, § 3 Rn. 29.

25 Vgl. dazu *Kern*, in: Kern, GenDG, § 7 Rn. 18; a.A. *Stockter*, in: Prütting (Hrsg.), Fachanwaltskommentar Medizinrecht, 2010, § 7 GenDG Rn. 6 ff.; *Schillhorn/Heidemann*, GenDG, § 7 Rn. 19.

26 Vgl. dazu *Reuter*, in: Kern, GenDG, § 4.

Gesetz selbst nicht immer an diese Vorgabe, beispielsweise in § 21. Auch die geplante Aufnahme der PID im GenDG beruhte auf derartigen Erwägungen. Zum Glück fand die PID, die im Entwurf schon - völlig deplaziert - als § 16a GenDG vorlag, ihren korrekten, angemessenen Platz im ESchG.

Das Gendiagnostikgesetz - aus der Sicht eines Humangenetikers

Ursula G. Froster, Leipzig

Das Gendiagnostikgesetz (GenDG) ist das Gesetz über genetische Untersuchungen bei Menschen. Es trat am 1. Februar 2010 in Kraft (1).

Die Wahrnehmung der diagnostischen Möglichkeiten auf der Ebene der Erbsubstanz, der Gene, ist einerseits mit großen Hoffnungen, andererseits mit großen Ängsten verknüpft. So haben sich bereits in den 80er Jahren politisch engagierte Gruppen mit den möglichen Gefahren der Gentechnologie und Genetik auseinandergesetzt. Einige dieser Gruppen verübten Anschläge auf biotechnologische und humangenetische Einrichtungen, so 1986 auf das Institut für Humangenetik der Westfälischen Wilhelms-Universität in Münster und 1988 auf das Bio-Zentrum der TU Berlin. Sie lehnten mögliche Folgen der Gentechnologie ab und wollten sie nach eigenen Vorstellungen bekämpfen (2). Das Motiv „Angst vor ..." lässt sich noch heute im Internet als Begründung der Aktionen nachlesen (3). Angst vor der Humangenetik - Angst davor, was aus den Genen erkannt werden kann und vor allem mögliche Folgen gewonnener Erkenntnisse, sind auch in zahlreichen Internetforen zum Thema *Besuch beim Humangenetiker* anschaulich dokumentiert.

I. Was ist eigentlich Humangenetik?

Damit erscheint es zunächst einmal wichtig darzustellen, was Humangenetik eigentlich ist:

Humangenetik, wie wir sie heute verstehen, beschäftigt sich mit der Struktur der Erbinformation, mit der Weitergabe und der Funktion der Erbinformation beim Menschen. Verbunden damit beschäftigt sie sich mit Erkrankungen, die auf Veränderungen der Erbinformation beruhen. Sie ist eine seit den 90er Jahren etablierte Form einer eigenständigen Medizinischen Facharztweiterbildung die inhaltlich in den jeweils zuständigen Ärztekammern geregelt ist (4). Die Kernkompetenzen der Humangenetik sind

auf den Internetseiten des Berufsverbandes Deutscher Humangenetiker, BVDH, zusammengefasst und kommentiert:

> „Die Kernkompetenzen der Humangenetik umfassen:
> 1. profundes Wissen über Struktur, Eigenschaften, Funktionen und Weitergabe des menschlichen Erbgutes,
> 2. die Indikationsstellung zur genetischen Analyse, deren Einleitung und eigenverantwortliche Durchführung sowie die abschließende Bewertung der Ergebnisse im Hinblick auf die klinische Fragestellung im individuellen und familiären Kontext,
> 3. die humangenetische Beratung von gesunden und erkrankten Ratsuchenden und deren Familien einschließlich der Berechnung und Bewertung von Erkrankungs- und Vererbungswahrscheinlichkeiten,
> 4. die Phänotypanalyse von Patienten mit körperlichen, neurologischen oder Verhaltensauffälligkeiten, insbesondere bei Vorliegen von Fehlbildungen und syndromalen Erkrankungen bzw. Verdacht darauf,
> 5. die Betreuung der Betroffenen und deren Familien gemeinsam mit anderen klinischen Fachgebieten,
> 6. die Weiterentwicklung der genetischen Diagnostik und der Therapie genetisch (mit)bedingter Erkrankungen,
> 7. die Ausbildung von Studierenden der Medizin, Naturwissenschaften und anderer Studiengänge im Fach Humangenetik, die Fort- und Weiterbildung von Ärzten und Naturwissenschaftlern sowie die Qualifikation von Ärzten anderer Fachrichtungen zur fachgebundenen genetischen Beratung gemäß Gendiagnostikgesetz,
> 8. die Information der Gesellschaft zu genetischen Fragen." (5)

Die Meilensteine der Genetik, die zu unserem heutigen Verständnis der menschlichen Erbanlagen geführt haben, sind kurz zusammenzufassen:

Die Gesetzmäßigkeiten der Vererbung beschreib bereits 1865 der Abt Gregor Mendel anhand seiner Beobachtungen und Experimente an Erbsen. Das Werk von Charles Darwin „On the Origin of Species by Means of Natural Selection" war bereits 1859 ein Bestseller. Für die 1953 veröffentlichte Beschreibung der Doppelhelixstruktur der Erbsubstanz DNA sowie ihrer Zusammensetzung aus Phosphatgruppen, Desoxyribosen und den Basen Adenin, Cytosin, Guanin und Thymin erhielten Francis Crick und James Watson den Nobelpreis. In den 80er und 90er Jahren des vergangenen

Jahrhunderts wurden die technischen Voraussetzungen geschaffen, DNA zu analysieren: dazu gehörten die Techniken der Polymerasekettenreaktion, der Sequenzierung, die Technik der positionellen Klonierung, Darstellung und Anwendung der Mikrosatelliten. 1999 war das menschliche Genom zu 90% sequenziert und 2001 verkündeten Craig und Venter, dass das Genom des Menschen zu 98,5% sequenziert war und dass es aus 30.000 Genen bestehe (6). Nach unserem heutigen Verständnis machen Gene nur ca. 3% des menschlichen Erbgutes aus - 97% sind Bestandteile, deren Funktion noch nicht vollständig verstanden wird, die aber offenbar eher regulatorische Bedeutung haben (7).

Das umfassendste Verzeichnis von Erkrankungen, die auf Veränderungen der Erbsubstanz beruhen, liegt heute in Form einer Datenbank der *Online Mendelian Inheritance of Man* (OMIM) vor, deren Grundlagen 1960 von Victor McKusick gelegt wurden. Sie umfasst heute ca. 15.000 Einträge (8).

II. Genetische Untersuchungen am Menschen

Mit der technischen Möglichkeit das Genom zielgenau zu analysieren war es auch möglich krankheitsrelevante Veränderungen auf der Ebene der Erbsubstanz nachzuweisen. Damit waren die Grundlagen für genetische Untersuchungen am Menschen gegeben und sog. „Gentests“ waren technisch möglich. Die Humangenomforschung findet ständig neue Veränderungen im Erbgut, die krankheitsrelevant oder krankheitsassoziiert sind und damit nicht nur diagnostisch sondern auch prädiktiv verwendet werden können. Das Deutsche GenDG will die Rahmenbedingungen für genetische Untersuchungen am Menschen abstecken und den Missbrauch sensibler genetischer Daten verhindern; insbesondere eine Diskriminierung aufgrund bestimmter genetischer Dispositionen soll verhindert werden (1).

Die Anzahl der genetischen Untersuchungen am Menschen, der „Gentests“, ist in den vergangenen Jahren kontinuierlich gestiegen. Im Jahr 2004 wurden in Deutschland ca. 300.000 Gentests durchgeführt, mit deutlich steigender Tendenz (10). Die Anzahl der genetischen Labore, die in

den Genetests des NIH gelistet sind, betrug 2007 über 500 Labore mit einem Angebot von mehr als 1500 Erkrankungen (11).

Gentests werden praktisch seit Beginn auch als „direct to consumer tests" über das Internet angeboten. Diese Angebote sind nicht unproblematisch, da der Verbraucher oft gar nicht nachvollziehen kann, was genau getestet wird. Neben relativ harmlosen Dispositionen zur Verträglichkeit von bestimmten Nahrungsmitteln werden für schwerwiegende Krankheiten, wie z.B. Brustkrebs, Testverfahren verwendet, die unspezifische, eher allgemeine Risiken testen, aber gerade eben nicht die wirklich relevanten genetisch bedingten Formen z.B. des familiären Brustkrebs (9; 10). Ein wesentlicher Kritikpunkt an den „direct to consumer testing"- Anbietern ist die mangelnde Kommunikation über den Begriff des getesteten „Risikos" (11). In der Stellungnahme der *European Society of Human Genetics* (ESHG) aus dem Jahr 2010 wird deutlich, dass erhebliche Bedenken einer freien Verfügbarkeit von Gentests bestehen. Es wird gefordert, dass der Test eine klinische Relevanz haben soll, dass die Labore, die entsprechende Tests anbieten, ihre Qualifizierung nachweisen müssen - sowohl der technischen Standards als auch hinsichtlich der Ausbildung und Qualifizierung der Mitarbeiter, bevor ein Test durchgeführt wird, sollte ein exakte Information gegeben werden, was der Test überhaupt erkennen kann und ob er überhaupt geeignet ist; eine genetische Beratung sollte dem Test vorangehen und eine psychologische Betreuung sollte zur Verfügung stehen, wenn das Testergebnis zu einer Belastung führen kann; Verschwiegenheit über das Testergebnis und Vertraulichkeit der Ergebnisse sollten gewährleistet sein und die Daten sollten gut geschützt werden; Minderjährige und Menschen mit Behinderungen sollten speziell geschützt werden; Transparenz und faire Werbung der Anbieter wird gefordert. Insbesondere fordert die ESHG auf, ethische Grundsätze zu beachten und auf nationaler Ebene Richtlinien für die genannten Kriterien zu entwickeln.

Am 24. April 2009 wurden Gesetzesänderungen beschlossen, die erstmals genetische Untersuchungen sowie den Umgang mit Ergebnissen genetischer Tests regeln. Das Gesetz wurde mit den Stimmen der Koalition gegen die Stimmen von Bündnis 90/Die Grünen und bei Enthaltung von FDP und Die Linke angenommen. Es soll das informationelle Selbstbe-

stimmungsrecht bei gendiagnostischen Tests stärken und vor einem Missbrauch der Ergebnisse schützen. Vom Entwurf zum endgültigen Gesetz hat es insgesamt 7 Jahre gedauert (1, 13).

III. Was unterscheidet genetische Tests von anderen Laboruntersuchungen?

Aussagen über die genetische Ausstattung des Menschen lassen sich anhand zahlreicher Laboruntersuchungen machen. Dazu gehören neben biochemischen Untersuchungen an Genprodukten auch bildgebende Verfahren, wie Röntgenuntersuchungen, MRT etc. Viele davon werden seit Jahren durchgeführt, ohne dass dafür spezielle gesetzliche Rahmenbedingungen erforderlich sind. Karl Sperling (14) schreibt in seiner Stellungnahme zum Gendiagnostik-Gesetz im Jahr 2006: *„Eine molekulargenetische Diagnostik bei bestehender Krankheit unterscheidet sich kaum von konventionellen Untersuchungsmethoden, sodass sich eine rechtliche Regulierung nicht am Testverfahren, sondern am Testergebnis orientieren muss"*.

Untersuchungen der Erbsubstanz werden einem speziellen Schutz des Gesetzgebers unterstellt, da mit genetischen Untersuchungen die unveränderbaren Anlagen des Menschen identifiziert werden können und da genetische Daten es ermöglichen, Vorhersagen über Krankheiten, die im späteren Leben auftreten werden, über Veranlagungen und Dispositionen zu treffen. Dies kann insbesondere dann kritisch sein, wenn damit spätmanifestierende Erkrankungen wie die Chorea Huntington, für die es derzeit keine Heilung gibt, identifiziert werden. Genetische Daten werden als besonders sensibel erachtet, da sie lebenslang Gültigkeit haben und Aussagen über nahe Verwandte implizieren können. Art und Umfang der genetischen Erkenntnisse sind durch den Einzelnen nicht zu beeinflussen und die Bedeutung der Erkenntnisse ist oft vom Einzelnen nicht sicher abschätzbar. Darüber hinaus besteht ein Missbrauchsrisiko: Der einzelne Mensch kann oft nicht einschätzen, was mit seinen genetischen Informationen geschieht und auch für Fachleute ist die Relevanz nicht immer klar zu durchblicken. Es wird im Gesetz darauf verwiesen, dass genetische Daten persönliche,

identitätsrelevante Gesundheitsdaten darstellen. Die Risiken der missbräuchlichen Verwendung genetischer Daten werden sowohl in sozialer als auch in ethischer Diskriminierung gesehen. Gefahren für die Menschenwürde, die informationelle Selbstbestimmung, die Gefahr einer genetischen Diskriminierung und damit auch der Gesundheit, insbesondere der psychischen Unversehrtheit, werden gesehen.

IV. Gendiagnostik ist brisant - daher besonders schützenswert; Gendiagnostik ist brisant - daher gesetzlich geregelt

In § 1 GenDG ist der Zweck des Gesetzes dargestellt, mit der Maßgabe, dass „eine Benachteiligung auf Grund genetischer Eigenschaften zu verhindern“ und „zum Schutz der Würde des Menschen und des Rechts auf informationelle Selbstbestimmung zu wahren“ sei (1). In § 2 GenDG wird der Anwendungsbereich des Gesetzes dargestellt. Von dem Gesetz sind daher „genetische Untersuchungen [...] bei geborenen Menschen sowie Embryonen und Föten während der Schwangerschaft“ betroffen sowie der „Umgang mit dabei gewonnenen genetischen Proben und genetischen Daten bei genetischen Untersuchungen zu medizinischen Zwecken, zur Klärung der Abstammung sowie im Versicherungsbereich und im Arbeitsleben“. Es gilt jedoch nicht für den „Umgang mit genetischen Proben und Daten zu Forschungszwecken“ und „auf Grund von Vorschriften über das Strafverfahren, über die internationale Rechtshilfe in Strafsachen, des Bundeskriminalamtes“ sowie „des Infektionsschutzgesetzes“.

In den §§ 7-16 GenDG werden der Arztvorbehalt und die Notwendigkeit einer genetischen Beratung vor Durchführung genetischer Untersuchungen geregelt. Insbesondere der Arztvorbehalt (§ 7 GenDG) regelt, ähnlich wie in anderen europäischen Ländern, dass „eine diagnostische genetische Untersuchung nur durch Ärztinnen oder Ärzte und eine prädiktive genetische Untersuchung nur durch Fachärztinnen oder Fachärzte für Humangenetik oder andere Ärztinnen oder Ärzte, die sich beim Erwerb einer Facharzt-, Schwerpunkt- oder Zusatzbezeichnung für genetische Untersuchungen im Rahmen ihres Fachgebietes qualifiziert haben, vorgenommen

werden" darf. § 9 GenDG regelt die Aufklärung im Sinne eines ausführlichen Beratungsgespräches durch die verantwortliche ärztliche Person. Diese Aufklärung ist darauf ausgerichtet, eine rechtswirksame Einwilligung vor einem Gentest verbindlich zu erwirken und entsprechend zu dokumentieren. Diese soll insbesondere auch das Recht, den eigenen genetischen Status zu kennen oder den eigenen genetischen Status nicht wissen zu müssen - also das *Recht auf Nichtwissen* - wahren.

Genetische Untersuchungen in der Schwangerschaft erfordern eine spezielle Beratungspflicht, die eine Mindestdauer von 30 Minuten haben soll. Für den Frauenarzt, der eine pränatale Diagnostik oder allein eine Ultraschalluntersuchung durchführt, ist diese Regelung in der Praxis schwer durchzuhalten. Wer soll die genetische Beratung von 30 Minuten pro Patientin übernehmen? Eine ausführliche genetische prädiktive Beratung darf nach § 7 GenDG nur von einem Facharzt für Humangenetik durchgeführt werden. Bei deutschlandweit derzeit ca. 300 Fachärzten für Humangenetik ist dies praktisch nicht durchführbar. Daher wurden Weiterbildungsmaßnahmen für die Qualifizierung von Frauenärzten in den Jahren seit Einführung des Gesetzes eingeleitet. In § 15 Abs. 1 und 2 GenDG ist der Zweck der vorgeburtlichen Untersuchung geregelt. Diese ist auf medizinische Zwecke beschränkt und schließt ausdrücklich genetische Eigenschaften ohne Krankheitsbedeutung aus. Auch eine prädiktive Untersuchung auf Erkrankungen, die erst im Erwachsenenalter auftreten, ist nicht gestattet. Dies ist allerdings bei so schwerwiegenden Erkrankungen, wie die bereits oben zitierte Chorea Huntington nicht unproblematisch. Mit den Regelungen soll nach dem Willen des Gesetzgebers das Recht des heranwachsenden Kindes auf Nichtwissen gewahrt bleiben und es sollen durch das Wissen der Eltern oder Verwandten über mögliche Erkrankungsrisiken familiäre Probleme verhindert werden.

Der § 11 GenDG regelt, dass die Ergebnisse genetischer Untersuchungen und Analysen nur einem beschränkten Personenkreis, dem verantwortlichen Arzt oder der betroffenen Person mitgeteilt werden dürfen. Auch diese Regelung ist in der praktischen Durchführung oft schwierig, z.B. dann wenn in einer Klinik der Arzt, der die Probe als verantwortlicher Arzt entnommen hat, bei der Ergebnismitteilung nicht erreicht werden kann, das

Untersuchungsergebnis jedoch direkte medizinische Konsequenzen nach sich zieht, die keinen Zeitaufschub erlauben. In § 12 regelt das Gesetz die Aufbewahrung und Vernichtung der genetischen Proben und der Unterlagen. Die Aufbewahrungsfrist für genetische Untersuchungsunterlagen von 10 Jahren erscheint vielen Humangenetikern zu kurz, da die Generationszeit des Menschen nicht 10 Jahre, sondern in der Regel ca. 30 Jahre beträgt und damit für Nachkommen einer untersuchten Person Ergebnisse nicht mehr zugänglich wären. In § 13 GenDG ist geregelt, dass eine genetische Probe unverzüglich nach der Untersuchung zu vernichten ist, wenn sie für diese Zwecke nicht mehr benötigt wird. Auch hier gibt es aus der Praxis Bedenken anzumelden: Wie soll ein Ergebnis ggf. überprüft werden, wenn nach einigen Jahren neue Erkenntnisse gewonnen werden, der Patient, der die Probe abgegeben hat, aber verstorben ist und nun die Nachkommen gerne wüssten, ob z.B. die an Brustkrebs erkrankte Mutter die gleiche Veränderung trug, die nun bei einer der Töchter nachgewiesen wurde, dies aber damals nicht als krankheitsrelevanter Gendefekt bekannt war - weil z.B. damals dieses Gen noch nicht identifiziert war?

Am Robert-Koch-Institut, Berlin, wurde eine Gendiagnostik-Kommission (GEKO) eingesetzt, die Richtlinien zur praktischen Durchführung der Gesetzesvorgaben erarbeiten soll. 13 Sachverständige aus den Fachrichtungen Medizin und Biologie, zwei Sachverständige aus den Fachrichtungen Ethik und Recht sowie drei Vertreter der für die Wahrnehmung der Interessen der Patientinnen und Patienten, Verbraucherinnen und Verbraucher und der Selbsthilfe behinderter Menschen auf Bundesebene maßgeblicher Organisationen sollen Richtlinien im gesetzlichen Rahmen (§ 23 GenDG) für Teilbereiche des GenDG erarbeiten (15).

In § 17 GenDG werden die Bedingungen der Genetischen Untersuchungen zur Klärung der Abstammung geregelt. Die wesentliche Aussage des § 17 GenDG ist, dass heimliche Vaterschaftstests verboten sind. Darüber hinaus dürfen Vaterschaftstests und Abstammungsanalysen nur noch von Einrichtungen durchgeführt werden, die eine Akkreditierung vorweisen können.

Der § 18 GenDG regelt die Untersuchungen in Zusammenhang mit einem Versicherungsvertrag. Insbesondere darf der Versicherer vor Ab-

schluss des Vertrages keine genetischen Analysen verlangen, auch keine Mitteilung über die Ergebnisse bereits durchgeführter Analysen. Allerdings ist diese Regelung eingeschränkt, wenn bei einer Berufsunfähigkeitsversicherung, einer Pflegerentenversicherung oder einer Lebensversicherung hohe Summen, z.B. über 300.000 € Jahresrente versichert werden. Der Deutsche Anwaltverein äußert allerdings erhebliche Bedenken gegen den § 18 Abs. 1 Satz 2 GenDG, da Versicherungen bei Überschreiten gewisser Versicherungssummen, uneingeschränkten Zugriff auf genetische Daten hätten. Ein gewisser Widerspruch besteht darüber hinaus auch darin, dass grundsätzlich Erkrankungen oder Vorerkrankungen anzuzeigen sind, aus denen oft bereits genetische Dispositionen abgeleitet werden können.

Die Regelungen des § 19 GenDG beziehen sich auf das Arbeitsleben. Grundsätzlich verboten sind genetische Untersuchungen auf Verlangen des Arbeitgebers und Ausgrenzungen aufgrund von Gentests im Arbeitsrecht und aus dem Arbeitsschutz.

V. Chancen des GenDG und kritische Stimmen

Für den Einzelnen und seine Gesundheit erschließen sich durch genetische Tests vielfach neue Erkenntnisse, die zu individuellen, effektiven vorbeugenden Maßnahmen führen können. Durch das GenDG werden Rahmenbedingungen gesteckt, durch die die Anforderungen an eine gute, qualitativ gesicherte genetische Untersuchungspraxis verbindlich werden. Der Betroffene soll selbst bestimmen können, was mit seinen genetischen Daten passiert und was nicht, wer sie erfährt und wer nicht. Selbstbestimmung erfordert aber auch Selbstverantwortung, erfordert auch eine Auseinandersetzung mit genetischen Informationen. Informationen über sich selbst und die eigene genetische Ausstattung zu haben, ist nicht immer bequem und einfach. Die gesetzlich vorgesehene ausführliche genetische Beratung vor jeder genetischen Testung ist zwar wünschenswert, aber in der Praxis, insbesondere im Hinblick auf die geringe Anzahl vorhandener Fachärzte für Humangenetik, schwer durchführbar. Eine intensive Beschäftigung mit Genetik, den Möglichkeiten und Grenzen der Methoden sind zunehmend

Teil einer öffentlichen Diskussion und werden damit allmählich Allgemeinwissen. Damit wird der Umgang mit genetischen Daten auch zukünftig einfacher und offener werden.

Betrachtet man die kritischen Stimmen zum GenDG, sind vor allem die Stellungnahmen der Gruppe PROAsyl zu nennen, die feststellen, dass die Ergebnisse bei DNA-Proben von Ausländern an Strafermittlungsbehörden weitergegeben werden können, wenn der Verdacht besteht, dass ein Aufenthaltstitel erschlichen werden könnte. Dies steht nach Meinung von PROAsyl im Widerspruch zur Intention des Gesetzes, das den Schutz von genetischen Daten garantieren will (16).

In einem Kommentar zum GenDG schreiben Daniel MacArthur und David Clark im Genomics Law Report, dass das Deutsche GenDG ausgesprochen restriktiv sei. Es stellt sich als hoch-protektiv gegenüber genetischen Informationen dar und beäugt genetische Informationen mit einer gewissen Ängstlichkeit, als etwas, was so gefährlich und privat ist, dass nur speziell ausgebildete Ärzte mit genetischer Information umgehen dürfen. Es stelle den Versuch dar, „direct to consumer testing" in eine rechtsfreie Zone zu verbannen und die gutgemeinte Intention des Gesetzes, die Menschenwürde zu schützen und die Selbstbestimmung zu gewährleisten, führe gleichzeitig dazu, dem Individuum selbst den Zugang zur eignen genetischen Information zu verwehren (17).

Nachweise (Literatur beim Verfasser):

(1) Das Gendiagnostikgesetz. www.gesetze-im-internet.de/bundesrecht/gendg/gesamt.pdf
(2) Stern.de vom 11. April 2007, 14:18 Uhr, Linksextreme Frauengruppe: "Rote Zora"-Terroristin gesteht, http://www.stern.de/panorama/linksextreme-frauengruppe-rote-zora-terroristin-gesteht-586681.html
(3) Aktion gegen das Humangenetische Institut Münster, www.freilassung.de/div/texte/rz/zorn/Zorn51i.htm
(4) Deutsche Gesellschaft für Humangenetik e.V., 2012: Ausbildung und Weiterbildung | GfH, www.gfhev.de/de/aus_weiterbildung/index.htm
(5) Berufsverband Deutscher Humangenetiker e.V., www.bvdh.de/public.php?id=65&PHPSESSID
(6) www.ncbi.nlm.nih.gov/genome/guide/human

(7) Castillo-Davis CI (October 2005). "The evolution of noncoding DNA: how much junk, how much func?". Trends Genet. 21 (10): 533–6.

(8) www.ncbi.nlm.nih.gov/entrez/query.fcgi?

(9) Berth, H (2002): Gentests im Internet. Entwicklung mit Risiken. DÄBl, 1999 (40) A2599-A2603

(10) Gesetzentwurf der Bundesregierung zum „Gesetz über genetische Untersuchungen bei Menschen" (Gendiagnostikgesetz - GenDG) v. 13. 10. 2008, BT-Drs. 16/10532, Begründung, S. 16

(11) Hogarth S, Javitt G, Melzer D. The current landscape for direct-to-consumer genetic testing: legal, ethical, and policy issues. Annu Rev Genomics Hum Genet 2008: 9: 161–182.

(12) European Society of Human Genetics (2010): Statement of the ESHG on direct-to-consumer genetic testing for health-related purposes. Eur J Hum Genet. 2010 December; 18 (12): 1271–1273

(13) Angie Genenger, Das neue Gendiagnostikgesetz, NJW 2010, 113–117.

(14) Richtlinie der Gendiagnostikkommission (GEKO) für die Anforderung an die Qualitätssicherung genetischer Analysen gemäß § 23 Abs. 2 Nr. 4 GenDG.

(16) PRO ASYL, Stellungnahme zum Gesetzentwurf der Bundesregierung zum GenDG anlässlich der vom Ausschuss für Gesundheit des Deutschen Bundestages durchgeführten öffentlichen Anhörung am 21.1.2009, Ausschuss-Drs. 16(14)0469(25)

(17) MacArthur, D, Clark, D at Genomics Law Report, Sept 3rd 2009; 5:15 AM: Germany's anti-genetic testing legislation misses the point, http://www.wired.com/wiredscience/2009/09/germanys-anti-genetic-testing-legislation-misses-the-point/

Genetische Untersuchungen zu medizinischen Zwecken

Bernd-Rüdiger Kern, Leipzig

I. Überblick

Der zweite Abschnitt des GenDGs hat in 10 Paragraphen die genetischen Untersuchungen zu medizinischen Zwecken zum Gegenstand. Unter „genetischen Untersuchungen" werden gem. § 3 Nr. 1 GenDG genetische Analysen zur Feststellung genetischer Eigenschaften und die vorgeburtliche Risikoabklärung einschließlich der Beurteilung der jeweiligen Ergebnisse verstanden.[1] Nicht im Gesetz definiert sind die medizinischen Zwecke. Darunter dürften nicht nur Heilbehandlungen (Heilen, Lindern, Vorbeugen) zu verstehen sein, denn die letzten drei Paragraphen dieses Abschnittes haben letztlich auch nichtindizierte, fremdnützige Untersuchungen zum Gegenstand. Ehestens lassen sich die medizinischen Gründe negativ in Abgrenzung zu den übrigen, im Gesetz genannten - Abstammung, Versicherungen, Arbeitsleben - und nicht genannten - Forschung - Zwecken definieren.

Insoweit bestehen erhebliche Zweifel an der Sinnhaftigkeit des Gesetzesaufbaus,[2] weil nicht nur Regeln normiert werden, die die genetische Untersuchung zu medizinischen Zwecken thematisieren, sondern darüber hinaus auch allgemein arztrechtliche, die für das ganze Gesetz gelten. Demzufolge enthalten die weiteren Abschnitte des Gesetzes auch zahlreiche Verweise auf einzelne Vorschriften des zweiten Abschnitts oder auf den kompletten Abschnitt: § 17 Abs. 1, 5, 6 und § 20 Abs. 4 GenDG.

Eine überzeugende Binnenstruktur lässt sich insoweit in diesem Abschnitt weder erkennen noch gewinnen. Ob es hilfreich ist, diesen Abschnitt nach Zeiträumen zu ordnen,[3] ist fraglich. Demnach betreffen die §§ 7 bis 9 den Zeitraum vor der genetischen Untersuchung, die §§ 14 bis

---

1 *Eberbach*, Das neue Gendiagnostikgesetz. Ein Überblick aus juristischer Sicht, MedR 2010, 155, 156.

2 So auch *Eberbach*, Rezension zu Kern: GenDG-Kommentar, MedR 2012, 766, 767.

3 So aber *Genenger*, Das neue Gendiagnostikgesetz, NJW 2010, 113, 114.

16 den Zeitraum der Durchführung und die §§ 10 bis 13 den Zeitraum danach. Diese Untergliederung hat den Nachteil, dass wesentliche zusammenhängende Fragestellungen künstlich auseinandergerissen werden: § 7 normiert den Arztvorbehalt. Die §§ 8 bis 11 und 14 haben das informationelle Selbstbestimmungsrecht, das „zentrale Agens des Gesetzes"[4] zum Gegenstand. Die §§ 12 und 13 behandeln den Datenschutz. Die §§ 7 bis 13 enthalten in gewisser Weise den Allgemeinen Teil des Gesetzes, der für alle folgenden Vorschriften gilt, aber wohl auch für die durch § 2 Abs. 2 Nr. 1 GenDG aus der Geltung des Gesetzes ausgenommene Forschung.[5]

Ergänzend zu diesen Vorschriften sind auch die Richtlinien der GEKO[6] sowie die Richtlinie „Prädiktive genetische Diagnostik" der Bundesärztekammer[7] und die Leitlinien zur genetischen Beratung der Deutschen Gesellschaft für Humangenetik heranzuziehen.[8]

II. § 7 - Arztvorbehalt

§ 7 GenDG soll eine qualifizierte Durchführung und Beratung sicherstellen.[9] Daher wird - eigentlich eine Selbstverständlichkeit - ein Arztvorbehalt normiert. Das Erkennen von genetischen Erkrankungen setzt in einem nicht zu unterschätzenden Umfang Übung und Erfahrung in der Diagnose

---

4 *Eberbach*, MedR 2010, 155, 157.

5 So *Büchner*, Körpersubstanzen als Forschungsmaterialien, Medizinrecht in Forschung und Praxis, Bd. 22, 2010, S. 178 f., im Ergebnis überzeugender als in der Begründung.

6 http://www.rki.de/DE/Content/Kommissionen/GendiagnostikKommission/GEKO_node.html.

7 DÄBl. 2003, A-1297, 1302.

8 *Stockter*, in: Prütting (Hrsg.), Fachanwaltskommentar Medizinrecht, 2010, Vorbem. zu §§ 7 ff. GenDG Rn. 8.

9 BT-Drs. 16/3233, S. 29; BT-Drs. 16/10532, S. 25; so auch *Genenger*, Das neue Gendiagnostikgesetz, NJW 2010, 113, 114.

von Krankheitsbildern voraus.[10] Das gilt entsprechend auch für die Aufklärung und genetische Beratung.[11]

Das Gesetz unterscheidet zwischen diagnostischen (§ 3 Nr. 7) und prädiktiven genetischen Untersuchungen (§ 3 Nr. 8). Diagnostische Untersuchungen dürfen alle Ärzte vornehmen, prädiktive Untersuchungen nur Fachärzte für Humangenetik oder andere Ärzte, die sich durch den Erwerb einer Facharzt-, Schwerpunkt- oder Zusatzbezeichnung für genetische Untersuchungen qualifiziert haben.[12]

§ 7 GenDG stellt eine Beeinträchtigung der Berufsfreiheit aus Art. 12 GG dar,[13] die jedoch durch den Schutz der Rechtsgüter Gesundheit und informationelle Selbstbestimmung gerechtfertigt ist.[14] Das gilt jedenfalls für den allgemeinen Arztvorbehalt. Der qualifizierte Arztvorbehalt hingegen ist nicht sachgerecht und daher auch nicht verfassungsgemäß. Das gilt insbesondere für die beratende Tätigkeit nach § 7 Abs. 3 GenDG.

Ärzte iSv § 7 GenDG sind alle als Humanmediziner approbierte Fachärzte, nicht hingegen Zahn- oder Tierärzte, aber auch nicht Assistenzärzte der Humanmedizin. Den deutschen Ärzten gleichgestellt sind ausländische Ärzte, die über einen gleichwertigen Ausbildungsnachweis verfügen und ihren Beruf in Deutschland ausüben dürfen.[15]

Allerdings stellen die Gesetzesmaterialien den qualifizierten Arztvorbehalt selbst in Frage, indem sie fordern, dass die Qualifizierung nicht allein auf der MWO beruhen soll. Vielmehr soll sie auch von jedem anderen Arzt durchgeführt werden können, der über „eine besondere Qualifizierung für genetische Beratung" verfügt.[16] Voraussetzung ist, dass Kenntnisse ü-

10 So schon LG Tübingen, Urt. v. 15. 3. 2006 - 8 O 29/04, juris, Rn. 77.

11 BT-Drs. 16/10532, S. 25. So auch schon OLG Zweibrücken MedR 1999, 275 mit Problemstellung von *Kern*.

12 BT-Drs. 16/10532, S. 25.

13 Vgl. dazu BVerfG, Urt. v. 1. 2. 2011 - 1 BvR 2383/10, juris.

14 BR-Drs. 633/08, S. 48; *Stockter*, in: Prütting, Fachanwaltskommentar Medizinrecht, § 7 GenDG Rn. 10.

15 BT-Drs. 16/10532, S. 25.

16 BT-Drs. 16/10532, S. 26; Richtlinie genetische Beratung (Fassung vom 1. 7. 2011), Bundesgesundheitsbl 2011 (54), 1248–1256, 1252.

ber erbliche Krankheiten nach der jeweiligen MWO zu den Ausbildungsinhalten gehören.[17]

Diese Beratung muss fachgebunden sein; das bedeutet, dass die Befähigung vorhanden ist, im Hinblick auf fachspezifische Fragestellungen zu beraten, die im jeweiligen Fachgebiet anfallen und die eigenen Fachgrenzen nicht überschreiten.[18] Ziel der Qualifikation ist es, dem Arzt Kenntnisse und Fähigkeiten zu vermitteln, um genetische Daten richtig und vollständig zu interpretieren, sie einzuordnen und im Rahmen einer fachgebundenen genetischen Beratung zu vermitteln.[19]

Aber auch diese „Qualifikation zur fachgebundenen genetischen Beratung" ist verfassungsrechtlich höchst fragwürdig. Es ist nämlich die Situation zu bedenken, dass von einem anderen Facharzt eine genetische Untersuchung gewünscht wird, um bestimmte Krankheitsursachen, die in sein Fach fallen, erkennen zu können. Insoweit wird zwar die Durchführung der Untersuchung durch den Humangenetiker bzw. die Laborärzte stattfinden, die Beratung hingegen wird sinnvollerweise von dem einweisenden Facharzt vorgenommen werden müssen, weil letztlich nur er dem Patienten erklären kann, wozu er die genetische Untersuchung benötigt und welche Bedeutung diese Untersuchung für die Behandlung der Grunderkrankung hat.

Insoweit ist schwer nachvollziehbar, wieso eine weitere Qualifizierung nötig ist. Das BVerfG hat zu dieser Problematik ausgeführt: „Insbesondere der Patientenschutz erfordert es nicht, einem bestimmten Fachgebiet zugeordnete Behandlungen nur durch Ärzte dieses Fachgebiets durchführen zu lassen. Die Qualität ärztlicher Tätigkeit wird durch die Approbation nach den Vorschriften der Bundesärzteordnung sichergestellt. Zwar hat ein Arzt in jedem Einzelfall zu prüfen, ob er aufgrund seiner Fähigkeiten und der sonstigen Umstände - wie etwa der Praxisausstattung - in der Lage ist, sei-

---

17 BR-Drs. 633/08, S. 48.

18 Richtlinie genetische Beratung (Fassung vom 1. 7. 2011), Bundesgesundheitsbl 2011 (54), 1248–1256, 1252.

19 Richtlinie genetische Beratung (Fassung vom 1. 7. 2011), Bundesgesundheitsbl 2011 (54), 1248–1256, 1252. Vgl. dazu auch *Schmittke*, Gendiagnostikgesetz und Qualifikation zur Genetischen Beratung, Medizinische Genetik 2011, 26 f.

nen Patienten nach den Regeln der ärztlichen Kunst zu behandeln. Vorbehaltlich dieser Prüfung ist er aber, unabhängig vom Vorhandensein von Spezialisierungen, berechtigt, Patienten auf allen Gebieten, die von seiner Approbation umfasst sind, zu behandeln. Eine generelle Verpflichtung, Patienten mit Erkrankungen auf einem bestimmten Gebiet an einen für dieses Gebiet zuständigen Facharzt zu verweisen […] ist hiermit nicht vereinbar."[20]

Aber auch der generelle Arztvorbehalt wird gelegentlich kritisiert, weil etwa das Neugeborenenscreening deswegen eigentlich nicht mehr von Hebammen und Entbindungshelfern durchgeführt werden darf.[21] Das könnte dazu führen, dass das Neugeborenenscreening nicht mehr flächendeckend zur Verfügung steht.[22] Der Arztvorbehalt kann allerdings nur gelten, wenn überhaupt ein Arzt in die Behandlung eingeschlossen ist. Wird etwa die Schwangere nur durch eine Hebamme betreut, so wäre es geradezu kontraproduktiv, den Arztvorbehalt einzufordern. Wenn also Mütter und die Säuglinge im Rahmen von Hausgeburten ausschließlich von der Hebamme betreut werden, müssen diese jedenfalls auch über die Möglichkeit des Neugeborenenscreenings beraten können.[23] In diesem Sinne haben auch der G-BA und die GEKO entschieden und die Kinderrichtlinien[24] entsprechend geändert. Nach § 4 Abs. 1 S. 2 der Richtlinie kann die Aufklärung durch eine Hebamme (Entbindungshelfer) erfolgen, wenn die Möglichkeit der Rückfrage an einen Arzt gewährleistet ist und die Geburt durch eine Hebamme (Entbindungshelfer) geleitet wird. Hinsichtlich der Durch-

---

20 BVerfG MedR 2011, 572, 574.

21 *Fenger*, in: Spickhoff (Hrsg.), Medizinrecht, 2011, § 7 GenDG Rn. 2; *Spranger/Pinsdorf*, Aktuelle Herausforderungen der Life Sciences, 2010, S. 20; *Klouche*, Konsequenzen des Gendiagnostikgesetzes, Bremer Ärztejournal, 2011, 4 f.; *Börschel*, Neugeborenenscreening, Gesetz und Wirklichkeit im pädiatrischen Alltag, Bremer Ärztejournal 2011, 8 f.

22 BR-Drs. 374/09, S. 2 f.; *Fenger*, Das neue Gendiagnostikgesetz, GesR 2010, 57, 58.

23 *Fenger*, in: Spickhoff, Medizinrecht, § 7 GenDG Rn. 2.

24 Richtlinien des Bundesausschusses der Ärzte und Krankenkassen über die Früherkennung von Krankheiten bei Kindern bis zur Vollendung des 6. Lebensjahres („Kinder-Richtlinien"), BAnz. Nr. 40 (S. 1013) v. 11. 3. 2011.

führungsverantwortung erklärt der G-BA in § 5 Abs. 1 S. 3, dass die Hebamme, die die Geburt verantwortlich geleitet hat, einen verantwortlichen Arzt benennen soll. Ist eine Benennung ausnahmsweise nicht möglich, hat sie das Screening in eigener Verantwortung durchzuführen, wenn die Rückfragemöglichkeit an einen Arzt gewährleistet ist (§ 5 Abs. 1 S. 4).[25] Hinsichtlich der Aufklärung ermöglichen die einschlägigen Richtlinien der GEKO (Richtlinie genetische Reihenuntersuchung und Richtlinie Aufklärung medizinische Zwecke), dass in mit besonderer Dringlichkeit begründeten Ausnahmefällen die Aufklärung unter Verwendung standardisierter Aufklärungsmaterialien bei ergänzend gewährleisteten und angebotenen Rückfragemöglichkeiten an einen Arzt auch durch Nicht-Ärzte erfolgen kann.[26]

Der Arztvorbehalt des § 7 GenDG gilt nicht für genetische Untersuchungen, die nicht medizinischen oder sonstigen im Gendiagnostikgesetz genannten Zwecken dienen, z.B. Lifestyle-Tests. Da sie gemäß § 2 GenDG diesem nicht unterliegen, gelten dessen Anforderungen insoweit auch nicht. Diese müssen nicht notwendig von Ärzten vorgenommen werden.[27] Allerdings sind die allgemeinen medizinrechtlichen Vorgaben zu beachten (§§ 15 und 28 SGB V, § 1 HeilprG).[28]

§ 7 Abs. 2 GenDG legt fest, dass genetische Analysen nur im Rahmen von genetischen Untersuchungen erfolgen dürfen. Genetische Analysen außerhalb dieses Rahmens sind verboten. Durch den Arztvorbehalt soll dem Entstehen eines „freien Marktes" für genetische Untersuchungen, auf dem Diagnoseleistungen nach rein kommerziellen Gesichtspunkten angeboten und erbracht werden, entgegengewirkt werden.[29] Es soll keine Ana-

---

25 „Kinder-Richtlinien", BAnz. Nr. 40 (S. 1013) v. 11. 3. 2011.

26 Richtlinie genetische Reihenuntersuchungen (Fassung v. 16. 11. 2012), Bundesgesundheitsbl 2013 (56), 321–324, 323; Richtlinie Aufklärung medizinische Zwecke (Fassung v. 16. 11. 2012), Bundesgesundheitsbl 2013 (56), 326–331, 329.

27 *Stockter*, in: Prütting, Fachanwaltskommentar Medizinrecht, § 7 GenDG Rn. 5.

28 *Stockter*, in: Prütting, Fachanwaltskommentar Medizinrecht, § 7 GenDG Rn. 3.

29 Das gleiche Ziel verfolgt auch die Pflicht zur persönlichen Aufklärung. Dazu für die Frage der Abstammungsuntersuchungen *Schmidt-Recla*, in diesem Band, S. 76 f. Zu der Problematik der zahlreichen Angebote von genetischen Untersu-

lyse ohne anschließende Befundinterpretation geben.[30] Außerdem normiert Abs. 2 als weitere Selbstverständlichkeit die Möglichkeit, bestimmte Aufgaben (die genetische Analyse) an nichtärztliches Hilfspersonal zu delegieren.

Die Gesetzesmaterialien verlangen bei der Delegation der Analyse, dass die Proben vor der Abgabe pseudonymisiert werden. Dadurch soll verhindert werden, dass die beauftragte Person oder Einrichtung die genetische Analyse einem bestimmten Betroffenen zuordnen kann.[31] Diese Anforderung ist allerdings nicht praxisgerecht, weil sie eine erhebliche Fehlerquelle darstellt. Außerdem kann die Zuordnung im Familienverband nützlich sein, wenn der Betroffene mit einer entsprechenden Information seiner Angehörigen/Verwandten einverstanden ist. In diesem Fall würde eine Pseudonymisierung der Probe eine Zuordnung jedenfalls erheblich erschweren. Kommt es hingegen zu einem Vertragsschluss zwischen der beauftragten Einrichtung und dem Patienten, darf die Probe zudem keinesfalls pseudonymisiert werden.[32]

III. § 8 - Einwilligung

§ 8 GenDG dient der Wahrung des informationellen Selbstbestimmungsrechts.[33] Daher darf eine genetische Untersuchung zu medizinischen Zwecken einschließlich der Gewinnung einer dafür erforderlichen genetischen Probe nur mit Einwilligung des Betroffenen vorgenommen werden.[34] Demzufolge wird eine ausdrückliche und schriftliche Einwilligung der betroffenen Person verlangt. Eine Ausnahme von der Notwendigkeit der Einwilligung des Betroffenen macht § 1598a BGB. Nach dessen Abs. 1 ist der jeweils Betroffene verpflichtet, die Einwilligung zu geben. Gemäß

---

chungen im Internet vgl. *Reuter/Winkler*, Gentests via Internet - die Zulässigkeit nach deutschem Recht, im Druck.

30 BT-Drs. 16/10532, S. 26.

31 BT-Drs. 16/3233, S. 29 f.

32 BT-Drs. 16/10532, S. 26.

33 *Genenger*, NJW 2010, 113, 114.

34 BT-Drs. 16/3233, S. 30.

Abs. 2 hat das Familiengericht eine nicht erteilte Einwilligung zu ersetzen.[35]

Zum Schutzbereich der Norm gehört jedenfalls noch das Recht auf Nichtwissen.[36]

Das Gesetz enthält an dieser Stelle keine Aussage über die Einwilligungsfähigkeit und die Bedeutung der Minderjährigkeit. Aus § 14 GenDG ergibt sich allerdings, dass es allein auf die Einwilligungsfähigkeit ankommt, die Minderjährigkeit als solche also keine Rolle spielt. Der einwilligungsfähige Minderjährige kann demzufolge selbst, ohne Co-Einwilligung seiner Eltern, einwilligen. Das Vorliegen der Einwilligungsfähigkeit hat - wie auch allgemein - der verantwortliche Arzt zu beurteilen.[37]

Die Einwilligung muss sich sowohl auf den Umfang der genetischen Untersuchung, als auch auf die Entscheidung beziehen, ob und inwieweit das Untersuchungsergebnis der betroffenen oder einer dritten Person zur Kenntnis zu geben oder zu vernichten ist. Fraglich ist, wie konkret die Einwilligung zu formulieren ist. Die Benennung der konkret zu untersuchenden Krankheit reicht aus; das zu untersuchende Gen muss nicht genannt werden.[38]

Die nach § 7 Abs. 2 beauftragten Personen oder Einrichtungen dürfen erst tätig werden, wenn ihnen der Nachweis der Einwilligung vorliegt. Als Nachweis wird eine schriftliche oder elektronische Bestätigung der verantwortlichen ärztlichen Person für ausreichend erachtet.[39] Muss die Un-

---

35 Vgl. dazu auch § 178 FamFG.

36 *Kern*, Unerlaubte Diagnostik - Das Recht auf Nichtwissen, in: Dierks/Wienke/Eberbach/Schmidtke/Lippert (Hrsg.), Genetische Untersuchungen und Persönlichkeitsrecht, Schriftenreihe Medizinrecht, 2003, S. 55 ff.

37 *Fenger*, in: Spickhoff, Medizinrecht, § 14 GenDG Rn. 1; Richtlinie genetische Untersuchungen zu medizinischen Zwecken bei nicht-einwilligungsfähigen Personen (Fassung v. 26. 7. 2011), Bundesgesundheitsbl 2011 (54), 1257–1261, 1257.

38 *Fenger*, in: Spickhoff, Medizinrecht, § 8 GenDG Rn. 1.

39 1. Mitteilung der GEKO vom 22. 1. 2010, http://www.rki.de/DE/Content/Kommissionen/GendiagnostikKommission/Mitteilungen/GEKO_Mitteilungen_01.html?nn=2386716, Stand: 14. 3. 2013.

tersuchung von Fruchtzellen oder Chorionzellen zeitnah erfolgen, hat das Labor mit der Untersuchung sofort zu beginnen. Die Ergebnisse dürfen aber erst dann mitgeteilt werden, wenn die Einwilligung vorliegt.[40]

Die Einwilligung kann jederzeit mit Wirkung für die Zukunft widerrufen werden. Das entspricht dem arztrechtlichen Grundsatz, der auch in andere Gesetze Eingang gefunden hat.[41]

Welche genetischen Untersuchungen durchgeführt werden dürfen, sagt das Gesetz nicht. Das spricht dafür, alle an Einwilligungsfähigen durchführbaren Untersuchungen für zulässig zu halten. Dabei handelt es sich insbesondere um das Erkennen von Krankheitsanlagen, die Pharmakogenetik[42] und genetische Untersuchungen im Vorfeld einer geplanten Schwangerschaft. In diesem Zusammenhang ist auch die Untersuchung beider potentiellen Eltern vor Eintritt der Schwangerschaft zu nennen, die die Feststellung darüber erlaubt, ob das Erbgut von Mutter und Vater Anlagen für bestimmte Krankheiten aufweist.[43]

IV. § 9 - Aufklärung

§ 9 normiert die ärztliche Aufklärungspflicht und macht deutlich, dass die Aufklärung Grundlage der wirksamen Einwilligung ist. Insoweit, aber auch in den Einzelheiten, handelt es sich um die gesetzliche Festschreibung der von der Rechtsprechung und Literatur entwickelten Aufklärungspflicht.[44] Die Aufklärung ist im Gesetz umfassend, jedoch nicht abschließend geregelt.[45] Zudem ist die sprachliche Form nicht so gut gelungen wie etwa die

---

40 *Fenger*, in: Spickhoff, Medizinrecht, § 8 GenDG Rn. 2.

41 § 1901a Abs. 1 S. 3 BGB, § 40 Abs. 2a Nr. 3 AMG.

42 Vgl. dazu *Kern*, Zivilrechtliche Aspekte der Humangenetik, in: Hillenkamp (Hrsg.), Medizinrechtliche Probleme der Humangenetik, 2002, S. 17, 26 f.

43 *Lilienweiss*, Die neue Checkliste für das Ungeborene, FAZ Nr. 172 vom 27. 7. 2011, S. N 1.

44 Vgl. dazu zuletzt *Kern*, Die neue Entwicklung in der Rechtsprechung zur Aufklärungspflicht, GesR 2009, 1 ff.; *Laufs*, in: Laufs/Kern, Handbuch des Arztrechtes, 4. Aufl., 2010, Kap. 11.

45 *Fenger*, GesR 2010, 57, 58.

der Richtlinie zur prädiktiven genetischen Diagnostik der Bundesärztekammer.[46]

Problematisch, weil praktisch nicht durchführbar, sind die Anforderungen an die Person des Aufklärenden. Die Aufklärung muss grundsätzlich von dem Arzt durchgeführt werden, der auch die genetische Untersuchung vornimmt (§ 3 Nr. 5 GenDG).[47] Der Arztvorbehalt soll gewährleisten, „dass die Untersuchung einschließlich der Aufklärung [...] angemessen und kompetent durchgeführt wird.“[48] Die Delegation auf nichtärztliches Personal ist demzufolge unzulässig;[49] aber auch auf Assistenzärzte darf diese Aufgabe grundsätzlich nicht übertragen werden.[50] Der aufklärende Arzt sollte über praktische Erfahrungen in der genetischen Untersuchung verfügen, weil nur ein erfahrener Arzt zu einer umfassenden Aufklärung in der Lage ist. Gegebenenfalls reicht aber auch die Aufklärung durch den einweisenden Arzt (gegebenenfalls den Hausarzt) aus, weil er besser über die Bedeutung der genetischen Untersuchung für die zu behandelnde Krankheit aufklären kann als ein Humangenetiker.[51]

Keine Aussagen enthält das Gesetz über die Form der Aufklärung.[52] Insoweit gelten die allgemeinen arztrechtlichen Vorgaben und § 630e Abs. 2 Nr. 1 BGB, demzufolge die Aufklärung mündlich erfolgen muss; „ergänzend kann auch auf Unterlagen Bezug genommen werden, die der Patient in Textform erhält.“ Die Aufklärung muss also einzelfallbezogen, das heißt, auf Besonderheiten von Patient und Arzt abgestimmt sein.[53] Sie widerstrebt daher der formularmäßigen Durchführung. Allein entscheidend

46 DÄBl. 2003, A-1297, 1302.

47 BT-Drs. 16/3233, S. 31.

48 So ausdrücklich BT-Drs. 16/3233, S. 29.

49 So auch *Hasskarl/Ostertag*, Der deutsche Gesetzgeber auf dem Weg zu einem Gendiagnostikgesetz, MedR 2005, 640, 647.

50 Vgl. dazu *Kern*, GesR 2009, 1, 2; und neu: § 630e Abs. 2 BGB: „durch eine Person erfolgen, die über die zur Durchführung der Maßnahme notwendige Befähigung verfügt.“

51 So auch *Grundmann*, Das Gesetz und die Umsetzung der hausärztlichen Praxis, Bremer Ärztejournal 2011, 7.

52 So auch *Hasskarl/Ostertag*, MedR 2005, 640, 647.

53 So auch BGH NJW 2009, 1210; OLG Köln MedR 2010, 716.

ist „das vertrauensvolle Gespräch zwischen Arzt und Patient. Es sollte möglichst von jedem bürokratischen Formalismus [...] freibleiben. Die angemessene Gesprächsführung bleibt dem ärztlichen Takt vorbehalten."[54] Der Arzt muss seine Ausführungen allgemeinverständlich halten (§ 630e Abs. 2 Nr. 3 BGB); die Fachsprache ist ganz zu vermeiden. Merkblätter können das Aufklärungsgespräch vorbereiten oder ergänzen, es aber keineswegs ersetzen.[55] Eine abweichende Praxis wird allerdings im ärztlichen Bereich bereits sichtbar.[56] Zwar fehlen noch gedruckte Bögen, aber jedenfalls die sächsischen Universitätsklinika verwenden mehr oder weniger geeignete eigene Formulare zur Aufklärung und Einwilligung. Die vorliegenden Aufklärungs- und Einwilligungsbögen überzeugen in unterschiedlichem Maße.

Während § 9 Abs. 1 GenDG den Inhalt der Aufklärung nur pauschal nennt - Wesen, Bedeutung und Tragweite der genetischen Untersuchung - zählt § 9 Abs. 2 GenDG - aus „Gründen der Qualitätssicherung"[57] - die Inhalte genauer auf: Nr. 1 beinhaltet die Diagnose- und die Verlaufsaufklärung,[58] Nr. 2 die Risikoaufklärung,[59] Nr. 3 die vorgesehene Verwendung der genetischen Probe sowie der Untersuchungs- oder Analyseergebnisse, Nr. 4 die Information über das Widerspruchsrecht, Nr. 5 das Recht auf Nichtwissen und Nr. 6 die Besonderheiten bei der Reihenuntersuchung.[60]

Die Richtlinie zur prädiktiven genetischen Diagnostik drückt sich bezüglich der Aufklärungsziele verständlicher aus als das Gesetz: Anlass, Ziel und Risiken der Untersuchung, Grenzen der diagnostischen Möglichkeiten, Sicherheit des Untersuchungsergebnisses, Art und Schweregrad der

---

54 BGH NJW 1985, 1399.

55 OLG Koblenz MedR 2002, 408 = VersR 2003, 1313 = ArztR 2002, 308 = NJW-RR 2002, 816.

56 *Schwerdtfeger*, Pränataldiagnostik und das Gendiagnostikgesetz: Was?- Wer?- Wie?, Frauenarzt 2010, 20, 22.

57 BT-Drs. 16/3233, S. 32.

58 Vgl. dazu *Kern*, GesR 2009, 1, 5 f.

59 Vgl. dazu *Kern*, GesR 2009, 1, 6.

60 Die Anforderungen an den Inhalt der Aufklärung werden durch die Richtlinie Aufklärung medizinische Zwecke (Fassung v. 16. 11. 2012), Bundesgesundheitsbl 2013 (56), 326–331, konkretisiert.

Krankheit, die untersucht werden soll, Möglichkeiten von Therapie/Prävention bei pathologischem Befund, Betroffenheit von Dritten sowie mögliche psychosoziale und ethische Konflikte bei pathologischem Ergebnis.[61]

In § 9 GenDG wird die wirtschaftliche Aufklärungspflicht nicht genannt, obwohl sie gerade im humangenetischen Bereich eine große Rolle spielt. Das mag darin begründet sein, dass die dogmatische Zuordnung dieser Aufklärungspflicht außerordentlich schwierig ist.[62] Insoweit gilt § 630c Abs. 3 BGB, dessen Inhalt aber gleichfalls schwierig zu verstehen ist. In der Humangenetik wird generell kein wirksamer Vertrag zustande kommen, wenn nicht zuvor über die Zahlungspflicht gesprochen wurde. Das gilt insbesondere auch bei Laborverträgen.[63]

Entgegen den allgemeinen arztrechtlichen Vorgaben normiert § 9 Abs. 3 GenDG die ärztliche Pflicht, den Inhalt der Aufklärung zu dokumentieren. Das entspricht § 630f Abs. 2 BGB.

V. § 10 - Genetische Beratung

„Die Kenntnis der eigenen Gene vermag Handlungsmöglichkeiten nicht nur zu erweitern, sondern auch zu zerstören."[64] Daher kommt der Beratung (therapeutische Aufklärung, Sicherungsaufklärung) eine große, nicht zu unterschätzende Bedeutung zu.

Bei der Beratung handelt es sich um einen Teil der Therapie,[65] nicht um die Wahrung der Selbstbestimmung. Aus diesem dogmatischen Unterschied folgt als erhebliche Abweichung, dass die Beratung nicht zwingend vor dem Eingriff erfolgt, sondern auch danach vorgenommen werden kann.[66] Die Beratung bei der diagnostischen genetischen Untersuchung soll

61 DÄBl. 2003, A-1297, 1302.

62 Vgl. dazu *Kern*, GesR 2009, 1, 10.

63 BGH NJW 2010, 1203; BGH NJW 2010, 1200.

64 *Laufs*, Die Ärztliche Aufklärungspflicht, 1982, S. 94.

65 BT-Drs. 16/3233, S. 33; BT-Drs. 16/10532, S. 28; vgl. dazu allgemein *Kern*, GesR 2009, 1 ff.

66 Das übersieht *Genenger*, NJW 2010, 113, 115.

erfolgen, nachdem das Untersuchungsergebnis vorliegt. Hingegen muss bei der prädiktiven genetischen Untersuchung eine Beratung sowohl vor als auch nach der genetischen Untersuchung erfolgen. Das gilt gemäß § 15 Abs. 3 GenDG auch für die vorgeburtliche genetische Untersuchung.

Das Gesetz unterscheidet in den Absätzen 1 und 2 von § 10 GenDG zwischen diagnostischen und prädiktiven genetischen Untersuchungen. Ist die Aufklärung grundsätzlich obligatorisch, so soll die Beratung anlässlich einer diagnostischen genetischen Untersuchung lediglich angeboten werden. Grundsätzlich besteht eine Pflicht, ein Beratungsangebot zu machen. Das bedeutet in der Regel, dass jedem Untersuchten eine Beratung angeboten wird.[67]

Abzulehnen ist die Ansicht, dass das ärztliche Beratungsangebot entfallen kann, wenn die Beratung über die reine Mitteilung des Analyseergebnisses nicht hinausgeht.[68] Auch bei einem unauffälligen Befund kann eine - gegebenenfalls sehr kurze - Beratung sinnvoll sein.[69]

Obligatorisch ist das Beratungsangebot jedenfalls dann, wenn das Ergebnis der Untersuchung die Feststellung eines genetischen Defekts ist, „der nicht behandelbar ist". Die Beratung erfolgt, weil der Betroffene nicht mit dem Ergebnis allein gelassen werden soll. Das zeigt auch die Pflicht zur Beratung in hoffnungslosen Fällen.

Bei prädiktiven genetischen Untersuchungen ist gemäß Abs. 2 das Angebot der Beratung an den Betroffenen - wenn kein Verzicht vorliegt - obligatorisch.

Abs. 3 regelt Form und Inhalt der Beratung. Sie erfolgt im persönlichen Gespräch, das sich an den Wünschen und Fragen der Betroffenen orientiert, und Raum für Fragen lässt. Dabei sind insbesondere die persönlichen Wertvorstellungen des Betroffenen, zu denen auch die religiöse Einstel-

---

67 BT-Drs. 16/10532, S. 28.

68 AA: BR-Drs. 633/08, S. 54; BT-Drs. 16/10532, S. 28; *Fenger*, in: Spickhoff, Medizinrecht, § 10 GenDG Rn. 1; *Stockter*, in: Prütting, Fachanwaltskommentar Medizinrecht, § 10 GenDG Rn. 6.

69 Richtlinie genetische Beratung (Fassung v. 1. 7. 2011), Bundesgesundheitsbl 2011 (54), 1248–1256, 1249.

lung gehört, zu beachten.[70] Sie ist allgemeinverständlich zu formulieren. Da aus medizinischer Sicht kein dringender Handlungsbedarf besteht,[71] hat sie ergebnisoffen zu erfolgen, also nicht werbend für oder gegen die Untersuchung. Inhaltlich hat sie insbesondere die möglichen medizinischen, psychischen und sozialen Probleme zu behandeln, die sich aus der Untersuchung oder dem Verzicht einer Untersuchung für den Betroffenen ergeben. Insoweit geht sie inhaltlich deutlich über die Aufklärung hinaus.[72]

Insbesondere ist auf die Möglichkeit überraschender Ergebnisse hinzuweisen.[73] Das ist von besonderer Bedeutung für sogenannte Nebenbefunde, wenn also unerwartete genetische Eigenschaften festgestellt werden, die nicht vom Untersuchungszweck umfasst sind. Die Materialien nennen als Beispiel den Ausschluss einer Vaterschaft.[74]

Weitere Sachverständige können nach Zustimmung der betroffenen Person hinzugezogen werden. Hinzugezogen werden können insbesondere die Ärzte, die an einer späteren Therapie beteiligt werden oder werden sollen,[75] aber auch Personen, die keine ärztliche Ausbildung haben,[76] wie Psychologen oder psychologische Psychotherapeuten.

Zu berücksichtigen sind in diesem Zusammenhang auch die Rechte und Interessen Dritter auf Selbstbestimmung, Hilfe oder Schadensvermeidung.[77] Was die Materialien damit zum Ausdruck bringen wollen, bleibt undeutlich: Der Gesetzestext ist bewusst unklar und offen gehalten. In diesem Zusammenhang sind Konflikte mit der ärztlichen Schweigepflicht naheliegend,[78] aber zu vermeiden. Der Arzt hat also bei einem Ergebnis der genetischen Untersuchung, das auch für Familienangehörige von Interesse sein kann, dem Betroffenen die Information der Verwandten, oder jeden-

70 Richtlinie genetische Beratung (Fassung v. 1. 7. 2011), Bundesgesundheitsbl 2011 (54), 1248–1256, 1250.

71 *Hasskarl/Ostertag*, MedR 2005, 640, 647.

72 BT-Drs. 16/3233, S. 33.

73 BT-Drs. 16/3233, S. 33.

74 BT-Drs. 16/3233, S. 34.

75 *Fenger*, GesR 2010, 57, 58.

76 *Stockter*, in: Prütting, Fachanwaltskommentar Medizinrecht, § 10 GenDG Rn. 9.

77 BT-Drs. 16/3233, S. 31.

78 Hierauf verweist auch *Reuner*, in diesem Band, S. 67.

falls deren genetische Untersuchung zu empfehlen.[79] Eine direkte Information der Verwandten durch den Arzt ist ohne Einwilligung des Betroffenen rechtlich nicht zulässig, es sei denn, der Familienangehörige ist seinerseits Patient des untersuchenden oder behandelnden Arztes.[80]

Allerdings bleibt die direkte Information auch mit der Einwilligung des Patienten problematisch, weil das Recht auf Nichtwissen der bisher unbeteiligten Dritten dagegen spricht.[81] Das gilt nach Abs. 3 S. 5 auch, wenn der fragliche Befund bei der genetischen Untersuchung eines Embryonen oder Föten gewonnen wurde.[82] Diese Empfehlung an die Schwangere kann daher auch nach Beendigung der Schwangerschaft gegeben werden.[83]

Der Inhalt der Beratung ist zu dokumentieren. Ob dafür die allgemeinen Regeln der Dokumentationspflicht gelten, bleibt offen. Da die normale ärztliche Dokumentationspflicht sich an den therapeutischen Notwendigkeiten der Weiterbehandlung orientiert, erscheint es zweifelhaft, ob das hier auch gelten kann, weil es zumindest fraglich ist, ob die prädiktiven Befunde jeweils therapeutische Relevanz erlangen werden. Vgl. dazu auch § 630f Abs. 2 BGB.

Inhalt und Ergebnisse von genetischen Beratungen sollen dem Betroffenen, auf dessen Wunsch auch dem behandelnden Arzt, in verständlicher Form schriftlich zusammengefasst zur Verfügung gestellt werden.[84]

Die Abgrenzung der Beratung zur Selbstbestimmungsaufklärung ist auch im Arzthaftpflichtrecht nicht immer einfach.[85] Trotz dieser theoreti-

---

79 BT-Drs. 16/3233, S. 34.

80 Vgl. dazu OLG Frankfurt NJW 2000, 875; und *Schröter*, Die Strafbarkeit des Arztes bei der Offenbarung genetischer Daten an Angehörige eines Patienten, 2011.

81 Vgl. dazu auch OLG Koblenz GesR 2012, 164 = MedR 2012, 742; und die Anmerkungen dazu von *Kern*, Arzthaftung für Mitteilung einer gravierenden Erbkrankheit (Chorea Huntington), GesR 2012, 352 f. sowie *Jaeger*, VersR 2012, 862 f. und *Damm*, Prädiktive Gendiagnostik im Familienverband und Haftungsrecht, MedR 2012, 705.

82 BT-Drs. 16/3233, S. 34.

83 BT-Drs. 16/10532, S. 29.

84 Richtlinie genetische Beratung (Fassung v. 1. 7. 2011), Bundesgesundheitsbl 2011 (54), 1248–1256, 1250.

schen Abgrenzung wird sich in der Praxis möglicherweise die Frage stellen, wieweit sich nicht beide Aufgaben überschneiden und es demzufolge möglich sein kann, auf Teile der einen oder anderen Aufgabe zu verzichten.[86]

VI. § 11 - Mitteilung der Ergebnisse genetischer Untersuchungen und Analysen

Da es sich bei den gewonnenen Informationen um hochsensible Daten handelt, an deren Geheimhaltung der Betroffene ein gesteigertes Interesse hat, enthält das Gesetz diese Bestimmung, die über die allgemeinen datenschutzrechtlichen Vorschriften (§ 4 BDSG) und die ärztliche Schweigepflicht hinausgeht und sie ergänzt und konkretisiert.[87]

Abs. 1 sichert, dass der Befund der Untersuchung - die genetische Analyse ist hier nicht ausdrücklich mit genannt - nur dem Betroffenen und nur von kompetenter Seite überbracht wird.[88] Unter „Ergebnis einer genetischen Untersuchung" ist hier das Ergebnis einer genetischen Analyse sowie deren Interpretation unter Berücksichtigung individueller Gegebenheiten zu verstehen.[89]

Nach Abs. 2 dürfen die Person oder die Einrichtung, die nach § 7 Abs. 2 GenDG die genetische Analyse durchgeführt haben (Labor), das Ergebnis nur dem Arzt mitteilen, der sie beauftragt hat. Insoweit ist nur das Ergebnis einer genetischen Analyse gemeint.[90] Die Vorschrift verbietet der Einrichtung zum einen die Weitergabe der Befunde an Dritte, zum anderen

---

85 *Kern*, GesR 2009, 1, 10; vgl. dazu auch *Stockter*, in: Prütting, Fachanwaltskommentar Medizinrecht, § 9 GenDG Rn. 11. Vgl. dazu auch die Diskussion über die angeblich überflüssige Doppelung der §§ 630c und 630f BGB.

86 *Hasskarl/Ostertag*, MedR 2005, 640, 647.

87 *Hasskarl/Ostertag*, MedR 2005, 640, 648; *Stockter*, in: Prütting, Fachanwaltskommentar Medizinrecht, § 11 GenDG Rn. 2.

88 BT-Drs. 16/3233, S. 34; BR-Drs. 633/08, S. 56; BT-Drs. 16/10532, S. 29.

89 BT-Drs. 16/10532, S. 29.

90 BT-Drs. 16/10532, S. 29.

aber auch die Mitteilung an den Betroffenen selbst,[91] die nach Abs. 1 dem kompetenten Arzt vorbehalten bleibt. Abs. 2 stellt damit sicher, dass der Betroffene nur im Rahmen eines Arzt-Patienten-Verhältnisses mit einem Befund konfrontiert wird.[92]

Andere Personen dürfen gemäß Abs. 3 nur mit ausdrücklicher und schriftlicher Einwilligung der Betroffenen das Ergebnis der Untersuchung erfahren. Diese Vorschrift verschärft die Anforderungen an die ärztliche Schweigepflicht in sonstigen Fällen. Für die Schweigepflichtentbindung reichte eine konkludente Einwilligung aus. Das Schriftformerfordernis stammt aus dem Datenschutzrecht.

Als *andere* im Sinne dieser Vorschrift ist nicht das Personal des Arztes oder des Labors anzusehen.[93] Insoweit sind die Regeln der Schweigepflicht[94] ergänzend heranzuziehen.

Bei den betroffenen Ärzten löst diese gesetzliche Regelung erheblichen Widerspruch aus, weil Mutationsträger bestimmter behandelbarer Generkrankungen selbst ihre Verwandten auf dieses Risiko hinweisen sollen. Die Ärzte haben aber keine Möglichkeit, zu überprüfen, ob das geschieht, und wünschen deshalb ein eigenes Interventionsrecht.[95]

VII. § 12 - Aufbewahrung und Vernichtung der Ergebnisse genetischer Untersuchungen und Analysen

§ 12 Abs. 1 GenDG legt die Aufbewahrungsdauer der genetischen Untersuchungen und Analysen auf 10 Jahre fest. Das entspricht der allgemeinen Aufbewahrungsdauer für die ärztliche Dokumentation nach § 10 Abs. 3 MBO[96] und nach § 630f Abs. 3 BGB.

---

91 BT-Drs. 16/3233, S. 34.

92 BT-Drs. 16/10532, S. 29.

93 *Stockter*, in: Prütting, Fachanwaltskommentar Medizinrecht, § 11 GenDG Rn. 12.

94 *Schlund*, in: Laufs/Kern, Handbuch des Arztrechts, § 71 Rn. 45.

95 Gendiagnostikgesetz hält der Praxis nicht stand. Seit Februar in Kraft, für die Wissenschaftsakademien dringend novellierungsbedürftig, Frauenarzt 2010, 1120.

96 BT-Drs. 16/10532, S. 29.

Nicht geregelt ist der Beginn der Aufbewahrungsfrist. Insoweit kann jedoch auf § 10 Abs. 3 MBO zurückgegriffen werden, der vom Ende der Behandlung, zu der auch die Beratung gehört, ausgeht.[97]

Die Aufbewahrungspflicht obliegt dem verantwortlichen Arzt (Abs. 1 S. 2) oder der gemäß § 7 Abs. 2 GenDG durch den Arzt beauftragten Person oder Einrichtung (§ 12 Abs. 2). Die Dokumentation erfolgt in den Unterlagen des betroffenen Patienten.

Streng genommen regelt Abs. 1 S. 2 nur die Vernichtung der Untersuchungsunterlagen. Sie sind unverzüglich - d.h. ohne schuldhaftes Zögern (§ 121 Abs. 1 BGB) - nach dem Ablauf der 10 Jahre zu vernichten (§ 12 Abs. 1 S. 2 Nr. 1). Sie sind auch zu vernichten, wenn der Betroffene sich gemäß § 8 Abs. 1 S. 1 und 2 GenDG bei der Einwilligung in die genetische Untersuchung gegen die Kenntnisnahme entschieden hat (§ 12 Abs. 1 S. 2 Nr. 2) oder eine gegenteilige Entscheidung rechtzeitig, d.h. „soweit ihr die Ergebnisse nicht bereits bekannt sind", widerrufen hat (§ 12 Abs. 1 S. 4 iVm § 8 Abs. 2).[98] Vernichten bedeutet nach § 3 Abs. 4 S. 2 Nr. 5 BDSG unkenntlich machen. Dabei muss sichergestellt sein, dass die Informationen nicht wiederhergestellt werden können. Das gilt insbesondere auch für elektronische Datenträger.[99]

Sind die Untersuchungsergebnisse in den Krankenunterlagen mehrerer Betroffener dokumentiert, so gilt die Entscheidung eines Betroffenen nur für ihn. In den Krankenunterlagen der weiteren Betroffenen bleiben sie erhalten.[100]

Nach Ablauf der regulären Aufbewahrungsfrist sind die Ergebnisse unter zwei alternativen Voraussetzungen dann nicht zu vernichten, wenn nämlich entweder Grund zu der Annahme besteht, dass durch eine Vernichtung schutzwürdige Interessen des Betroffenen beeinträchtigt werden oder „wenn die betroffene Person eine längere Aufbewahrung schriftlich

97 *Stockter*, in: Prütting, Fachanwaltskommentar Medizinrecht, § 12 GenDG Rn. 6.
98 *Genenger*, NJW 2010, 113, 115.
99 *Stockter*, in: Prütting, Fachanwaltskommentar Medizinrecht, § 12 GenDG Rn. 14.
100 BT-Drs. 16/3233, S. 35; BR-Drs. 633/08, S. 57 f.; BT-Drs. 16/10532, S. 29.

verlangt“ (§ 12 Abs. 1 S. 3). Insoweit ist die Verwendung von eindeutigen Formularen zulässig.[101]

Werden die Ergebnisse nicht vernichtet, sind sie zu sperren. Was das Gesetz unter „sperren“ versteht, ist in § 3 GenDG nicht erklärt, wohl aber in § 3 Abs. 4 Nr. 4 BDSG. Die dortige Definition kann allerdings im Gendiagnostikrecht nicht sinnvoll verwendet werden.[102]

Ausnahmsweise sind die Unterlagen nicht zu löschen, wenn die Vorschriften des IfSG oder die darauf gestützten Rechtsverordnungen einer Vernichtung entgegenstehen.[103] Offen bleibt, ob sie dann zu sperren sind.

Gleichfalls nicht geregelt ist die Frage, wie lange die „längere“ Aufbewahrung dauern soll. Wenn in der Literatur eine „erneute Aufbewahrungszeit von zehn Jahren“ genannt wird,[104] findet diese Ansicht keine Stütze im Gesetz, auch nicht in dem dort genannten § 11 Abs. 1.

VIII. § 13 - Verwendung und Vernichtung genetischer Proben

Diese Vorschrift dient dem Schutz vor unbefugtem Zugriff sowie vor unbefugter Weitergabe, Verwendung und Vernichtung genetischer Proben,[105] nicht der daraus gewonnenen Ergebnisse.

Genetische Proben dürfen nach § 13 Abs. 1 S. 1 grundsätzlich nur für die Zwecke verwendet werden, für die sie gewonnen wurden. Dadurch soll die unbefugte Weiterverwendung von genetischen Proben ausgeschlossen werden.[106] Die Probe ist nach Durchführung der genetischen Analyse grundsätzlich zu vernichten.[107]

Abweichendes gilt gemäß § 13 Abs. 2 Alt. 2, soweit die Person, von der die genetische Probe stammt, in die anderweitige Verwendung einwil-

101 *Fenger*, in: Spickhoff, Medizinrecht, § 12 GenDG Rn. 1.

102 Hierzu näher *Kern*, in diesem Band, S. 14.

103 BT-Drs. 16/3233, S. 35.

104 *Genenger*, NJW 2010, 113, 115.

105 BT-Drs. 16/10532, S. 30; so auch *Genenger*, NJW 2010, 113, 115.

106 BT-Drs. 16/3233, S. 36; BT-Drs. 16/10532, S. 16.

107 BT-Drs. 16/10532, S. 30.

ligt. Diese Einwilligung muss nach Unterrichtung über die anderen Zwecke ausdrücklich und schriftlich erfolgen.

Eine Verwendung zu anderen Zwecken liegt beispielsweise dann vor, wenn eine genetische Probe für andere genetische Untersuchungen oder Analysen genutzt werden soll.[108] Aber auch an die Verwendung zu Forschungszwecken oder zu Zwecken der Strafverfolgung ist zu denken.[109]

Ausnahmsweise ist gemäß § 13 Abs. 2 Alt. 1 die Verwendung zu sonstigen Zwecken auch zulässig, soweit das andere gesetzliche Vorschriften erlauben. Gegenwärtig erlaubt nur das IfSG, das gemäß § 2 Abs. 2 Nr. 2 GenDG auch für die Gendiagnostik gilt,[110] die Weitergabe (Verwendung) zu anderen Zwecken.

Anders als im ersten Entwurf, wird die Aufbewahrung genetischer Proben nicht ausdrücklich angesprochen. Die Aufbewahrung ist allerdings trotzdem unter diese Vorschrift zu subsumieren,[111] soweit sie überhaupt zulässig ist.

Aus § 13 Abs. 1 ergibt sich nämlich im Umkehrschluss, dass genetische Proben grundsätzlich überhaupt nicht aufbewahrt werden dürfen. Sie sind unverzüglich zu vernichten, wenn die Einwilligung des Betroffenen in die genetische Untersuchung nach § 8 Abs. 2 widerrufen wird oder spätestens, sobald die Proben für die Zwecke, für die sie gewonnen wurden, nicht mehr benötigt werden.

IX. Vorbemerkungen zu den §§ 14 und 15

Die §§ 14 und 15 beschäftigen sich mit der genetischen Untersuchung von nicht einwilligungsfähigen Personen. § 14 regelt die genetische Untersuchung an Material, das von geborenen, nicht einwilligungsfähigen Personen stammt, § 15 die genetische Untersuchung an Material, das von Unge-

---

108 BT-Drs. 16/3233, S. 36.

109 BR-Drs. 633/08, S. 59; BT-Drs. 16/10532, S. 30; *Stockter*, in: Prütting, Fachanwaltskommentar Medizinrecht, § 13 GenDG Rn. 9.

110 BT-Drs. 16/3233, S. 34.

111 BT-Drs. 16/10532, S. 30; *Fenger*, in: Spickhoff, Medizinrecht, § 13 GenDG Rn. 1.

borenen gewonnen wird. Allerdings legt die Literatur § 15 teils anders aus und lässt auch die Untersuchung des mütterlichen Blutes darunter fallen, wenn es Aufschluss über den genetischen Status des Embryos/Fötus liefert.[112] Für die weite Auslegung spricht der unbestimmte Wortlaut von § 15. Für die restriktive Auslegung von § 15 spricht neben der Stellung im Gesetz die Definition in § 3 Nr. 3 GenDG: „vorgeburtliche Risikoabklärung (ist) eine Untersuchung des Embryos oder Fötus." Dieser klare Gesetzeswortlaut wird allerdings wieder dadurch verwässert, dass die Materialien in diesem Zusammenhang auch den Triple-Test nennen, der an mütterlichem Blut vorgenommen wird.[113]

Genetische Untersuchungen an Nichteinwilligungsfähigen müssten grundsätzlich verboten sein. Sie sind aber aus Gründen der medizinischen Notwendigkeit, um eine möglichst frühe Diagnose zu ermöglichen, in eng begrenzten Ausnahmefällen zulässig.[114]

Wenig hilfreich ist es, dass das Gesetz auf die Regelung der Beratung im Vorfeld einer Schwangerschaft verzichtet, die doch in innerem Zusammenhang mit der pränatalen Diagnostik nach § 15 steht.[115] Das bedeutet nicht, dass sie unzulässig ist, sondern nur, dass es keine spezielle Regelung gibt. Insoweit gelten insbesondere die §§ 8 und 9 GenDG. Zu beachten ist insoweit auch die Leitlinie des Berufsverbandes Medizinische Genetik von 1996.[116]

---

112 Dafür: *Gärditz*, Gutachterliche Stellungnahme zur Zulässigkeit des Diagnostikproduktes „PraenaTest", Juni 2012; wohl auch *Heinrichs/Spranger/Tambornino*, Ethische und rechtliche Aspekte der Pränataldiagnostik. Herausforderungen angesichts neuer nicht-invasiver Testverfahren, MedR 2012, 625 ff. Dagegen: *Kern*, in: Kern (Hrsg.), Kommentar zum Gendiagnostikgesetz, 2012, § 15 Rn. 8.

113 Vgl. dazu *Hahn/Schwarz*, in: Kern, GenDG, § 3 Rn. 17.

114 BT-Drs. 16/3233, S. 36 f.; BT-Drs. 16/10532, S. 30.

115 Vgl. dazu *Kern*, in: Hillenkamp, Medizinrechtliche Probleme der Humangenetik, S. 17, 19-22.

116 Vgl. dazu *Kern*, in: Hillenkamp, Medizinrechtliche Probleme der Humangenetik, S. 17, 21.

Gleichfalls ungeregelt ist die Information über das Vorhandensein von pränataler Diagnostik.[117] Sie ist gleichermaßen ethisch bedenklich wie von größter forensischer Bedeutung.

X. § 14 - Genetische Untersuchungen bei nicht einwilligungsfähigen Personen

Die genetische Untersuchung zu medizinischen Zwecken und die Gewinnung der dafür erforderlichen genetischen Proben bei Nichteinwilligungsfähigen sind nur unter den engen Voraussetzungen des § 14 zulässig. Dadurch soll verhindert werden, dass besorgte Eltern in unangemessenem Umfang überflüssige genetische Untersuchungen an ihren Kindern durchführen lassen.[118] Ist die Nichteinwilligungsfähigkeit von vorübergehender Art, soll mit einer genetischen Untersuchung möglichst gewartet werden, bis die Einwilligungsfähigkeit wieder besteht.[119]

§ 14 unterscheidet zwei Fälle, die indizierte Behandlung des Betroffenen (§ 14 Abs. 1) und die fremdnützige Verwendung (§ 14 Abs. 2).

Voraussetzung für die indizierte Untersuchung ist gemäß § 14 Abs. 1 Nr. 1, dass nach dem allgemein anerkannten Stand der Wissenschaft und Technik die Untersuchung erforderlich ist, „um bei der Person eine genetisch bedingte Erkrankung oder gesundheitliche Störung zu vermeiden oder zu behandeln oder dieser vorzubeugen". Entsprechendes gilt, wenn „eine Behandlung mit einem Arzneimittel vorgesehen ist, dessen Wirkung durch genetische Eigenschaften beeinflusst wird". Die genetische Untersuchung muss also mit einem unmittelbaren, direkten Nutzen für den Betroffenen verbunden sein.[120] Daher setzt eine genetische Untersuchung regelmäßig

117 Vgl. dazu *Kern*, in: Hillenkamp, Medizinrechtliche Probleme der Humangenetik, S. 17, 21 f. Immerhin verweist die Richtlinie genetische Beratung (Fassung v. 1. 7. 2011), Bundesgesundheitsbl 2011 (54), 1248–1256, 1251, darauf.

118 *Hasskarl/Ostertag*, MedR 2005, 640, 648.

119 Richtlinie genetische Untersuchungen zu medizinischen Zwecken bei nichteinwilligungsfähigen Personen (Fassung v. 26. 7. 2011), Bundesgesundheitsbl 2011 (54), 1257–1261, 1259.

120 BT-Drs. 16/3233, S. 37; *Fenger*, in: Spickhoff, Medizinrecht, § 14 GenDG Rn. 1.

voraus, dass Krankheitssymptome bereits vorliegen. Aus den genannten Gesichtspunkten folgt zudem, dass die genetischen Untersuchungen erst durchzuführen sind, wenn sie für weitere Entscheidungen und Behandlungsmaßnahmen relevant werden.[121] Bei gesundheitlichen Störungen ist die genetische Untersuchung auch zulässig, wenn durch eine genetische Abklärung weitere diagnostische Belastungen oder inadäquate Therapiemaßnehmen für den Betroffenen vermieden werden können.

Die Untersuchung darf für die Person nur mit möglichst wenigen Risiken und Belastungen verbunden sein (§ 14 Abs. 1 Nr. 3).[122] Diese Forderung entspricht dem allgemein anerkannten Schutzstandard bei Nichteinwilligungsfähigen[123] und weist demzufolge auch viele der einschlägigen Probleme auf.

Beruht die Nichteinwilligungsfähigkeit auf der Minderjährigkeit des Betroffenen so sind genetische Untersuchungen nicht zulässig, wenn die in Frage kommenden Krankheiten erst im Erwachsenenalter auftreten und keine Präventionsmaßnahmen möglich sind.

Abs. 2 Nr. 2 enthält eine Subsidiaritätsklausel: Bevor eine Untersuchung nach Abs. 2 Nr. 2 erlaubt ist, muss zuvor immer versucht werden, den Nachweis einer Anlageträgerschaft bei den Eltern zu führen. Nur wenn auf diese Weise keine wissenschaftlich gesicherten Ergebnisse erzielt werden können, kann die Untersuchung eines nicht Einwilligungsfähigen zulässig sein. Dafür lassen sich nur vergleichsweise wenige Beispiele bei seltenen familiären Konstellationen anführen.[124]

Die Einwilligung des Betroffenen wird gemäß § 14 Abs. 1 Nr. 4 iVm § 8 Abs. 1 durch die ihres Vertreters ersetzt. Vertreter sind bei Minderjäh-

---

121 Richtlinie genetische Untersuchungen zu medizinischen Zwecken bei nichteinwilligungsfähigen Personen (Fassung v. 26. 7. 2011), Bundesgesundheitsbl 2011 (54), 1257–1261, 1259.

122 Richtlinie genetische Untersuchungen zu medizinischen Zwecken bei nichteinwilligungsfähigen Personen (Fassung v. 26. 7. 2011), Bundesgesundheitsbl 2011 (54), 1257–1261, 1258.

123 BT-Drs. 16/10532, S. 30.

124 Richtlinie genetische Untersuchungen zu medizinischen Zwecken bei nichteinwilligungsfähigen Personen (Fassung v. 26. 7. 2011), Bundesgesundheitsbl 2011 (54), 1257–1261, 1259.

rigen die Eltern (§ 1629 BGB), der Vormund (§ 1793 Abs. 1 S. 1 BGB), gegebenenfalls ein Ergänzungspfleger (§ 1915 Abs. 1 BGB), bei Volljährigen der Betreuer (§ 1902 BGB) und der Bevollmächtigte, wenn die Bevollmächtigung auch diese Fallkonstellation erfasst.[125] Auch die Befundmitteilung erfolgt gemäß § 11 GenDG an den gesetzlichen Vertreter.[126]

Für Minderjährige müssen beide sorgeberechtigten Eltern einwilligen. Können sie sich nicht einigen, kann jeder Elternteil beim Familiengericht beantragen, ihm insoweit die Alleinentscheidungsbefugnis nach § 1628 BGB zu übertragen.[127] Die Einwilligung nur eines Elternteils reicht nur aus, wenn er allein sorgeberechtigt ist oder der andere ihn dazu bevollmächtigt hat.[128]

Besteht zwischen Eltern und Minderjährigen ein erheblicher Interessengegensatz, kann das Familiengericht gemäß §§ 1629 Abs. 2 S. 3, 1796 BGB den Eltern die Vertretungsmacht für die Entscheidung über die Einwilligung des Kindes entziehen und auf einen Ergänzungspfleger (§ 1909 Abs. 1 S. 1 BGB) übertragen.[129]

Gemäß § 14 Abs. 3 S. 3 gelten die §§ 1627 und 1901 Abs. 2 und 3 BGB. Damit wird der Betreuer an das Wohl und die Wünsche des Betreuten gebunden, die Eltern an das Kindeswohl. Bei der Beurteilung des Wohls des Betroffenen hat der Vertreter sowohl die subjektive Sicht des Nichteinwilligungsfähigen zu berücksichtigen, als auch „objektiv normative" Gesichtspunkte wie z.B. die Zukunftsperspektiven.[130] Dieser Verweis wirft erhebliche Probleme auf,[131] weil die strenge Bindung an das Wohl letztlich alle nichtindizierten Eingriffe verbietet.

---

125 BT-Drs. 16/10532, S. 31.

126 Richtlinie genetische Untersuchungen zu medizinischen Zwecken bei nichteinwilligungsfähigen Personen (Fassung v. 26. 7. 2011), Bundesgesundheitsbl 2011 (54), 1257–1261, 1260.

127 BT-Drs. 16/10532, S. 31.

128 Vgl. dazu BGH NJW 1988, 2946.

129 BT-Drs. 16/3233, S. 37; BT-Drs. 16/10532, S. 31.

130 BT-Drs. 16/3233, S. 38.

131 Vgl. dazu *Schmidt-Recla*, Kontraindikation und Kindeswohl. Die „zulässige" Knochenmarkspende durch Kinder, GesR 2009, 571 f.

Die Vertreter sind gemäß § 14 Abs. 1 Nr. 4 nach § 9 GenDG aufzuklären. Auch die Vorschriften über die genetische Beratung nach § 10 GenDG sind gegenüber dem Vertreter einzuhalten. Darüber hinaus ist die betroffene Person nach § 14 Abs. 1 Nr. 2 über die Untersuchung „in einer ihr gemäßen Weise so weit wie möglich zu informieren." Insbesondere bei dauerhaft Nichteinwilligungsfähigen ist es anzustreben, eine Person des Vertrauens, die den Nichteinwilligungsfähigen gut kennt und in der Lage ist, ihm die geplante Untersuchung in geeigneter Weise zu erklären, an den Gesprächen zu beteiligen.[132]

Der Betroffene darf die Untersuchung oder die Gewinnung der dafür erforderlichen genetischen Probe nicht ablehnen. Was dieses Ablehnen bedeutet und welche Qualität es erreichen muss, ist offen.

Eine fremd-, genauer gesagt familiennützige genetische Untersuchung ist nach § 14 Abs. 2 zulässig, wenn „sich bei einer genetisch verwandten Person im Hinblick auf eine geplante Schwangerschaft nach dem allgemein anerkannten Stand der Wissenschaft und Technik auf andere Weise nicht klären lässt, ob eine bestimmte genetisch bedingte Erkrankung oder gesundheitliche Störung bei einem künftigen Abkömmling der genetisch verwandten Person auftreten kann." Handelt es sich dabei um eine genetische Untersuchung für eine Schwangerschaft, darf die Untersuchung erst durchgeführt werden, wenn die Schwangerschaft geplant ist.[133] Eine solche Untersuchung kann unter Umständen aber auch für eine schon bestehende Schwangerschaft von Interesse sein.[134] Das gilt beispielsweise für Familien, in denen eine genetische Erkrankung bekannt ist und zur Familienpla-

132 Richtlinie genetische Untersuchungen zu medizinischen Zwecken bei nichteinwilligungsfähigen Personen (Fassung v. 26. 7. 2011), Bundesgesundheitsbl 2011 (54), 1257–1261, 1260 f.

133 Richtlinie genetische Untersuchungen zu medizinischen Zwecken bei nichteinwilligungsfähigen Personen (Fassung v. 26. 7. 2011), Bundesgesundheitsbl 2011 (54), 1257–1261, 1259.

134 Richtlinie genetische Untersuchungen zu medizinischen Zwecken bei nichteinwilligungsfähigen Personen (Fassung v. 26. 7. 2011), Bundesgesundheitsbl 2011 (54), 1257–1261, 1259.

nung geklärt werden muss, ob die Erkrankung auf Vererbung oder auf einer Spontanmutation beruht.[135]

Die Person, von der das genetische Material stammt, darf durch das Untersuchungsergebnis voraussichtlich weder physisch noch psychisch belastet werden. Bezüglich der Aufklärung, Einwilligung und Beratung gilt das Entsprechende wie bei § 14 Abs. 1 Nrn. 2 und 4 (§ 14 Abs. 2 Nr. 2).

Abs. 3 beschränkt zum Schutz des Rechts auf informationelle Selbstbestimmung des Nichteinwilligungsfähigen den Umfang der genetischen Untersuchung.[136] Es dürfen nur die für den jeweiligen Untersuchungszweck erforderlichen Untersuchungen der genetischen Probe vorgenommen werden. Andere Feststellungen dürfen nicht getroffen werden.

XI. § 15 - Vorgeburtliche genetische Untersuchungen

Die Spontanberatung der Schwangeren über pränatale Diagnostik ist nicht in § 15 geregelt und unterliegt nicht dem GenDG.

Eine genetische Untersuchung darf gemäß Abs. 1 vorgeburtlich nur zu medizinischen Zwecken vorgenommen werden.[137] Die medizinischen Zwecke sind ausdrücklich auf den Embryo und den Fötus bezogen, nicht auf die Schwangere, für die die Geburt und die Betreuung eines behinderten Kindes ja durchaus eine Gefahr für das Leben oder eine schwerwiegende Beeinträchtigung des körperlichen oder seelischen Gesundheitszustandes iSv § 218a Abs. 2 StGB darstellen kann.[138] Die genetische Untersuchung muss auf bestimmte genetische Eigenschaften des Embryonen oder Föten abzielen. Diese genetischen Eigenschaften müssen - wissenschaftlich fundiert - erwarten lassen, dass die Gesundheit des Embryonen oder Föten während der Schwangerschaft oder nach der Geburt beeinträchtigt wird.

---

135 BT-Drs. 16/3233, S. 38.

136 BT-Drs. 16/10532, S. 31; *Fenger*, in: Spickhoff, Medizinrecht, § 14 GenDG Rn. 3.

137 BT-Drs. 16/10532, S. 32.

138 Vgl. dazu BT-Drs. 16/3233, S. 39.

Gentests, die nur darauf abzielen die Haarfarbe, das Geschlecht oder das Aussehen des Kindes zu bestimmen, sind verboten.[139] Wird bei derartigen Untersuchungen (z.B. Adrenogenitales Syndrom[140]) allerdings als Zufallsergebnis das Geschlecht des Embryonen festgestellt, darf der Schwangeren das Ergebnis nach Ablauf von 12 Wochen mitgeteilt werden. Durch diesen Termin soll eine Geschlechtsselektion vermieden werden, die nach den Abtreibungsregeln noch zulässig wäre,[141] da gemäß § 218a Abs. 1 StGB innerhalb der ersten zwölf Wochen keine Gründe angegeben werden müssen.

Genetische Untersuchungen zum Zwecke der Lebensplanung - der Begriff bleibt undefiniert - sind demzufolge unzulässig.[142] Das gilt insbesondere für Untersuchungen, die gegebenenfalls eine Abtreibung zur Folge haben können. Die sogenannte „Kind als Schaden"-Problematik[143] dürfte sich in Zukunft partiell ganz anders gestalten.[144] Ein Vertrag über eine genetische Untersuchung ohne therapeutische Konsequenzen für den Embryo ist nach §§ 134 BGB und § 15 GenDG nichtig, die genetische Untersuchung unzulässig.

Die Schwangere muss gemäß § 9 GenDG aufgeklärt werden und nach § 8 Abs. 1 GenDG einwilligen (§ 15 Abs. 1 S. 1). Zum Inhalt der Aufklärung gehört insbesondere auch die Information über die spezifischen Risiken der Gewinnung einer für die genetische Untersuchung erforderlichen Probe.[145]

Bei enger Auslegung des § 15 wird sich seine Bedeutung allerdings stark abschwächen, weil der Bluttest für Schwangere, der Aufschluss darüber geben soll, ob bei dem ungeborenen Kind eine Trisomie 21 vorliegt,

139 *Fenger*, in: Spickhoff, Medizinrecht, § 15 GenDG Rn. 1.

140 BT-Drs. 16/10532, S. 32.

141 *Fenger*, in: Spickhoff, Medizinrecht, § 15 GenDG Rn. 1.

142 BT-Drs. 16/3233, S. 38.

143 Vgl. dazu *Laufs/Kern*, in: Laufs/Kern, Handbuch des Arztrechts, § 99 Rn. 1.

144 In diesem Sinne auch LSG Nordrhein-Westfalen, Urt. v. 26. 1. 2012 - L 5 KR 720/11 ER, juris.

145 BT-Drs. 16/3233, S. 39; BT-Drs. 16/10532, S. 9.

mittlerweile zur Verfügung steht.[146] Demzufolge sind die genannten invasiven Untersuchungen nicht mehr erforderlich, sondern die Einwilligung der Schwangeren nach § 8 GenDG reicht aus.[147] Die Bedenken, die gegen diese Untersuchungsmethoden geäußert werden,[148] vermögen nicht zu überzeugen.[149]

Die genetische Untersuchung einer Krankheit, die erst nach dem 18. Lebensjahr ausbricht, darf vorgeburtlich nicht vorgenommen werden (§ 15 Abs. 2). Damit soll eine Umgehung von § 14 GenDG verhindert werden, der die genetische Untersuchung an Nichteinwilligungsfähigen einschränkt.[150] In den einschlägigen Fällen kann mit der genetischen Untersuchung zugewartet werden, bis der Betroffene selbst eine Entscheidung treffen kann, zumal keine unmittelbaren therapeutischen Entscheidungen anstehen. Damit wird das Recht des Heranwachsenden auf Leben und Nichtwissen gewahrt, aber auch familiäre Belastungen verhindert.[151] Diese Vorschrift wirft in der Praxis große Probleme auf.[152]

Gemäß Abs. 3 ist sowohl vor einer vorgeburtlichen Untersuchung als auch nach dem Vorliegen des Untersuchungsergebnisses die Schwangere entsprechend § 10 Abs. 2 und 3 GenDG genetisch zu beraten. Vor der genetischen Untersuchung ist die Schwangere insbesondere über die Möglichkeit von gesundheitlichen Störungen beim Embryo und die Möglichkeiten pränataler Diagnostik und ihrer Aussagekraft zu beraten.[153] Der

---

146 *Lilienweiss*, FAZ Nr. 172 vom 27. 7. 2011, S. N 1; *Eiben/Glaubitz/Merz*, Trisomie-21-Analyse aus mütterlichem Blut, Frauenarzt 2012, 834 f.

147 So *Kern*, in: Kern, GenDG, § 15 Rn. 8. A.A.: *Gärditz*, Gutachterliche Stellungnahme zur Zulässigkeit des Diagnostikproduktes „PraenaTest"; wohl auch *Heinrichs/Spranger/Tambornino*, MedR 2012, 625.

148 *Gärditz*, Gutachterliche Stellungnahme zur Zulässigkeit des Diagnostikproduktes „PraenaTest", S. 18 f.

149 *Heinrichs/Spranger/Tambornino*, MedR 2012, 625, 629.

150 BT-Drs. 16/3233, S. 39.

151 BT-Drs. 16/3233, S. 39; *Fenger*, in: Spickhoff, Medizinrecht, § 15 GenDG Rn. 2.

152 Vgl. dazu insgesamt *Reuner*, in diesem Band, S. 61-68.

153 Richtlinie genetische Beratung (Fassung v. 1. 7. 2011), Bundesgesundheitsbl 2011 (54), 1248–1256, 1251.

Schwangeren sind unterschiedliche Handlungsoptionen vorzustellen.[154] Im Rahmen dieser Beratung ist die Schwangere gegebenenfalls über die Möglichkeit einer heterologen Insemination oder einer Adoption zu informieren.[155]

Nach der genetischen Untersuchung sind bei auffälligem Befund das zu erwartende klinische Bild, mögliche Komplikationen während der Schwangerschaft, Konsequenzen für die Geburtsleitung, die Entwicklungsperspektiven sowie Therapie- und Präventionsmöglichkeiten für das Kind mit der Schwangeren zu erörtern.

Bei der Beratung ist die Regelung der genetischen Beratung in § 2a Schwangerschaftskonfliktgesetz (SchKG) zu beachten.[156] Auch ist die Schwangere ergänzend auf § 2 des SchKG hinzuweisen. Der Inhalt der Beratung ist gemäß § 15 Abs. 3 GenDG zu dokumentieren.

Das GenDG geht nicht darauf ein, dass auch der Vater in das Beratungsgespräch mit einbezogen werden soll, was in der älteren Literatur[157] angenommen wurde. Dementsprechend wurde die genetische Beratung als „Beratungsprozess zw. Eltern u. Arzt mit dem Ziel, den Eltern eine individuelle Hilfe bei der Entscheidung zu bieten, bei einem Risiko für das gewünschte Kind entw. auf eigene Kinder zu verzichten […] od. das Risiko zu akzeptieren“ definiert.[158] Dem Gesetz nach besteht diese Beratungspflicht gegenüber dem Vater nicht, was nicht unbedingt als sinnvolle Entscheidung anzusehen ist. Allerdings spricht nichts dagegen, den Vater mit Einverständnis der Schwangeren in das Beratungsgespräch einzubeziehen. Der beratende Arzt hat das anzuregen und zu empfehlen.[159]

---

154 BT-Drs. 16/10532, S. 32.

155 *Kern*, in: Hillenkamp, Medizinrechtliche Probleme der Humangenetik, S. 17, 19.

156 Richtlinie genetische Beratung (Fassung v. 1. 7. 2011), Bundesgesundheitsbl 2011 (54), 1248–1256, 1250.

157 Vgl. dazu *Kern*, in: Hillenkamp, Medizinrechtliche Probleme der Humangenetik, S. 17, 19.

158 *Pschyrembel*, Klinisches Wörterbuch, 262. Aufl., 2011, Stichwort: Beratung, genetische.

159 So auch die Richtlinie genetische Beratung (Fassung v. 1. 7. 2011), Bundesgesundheitsbl 2011 (54), 1248–1256, 1250.

Ist die Schwangere nicht einwilligungsfähig, so ist im Wesentlichen entsprechend den Vorgaben des § 14 GenDG zu verfahren (§ 15 Abs. 4 S. 1).

XII. § 16 - Genetische Reihenuntersuchungen

Unter genetischer Reihenuntersuchung ist „eine genetische Untersuchung zu medizinischen Zwecken, die systematisch der gesamten Bevölkerung oder bestimmten Personengruppen in der gesamten Bevölkerung angeboten wird, ohne dass bei der jeweiligen betroffenen Person notwendigerweise Grund zu der Annahme besteht, sie habe die genetischen Eigenschaften, deren Vorhandensein mit der Untersuchung geklärt werden soll" zu verstehen (§ 3 Nr. 9 GenDG). Zu den schon bekannten und durchgeführten genetischen Reihenuntersuchungen gehört das Neugeborenenscreening.[160]

Für die genetische Reihenuntersuchung fehlt eine Indikation im engeren Sinne. Sie ist nach Abs. 1 dennoch zulässig, allerdings nicht uneingeschränkt. Vielmehr sind genetische Reihenuntersuchungen grundsätzlich nur zulässig, „um in Gruppen oder Populationen mit durchschnittlichem oder leicht erhöhtem Krankheitsrisiko nach Risikopersonen für Krankheitsveranlagungen (z.B. Fettstoffwechselstörungen) zu suchen und den identifizierten Risikopersonen Möglichkeiten einer Frühbehandlung oder Prävention zu eröffnen".[161]

Da eine strenge Indikation fehlt und demzufolge das öffentliche Interesse an der Durchführung der genetischen Reihenuntersuchung das individuelle Interesse überwiegt, ist diese Form der genetischen Untersuchung nur zulässig, „wenn der Ausbruch der mit der Untersuchung zu diagnostizierenden Erkrankung oder gesundheitlichen Störung bei den untersuchten Personen, falls sie die betreffenden genetischen Eigenschaften haben, nach dem allgemein anerkannten Stand der Wissenschaft und Technik vermeidbar oder die Krankheit oder gesundheitliche Störung zumindest behandel-

160 BT-Drs. 16/3233, S. 40; BT-Drs. 16/10532, S. 33.
161 BT-Drs. 16/10532, S. 33.

bar ist"[162] oder ihr vorgebeugt werden kann. Die Untersuchung muss also zumindest mit einem potentiellen Nutzen für den Betroffenen verbunden sein.

Nicht zulässig sind daher Reihenuntersuchungen zu medizinischen Zwecken, die nicht zu präventiven Maßnahmen oder Heilbehandlungen führen können, die also alleine wissenschaftliche Neugier zu befriedigen vermögen.

Da die erhöhte Gefahr besteht, dass Druck zur Teilnahme ausgeübt wird oder Teilnahmeverweigerer stigmatisiert werden, muss eine solche Untersuchung einer vorherigen Prüfung und Bewertung unterzogen werden. Diese Aufgabe überträgt das Gesetz der Gendiagnostik-Kommission.

Offengelassen ist im Gesetz die Frage der Freiwilligkeit der Teilnahme. Da aber in Deutschland Zwangsbehandlungen generell nur in sehr engem Rahmen zulässig sind und hier kein Grund für eine Zwangsteilnahme ersichtlich ist, ist auch § 8 anzuwenden und die Einwilligung des Betroffenen einzuholen.

Nicht von § 16 erfasst werden die Massengentests zu Strafverfolgungszwecken. Sie sind nach § 81h StPO zulässig. Sie unterliegen gemäß § 2 Abs. 2 Nr. 2a nicht dem GenDG.

162 BT-Drs. 16/10532, S. 33.

Gendiagnostik-Gesetz (GenDG) - Überlegungen aus dem klinischen Alltag

Ulrike Reuner, Dresden

Genetische Beratungen und Untersuchungen sind seit Jahren in allen klinisch-medizinischen Disziplinen häufig unverzichtbar und gehören demzufolge zur ärztlichen Routine. Für viele Patienten/Ratsuchende ergibt sich erst dadurch die Chance einer klaren diagnostischen Zuordnung und damit auch die Möglichkeit einer gezielten Beratung hinsichtlich Behandlungsstrategie, Prognose, Wiederholungsrisiko und Lebensplanung im weitesten Sinne. Regelungen zur genetischen Diagnostik[1] gab es in Deutschland auch vor Inkrafttreten des Gendiagnostikgesetzes (GenDG) und obgleich diese keine Gesetzeskraft hatten, waren sie doch berufsrechtlich bindend.

Die Ziele des Gesetzgebers, einerseits die Voraussetzungen für die genetischen Untersuchungen, Analysen sowie für die Verwendung genetischer Proben und Daten umfassend zu regeln und andererseits die Benachteiligung von Personen aufgrund genetischer Eigenschaften zu verhindern und das Recht auf informationelle Selbstbestimmung zu wahren, sind grundsätzlich zu begrüßen und zu unterstützen.

Dennoch ergeben sich insbesondere aus der Sicht des Facharztes, der, ohne Humangenetiker zu sein, regelmäßig mit Fragen der genetischen Beratung und Diagnostik befasst ist, Zweifel an der „Alltagstauglichkeit" des Gesetzes. Ohne Anspruch auf Vollständigkeit seien nachfolgend einige Aspekte zur Diskussion gestellt.

Schon aus der Definition des Anwendungsbereiches (§ 2 GenDG) ergeben sich praktisch-relevante Probleme. Aus neonatologisch/pädiatrischer Sicht ist es wünschenswert, den Anwendungsbereich des Gesetzes zu erweitern und genetische Untersuchungen und Analysen an bzw. von Föten nach Fehlgeburten, Totgeburten und verstorbenen Früh- und Neugeborenen einzubeziehen. In der Praxis ist es nicht selten, dass Elternpaare nach wiederholten Aborten aufgrund kindlicher Anomalien, nach Totgeburten

1 Richtlinie „Prädiktive genetische Diagnostik" der Bundesärztekammer, DÄBl. 2003, A-1297, 1302.

oder verstorbenen Früh- und Neugeborenen im Interesse weiterer Familienplanung postmortale Aufschlüsse einschließlich genetischer Analysen ausdrücklich wünschen. Da die Diagnostik in aller Regel nach einem Stufenprogramm abläuft, ist es notwendig, Untersuchungsmaterial gegebenenfalls auch postmortal zu gewinnen und zu konservieren (DNA-Isolierung, Anlegen von permanenten Zelllinien), um in Abhängigkeit vom jeweiligen Kenntnisstand, unter Umständen auch noch nach Jahren, die Diagnostik entsprechend zu ergänzen. Bislang erfolgen Beratungen und Untersuchungen analog zur Vorgehensweise bei nicht einwilligungsfähigen kindlichen Patienten.

Wenngleich viel seltener und möglicherweise nur akademisch von Interesse ist die Frage, wie mit genetischen Untersuchungen/Analysen bei hirntoten Menschen (z.B. im Falle einer hirntoten Schwangeren) zu verfahren ist. Auch insoweit werden praktisch vermutlich die gleichen Kriterien wie bei nicht einwilligungsfähigen Personen angewendet werden.

In § 3 GenDG (Begriffsbestimmungen) sind die Punkte 5 und 10 diskussionswürdig. „Im Sinne des Gesetzes [...] ist verantwortliche ärztliche Person die Ärztin oder der Arzt, die oder der die genetische Untersuchung zu medizinischen Zwecken vornimmt, [...]“ (§ 3 Nr. 5 GenDG). Mit einer solchen Formulierung dokumentiert der Gesetzgeber, dass er die alltäglichen Abläufe genetischer Beratung und Diagnostik entweder nicht kennt oder ignoriert. In aller Regel erfolgen genetische Beratung und Diagnostik in den jeweiligen klinischen Disziplinen, was auch sinnvoll ist, weil so am Besten die klinische Syndromdiagnose fachbezogen gestellt und spezielle genetische Analysen in Auftrag gegeben werden können. Die die genetische Analyse durchführende Person kann ein Laborarzt, ein Biologe oder ein mit gleichwertigen Kenntnissen ausgestatteter Naturwissenschaftler einer anderen Profession sein. Beratende und veranlassende verantwortliche Person und die die Analyse durchführende Person sind also zumeist nicht identisch und oft auch in unterschiedlichen Institutionen tätig. Da genetische Untersuchungen/Analysen teuer sind, ist es sinnvoll, dass nicht jedes Labor ein komplettes diagnostisches Spektrum vorhält, sondern eine Spezialisierung auf bestimmte Krankheitsbilder erfolgt. Das hat wiederum

zur Folge, dass die die Untersuchung veranlassende ärztliche Person mit mehreren Einrichtungen kooperiert.

Bei der Definition der genetischen Proben und genetischen Daten (§ 3 GenDG, Nr. 10 und 11) hat der Gesetzgeber vernachlässigt, dass sich häufig aus der Anamnese (in der Regel wird eine Familienanamnese über 3 Generationen erhoben), dem Phänotyp des Patienten bzw. Ratsuchenden („Blick-Diagnosen“) oder Laborparametern (z.B. bei hereditären Störungen des Fettstoffwechsels) Hinweise auf genetisch bedingte Erkrankungen/Eigenschaften ergeben. Wie mit diesen Daten/Erkenntnissen umzugehen ist, ist im Gesetz nicht geregelt. Die Verantwortung dafür wird in vollem Umfang auf den behandelnden Arzt übertragen.

Mit dem Arztvorbehalt wird im § 7 GenDG eine Grundvoraussetzung für genetische Diagnostik/Beratung festgeschrieben, auf dem hochsensiblen Gebiet des Neugeborenenscreenings jedoch dadurch Verunsicherung hervorgerufen.

Das Neugeborenenscreening hat sich zur Früherkennung und somit der Behandlung stoffwechselbedingter Erkrankungen außerordentlich bewährt. Die Untersuchungen müssen in den ersten Lebenstagen (üblicherweise zwischen der 48. und 72. Lebensstunde) durchgeführt werden und flächendeckend zur Verfügung stehen. Werden nun eine Schwangere bzw. eine Mutter und ihr Neugeborenes peripartal ausschließlich von einer Hebamme betreut, ist einzufordern, dass die Hebamme über die Möglichkeit des Neugeborenenscreenings informiert und hinsichtlich der Chancen des Screenings und Risiken bei Unterlassen der Untersuchungen umfassend berät. Ein Unterlassen und damit im Einzelfall die Nichterkennung und Nichtbehandlung eines potentiell behandelbaren Stoffwechseldefektes mit all seinen negativen Konsequenzen (z.B. bei der Phenylketonurie, der Ahornsiruperkrankung oder dem androgenitalen Syndrom) kann bei betroffenen Kindern zu verheerenden Entwicklungsverzögerungen oder gar bleibenden Schäden führen, so dass hier Regelungen gefunden werden müssen, die den Hebammen die Möglichkeit geben, ihren Pflichten gesetzeskonform nachzukommen.

Die §§ 9 und 10 GenDG regeln Aufklärung und Einwilligung sowie die genetische Beratung selbst. Erfahrungsgemäß lassen sich im Alltag Auf-

klärung und Beratung nicht strikt voneinander trennen. Allein schon die Aufklärung über die Aussagekraft der Untersuchung erfordert zwangsläufig eine Beratung bezüglich der möglichen Konsequenzen des Untersuchungsergebnisses. Die Einhaltung einer angemessenen Zeitspanne zwischen Aufklärung und Einwilligung - für genetische Untersuchungen zwischen 3 - 5 Tagen - mindestens aber 24 Stunden - ist problematisch und in vielen Fällen aus ganz praktischen Gründen nicht möglich und oft auch nicht notwendig.

Wie bereits ausgeführt erfolgen die meisten genetischen Beratungen/Untersuchungen fachspezifisch, so dass entsprechende Analysen durch die behandelnden Fachärzte/Fachärztinnen veranlasst werden. Dieses Vorgehen ist aus inhaltlichen Gründen aber auch aus praktischen Erwägungen durchaus sinnvoll, zumal die Zahl der praktizierenden Fachärzte für Humangenetik in einem krassen Missverhältnis zum Bedarf steht.

Vielmals werden Patienten/Ratsuchende von Fachärzten in Spezialsprechstunden, oft auch überregional, überwiesen. Die Wartezeiten sind dementsprechend lang und können mehrere Wochen betragen. Die Patienten und Ratsuchenden, die eine solche Spezialambulanz aufsuchen, sind in der Regel über einen möglichen genetischen Hintergrund ihrer Erkrankung bereits informiert, so dass Anamneseerhebung/Untersuchung/Beratung und Veranlassung einer molekulargenetischen Analyse häufig im Rahmen ein und derselben Sitzung, die dann allerdings 1-2 Stunden, bei sogenannten Blickdiagnosen entsprechend kürzer, dauern kann, erfolgen. Auch zeigt sich immer wieder, dass der Beratungsbedarf sehr begrenzt sein kann, interessiert den Betroffenen/den Ratsuchenden doch in erster Linie, ob die vorgeschlagene Untersuchung zur Klärung der Diagnose und/oder der Behandlungsstrategie beitragen kann. Detaillierte Informationen über die sachgerechte Durchführung der Analysen im Labor, theoretische Hintergrundinformationen etc. werden häufig nicht gewünscht.

Nicht sinnvoll und deshalb auch kaum praktiziert ist es, versandte Proben, wie in der gesetzgeberischen Begründung zu § 7 Abs. 2 GenDG gefordert, zu pseudonymisieren.[2] Zum Zwecke der Beratung müssen Unter-

2 *Kern*, in: Kern, GenDG, § 7 Rn. 16.

suchungsergebnisse oft den Ergebnissen anderer Familienmitglieder zugeordnet bzw. mit diesen verglichen werden, so dass eine Pseudonymisierung die Zuordnung eher erschwert und die Gefahr von Übertragungsfehlern und Fehlzuordnungen sowie den bürokratischen Aufwand unverhältnismäßig steigen ließe.

Wie bereits im Zusammenhang mit postmortal gewonnenen Proben erwähnt, ist es auch in Spezialsprechstunden üblich, den Patienten/Ratsuchenden zu empfehlen, Untersuchungsmaterial längerfristig aufzubewahren und für ergänzende Diagnostik vorzuhalten, was nach GenDG auch ohne Weiteres möglich ist. Der Gesetzgeber impliziert jedoch mit seiner Formulierung, dass eine längerfristige Aufbewahrung des Untersuchungsmateriales eher die Ausnahme sein sollte, wohingegen im klinischen Alltag zumeist ein umgekehrtes Regel-Ausnahmeverhältnis vorliegt. Beispielhaft sei hier die Diagnostik sogenannter Gliedergürteldystrophien genannt. Auch hier erfolgt die molekulargenetische Analyse nach einem Stufenschema, so dass je nach Phänotyp, Laborparametern (CK-Werte) und Familienanamnese (rezessiver vs. dominanter Erbgang) eine diagnostische Hierarchie eingehalten wird. Dennoch kann es erforderlich sein, dass aufgrund der mannigfaltigen klinischen Manifestationen mehrere Gene nacheinander untersucht werden müssen, was bei unmittelbarer Vernichtung des Untersuchungsmateriales einen erheblichen organisatorischen Mehraufwand (erneute Blutabnahmen/Materialverschickung etc.) zur Folge hätte. Bewährt haben sich grundsätzlich (wie auch im genannten Beispiel) eine Aufklärung zum Syndrom und die Festlegung eines Stufenschemas der Analysen, so dass im Verlauf gegebenenfalls mehrere Untersuchungen auch ohne nochmaligen Patientenkontakt veranlasst werden können. Darüber hinaus hat sich im Einzelfall bewährt, mit den sog. Indexpatienten zu vereinbaren, dass Untersuchungsmaterialen auch über deren Tod hinaus aufbewahrt und ergänzende Analysen zweckgebunden, z.B. im Rahmen von Familienuntersuchungen, auch postmortal durchgeführt werden dürfen (z.B. bei Muskeldystrophie Duchenne zum Zwecke der Ermittlung eines Konduktorinnenstatus oder bei seltenen Erkrankungen mit vermutetem genetischen Hintergrund, ohne dass bislang eine molekulargenetische Zuordnung möglich war).

Abschließend sei auf mögliche Probleme der pränatalen und prädiktiven Diagnostik spätmanifester Erkrankungen sowie auf einen möglichen Interessenskonflikt von Schweige- und Fürsorgepflicht der Ärzte/Ärztinnen hingewiesen.

§ 15 Abs. 2 GenDG regelt, dass eine genetische Untersuchung, die darauf abzielt „[…] genetische Eigenschaften des Embryos oder des Fötus für eine Erkrankung festzustellen, die nach dem allgemein anerkannten Stand der medizinischen Wissenschaft und Technik erst nach Vollendung des 18. Lebensjahres ausbricht […]", nicht vorgenommen werden darf.

Diese Regelung kann in Ausnahmefällen, und nur um solche Einzelfälle handelt es sich in der Praxis, zu erheblichem Konfliktpotential führen. Familien, in der spätmanifeste Erkrankungen, die häufig nicht gut zu behandeln sind und letztlich auch einen fatalen Krankheitsverlauf erwarten lassen, bekannt sind, stellen zurecht die Frage nach der Möglichkeit einer pränatalen Diagnostik. Wie Schillhorn und Heidemann feststellen, zeigt die überwiegende Anzahl spätmanifester Erkrankungen eine breite Verteilung des Manifestationsalters. „[…] Bei vielen Erkrankungen sind Manifestationen vor dem 18. Lebensjahr bekannt. Oft lassen sich bei gezielter Diagnostik Hinweise auf die Erkrankung bereits vor Beginn der klinischen Symptomatik feststellen [...]".[3] Bei der immer wieder zitierten Chorea Huntington sind nachweislich Manifestationen in der Kindheit und Jugend, wie von M.M. Rehm in seiner Dissertationsschrift berichtet,[4] möglich, insbesondere wenn es sich um eine paternale Vererbung handelt (hier für das 7. Lebensjahr beschrieben). Darf man tatsächlich diesen Familien mit einem bereits betroffenen Kind für den Fall weiterer Familienplanung eine pränatale Diagnostik verweigern, oder sollte es nicht doch möglich sein, gesetzeskonforme Einzelfallentscheidungen, gegebenenfalls auch im Rahmen von Kommissionsentscheidungen, herbeiführen zu können?

Während alle Ärzte diagnostische genetische Untersuchungen vornehmen dürfen, sind prädiktive genetische Untersuchungen Fachärzten für Humangenetik oder anderen Ärzten, die sich durch den Erwerb einer Fach-

---

3 *Schillhorn/Heidemann*, GenDG, § 15 Rdnr. 13.

4 *Rehm*, Die Huntington`sche Erkrankung, eine epidemiologische Studie im süddeutschen Raum, S. 60.

arzt-, Schwerpunkt- oder Zusatzbezeichnung für genetische Untersuchungen qualifiziert haben, vorbehalten. Abgesehen davon, dass der qualifizierte Arztvorbehalt nicht sachgerecht ist, können in einem solchen Beratungssetting dann Probleme entstehen, wenn z.B. der Facharzt für Humangenetik bestimmte Krankheitsbilder zwar theoretisch sehr gut kennt, in Praxi aber manifest erkrankte Patienten möglicherweise selbst noch nie gesehen und was viel wichtiger scheint, noch nie langfristig im Verlauf bis hin zum Tod begleitet hat und somit resultierende Probleme im Alltag der Betroffenen (medizinischer und nichtmedizinischer Art) nicht wirklich kennt (z.B. Patienten mit Chorea Huntington, Patienten mit familiärer fataler Insomnie oder familiärer Motoneuronerkrankung/ALS). Fachgebunden sollte prädiktive Diagnostik deshalb auch ausreichend qualifizierten und berufserfahrenen Fachärzten anderer klinischer Spezialisierungen möglich sein, bzw. sollten die Betroffenen zumindest fachübergreifend beraten werden.

Zu einem Interessenskonflikt von Schweige- und Fürsorgepflicht der Ärzte/Ärztinnen kann es kommen, wenn die ursächliche Mutation einer genetisch bedingten Erkrankung nachgewiesen wird und daraus Konsequenzen für Familienangehörige resultieren. Grundsätzlich werden Patienten/Ratsuchende gebeten, Verwandte auf das Risiko einer möglichen Erkrankung hinzuweisen, wie z.B. beim erblich bedingten Brust- oder Darmkrebs oder bestimmten Myopathie-Formen, insbesondere dann, wenn diese mit möglichen Manifestationen am Herzen einhergehen können (z.B. Myotone Dystrophie Typ I, Emery-Dreifuss Erkrankung).

Die betreuenden Ärzte/Ärztinnen haben bislang keine Möglichkeit zu prüfen, ob die Informationen an die Familie weitergegeben oder bewusst verschwiegen werden. Es wäre deshalb wünschenswert, dass Ärzte die Möglichkeit hätten, selbst abwägen zu dürfen, wann und unter welchen Bedingungen sie Familienangehörige bei eindeutigem medizinischen Nutzen auf das Risiko einer Erkrankung hinweisen.

Eher „nebenbefundlich“ und mehr berufspolitisch von Bedeutung scheint § 7 Abs. 3 (Anforderungen an die Qualifikation genetisch beratender Ärzte) zu sein.

Zweifelsfrei tragen genetisch beratende Ärzte und Ärztinnen ein hohes Maß an Verantwortung, resultieren doch aus der genetischen Untersuchung

oft weitreichende Konsequenzen für den Betroffenen selbst, aber auch seine Familie. Unstrittig ist daher, dass die beratenden Ärzte und Ärztinnen hoch qualifiziert sein müssen. Soweit derzeit absehbar gehen die Meinungen bezüglich des Umfanges der entsprechenden formalen Qualifikationsvoraussetzungen der Fachärzte für Humangenetik und der Fachärzte anderer Disziplinen aber weit auseinander. Es ist realitätsfern zu erwarten, dass Ärzte, die seit Jahren in Spezialgebieten fachgebunden genetisch beraten, sich einem zeitaufwändigen und kostenintensiven, umfassenden Curriculum einschließlich Prüfung unterziehen werden oder gar anstreben, die Zusatzbezeichnung „Medizinische Genetik" zu erwerben. Einzelne Humangenetiker befürchten, dass sich eine sogenannte „Humangenetik light" etablieren könnte und somit die Qualität der Beratung sinke. Vielmehr ist aber zu befürchten, dass Fachärzte klinischer Disziplinen genetische Beratungen nicht mehr durchführen werden, was in Anbetracht personeller Engpässe absurd erscheint und zum Nachteil der Patienten und Ratsuchenden gereichen würde. Eine (ohnehin kostenpflichtige) „Wissenskontrolle zum Erwerb des Qualifikationsnachweises zur gendiagnostischen Beratung", wie sie z.B. von der Landesärztekammer Sachsen angeboten wird, scheint ein gerade noch vertretbarer Kompromiss für seit Jahren fachgebunden genetisch beratende Ärzte und Ärztinnen zu sein.

Die nächsten Monate werden zeigen, ob und wie es gelingt, das Gendiagnostikgesetz in den ärztlichen Alltag zu integrieren und anzuwenden. Schon jetzt zeichnet sich ab, dass einzelne Aspekte überreglementiert und andere wiederum im Gesetz vollkommen vernachlässigt werden, so dass Weiterentwicklungen des Gesetzes notwendig und zu erwarten sind.

Nachweise

Kern, Bernd-Rüdiger (Hrsg.): Kommentar zum Gendiagnostikgesetz, München, 2012

Rehm, Mathias Manuel: Die Huntington`sche Erkrankung, eine epidemiologische Studie im süddeutschen Raum, Dissertation, Technische Universität München, Fakultät für Medizin, 2004

Schillhorn, Kerrin/Heidemann, Simone: Gendiagnostikgesetz - Kommentar für die Praxis, Heidelberg, 2011

Gendiagnostische Untersuchungen zur Feststellung der Abstammung[1]

Adrian Schmidt-Recla, Leipzig

I. Einleitung

Sämtliche Probleme des auf dem *ius sanguinis* aufbauenden, geltenden deutschen Abstammungsrechts lassen sich in zwei Sätze zusammenfassen: *Mater semper certa est* ist der eine, seit Jahrtausenden begründungslos richtige und erst durch Eizell- und Embryonenspenden brüchig gewordene, *Pater quondam incertus et idcirco is est, quem nuptiae demonstrant* ist der andere, schon immer und so auch heute richtige zweite Satz. Kuckuckskinder gibt es, seit es Menschen gibt und zweifelnde und unzufriedene „Zahlväter" sind auch kein modernes Phänomen. Seit Ausgang des 20. Jahrhunderts aber sind genetische Abstammungstests einfach und billig zu haben.[2] In den Jahren bis 2005 erlebten genetische Untersuchungslabore einen Ansturm auf Vaterschaftstests,[3] die vor allem von Männern, die vermuten, ein (oder mehrere) ihnen zugeordnete/s Kind/er stammten nicht von ihnen ab, veranlasst wurden und werden, um damit der ungeschriebenen Tatbestandsvoraussetzung „Anfangsverdacht" im Anfechtungsverfahren Nahrung zu geben.[4] Es sind drei bürgerlich-rechtliche Verfahren, in denen die genetische Abstammungsdiagnostik relevant ist.[5]

---

1 Die Vortragsform wurde beibehalten. Die benutzte Literatur und Rechtsprechung wurde am Ende zusammengestellt.

2 Soergel-BGB/*Schmidt-Recla*, § 1598a Rn. 1; *Braun*, MDR 2010, 482, 483.

3 BT-Drs. 16/6561, 1 zählt 20.000 Tests per annum; *Zypries*, BT-Plenarprotokoll 16/145, 15325B; *Leutheusser-Schnarrenberger*, BT-Plenarprotokoll 16/118, 12221B.

4 *Wellenhofer*, NJW 2008, 1185; *Braun*, MDR 2010, 482 f.

5 Zu den möglichen Prozesslagen *Helfrich*, S. 86 f.

II. Vaterschaftsanfechtung, „isolierte" Vaterschaftsfeststellung und gerichtliche Vaterschaftsfeststellung

1. Vaterschaftsanfechtung, § 1599 BGB

Gentests wurden und werden vor allem im Vaterschaftsanfechtungsverfahren nach § 1599 BGB verwendet. Zentrum des Anfechtungsverfahrens ist die im Widerspruch zu den biologischen Fakten nach § 1592 Nr. 1 BGB begründete Vaterschaft des Ehemannes der Mutter. Der Ehemann kann in den Fällen, in denen die Frau das Kind in die bestehende Ehe hinein geboren hat, seine Vaterschaft anfechten. Wird das Kind nach der Ehe geboren, muss der Ehemann nicht anfechten, denn dann wird keine Vaterschaft nach § 1592 Nr. 1 BGB begründet. Ein Anfechtungsbedürfnis besteht auch im Fall des § 1592 Nr. 1 BGB durch § 1593 BGB. Wird das Kind nach Ablauf der dort genannten Frist geboren, besteht (mangels Vaterschaft) kein Anfechtungsbedürfnis. Besteht eine Vaterschaft nach § 1593 S. 3 BGB, wird der zweite Ehemann anfechten wollen. Ferner kann die durch Anerkennung, § 1592 Nr. 2 BGB begründete Vaterschaft angefochten werden. Voraussetzung ist, dass die Anerkennung wirksam war oder durch Heilung, § 1598 Abs. 2 BGB wirksam geworden ist. Liegt beides nicht vor, gibt es nichts anzufechten; Unwirksamkeitsgründe können außerhalb des Anfechtungsverfahrens geltend gemacht werden.

Nach deutschem[6] Recht ist es (noch) unmöglich, die Mutterschaft anzufechten. Dafür können Gentests also nicht verwendet werden. Eine analoge Anwendung der Vaterschaftsanfechtungsregeln ist nicht möglich,[7] weil die statusmäßige Zurechnung des Kindes zur Mutter an die Geburt (und damit an ein Faktum) anknüpft und nicht an eine Erklärung (wie sie bei Eheschließung und Anerkennung durch den Mann) vorliegt.

Das Vaterschaftsanfechtungsverfahren richtet sich nach dem 2009 in Kraft getretenen FamFG. Eine Amtsanfechtung ist weitgehend ausgeschlossen (mit Ausnahme der Anfechtungsberechtigung aus § 1600 Abs. 1

6 Zur Anknüpfung bei ausländischem Abstammungsstatut MünchKomm-ZPO/*Coester-Waltjen/Hilbig*, § 169 FamFG Rn. 75.

7 Staudinger-BGB/*Rauscher*, § 1591 Rn. 13 f.; MünchKomm-ZPO/*Coester-Waltjen/Hilbig*, § 169 FamFG Rn. 69; *Helfrich*, S. 87.

Nr. 5 BGB).[8] Der Antrag muss das Verfahrensziel bezeichnen und die betroffenen Personen benennen. Er hat damit eine das Verfahren initiierende und leitende Funktion.[9] Der Antrag ist Prozesshandlung, der auf der materiell-rechtlichen Anfechtungsbefugnis beruht,[10] und keine Anfechtungserklärung iSd § 143 BGB. Er muss das Feststellungsbegehren enthalten (bzw. in diese Richtung ausgelegt werden), das Kind stamme nicht von dem betreffenden Manne ab. Nur dann kann das Gericht feststellen, dass §§ 1592 Nr. 1 und 2, 1593 BGB nicht gelten.[11] Antragsbefugt sind der dem Kind rechtlich zugeordnete Vater, die Mutter und das Kind; der Vaterschaftsprätendent jedoch nur unter bestimmten, einschränkenden Voraussetzungen, § 1600 Abs. 2 BGB.[12] Diese Einschränkungen sind ein Hauptkritikpunkt an der derzeitigen Gesamtregelungslage. Der EGMR hat diese Kritik neu genährt. Nicht anfechtungsberechtigt sind die Eltern eines durch heterologe Insemination bzw. heterologe In-vitro-Fertilisation gezeugten Kindes.

Die beliebte Streitfrage (sie war bis 2008 die Schlüsselfrage im Anfechtungsverfahren), ob der Anfechtungsantrag des Mannes, der behauptet, nicht Vater eines bestimmten Kindes zu sein, nur dann schlüssig sei, wenn der anfechtende Mann diese Behauptung dadurch substantiiert, dass er Umstände namhaft macht, aus denen sich begründete Zweifel an seiner Vaterschaft ergeben, ist mittlerweile implodiert, weil heutzutage niemand mehr vortragen muss, die Mutter des Kindes habe zu einem bestimmten Zeitpunkt mit einem anderen Mann als dem rechtlichen Vater sexuell verkehrt. Nicht hinreichend substantiiert bleibt derjenige Anfechtungsantrag, der auf eine heimlich eingeholte Abstammungsuntersuchung gestützt wird.[13] Kann der Antragsteller also nicht nachweisen, dass die sonstigen Beteiligten (Mutter und Kind) Kenntnis davon hatten, dass er eine gendiagnostische Untersuchung hat vornehmen lassen, ist der Antrag (wie bis-

8 Soergel-BGB/*Schmidt-Recla*, § 1599 Rn. 13.
9 Soergel-BGB/*Schmidt-Recla*, § 1599 Rn. 13.
10 Staudinger-BGB/*Rauscher*, § 1600e aF Rn. 9.
11 MünchKomm-ZPO/*Coester-Waltjen/Hilbig*, § 169 FamFG Rn. 70.
12 MünchKomm-ZPO/*Coester-Waltjen/Hilbig*, § 169 FamFG Rn. 76.
13 Soergel-BGB/*Schmidt-Recla*, § 1599 Rn. 19.

her)[14] als unschlüssig zurückzuweisen. Anders ist die Lage, wenn während des Anfechtungsverfahrens eine Abstammungsuntersuchung vom Gericht in Auftrag gegeben worden ist, obwohl der Antrag, der sich lediglich auf ein den Anforderungen des § 1598a BGB nicht genügendes privates Gutachten gestützt hatte, als unschlüssig hätte zurückgewiesen werden müssen. Dann soll das nunmehr vorliegende gerichtlich eingeholte Gutachten nicht unverwertbar sein.[15] Praktisch wird das in der Beschwerdeinstanz, in welcher der Anfechtende seinen Anfangsverdacht mit dem gerichtlich eingeholten Gutachten belegen kann.[16]

Ist das Anfechtungsverfahren erfolgreich, der Beweis durch Abstammungsuntersuchung gelungen, das Nichtbestehen eines Abstammungsverhältnisses sachverständig festgestellt, endet das Verfahren auf den erfolgreichen Gestaltungsantrag durch Beschluss,[17] § 182 FamFG. Dieser beseitigt die bis dahin bestehende Vaterschaftsbeziehung des Kindes zu diesem Mann *ex tunc*[18]und hat damit statusändernde Wirkung.[19]

2. Isolierte Vaterschaftsfeststellung, § 1598a BGB

§ 1598a BGB reagiert seit 2008 auf die Rechtsprechung des BGH[20] und des BVerfG[21] aus den Jahren 2003 bis 2007, in der beide Gerichte gegen die heimlichen Vaterschaftstests ankämpften. Prozessual setzten viele anfechtende Väter sie ein, weil sie eben nicht vortragen konnten, die Mutter des Kindes habe während der Empfängniszeit mit einem anderen Mann

14 *Knoche*, FuR 2005, 348.

15 BGH FamRZ 2006, 686; OLG Celle FamRZ 2006, 54; MünchKomm-BGB/*Wellenhofer*, § 1599 Rn. 25.

16 Soergel-BGB/*Schmidt-Recla*, § 1599 Rn. 19.

17 *Musielak/Borth*, § 169 FamFG Rn. 9.

18 BGH NJW 1999, 1632; MünchKomm-BGB/*Wellenhofer*, § 1599 Rn. 14.

19 Soergel-BGB/*Schmidt-Recla*, § 1599 Rn. 19.

20 BGH NJW 2003, 2151 ff. = FPR 2003, 471 ff. = FamRZ 2003, 816 ff.; BGHZ 162, 1 ff. = NJW 2005, 497 ff. = FamRZ 2005, 340 ff.; ferner BGH NJW 2007, 1677 ff.

21 BVerfG NJW 2007, 753 ff. = FamRZ 2007, 441 ff.

Geschlechtsverkehr gehabt.[22] Bis 2008 galt, dass das deutsche Recht eine isolierte (dh rechtswirksam bestehende Vaterschaftsverhältnisse nicht tangierende) Abstammungsfeststellung nicht vorsähe[23] und eine darauf gerichtete Klage erfolglos bleiben müsse. Das KindRG folgte dem 1997,[24] obwohl das BVerfG[25] bereits 1989 und 1994 Alternativen zur Klärung der Abstammung ohne Auswirkungen auf das Verwandtschaftsverhältnis erwogen hatte, die auf das im Grundrecht auf freie Entfaltung der Persönlichkeit verankerte Recht auf Kenntnis der eigenen Abstammung gestützt werden können.[26] Dabei ist wichtig, dass einerseits das Kind ein aus der allgemeinen Handlungsfreiheit abgeleitetes Recht, seine eigene Abstammung zu kennen, hat - das hat das BVerfG[27] 1989 entschieden -, und dass andererseits jeder Mann spiegelbildlich ein (wieder aus der allgemeinen Handlungsfreiheit abgeleitetes) Recht, seine eigene Nachkommenschaft zu kennen, hat - so das BVerfG 2007.[28]

Seit dem KindRG waren die Tatsachen in Form billiger, heimlicher Abstammungstests in Wellen gegen das positive Recht angebrandet, das schließlich (wie meist in solchen Fällen) nachgab. § 1598a BGB ermöglicht seit April 2008 unter bestimmten Voraussetzungen und für bestimmte Personen (hier setzt nach wie vor Kritik an) die rechtsfolgenlose Abstammungsfeststellung.[29] Das Gesetz versucht, zwischen den denkbaren Extrempositionen einen Mittelweg zu beschreiten. Es verhindert erstens, dass die Frau bloßgestellt wird - was bei einem Anspruch des rechtlichen Vaters gegen die Mutter auf offene Untersuchung einträte. Es ermöglicht es zweitens den Anfechtungsberechtigten (also meist Vater oder Kind), die „Mauer des Schweigens" zu durchbrechen, ohne dass drittens Frau und Kind ge-

---

22 *Knoche*, FuR 2005, 348, 352.

23 OLG Hamm FamRZ 1999, 1365.

24 BT-Drs. 13/4899, S. 56 f., 166; *Gaul*, FamRZ 1997, 1443; *Ostermann*, S. 31.

25 BVerfGE 79, 256, 274 = FamRZ 1989, 255, 259 u. BVerfGE 90, 263 = FamRZ 1994, 881, 884; dazu *Gaul*, FamRZ 1997, 1443.

26 BVerfG FamRZ 1989, 255, 257 f.

27 BVerfG FamRZ 1989, 255, 257 f.

28 *Muscheler*, FPR 2005, 187.

29 Soergel-BGB/*Schmidt-Recla*, § 1598a Rn. 1.

zwungen wären, in beliebig von Männern, zu denen sie keine rechtlichen und sozialen Beziehungen haben, angestrengten Verfahren über Initimitäten zu reden.[30] Das Verfahren wird heute vor allem dazu verwendet, das Anfechtungsverfahren vorzubereiten und den Anfangsverdacht zu belegen. Die Norm verlangt von den Beteiligten viel rationelles Denken und emotionale Abgeklärtheit. Im Grunde fordert sie, dass die Frau bereit ist, nötigenfalls gerichtsöffentlich über ihr Sexualleben zu diskutieren. Noch nie hat Recht dafür geeignete Lösungen geboten; wahrscheinlich ist das auch unmöglich. Enttäuschung, verletzte Eitelkeit, Besitzdenken, Scham und Angst beherrschen die Diskussion zwischen den Beteiligten in den relevanten Fallkonstellationen. Die Vernunft schweigt hier meist still.

3. *Vaterschaftsfeststellung, § 1600d BGB*

Genetische Abstammungsuntersuchungen spielen auch eine Rolle im gerichtlichen Vaterschaftsfeststellungsverfahren nach § 1600d BGB. Ist ein Kind seit Geburt vaterlos (weil die Mutter zum Zeitpunkt der Geburt nicht verheiratet war und weil niemand die Vaterschaft für das Kind wirksam anerkannt hat) oder später durch Vaterschaftsanfechtung vaterlos geworden, ist die Vaterschaft auf Antrag (idR des Kindes oder der Mutter) gerichtlich festzustellen. Der im Verfahren notwendige Beweis wird heute fast ausschließlich über genetische Abstammungstests geführt.[31]

Die 2009 neu gefassten Bestimmungen zur Vaterschaftsanfechtung und -feststellung werden nun durch § 17 GenDG komplettiert.[32] Erst seine Betrachtung zeigt das geltende Gesamtbild.

---

30 So das BVerfG NJW 2007, 753, 757.

31 Dabei sind durch die heutige Gendiagnostik die meisten in der Vergangenheit streitigen Fallkonstellationen entschärft worden. Mit zumutbarem Aufwand nicht aufklärbar ist derzeit noch der Fall des Mehrverkehrs der Frau mit monozygoten Zwillingen während der Empfängniszeit. Vgl. zu diesem („Hamelner") Fall zuletzt OLG Celle BeckRS 2013, 02057 und (in einem früheren Verfahrensstadium) BVerfG NJW 2010, 3772 (whole genome sequencing).

32 So auch *Taupitz*, MedR 2013, 1.

III. § 17 GenDG

1. Einwilligung

Das Gesetz geht davon aus, dass Abstammungsuntersuchungen nur vorgenommen werden dürfen, wenn die Personen, deren genetische Probe untersucht werden soll, zuvor in die Untersuchung und die Gewinnung der dafür erforderlichen Probe eingewilligt haben. Damit sollen heimliche Tests verhindert werden.[33] Die Einwilligung, auf deren Erteilung die jeweils Berechtigten einen Anspruch haben, muss (§ 183 BGB) stets vor Beginn der Untersuchung, also vor der Probeentnahme, erteilt werden. Nachträgliche Genehmigung scheidet aus - das Gesetz spricht nicht von Zustimmung, sondern bewusst von Einwilligung. Die Einwilligung ist keine Willenserklärung, sondern die Gestattung einer tatsächlichen Handlung.

Weiter beschränkt das Gesetz zum Schutz des Rechts auf informationelle Selbstbestimmung der betroffenen Personen den Umfang der Gendiagnostik auf die Untersuchungen, die zur Klärung der Abstammung an der Probe erforderlich sind und die dafür erforderlichen Feststellungen über genetische Eigenschaften.[34] Satz 4 stellt klar, dass Feststellungen, die nicht zur Abstammungsdiagnostik gehören, aber ohne weiteres im Rahmen der dazu erforderlichen Untersuchungen getroffen werden könnten, unterbleiben müssen.[35] Der vorsätzliche Verstoß hiergegen ist strafbar.

Die Anforderungen an die Einwilligung sind detailliert geregelt. Die Person, von der die Probe zur Durchführung der genetischen Untersuchung entnommen werden soll, muss vor der Entnahme der Probe und vor der Einwilligung durch die für die Untersuchung verantwortliche Person aufgeklärt werden. Aus Abs. 4 ergibt sich, dass die Person, die die Aufklärung schuldet, Arzt oder Ärztin sein muss.[36]

Der Inhalt der Aufklärung ist in den für entsprechend anwendbar erklärten § 9 Abs. 2 Nr. 1 HS 1, Abs. 2 Nr. 2 bis 5 und Abs. 3 vorgegeben. Danach umfasst die Aufklärung Zweck, Art, Umfang und Aussagekraft der

33 BT-Drs. 16/10532, S. 33.

34 BT-Drs. 16/10532, S. 34; *Eberbach*, MedR 2010, 157.

35 BT-Drs. 16/10532, S. 34.

36 *Genenger*, MedR 2011, 18.

genetischen Untersuchung einschließlich der mit dem vorgesehenen genetischen Untersuchungsmittel im Rahmen des Untersuchungszwecks erzielbaren Ergebnisse. Sie geht ein auf Gesundheitsrisiken, die damit verbunden sind, dass eine genetische Probe gewonnen wird und dass die betroffene Person das Ergebnis der genetischen Untersuchung kennt, sie geht darauf ein, wozu die genetische Probe und die Untersuchungs- oder der Analyseergebnisse verwendet werden, sie weist auf das Recht der betroffenen Person, die Einwilligung jederzeit zu widerrufen und auf das Recht der betroffenen Person auf Nichtwissen einschließlich des Rechts, das Untersuchungsergebnis oder Teile davon nicht zur Kenntnis zu nehmen, sondern vernichten zu lassen, hin.[37] Weitere inhaltliche Anforderungen an die Aufklärung sollen nach § 23 Abs. 2 Nr. 3 GenDG durch eine Richtlinie (der Gendiagnostik-Kommission GEKO) bestimmt werden können.[38]

Diesen Erfordernissen genügen viele der gängigen Tests, die im Fernabsatz vertrieben und den Interessenten per Post zur eigenhändigen Probeentnahme zu Hause zugeschickt werden, von vornherein sowohl inhaltlich als auch formal nicht, denn für die Aufklärung gilt wie sonst im Medizinrecht, dass sie mündlich, im persönlichen Gespräch unter Anwesenden, durch den Untersucher selbst zu erteilen ist. Zwar hat der BGH die telefonische Risikoaufklärung für ausreichend erklärt, wenn es sich um einfach gelagerte Fälle handelt.[39] Zu Recht weisen aber BGH-Richter selbst darauf hin, dass diese Entscheidung nicht verallgemeinert werden könne, weil es sich um einen besonders gelagerten Einzelfall gehandelt habe.[40] Das gilt umso mehr, als das GenDG die Aufklärung in den hier gegenständlichen Fällen zur gesetzlichen Pflicht erhoben und Pflichten generiert hat, die über die sonst bei der Selbstbestimmungsaufklärung geschuldeten Informationen hinausgehen.[41] Die aufklärungspflichtige Person hat den Inhalt der

---

37 Soergel-BGB/*Schmidt-Recla*, § 1598a Rn. 19; *Spickhoff/Fenger*, § 9 GenDG Rn. 1.

38 S. zu den damit einhergehenden Problemen (Richtliniengesetzgebung durch Selbstverwaltungskörperschaften) eingehend *Taupitz*, MedR 2013, 1, 2 f.

39 BGH NJW 2010, 2430, 2432.

40 *v. Pentz*, MedR 2011, 226.

41 So auch *Henn*, Frauenarzt 2010, 16.

Aufklärung vor der Untersuchung zu dokumentieren. Auch das zeigt, dass im persönlichen Gespräch unter Anwesenden aufgeklärt werden muss. Die Übersendung eines Merkblattes, das möglicher Vater, Mutter und Kind unterschreiben, genügt nicht.[42] Solche Tests sind rechtswidrig und stellen Ordnungswidrigkeiten dar.

Die nach wirksamer Aufklärung erteilte Einwilligung in Entnahme und Untersuchung muss schriftlich erfolgen. Das soll den betroffenen Personen die Relevanz der Entscheidung vor Augen führen und gewährleistet im Streitfall den Nachweis der Einwilligung.[43] Spezielle Sanktionen für genetische Abstammungsuntersuchungen ohne Aufklärung sieht das GenDG selbst nicht vor;[44] es gelten die allgemeinen Vorschriften.

2. Erstreckung auf den Auftraggeber

Die Norm macht ferner Ernst mit dem Grundsatz, dass heimliche Vaterschaftstests unerwünscht sind. Damit für alle in Abstammungssachen betroffenen Personen Transparenz herrscht, stellt Abs. 2 klar, dass die eben genannten Voraussetzungen auch bei derjenigen Person gegeben sein müssen, die die genetische Abstammungsdiagnostik in Auftrag gibt. Das dürfte praktisch vor allem Fälle betreffen, in denen die Frau, die das Kind geboren hat, infolge Mehrverkehrs während der Empfängniszeit Klarheit darüber gewinnen will, welcher der „Mehrverkehrer" der Vater des Kindes ist.

3. Einwilligungsunfähige Personen

Für einwilligungsunfähige Personen willigen die - aufzuklärenden - gesetzlichen Vertreter ein. Einwilligungsunfähige müssen besonders geschützt werden. Die genetische Untersuchung muss der nicht einwilligungsfähigen Person daher zuvor soweit wie möglich verständlich gemacht werden und diese darf Test und/oder dafür erforderliche Probeentnahme nicht aus-

42 BGH NJW 1994, 793; *Laufs*, in: Laufs/Kern, § 62 Rn. 14.

43 BT-Drs. 16/10532, S. 34. Siehe auch *Taupitz*, MedR 2013, 1, 2.

44 *Taupitz*, MedR 2013, 1, 4.

drücklich oder konkludent ablehnen.[45] Freilich hilft die Ablehnung rechtlich nicht viel, denn § 1598a BGB sieht einen Anspruch der klärungswilligen Person vor, der nach § 1598a Abs. 2 BGB auch gegen den Willen der widerstrebenden Person - gleich ob sie einwilligungsfähig oder -unfähig ist - durchgesetzt werden kann.[46] Gleiches gilt auch für die Einwilligung des gesetzlichen Vertreters (Vertretungsfälle werden gegeben sein, wenn die Abstammung eines minderjährigen Kindes geklärt werden soll - die Regelung kann aber auch angewendet werden, wenn ein Elternteil nicht einwilligungsfähig ist).[47] Diese Schutzmechanismen sind demnach unvollkommen.

Kryptisch ist der Verweis in Abs. 3 S. 3, der die §§ 1627 (Kindeswohlbindung) und 1901 Abs. 1 und 2 BGB (Betreutenwohlbindung) für anwendbar erklärt. Theoretisch wäre es demnach (etwa der Frau) möglich, die Einwilligung für das einwilligungsunfähige Kind zu verweigern, weil eine Abstammungsuntersuchung dessen Wohl zuwiderlaufe. Eine solche Bindung an das Kindeswohl kennt nicht einmal die Vaterschaftsanfechtung durch den rechtlichen Vater nach §§ 1600-1600c BGB. Es ist kaum anzunehmen, dass der Gesetzgeber dem (auch dem weitgehend voraussetzungslosen Klärungsverfahren) über das GenDG strengere Fesseln anlegen wollte. Ferner könnte dann - auch das ein ungelöster Widerspruch - das FamG die Einwilligung ersetzen, ohne an das Kindes- bzw. das Betreutenwohl gebunden zu sein, denn der Verweis wird in Abs. 7 nicht wiederholt. Das enthüllt Abs. 3 S. 3 letztlich als einen ungeprüft eingefügten,[48] sinnlosen Textbaustein, der nur verschleiert, dass es um einen fremdnützigen Eingriff geht.[49]

Immerhin sieht § 1598a Abs. 3 BGB eine prozessuale Möglichkeit vor, den Anspruch der Klärungsberechtigten auf Begutachtung zeitweise zu blockieren. Sie soll dem Kindeswohl in außergewöhnlichen Fällen dienen. Das BVerfG hatte diese Fälle schwammig und praktisch kaum handhabbar

---

45 BT-Drs. 16/10532, S. 34; dazu *Fenger*, GesR 2010, 59.

46 *Glaser/Dahlmanns*, JR 2007, 319.

47 BT-Drs. 16/10532, S. 34.

48 Der RegE zum GenDG, BT-Drs. 16/10532, S. 34, begründet diesen Verweis nicht.

49 Soergel-BGB/*Schmidt-Recla*, § 1598a Rn. 22.

definiert als Fälle „besonderer Lebenssituationen" und „Entwicklungsphasen".[50] Der Gesetzgeber verstand das so, dass es in § 1598a Abs. 3 BGB nur um die Situation bzw. Entwicklungsphasen minderjähriger Kinder gehen dürfe. Die Gesetzesbegründung nennt Fälle, in denen das Abstammungsgutachten aufgrund außergewöhnlicher Umstände atypische, schwere Folgen für das Kind auslöse - also psychische und physische Gründe in der Person des Kindes, die dazu führen könnten, dass das Gutachtenergebnis das Kind schwer belaste, z.B. Suizidgefahr oder Gefahr der gravierenden Verschlechterung einer bereits bestehenden schweren Krankheit.[51] Das um Ersetzung der Einwilligung des gesetzlichen Vertreters angerufene FamG hat von Amts wegen zu ermitteln, ob solche Gefahren vorliegen und etwa ein Gutachten einzuholen. Wegen des generellen Überwiegens des Klärungsinteresses des Antragstellers erlauben typische, unvermeidbare psychische Gefahren für das minderjährige Kind eine Aussetzung des Verfahrens nach § 1598a Abs. 3 BGB aber nicht. So kann das Verfahren nicht ausgesetzt werden, weil die Abstammungsdiagnostik dazu führen kann, dass das Kind eine wichtige Bezugsperson verliert - die Beziehungsstabilität wurde auf dem Altar des Misstrauens geopfert.[52] Sicher ist aber richtig, dass in vielen Fällen, in denen ein rechtlicher Vater an den biologischen Fakten zweifelt, die Beziehungsstabilität ohnehin gefährdet ist oder eine Beziehung nicht mehr besteht. Ferner wird sich einwenden lassen, dass die Einschaltung des FamG zur Ersetzung der Einwilligung hinreichend dafür sorgt, dass willkürliche Tests unterbleiben. Diese Einwände lassen aber unberücksichtigt, dass das Gesetz dem anlasslosen, einer momentanen Eingebung, Verstimmung oder Laune folgenden Zweifel überhaupt einen Rechtsrahmen zur Verfügung stellt. Ferner ist zu berücksichtigen, dass die Härteklausel vom widerstrebenden Elternteil nicht dazu benutzt werden darf, einen Abstammungstest jahrelang zu hintertreiben.[53] Dem lässt sich

---

50 BVerfG NJW 2007, 753, 758.

51 BT-Drs. 16/6561, S. 13.

52 BT-Drs. 16/6561, S. 13; dem folgend MünchKomm-BGB/*Wellenhofer*, § 1598a Rn. 10.

53 *Dt. Richterbund*, FPR 2007, 418.

nur durch sorgfältige Auswahl des Sachverständigen begegnen, der das Vorliegen einer besonderen Gefahrenlage begutachten soll.

Die Einwilligung ist widerruflich, was der widerrufenden Person ebenfalls wenig hilft, kann ihre Einwilligung doch nach § 1598a Abs. 2 BGB durch das FamG ersetzt werden.

4. Arztvorbehalt

Genetische Untersuchungen zur Klärung der Abstammung dürfen nur durch Ärztinnen oder Ärzte oder durch auf dem Gebiet der Abstammungsbegutachtung erfahrene nichtärztliche Sachverständige mit abgeschlossener naturwissenschaftlicher Hochschulausbildung vorgenommen werden. Dieser Arztvorbehalt soll eine Bindungswirkung berufsrechtlicher Sanktionen bei Untersuchung in nicht akkreditierten Laboratorien gewährleisten.[54] Wählt der Anspruchsteller eine dem nicht genügende Institution aus, ist die Abstammungsuntersuchung trotz eventuell vorliegender Einwilligung rechtswidrig und kann für den Anfechtungsantrag weder einen geeigneten Anfangsverdacht begründen, noch ein geeignetes Beweismittel sein.[55]

Ärzte nennen folgende Qualifikationsvoraussetzungen: Der Sachverständige muss approbierter Arzt sein oder einen Studiengang mit dem Diplom abgeschlossen haben, in dem humangenetische Kenntnisse vermittelt wurden. Der Sachverständige muss eine mindestens dreijährige, nicht wesentlich unterbrochene, fachlich umfassende, wissenschaftliche und praktische Ausbildung auf dem Gebiet der Abstammungsbegutachtung durch einen Sachverständigen nachweisen und mindestens zwei Systemkategorien beherrschen. Die wissenschaftliche Qualifikation muss durch Publikationen, die praktische durch mindestens 50 unter der Aufsicht eines Sachverständigen erstellte Abstammungsgutachten nachgewiesen werden.[56]

---

54 *Rittner/Rittner*, NJW 2005, 947 f.

55 *Braun*, MDR 2010, 483.

56 *Bundesärztekammer*, DÄBl 2002, A665, A667.

Unklar ist, ob auch die Probeentnahme dem Arztvorbehalt unterliegt.[57] Die Systematik spricht dafür, auch während der Beratungen zum GenDG war das gefordert worden[58] - die Praxis unterläuft das jedoch. Befürchtet wird, dass die Probeentnahme durch Nichtärzte auch dem Zweck von § 1598a BGB, der das Recht auf informationelle Selbstbestimmung schützen will, unterlaufe und heimliche Vaterschaftstests befördere.[59] Möglicherweise hat der Gesetzgeber hier nicht genügend berücksichtigt, dass Untersuchungen zu anderen als zu medizinischen Zwecken (was bei Abstammungsuntersuchungen ja meist gegeben ist) auch Abläufe ohne Arztbeteiligung zu Grunde liegen können.[60] Das führt etwa dazu, dass in Deutschland ansässige, nichtärztliche Vermittler ihre Tätigkeit uneingeschränkt ausüben können, wenn sie die Proben an ausländische Laboratorien senden.[61]

Mit den Begutachtungsgrundsätzen und insbesondere der Wahrscheinlichkeitsberechnung will ich Sie heute nicht langweilen.[62]

5. Mitteilungs- und Aufbewahrungspflichten

Zum Schutz des Rechts auf informationelle Selbstbestimmung sind weitere Vorschriften, die für genetische Untersuchungen zu medizinischen Zwecken gelten, auf genetische Abstammungstests anzuwenden.[63] So gelten die Vorschriften über die Mitteilung des Ergebnisses genetischer Tests und Analysen (§ 11 Abs. 2 bis 4 GenDG) sowie über die Verwendung und

---

57 Den Arztvorbehalt fordert *Genenger*, MedR 2011, 18 ff.; aA DIJuF-Gutachten, JAmt 2010, 65. Differenzierend *Taupitz*, MedR 2013, 1, 5, der auf die „allgemeinen medizinrechtlichen Grundsätze“ und damit wohl auf die Delegationsregeln verweist.

58 *Rittner/Rittner*, NJW 2005, 947 f.

59 *Genenger*, MedR 2011, 20.

60 *Genenger*, MedR 2011, 18.

61 *Fenger*, in: Spickhoff, Medizinrecht, § 17 GenDG Rn. 2. Kritisch wegen Umgehungen auch *Taupitz*, MedR 2013, 1, 6.

62 Vgl. dazu die Kommentarliteratur; etwa Soergel-BGB/*Schmidt-Recla*, § 1600c Rn. 11-20.

63 BT-Drs. 16/10532, S. 34.

an der Identität, der Abstammung oder der Familienzugehörigkeit des Antragstellers hat, meist nur die Möglichkeit, ein genetisches Abstammungsgutachten beizubringen. Zwar besteht keine Pflicht, sondern nur die Möglichkeit - es lässt sich jedoch nicht verkennen, dass die Antragsteller in diesen Fällen keine andere Wahl haben, als die formal freiwillige genetische Untersuchung (eher unfreiwillig) vornehmen zu lassen.[71] Mitunter mag es sein, dass der Gentest schneller und billiger zu bewerkstelligen ist, als die Überprüfung der vorgelegten Urkunden.[72] Außerdem dürfte die Untersuchung idR im Interesse des Antragstellers liegen.[73] Drei Ausnahmetatbestände des Abs. 8 S. 1 führen dazu, dass der ansonsten bei Abstammungsuntersuchungen gebotene Schutz der betroffenen Personen abgesenkt wird:

Nr. 1 schränkt das Recht, das Untersuchungsergebnis nicht zur Kenntnis zu nehmen oder dessen Vernichtung zu verlangen, ein. Das ist notwendig, denn dem Antragsteller muss im Verfahren notwendigerweise das Untersuchungsergebnis zur Kenntnis gebracht werden und es muss auch aufbewahrt werden.[74] Nr. 2 schränkt das Recht auf Aufklärung über gesundheitliche Risiken, § 9 Abs. 2 Nr. 2 und 5 GenDG, ein. Der Gesetzgeber begründet das schlicht (und zutreffend) damit, dass genetische Untersuchungen an Mundschleimhautabstrichen gesundheitlich risikolos seien.[75] Bestehen bleibt die Aufklärungspflicht über Umstände, die für die Entscheidung über die Erteilung der Einwilligung bedeutsam sind: also über die Verwendung des Schleimhautabstriches, den Zweck der Gendiagnostik, die Verwendung des Testergebnisses.[76] Nach Nr. 3 gilt die zehnjährige Aufbewahrungsfrist des § 12 Abs. 1 S. 1 GenDG nicht. Nach allgemeinem Datenschutzrecht ist das Testergebnis zu vernichten, wenn es nicht mehr gebraucht wird.[77]

---

71 *Spickhoff/Fenger*, § 17 GenDG Rn. 3; sehr kritisch *Schultz*, ZRP 2009, 116.
72 *Schultz*, ZRP 2009, 116.
73 So auch BT-Drs. 16/10532, S. 35.
74 BT-Drs. 16/10532, S. 35.
75 BT-Drs. 16/10532, S. 35.
76 BT-Drs. 16/10532, S. 35; *Spickhoff/Fenger*, § 17 GenDG Rn. 5.
77 *Spickhoff/Fenger*, § 17 GenDG Rn. 5.

Fraglich ist, ob Abs. 8 ein „fragwürdiges biologistisches Konzept der Familie“ zu Grunde legt und ob der Freiwilligkeitsgrundsatz des GenDG missachtet wird.[78] Der Gesetzgeber hat diese Fragen verneint. Verfassungsbeschwerden oder Normenkontrollverfahren sind - wenn sie anhängig sein sollten - bislang nicht zur Entscheidung in der Hauptsache gediehen.[79] Rechtsprechung ist nicht nachgewiesen (was dafür sprechen könnte, dass die Antragsteller sich dem Verfahren bereitwillig unterziehen). Aber: Der Einwand, der Freiwilligkeitsgrundsatz werde durchbrochen, verkennt, dass Anträge nach PassG oder AufenthG freiwillig gestellt werden. Dem Argument des Gesetzgebers, Untersuchungen an Mundschleimhautabstrichen gefährdeten die Gesundheit nicht, lässt sich noch entgegenhalten, dass das Ergebnis der Abstammungsuntersuchung die Psyche beeinträchtigen könne und dass der Verzicht auf die Aufklärung Migranten diskriminiere.[80] Wer so argumentiert, muss in allen Auslandsvertretungen Ärzte vorhalten, die die im Inland geschuldete Aufklärung leisten können.

Schwerer wiegt der grundsätzliche Einwand. Das „biologistische Konzept der Familie“, das sich mit guten Gründen auch aus rechtsvergleichender Sicht kritisieren lässt, ist das das gesamte Abstammungsrecht der §§ 1589 ff. BGB grundierende Konzept der blutsmäßigen Verwandtschaft - und hier schließt sich der Kreis. Eine punktuelle Korrektur des *ius sanguinis*, die Zuwanderer besser stellt als Inländer, erscheint schwer möglich. So bliebe nur eine (sich dem *ius soli* zuwendende) Gesamtrevision des Abstammung- und Staatsangehörigkeitsrechts.

Nachweise (außer Kommentare)

Andersen, Julia: Molekulargenetische Vaterschaftsuntersuchungen im Lichte des Grundgesetzes, Hamburg, 2009

78 *Schultz*, ZRP 2009, 116.

79 Vgl. aber BVerfG FamRZ 2011, 787 f. in einem Verfahren auf Erlass einer einstweiligen Anordnung; zu § 17 hat sich das BVerfG in dieser Entscheidung nicht geäußert.

80 *Schultz*, ZRP 2009, 117.

Braun, Stefan: Die Regelungen des Gendiagnostikgesetzes zu „heimlichen Vaterschaftstests“, in: MDR 2010, 482 ff.

Bundesärztekammer, Richtlinien für die Erstattung von Abstammungsgutachten, in: DÄBl 2002, A665 ff.

Deutscher Richterbund, Stellungnahme zum Entwurf eines Gesetzes zur Klärung der Vaterschaft unabhängig vom Abstammungsverfahren, in: FPR 2007, 418 f.

Eberbach, Wolfram H.: Das neue Gendiagnostikgesetz. Ein Überblick aus juristischer Sicht, in: MedR 2010, 155 ff.

Fabricius, Hans-Ake: Die humangenetische Abstammungsbegutachtung, in: FPR 2002, 376 ff.

Fenger, Hermann: Das neue Gendiagnostikgesetz (GenDG), in: GesR 2010, 57 ff.

Gaul, Hans Friedhelm: Die Neuregelung des Abstammungsrechts durch das Kindschaftsrechtsreformgesetz, in: FamRZ 1997, 1441 ff.

Genenger, Angie: Das neue Gendiagnostikgesetz, in: NJW 2010, 113 ff.

Genenger, Angie: Probeentnahme zur Klärung der Abstammung ohne Arztvorbehalt? Offene Fragen des GenDG, in: MedR 2011, 18 ff.

Glaser, Andreas/Dahlmanns, Dominique: Zur Strafbarkeit heimlicher Vaterschaftstests, in: JR 2007, 316 ff.

Helfrich, Andrea: Interessenkonflikte bei der Verwendung genetischer Tests zu außermedizinischen Zwecken im Zivilrecht: ein Rechtsvergleich zwischen Deutschland und Frankreich, München, 2006

Henn, Wolfram: Das neue Gendiagnostikgesetz und seine Konsequenzen für den frauenärztlichen Alltag, in: Frauenarzt 2010, 14 ff.

Knoche, Joachim: Chancen einer erfolgreichen Vaterschaftsanfechtung nach den BGH-Entscheidungen zu heimlichen DNA-Tests, in: FuR 2005, 348 ff.

Laufs, Adolf/Kern, Bernd-Rüdiger: Handbuch des Arztrechts, 4. Aufl., München, 2010

Muscheler, Karlheinz: Das Recht des Vaters auf Kenntnis seiner Vaterschaft, in: FPR 2005, 185 ff.

Musielak, Hans-Joachim/Borth, Helmut: Familiengerichtliches Verfahren. 1. und 2. Buch FamFG, 3. Aufl., München, 2009

Ostermann, Stephanie: Das Klärungsverfahren nach § 1598a BGB. Abstammungsrechtlicher Kontext und verfassungsrechtliche Vorgaben, Berlin, 2009

v. Pentz, Vera: Tendenzen der neueren höchstrichterlichen Rechtsprechung zur Arzthaftung, in: MedR 2011, 222 ff.

Rittner, Natascha/Rittner, Christian: Rechtsdogma und Rechtswirklichkeit am Beispiel so genannter heimlicher Vaterschaftstests, in: NJW 2005, 945 ff.

Spickhoff, Andreas: Medizinrecht, München, 2011

Schultz, Susanne: DNA-Tests in der Migrationskontrolle - Massive Diskriminierung und zweierlei Maß im Gendiagnostik-Gesetzentwurf, in: ZRP 2009, 115 ff.

Taupitz, Jochen: Genetische Untersuchungen zur Klärung der Abstammung, in: MedR 2013, 1 ff.

Wellenhofer, Maria: Das neue Gesetz zur Klärung der Vaterschaft unabhängig vom Anfechtungsverfahren, in: NJW 2008, 1185 ff.

BT-Drucks 13/4899; 16/5370; 16/6561; 16/6649; 16/8219; 16/10532

BR-Drucks 280/05; 369/05

Zypries, BT-Plenarprotokoll 16/145, 15325B

Leutheusser-Schnarrenberger, BT-Plenarprotokoll 16/118, 12221B

Genetische Untersuchungen im Privatversicherungsbereich

Erik Hahn, Dresden

A. Einleitung

Vor dem Hintergrund der vielfältigen Lebensbereiche, in denen genetische Untersuchungen am Menschen bedeutsam werden können, enthält das am 1. 2. 2010 in Kraft getretene GenDG ein breitgefächertes Spektrum an Regelungen, die diesem Gesetz den Charakter eines Sammelwerkes verleihen. Eines der Themen, die der Gesetzgeber aufgrund der Sachnähe zum Bereich der Humangenetik im GenDG konzentriert hat, ist die Gewinnung und Berücksichtigung der Ergebnisse genetischer Untersuchungen im Privatversicherungsbereich. Ausgeklammert aus dem eigentlich originär einschlägigen VVG enthält der ausschließlich aus dem § 18 bestehende vierte Abschnitt des GenDG die wesentlichen, auf insgesamt drei Sätze beschränkten Grundlagen. Diese werden nachfolgend im Detail erläutert und in den Kontext des bestehenden Versicherungsrechts eingeordnet.

B. Problemaufriss

I. Diametrale Interessen der Vertragspartner?

In einem Versicherungsvertrag verpflichtet sich der Versicherer nach § 1 S. 1 VVG, ein bestimmtes Risiko des Versicherungsnehmers oder eines Dritten durch eine Leistung abzusichern, die er bei Eintritt des vereinbarten Versicherungsfalls zu erbringen hat. Es handelt sich damit um einen klassischen aleatorischen Vertrag,[1] denn weder der Versicherungsnehmer noch der Versicherer wissen, wann bzw. ob das ungewisse Ereignis (überhaupt jemals) eintreten wird. Im Zweifel - so zumindest der gesetzliche Ideal- und tatsächliche Regelfall bei der privaten Krankenversicherung - hoffen

---

1 *Gruber*, Geldwertschwankungen und handelsrechtliche Verträge in Deutschland und Frankreich, 2000, S. 631; *Medicus/Lorenz*, Schuldrecht BT, 15. Aufl. 2010, S. 227, 241 ff.; *Oetker/Maultzsch*, Vertragliche Schuldverhältnisse, 3. Aufl. 2007, S. 10.

beide auf dessen Ausbleiben. Der mögliche Schadensumfang und die individuelle Wahrscheinlichkeit des Schadenseintritts prägen dabei die Ausgestaltung des Versicherungsvertrags, d.h. insbesondere die vom Versicherer bereitzuhaltende Rückstellungs- bzw. Versicherungssumme sowie die vom Versicherten zu zahlende Prämie.

Je länger der Versicherungsvertrag ohne Schadenseintritt läuft, desto unwirtschaftlicher erscheint er aber selbst aus Sicht eines auf das Ausbleiben des Versicherungsfalls hoffenden, davon aber unbenommen zur Prämienzahlung verpflichteten Versicherten. Mit dem Erreichen eines individuell zu bestimmenden break-even-points (BEP = gezahlte Gesamtprämie ≥ Kosten des Versicherungsfalls) kann es für den Versicherten schließlich ökonomisch vorteilhafter sein, das Risiko überhaupt nicht zu versichern, sondern vielmehr selbständig Rücklagen für eine eventuell eintretende Kostenlast zu bilden. Um demnach eine sachgerechte Entscheidung treffen zu können, benötigt der Versicherte einerseits maximale Kenntnis von seinen individuellen Risikofaktoren, während es ihm andererseits jedoch daran gelegen sein wird, die Kenntnis des Versicherers von prämiensteigernden Faktoren möglichst zu beschränken. Das Interesse des Versicherers besteht hingegen darin, die Prämienzahlung im Idealfall über die gesamte Vertragsdauer - oder zumindest bis zum Erreichen des BEP[2] - vollkommen ohne Eintritt des Versicherungsfalls zu erhalten. Erst wenn eine bestimmte Gesamtprämie durch den Versicherten (bzw. die Versichertengemeinschaft) gezahlt wurde, erscheint für den Versicherer die Kostentragung im Versicherungsfall überhaupt wirtschaftlich sinnvoll.

Hoffen demnach beide Parteien zwar im Grundsatz auf das Ausbleiben des Versicherungsfalls, können aber gerade nicht darauf vertrauen, besteht ein großes beiderseitiges Interesse an der Kenntnis des individuellen Versicherungsrisikos, also der Wahrscheinlichkeit und des Umfangs des möglichen Schadenseintritts. Gerade dieses Risiko stellt aber die bereits erwähnte unsichere Konstante des Versicherungsvertrags dar. Möglich ist ausschließlich eine etwaige Risikoabschätzung: Ein Krankenversicherer

---

2 Vereinfachte Darstellung unter Außerachtlassung der Risikoverteilung im Versichertenpool. Für eine ausführliche Darstellung vgl. etwa *Fleßa*, Gesundheitsökonomik, 2. Aufl. 2007, S. 71.

kann so etwa problemlos ermitteln, wie hoch nach dem auf die Gesamtbevölkerung bezogenen statistischen Mittelwert die Wahrscheinlichkeit für eine Person ist, eine bestimmte Krankheit - etwa Chorea Huntington - zu bekommen. Diesen Wert kann er dann in einem später abzuschließenden Versicherungsvertrag berücksichtigen. Ist die Krankheit aber durch genetische Merkmale begünstigt bzw. sogar zwingend prädiziert und hat der Versicherungsnehmer gerade diese Merkmale, so verändert sich das individuelle, für den Vertrag maßgebliche Risiko bedeutend.[3] Um hier eine sachgemäße Risikoprüfung durchführen zu können, wird der Versicherer bestrebt sein, in jedem Fall umfänglich Daten zu erheben, die prädiktive Aussagen im Hinblick auf das zu erwartende Schadensereignis ermöglichen. Dies geschah für gesundheitsbezogene Versicherungszweige bereits in der Vergangenheit u.a. durch die sogenannte Familienanamnese, bei der anhand gesundheitlicher und sozialer Faktoren der Verwandtschaft bzw. des Lebensumfelds des Versicherten auf dessen individuelles Krankheitsrisiko geschlossen wird.[4] Zwar hat auch der Versicherte - wie oben geschildert - ein grundsätzliches Interesse an der Kenntnis der Risikowahrscheinlichkeit. Dieses wird bei ihm aber im Regelfall nicht nur ökonomisch, sondern auch affektiv motiviert sein.

II. Rücktritt, Kündigung und Anfechtung nach dem VVG

Um den Interessen der Beteiligten angemessen Rechnung zu tragen und den angesprochenen Erkenntnisprozess in geeigneter Weise ablaufen zu lassen, hat der Gesetzgeber entsprechende Regelungen im Versicherungsvertragsgesetz geschaffen. Nach § 19 Abs. 1 S. 1 VVG muss etwa der Versicherungsnehmer bis zur Abgabe seiner Erklärung die ihm bekannten Gefahrenumstände,[5] die für den Entschluss des Versicherers, den Vertrag mit

3 Vgl. dazu OLG Saarbrücken VersR 2012, 557.

4 Vgl. dazu. *Armbrüster*, Das Gendiagnostikgesetz in der Versicherungspraxis, VW 2010, 1309; *Nationaler Ethikrat*, Stellungnahmen Prädiktive Gesundheitsinformationen beim Abschluss von Versicherungen, 2007, S. 22 ff., 63.

5 Vgl. dazu *Prölss*, in: Prölss/Martin (Hrsg.), Kommentar zum VVG, 28. Aufl. 2010, § 19 Rn. 5 ff.

dem vereinbarten Inhalt zu schließen, erheblich sind und nach denen der Versicherer in Textform gefragt hat, dem Versicherer anzeigen. Stellt der Versicherer darüber hinaus auch noch nach der Erklärung des Versicherungsnehmers, aber noch vor seiner eigenen Annahmeerklärung, solche Fragen, ist der Versicherungsnehmer gem. § 19 Abs. 1 S. 2 VVG auch insoweit zur Anzeige verpflichtet.

Die Konsequenzen einer Verletzung dieser Anzeigepflicht sind ebenfalls in den §§ 19 ff. VVG geregelt. Danach kann der Versicherer bei einer grob fahrlässigen oder vorsätzlichen Verletzung der geschilderten Anzeigepflicht nach § 19 Abs. 2 i.V.m. Abs. 3 S. 1 VVG grundsätzlich vom Vertrag zurücktreten. Im Fall einfacher Fahrlässigkeit oder bei Schuldlosigkeit bleibt dem Versicherer dagegen nach § 19 Abs. 3 S. 2 VVG nur das Recht zur Kündigung. Dieses Recht zur Kündigung ist aber ebenso wie das Recht zum Rücktritt bei einer „nur" grob fahrlässigen Anzeigepflichtverletzung ausgeschlossen, sofern der Versicherer den Vertrag auch bei Kenntnis der nicht angezeigten Umstände - wenn auch zu anderen Bedingungen - abgeschlossen hätte. In dieser Konstellation darf folglich, wie bei der Vertragsanpassung bei einer Störung der Geschäftsgrundlage nach § 313 BGB,[6] nur ein „vertragsändernder" und kein „vertragshindernder" (Ausschlussgrund) Umstand betroffen sein.[7] Auf Verlangen des Versicherers binnen Monatsfrist nach § 21 Abs. 1 VVG werden die „anderen Bedingungen" rückwirkend - bzw. bei einer vom Versicherungsnehmer nicht zu vertretenden Pflichtverletzung ab der laufenden Versicherungsperiode - zum Vertragsbestandteil. Die genannten Rücktritts- und Kündigungsrechte stehen dem Versicherer nach § 19 Abs. 5 VVG aber nur zur Seite, wenn dieser den Versicherten durch gesonderte Mitteilung in Textform auf die Folgen einer Anzeigepflichtverletzung hingewiesen hat[8] und er den nicht angezeigten

6 Vgl. dazu etwa *Finkenauer*, in: MünchKomm-BGB, 6. Aufl. 2012, § 313 BGB Rn. 19 f.

7 Vgl. *Langheid*, in: Römer/Langheid, Kommentar zum VVG, 3. Aufl. 2012, § 19 Rn. 104 ff.

8 Zu den Anforderungen an die Belehrung vgl. OLG Brandenburg NJW-RR 2010, 385 f.; OLG Hamm NJOZ 2011, 993, 955.

Gefahrumstand oder die Unrichtigkeit der Anzeige nicht bereits beim Vertragsschluss kannte.

Für den durch genetische Untersuchungen besonders betroffenen Bereich der privaten Krankenversicherung enthält das achte Kapitel des zweiten Teils des VVG einige Sonderregeln, die von den oben genannten Grundsätzen abweichen. In erster Linie zu nennen ist § 194 Abs. 1 S. 3 VVG, der bei einer vom Versicherten nicht zu vertretenden Verletzung seiner Anzeigepflicht das Recht des Versicherers zur Vertragsanpassung nach § 19 Abs. 4 VVG gänzlich ausschließt. Zusätzlich stärkt noch § 206 Abs. 1 S. 1 VVG die Rechte des Versicherten, indem dieser zulasten des Versicherers ein, weithin als „absolut"[9] bezeichnetes, Kündigungsverbot für Krankenkostenversicherungen im Rahmen der allgemeinen Krankenversicherungspflicht[10] nach § 193 Abs. 3 S. 1 VVG statuiert.[11]

Unbeschadet der genannten Möglichkeiten hat der Versicherer nach § 22 VVG zusätzlich das Recht, den Vertrag bei Vorliegen der Voraussetzung wegen arglistiger Täuschung nach den allgemeinen Grundsätzen des Bürgerlichen Rechts gem. § 123 BGB anzufechten.[12] Rücktritt und Anfechtung stehen insoweit in keinem Exklusivitätsverhältnis.[13]

III. Gefahrerhöhung

Ein weiterer Ausdruck des Risikoprinzips im privaten Versicherungsvertragsrecht sind die Regeln zur Gefahrerhöhung. Nach § 23 Abs. 1 VVG darf der Versicherungsnehmer nach Abgabe seiner Versicherungserklärung

---

9 *Langheid*, in: Römer/Langheid, Kommentar zum VVG, § 194 Rn. 9; BVerfG NZS 2009, 436, 442.

10 *Eichelberger/Pannke*, in: Spickhoff (Hrsg.), Medizinrecht, 2011, § 193 VVG Rn. 3.

11 Zur Diskussion um die Reichweite des Kündigungsverbots und die Frage der Erstreckung auf die außerordentliche Kündigung vgl. *Langheid*, in: Römer/Langheid, Kommentar zum VVG, § 206 Rn. 3; *Langheid*, NJW 2007, 3745, 3749; BGH NJW 2012, 376, 377.

12 *Müller-Frank*, in: MünchKomm-VVG, 2010, § 22 Rn. 1.

13 *Prölss*, in: Prölss/Martin, Kommentar zum VVG, § 22 Rn. 23; OLG Köln NVersZ 2001, 500, 502.

keine Gefahrerhöhung vornehmen oder ihre Vornahme durch einen Dritten gestatten. Erkennt er nachträglich, dass er ohne Einwilligung des Versicherers eine Gefahrerhöhung vorgenommen oder gestattet hat, muss er diese dem Versicherer nach § 23 Abs. 2 VVG unverzüglich anzeigen. Ähnliches gilt nach § 23 Abs. 3 VVG auch für unabhängig vom Willen des Versicherten eingetretene Gefahrerhöhungen. Rechtsfolge eines Verstoßes gegen diese Anzeigepflichten ist die Leistungsfreiheit nach § 26 VVG, nach der ein Versicherer unter bestimmten Umständen die Versicherungssumme trotz Eintritt des Versicherungsfalls nicht zu erbringen braucht. Für den Bereich der Krankenversicherung finden allerdings auch die §§ 23 bis 27 und 29 VVG keine Anwendung. Eine Anpassung von Prämien und Vertragsbedingungen ist hier nur im engen Rahmen des § 203 VVG möglich.[14]

IV. Genetischer Exzeptionalismus im Versicherungsrecht

Die genannten Mechanismen zur Risikoverteilung im Versicherungsverhältnis erscheinen im Hinblick auf die genannten Interessen der Beteiligten weithin angemessen und wecken - soweit etwa eine Sachversicherung betroffen ist - auch keine grundsätzlichen Bedenken. Anders kann sich die Situation jedoch darstellen, wenn das individuelle Risiko durch Informationen bestimmt wird, die in besonderem Maße persönlich und damit dem Kernbereich[15] des Rechts auf informationelle Selbstbestimmung des Versicherten zuzuordnen sind. Der Betroffene, der im Zusammenhang mit einem Versicherungsvertrag seine genetischen Daten preisgeben muss, ist schließlich gezwungen, Information zu offenbaren, die einen weitaus höheren individuellen Aussagegehalt besitzen, als etwa der anzeigepflichtige Vorschaden an einem Kfz. Insoweit wird - zwar nicht unbestritten - [16] vom

14 Instruktiv dazu BGH NJW 2012, 2733 f.

15 LG Berlin NJW 1989, 787, 788.

16 Nachweise bei *Kiehntopf/Pagel*, Der Entwurf des Gendiagnostikgesetzes - genetischer Exzeptionalismus oder allgemeines Diagnostikgesetz?, MedR 2008, 344, 346 f.

genetischen Exzeptionalismus, der Einzigartigkeit genetischer Daten, gesprochen.[17]

Die oben erläuterte Interessenlage verlangt vom Gesetzgeber, das Recht des Versicherten auf Geheimhaltung seiner genetischen Informationen gegen das Interesse des Versicherers an der Durchführung einer adäquaten Risikoprüfung abzuwägen.[18] Hierbei ist vor dem Hintergrund des Gleichheitsgrundsatzes in Ansatz zu bringen, dass zwar einerseits eine Benachteiligung wegen einer genetischen Eigenschaft beim Abschluss eines Versicherungsvertrags zu beschränken ist, Art. 3 Abs. 1 GG aber andererseits ebenso verlangt, tatsächlich Ungleiches auch ungleich zu behandeln.[19] Zusätzlich verschärft wird der Interessenskonflikt noch in den Fällen, in denen der Versicherte noch überhaupt keine Kenntnis von seinen eigenen genetischen Merkmalen hat und diese auch nicht haben möchte. Insoweit wird von dem in Art. 2 Abs. 1 GG verankerten Recht auf Nichtwissen gesprochen.[20] Dieses gewährleistet beispielsweise, dass eine Person nicht gegen ihren Willen von einem bei ihr vorhandenen, genetisch bedingten Krebsrisiko erfahren muss, der Versicherte also nicht im Vorfeld des Vertragsschlusses zur Vornahme einer genetischen Untersuchung gezwungen werden kann. Mit § 18 GenDG hat der Gesetzgeber den Versuch unter-

---

17 *Hahn*, in: Kern (Hrsg.), Kommentar zum Gendiagnostikgesetz, 2012, § 1 Rn. 10; *Heyers*, Prädiktive Gesundheitsinformationen - Persönlichkeitsrechte und Drittinteressen - insbesondere am Beispiel der Gendiagnostik bei Abschluß von Privatversicherungen, MedR 2009, 507, 508.

18 *Lorenz*, in: Müller/Osterloh/Stein (Hrsg.), Festschrift für Günter Hirsch, 2008, S. 406.

19 *Brand*, Inhaltskontrolle für die Formularregelungen in der Lebensversicherung zur Überschußermittlung, Überschußbeteiligung und zur Berechnung des Rückkaufswertes, VersR 2000, 715, 718; *Kern*, in: Hillenkamp (Hrsg.), Medizinrechtliche Probleme der Humangenetik, 2002, S. 17, 28; *Taupitz*, Genetische Diagnostik und Versicherungsrecht, 2000, S. 31.

20 *Lindner*, Grundrechtsfragen prädiktiver Gendiagnostik, MedR 2007, 286, 290, 295; *Reuter*, in: Kern, GenDG, § 4 Rn. 41.

nommen, diesen Interessenskonflikt einer sachgerechten Lösung zuzuführen.[21]

C. Tatbestand des § 18 GenDG

I. Anwendungsbereich

§ 18 GenDG gilt in zeitlicher Hinsicht sowohl vor als auch nach dem Abschluss eines Versicherungsvertrags.[22] Er erfasst nach Abs. 1 die Erhebung, Entgegennahme und Verwendung von Daten beziehungsweise Ergebnissen aus einer Untersuchung genetischer Eigenschaften. Der Begriff der genetischen Eigenschaften ist wiederum in § 3 Nr. 4 GenDG als ererbte oder während der Befruchtung oder bis zur Geburt erworbene, vom Menschen stammende Erbinformationen definiert.[23] Später erworbene Eigenschaften sind danach nicht umfasst.[24]

Der in § 18 Abs. 1 GenDG zugrunde gelegte Begriff „Abschluss eines Versicherungsvertrags" ist nach Sinn und Zweck der Vorschrift extensiv auszulegen. Das bedeutet, die Norm kommt sowohl beim Abschluss neuer Verträge als auch im Rahmen der Änderung von Altverträgen zur Anwendung.[25] Das Bestehen einer Versicherungspflicht ist für § 18 GenDG unerheblich.[26]

---

21 Ergänzend kommt auch noch § 4 GenDG ein Auffangwirkung zu, soweit eine den Versicherungsbereich betreffende humangenetische Untersuchung vorliegt, die nicht den Tatbestand des § 18 GenDG erfüllt: vgl. *Reuter*, in: Kern, GenDG, § 4 Rn. 133.

22 *Hahn*, in: Kern, GenDG, § 18 Rn. 10.

23 Zum Begriff vgl. *Hahn/Schwarz*, in: Kern, GenDG, § 3 Rn. 21 ff.; *Fenger*, in: Spickhoff, Medizinrecht, § 3 GenDG Rn. 4; BT-Drs. 16/10532, S. 21.

24 *Stockter*, in: Prütting (Hrsg.), Fachanwaltskommentar Medizinrecht, 2010, § 18 GenDG Rn. 10; BT-Drs. 16/10532, S. 21

25 *Neuhaus*, Aktuelle Probleme in der Personenversicherung unter besonderer Berücksichtigung der Berufsunfähigkeitsversicherung, r+s 2009, 309, 315.

26 *Kröger*, Das neue Gendiagnostikgesetz und seine Auswirkungen auf den rechtlichen Rahmen beim Abschluss von Versicherungsverträgen, MedR 2010, 751, 752; *Lensing*, Gendiagnostik in der Versicherungswirtschaft - Persönlichkeitsrecht versus unternehmerische Freiheit, VuR 2009, 411, 412.

Die Frage, inwieweit § 18 Abs. 1 GenDG, trotz der Ausrichtung seines Wortlauts auf den Vertragsschluss, im Bereich der gesetzlichen Versicherung - insbesondere im Bereich der GKV - zur Anwendung kommen kann, ist primär anhand der jeweils geltenden Fassung des SGB V zu beantworten. Im Grundsatz spricht die Schutzrichtung der Norm dagegen, schließlich kann die GKV im Regelfall keinen Versicherten aufgrund seiner gesundheitlichen Risiken bzw. bestehenden Erkrankungen oder Vorerkrankungen mit einer höheren Prämie belasten oder gar vollständig zurückweisen.[27] Dies wird etwa für den Bereich der Wahltarife in § 53 Abs. 6 S. 4 SGB V besonders deutlich, nach dem die Höhe der Prämienzahlung unabhängig von Alter, Geschlecht oder Krankheitsrisiko des Mitglieds festzulegen ist. Soweit allerdings das SGB V - wenn auch nur de lege ferenda - vertragliche Differenzierungen nach individuellen Risiken zulassen würde, erschiene eine Anwendung zumindest nicht ausgeschlossen.[28] In jedem Fall gilt aber auch für den Bereich der Sozialversicherung das allgemeine Diskriminierungsverbot des § 4 GenDG.[29]

II. Verbote des § 18 Abs. 1 S. 1 GenDG

Nach § 18 Abs. 1 S. 1 GenDG darf der Versicherer vom Versicherten weder vor noch nach Abschluss des Versicherungsvertrages die Vornahme genetischer Untersuchungen oder Analysen verlangen oder die Mitteilung von Ergebnissen oder Daten aus bereits vorgenommenen genetischen Untersuchungen oder Analysen verlangen oder solche Ergebnisse oder Daten entgegennehmen oder verwenden. Dieses Erhebungs- und Verwertungs-

---

27 *Lorenz*, Zur Berücksichtigung genetischer Tests und ihrer Ergebnisse beim Abschluß von Personenversicherungsverträgen, VersR 1999, 1309 f.; *Mushoff*, Die Guten ins Töpfchen, die Schlechten ins Kröpfchen... - Der Schutz des genetischen Codes gegenüber ArbeitgeberInnen und Versicherungen, Forum Recht 01/2005, 4.

28 *Präve*, Das Gendiagnostikgesetz aus versicherungsrechtlicher Sicht, VersR 2009, 857 f.; a.A. *Fenger*, Das neue Gendiagnostikgesetz (GenDG), GesR 2010, 57, 59.

29 Zu den denkbaren Anwendungsbereichen vgl. *Hahn*, in: Kern, GenDG, § 18 Rn. 14.

verbot besteht grundsätzlich unabhängig vom Vorliegen einer Einwilligung des Versicherten.[30]

1. Erhebungsverbot

Das in § 18 Abs. 1 S. 1 Nr. 1 GenDG enthaltenen Erhebungsverbot schützt das Recht des Versicherungsnehmers auf Nichtwissen. Dieser soll nicht durch eine Aufforderung des Versicherers zur Vornahme einer genetischen Untersuchung gezwungen werden können.[31] Dabei setzt das nach dem Wortlaut der Vorschrift erforderliche „Verlangen“ ein aktives Einfordern[32] voraus, das nicht allein durch ein freiwilliges Anbieten von Seiten des Versicherten erfüllt wird.[33] Dagegen ist der Kanon möglicher „Verlangenshandlungen“ zur Verwirklichung des Schutzkonzeptes möglichst weit zu fassen.[34] Dies bedeutet etwa, dass bereits das werbende Versprechen einer geringeren Versicherungsprämie im Gegenzug für die Vornahme einer genetischen Untersuchung ein Verlangen im Sinne von § 18 Abs. 1 S. 1 Nr. 1 GenDG darstellen kann.

2. Verlangens-, Entgegennahme- und Verwertungsverbot für bereits vorgenommene genetische Untersuchungen und Analysen

Zusätzlich zum Erhebungsverbot enthält § 18 Abs. 1 S. 1 Nr. 2 GenDG ein Verlangens-, Entgegennahme- und Verwertungsverbot für die Ergebnisse und Daten aus bereits vorgenommenen genetischen Untersuchungen und Analysen. Dieses dient im Gegensatz zum Verbot nach Nr. 1 nicht dem Recht auf Nichtwissen, sondern allgemein dem Schutz des informationellen Selbstbestimmungsrechts des Versicherten.[35] Es gilt - zumindest regelmäßig - sowohl für Ergebnisse, die aus Sicht des Versicherten günstig

30 *Stockter*, in: Prütting, Fachanwaltskommentar Medizinrecht, § 18 GenDG Rn. 13.

31 *Eberbach*, Das neue Gendiagnostikgesetz. Ein Überblick aus juristischer Sicht, MedR 2010, 155, 158; *Neuhaus*, r+s 2009, 309, 315.

32 *Kröger*, MedR 2010, 751, 752.

33 *Hahn*, in: Kern, GenDG,§ 18 Rn. 19.

34 *Hahn*, in: Kern, GenDG, § 18 Rn. 20.

35 *Stockter*, in: Prütting, Fachanwaltskommentar Medizinrecht,§ 18 GenDG Rn. 3.

sind, als auch für solche, die für ihn mit Nachteilen verbunden sein können.[36] Dieser weite Geltungsbereich soll nach der Vorstellung des Gesetzgebers einer Umgehung der Verbote entgegenwirken. Anderenfalls könne - beispielsweise durch Angebote zur Prämiensenkung im Fall „günstiger" genetischer Prognosen - mittelbar der Druck entstehen, sich doch testen zu lassen.[37]

Problematisch bleibt etwa die Frage, ob zumindest bei einer medizinisch indizierten Mitteilung eine Ausnahme von diesem Grundsatz zu akzeptieren ist, der Patient also etwa belegen darf, dass eine bestimmte Therapie bei ihm größere bzw. keine Heilungschancen verspricht. Obwohl diese Möglichkeit aus therapeutischer Sicht wünschenswert erscheint, ist sie zumindest nicht problemlos mit dem Wortlaut von § 18 Abs. 1 S. 1 Nr. 2 GenDG zu vereinbaren. Denkbar wäre es allenfalls, dieses Ergebnis durch eine entsprechende Auslegung des „Verwendungs-" (Abs. 1 S. 1 Nr. 2) bzw. „Erkrankungsbegriffs" (Abs. 2) oder durch eine teleologische Reduktion des Verbots zu erreichen. Zumindest in lebensbedrohlichen oder notstandsähnlichen Situationen ist eine Mitteilung durch den Versicherten zu akzeptieren.[38]

Die genannten Verbote gelten, entgegen teilweise anders lautender Stimmen, sowohl für prädiktive als auch für diagnostische Untersuchungen.[39] Dies folgt zum einen unmittelbar aus dem Wortlaut der Norm selbst, der insoweit nicht zwischen unterschiedlichen Zielsetzungen differenziert. Darüber hinaus entspricht die Gleichstellung von prädiktiven und diagnostischen Untersuchungen im Rahmen von § 18 GenDG auch dem Willen des Gesetzgebers, der die im 2006er Entwurf zum Gendiagnostikgesetz noch enthaltene Beschränkung des Tatbestands auf prädiktive genetische

36 *Looschelders*, Aktuelle Probleme der vorvertraglichen Anzeigepflicht des Versicherungsnehmers, VersR 2011, 697, 700, a.A. *Heyers*, MedR 2009, 507, 512.

37 BT-Drs. 16/10532, S. 36.

38 Zur Diskussion vgl. *Hahn*, in: Kern, GenDG, § 18 Rn. 22.

39 *Kröger*, MedR 2010, 751, 752. Unzutreffend und ohne überzeugende Herleitung: OLG Saarbrücken VersR 2012, 557.

Untersuchungen oder Analysen in die letztlich verabschiedete Fassung nicht übernommen hat.[40]

a) Mitteilungsverlangen

Das Verbot des Verlangens bezieht sich auf den eingangs angesprochenen § 19 Abs. 1 VVG und die darin enthaltene Anzeigepflicht. Soweit sich die dort genannten Fragen auf genetische Informationen des Versicherten beziehen, begründet § 18 Abs. 1 S. 1 Nr. 2 Alt. 1 GenDG hiervon eine - vom Wortlaut der Vorschrift nicht vollständig offenbarte - Ausnahme: Es ist dem Versicherer nicht nur verboten, Ergebnisse und Daten aus bereits vorgenommenen genetischen Untersuchungen und Analysen zu verlangen. Vielmehr verbietet die Regelung nach dem Willen des Gesetzgebers bereits die Frage danach, ob überhaupt ein Gentest vorgenommen wurde.[41] Grundlage dieser Ausdehnung des Verbots ist die bereits in den Gesetzesmaterialien geäußerte Befürchtung,[42] schon die Tatsache, dass jemand einen bestimmten Test vornehmen ließ, könne im Rahmen der Risikoprüfung Berücksichtigung finden und letztlich zur Ablehnung bzw. Erschwerung eines Vertragsabschlusses führen.[43] Dies würde die Regelung aushebeln und ist daher unzulässig.

b) Entgegennehmen

Der Tatbestand des Entgegennehmens im Sinne des § 18 Abs. 1 S. 1 Nr. 2 Alt. 2 GenDG erfordert, dass der Versicherer die Ergebnisse oder Daten aus einer genetischen Untersuchung oder Analyse in „versicherungsspezi-

---

40 Vgl. dazu die unterschiedlichen Fassungen von BT-Drs. 16/3233, S. 12 und BT-Drs. 16/10532, S. 18.

41 *Kröger*, MedR 2010, 751, 753; *Ziegler/Ziegler*, Zwei-Klassen-Medizin, einmal anders - Konsequenzen des Deutschen Gendiagnostikgesetzes für Privatversicherte, F&L 2010, 658, 659. Dies gilt auch für die Frage nach der Vornahme eines Gentest durch eine genetisch verwandte Person: *Hahn*, in: Kern, GenDG, § 18 Rn. 32.

42 BT-Drs. 16/10532, S. 36.

43 *Lensing*, VuR 2009, 411, 412.

fischer" Verwendungsabsicht[44] an sich nimmt. Die insoweit im Schrifttum geäußerte Sorge, § 18 komme bereits zur Anwendung, wenn der Versicherer Arzt- oder Krankenhausrechnungen bzw. Krankenakten, ohne Kenntnis von den darin enthaltenen Ergebnissen einer genetischen Untersuchung, zur Prüfung entgegennimmt,[45] ist daher unbegründet.[46] Weder bewirkt § 18 GenDG die ebenfalls befürchtete[47] Verhinderung der privatversicherungsrechtlichen Erstattungsfähigkeit von ärztlichen Leistungen, die auch eine genetische Untersuchung beinhalten, noch ist die Verbotsnorm durch die bloße körperliche Entgegennahme, etwa durch den Eingang in der Poststelle des Versicherers oder das automatische Einlesen der Post, erfüllt.[48]

c) Verwendung

Der in § 18 Abs. 1 S. 1 Nr. 2 GenDG enthaltene Begriff „Verwendung" ist nach dem Sinn und Zweck der Vorschrift ebenfalls als versicherungsspezifische Verwendung zu verstehen. Diese liegt jedenfalls vor, sobald eine Auswirkung auf die Risikokalkulation gegeben ist.[49] Ebenso genügt aber auch schon ein bloßer Verwendungsvorbehalt des Versicherers, also etwa die Archivierung mit der Absicht der späteren Nutzung.[50]

d) Ausnahmen für „Luxusversicherungen"

In Abs. 1 S. 2 enthält § 18 GenDG eine Bereichsausnahme für sogenannte Luxusversicherungen. Danach gelten für Berufsunfähigkeits-, Erwerbsunfähigkeits-, Pflegerenten- und Lebensversicherungen die Verbote des Abs. 1 S. 1 nur beschränkt. Sie finden keine Anwendung, wenn eine Leistung von einmalig mehr als 300.000 € oder mehr als 30.000 € Jahresrente

44 *Armbrüster*, VW 2010, 1309 f.; *Neuhaus*, r+s 2009, 309, 316.
45 Vgl. *Ziegler/Ziegler*, F&L 2010, 658, 659.
46 *Hahn*, in: Kern, GenDG, § 18 Rn. 26.
47 Vgl. *Ziegler/Ziegler*, F&L 2010, 658, 659.
48 Für den letztgenannten Fall vgl. BT-Drs. 16/10532, S. 36.
49 *Kröger*, MedR 2010, 751, 753.
50 Vgl. dazu *Hahn*, in: Kern, GenDG, § 18 Rn. 30.

vereinbart wird. Die Ausnahme dient dem Schutz vor einer Antiselektion. Diese könnte eintreten, wenn nur der Versicherte seine genetischen Merkmale kennt und mit diesem Wissensvorsprung zielgerichtet einen Versicherungsvertrag mit hoher Versicherungssumme beziehungsweise niedriger Versicherungsprämie oder kurzer Laufzeit abschließt.[51] Diese Konstellation, vor der Versicherer schon während des Gesetzgebungsprozesses gewarnt hatten,[52] birgt die Gefahr einer zur Unwirtschaftlichkeit führenden Kumulation von schlechten Risiken in einem Versicherungsprodukt.[53]

Die Festlegung der Summengrenzen orientiert sich an den bereits zuvor existierenden Zahlen der freiwilligen Selbstverpflichtungserklärung[54] der Mitgliedsunternehmen des Gesamtverbandes der Deutschen Versicherungswirtschaft e.V.[55] Mit ihrer Aufnahme in den Gesetzestext bringt der Gesetzgeber mittelbar zum Ausdruck, dass er zumindest unterhalb dieser Grenzen eine Ausnutzung des Wissensvorsprungs durch den Versicherten akzeptiert.

Die in § 18 Abs. 1 S. 2 GenDG enthaltene Aufzählung von Versicherungstypen ist abschließend zu verstehen. Weder eine extensive Auslegung noch eine analoge Anwendung der Vorschrift ist zulässig.[56] Von der Ausnahme ausgeschlossen sind damit etwa die Krankheitskosten- und Krankentagegeldversicherung, die Unfallversicherung, die Sachversicherung oder die betriebliche Altersvorsorge.[57] Der Versicherer ist im Rahmen von Abs. 1 S. 2 an den dort genannten Verwendungszweck gebunden.[58] Eine Nutzung der im Rahmen der Bereichsausnahme erhobenen Daten und Ergebnisse zu anderen Zwecken, etwa für andere Versicherungstypen oder in

---

51 *Lorenz*, in: FS-Hirsch, S. 403, *Fenger/Schöffski*, Gentests und Lebensversicherung: Juristische und ökonomische Aspekte, NVersZ 2000, 449, 452 f.

52 GDV, BT-Drs. 16 (14) 0469 (16), S. 3.

53 *Präve*, VersR 2009, 857, 861.

54 Abgedruckt bei *Hahn*, in: Kern, GenDG, § 18 Rn. 75.

55 BT-Drs. 16/10532, S. 36

56 Exemplarisch: *Kröger*, MedR 2010, 751, 754 und *Präve*, VersR 2009, 857, 860.

57 *Lensing*, VuR 2009, 411, 413.

58 BT-Drs. 16/10532, S. 36

Bezug auf eine mit dem Versicherungsnehmer genetisch verwandte Person, ist unzulässig.[59]

Praktische Probleme wird die Bereichsausnahme des § 18 Abs. 1 S. 2 GenDG dennoch verursachen. So stellt sich etwa die Frage, wie mit einem Versicherer umzugehen ist, der bei einer hochsummigen Lebensversicherung nach § 18 Abs. 1 S. 2 GG zulässigerweise Kenntnis von den genetischen Eigenschaften des Versicherungsnehmers erlangt hat und später, trotz der strengen Zweckbindung, aufgrund negativer Prognosen im Hinblick auf bestimmte Krankheitsrisiken, von weiteren Vertragsschlüssen mit dieser Person absieht. Hier ist etwa an eine prozessuale Beweislastumkehr oder einen Anspruch gegen den Versicherer auf Auskunft über die Ablehnungsgründe zu denken.[60] Nur auf diese Weise wird es dem Versicherten überhaupt möglich sein, zu überprüfen, ob sich der Versicherer an die Grenzen der Bereichsausnahme gehalten hat. Ähnlich unklar sind auch die Zulässigkeit bzw. die Kriterien einer Addition mehrerer gleichartiger Versicherungsprodukte bei der Überprüfung der Summengrenzen.[61]

Auch im Anwendungsbereich von § 18 Abs. 1 S. 2 GenDG ist aber keine schrankenlose Differenzierung zulässig. Ihre Grenze erreicht diese spätestens im allgemeinen genetischen Diskriminierungsverbot des § 4 GenDG[62] sowie in den Regeln des BDSG bzw. der Datenschutzgesetze der Länder.[63]

3. Genetisch verwandte Personen

Die genannten Verbote in Nr. 1 und 2 gelten in gleicher Weise für die Daten aus einer genetischen Untersuchung oder Analyse einer mit dem Versi-

---

59 *Lensing*, VuR 2009, 411, 412; *Stockter*, in: Prütting , Fachanwaltskommentar Medizinrecht, § 18 GenDG Rn. 21.

60 Vgl. *Hahn*, in: Kern, GenDG, § 18 Rn. 36.

61 Vgl. dazu *Bölinger/Andres/Trompetter*, Das GenDG und seine Auswirkung auf die Risiko- und Leistungsprüfung, 2010, S. 5; *Kröger*, MedR 2010, 751, 753; *Neuhaus*, r+s 2009, 309, 316; *Präve*, VersR 2009, 857, 861.

62 *Stockter*, in: Prütting, Fachanwaltskommentar Medizinrecht, § 18 GenDG Rn. 22; *Reuter*, in: Kern, GenDG, § 4 Rn. 137.

63 *Hahn*, in: Kern, GenDG, § 18 Rn. 43.

cherungsnehmer genetisch verwandten Person.[64] Dies ergibt sich zwar nicht unmittelbar aus dem Wortlaut der Vorschrift, folgt allerdings aus dem Sinn und Zweck der Regel. Ebenso, wie die genetischen Informationen einer Person Aussagen über bestimmte bei ihr vorhandene Krankheitsrisiken oder Unverträglichkeiten zulassen, kann auf diese Weise aber auch auf genetische Eigenschaften einer mit ihr genetisch verwandten Person geschlossen werden.[65] Soll jedoch der von § 18 Abs. 1 GG beabsichtigte Schutz der „gen-informationellen“[66] Selbstbestimmung gewährleistet sein, so lässt sich dies nur erreichen, wenn eine Umgehung der Verbote - durch Rückgriff auf die genetischen Eigenschaften einer genetisch verwandten Person - ebenfalls verhindert wird. Eine weitere Stütze findet dieses extensive Verständnis auch in der inneren Systematik von § 18 GenDG. Nach dessen Abs. 2 ist der Versicherte (weiterhin) zur Anzeige bereits manifestierter Erkrankungen verpflichtet, eine genetisch bedingte Krankheitswahrscheinlichkeit muss er dagegen nicht offenbaren. Werden aber genetische Eigenschaften einer genetisch verwandten Person im Rahmen der Risikokalkulation herangezogen, so lassen diese immer nur eine prädiktive Aussage über etwaige Krankheitsrisiken und nicht über eine bereits manifestierte Erkrankung zu.[67]

III. Pflicht zur Mitteilung von Erkrankungen und Vorerkrankungen nach § 18 Abs. 2 GenDG

In Abs. 2 verweist § 18 GenDG auf die Pflicht des Versicherten, Erkrankungen und Vorerkrankungen mitzuteilen. Die Regelung verdeutlicht, dass der Versicherte, ungeachtet der genannten Verbote, auch im Anwendungsbereich des GenDG zur Mitteilung bestehender Erkrankungen oder Vorerkrankungen verpflichtet ist. Insoweit bleibt es demnach bei der Rechtslage nach dem VVG. Dabei ist unerheblich, ob die Erkrankung durch eine gene-

64 BT-Drs. 16/10532, S. 36.

65 Zu dem Problem vgl. *Kubiak*, Gendiagnostik bei Abschluss von Privatversicherungen, 2008, S. 178.

66 *Präve*, Das Recht des Versicherungsnehmers auf gen-informationelle Selbstbestimmung, VersR 1992, 279.

67 *Hahn*, in: Kern, GenDG, § 18 Rn. 31.

tische Untersuchung zu Tage gefördert wurde oder sogar ausschließlich auf eine genetische Veranlagung des Versicherten zurückzuführen ist.[68] Das Recht auf Nichtwissen des Versicherten ist insoweit nicht berührt, da nur manifestierte Erkrankungen vom Tatbestand erfasst werden.[69] Dies bedeutet allerdings nicht, dass in der Konsequenz auch die gesamten Ergebnisse und Daten genetischer Untersuchungen oder Analysen, mit denen die Erkrankung nachgewiesen wurde, anzeigepflichtig werden.[70] Hat der Versicherte die bestehende Erkrankung mitgeteilt, so ist eine darüber hinausgehende Mitteilung genetischer Eigenschaften nicht erforderlich. Auch insoweit gelten mithin die Verbote des § 18 Abs. 1 GenDG.

Sollte der Versicherer die Möglichkeit haben, aus den mitgeteilten Erkrankungen, wiederum - mit einer gewissen Wahrscheinlichkeit - auf genetische Merkmale des Versicherten zu schließen, ist ihm dies durch § 18 GenDG grundsätzlich nicht verwehrt. Eine Verwendung dieser Erkenntnisse fällt - da es sich nicht um Ergebnisse und Daten einer genetischen Untersuchung oder Analyse handelt - nicht in den Anwendungsbereich der Erhebungs- und Verwertungsverbote.[71] Eine grenzenlose Differenzierung beziehungsweise Diskriminierung ist aber auch in diesem Fall nicht möglich. § 4 GenDG entfaltet mit seinem allgemeinen genetischen Diskriminierungsverbot zumindest dann eine von § 18 GenDG nicht verdrängte Sperrwirkung, wenn es um den Rückschluss von einer mitgeteilten Erkrankung auf weitere genetische Risiken des Versicherungsnehmers geht.[72]

In rechtstechnischer Hinsicht handelt sich bei § 18 Abs. 2 GenDG, der auf die §§ 19-22 und 47 des VVG verweist, um eine Rechtsgrundverweisung.[73] Danach bleibt es hinsichtlich bestehender Erkrankungen und Vor-

---

68 *Genenger*, Das neue Gendiagnostikgesetz, NJW 2010, 113, 116; *Looschelders*, VersR 2011, 697, 700.

69 *Neuhaus*, r+s 2009, 309, 316.

70 *Hahn*, in: Kern, GenDG, § 18 Rn. 45; *Ziegler/Ziegler*, Gendiagnostikgesetz und Versicherung: Anspruch und Wirklichkeit, ZVersWiss 2011, 29, 40; a.A. wohl OLG Saarbrücken VersR 2012, 557.

71 *Armbrüster*, VW 2010, 1309 f.

72 *Reuter*, in: Kern, GenDG, § 4 Rn. 141 ff.

73 Vgl. dazu *Fenger*, GesR 2010, 57, 59; *Heyers*, MedR 2009, 507, Fn. 5.

erkrankungen auch inhaltlich bei der Anzeigepflicht nach dem VVG. Mitteilungspflichtig sind also auch insoweit nur gefahrerhebliche Umstände, die für den Entschluss des Versicherers, den Vertrag mit dem vereinbarten Inhalt zu schließen, von Bedeutung sind.[74] Die gegenteilige Einordnung als Rechtsfolgenverweisung hätte zur Konsequenz, dass der Versicherte nunmehr auch zur Anzeige völlig unerheblicher oder vorübergehender Erkrankungen verpflichtet wäre, die vollkommen ohne Einfluss auf das versicherte Risiko sind. Diese Folge war vom Gesetzgeber ausdrücklich nicht beabsichtigt.[75]

D. Zusammenfassung und Fazit

Der Privatversicherungsbereich stellte den Gesetzgeber vor die schwierige Aufgabe, nahezu diametrale Interessen von Versicherer und Versicherten gegeneinander abzuwägen. Während der Versicherte einerseits ein berechtigtes Interesse daran haben kann, hinsichtlich seiner genetischen Eigenschaften im Unklaren zu bleiben bzw. diese bei bestehender Kenntnis zumindest geheim zu halten, wird dem Versicherer daran gelegen sein, die genetischen Eigenschaften seines Vertragspartners in die Risikokalkulation einzubeziehen. Die bestehenden Regelungen des VVG, denen eine sehr weite Offenbahrungspflicht des Versicherten zugrunde liegt, wurden als ungeeignet angesehen, um diesen Ausgleich zu gewährleisten. Vielmehr entschied sich der Gesetzgeber, eine Spezialregelung in das GenDG aufzunehmen, die in erster Linie dem Recht des Versicherten auf Nichtwissen seiner genetischen Eigenschaften absoluten Schutz gewährt. Hinsichtlich bereits vorgenommener genetischer Untersuchungen verfolgt das GenDG eine Lösung, die nach der Art des Versicherungsprodukts und der jeweiligen Versicherungssumme differenziert. Bei Berufsunfähigkeits-, Erwerbsunfähigkeits-, Pflegerenten- und Lebensversicherungen mit einer einmaligen Leistung von mehr als 300.000 € oder mehr als 30.000 € Jahresrente ist der Versicherer - zur Vermeidung einer anderenfalls befürchteten Anti-

74 *Stockter*, in: Prütting, Fachanwaltskommentar Medizinrecht, § 18 GenDG Rn. 3.
75 Vgl. BT-Drs. 16/10532, S. 36.

selektion - zum Verlangen der Mitteilung von Ergebnissen oder Daten aus bereits vorgenommenen genetischen Untersuchungen oder Analysen und zur Entgegennahme bzw. Verwendung solcher Ergebnisse oder Daten berechtigt. In allen anderen Fällen ist ihm dies verwehrt. Dabei dürfte insbesondere die Frage der Addition mehrerer Policen im Rahmen der Gesamtsummenberechnung zu den künftigen Herausforderungen gehören, der sich die privatversicherungsrechtliche Rechtsprechung zu stellen hat. Zumindest hinsichtlich bereits manifestierter - ggf. auch mittels Gentest nachgewiesener - Erkrankungen und Vorerkrankungen bleibt es aber bei der bekannten Mitteilungspflicht nach dem VVG. Hier hat der Versicherte seine Krankheiten mitzuteilen, ohne zugleich seine darüber hinausgehenden genetischen Eigenschaften offenbaren zu müssen.

Gendiagnostik im Arbeitsleben

Katrin Starke, Leipzig

Arbeitsmedizinische (Vorsorge-)Untersuchungen sind international vielen Berufsbildern und Tätigkeiten immanent. Der „inhaltlichen“ Ausweitung derartiger Untersuchungen, die durch stetigen Fortschritt in der Medizin geprägt ist, wurde im arbeitsrechtlichen Bereich bislang vor allem durch eine ausgeprägte, gefestigte Rechtsprechung und die Wissenschaft Grenzen gesetzt. Die Gendiagnostik stellte jedoch vor allem durch die Vielfalt der damit verbundenen Erkenntnismöglichkeiten das Arbeitsrecht vor neue Herausforderungen.

Der folgende Beitrag widmet sich überblicksartig denjenigen Regelungen des Gendiagnostikgesetzes, die sich mit genetischen Untersuchungen im Arbeitsleben beschäftigen.[1] Neben einem Überblick über Bedeutung und Inhalt der Normen, insbesondere der Verbots- und Erlaubnistatbestände, soll sich die Erörterung nicht in Definitionen und Anwendungsbeispielen verlieren. Schwerpunkte sind vielmehr einige Probleme - oder einfach nur Fragen - vor die uns die Neuregelung stellt und die eine Weiterentwicklung des Gesetzes, sei es durch den Gesetzgeber oder zunächst eine praktisch geprägte Rechtsprechung, möglicherweise wünschenswert erscheinen lassen.

I. Aktualität und Bedeutung der Gendiagnostik im Arbeitsleben

Der seit den 80-er Jahren anhaltende öffentliche Diskurs um die Verwendung genanalytischer Verfahren bzw. derartiger Erkenntnisse in der deutschen Arbeitsmedizin[2] erlangte spätestens im Jahre 2004 *praktische* Aktua-

---

1 Vgl. insgesamt *Schwarz*, in: Kern (Hrsg.), Kommentar zum Gendiagnostikgesetz, 2012, §§ 19-22.

2 Bericht der Enquete-Kommission Chancen und Risiken der Gentechnologie des 10. Deutschen Bundestages, BT-Drs. 10/6775, S. 163. Zusammenfassend und ergänzend *Wiese*, Zur gesetzlichen Regelung der Genomanalyse an Arbeitnehmern, RdA 1988, 217.

lität. In einem vom Verwaltungsgericht Darmstadt[3] entschiedenen Fall hatte das Land Hessen einer Beamtenanwärterin die Aufnahme in ein Beamtenverhältnis auf Probe versagt. Zur Begründung führte es an, die Anwärterin leide mit erhöhter Wahrscheinlichkeit an einer Erbkrankheit, sodass eine „dauerhafte Dienstunfähigkeit [...] nicht ausgeschlossen werden könnte [...]“. Diese Annahme beruhte auf einer im Rahmen der amtsärztlichen Einstellungsuntersuchung vorgenommenen familienanamnetischen Ermittlung einer Erbkrankheit beim Vater der Lehramtsanwärterin, die mit einer Wahrscheinlichkeit von 50 % weitervererbt wird. Eine Absicherung der Prognose durch einen Gentest hatte die Beamtenanwärterin aus ethischen Gesichtspunkten abgelehnt.

Der geschilderte Fall, bei dem es sich wohl nicht um einen Einzelfall handelt,[4] vermag Bedeutung und Tragweite der Gendiagnostik im Arbeitsleben ansatzweise aufzuzeigen. Die Verwendung genanalytischer Verfahren und der daraus gewonnenen Erkenntnisse im Arbeitsverhältnis birgt zugleich Gefahr wie auch Chance. Diese Ambivalenz tritt in einem Bereich von derart zentraler Bedeutung wie dem des Arbeitslebens besonders deutlich hervor.[5] Allgemein-medizinische Vorteile der Gendiagnostik[6] konkretisierend, sind genetische Untersuchungen und deren Analysen durch ihre Darstellungskraft geeignet, arbeits- bzw. arbeitsstoffbedingte Schädigun-

3 VG Darmstadt NVwZ-RR 2006, 566; vgl. weiter ausführend auch *Fenger*, in: Spickhoff (Hrsg.), Medizinrecht, 2011, §§ 19-22 GenDG Rn. 4; *Tinnefeld*, Menschenwürde, Biomedizin und Datenschutz - Zur Aufklärung neuer Risiken im Arbeits- und Versicherungswesen, ZRP 2000, 11; *Helfrich*, Interessenkonflikte bei der Verwendung genetischer Tests zu außermedizinischen Zwecken im Zivilrecht, 2006, S. 249; *Schwarz*, in: Kern, GenDG, § 22 Rn. 4 mwN.

4 Vgl. *Schwarz*, in: Kern, GenDG, Vorbem. zu §§ 19-22 Rn. 39 mwN.

5 *Hasskarl/Ostertag*, Der deutsche Gesetzgeber auf dem Weg zu einem Gendiagnostikgesetz, MedR 2005, 641; *Wiese*, Genetische Analysen und Rechtsordnung unter besonderer Berücksichtigung des Arbeitsrechts, 1993, S. 38 ff.

6 Vgl. nur *Fischinger*, Die arbeitsrechtlichen Regelungen des Gendiagnostikgesetzes, NZA 2010, 65; *Roos*, Die genetische Analyse von Stellenbewerbern und das vorvertragliche Informationsstreben des Arbeitgebers, 1999, S. 74; umfassend zu den Risiken auch *Wiese*, Zu einer gesetzlichen Regelung genetischer Untersuchungen im Arbeitsleben, BB 2005, 2075 f.; *Tinnefeld*, ZRP 2000, 11.

gen aufzuzeigen und damit zukunftsbeeinflussende Wirkung auch für die Beschäftigungsumgebung hervorzurufen.[7]

Vor diesem Hintergrund wäre der Einsatz der Gendiagnostik im Arbeitsleben für die individuelle Berufsplanung und medizinische Vorsorge, letztlich also zum Schutz des Arbeitnehmers, durchaus erstrebenswert.[8] So könnte beispielsweise das Wissen um seine genetische Veranlagung zur schnellen Bildung von Karzinomen einen Arbeitnehmer von der Arbeit im Umgang mit Teer abhalten.[9] Demgegenüber steht - wie das Ausgangsbeispiel gezeigt hat - die Gefahr für den (potentiellen) Arbeitnehmer, aufgrund seiner mit ihm regelmäßig schicksalhaft verbundenen genetischen Veranlagung gegenüber weniger anfälligen Bewerbern aus Kostengründen benachteiligt zu werden. Diese Diskriminierungsgefahr hat bereits den bezeichnenden Begriff der „Arbeitnehmerselektion" geprägt.[10] Vor ihrem Hintergrund steht auch die Zielsetzung des Gesetzes, die sich in § 1 GenDG wiederfindet.[11]

Verschärft wird diese Problematik durch die mit prädiktiven genetischen Untersuchungen regelmäßig verbundenen Unsicherheiten im Hinblick auf Manifestation und Ausbruch einer Krankheit, den Einfluss endogener und exogener Faktoren, die mögliche Drittbetroffenheit, die schwer

---

7 Siehe auch *Helfrich*, Interessenkonflikte bei der Verwendung genetischer Tests, S. 249.

8 *Genenger*, Begrenzung genetischer Untersuchungen und Analysen im Arbeitsrecht, AuR 2009, 286; *Pohl-Eckerstorfer*, Gentests im Unternehmen - Einfluss der genetischen Prädispositionen der Mitarbeiter auf die betriebliche Gesundheitspolitik, 2006, S. 84 ff.

9 *Deutsch*, Die Genomanalyse: Neue Rechtsprobleme, ZRP 1986, 3 mwN.

10 *Goerdeler/Laubach*, Im Datendschungel. Zur Notwendigkeit der gesetzlichen Regelung von genetischen Untersuchungen, ZRP 2002, 115; *Damm*, Gesetzgebungsprojekt Gentestgesetz - Regelungsprinzipien und Regelungsmaterien, MedR 2004, 16 f.

11 Am Beispiel krebserzeugender Arbeitsstoffe *Rüdiger/Vogel*, Die Bedeutung der genetischen Disposition für Risiken in der Arbeitswelt, DÄBl. 1992, A-1622 ff.; zur Gefahr der Diskriminierung weiter *Pohl-Eckerstorfer*, Gentests im Unternehmen, S. 1; *Fenger*, in: Spickhoff, Medizinrecht, § 19-22 GenDG Rn. 1; *Fischinger*, NZA 2010, 65; *Eberbach*, Das neue Gendiagnostikgesetz. Ein Überblick aus juristischer Sicht, MedR 2010, 159.

überschaubare Weite des Eingriffs und die Höchstpersönlichkeit genetischer Daten.[12] Dabei handelt es sich jedoch nur um eine nicht abschließende Auswahl der (arbeitsrechtsspezifischen) Vor- und Nachteile gendiagnostischer Erkenntnisse.

II. Regelungsbedürfnis

Von wenigen gesetzlichen Anordnungen abgesehen sind Einstellungsuntersuchungen, die vor Beginn eines Beschäftigungsverhältnisses die Feststellung der gesundheitlichen Eignung des Bewerbers für die in Aussicht gestellte Beschäftigung ermöglichen,[13] wie auch arbeitsschutzrechtliche Untersuchungen, die dem frühzeitigen Erkennen von arbeitsplatzspezifischen Gefahren und deren Abwehr dienten,[14] dann zulässig, wenn der Arbeitnehmer in sie einwilligt, der Arbeitgeber ein objektiv berechtigtes, billigenswertes und schutzwürdiges Interesse an ihnen erkennbar macht, dieses bei einer Abwägung der beiderseitigen Interessen hinter dem Persönlichkeitsrecht des Arbeitnehmers zurücktritt und schließlich ein unmittel-

---

12 *Bayreuther*, Einstellungsuntersuchungen, Fragerecht und geplantes Beschäftigtendatenschutzgesetz, NZA 2010, 680, 684; zu Vor- und Nachteilen insgesamt z.B. *Goerdeler/Laubach*, ZRP 2002, 116; *Diekgräf*, Genomanalyse im Arbeitsrecht, BB 1991, 1855; *Kiehntopf/Pagel*, Der Entwurf des Gendiagnostikgesetzes - genetischer Exzeptionalismus oder allgemeines Diagnostikgesetz?, MedR 2008, 347; *Retzko*, Prädiktive Medizin versus ein (Grund-) Recht auf Nichtwissen, 2006, S. 110 ff.; *Fenger*, in: Spickhoff, Medizinrecht, § 1 GenDG Rn. 3; *Eberbach*, MedR 2010, 159 f.

13 *Nationaler Ethikrat*, Stellungnahme, Prädiktive Gesundheitsinformationen bei Einstellungsuntersuchungen, Stand: 16. 8. 2005, S. 12; vgl. vertiefend *Roos*, Die genetische Analyse von Stellenbewerbern, S. 67; zur Unterscheidung von arbeitsmedizinischer Vorsorge *Diekgräf*, BB 1991, 1855 mwN.

14 *Kreizberg*, in: Kollmer/Klindt, Arbeitsschutzgesetz, Kommentar, 2. Aufl. 2011, § 2 ArbMedVV Rn. 3 und § 3 ArbMedVV Rn. 3; BT-Drs. 16/10532, S. 37 f.; zur Abgrenzung von Einstellungsuntersuchungen *Kohte*, in: Richardi/Wißmann/Wlotzke/Oetker, Münchener Handbuch zum Arbeitsrecht, 2009, § 296 Rn. 30a, 54 f., 60 f.

barer Bezug der Untersuchung zur konkreten Tätigkeit und der gegenwärtigen gesundheitlichen Eignung besteht.[15]

Ob in diesen Grenzen auch genetische Untersuchungen und deren Analysen, die als neue Erkenntnismittel mittlerweile dem „Stand der medizinischen Wissenschaft" angehören, vor Inkrafttreten des GenDG am 1. 1. 2010 zulässig sein sollten, war gesetzlich nicht bestimmt.[16] Dennoch waren die von der Rechtsprechung zur Zulässigkeit von Einstellungs- und arbeitsschutzrechtlichen Untersuchungen entwickelten Grundsätze im Hinblick auf genetische Untersuchungen überwiegend eingeschränkt worden.[17] Im Unterschied zu herkömmlichen Untersuchungsmethoden wiesen geneti-

---

15 BAG NZA 1985, 57 = NJW 1985, 645; vgl. weiter nur *Preis*, in: Müller-Glöge/Preis/Schmidt, Erfurter Kommentar zum Arbeitsrecht, 11. Aufl. 2011, § 611 BGB Rn. 293; *Eberbach*, MedR 2010, 159; *Helfrich*, Interessenkonflikte bei der Verwendung genetischer Tests, S. 251; *Moll*, in: Moll, Münchener Anwaltshandbuch Arbeitsrecht, 2009, § 7 Rn. 51 mwN.

16 So wohl *Robienski*, Die Auswirkungen von GewebeG und GenDG auf die biomedizinische Forschung, 2010, S. 234; *Forst*, Blutproben vor der Einstellung? - Zur Zulässigkeit von Blutentnahmen und -untersuchungen bei Arbeitsplatzbewerbern, RDV 2010, 12; Bundesminister für Forschung und Technologie (Hrsg.), Die Erforschung des menschlichen Genoms. Ethische und soziale Aspekte, Bd. 26 der Schriftenreihe Gentechnologie. Chancen und Risiken, 1991, S. 204, der eine generelle Zulässigkeit genetischer Untersuchungen im Rahmen der Arbeitsmedizin - wenn sie nicht „unabdingbar geboten" ist - aber letztlich offen lässt; vgl. ferner auch *Kern*, Zivilrechtliche Aspekte der Humangenetik, in: Hillenkamp (Hrsg.), Medizinrechtliche Probleme der Humangenetik, 2002, S. 29; *Kohte*, in: Richardi/Wißmann/Wlotzke/Oetker, Münchener Handbuch zum Arbeitsrecht, § 296 Rn. 33; vgl. weiter *Wiese*, BB 2005, 2075 f., der zu den zulässigen ärztlichen Untersuchungen auch den Einsatz neuer Untersuchungsmethoden rechnet; wie auch *Deutsch*, ZRP 1986, 3; *Bayreuther*, NZA 2010, 684.

17 Vgl. den Überblick bei *Roos*, Die genetische Analyse von Stellenbewerbern, S. 53 ff.; genetische Untersuchungen ablehnend z.B. *Diekgräf*, BB 1991, 1859 f. mwN; auch *Wiese*, Gendiagnostikgesetz und Arbeitsleben, BB 2009, 2198; *Wiese*, Genetische Analyse bei Arbeitnehmern, RdA 1986, 121 f., 126, 130; *Fischinger*, NZA 2010, 65. AA z.B. *Deutsch*, ZRP 1986, 1 ff.; wohl auch *Hofmann*, Rechtsfragen der Genomanalyse, 1999, S. 153 ff., 222.

sche Untersuchungen eine Reihe von Besonderheiten,[18] insbesondere die weitreichenden Erkenntnismöglichkeiten und Aussagekraft ins Auge fassend, auf, die eine Gleichstellung nicht zuließe.

Mit dem besonderen Eingriff in die Persönlichkeitssphäre des betroffenen Arbeitnehmers bestand die Notwendigkeit einer verfassungskonformen gesetzlichen Bestimmung.[19] Die Besonderheiten der Gendiagnostik erforderten einen Schutz, der über den des allgemeinen Datenschutzes hinausgeht.[20] In einem derart sensiblen Bereich sollten jedenfalls Rechtssicherheit, Transparenz und gesetzgeberische Verbindlichkeit Vorrang genießen.[21] Nicht zuletzt begründeten die zuvor dargestellten Nachteile gendiagnostischer Erkenntnisse, im Zusammenhang mit der praktischen/aktuellen Relevanz im Arbeitsleben - insoweit sei auf die eingangs aufgezeigten Fallbeispiele verwiesen - , bereits für sich die Dringlichkeit gesetzgeberischen Handelns.

III. Der Inhalt der Normen

1. Die Grundsatzentscheidung der arbeitsrechtlichen Beurteilung

Die Zulässigkeit des Umgangs mit genetischen Untersuchungen und deren medizinischer Auswertung vor, während und nach dem Arbeitsverhältnis wird nunmehr von den §§ 19 bis 22 GenDG verbindlich festgelegt.[22]

---

18 Vgl. im Einzelnen *Wiese*, BB 2009, 2198; BR-Drs. 633/08, S. 1; *Goerdeler/Laubach*, ZRP 2002, 118; *Pletke*, Die Zulässigkeit von Genomanalysen an Arbeitnehmern im deutschen und US-amerikanischen Recht, 1997, S. 16 f.; *Wiese*, BB 2005, 2076; BT-Drs. 16/10532, S. 37 mwN.

19 Vgl. auch *Wiese*, BB 2005, 2076.

20 *Goerdeler/Laubach*, ZRP 2002, 117; *Ronellenfitsch*, Genanalysen und Datenschutz, NJW 2006, 321 ff.; vgl. auch *Schwarz*, in: Kern, GenDG, Vorbem. zu §§ 19-22 Rn. 45 mwN.

21 *Helfrich*, Interessenkonflikte bei der Verwendung genetischer Tests, S. 270; *Goerdeler/Laubach*, ZRP 2002, 117; *Ronellenfitsch*, NJW 2006, 321 ff.; *Schild/Tinnefeld*, Entwicklungen im Arbeitnehmerdatenschutz, DuD 2009, 474.

22 *Genenger*, Das neue Gendiagnostikgesetz, NJW 2010, 117; *Damm*, Eckpunkte der Bundesregierung zu einem Gendiagnostikgesetz, MedR 2008, 537; *Kohte*, in: Ri-

Dabei beginnt § 19 GenDG mit einem „absolute[n] Verbot ohne Erlaubnisvorbehalt“.[23] Die Regelung verbietet es dem Arbeitgeber, vor oder nach Begründung des Beschäftigungsverhältnisses vom Beschäftigten die Vornahme einer genetischen Untersuchung oder Analyse zu verlangen (Nr. 1) sowie die Ergebnisse aus bereits vorgenommenen Tests oder Analysen zu verlangen, entgegenzunehmen oder zu verwenden (Nr. 2). Das umfangreiche „Erhebungs- und Verwertungsverbot“ gilt - anders als im Versicherungsrecht - hier ausnahmslos.[24] Beachtenswert ist die zeitliche Reichweite des Schutzes von § 19 GenDG - *vor* Begründung des Beschäftigungsverhältnisses. Damit werden nicht nur besonders benachteiligungsanfällige Situationen erfasst, es wird weiterhin auch die Umgehung des Verbots in weiten Teilen ausgeschlossen.[25]

Den („wort“-)gleichen Grundsatz des Verbots umfangreicher Erhebung und Verwertung genetischer Daten durch genetische Untersuchung und Analyse stellt der speziellere § 20 Abs. 1 GenDG weiter auch für arbeitsmedizinische Vorsorgeuntersuchungen auf. Die einzelnen Verbotshandlungen decken sich inhaltlich mit denen aus § 18 GenDG, sodass an dieser Stelle auf ausführliche Erörterungen verzichtet werden kann und lediglich wiederholende kurze Anmerkungen genügen sollen: Damit, dass der Arbeitgeber vom Beschäftigten die Vornahme genetischer Untersuchungen oder isoliert durchgeführter genetischer Analysen nicht verlangen darf, verbietet sich im Wesentlichen die Erhebung von Daten über genetische

---

chardi/Wißmann/Wlotzke/Oetker, Münchener Handbuch zum Arbeitsrecht, § 296 Rn. 62 ff.

23 *Wiese*, BB 2009, 2199; *Wank*, in: Müller-Glöge/Preis/Schmidt, Erfurter Kommentar zum Arbeitsrecht, § 19 GenDG Rn. 4.

24 *Kröger*, Das neue Gendiagnostikgesetz und seine Auswirkungen auf den rechtlichen Rahmen beim Abschluss von Versicherungsverträgen, MedR 2010, 752; *Neuhaus*, Aktuelle Probleme in der Personenversicherung - unter besonderer Berücksichtigung der Berufsunfähigkeitsversicherung, r+s 2009, 315 f.; *Heidemann/Schillhorn,* Gendiagnostikgesetz, Kommentar für die Praxis, 2011, § 19 Rn. 3.

25 *Wank*, in: Müller-Glöge/Preis/Schmidt, Erfurter Kommentar zum Arbeitsrecht, § 19 GenDG Rn. 2.

Eigenschaften aufgrund aktiven Einforderns durch den Arbeitgeber.[26] Auch das Inaussichtstellen einer Einstellung, Beförderung oder Prämienzahlung darf danach nicht von einer genetischen Untersuchung abhängig gemacht werden.[27]

Die bloße Frage des Arbeitgebers zur Bereitschaft, eine genetische Untersuchung vornehmen zu lassen fällt zwar nicht schon unter das „Vornahmeverlangen", ist aber mangels berechtigten Interesses des Arbeitgebers unzulässig. Ein solches Interesse wird bereits vom Sinn und Zweck der Verbotstatbestände selbst ausgeschlossen.[28]

Die in § 19 Nr. 2 und § 20 Abs. 1 Nr. 2 GenDG genannten Verbote des Verlangens, Entgegennehmens oder Verwendens von Ergebnissen bereits vorgenommener genetischer Untersuchungen oder Analysen meint letztere auch dann, wenn sie außerhalb des konkreten Arbeitsverhältnisses und unabhängig davon vorgenommen worden sind. Um die ordnungswidrigkeitenrechtliche Sanktionierung nach §§ 19 Nr. 2, 20 Abs. 1 Nr. 2, 26 Abs. 1 Nr. 9 GenDG zu rechtfertigen genügt für eine „Entgegennahmehandlung" nicht bereits die bloße Annahme der Ergebnisunterlagen aus genetischer Untersuchung oder Analyse vom Betroffenen selbst oder einem Dritten.[29] Vielmehr muss der Wille, die Unterlagen arbeitsplatzrelevant oder sonstig arbeitsrechtsspezifisch zu verwenden, hinzukommen.[30]

---

26 *Präve*, Das Gendiagnostikgesetz aus versicherungsrechtlicher Sicht, VersR 2009, 860; *Kröger*, MedR 2010, 752.

27 Vgl. auch *Fischinger*, NZA 2010, 67.

28 *Neuhaus*, r+s 2009, 316; zur parallelen Wertung im Versicherungsrecht *Stockter*, in: Prütting (Hrsg.), Fachanwaltskommentar Medizinrecht, 2010, § 18 GenDG Rn. 18; *Wiese*, BB 2009, 2203; zu den Folgen („Recht zur Lüge") *Wiese*, BB 2005, 2077; *Wiese*, RdA 1986, 124 mwN.

29 Das Verbot erfasst auch die Entgegennahme von Dritten, vgl. *Fischinger*, NZA 2010, 67.

30 Vgl. nur *Ziegler/Ziegler*, Gendiagnostikgesetz und Versicherung: Anspruch und Wirklichkeit, ZVersWiss 2011, 48; *Armbrüster*, Das Gendiagnostikgesetz in der Versicherungspraxis, VW 2010, 1310.

Das Verwenden erfasst in Anlehnung an datenschutzrechtliche Bestimmungen das Nutzen der Daten.[31] Aufgrund der Strafbewährtheit nach § 25 Abs. 1 Nr. 5 GenDG und einer damit zugrunde zu legenden restriktiven Verbotsanwendung, wird regelmäßig eine unmittelbar arbeitsplatzbezogene erhebliche Auswirkung, z.B. eine negative Personalentscheidung zulasten des betroffenen Arbeitnehmers bzw. Bewerbers, hinzukommen müssen.[32] Daneben greift das Verwendungsverbot des § 19 Nr. 2 GenDG auch dann, wenn aufgrund der Untersuchungsergebnisse bzw. Daten aus genetischen Untersuchungen oder Analysen eine den betroffenen Beschäftigten begünstigende Personalentscheidung getroffen werden könnte. Insoweit knüpft § 19 Nr. 2 Alt. 3 GenDG allein an die Handlung selbst an, und unterscheidet nicht zwischen den Folgen, die das Verwenden mit sich bringt.

Diese begriffliche Weite wird bereits von der gesetzgeberischen Intention nahe gelegt, wonach ein Einbringen genetischer Daten in das Arbeitsverhältnis gänzlich verhindert werden soll. Zudem sucht das Verbot durch Zusammenwirken mit § 21 GenDG bereits die mittelbare Benachteiligung eines Konkurrenten zu unterbinden.[33] Als spezielles Benachteiligungsverbot für das Erwerbsleben verbietet § 21 Abs. 1 GenDG die Benachteiligung bei Vereinbarungen und Maßnahmen im Beschäftigungsverhältnis aufgrund eigener genetischer Eigenschaften oder derjenigen einer genetisch verwandten Person.[34] Zu den Vereinbarungen und Maßnahmen gehören - nach dem ausdrücklichen, aber nicht abschließenden Wortlaut des Gesetzes - insbesondere die Begründung des Beschäftigungsverhältnisses, der berufliche Aufstieg, die Weisung und die Beendigung des Beschäftigungsverhältnisses.

Darüber hinaus dürfen auch Beschäftigte, die die Vornahme oder Offenbarung der Ergebnisse genetischer Untersuchungen und Analysen verweigern, nicht benachteiligt werden, vgl. § 21 Abs. 1 S. 2 GenDG. Aus

---

31 *Stockter*, in: Prütting, Fachanwaltskommentar Medizinrecht, § 18 GenDG Rn. 20; *Wiese*, BB 2009, 2204.

32 Vgl. auch *Kröger*, MedR 2010, 753.

33 Kritisch wohl *Fischinger*, NZA 2010, 68.

34 Hierzu auch *Wiese*, BB 2009, 2206.

diesen Gesichtspunkten folgt für die Verbotsnormen, dass - unabhängig davon, ob Freiwilligkeit bei der Offenbarung genetischer Untersuchungsergebnisse bei oder nach Begründung eines Arbeitsverhältnisses zu gewährleisten wäre - auch ein freiwilliges Zurverfügungstellen genetischer Informationen durch den Arbeitnehmer nicht in Betracht kommen kann.[35]

Dieser zunächst sehr restriktive Umgang mit genetischen Untersuchungen und Analysen im Arbeitsleben soll einer Ausweitung bislang üblicher Praxis arbeitsmedizinischer Einstellungs- und Vorsorgeuntersuchungen entgegenwirken.[36] Die aus genetischen Analysen gewonnenen höchstpersönlichen und sensiblen Daten, deren Schwächen vor allem in der regelmäßig unsicheren Aussage über Krankheitsmanifestation und -ausbruch liegen, sollen nicht die Personalauswahl beeinflussen oder sonst arbeitsplatzrelevanten Entscheidungen zugrunde gelegt werden.[37] Soziale und ethische Stigmatisierung und Diskriminierung, wie sie letztlich im Rahmen von § 21 GenDG näher zu betrachten und bewerten sind, sollen bereits in den Grundfesten vermieden werden, was bereits dem in § 1 GenDG genannten allgemeinen Gesetzeszweck gerecht wird.[38] Dem „zentralen Agens" des Gesetzes folgend, dienen die Normen darüber hinaus umfangreich dem Schutz des Allgemeinen Persönlichkeitsrechts des Arbeitnehmers.[39] Im Grundsatz wollen die Normen damit aber keine Änderung der bestehenden Rechtslage. Vielmehr bleiben bisher zulässige arbeitsmedizinische Vorsorgeuntersuchungen dies auch weiterhin, etwa zur Rot-Grün-Farbblindheit bei der Beschäftigung als Elektriker oder Berufskraftfahrer.[40]

---

35 *Kreizberg*, in: Kollmer/Klindt, Arbeitsschutzgesetz, Kommentar, Einf. ArbMedVV Rn. 22; *Wiese*, BB 2009, 2202; *Genenger*, AuR 2009, 287; *Heidemann/Schillhorn*, GenDG, § 19 Rn. 5.

36 BR-Drs. 633/08, S. 75, wie BT-Drs. 16/10532, S. 37; *Stockter*, in: Prütting, Fachanwaltskommentar Medizinrecht, § 19 GenDG Rn. 1; *Kreizberg*, in: Kollmer/Klindt, Arbeitsschutzgesetz, Kommentar, Einf. ArbMedVV Rn. 19.

37 BT-Drs. 16/10532, S. 37; *Kohte*, in: Richardi/Wißmann/Wlotzke/Oetker, Münchener Handbuch zum Arbeitsrecht, § 296 Rn. 63.

38 *Fenger*, in: Spickhoff, Medizinrecht, §§ 19-22 GenDG Rn. 3; BT-Drs. 15/543, S. 5.

39 *Eberbach*, MedR 2010, 157; *Präve*, VersR 2009, 857.

40 Vgl. nur *Eberbach*, MedR 2010, 159.

2. Ausnahmen vom grundsätzlichen Verbot (des § 19 GenDG)?

Die fehlende Flexibilität des § 19 GenDG ist in der Literatur auf erhebliche Bedenken gestoßen. Ausnahmevorbehalte waren vor Verabschiedung des Gesetzes zwar diskutiert, vom Gesetzgeber aber nicht aufgenommen worden. Erwähnt sei an dieser Stelle nur eine mögliche Ausnahme vom strikten Verbot der Erhebung und Verwertung genetischer Daten des (potentiellen) Arbeitnehmers zum Schutz Dritter.[41]

Erhöhte Zuverlässigkeit wird vor allem von Arbeitnehmern gefordert, die eine Tätigkeit mit besonderem Gefahren- oder Risikopotential ausüben oder die alltäglichen Bezug zu größeren Menschengruppen haben, etwa im Beruf des Piloten, des Bahnführers oder Busfahrers, aber auch in solchen mit Zugang zu Waffen, Sprengstoffen, explosiven Chemikalien oder sonst sicherheitsrelevanten Bereichen.[42] Könnten an dieser Eigenschaft aufgrund genetischer Eigenheiten des Beschäftigten Zweifel bestehen, stünde die Frage im Raum, ob nunmehr das Persönlichkeitsrecht des Einzelnen zum Schutz von Leib und Leben Dritter (Art. 2 Abs. 1 GG) zurücktreten müsse. Beispielhaft sei die Flugtauglichkeit eines Piloten angeführt, die durch (genetisch bedingte) Epilepsien, bestimmte Arten von Psychosen, Neurosen, Suchterkrankungen oder besondere Persönlichkeitsstörungen beeinträchtigt sein kann.[43]

Der schnelle medizinische Fortschritt auf dem Gebiet der Gendiagnostik, die zunehmenden Erkenntnismöglichkeiten lassen das strikte Verbot des § 19 GenDG etwas starr erscheinen. Trotz der mit einem Erlaubnisvor-

---

41 Vgl. dazu *Deutsch*, ZRP 1986, 3; *Wiese*, BB 2009, 2201; *Wiese*, Genetische Analysen und Rechtsordnung, S. 66.

42 Bundesminister für Forschung und Technologie, S. 209; *Wiese*, BB 2009, 2201 mit weiteren Beispielen; *Ralf*, „Fragen Sie nach, oder besser nicht?" Datenschutzrechtliche Änderungen im Einstellungsverfahren, ArbRAktuell 2010, 1019; *Fuhlrott/Hoppe*, Einstellungsuntersuchungen und Gentests von Bewerbern, ArbRAktuell, 2010, 184; *Rüdiger/Vogel*, DÄBl. 1992, A-1626; *Damm*, MedR 2004, 17; *Nationaler Ethikrat*, S. 36, der auch eingänglich die Erwägungen für die Tauglichkeit zum Beruf des Piloten aufzeigt.

43 *Nationaler Ethikrat*, S. 36.

behalt einhergehenden Probleme sollte ein solcher unter strengen Anforderungen - vor allem die Bindung an eine Subsidiaritätsklausel bezüglich herkömmlicher Untersuchungsmethoden - meines Erachtens nach in diesem Bereich weiterverfolgt werden.

3. Notwendigkeit eines beschränkten Anwendungsbereichs?

Zumindest rechtspolitisch im Hinblick auf Rechtssicherheit und -einheit bedenklich erscheint die Tatsache, dass die §§ 19 bis 21 GenDG zunächst für Beschäftigte im privatrechtlichen Arbeitsverhältnis und § 22 GenDG den Anwendungsbereich lediglich auf öffentlich-rechtliche Dienstverhältnisse des Bundes erweitert.[44] Da sich der Gesetzgeber bewusst gegen eine Anwendung der Vorschriften auf öffentlich-rechtliche Dienstverhältnisse der Länder entschieden hat, verbietet sich mangels planwidriger Gesetzeslücke eine analoge Anwendung der Vorschriften.[45] Mittlerweile finden sich aber bereits in zahlreichen Beamtengesetzen der Länder dem Gendiagnostikgesetz entsprechende, teilweise sogar erweiterte Regelungen. Teilweise wird die entsprechende Anwendbarkeit des GenDG erklärt.

4. Problem: Ausschluss manifestierter Erkrankungen?

§ 19 GenDG erfasst zunächst allgemein alle genetischen Untersuchungen im Sinne des Gesetzes und Ergebnisse derselben, also sowohl diagnostische als auch prädiktive, auch wenn sie bereits vor Inkrafttreten des Geset-

---

44 BT-Drs. 16/10532, S. 39; *Wank*, in: Müller-Glöge/Preis/Schmidt, Erfurter Kommentar zum Arbeitsrecht, § 22 GenDG Rn. 1.

45 *Fischinger*, NZA 2010, 65; wohl auch *Stockter*, in: Prütting, Fachanwaltskommentar Medizinrecht, § 21 GenDG Rn. 14; zu Unrecht erweitert insoweit noch *Wiese*, BB 2009, 2199 den persönlichen Anwendungsbereich von §§ 19 ff., wenn er zwischen öffentlich-rechtlichen Dienstverhältnissen des Bundes und der Länder nicht differenziert. Zur Empfehlung, die öffentlich-rechtlichen Dienstverhältnisse der Länder in den Anwendungsbereich einzubringen vgl. nur Ausschuss für Gesundheit, BT-Drs. 16/12713.

zes erlangt wurden.[46] Auch wenn sie durch eine diagnostische genetische Untersuchung bestätigt oder festgestellt werden, sind bereits manifestierte Erkrankungen aus dem Anwendungsbereich der §§ 19 ff. GenDG herauszunehmen. Die diagnostische genetische Untersuchung und Analyse selbst darf - mit all ihren über die Erkankungsmanifestation hinausgehenden Informationen - nicht zum Offenbarungsgegenstand gegenüber dem Arbeitgeber gemacht werden. Bereits manifestierte Erkrankungen müsste der potentielle Arbeitnehmer ggf. nämlich auch aufgrund seiner vorvertraglichen Rücksichtnahmepflicht offenbaren. Es kann also nicht darauf ankommen, welche Untersuchungsmethode - genetisch oder nicht - die Erkrankung bestätigt bzw. diagnostiziert (Zuordnung von Befunden oder Symptomen zu einem Erkrankungsbegriff) hat.

Analysen auf Phänotypebene, also solche die ohne körperlichen Eingriff allein auf das äußerliche Erscheinungsbild eines Menschen, z.B. Körpergröße oder Haarfarbe, gerichtet sind, zählen bereits begrifflich nicht zu den genetischen Untersuchungen und Analysen im Sinne des Gesetzes.[47] Derartige Untersuchungen sind hiernach also auch dann weiterhin zulässig, wenn sie genetisch bedingte Erkrankungen aufdecken.

5. Problem: Inhaltliche Beschränkung durch genetische Untersuchung und Analyse

Ein weiteres Problem besteht darin, dass das Verbot des § 19 GenDG zwar einen Schutz vor der Erhebung und Verwertung von Daten aus genetischen Untersuchungen und Analysen bietet,[48] prädiktive Gesundheitsinformatio-

---

46 *Fischinger*, NZA 2010, 67; *Wank*, in: Müller-Glöge/Preis/Schmidt, Erfurter Kommentar zum Arbeitsrecht, § 19 GenDG Rn. 4.

47 *Wiese*, BB 2009, 2198 ff.; kritisch Bundesärztekammer, BT-Ausschussdrucksache 16(14)0469(3) und DGB, BT-Ausschussdrucksache 16(14)0469(20); vgl. zum sog. „genetischen Exzeptionalismus" auch *Kiehntopf/Pagel*, MedR 2008, 345 f. mwN.

48 *Bayreuther*, NZA 2010, 680.

nen aber auch mittels herkömmlicher, zulässig bleibender Untersuchungsmethoden erlangt werden können.[49]

Die Arbeitsmedizin ist schon immer darauf gerichtet, die künftige Arbeitsfähigkeit des Beschäftigten zu prognostizieren.[50] Beispielhaft seien die Familienanamnese[51] - vgl. Ausgangsfall - und nicht-genetische, laborale Untersuchungen auf genetisch (mit-)bedingte Erkrankungen[52] angeführt, aber auch allgemeinärztliche Untersuchungen wie Cholesterin- und Blutdruckbestimmungen können imstande sein, über den gegenwärtigen Gesundheitszustand hinaus Manifestationsprognosen und Aussagen zu Krankheitsrisiken treffen.[53] Die so ermittelten Untersuchungsergebnisse und die Möglichkeit der Rückschlüsse auf genetische Anlagen, Eigenheiten oder Risiken bergen eine der genetischen Untersuchung vergleichbare Gefahr, z.B. bei der Beeinflussung von Personalentscheidungen.[54] Die Frage nach dem „ob“ und „wann“ der Krankheitsmanifestation stellt sich bei Erkenntnissen über (mögliche) gesundheitliche Anlagen oder Krankheitsrisiken aus Untersuchungen nicht-genetischer Art mindestens ebenso wie bei genetischen Analysen.[55]

Ergebnisorientiert kann einer Diskriminierung in Fällen, in denen nicht-genetische Untersuchungen prädiktive Ergebnisse hervorbringen, je-

---

49 *Nationaler Ethikrat*, S. 14; kritisch im Hinblick auf eine ausschließliche Regelung genetischer Untersuchungen ders., S. 51 ff.; *Kiehntopf/Pagel*, MedR 2008, 345 f.; *Ziegler/Ziegler*, ZVersWiss 2011, 34 f.

50 *Goerdeler/Laubach*, ZRP 2002, 118; *Rüdiger/Vogel*, DÄBl. 1992, A-1629.

51 *Ziegler/Ziegler*, ZVersWiss 2011, 35.

52 *Goerdeler/Laubach*, ZRP 2002, 118.

53 *Düwell*, Das Gendiagnostikgesetz, jurisPR-ArbR 2010, Anm. 1; *Kiehntopf/Pagel*, MedR 2008, 347 f.; *Ziegler/Ziegler*, ZVersWiss 2011, 45 f.; *Warstat*, Das Gendiagnostikgesetz in der Praxis der Lebensversicherung, 2010, S. 10; *Forst*, RDV 2010, 8 f.; *Rüdiger/Vogel*, DÄBl. 1992, A-1630 f.; *Armbrüster*, VW 2010, 1309; insgesamt auch *Kiehntopf/Pagel*, MedR 2008, 345.

54 *Forst*, RDV 2010, 10; weiter auch *Nationaler Ethikrat*, S. 14: vgl. auch dens. zu den Möglichkeiten und Grenzen der Vorhersagbarkeit von Krankheiten; *Kiehntopf/Pagel*, MedR 2008, 347 f.; *Damm/König*, Rechtliche Regulierung prädiktiver Gesundheitsinformationen und genetischer „Exzeptionalismus“, MedR 2008, 66.

55 *Damm/König*, MedR 2008, 66; *Ziegler/Ziegler*, ZVersWiss 2011, 34 f., 51.

doch mit einer (zumindest) entsprechenden Anwendung der §§ 19 ff. GenDG begegnet werden.[56] Hierfür spricht jedenfalls die vergleichbare Interessenlage bei Betroffenheit genetischer Eigenschaften bzw. Informationen. Entscheidend werden dabei die aus den Untersuchungen gewonnenen Daten und eine gleichermaßen drohende Stigmatisierung, nicht die Art der Untersuchung, betrachtet.[57]

Dennoch lassen sich Zweifel an vorgenannter Verfahrensweise aufgrund der Verschiedenheiten von Untersuchungen prädiktiv genetischer und prädiktiv nicht-genetischer Natur nicht ausräumen. Beispielhaft sei allein der Verweis des Nationalen Ethikrates auf die Lebenslänglichkeit genetischer Risikofaktoren im Vergleich zur zeitlichen Begrenztheit anderer Untersuchungsmethoden angeführt.[58]

Zudem besteht keine (zwingende) Notwendigkeit für die Anwendung von § 19 GenDG auf bestimmte nicht-genetische Untersuchungen. Der bisher geltende Grundsatz, dass eine Offenbarungspflicht des Arbeitnehmers gegenüber seinem Arbeitgeber allein manifeste Erkrankungen oder diagnostizierte Veranlagungen - und gerade nicht möglicherweise bestehende Krankheitsrisiken und -anlagen - betrifft, wird auch zukünftig berücksichtigt werden müssen.

Schließlich fehlt es für eine analoge Anwendung von § 19 GenDG auf Fälle nicht-genetischer Untersuchungen mit „genetischer Betroffenheit" an der hierfür erforderlichen Regelungslücke. Nach dem intendierten Gesetzgeberwillen sollen bislang statthafte, traditionelle arbeitsmedizinische Untersuchungen ohne weitere inhaltliche Einschränkungen gerade zulässig bleiben.[59] Fälle, in denen herkömmliche Untersuchungsmethoden mit der Intention, Rückschlüsse auf genetische Anlagen und Eigenheiten zu erfah-

---

56 *Präve*, VersR 2009, 862.

57 Bund-Länder-Arbeitsgruppe „Genomanalyse", Abschlussbericht, 1990, S. 13; zur entscheidenden Finalität auch *Wiese*, Genetische Analysen und Rechtsordnung, S. 37; *Armbrüster*, VW 2010, 1309; *Damm*, MedR 2008, 537.

58 *Nationaler Ethikrat*, S. 14, der schließlich aber auch die Vergleichbarkeit der Untersuchungen im Hinblick auf den möglichen Umgang mit prädiktiven Daten anerkennt.

59 BT-Drs. 16/10532, S. 37; aA für die Blutentnahme wohl *Damm*, MedR 2008, 537.

ren, durchgeführt werden, haben sich schließlich dem speziellen arbeitsrechtlichen Benachteiligungsverbot von § 21 GenDG - spätestens dem allgemeinen des § 4 GenDG - zu stellen.

6. Die Ausnahmetatbestände des § 20 Abs. 2 und 3 GenDG

§ 20 GenDG ist bereits wegen seines auf arbeitsmedizinische Vorsorgeuntersuchungen beschränkten Anwendungsbereichs lex specialis.[60] Arbeitsmedizinische Vorsorge dient wesentlich dem individuellen Arbeitsschutz.[61] Damit einhergehende Maßnahmen sollen die Sicherheit und den Gesundheitsschutz der Beschäftigten bei der Arbeit sichern und gegebenenfalls verbessern, vgl. § 1 ArbSchG. Sie liegen folglich vornehmlich im Interesse des Arbeitnehmers. Mit arbeitsmedizinischen Vorsorgeuntersuchungen sollen arbeitsplatz- oder tätigkeitsbedingte bzw. mindestens mitverursachende Erkrankungen frühzeitig erkannt und möglichst verhütet werden.[62]

Die Grundsatzentscheidungen der § 19 und § 20 Abs. 1 GenDG weisen bereits deutlich auf den Ausnahmecharakter der Absätze 2 und 3 von § 20 GenDG. Mit diesen Ausnahmen soll der beim Arbeitsschutz anders gelagerten Interessenlage Rechnung getragen werden.[63]

So enthält Abs. 2 einen beschränkten Ausnahmevorbehalt für diagnostische genetische Untersuchungen durch Genproduktanalyse im Rahmen arbeitsmedizinischer Vorsorgeuntersuchungen und knüpft diesen an strenge Voraussetzungen. Unter noch einmal erschwerten Voraussetzungen[64] besteht nach Abs. 3 die Möglichkeit, durch eine Rechtsverordnung der Bundesregierung diagnostische zytogenetische und molekulargenetische

---

60 *Wank*, in: Müller-Glöge/Preis/Schmidt, Erfurter Kommentar zum Arbeitsrecht, § 19 GenDG Rn. 5.

61 *Kreizberg*, in: Kollmer/Klindt, Arbeitsschutzgesetz, Kommentar, § 2 ArbMedVV Rn. 2.

62 Vgl. § 2 Abs. 2 i.V.m. § 1 ArbMedVV (BT-Drs. 16/10532, S. 37); *Kreizberg*, in: Kollmer/Klindt, Arbeitsschutzgesetz, Kommentar, § 1 ArbMedVV Rn. 5.

63 *Eberbach*, MedR 2010, 159; *Schulte in den Bäumen*, Genetische (Individual-) Informationen aus Sicht des Datenschutzrechts, Bundesgesundheitsbl - Gesundheitsforsch - Gesundheitsschutz 2007, 200.

64 Übersichtlich *Eberbach*, MedR 2010, 160.

Analysen im Rahmen arbeitsmedizinischer Vorsorgeuntersuchungen als weiteres Angebot an den Arbeitnehmer zuzulassen. Diese Ermessensvorschrift soll insbesondere dem schnellen medizinischen Fortschritt Rechnung tragen. Mit dem Erlass des GenDG bestanden noch keine konkreten Anwendungsfelder „für chromosomenbezogene zytogenetische oder molekulargenetische oder unmittelbare DNA-/RNA-Untersuchungsmethoden“.[65] Da bis heute eine Rechtsverordnung auf dieser Grundlage nicht erlassen wurde, kommt der Ausnahmeregelung aktuell eher geringe Bedeutung zu, sodass sich meine Ausführungen im Folgenden auf die Ausnahmeregelung des Absatzes 2 beschränken werden.

Gemäß § 20 Abs. 1 S. 1 GenDG sollen ausnahmsweise diagnostische Untersuchungen durch Genproduktanalyse dann zulässig sein, wenn sie zur Feststellung genetischer Eigenschaften erforderlich sind, die für schwerwiegende Erkrankungen oder schwerwiegende gesundheitliche Störungen, die bei einer Beschäftigung an einem bestimmten Arbeitsplatz oder mit einer bestimmten Tätigkeit entstehen können, ursächlich oder mitursächlich sind. Bei diesen Verfahren handele es sich laut Gesetzgeber um etablierte, traditionelle Diagnoseverfahren zur Aufdeckung arbeitsplatzrelevanter genetisch bedingter individueller Überempfindlichkeiten, die gegebenenfalls zu schwerwiegenden Erkrankungen führen können.[66] Beispielhaft werden Beschäftigte mit einem Mangel an Acetyltransferase-2, die ein höheres Harnblasenkrebsrisiko bei der Aussetzung von aromatischen Aminen in sich tragen, genannt.[67]

In strengen Ausnahmefällen soll der betroffene Beschäftigte also im eigenen Interesse und im Rahmen eines wirksamen und präventiven Ar-

---

65 BT-Drs. 16/10532, S. 38; *Wiese*, BB 2009, 2206; *Fischinger*, NZA 2010, 69 f.; allgemein auch zur Gesetzgebungskompetenz bei der „Steuerung der genetischen Diagnostik“ *Retzko*, S. 197; *Kreizberg*, in: Kollmer/Klindt, Arbeitsschutzgesetz, Kommentar, ArbMedVV Einf. Rn. 34; *Heidemann/Schillhorn*, GenDG, § 20 Rn. 12 f.

66 Dazu bereits *Damm*, MedR 2004, 16.

67 BT-Drs. 16/10532, S. 38. Obwohl Genproduktanalysen auch in der Lage sind, Feststellungen über die Bestätigung aktueller, tätigkeitsbezogener gesundheitlicher Geeignetheit hinaus zu treffen, kann die diagnostische Untersuchung durch Genproduktanalyse gerade dadurch zusätzliche Erkenntnisse bringen.

beitsschutzes[68] zum Schutz seiner Gesundheit nicht auf diese Untersuchungsmethode verzichten müssen.[69] Die - zum Teil bereits erwähnten - Gefahren, die mit genetischen Untersuchungen einhergehen,[70] insbesondere deren zweckentfremdete Nutzung, werden letztlich durch das arbeitsrechtliche Benachteiligungsverbot in § 21 GenDG, der sowohl im Falle berechtigter als auch unberechtigter Kenntnisnahme durch den Arbeitgeber greift,[71] aufgefangen.[72]

Die Regelung ist jedoch unvollständig, insoweit sie weder Voraussetzungen noch Rechtsfolgen der methodisch grundsätzlich zulässigen genetischen Untersuchung nennt. § 20 Abs. 4 GenDG verweist nunmehr (bloß) klarstellend auf die entsprechende Anwendbarkeit der §§ 7 bis 16 GenDG.[73] Daraus ergibt sich unter anderem auch, dass § 20 Abs. 2 GenDG dem Arbeitgeber aber keinen Anspruch darauf gibt, im Rahmen zulässiger Vorsorgeuntersuchungen Genproduktanalysen durchführen zu lassen. Die Untersuchung ist vielmehr ein „Angebot" an den Arbeitnehmer, sodass deren Durchführung von der Einwilligung des aufgeklärten Beschäftigten abhängt, § 20 Abs. 2 und 4 i.V.m. § 8 Abs. 1 GenDG und Wortlaut der Ausnahmebestimmung („sind [...] zulässig").[74] Darüber hinaus sollen Voraus-

---

68 BT-Drs. 16/10532, S. 37 f.; grds. auch *Leube*, in: Kollmer/Klindt, Arbeitsschutzgesetz, Kommentar, § 11 ArbSchG Rn. 29 ff.; vgl. auch BÄK, DÄBl. 1992, A-2566.

69 BT-Drs. 16/10532, S. 38; *Eberbach*, MedR 2010, 160.

70 Vgl. zum Bereich des Arbeitsschutzes im Besonderen noch einmal BT-Drs. 16/10532, S. 37 f.; grds. auch *Leube*, in: Kollmer/Klindt, Arbeitsschutzgesetz, Kommentar, § 11 ArbSchG Rn. 29 ff.; vgl. auch BÄK, DÄBl. 1992, A-2567.

71 *Stockter*, in: Prütting, Fachanwaltskommentar Medizinrecht, § 20 GenDG Rn. 4.

72 Nicht ganz eindeutig *Stockter*, in: Prütting, Fachanwaltskommentar Medizinrecht, § 20 GenDG Rn. 3, der annimmt, dass § 20 bereits auf der Ebene der Datenerhebung Diskriminierungspotentiale verhindern soll. getragen werden (Ausgleich des Spannungsverhältnisses zwischen Chance und Risiko: BT-Drs. 16/10532, S. 38; BR-Drs. 633/08, S. 77; *Genenger*, AuR 2009, 288.

73 BT-Drs. 16/10532, S. 39.

74 *Genenger*, AuR 2009, 288; *Stockter*, in: Prütting, Fachanwaltskommentar Medizinrecht, § 20 GenDG Rn. 5; *Heidemann/Schillhorn*, GenDG, § 20 Rn. 14; *Wiese*, BB 2009, 2204 f.; BT-Drs. 16/10582, S. 4, 38; BR-Drs. 633/08, S. 78; *Wiese*, BB 2011, 314 f.

setzungen und Rechtsfolgen auch den jeweils einschlägigen, konkreten Arbeitsschutzvorschriften entnommen werden.[75]

Weitere Zulässigkeitsvoraussetzungen sind, dass sich mittels dieser Untersuchungsmethode genetische Eigenschaften im Sinne von § 3 Nr. 4 GenDG feststellen lassen, die für schwerwiegende Erkrankungen oder schwerwiegende gesundheitliche Störungen mindestens mitursächlich sind. Was genau eine „schwerwiegende Erkrankung" oder „schwerwiegende gesundheitliche Störung" ist und welcher Grad einer solchen gerade die „*Schwerwiegendheit*" ausmacht, wird im Gesetz nicht näher definiert. Dies ist im Hinblick auf Rechtssicherheit und -klarheit wenig zufriedenstellend. Dem Anwender bleibt jedoch ein Orientieren an der Gesetzesbegründung. Danach stellen jedenfalls[76] eine Erkrankung an Harnblasenkrebs, die Hämolyse und eine Lungenerkrankung aufgrund exogener Staubeinwirkung auf einen Betroffenen mit einem Mangel an Alpha-1-Antitrypsin schwerwiegende Erkrankungen dar.[77]

Die über eine bloße „Gefährdung" hinausgehende Gefahr der Erkrankung muss des Weiteren Folge einer genetisch bedingten Überempfindlichkeit des Betroffenen und exogenen, vom Arbeitsplatz mindestens begünstigend ausgehenden, nicht ganz unerheblichen Einflüssen sein.[78] Mit diesen von den Gesetzgebern angeführten „offenen", im Wesentlichen der

---

75 BR-Drs. 633/08, S. 78; *Stockter*, in: Prütting, Fachanwaltskommentar Medizinrecht, § 20 GenDG Rn. 5.

76 Aber keinesfalls abschließend.

77 Ob für die Subsumtion unter den Begriff der schwerwiegenden Erkrankung aber erst die Gefahr des Todes oder einer dauerhaften gesundheitlichen Schädigung bzw. Beeinträchtigung als schwerwiegende Folge erforderlich ist, bleibt aufgrund unterschiedlicher Krankheitsmanifestationen und -verläufe und dem in der Rechtsprechung entwickelten Krankheitsbegriff eher zu bezweifeln. Eine bloße gesundheitliche Gefährdung rechtfertige jedoch die Ausnahmeregelung noch nicht (BT-Drs. 16/10582, S. 4).

78 Vgl. BT-Drs. 16/10532, S. 38; vgl. auch BR-Drs. 633/08, S. 77; so wohl auch *Düwell*, jurisPR-ArbR 2010, Anm. 1; *Eberbach*, MedR 2010, 160; *Wank*, in: Müller-Glöge/Preis/Schmidt, Erfurter Kommentar zum Arbeitsrecht, § 20 GenDG Rn. 3; vgl. auch *Fischinger*, NZA 2010, 69.

Praxis überlassenen Rechtsbegriffen ist der Rechtssicherheit erneut Abbruch getan.

Mit den Kriterien der Zweckgebundenheit, der Erforderlichkeit und der in Satz 2 bestimmten Anwendungssubsidiarität werden schließlich verfassungsrechtliche Zweifel an der Erweiterung der Maßnahmen des Arbeitsschutzes im Rahmen arbeitsmedizinischer Vorsorgeuntersuchungen um solche genetischer Art, ausgeräumt.[79]

Nach diesem kurzen Problemauszug lässt sich zusammenfassend festhalten, dass auch die Ausnahme in § 20 Abs. 3 GenDG aus ähnlichen Gründen nicht auf grundsätzliche verfassungsrechtliche Bedenken stößt. Jedoch werden auch dort noch unbestimmte Rechtsbegriffe - „bestimmte gesundheitsgefährdende Tätigkeiten" oder „die Wahrscheinlichkeit [...] hoch ist" - zukünftig noch zu präzisieren sein. Auch § 21 GenDG, der die Gefahr der Aussonderung aufgrund genetisch negativer bzw. der Bevorzugung aufgrund genetisch positiver Eigenschaften bei arbeitsrelevanten Maßnahmen verhindern will, zeigt neben Problemen im eindeutigen sachlichen Anwendungsbereich auch solche auf, die bereits im allgemeinen Benachteiligungsverbot in § 4 GenDG - zu dem im Übrigen auch das Verhältnis nicht ganz ohne Fragen bleibt - zu erörtern bzw. zu finden sind.

IV. Folgen/Durchsetzung

Verstöße gegen die Vorschriften des §§ 19 und 20 GenDG sind in den §§ 25, 26 GenDG hauptsächlich ordnungswidrigkeitenrechtlich, teilweise aber auch strafrechtlich sanktioniert.

Ein umfangreicher Benachteiligungsschutz - vor allem auch im Rahmen rechtmäßiger genetischer Untersuchungen - kommt dem Beschäftig-

79 Eine Beschränkung erfolgt in der Art der genetischen Untersuchung auf proteinchemische Genproduktanalysen, der Bindung an strenge Voraussetzungen wie auch an die erforderliche Einwilligung des Arbeitnehmers, inhaltlich auf schwerwiegende Erkrankungen oder gesundheitliche Störungen, und schließlich auf die zu objektiven Arbeitsschutzmaßnahmen subsidiäre Anwendung (*Wiese*, BB 2009, 2205; vgl. auch *Heidemann/Schillhorn*, GenDG, § 20 Rn. 4 ff.).

ten durch § 21 Abs. 1 GenDG, insbesondere auch S. 2 zugute.[80] So gilt § 21 Abs. 1 S. 2 GenDG immer dann, wenn ein Beschäftigter eine grundsätzlich zulässige genetische Untersuchung ablehnt. Sanktionen hat der Arbeitnehmer jedenfalls bei Weigerung, die Ergebnisse seinem Arbeitgeber oder irgendeinem anderen zu offenbaren, nicht zu befürchten.[81] Insoweit wird wiederum dem Selbstbestimmungsrecht des Arbeitnehmers absoluter Vorrang eingeräumt.[82] Erfährt der Arbeitgeber durch den Beschäftigen oder den dazu ermächtigten (Betriebs-) Arzt nach der Durchführung einer zulässigen genetischen Untersuchung oder Analyse davon, dass der Arbeitnehmer eine genetische Verfassung aufweist, die bei Weiterbeschäftigung zu unveränderten Bedingungen zu einer ernsthaften gesundheitlichen Gefährdung führt, ist er zunächst - genau wie aufgrund herkömmlicher arbeitsmedizinischer Vorsorgeuntersuchungen - verpflichtet, notwendige Schutzmaßnahmen zu ergreifen.[83] Ein eigenes Problem stellt in diesem Rahmen ein möglicherweise notwendig werdendes Beschäftigungsverbot dar.[84]

Zusammen mit dem Verweis auf §§ 15 bis 22 AGG bildet das Benachteiligungsverbot die Grundlage dafür, dass Verstöße gegen das Diskriminierungsverbot zivilrechtlich und -prozessual verfolgt und durchgesetzt werden können. Die das Benachteiligungsverbot des § 21 GenDG unterstützende Funktion der §§ 19 und 20 GenDG, die bereits der Möglichkeit

80 *Genenger*, AuR 2011, 288.

81 *Wiese*, BB 2009, 2205; *Wiese*, Genetische Untersuchungen und Analysen zum Arbeitsschutz und Rechtsfolgen bei deren Verweigerung oder Durchführung, BB 2011, 315.

82 Hierzu und kritisch zur Angemessenheit dieses Ergebnisses *Wiese*, BB 2011, 315.

83 *Leube*, in: Kollmer/Klindt, Arbeitsschutzgesetz, Kommentar, § 11 ArbSchG Rn. 40; *Kohte*, in: Richardi/Wißmann/Wlotzke/Oetker, Münchener Handbuch zum Arbeitsrecht, § 296 Rn. 40; allgemein *Krause*, in: Henssler/Willemsen/Kalb, Arbeitsrecht Kommentar, 2010; *Preis*, Arbeitsrecht: Individualarbeitsrecht, 2009, § 618 BGB.

84 Vgl. zur grundsätzlichen Problematik *Wiese*, in: Wolter/Riedel/Taupitz (Hrsg.), Einwirkungen der Grundrechte auf das Zivilrecht, Öffentliche Recht und Strafrecht, 1999, S. 3 ff.; zusammengefasst auch *Wiese*, BB 2011, 316.

der „genetischen Diskriminierung“ die Grundlage entziehen wollen, tritt an dieser Stelle besonders deutlich hervor.

Die Gesamtbetrachtung soll abschließend zum eingangs geschilderten Sachverhalt zurückfinden, um die praktischen Auswirkungen der Neuregelungen deutlich zu machen. 2004 hatte das VG Darmstadt der Beamtenanwärterin (aufgrund der im Übrigen bestehenden Entscheidungsreife) einen Anspruch auf Übernahme in das Beamtenverhältnis auf Probe zugesprochen. Zur Begründung führte es aus, dass die dem Dienstherrn obliegende Beweislast für die gesundheitliche Ungeeignetheit des Bewerbers nicht dadurch umgekehrt würde, dass der Bewerber eine zustimmungspflichtige genetische Untersuchung nicht erlaubt habe. Selbst das erhebliche öffentliche Interesse daran, nur denjenigen in ein Beamtenverhältnis aufzunehmen, der dazu uneingeschränkt gesundheitlich geeignet sei, könne eine Duldungspflicht bezüglich des mit einer genetischen Untersuchung und Analyse verbundenen massiven Grundrechtseingriffs nicht begründen. Bei Veranlagungen, die den künftigen Ausbruch entsprechender Erkrankungen lediglich möglich erscheinen ließen, bedürfe es für die Annahme fehlender gesundheitlicher Eignung für die konkrete Tätigkeit der Feststellung des Vorhandenseins durch einen Gentest. Eine genetische Untersuchung zur Klärung der Veranlagung hatte die Bewerberin aus ethischen Gründen abgelehnt. Die Familienanamnese habe aber keine hinreichenden Aussagen[85] über die tatsächliche genetische Veranlagung der Bewerberin treffen können.[86]

§§ 19 ff. GenDG i.V.m. § 8a HessBG hätten dem VG Darmstadt die Entscheidungsbegründung zwar erleichtert, am Ergebnis aber schließlich nichts geändert. Nunmehr wäre dem Dienstherrn jedenfalls gemäß §§ 22, 19 GenDG das Verlangen der Durchführung einer genetischen Untersuchung oder Analyse zur Personalauswahl untersagt, auch wenn der Bewerber einer solchen „freiwillig“ zustimmen würde. Die nicht sachgerechte, benachteiligende Berücksichtigung der familienanamnetisch gewonnenen (möglicherweise bestehenden) genetischen Eigenschaften der Lehramts-

85 Vgl. zur grundsätzlichen Problematik *Wiese*, in: Wolter/Riedel/Taupitz, Einwirkungen der Grundrechte, S. 3 ff.; zusammengefasst auch *Wiese*, BB 2011, 316.

86 Vgl. auch *Fenger*, in: Spickhoff, Medizinrecht, §§ 19-22 GenDG Rn. 4.

bewerberin hätte sich den Anforderungen der §§ 22, 21 GenDG i.V.m. § 8a HessBG, spätestens denen des § 4 GenDG, zu stellen.

Die in §§ 19 ff. GenDG vorgenommenen Regelungen spiegeln die bisherige Handhabung durch die überwiegende Ansicht wieder. Geltende Grundsätze haben Eingang in eine gesetzliche Form gefunden.

Autorenverzeichnis

Kern, Bernd-Rüdiger, Prof. Dr. iur., Professor für Bürgerliches Recht, Rechtsgeschichte und Arztrecht, Universität Leipzig, Vorsitzender der Vereinigung für Medizinrecht (VfM) e.V.

Froster, Ursula, Prof. Dr. med. habil., Institut* für angewandte Humangenetik und Onkogenetik Professor Froster (* privatrechtlich)

Schmidt-Recla, Adrian, apl. Prof. Dr. iur., Universität Leipzig

Reuner, Ulrike, Dr. med., Oberärztin, Klinik und Poliklinik für Neurologie, Universitätsklinikum Dresden

Hahn, Erik, Dr. iur., Richter (Sozialgericht Dresden)

Starke, Katrin, wissenschaftliche Mitarbeiterin, Lehrstuhl für Bürgerliches Recht, Rechtsgeschichte und Arztrecht, Universität Leipzig, Rechtsanwältin

Die Reihe RECHT UND MEDIZIN wird von den Professoren Deutsch (Göttingen), Kern (Leipzig), Laufs (Heidelberg), Lilie (Halle a.d. Saale), Schreiber (Göttingen) und Spickhoff (Göttingen) herausgegeben. Ihre Aufgabe ist es, Monographien und Dissertationen auf dem Gebiet des Medizinrechts zu veröffentlichen. Dieses Gebiet, das an Bedeutung noch zunehmen wird, umfaßt auf der juristischen Seite sowohl zivilrechtliche als auch straf- und öffentlich-rechtliche Fragestellungen. Die Fragen können von der juristischen oder von der medizinischen Seite aus untersucht werden. Übergreifendes Ziel ist es, den medizinrechtlichen Fragen nicht etwa ein gängiges juristisches Denkschema überzuwerfen, sondern die besonderen Probleme der Regelung medizinischer Sachverhalte eigenständig aufzufassen und darzustellen.

Manuskriptzusendungen an die Herausgeber bitte per Brief- bzw. Paketpost. Die Adressen der Herausgeber sind:

Prof. Dr. Dr. h.c. Erwin Deutsch (Zivilrecht und Rechtsvergleichung)
Höltystraße 8
37085 Göttingen

Prof. Dr. Bernd-Rüdiger Kern (Zivilrecht, Rechtsgeschichte und Arztrecht)
Universität Leipzig
Juristenfakultät / Lehrstuhl für Bürgerliches Recht, Rechtsgeschichte
und Arztrecht
Burgstraße 27
04109 Leipzig

Prof. Dr. Dr. h.c. Adolf Laufs (Zivilrecht, Medizinrecht und Rechtsgeschichte)
Kohlackerweg 12
69151 Neckargemünd

Prof. Dr. Hans Lilie (Strafrecht, Strafprozessrecht und Medizinrecht;
federführender Reihenherausgeber)
Martin-Luther-Universität Halle-Wittenberg
Juristische Fakultät: Strafrecht
Universitätsplatz 6
06108 Halle a.d. Saale
hans.lilie@jura.uni-halle.de

Prof. Dr. Dr. h.c. Hans-Ludwig Schreiber (Strafrecht und Rechtstheorie)
Grazer Str. 14
30519 Hannover

Prof. Dr. Andreas Spickhoff (Zivil- und Zivilprozessrecht, Internationales und
Vergleichendes Medizinrecht)
Georg-August Universität Göttingen
Juristische Fakultät
Platz der Göttinger Sieben 6
37073 Göttingen

RECHT UND MEDIZIN

Band 1 Erwin Deutsch: Das Recht der klinischen Forschung am Menschen. Zulässigkeit und Folgen der Versuche am Menschen, dargestellt im Vergleich zu dem amerikanischen Beispiel und den internationalen Regelungen. 1979.

Band 2 Thomas Carstens: Das Recht der Organtransplantation. Stand und Tendenzen des deutschen Rechts im Vergleich zu ausländischen Gesetzen. 1979.

Band 3 Moritz Linzbach: Informed Consent. Die Aufklärungspflicht des Arztes im amerikanischen und im deutschen Recht. 1980.

Band 4 Volker Henschel: Aufgabe und Tätigkeit der Schlichtungs- und Gutachterstellen für Arzthaftpflichtstreitigkeiten. 1980.

Band 5 Hans Lilie: Ärztliche Dokumentation und Informationsrechte des Patienten. Eine arztrechtliche Studie zum deutschen und amerikanischen Recht. 1980.

Band 6 Peter Mengert: Rechtsmedizinische Probleme in der Psychotherapie. 1981.

Band 7 Hazel G.S. Marinero: Arzneimittelhaftung in den USA und Deutschland. 1982.

Band 8 Wolfram Eberbach. Die zivilrechtliche Beurteilung der *Humanforschung*. 1982.

Band 9 Wolfgang Deuchler: Die Haftung des Arztes für die unerwünschte Geburt eines Kindes ("wrongful birth"). Eine rechtsvergleichende Darstellung des amerikanischen und deutschen Rechts. 1984.

Band 10 Hermann Schünemann: Die Rechte am menschlichen Körper. 1985.

Band 11 Joachim Sick: Beweisrecht im Arzthaftpflichtprozeß. 1986.

Band 12 Michael Pap: Extrakorporale Befruchtung und Embryotransfer aus arztrechtlicher Sicht; insbesondere: Der Schutz des werdenden Lebens in vitro. 1987.

Band 13 Sabine Rickmann: Zur Wirksamkeit von Patiententestamenten im Bereich des Strafrechts. 1987.

Band 14 Joachim Czwalinna: Ethik-Kommissionen - Forschungslegitimation durch Verfahren. 1987.

Band 15 Günter Schirmer: Status und Schutz des frühen Embryos bei der *In-vitro*-Fertilisation. Rechtslage und Diskussionsstand in Deutschland im Vergleich zu den Ländern des angloamerikanischen Rechtskreises. 1987.

Band 16 Sabine Dönicke: Strafrechtliche Aspekte der Katastrophenmedizin. 1987.

Band 17 Erwin Bernat: Rechtsfragen medizinisch assistierter Zeugung. 1989.

Band 18 Hartmut Schulz: Haftung für Infektionen. 1988.

Band 19 Herbert Harrer: Zivilrechtliche Haftung bei durchkreuzter Familienplanung. 1989.

Band 20 Reiner Füllmich: Der Tod im Krankenhaus und das Selbstbestimmungsrecht des Patienten. Über das Recht des nicht entscheidungsfähigen Patienten, künstlich lebensverlängernde Maßnahmen abzulehnen. 1990.

Band 21 Franziska Knothe: Staatshaftung bei der Zulassung von Arzneimitteln. 1990.

Band 22 Bettina Merz: Die medizinische, ethische und juristische Problematik artifizieller menschlicher Fortpflanzung. Artifizielle Insemination, In-vitro-Fertilisation mit Embryotransfer und die Forschung an frühen menschlichen Embryonen. 1991.

Band 23 Ferdinand van Oosten: The Doctrine of Informed Consent in Medical Law. 1991.

Band 24 Stephan Cramer: Genom- und Genanalyse. Rechtliche Implikationen einer "Prädiktiven Medizin". 1991.

Band 25 Knut Schulte: Das standesrechtliche Werbeverbot für Ärzte unter Berücksichtigung wettbewerbs- und kartellrechtlicher Bestimmungen. 1992.

Band 26 Young-Kyu Park: Das System des Arzthaftungsrechts. Zur dogmatischen Klarstellung und sachgerechten Verteilung des Haftungsrisikos. 1992.

Band 27 Angela Könning-Feil: Das Internationale Arzthaftungsrecht. Eine kollisionsrechtliche Darstellung auf sachrechtsvergleichender Grundlage. 1992.

Band 28 Jutta Krüger: Der Hamburger Barmbek/Bernbeck-Fall. Rechtstatsächliche Abwicklung und haftungsrechtliche Aspekte eines medizinischen Serienschadens. 1993.

Band 29 Alexandra Goeldel: Leihmutterschaft – eine rechtsvergleichende Studie. 1994.

Band 30 Thomas Brandes: Die Haftung für Organisationspflichtverletzung. 1994.

Band 31 Winfried Grabsch: Die Strafbarkeit der Offenbarung höchstpersönlicher Daten des ungeborenen Menschen. 1994.

Band 32 Jochen Markus: Die Einwilligungsfähigkeit im amerikanischen Recht. Mit einem einleitenden Überblick über den deutschen Diskussionsstand. 1995.

Band 33 Meltem Göben: Arzneimittelhaftung und Gentechnikhaftung als Beispiele modernen Risikoausgleichs mit rechtsvergleichenden Ausblicken zum türkischen und schweizerischen Recht. 1995.

Band 34 Regine Kiesecker: Die Schwangerschaft einer Toten. Strafrecht an der Grenze von Leben und Tod – Der Erlanger und der Stuttgarter Baby-Fall. 1996.

Band 35 Doris Voll: Die Einwilligung im Arztrecht. Eine Untersuchung zu den straf-, zivil- und verfassungsrechtlichen Grundlagen, insbesondere bei Sterilisation und Transplantation unter Berücksichtigung des Betreuungsgesetzes. 1996.

Band 36 Jens-M. Kuhlmann: Einwilligung in die Heilbehandlung alter Menschen. 1996.

Band 37 Hans-Jürgen Grambow: Die Haftung bei Gesundheitsschäden infolge medizinischer Betreuung in der DDR. 1997.

Band 38 Julia Röver: Einflußmöglichkeiten des Patienten im Vorfeld einer medizinischen Behandlung. Antezipierte Erklärung und Stellvertretung in Gesundheitsangelegenheiten. 1997.

Band 39 Jens Göben: Das Mitverschulden des Patienten im Arzthaftungsrecht. 1998.

Band 40 Hans-Jürgen Roßner: Begrenzung der Aufklärungspflicht des Arztes bei Kollision mit anderen ärztlichen Pflichten. Eine medizinrechtliche Studie mit vergleichenden Betrachtungen des nordamerikanischen Rechts. 1998.

Band 41 Meike Stock: Der Probandenschutz bei der medizinischen Forschung am Menschen. Unter besonderer Berücksichtigung der gesetzlich nicht geregelten Bereiche. 1998.

Band 42 Susanne Marian: Die Rechtsstellung des Samenspenders bei der Insemination / IVF. 1998.

Band 43 Maria Kasche: Verlust von Heilungschancen. Eine rechtsvergleichende Untersuchung. 1999.

Band 44 Almut Wilkening: Der Hamburger Sonderweg im System der öffentlich-rechtlichen Ethik-Kommissionen Deutschlands. 2000.

Band 45 Jonela Hoxhaj: Quo vadis Medizintechnikhaftung? Arzt-, Krankenhaus- und Herstellerhaftung für den Einsatz von Medizinprodukten. 2000.

Band 46 Birgit Reuter: Die gesetzliche Regelung der aktiven ärztlichen Sterbehilfe des Königreichs der Niederlande – ein Modell für die Bundesrepublik Deutschland? 2001. 2. durchgesehene Auflage 2002.

Band 47 Klaus Vosteen: Rationierung im Gesundheitswesen und Patientenschutz. Zu den rechtlichen Grenzen von Rationierungsmaßnahmen und den rechtlichen Anforderungen an staatliche Vorhaltung und Steuerung im Gesundheitswesen. 2001.

Band 48 Bong-Seok Kang: Haftungsprobleme in der Gentechnologie. Zum sachgerechten Schadensausgleich. 2001.

Band 49 Heike Wachenhausen: Medizinische Versuche und klinische Prüfung an Einwilligungsunfähigen. 2001.

Band 50 Thomas Hasenbein: Einziehung privatärztlicher Honorarforderungen durch Inkassounternehmen. 2002.

Band 51 Oliver Nowak: Leitlinien in der Medizin. Eine haftungsrechtliche Betrachtung. 2002.

Band 52 Christina Herrig: Die Gewebetransplantation nach dem Transplantationsgesetz. Entnahme – Lagerung – Verwendung unter besonderer Berücksichtigung der Hornhauttransplantation. 2002.

Band 53 Matthias Nagel: Passive Euthanasie. Probleme beim Behandlungsabbruch bei Patienten mit apallischem Syndrom. 2002.

Band 54 Miriam Ina Saati: Früheuthanasie. 2002.

Band 55 Susanne Schneider: Rechtliche Aspekte der Präimplantations- und Präfertilisationsdiagnostik. 2002.

Band 56 Uta Oelert: Allokation von Organen in der Transplantationsmedizin. 2002.

Band 57 Jens Muschner: Die haftungsrechtliche Stellung ausländischer Patienten und Medizinalpersonen in Fällen sprachbedingter Mißverständnisse. 2002.

Band 58 Rüdiger Wolfrum / Peter-Tobias Stoll / Stephanie Franck: Die Gewährleistung freier Forschung an und mit Genen und das Interesse an der wirtschaftlichen Nutzung ihrer Ergebnisse. 2002.

Band 59 Frank Hiersche: Die rechtliche Position der Hebamme bei der Geburt. Vertikale oder horizontale Arbeitsteilung. 2003.

Band 60 Hartmut Schädlich: Grenzüberschreitende Telemedizin-Anwendungen: Ärztliche Berufserlaubnis und Internationales Arzthaftungsrecht. Eine vergleichende Darstellung des deutschen und US-amerikanischen Rechts. 2003.

Band 61 Stefanie Diettrich: Organentnahme und Rechtfertigung durch Notstand? Zugleich eine Untersuchung zum Konkurrenzverhältnis von speziellen Rechtfertigungsgründen und rechtfertigendem Notstand gem. § 34 StGB. 2003.

Band 62 Anne Elisabeth Stange: Gibt es psychiatrische Diagnostikansätze, um den Begriff der schweren anderen seelischen Abartigkeit in §§ 20, 21 StGB auszufüllen? 2003.

Band 63 Christiane Schief: Die Zulässigkeit postnataler prädiktiver Gentests. Die Biomedizin-Konvention des Europarats und die deutsche Rechtslage. 2003.

Band 64 Maike C. Erbsen: Praxisnetze und das Berufsrecht der Ärzte. Der Praxisverbund als neue Kooperationsform in der ärztlichen Berufsordnung. 2003.

Band 65 Markus Schreiber: Die gesetzliche Regelung der Lebendspende von Organen in der Bundesrepublik Deutschland. 2004.

Band 66 Thela Wernstedt: Sterbehilfe in Europa. 2002.

Band 67 Axel Thias: Möglichkeiten und Grenzen eines selbstbestimmten Sterbens durch Einschränkung und Abbruch medizinischer Behandlung. Eine Untersuchung aus straf- und betreuungsrechtlicher Perspektive unter besonderer Berücksichtigung der Problematik des apallischen Syndroms. 2004.

Band 68 Jutta Müller: Ärzte und Pflegende, die keine Organe spenden wollen. Transplantatmangel muss nicht sein. 2004.

Band 69 Ihna Link: Schwangerschaftsabbruch bei Minderjährigen. Eine vergleichende Untersuchung des deutschen und englischen Rechts. 2004.

Band 70 Susann Tiebe: Strafrechtlicher Patientenschutz. Die Bedeutung des Strafrechts für die individuellen Patientenrechte. 2005.

Band 71 Jörg Gstöttner: Der Schutz von Patientenrechten durch verfahrensmäßige und institutionelle Vorkehrungen sowie den Erlass einer Charta der Patientenrechte. 2005.

Band 72 Oliver Jürgens: Die Beschränkung der strafrechtlichen Haftung für ärztliche Behandlungsfehler. 2005.

Band 73 Stephanie Gropp: Schutzkonzepte des werdenden Lebens. 2005.

Band 74 Clemens Winter: Robotik in der Medizin. Eine strafrechtliche Untersuchung. 2005.

Band 75 Barbara Eck: Die Zulässigkeit medizinischer Forschung mit einwilligungsunfähigen Personen und ihre verfassungsrechtlichen Grenzen. Eine Untersuchung der Rechtslage in Deutschland und rechtsvergleichenden Elementen. 2005.

Band 76 Anastassios Kantianis: Palliativmedizin als Sterbebegleitung nach deutschem und griechischem Recht. 2005.

Band 77 Ulrike Morr: Zulässigkeit von Biobanken aus verfassungsrechtlicher Sicht. 2005.

Band 78 Nora Markus: Die Zulässigkeit der Sectio auf Wunsch. Eine medizinische, ethische und rechtliche Betrachtung. 2006.

Band 79 Michael Benedikt Nagel: Die ärztliche Behandlung Neugeborener – Früheuthanasie. 2006.

Band 80 Regina Leitner: Sterbehilfe im deutsch-spanischen Rechtsvergleich. 2006.

Band 81 Martin Berger: Embryonenschutz und Klonen beim Menschen – Neuartige Therapiekonzepte zwischen Ethik und Recht. Ansätze zur Entwicklung eines neuen Regelungsmodells für die Bundesrepublik Deutschland. 2007.

Band 82 Amelia Kuschel: Der ärztlich assistierte Suizid. Straftat oder Akt der Nächstenliebe? 2007.

Band 83 Hans-Ludwig Schreiber / Hans Lilie / Henning Rosenau / Makoto Tadaki / Un Jong Pak (Hrsg.): Globalisierung der Biopolitik, des Biorechts und der Bioethik? Das Leben an seinem Anfang und an seinem Ende. 2007.

Band 84 Ralf Clement: Der Rechtsschutz der potentiellen Organempfänger nach dem Transplantationsgesetz. Zur rechtlichen Einordnung der verteilungsrelevanten Regelungen zwischen öffentlichem und privatem Recht. 2007.

Band 85 Sabine Lebert: Humanes Überschußgewebe – Möglichkeit der Verwendung für die Forschung? Analyse der rechtlichen, ethischen und biomedizinischen Voraussetzungen im Ländervergleich. 2007.

Band 86 Dietrich Wagner: Der gentechnische Eingriff in die menschliche Keimbahn. Rechtlich-ethische Bewertung. Nationale und internationale Regelungen im Vergleich. 2007.

Band 87 Britta Vogt: Methoden der künstlichen Befruchtung: „Dreierregel“ versus „Single Embryo Transfer“. Konflikt zwischen Rechtslage und Fortschritt der Reproduktionsmedizin in Deutschland im Vergleich mit sieben europäischen Ländern. 2008.

Band 88 Sebastian Rosenberg: Die postmortale Organtransplantation. Eine „gemeinschaftliche Aufgabe“ nach § 11 Abs. 1 S. 1 Transplantationsgesetz. Kompetenzen und Haftungsrisiken im Rahmen der Organspende. 2008.

Band 89 Julia Susanne Sundmacher: Die unterlassene Befunderhebung des Arztes. Eine Auseinandersetzung mit der Rechtsprechung des BGH. 2008.

Band 90 Martin Schwee: Die zulassungsüberschreitende Verordnung von Fertigarzneimitteln (Off-Label-Use). Eine Untersuchung vorwiegend im Bereich des Rechts der Gesetzlichen Krankenversicherung unter besonderer Berücksichtigung der sozialgerichtlichen Rechtsprechung. 2008.

Band 91 Jorge Guerra González: Xenotransplantation: Prävention des xenogenen Infektionsrisikos. Eine Untersuchung zum deutschen und spanischen Recht. 2008.

Band 92 Ulrike Beitz: Zur Reformbedürftigkeit des Embryonenschutzgesetzes. Eine medizinisch-ethisch-rechtliche Analyse anhand moderner Fortpflanzungstechniken. 2009.

Band 93 Dunja Lautenschläger: Der Status ausländischer Personen im deutschen Transplantationssystem. 2009.

Band 94 Annekatrin Habicht: Sterbehilfe – Wandel in der Terminologie. Eine integrative Betrachtung aus der Sicht von Medizin, Ethik und Recht. 2009.

Band 95 Ann-Kathrin Hirschmüller: Internationales Verbot des Humanklonens. Die Verhandlungen in der UNO. 2009.

Band 96 Henrike John: Die genetische Veränderung des Erbgutes menschlicher Embryonen. Chancen und Grenzen im deutschen und amerikanischen Recht. 2009.

Band 97 Christof Stock: Die Indikation in der Wunschmedizin. Ein medizinrechtlicher Beitrag zur ethischen Diskussion über „Enhancement“. 2009.

Band 98 Jochen Böning: Kontrolle im Transplantationsgesetz. Aufgaben und Grenzen der Überwachungs- und der Prüfungskommission nach den §§ 11 und 12 TPG. 2009.

Band 99 Stefanie Schulte: Die Rechtsgüter des strafbewehrten Organhandelsverbotes. Zum Spannungsfeld von Selbstbestimmungsrecht und staatlichem Paternalismus. 2009.

Band 100 Dorothea Maria Tachezy: Mutmaßliche Einwilligung und Notkompetenz in der präklinischen Notfallmedizin. Rechtfertigungsfragen und Haftungsfolgen im Notarzt- und Rettungsdienst. 2009.

Band 101 Annette Hergeth: Rechtliche Anforderungen an das IT-Outsourcing im Gesundheitswesen. 2009.

Band 102 Jussi Raafael Mameghani: Der mutmaßliche Wille als Kriterium für den ärztlichen Behandlungsabbruch bei entscheidungsunfähigen Patienten und sein Verhältnis zum Betreuungsrecht. 2009.

Band 103 Ocka Anna Böhnke: Die Kommerzialisierung der Gewebespende. Eine Erörterung des Resourcenmangels in der Transplantationsmedizin unter besonderer Berücksichtigung der Widerspruchslösung. 2010.

Band 104 Bernd-Rüdiger Kern / Hans Lilie (Hrsg.): Jurisprudenz zwischen Medizin und Kultur. Festschrift zum 70. Geburtstag von Gerfried Fischer. 2010.

Band 105 Ehsan Mohammadi-Kangarani: Die Richtlinien der Organverteilung im Transplantationsgesetz – verfassungsgemäß? 2011.

Band 106 Leonie Hübner: Umfang und Grenzen des strafrechtlichen Schutzes des Arztgeheimnisses nach § 203 StGB. 2011.

Band 107 Dörte Busch: Eigentum und Verfügungsbefugnisse am menschlichen Körper und seinen Teilen. 2012.

Band 108 Kathrin Decker: Der Abbruch intensivmedizinischer Maßnahmen in den Ländern Österreich und Deutschland. 2012.

Band 109 Sung-Ku Yoon: Der Unterhalt für ein Kind als Schaden. Eine rechtsvergleichende Darstellung zur deutschen und südkoreanischen Rechtslage hinsichtlich der Arzthaftung für neugeborenes Leben. 2012.

Band 110 Kerstin Bohne: Delegation ärztlicher Tätigkeiten. 2012.

Band 111 Moritz Ulrich: Durchbrechungen der Allokationskriterien des § 12 Abs. 3 TPG. Das „old for old“-Programm. 2012.

Band 112 Chonghan Oh: Die Strafbarkeit der Erforschung des menschlichen Embryos durch Klontechniken. 2013.

Band 113 Sebastian T. Vogel: Organentnahmen bei hirntoten Schwangeren. Oder: Sterbehilfe am Lebensanfang? 2013.

Band 114 Jung-Ho Lee: Die aktuellen juristischen Entwicklungen in der PID und Stammzellforschung in Deutschland. Eine Analyse der BGH-Entscheidung zur PID, Gesetzesnovellierung des ESchG und EuGH-Entscheidung zur Grundrechtsfähigkeit des Embryo in vitro. 2013.

Band 115 Claudia Beetz: Stellvertretung als Instrument der Sicherung und Stärkung der Patientenautonomie. Ein Beitrag zur Komplementarität von Zivil- und Sozialrecht. 2013.

Band 116 Hans-Ludwig Schreiber: Schriften zur Rechtsphilosophie, zum Strafrecht und zum Medizin- und Biorecht. Herausgegeben von Hans Lilie und Henning Rosenau. 2013.

Band 117 Sebastian Müller: Die Aufklärung des Organspendeempfängers über Herkunft und Qualität des zu transplantierenden Organs. Ärztliche Pflichten im Spannungsfeld zwischen Standardbehandlung und Neulandmedizin. 2013.

Band 118 Bernd-Rüdiger Kern (Hrsg.): Das Gendiagnostikgesetz – Rechtsfragen der Humangenetik. 2013.

www.peterlang.com

Schriften zum Unternehmens- und Wirtschaftsrecht

Herausgegeben von
Marcus Bieder, Andreas Fuchs, Lars Leuschner, Markus Stoffels und Dirk A. Verse

Band 20 Lars Jeschke: Der Rechtsrahmen für Vorstandsvergütungen in Deutschland und Australien. Ein Rechtsvergleich. 2015.

Band 21 Anne Praß: Die betriebsbedingte Kündigung von Leiharbeitnehmern. 2016.

www.peterlang.com

Osnabrücker Schriften zum Unternehmens- und Wirtschaftsrecht

Herausgegeben von Andreas Fuchs, Markus Stoffels und Dirk A. Verse

Band 1 Malte Richter: Die Verwendung von Ratings zur Regulierung des Kapitalmarkts. Eine vergleichende Untersuchung nach US-amerikanischem und deutschem Recht. 2008.

Band 2 Dietmar Haffa: Lock-up Vereinbarungen – Veräußerungsbeschränkungen für Altaktionäre beim Börsengang. 2008.

Band 3 Martin Eimer: Zeichnungsverträge und Zeichnungsvorverträge. Zu den Rechten und Pflichten aus dem Vertrag über die Vorerhöhungsgesellschaft. 2009.

Band 4 Tobias Mischitz: Die Bedeutung von Nachfragemacht für die Beurteilung von Einkaufskooperationen im EG-Kartellrecht. 2008.

Band 5 Matthias Decker: Öffentlich-rechtlicher Rechtsschutz der Zielgesellschaft und ihrer Aktionäre in Übernahmesituationen. Eine materiell- und prozessrechtliche Analyse. 2009.

Band 6 Tim Gero Joppich: Die Kodifikation des Transparenzgebots in § 307 BGB. Die Prinzipien der Transparenzkontrolle unter besonderer Berücksichtigung der Arbeitsvertragskontrolle. 2009.

Band 7 Rachid René Wiersch: Der gutgläubige Erwerb von GmbH-Anteilen. 2009.

Band 8 Oliver Kirchwehm: Reformen der Corporate Governance in Japan und Deutschland. Eine gesellschaftsrechtliche Betrachtung. 2010.

Band 9 Christian Spruß: Die Einbeziehung Allgemeiner Geschäftsbedingungen im deutschen Recht unter besonderer Berücksichtigung des europäischen Rechts und des UN-Kaufrechts. 2010.

Band 10 Jost Onstein: Der Beirat einer mittelständischen GmbH als Instrument guter Unternehmensführung. Ein Beitrag zur Corporate Governance-Diskussion in kleinen und mittleren Familienunternehmen. 2010.

Band 11 Verena Förster: Die Vereinbarung variabler Zinssätze in AGB. 2010.

Band 12 Christian Karbaum: Kartellrechtliche Compliance - Rechtsgrundlagen und Umsetzung. 2010.

Band 13 Dirk Schnelle: Die Berufsbildung der Volontäre und Praktikanten. 2010.

Band 14 Hanno Teuber: Die Beeinflussung von Börsenkursen. Kurspflege und Marktmanipulation. 2011.

Band 15 Michael Berkemeyer: Die Leihgabe von Berufssportlern. 2011.

Band 16 Adrian Jaglarz: Die fusionskontrollrechtliche Behandlung von Immaterialgüterrechtsakquisitionen im US-amerikanischen, europäischen und deutschen Recht. 2012.

Band 17 Philipp Loosen: Reformbedarf im Spruchverfahren. Empirische Analyse, Rechtsvergleich mit US-amerikanischem Recht und Reformvorschläge. 2013.

Band 18 Zacharias-Alexis Schneider: Kapitalschutz nach dem Bilanzrechtsmodernisierungsgesetz. 2014.

Band 19 Miriam Sprink: Vertragliche Gestaltung von Urlaub. Möglichkeiten und Grenzen. 2015.

Ab Band 20 läuft die Reihe unter einem neuen Reihentitel